庆祝中国人民解放军新疆军区

农业建设第二师成立七十周年

（1953—2023）

向艰苦岁月献身于国家国防交通建设

向峥嵘岁月投身于新疆基础设施建设

向激情岁月投身于兵团且末农业开发

向奋进岁月坚守于祖国南疆交通要冲

筚路蓝缕栉风沐雨砥砺拼搏无私奉献

的伟大建设者拓荒者创新者奋进者致敬

新疆生产建设兵团第二师铁门关市史志丛书

☆

三十七团志

第二师三十七团史志编纂委员会　编

·北 京·

国家行政学院出版社
NATIONAL ACADEMY OF GOVERNANCE PRESS

图书在版编目（CIP）数据

三十七团志／第二师三十七团史志编纂委员会编 . —北京：
国家行政学院出版社，2023. 10
（新疆生产建设兵团第二师铁门关市史志丛书）
ISBN 978-7-5150-2646-6

Ⅰ.①三… Ⅱ.①第… Ⅲ.①生产建设兵团-概况-
新疆 Ⅳ.①F324.1 ②F327.45

中国国家版本馆 CIP 数据核字（2023）第 073578 号

审图号：新兵 S（2019）009 号

书　　名　三十七团志
　　　　　SANSHIQI TUAN ZHI
作　　者　第二师三十七团史志编纂委员会　编
责任编辑　曹文娟
出版发行　国家行政学院出版社
　　　　　（北京市海淀区长春桥路 6 号　　100089）
综 合 办　（010）68928887
发 行 部　（010）68928866
经　　销　新华书店
印　　刷　北京新视觉印刷有限公司
版　　次　2023 年 10 月北京第 1 版
印　　次　2023 年 10 月北京第 1 次印刷
开　　本　210 毫米×285 毫米　大 16 开
印　　张　41. 25
字　　数　906 千字
定　　价　428. 00 元

本书如有印装问题，可联系调换，联系电话：（010）68929022

第二师铁门关市团场志编修指导人员

编务总指导：康学贵

编纂总指导：张振华

编审总指导：王昌晏

篇目总策划：张振华

版面总策划：张振华

终审统稿：张振华　苏　娟

编辑总指导：张振华　叶小芳　苏　娟

编务服务：叶小芳　周善亮　李倩倩　陈　琦　俞　范　吴海婷

《三十七团志》 评审审读机构

初　　审：第二师三十七团史志编纂委员会

复　　审：第二师铁门关市党委党史研究室　师志办公室

终　　审：第二师铁门关市史志编纂委员会

保密审查：第二师铁门关市党委机要保密局

审　　读：第二师铁门关市审读领导小组办公室

三十七团史志编纂委员会

（2011—2013 年）

主　　　任：郭鲁肃　陈恒山

常务副主任：梁茂泽

副　主　任：曲新泓　梁　洁

委　　　员：马秀华　王旭东　刘龙光　张拥军　杨　波　侯文斌　唐　强　彭　凡　黎　念
　　　　　　苟兴兵　蔡家银　耿长富　庞海莲　孙　洁　于　静　翟加义　杜　超

（2014—2020 年）

主　　　任：宁　丰　陈志杰

常务副主任：梁　洁

副　主　任：梁茂泽　赵明侠　张志勇　詹其军

委　　　员：张拥军　王旭东　刘龙光　张　涛　陈德学　闫江平　庞海莲　阳　毅　阮伟荣
　　　　　　王　特　朱前程　顾　鑫　何成春　孙军花　耿长福　于　静　苟兴兵　翟加义
　　　　　　谭光远　杜　超　王成毅

（2021—2022 年）

主　　　任：黄振宁　王玉东

常务副主任：姜　阳

副　主　任：陈伟志　詹其军　孟　蕾

委　　　员：陈尚毅　王旭东　毛　琪　陈德学　闫江平　阮伟荣　王　特　朱前程　齐团结
　　　　　　何成春　田永华　杨金宝　肖　波　田启海　黄新华　孙军花　谭光远　杜　超
　　　　　　王成毅

《三十七团志》 编委会

总　　编：黄振宁

执行总编：王玉东

副 总 编：姜　阳

主　　编：杨　波

责任编辑：陈尚毅

统　　稿：苏　娟

图片提供：杨　波　杨金宝　杨铁军　孙士渠　钱保豫

初稿会审：祁　侃　王旭东　闫江平　阮伟蓉　陈德学　毛　琪　田启海　杨金宝　王　特
　　　　　朱前程　齐团结　黄新华　孙军花　田永华　何成春　肖　波　谭光远　李文谭

提供资料单位：

兵团档案局　　　　　　　　　　第二师铁门关市档案局

巴州且末县文史局　　　　　　　乌鲁木齐市盐湖化工厂办公室

乌鲁木齐和平都会　　　　　　　乌鲁木齐市第二师办事处

三十七团档案室　　　　　　　　吐鲁番市大河沿社区

第二师塔里木水管处办公室

提供资料人员

于　静　万继裕　马秀华　王　特　王旭东　王建成　王晓林　牛宝胜　毛　琪　尹建军　尹素萍

田亦松　司雅丽　邢晓燕　朱春华　朱前程　刘龙光　阮伟荣　孙　洁　孙秀莲　孙道卿　李长有

李明芬　李翠兰　杨玉梅　杨全新　杨金宝　杨铁军　杨润琪　时凤玲　吴中艳　吴利民　吴海龙

吴新慧　何成春　宋秀圬　张　涛　张正彩　张拥军　张素琴　张登榜　陈百胜　陈德学　苟兴兵

尚文泰　罗志英　庞海莲　郑青艳　赵全顺　侯　明　侯文斌　施利民　袁玉霞　顾　鑫　郭志军

黄金莲　曹山英　曹继荣　梁　洁　隋登德　彭　慧　董华福　舒全孝　谢春荣　蔡家银　谭光远

翟加义　翟启泉　魏克俭

第二师铁门关市三十七团连队分布图

且

依山干村

萨勒肯其村

阿羌

三连

二连
(欣和村)

且

审图号：新兵S(2019)009号　　地图审核：新疆生产建设兵团自然资源局

图　例

◎	县级行政中心	▬▬▬	兵团县乡道
◎	兵团团场	▬▬▬	专用道路
◎	乡级行政中心	▬▬▬	地方县乡道
⊙	连队、行政村	〜〜	河流、湖泊 水库
▬▬▬	团场工作界	〜〜	渠道
G312	国道及编码		

N

末 县

其盖喀什村

东风干渠

勒瓦恰

革命干渠

艾盖西铁日木村

江达铁日木村

车尔臣河

G315

阿瓦提村

巴格艾日克

英吾斯塘

斯塘村

科台买艾日克村

科台买艾日克村

阔什艾日克村

加瓦艾日克村

铁热格勒克库勒村

且末县

托格拉克勒克

三十七团

扎滚鲁克村

且末镇

阿日希村

欧吐拉艾日克村

阿热勒

亚喀吾斯塘村

琼库勒

琼库勒村

墩买里村

克亚克勒克村

一连
(苏干特)

末 县

新疆兵团勘测设计院（集团）有限责任公司编制

三十七团·金山镇

▲ 20世纪70年代，工三师"0701"工程筑路职
工在工地临时搭建的地窝子　（团档案室资料）

▲ 20世纪70年代初，工三师"0701"工程指挥部在且末
红旗区修建的干打垒结构机关办公室　（杨波 摄）

◀ 1981年，盐湖巴州工程支队在吐鲁番市
大河沿镇的支队部旧址（摄于2015年6月）
（杨波 摄）

▶ 1986年，且末工程支队队部设在原工三师
指挥部旧址　　（团档案室供图）

◀ 2002年3月，且末工程支队在红旗区建成的
两层机关办公楼　　（杨波 摄）

1	2
3	
4	
5	

1　2010年9月，且末工程支队迁至且末县城的机关办公楼
（摄于2012年9月）　　　　　　　　（杨波 摄）

2　2014年，三十七团机关在且末县州际酒店设置临时
办公场所　　　　　　　　　　　　（杨波 摄）

3　2021年建成的三十七团机关办公大楼　（杨波 摄）

4　2020年12月30日，第二师铁门关市金山镇挂牌
成立　　　　　　　　　　　　　　（杨金宝 摄）

5　2014年3月29日，三十七团成立挂牌仪式
　　　　　　　　　　　　　　　　　（杨波 摄）

政治建设

▣ 20世纪七八十年代，且末工程支队
开展党员教育活动（团档案室供图）

▣ 1999年11月4日至5日，中共且
末支队委员会第一次代表大会在跃进
区召开　　　　　　　（杨波 摄）

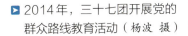

▣ 2014年2月8日，三十七团召开党的
群众路线教育实践活动动员大会
　　　　　　　　　　（杨金宝 摄）

▶ 2014年，三十七团开展党的
群众路线教育活动（杨波 摄）

▸ 2015年，三十七团举办"庆七一、念党情、颂党恩"歌咏比赛　　（杨波 摄）

▸ 2018年6月，三十七团机关干部给职工讲解枣园花期管理与水肥调控技术　（杨铁军 摄）

◂ 2015年，三十七团召开"基层组织建设年"暨"干部作风建设年"活动推进会　（杨金宝 摄）

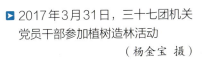

▶ 2017年3月31日，三十七团机关
党员干部参加植树造林活动
　　　　　　　（杨金宝 摄）

◀ 2018年7月1日，三十七团党员
面对党旗重温入党誓词
　　　　　　　（杨金宝 摄）

▶ 2018年，三十七团召开党员领导
干部警示教育大会 （杨铁军 摄）

▲ 20世纪80年代，且末工程支队开展新招收民警基本技能课目训练 （团档案室供图）

▲ 2015年，三十七团民兵基础课目训练 （杨铁军 摄）

▲ 2015年，三十七团民兵防暴演练 （杨波 摄）

▲ 2015年4月，三十七团民兵擒拿格斗训练 （杨铁军 摄）

◀ 2019年1月10日，三十七团开展干部职工"军事日"野营训练 （杨铁军 摄）

经济建设

◎建筑施工

▲ 20世纪70年代，兵团司令员陈实（右二）在施工工地慰问筑路人员
（团档案室供图）

▲ 20世纪70年代，工三师"0701"筑路队沿昆仑山北麓开山修路架桥　（团档案室供图）

▼ 20世纪70年代，工三师"0701"筑路队修建315国道工程的运输队　（团档案室供图）

▶ 20世纪70年代，工三师"0701"筑路
队修建的砂石道路　　　（杨波 摄）

◀ 20世纪70年代，且末工程支队技术人员
　　在施工现场测量　　　　（钱保豫 摄）

▶ 20世纪80年代，工程技术人员在
　　工地测量　　　（钱保豫 摄）

1 1970年6月，工三师"0701"筑路队建成的牙通古斯河大桥

（钱保豫 摄）

2 1972年，工三师"0701"筑路队建成的安迪尔河大桥

（钱保豫 摄）

3 1978年5月，巴州工程支队建成的车尔臣河大桥

（钱保豫 摄）

4 1988年，且末工程支队建成的矿山公路跨河桥梁

（团档案室供图）

◀ 1980年，巴州工程支队在乌鲁木齐
盐湖化工厂修建的职工住宅楼
（杨波 摄）

▶ 1984年，且末工程支队在大河沿
镇修建的吐鲁番火车站职工家属
住宅楼 （杨金宝 摄）

▲ 1982年，巴州工程支队在盐湖化工厂建成的无水芒硝
脱硫车间 （杨波 摄）

▲ 1979年8月，巴州工程支队建成的且末机场候机
大厅和航站楼 （杨波 摄）

▶ 1985年，且末工程支队在大河沿镇
建成的吐鲁番火车站候车室
（杨波 摄）

◀ 1986年5月，且末工程支队在吐鲁番市大河
沿镇建成的邮电局大楼 （杨波 摄）

▶ 1986年11月，且末工程支队在吐鲁番市
大河沿镇建成的铁路大厦 （杨波 摄）

◎种植业

▲ 1972年，农三师且末指挥部三连职工在且末县东风地区开荒造田　（钱保豫 摄）

▲ 20世纪70年代，工三师"0701"筑路队在且末地区开荒造田　（团档案室供图）

▲ 20世纪80年代开荒种植的麦田
（团档案室供图）

▲ 20世纪80年代，且末工程支队在跃进区种植的水稻　（团档案室供图）

▲ 20世纪90年代初期，且末工程支队转产农业在跃进区种植的棉花　（团档案室供图）

▲ 三十七团建成的高标准农田（摄于2021年）
（孙士渠 摄）

◀ 1970年，工三师筑路队七连女
工班往菜地拉运有机肥
（钱保豫 摄）

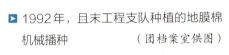 1992年，且末工程支队种植的地膜棉
机械播种 （团档案室供图）

◀ 2018年，三十七团机械采收
打瓜 （陈刚 摄）

▲ 2003年4月，且末工程支队投资23万元兴建6座蔬菜
日光大棚 　　　　　　　　　　（团宣传科供图）

▲ 2006年，且末工程支队跃进区的蔬菜基地 　（杨波 摄）

◀ 2019年，三十七团设施农业基地
采取无土栽培技术种植草莓
　　　　　　（杨铁军 摄）

◀ 三十七团种植的草莓（摄于2020年
8月） 　　　　　　（杨铁军 摄）

▶ 2021年，三十七团设施大棚种植
的无花果成熟 　　　（杨铁军 摄）

▶ 2017年，三十七团在沙漠种植的
肉苁蓉　　　　　（杨铁军 摄）

◀ 2017年，三十七团职工种植梭梭
嫁接大芸成功　　（杨铁军 摄）

▶ 2017年，三十七团试种京科
986玉米新品种　　（陈刚 摄）

◀ 2021年9月，二连试种的张杂谷
喜获丰收　　　　（杨铁军 摄）

◎林果业

▲ 2006年，且末工程支队退棉进枣，在低产棉田间作枣树　　　　　　（杨波 摄）

▲2012年，三十七团加密种植的枣园
（杨波 摄）

▲ 2015年，三十七团红枣晒场　　（杨波 摄）

▲2013年，三十七团建成的红枣示范园　（杨金宝 摄）

▼2018年，三十七团红枣外运

（孙士渠 摄）

▶ 2014年，三十七团技术人员为职工现场传授冬季枣树修剪技术

（杨金宝 摄）

▲ 三十七团挂满枝头的红枣

（摄于2010年9月）

（杨波 摄）

▲ 2015年，三十七团种植的红枣丰收　　　　（杨铁军 摄）

▼ 2021年6月，三十七团种植的桃子熟了　　（陈刚 摄）

▲ 2020年8月，三十七团种植的桃子（杨铁军 摄）

◎畜牧业

▲2014年，三十七团招商引资建成的万头猪场

（杨波 摄）

▲2014年，三十七团万头猪场自动化送料设备

（杨波 摄）

◀2015年，三十七团玖源绿色枣园鸡养
殖合作社社员在分装外销的鲜蛋

（杨铁军 摄）

▶2014年，三十七团职工依托枣园
发展林下经济，养殖各类家禽

（杨金宝 摄）

◎水利建设

▲ 1970年，工三师在车尔臣河中段
老龙口处修建的拦河坝开闸放水
（团档案室供图）

▲ 1986年7月，且末工程支队开挖西岸大渠
（团档案室供图）

◀ 1988年，且末工程支队建成的
西岸大渠渠首工程
（团档案室供图）

▲ 1988年建成的车尔臣河西岸大渠　（杨波 摄）

▲ 2015年，扩建后的三十七团跃进水库（杨金宝 摄）

◎工业

▼ 1973年，农三师且末工程支队锻造工操作机床 （钱保豫 摄）

▲ 1971年，工三师兴办的木材厂制作各类生产和生活用具
（团档案室供图）

► 20世纪70年代，且末工程支队在红旗区建成的副食品加工厂
（团档案室供图）

◄ 1984年7月，且末工程支队与且末县在红旗区合资兴建的"金驼"水泥厂旧址（摄于2015年） （杨波 摄）

◀ 1986年7月，且末工程支队在龙口建成的预制板厂 （团档案室供图）

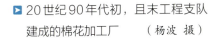

▶ 20世纪90年代初，且末工程支队建成的棉花加工厂 （杨波 摄）

◀ 1992年，且末工程支队职工向棉花加工厂交售棉花 （杨波 摄）

▶ 20世纪90年代，且末工程支队棉花
加工厂生产车间　　（杨波 摄）

◀ 2008年，且末工程支队棉花加工厂
生产的皮棉　　　　（杨波 摄）

▶ 2010年，且末工程支队组建成立农
二师昆山棉业有限公司 （杨波 摄）

▶ 20世纪90年代末，且末工
程支队昆金石棉矿矿部旧址
（杨铁军 摄）

▼ 2013年5月，位于昆仑山与阿尔金山交会处海拔3800米的三十七团昆金石棉矿矿区　（陈红梅 摄）

▲ 2010年，且末工程支队成立巴州沙漠玉枣
果业有限公司加工鲜枣　（杨波 摄）

▲ 2014年，三十七团成立奇强混凝土商业
有限公司　（杨波 摄）

◎商业

◀ 20世纪70年代，且末工程支队建成
的土坯结构物资库房　（杨波 摄）

▶ 2012年，且末工程支队在且末县城
修建的商业街　（杨波 摄）

◀ 2012年，且末工程支队在且末县城
建成的12层地标建筑——州际酒店
（杨波 摄）

河北援建

◀ 2013年，河北省唐山市援助三十七团
学校的校车　　　　　（杨波 摄）

▶ 2018年12月，河北省唐山市团
委向三十七团中学贫困学生捐赠
羽绒服　　　　（杨铁军 摄）

◀ 2014年，河北省唐山
市援建三十七团幼儿
园，于2017年落成使
用　　　（杨铁军 摄）

▲ 2015年，河北省唐山市援建的三十七团康都小区天然气入户工程　　　　（杨波 摄）

▼ 2018年8月25日，河北省唐山市果树专家（左一）向三十七团职工传授大棚樱桃病虫
害防治技术　　　　　　　　　　　　　　　　　　　　　　　（杨金宝 摄）

兵地共建

▲ 20世纪70年代，工三师医疗队免费
为地方乡村群众做免疫检查
（团档案室供图）

▲ 20世纪70年代，且末工程支队资助且末县建成
四组涡轮式水力发电机组 （团档案室供图）

▲ 20世纪70年代，且末工程支队修建的
且末县水力发电站 （团档案室供图）

▲ 1991年4月，且末工程支队在西岸大渠兴建的场外
干渠分水闸交由且末县管理 （团档案室供图）

▲ 20世纪80年代，且末工程支队资助且末县
建成广播电视台 （团档案室供图）

▲ 1996年6月28日，且末工程支队召开首届民族团结
表彰大会 （团档案室供图）

▲ 2014年5月，且末县乡镇村民在三十七团
枣园学习红枣修剪技术　　　（杨波 摄）

▲ 2017年3月21日，三十七团中学与且末县琼库勒
乡中小学开展联谊活动　　　（杨铁军 摄）

▶ 2015年7月，河北省唐山市路北区
选派医疗队，在且末县英吾斯塘乡
开展义诊　　　（杨铁军 摄）

◀ 2014年11月22日，
三十七团机关干部与且
末县英吾斯塘乡科台买
艾日克村少数民族村民
结对帮扶（陈红梅 摄）

▲ 2019年，三十七团设施农业基地给地方乡村农牧民
赠送反季节菜苗　　　（杨铁军 摄）

▲ 2019年5月1日，三十七团党员干部与且末县英
吾斯塘乡少数民族党员干部开展"我与国旗合个
影"联谊活动　　　（杨铁军 摄）

文化建设

◂ 20世纪70年代，且末工程支队的
连队放映电影　　（团档案室供图）

▲ 2010年4月建成的连队
"农家书屋"

（杨波　摄）

▲ 2014年7月6日，三十七团在且末县昆仑广场举办"百日文
化广场"专场文艺演出　　　　　　（杨波　摄）

▲ 2019年5月20日，三十七团召开《三十七团志》初稿评审会。师市史志办主任张振华指导评审，团党委书记、政委宁丰对志书编修提出要求，机关各部门、基层单位、驻团机构负责人20余人参加志书评审 　　　（陈刚　摄）

▲ 2015年，三十七团投资2000万元对跃进水库重新规划，2017年建成水上公园 　　　（杨铁军　摄）

◀ 2015年，三十七团在三连举办兵团历史图片展 　（杨波　摄）

▶ 2015年8月，兵团豫剧团在
　三十七团慰问演出
　　　　　　（杨铁军 摄）

▶ 2015年2月，三十七团举办
　春节职工社火表演
　　　　　　（杨金宝 摄）

▶ 2015年，三十七团编演的
　文艺节目《丝路驼铃》获得
　第二师春晚演出一等奖
　　　　　　（杨波 摄）

社会建设

◀ 1980年，巴州工程支队搬迁至大河沿镇
的学校旧址　　　　（杨金宝 摄）

▶ 1974年之前，且末工程支队在
且末红旗区戈壁滩上兴建的干打
垒结构学校教室　　（杨波 摄）

▲ 2006年，且末工程支队在红旗区建成砖木结构的学校
校舍　　　　　　　　　　　　（杨波 摄）

▼ 2015年9月，三十七团新建的学校
教学楼和操场　　　（杨铁军 摄）

▶ 20世纪70年代，且末工程支队
职工居住的土坯房（摄于2015年
6月）

（杨波 摄）

◀ 1998年，且末工程支队红旗区
居民小区　　　　　（杨波 摄）

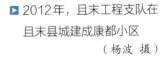

▶ 2012年，且末工程支队在
且末县城建成康都小区
（杨波 摄）

▲ 2015年，三十七团建成的跃进区小城镇职工住宅区

（杨铁军 摄）

▲ 2021年，俯瞰三十七团小城镇居民住宅区

（孙士渠 摄）

◀ 1970年，工三师在红旗区建成
　的干打垒结构医院门诊部
　　　　　　　　　（杨波 摄）

▶ 2015年，三十七团医院医务人员
　到连队为职工免费体检
　　　　　　　　（杨铁军 摄）

▼ 2016年，三十七团医院在跃进区落成　　　　　　　　　　　　　　（杨波 摄）

◀ 1988年,且末工程支队举行
南部山区盘山道路至石棉矿6
号桥通车典礼

（团档案室供图）

◀ 2015年6月,三十七团跃进区
主干道——建设路完成扩建
通行　　　（杨波 摄）

◀ 2015年,职工停放在住宅
小区的私家车　（杨波 摄）

生态建设

▲ 三十七团原始地貌　　　　（杨金宝 摄）

▲ 沙尘暴侵袭三十七团（摄于2018年4月）

（陈德学 摄）

▲ 2015年，三十七团沙尘蔽日　　　（杨波 摄）

▲ 2010—2018年，三十七团在塔克拉玛干沙漠边缘种植的万亩梭梭林　　　（杨铁军 摄）

◀ 2014年，三十七团职工在沙漠腹地
植树种绿　　　　　　（杨波 摄）

▲ 2017年1月10日，三十七团玉昆仑湖，国家二级保
护鸟类赤麻鸭掠过水面　　　（杨铁军 摄）

▲ 2017年，三十七团购入苗木持续实施治沙造林
工程　　　　　　　　　（杨金宝 摄）

 经几代人奋斗，三十七团的绿色田园风光
（摄于2020年）　　　（杨铁军 摄）

▲ 2008年，且末工程支队在跃进区建成的"三北"防护林（杨波 摄）

▲ 2015年，三十七团的道路林

（杨金宝 摄）

▲ 沙漠历史的见证者——坚强的胡杨　　　　　　　　（杨波 摄）

▲ 三十七团周边的沙漠风光（摄于2015年）　　　　　（杨金宝 摄）

凡　例

一、本志以马克思列宁主义、毛泽东思想、邓小平理论、"三个代表"重要思想、科学发展观、习近平新时代中国特色社会主义思想为指导，坚持辩证唯物主义和历史唯物主义观点，全面记述了三十七团在志书断限内政治、经济、文化、社会、生态方面的发展历程和现状。

二、本志系三十七团首部团志，力求贯通全史，详尽全面，上限1970年，下限2015年。部分内容因存史和记述完整性的需要有所下延。

三、本志以述、记、志、传、图、表、录为载体，由彩页、记、述、分志、附件和编后等部分组成。大事记采用记事本末体记述；各分志以类记年，以年叙事，以事述志，依人托志。

四、本志中的历史地点、人物、职务称谓使用当地习惯写法；团内已经确定的标准地名按已确定名称叙述；人物名字后面不带职务和称谓。

五、本志除概述、大事记、彩页之外，分志编成27章，为弥补章结构和三十七团前身历史叙述不足，设置了专业类和历史类章节，以便续志之参考。

六、本志人物章遵循"生不立传"的原则，在世人物凡有突出政绩和贡献者，均用人物简介形式介绍；历任正处（县）级以上领导、文化名人、英模、离休干部，根据所掌握资料以任职先后，尽可能全面地介绍人物生平；对发明创造、改革创新等有重要贡献的人员破格载入；对90岁以上长寿老人选录入志。其余人物则以事系人散见于章目。

七、本志经济数据由团财务、统计、国土、民政等部门提供，部分数据依据《第二师统计年鉴》。数字采用国家语言文字工作委员会发布的《关于出版物上数字用法的试行规定》和相关要求书写。

八、本志主要使用语体文、记述体两种语体书写，附录录入团内重大文献、重要规划、团内先进人物等资料以供续志时参考。

九、本志中所涉及人物、事件均以收集资料为准，部分采用口述资料。

目　录

第一章　建置区划

第二章　自然地理

第八章　经济综述

第九章　建筑施工

第十章　种植业

第十五章　经济管理

第十六章　中共三十七团组织

第十七章　政企事务

第十八章　政法　武装

第十九章　群众团体

第二十章　人力资源和社会保障

第二十一章　科学技术

第二十二章　教育

第二十三章　医疗卫生

第二十四章　社会生活

第二十五章　精神文明建设

第二十六章　文化体育　广播影视

第二十七章 人物 先进集体

概　述

一

　　新疆生产建设兵团第二师三十七团位于塔克拉玛干沙漠南缘的巴音郭楞蒙古自治州（以下简称巴州）且末县境内。且末县东与若羌县交界，西与民丰县接壤，南濒阿尔金山和昆仑山，北部深入塔克拉玛干沙漠与尉犁县相接。三十七团与第二师三十八团相距127千米。团场由跃进区、红旗区、石棉矿区、县城区四个区域组成。其中，跃进区位于且末县城以西23千米处，315国道以南，东北部与且末县英吾斯塘乡接壤。地理坐标为东自东经85°23′37″，西至东经85°8′4″，南自北纬38°0′06″，北至北纬37°0′40″。该区人口较为集中，为三十七团机关所在地。红旗区位于且末县城以南6.7千米处，东临车尔臣河，地理坐标为东经85°32′35″，北纬38°4′46″。石棉矿区位于阿尔金山与昆仑山交会处，距且末县城278千米，地理坐标为东经84°44′44″，北纬36°59′24″，四周均为高山深谷，海拔高度3200～3850米。县城区位于且末县文化路与丝绸路交界处。

　　垦区所在地是西域三十六国的小宛国发祥地。西汉时期，小宛国曾设王治扜零城，有辅国侯1人，左右护卫都尉1人，距长安3605千米，有居民150户，人口1050人，胜兵200人。西汉建元三年（公元前138年）张骞出使西域途经此地，从此，且末与其他地方的联系不断加强。

　　北魏太平真君三年（公元442年）因避战乱，鄯善王率4000余户西奔且末。隋大业五年（公元609年），隋朝在且末设郡，统肃宁、伏戎二县，并嫡天下罪人，配为戍卒，大开屯田。

　　唐贞观十八年（公元644年），玄奘自印度取经回长安途经且末，并在《大唐西域记》中对且末有记载。唐上元三年（公元676年），且末郡改为"播仙镇"，属陇右道沙州。唐贞元年间至大中四年（公元785—850年），吐蕃占据且末。元世祖至元二十七年（公元1290年）称"者里辉"。

　　元代马可·波罗在《马可·波罗行纪》中对且末有记载。清光绪十年（公元1884年）清政府在新疆建省后称"卡墙"，设且末县治。

　　20世纪70年代，新疆军区生产建设兵团公路施工队伍随公路修筑至且末，开始在此屯垦，在城南6.5千米曾设工程指挥部，驻有职工及家属2万余人，铺路架桥，屯田千顷。2015年，三十七团于跃进区筑城兴业。

　　三十七团距乌鲁木齐市公路里程1210千米，距第二师铁门关市公路里程710千米，为兵团第二师两个最偏远的团场之一。两条沙漠公路直达铁门关市，并通达库尔勒市。其中，北线为且末—塔中—库尔勒，南线为且末—若羌—库尔勒。团部距且末县玉都机场10千米，开通直达库尔勒市、乌鲁木齐市的航线。国道 315 线穿越团域而过，和若（和田—若羌）高速公路紧邻团场北部；和若铁路从团部穿过，团域内建有 1 座客货两用火车站。三十七团所在区域为新疆南疆地区，向西通往和田、喀什，往东直达青海省西宁市，是通往国内其他省区的重要交通要道。

三十七团区域属于暖温带干旱大陆性气候，日照时间长，昼夜温差大，无霜期长达 170 天；自然降水量极少，蒸发量大，气候干燥；大风天气较多，全年有 129 天为沙尘暴和扬沙天气。团场所在的且末县境内主要河流有车尔臣河、喀拉米然河、莫勒切河、江尕勒萨依河、米特河、安迪尔河、塔什萨依河、博斯坦托格拉克河 8 条较大河流，团场主要利用车尔臣河水灌溉农田。因垦区光照潜力大，太阳能资源仅次于青藏高原，高于同经纬度其他地区，所以适宜种植棉花、小麦、玉米等农作物及葡萄、桃子、红枣等果品。垦区内的南部山区矿产资源丰富，探明有煤炭、铜、锌、云母、黄金和玉石等矿藏。

1970 年，兵团组织力量修筑 315 国道以来，经过 45 年的开发建设，全团行政区域土地总面积 11251.72 公顷，其中跃进区 10694.09 公顷、红旗区 557.63 公顷。团行政辖区外，三十七团另使用且末县土地 69.97 公顷，其中石棉矿区 45 公顷、县城区 24.97 公顷（康都小区 3.51 公顷、玉成花苑 21.46 公顷）。

2015 年末，辖区实有人口 2264 人，人口以汉族为主，另有维吾尔族、回族、蒙古族、苗族、藏族、布依族、土家族等 8 个少数民族。其中，汉族 2233 人，占全团总人口的 98.63%；维吾尔族 17 人，占全团总人口的 0.75%；回族 5 人，占全团总人口的 0.22%；其他民族人口 9 人，占全团总人口的 0.40%。人口自然增长率为 0.42‰。团辖 4 个生产连队、3 个工副业单位、2 个事业单位（医院、学校）、1 个设施农业基地、1 个林管站、1 个社区、1 所幼儿园，全团共有 13 个企事业单位，是第二师规模较小的团场。

二

新疆生产建设兵团第二师三十七团是由新疆军区生产建设兵团原工三师司令部"0701"工程民丰工程支队和兵团农一师、农三师、兵团建工师筑路施工队演变而来。1967 年 4 月，自治区"0701"（新疆维吾尔自治区建委工程序号）国防道路（315 国道）工程启动，兵团接收自治区下达的新疆境内南疆段建设施工任务。5 月，从兵团勘探设计院、建工师、农一师及农三师所属农场抽调整建制连队和技术人员 21020 人和 180 辆汽车，组建新疆生产建设兵团工程建筑第三师（简称工三师），其下属的各施工队从莎车县起，自西向东分段施工。为便于施工管理，1968 年 8 月，工三师将建工师和农一师、农三师所属施工队合并隶改为工三师民丰工程支队。是年，工三师民丰工程支队开始动工修建莎车至民丰段（时称西段工程）砂石路面公路。1970 年 12 月，"0701"西线工程基本竣工，各施工队随工程进度陆续东移进驻巴州且末地区。

1971 年 2 月，工三师建制撤销，留下部分连队在且末县跃进、东风地区从事农业生产，工三师易名为农三师司令部 "0701" 工程且末前线指挥部。因农三师且末前线指挥部驻扎在巴州且末县境内，1973 年 3 月，兵团将农三师且末前线指挥部与工三师留存下来的连队合并，组建成立农三师且末工程支队，继续修建且末至若羌段砂石路面公路。

1974 年 2 月，农三师且末工程支队划归农二师管理，易名为新疆军区生产建设兵团农业建设第二师且末工程支队（后简称为且末工程支队）。

1975 年 5 月，农二师且末工程支队归属巴州管理，易名为巴州且末工程支队。1977 年 5 月，更名为新疆巴州工程支队。1982 年 4 月，兵团建制恢复；5 月，巴州工程支队回归农二师建制，恢复农二师且末工程支队称谓。

1970—1982 年，且末工程支队完成民丰至且末 640 千米 315 国道铺设任务。1982 年 11 月，留守的施工队将道路修至若羌县江尕勒萨依段时，与国家筑路部队会师，自治区 "0701" 工程全线竣工。315 国道工程任务的完成，构筑起中国西部边疆地区的战略公路网。

1983 年，自治区和兵团作出大规模开发且末的决定。在时代背景下，在且末跃进地区设置劳改农场。农二师且末工程支队开始履行劳改管理和企业经营管理双重职能。2009 年 4 月，根据国家狱政改革，兵团实行监企分离，且末工程支队的劳改管理职能被剥离，企业部分继续保留农二师且末工程支队称谓。

2012 年 10 月，且末工程支队被纳入兵团农牧团场序列，列编为新疆生产建设兵团第二师三十七团。此后，三十七团经济和社会各项事业正式步入兵团农牧团场发展轨道。

三

三十七团的前身是 20 世纪 60 年代后期，应国家国防战备需要组建的兵团工三师一支建筑施工企业，担负新疆莎车至青海茫崖段国防公路施工（即新疆维吾尔自治区 "0701" 工程）任务，该工程是国家西北地区 "三线建设" 重点项目之一。这支由 20 世纪五六十年代进疆的支边青年、部队复员转业军人和学校刚毕业的学生组成的建设大军，沿昆仑山北麓、塔克拉玛干大沙漠一线，顶酷暑、抗严寒，依靠简陋的独轮车、扁担、条筐等修路工具，手拉肩扛，风餐露宿，奋战在大沙漠边缘，利用 10 年的时间完成 "茫莎公路"（青海省茫崖镇至新疆莎车县）修筑，开通了我国西部地区连接其他地区的国防通道。

1970 年，工三师筑路队随工程进度东移进驻且末地区，且末县人民政府给筑路队划拨土地由其开荒造田种植粮食、蔬菜等，以解决筑路队伍生活后勤保障问题。筑路队同时投入 315 国道施工和且末地区农业土地开发，担负起 "屯垦戍边、建设边疆、保卫边疆" 的历史重任。1971 年，工三师且末指挥部建制撤销，划归农三师后成立农三师且末指挥部，接替工三师筑路任务期间，先后与且末县政府联手兴办煤矿、云母矿、石棉矿，合资开办水泥厂、预制厂、砖厂，逐步发展成为以315国道工程施工为主，兼顾农业生产和自然资源开发的兵团企业。

1975年，农二师建制撤销，且末工程支队划归巴州公路局管辖，更名为新疆巴州工程支队。时有职工2400余人，继续从事修路与建筑安装工程，兼顾工矿和农副业生产，是南疆地区最大的建筑施工企业。1970—1978年，且末工程支队依靠国家拨款从事建筑安装和公路建设工程，是二师颇具盛名的盈利大户，曾资助且末县兴办社会事业。

1978年后，315国道修筑工程基本竣工，国家和自治区未给且末工程支队下达新的建设施工任务，巴州公路局要求工程支队解放思想，积极找寻市场，自谋生路，守住阵地，待机开发。为求生存，且末工程支队组成10多个施工队四处承揽工程，挥师进军北疆建筑市场，先后承揽乌鲁木齐榆树沟水毁公路改建工程、盐湖化工厂无水芒硝脱硫车间建设安装工程、乌鲁木齐楼堂馆所建设等施工项目。各施工连队随工程迁移至南北疆各地，分布在榆树沟、盐湖化工厂、呼图壁、昌吉、大河沿、乌鲁木齐市、和静钢铁厂、库尔勒、鄯善、哈密等地。

20世纪80年代中期，且末工程支队实行北线与南线并存的两种经营管理体制，确定在盐湖、大河沿、哈密等北疆区域施工的单位为北线，主要是以工程施工为主，施工项目涉及道路、桥梁、厂矿、房屋建设等。相继在北疆承建农二师驻乌鲁木齐办事处服务楼、住宅楼、兵团文艺楼（和平都会）、百花村家属楼、农九师驻乌鲁木齐办事处宾馆大楼、自治区干部培训学校教学楼、鄯善影剧院；在大河沿镇承建完成铁路大厦、邮电局、吐鲁番火车站家属楼、吐鲁番火车站候车室等一批基础设施建设工程；承建兵团乌鲁木齐管理局红星干渠建设工程等；在南疆相继修建完成且末飞机场、牙通古斯河大桥、车尔臣河大桥、江尕勒萨依大桥、龙口大桥、老水泥厂南桥、东风大桥等一批重大交通工程项目；完成卡拉水库除险加固扩建工程、承建和静钢铁厂家属楼、南北桥、且末延安影剧院、塔什店办事处建设工程，且末工程支队因多次圆满完成疆内重大建设工程项目而享誉南北疆，为建设新疆作出了重要贡献。

1981年11月13日，自治区党委书记王恩茂在自治区三级干部会议上，传达国家"三线建设"工作会议精神，作出关于开发南疆地区，重点开发且末的指示，要求像治理玛纳斯河一样治理且末河，并在其流域恢复劳改农场，实施南疆开发建设。1982年4月，兵团建制恢复。是年5月，且末工程支队回归农二师建制。1983年，自治区和兵团作出大规模开发且末的决定，确定在且末河流域的英尔斯坦乡（现且末县英吾斯塘乡）建立农二师开发且末的立足点。是年，兵团总投资1374.6万元在且末实施水利、工矿业、农业种植和基础设施建设，奠定了且末工程支队工农业生产发展基础。

1984年2月，农二师向巴州党委、政府呈报开发且末的专题报告，得到巴州党委、政府和且末县委、县人民政府的同意和支持，组成工作组到且末地区实地踏勘，部署开发工作。4月，兵团且末农业大开发建设规划开始实施，车尔臣河西岸大渠工程动工，国家划拨首期工程建设投资

2150 万元。5 月 18 日，巴州、农二师、且末县就农二师《关于开发建设且末有关问题纪要》达成协议，将且末河西岸英吾斯塘乡以西碱沟为界部分，面积约 762.67 平方千米（东西长 22.78 千米、南北长 33.48 千米，包括且末工程支队农场和石棉矿区）土地划归农二师且末工程支队开发，并筹建成立且末劳改农场。

1986 年 10 月 1 日，农二师且末劳改农场挂牌成立，且末工程支队经营管理体制发生变化。设机关、医院、学校等，兴办工业、农业、商业等产业，主要经济来源依靠采矿业，拥有石棉矿、煤矿、云母矿，建有加工厂、加工连等。这一时期，且末工程支队持续开垦土地，种植棉花、粮食和蔬菜，同时以中队为主体发展养殖业，保证了粮食、蔬菜和肉食供应。但以棉花种植为主的种植业面积少，生产规模小，经济效益低下。

1988 年，因国家压缩基建资金，车尔臣河西岸大渠工程下马，且末工程支队依靠国家投资维持生存已难以为继。因自身发展能力不足，耕地面积小，人口少，多种因素制约经济发展，石棉矿常年亏损严重，企业无经济来源，欠发职工工资，单位无资金购买生产资料，经济处于严重困难边缘。

1989 年，且末工程支队改扩建棉花加工厂，农业种植面积扩大到 254 公顷。全年实现国内生产总值 162 万元，其中农业产值 154 万元、工业产值 -98 万元、其他经营产值 8 万元，全年经营总产值 64 万元，总投资 103 万元，生产经营亏损 39 万元。

1988—1990 年，兵团投资 500 万元支持且末工程支队发展生产，石棉矿开始逐步恢复基础设施建设和更新改造设备。农二师党委向且末工程支队党委提出"脚踏农业，手伸矿山，狠抓两棉（棉花、石棉）"的经济发展要求，重新确定经济发展方向，且末工程支队由建筑安装施工逐步转为矿产开发和农业建设。

1990 年后，且末工程支队由原来依靠国家投资生存，转向以农业生产为主、工业生产为辅的经济发展方式。因且末工程支队不属于兵团农牧团场，得不到国家和兵团对农牧团场各项建设的政策支持，只能自食其力、自力更生发展社会事业和生产建设。

1991 年，因农业开发投入大、效益低，内外债务高达 339 万元。兵团将且末工程支队参照纳入重点贫困团场之一，每年拨付给且末工程支队扶贫资金 30 万元，用于维持职工群众生计和经营事业的发展。1992 年 2 月，农二师党委向且末工程支队党委班子制定"三年走出困境，五年改变面貌"的工作目标。是年，且末工程支队实行土地联产承包责任制，土地承包合同一年一定。种植业主要推行地膜棉种植，棉花种植面积占农作物种植总面积的 81.84%；小麦种植面积占种植总面积的 8.82%，蔬菜、玉米等作物种植面积占种植总面积的 9.44%。同时，试种水稻，栽植苹果、杏子、梨树、桃树等果树。是年，人均占有棉花 473.1 千克，人均占有粮食 307.4 千克。

1994 年 12 月，支队推行"放水养鱼"土地承包政策，农业连队打破"大锅饭"，首次推行"两费自理"责任制，集体辅资与"两费自理"相结合承包土地，除生荒地外，产生经济效益的条田均按面积固定到户。畜牧养殖以生猪饲养为主，由监区中队、职工圈养，规模小，产肉量低。

1992—1993 年，昆金石棉矿完成基础设施和设备的更新改造，产品质量进一步提高。1991—1994 年，且末工程支队经济连年亏损，亏损总额达 270.61 万元。1995 年，因石棉生产成本高，同时受到进口石棉的冲击，导致石棉产品滞销，石棉矿停产。支队仅依靠单一的农业产业发展，举步维艰，经济发展水平落后于全师各团场。国家"八五"（1991—1995 年）时期，减亏增盈成为且末工程支队经济发展的首要目标。

"九五"（1996—2000 年）时期，且末工程支队加大经济体制改革力度，实行农业经营体制改革，土地承包期限由一年一定改为五年不变，职工承包土地积极性高涨。出台优惠政策鼓励职工自费开发边角荒地，垦荒造田，使支队耕地面积逐年增加。

1996 年，国内石棉市场价格有所提升，石棉产品销路畅通，石棉矿恢复生产。当年生产石棉 1300 吨，创产值 287 万元。1998 年，实行农机管理体制改革，农机具作价归户；在跃进区修建养殖场，建立副食品生产基地，以养猪为主。

2000 年，农业生产在推行"两费自理"前提下，全面推行经济承包责任制。因加大土地投入，实行科学种植，籽棉总产量明显提高。当年停止水稻种植。加大农业基础设施建设，改造低产田、开挖干渠、修建跃进区支渠、扩建跃进区小型水库、购置配套农具等，农业生产条件得到进一步改善。

"十五"（2001—2005 年）时期，因国内棉花市场看好，皮棉价格持续上涨，且末工程支队压缩其他农作物种植面积，扩大棉花种植面积。石棉矿实行对外租赁承包。监区新建养猪场，给每户职工划拨养殖用地，支持职工发展养殖业。2001 年棉花播种面积占播种总面积的 92.45%，养殖各类牲畜、家禽等 1840 头（只），占牲畜存栏总数的 62.5%，形成以公有养殖为主、集体和个人私养为辅的畜牧业生产格局。

2004 年，打破计划经济体制下的土地经营模式，实行土地租赁经营承包责任制，私有资本融入集体经济，增强了企业经济发展活力。2005 年，完成国内生产总值 1292 万元，但因实施水利、猪场、晒场、水库大堤加固、建水文检测站、架设高压线路、铺设区间沥青路、建寄宿制学校、危房改造等项目，固定资产投资加大，回收少，财务亏损 248.35 万元。但农业产业化格局逐渐形成，经济结构调整达到预期目标。

"十一五"（2006—2010 年）时期是支队经济发展的历史转折时期。2006 年，农二师党委为帮助且末工程支队摆脱长期经济困境，组织 10 个有经济实力的团场奔赴跃进地区实施农业综合开发，完成土地平整 1446.7 公顷，配套建成水、电、林、路等各项农田基础设施。

2006 年，根据市场行情以及地域优势，调整农业种植结构，重点发展以红枣种植为主的林果业。退棉进枣面积 256.6 公顷，红枣种植面积扩至 1640 公顷；种植生态经济林 1333.3 公顷，农业由原来的棉花种植转向以红枣种植为主、棉花等其他作物种植为辅的多元化种植结构，一举奠定且末工程支队经济发展基础。通过两年治碱治沙和栽植果树，2008 年跃进区实现红枣建园的目标。支队出台优惠政策支持职工发展庭院经济，划拨土地 4.5 公顷在一连建设自营经济养殖区，由职工自行投资兴建圈舍，引进长白母猪、公猪、仔猪 64 头，年底存栏生猪 120 头，当年获利 30 万元。监区养殖场生猪存栏 442 头，年产猪肉 33.15 吨。2008 年，完成国内生产总值 1203 万元，职均收入 8853 元，创利润 11.6 万元。支队一举摆脱 20 多年的经济发展困境。

2009 年，实行监企分离，结束长达 23 年"监企合一"的管理体制。2010 年末，第一产业生产总值中，种植业、林果业、畜牧业所占比重依次为 69.89%、2.14%、23.57%，农业内部结构进一步优化，加之当年国内市场棉花等农产品价格上涨，财务扭亏为盈，实现盈利 16.28 万元。

"十二五"（2010—2015 年）时期，且末工程支队纳入兵团农牧团场序列，组建成立三十七团后，坚持"生态立团、农业稳团、矿业富团、三产活团、文化铸团、戍边固团"的发展理念，加快产业结构调整步伐。农业实施生态循环、可持续发展的道路，继续调整种植业结构，红枣产业由数量规模型向质量效益型转变，枣园实施精细化管理，以提高红枣产量及品质，提升红枣的整体效益。规模化生猪养殖场正式投产；2 万头育肥牛标准化养殖基地一期工程竣工；团场扶持职工发展私有生猪养殖和林下经济，各类牲畜、家禽年存栏超过 20 万头（只）。

2015 年，全团年存栏生猪 1.05 万头；以红枣种植为主的特色林果业规模进一步扩大，红枣种植面积 1527 公顷，占农用地总面积的 54.98%。总产红枣（鲜枣）9084.8 吨，辖区所在的且末县被国家冠名为"中国红枣之乡"。设施农业建有日光大棚 105 座，种植反季节蔬菜，年产蔬菜超过 100 万千克，成为且末地区规模最大的蔬菜供应基地。沙产业种植有枸杞、大芸 333.3 公顷，逐步形成以畜牧业、林果业、设施农业、沙生产业为主的农业产业发展格局。持续发展二、三产业。工业通过招商引资，主要建有三十七团昆金矿业有限公司、农二师昆山棉业有限公司、巴州沙漠玉枣果业有限公司、奇强混凝土商业有限公司、三十七团钢架厂、三十七团水泥制品厂等工业企业，引进项目资金 2.67 亿元。"十二五"期间，累计完成国内生产总值 1.83 亿元，较"十一五"时期增长 174.37%，连续五年财务实现盈利，累计利润总额为 1097.48 万元，上缴利税 281 万元。

1970—2015 年的 45 年里，随着工农业生产的发展，带动了全团基础设施建设，改善了团场的生态环境，持续推进社会事业的进步。2015 年，团辖区修建有西岸大渠、场外干渠、跃进水库、地下机井、扬水站等一批水利设施；在红旗、跃进两个农业种植区建成支渠、斗渠、农渠、毛渠纵横交错的农田灌溉渠系，形成较为完善的灌排水利体系；全团居民生活饮用水均来自抽取地下水；通过实施通连道路工程，团场道路从土路逐渐演变为砂石公路、沥青路，形成以团部为中心，覆盖全团 10 个基层单位和工农业、旅游、火车站及联通 315 国道、和若高速、玉都机场通达新疆西北部地区及内地的交通公路网，彻底结束且末地区人们出行难的历史。针对且末地区全年风沙多的特点，实施封沙育林建设工程，封沙育林总面积为580公顷；建有生态经济林1223公顷，改善了团域内自然环境和气候条件。

随着生产力的发展，居民养老、失业、医疗、工伤、生育"五保合一"的社会保险体系日益完善，而以居民最低生活保障、医疗救助为基础，以救灾救济为辅，临时救济为补充，医疗救助、子女就学等专项救助政策相配套的社会救助体系覆盖全团每个居民，社会弱势群体得到关心和关爱，基本生活得到保障。

以团部建设为中心的城镇化建设初具规模。职工住房经历从地窝子、苇拱房、土坯房至砖房、楼房的变化历程。2009年4月，且末工程支队实行监企分离后，加快推进小城镇建设步伐。2010年9月，且末工程支队机关入驻原且末县公安局办公大楼。按照小城镇建设规划，在且末县城启动居民小区和商业大楼建设，建成规范化居民小区1个，241户职工住进且末县城康都小区。且末工程支队在且末县城建成商业一条街，个体商业经营户达到27家。

2014年，三十七团小城镇建设在且末跃进地区选址，并规划建设新团部。在新团部建成保障性住房1800套，配套完成城镇道路、给水、天然气、供热工程等基础设施建设，完成中学、医院、幼儿园等社会事业建设项目，在跃进项目区规化建设规范化小区4个，成立社区服务中心1个，社区管理逐渐规范化，职工群众居住环境和生活环境发生质的改变。建有1个团场文化活动中心、1个连队文化活动中心、8个农家书屋，电视网络由且末县电信局提供服务。团部和各连队均建有健身场所，安装健身器材84套，陆续建设特色小城镇展示区、玉昆仑湖湿地公园旅游度假区、四季玫瑰种植园、沙漠公园、现代农业观光园、畜牧养殖观光园等旅游设施，团场职工生活逐渐向城市化和现代化发展，提高了居民生活福祉，增加了团场的凝聚力和向心力。

四

政治工作是一切工作的生命线。历届党委坚持以共产主义信念教育人、引导人，为团场经济和社会事业的发展奠定了坚实的政治基础。1996年后，确定物质文明与精神文明"两手抓，两手都要硬"的指导方针，广泛开展群众性精神文明创建活动，全面加强党的建设和思想政治工作，成效明显。以小康连队创建、生态文明小区（连队）创建、十星级文明户创建、和谐小康家庭创建、文明单位评比、平安家庭和平安单位创建等活动为载体，以培养"四有"职工队伍为目标，坚持不懈开展以爱国主义、集体主义、社会主义为核心的思想道德教育，开展艰苦奋斗、爱岗敬业、遵纪守法教育和科学文化教育，提高职工群众的政治素质和文化素质，形成奋发向上、安定团结的思想氛围。围绕经济建设不断加强党的基层组织建设，开展社会主义思想教育、"三讲"教育、"三个代表"重要思想学习教育、保持共产党员先进性教育、"四抓四看"活动、学习实践科学发展观活动、创先争优活动、群众路线教育实践活动、"三严三实"专题教育活动等，党员的模范带头作用和党支部的凝聚力、战斗力不断加强。

精神文明建设以创建文明单位、和谐平安家庭、小康连队建设、思想道德教育活动等为载体，开展以"讲文明、树新风""社会主义核心价值观"等为主要内容的群众性精神文明创建活动，成为促进团场改革发展稳定的思想保证、精神动力和智力支持。宣传思想工作坚持"贴近实际、贴近群众、贴近生活"的工作方针，以经济建设为中心，围绕各个时期党委工作重心，开展理论课题研讨和对外宣传活动，让外界知晓且末工程支队，了解三十七团的发展，发挥了理论指导实践的作用。

三十七团所处的且末县，是新疆南疆地区少数民族集聚区之一。自筑路队进驻且末以来，与当地群众同呼吸、共命运、手挽手、肩并肩，以民族团结为契机，开展兵地政治、经济、文化、医疗、设施建设等共建共享活动，促进兵地政治、经济和社会事业发展进步。

1970 年，筑路部队到达且末，当地的维吾尔族群众扛去树木帮助搭建窝棚，划拨土地交由支队种植蔬菜，增派兽医帮助支队发展畜牧生产，引去河水灌溉农田，对部队的生产建设给予了大力支持。每年支队农业用水紧张时，且末县首先满足且末工程支队农业用水；农二师在跃进地区实施水土开发时，且末县委和政府主要领导多次前往跃进区土地开发现场，协调解决支队开发工作中遇到的问题；划拨土地支持且末工程支队发展工农业生产和城镇化建设；2000 年后，支队辖区被且末县纳入统一建设总体规划，且末县增加交通建设投资 400 万元，将柏油路修至支队连队、监狱路口；修建二级电站、沙漠公路、自来水改造、邮政、电信、道路、文化、供水、供电、光缆铺设等基础设施建设项目均由且末县全额投资完成，基础设施兵地共同使用、资源共享。

且末工程支队与且末县在开发建设且末地区的漫长岁月里，兵地双方相互依存，互帮互助，相互支持发展经济和社会各项事业，结下了深厚的情谊。1970—2009 年，且末工程支队曾先后投资 110 万元资助且末县建成"金驼"水泥厂；投资 13 万元建成汉、维两种语言的电视台；投资 480 万元修通且末县以西 130 千米的矿山公路；派出农业技术服务队驻扎地方乡村，为人民群众传授地膜棉种植技术；为农牧民找回丢失的羊 1320 多头；帮助乡村耕地 8086.67 公顷；组成工作组常年驻扎且末县的乡村，帮助地方群众脱贫致富。2010 年，为且末县英吾斯塘乡提供 3 万元基层党建经费；举办乡村农技培训班 10 次；投资 200 万元为且末县阿羌镇新建水肥一体化高标准日光温室大棚 8 座；向且末县英吾斯塘乡三年捐赠 10 万元，帮扶基层党组织建设资金；组织开展兵地文化联谊活动，在各族人民群众的心中架起一座团结友谊的桥梁。

三十七团成立后，团场干部职工与且末县 4 个乡镇的少数民族村民结对互助，你来我往，互通有无，亲密如同一家人；团场与且末县各乡村常年开展农业技术交流活动，形成维稳责任共担、精准扶贫共推、农业示范共兴、就业增收共促、科技引领共创、医疗服务共惠、文化交流共融、民族团结共建、干部人才共用的良好局面。1992—2015 年，农二师且末工程支队（三十七团）2 次被巴州党委命名为"民族团结进步模范单位"，3 次被农二师党委授予"民族团结进步模范单位"称号。

五

纵观三十七团45年的发展历程,有社会发展和经济辉煌的时期,也经历过发展艰辛的阶段。生活在这片土地上的职工群众坚守拥护中国共产党、忠于国家的信念,没有被困难吓倒,他们在逆境中求生存、求发展,度过了艰难岁月。特别是在党的十八大、十九大和第一次、第二次中央新疆工作座谈会召开之后,团场抓住机遇,乘势而上,解决了几代人没有解决的问题,办成了多少年没有办成的事情,职工生活达到小康水平,彻底摆脱了绝对贫困,步入经济和社会事业大发展、大建设的征程。

在继续前进的道路上,优势与劣势兼有,机遇与困难并存,诸多不利因素制约着团场的发展速度。三十七团地处塔克拉玛干大沙漠边缘,四周沙漠包围,生态环境脆弱,农作物遭受自然灾害频繁,多年栽植的外围林、防护林、封沙林因遭受不同程度大风、沙尘暴袭击导致死亡率居高不下,农作物受损严重;三十七团地理位置相对其他团场较为偏远,聚集人口的吸引力弱,人口流失现象时有发生;因缺乏人才,农业科技推广应用深入普及不够,农业种植技术水平差,加之生产规模小、人口少,经济发展水平和职工收入落后于师其他团场;团场处于建设期,基础设施建设滞后,城镇化建设起步晚、规模小、城镇功能发挥不明显;农田土地不平整、土壤含碱量大,造成农产品产量偏低,改善农业生产条件人才匮乏,技术落后,农业经济增长速度缓慢;旅游业发展起步晚、规模小、经济效益不明显;新型工业化建设起点低、数量少、规模小;团场距城市远、运输成本高、投资环境差,工业化发展受到一定制约;畜牧业草场退化,农作物秸秆利用率低,私人养殖户少,养殖业发展不平衡;团场人口少,人才缺乏,存在"引得进、留不住或留不久"的情况;团场发展起点低、历史欠账多、经济体量小、职工收入水平不高,壮大团场经济、发展多种经营、夯实团场发展根基仍是前进道路上亟待解决的主要问题。

综上所述,团场必须在水土开发、产业结构调整、优势资源转化、深化体制改革、加快人口集聚、提升城镇功能、加强生态建设、持续环境治理和精神文化建设等方面做好工作,下真功夫。

在经济发展和社会建设进程中,虽然三十七团存在诸多困难,但也有一定的发展优势。随着国家"一带一路"建设的深入推进,三十七团时逢兵团打造丝绸之路经济带核心区战略机遇,为团场顺应时势,应对挑战、克服困难、赢得主动、后发赶超提供了前所未有的机遇。团场深化实施精果、增畜、强设施的发展战略,以沙生产业、畜牧养殖业、特色林果业、设施农业、旅游业为主的农业产业化格局已基本形成。团场依托自然环境优势建立和发展生态经济,生态防风林面积达到3051.5公顷,其中沙生产业面积达1800公顷。经过多年土地开发和建设,三十七团耕地面积逐年增多。至2015年，全团已开发利用土地面积3118.28公顷，团域内仍有8133.44公顷待开发建设的土地。

三十七团是兵团新扩建团场，立足优势资源，扩大种养规模，种植业以优质产品和良好的信誉提高产品的市场竞争力，增加团场经济效益；畜牧养殖业实施"以草定畜、草畜平衡"，逐步兴建饲草料种植加工、畜禽良种繁育、育肥、屠宰深加工、冷链冷藏、销售为一体的畜牧产业链体系；林果业围绕做精做强红色产业，扩大种植优质桃、李、杏、葡萄、西梅等特色果品，规划种植核桃、苹果、黑枸杞等；设施农业结合且末县地理位置偏远、运输成本高的特点，重点发展以果品、反季节果蔬种植为主，兼顾培育果树花卉育苗；发展现代化农业旅游经济，形成人无我有、人有我优的特色产业体系发展格局。

三十七团扩建已列入重要发展规划，自2014年开始启动新城镇建设，在国家政策的支持下，经济社会发展已经步入快车道。商贸物流、宾馆酒店、农贸市场和小区现代服务业等新型商业在新城镇方兴未艾，引领并拉动第三产业迅速发展，带动团场人口聚集，促进城镇综合承载能力和自我发展能力的提高，有望把新城镇建设成高层次、高起点的富有兵团特色的安居宜业的小城镇。

面对未来，三十七团的发展方向更加明确，发展思路更加清晰，发展目标更加具体，必将能够走出一条符合团场实际、具有团场特点的跨越式发展道路，必将实现团场综合实力增强、职工生活富裕、社会长治久安的奋斗目标。

大　事　记

1967 年

4 月　自治区"0701"国防道路工程启动，兵团调集农一师、农三师和兵团建工师机关附属团场 21020 人和 180 辆汽车，组建新疆生产建设兵团工程建设第三师（简称工三师），修筑莎车至青海茫崖段。筑路队伍当中部队交通建筑专业人员 89 人，调干人员 111 人，当兵入伍人员 74 人，其他人员 20746 人。

8 月　筑路施工队将公路修至和田地区民丰县时，工三师前线指挥部迁至民丰县，番号为新疆军区生产建设兵团工三师司令部"0701"工程指挥部，下辖民丰工程支队、建工师工程团，农一师、农三师工程指挥部等施工建筑单位。

1968 年

8 月　为便于施工管理，工三师将建工师工程团和农一师、农三师所属施工队合并组建民丰工程支队，时称工三师民丰工程支队，建制级别为正团级。

9 月　民丰工程支队七连承建的牙通古斯河大桥动工，位于民丰县以东 63 千米，于民丰县牙通古斯河流域内的草湖至安迪尔河中段。全长 80 米，宽 8 米，高度 16 米，跨度两孔三组桥墩，每组桥墩四个桥柱，是民丰工程支队首次在沼泽地上架设的弹力双曲拱桥。

1969 年

6 月 21 日　农三师抽调部分医疗卫生人员，与工三师医疗队合并成立民丰工程支队卫生队，共有医务人员 20 人，其中主治医生 5 人、护理等其他人员 15 人，卫生队驻扎在民丰工程支队机关附近。

9 月　经自治区革委会和新疆军区党委批准，工三师迁进且末、若羌地区，建立农业生产建设基地，巩固战略大后方。兵团党委临时任命刘琦为临时指挥部党委书记、宋彦亭为临时指挥部党委副书记，任命陈百胜为临时指挥部政治处负责人。

1970 年

1 月　工三师筑路队部分人员到达且末地区，在且末县东风公社设立指挥部。

2 月　工三师对且末地区进行全面规划，在东风公社（后易名为阿热勒乡，下同）、团结公社（塔提让乡）、胜利公社（巴格艾日克乡）、跃进公社（英吾斯塘乡）、红旗公社（琼库勒乡）分别驻扎工三师附属机构。在东风公社和团结公社建立团结一场、团结二场、团结三场，在跃进公社阿琪曼（今吐排吾斯塘村）以北驻扎二十三团农场，在红旗公社驻扎工三师师部和建筑工程处。在车尔臣河西岸修筑水利设施，建水力发电站1座、输水大渠分水枢纽2处。

3月 经巴州党委批准，由且末划给工三师26666.6公顷荒地进行开发建设，解决工三师驻扎且末之后的粮食供给问题。

4月 工三师筑路队结束莎车至民丰段施工建设，工三师工程团进入且末进行公路前期踏勘，民丰工程支队派一个连队采用铺垫芦苇、红柳枝压土的方式，先修筑一条便道，打通民丰到且末的道路。

5月 工三师指挥部工程团二队、三队及农三师二十三团九连进驻且末县境内，分别在跃进、东风地区建设农场。

5月16日 自治区革委会对巴州革委会《关于对工三师进驻且末县的几个具体问题的报告》进行了批复。文件指出，自治区革委会同意巴州革委会的报告。望继续高举毛泽东思想伟大红旗，突出无产阶级政治，认真按报告中商定的意见办事，更好地落实毛泽东关于"备战、备荒、为人民"的伟大战略方针。工三师进驻且末县后，要发扬我军战斗队、工作队、生产队和艰苦奋斗的优良传统，加强军政之间、军民之间、各民族之间的革命团结，多快好省地共同把三线地区建设好、经营好，为支援中国革命和世界革命作出新贡献。

6月30日 工三师第一批500人组成的筑路队到达且末地区，当年开荒186.6公顷，生产粮食35万千克。

7月9日—17日 工三师开始对跃进农场水利设施进行规划，从且末大渠分水闸处修筑场外干渠一条，引水到跃进地区。

8月 安迪尔河大桥开始施工，桥位于民丰县以东130千米处，是新疆和田地区与新疆巴州地区之界河。由兵团工三师工程支队三队承建。大桥全长120米，宽8米，高17米，跨度四孔五组桥墩，每组桥墩三个桥柱，预制构件拱波与拱肋组合为拱圈，桥身主体结构为双曲拱桥。1972年，桥建成通车。

10月9日 工三师组织劳动力1800余人到达且末，年底人数达到3000人，汽车180辆，当年完成且末河老龙口引水工程，修筑堤坝7千米。

11月 工三师筑路部队进驻且末县后，且末县人民政府按照自治区要求，给筑路部队在县城以南6.7千米处划拨土地557.63公顷，由其自主开发使用。

12月 工三师民丰前线指挥部随工程进度，陆续搬迁至且末，前线指挥部驻扎在东风地区，建制更名为工三师"0701"工程且末前线临时指挥部，附属机构包括机关、幼儿园、卫生队、汽车营、劳改队、生产三连、生产六连，人口约8000人。

1971 年

2 月 25 日 工三师建制撤销,留下部分连队在跃进、东风地区从事农业生产,兵团工一师三团、工三师与农三师合并,工三师司令部"0701"工程且末前线指挥部易名为农三师司令部"0701"工程且末前线指挥部,行政管理隶属于农三师。

5 月 23 日 根据自治区、兵团的指示,农二师结合开发建设工作的需要,在跃进地区安置"伊塔事件"刑满释放人员(包括家属及其他工作人员共 600 余人),组建民族一连,主要任务是开荒种植小麦和蔬菜,解决筑路施工队伍后勤保障问题。

8 月 且末前线指挥部东风公社驻地因遭受洪水袭击,指挥机关搬迁至且末县城以南 6.7 千米处戈壁滩,设立临时指挥部,东风公社留三连驻守。

是月 民丰工程支队与农三师五十三团且末前线指挥部合并,在队部组建农三师且末指挥部医疗队,为营级建制单位。

11 月 筑路施工队从民丰地区安迪尔河修筑公路到且末县苏塘区域,完成 150 千米筑路任务。

1972 年

3 月 自治区物探队,在且末县西部山区苏鲁克沙依、江嘎勒沙依、沙依丁发现三处露天彩色云母矿较易开采,云母矿带储量在 500 万吨以上。

4 月 且末前线指挥部九连驻扎煤矿,承担煤矿基础设施建设和开采任务,九连有职工 80 余人,组成 2 个采矿队,后勤生活全部由山下供给。

8 月 且末前线指挥部在红旗地区开办一座综合加工厂,主要生产面粉、酱油、香醋、酒等农副产品,解决本单位生活之需。

10 月 30 日 从民丰支队和农三师陆续搬迁到且末参加"0701"工程建设的有 12 个施工单位和 1 个副业单位,其中跃进地区驻扎单位有一连、五连、七连、八连、"五·七"班(主要种植蔬菜);红旗地区有二连、四连、九连、十连、十一连、十二连。一连少数民族职工和驻扎在东风地区的三连、六连种植小麦 1866.6 公顷,基本解决本单位吃粮问题。

1973 年

1 月 由农三师且末指挥部与且末县联合承建的农机大修厂动工建设,七连负责大修厂施工任务,年底交付给且末县使用。

2 月 支队与且末县合资建设广播电视台,可转播中央电视台、且末电视台两个频道电视节目。

3 月 农三师且末前线指挥部因驻扎在巴州且末县境内，兵团将农三师且末前线指挥部与工三师留存下来的连队合并，组建成立农三师且末工程支队，接续修建且末至若羌段砂石路面公路。农三师且末前线指挥部建制撤销。支队组织人员开采云母矿，年产云母原矿料 100 吨，在且末县苏塘地区组建云母加工连。

5 月 农三师二十三团农场月初从且末跃进地区搬迁至苏塘，月底又从苏塘搬迁至泽普县，计划在泽普县驻扎农三师师部。

6 月 21 日 根据兵团要求，农三师在跃进地区组建生产十连（主要安置刑满释放人员）。

7 月 农三师民丰工程支队学校随施工连队整体搬迁至且末，在且末县建起农三师且末指挥部学校。

10 月 农三师根据兵团部署，计划完成且末至若羌道路施工任务后，在且末县区域建立一个农牧团场，用以弥补和田至若羌 820 千米沿线没有团场的缺陷。

12 月 农三师且末工程指挥部在且末成立党委，机关编制 14 个组，分别是劳资组、施工组、生产组、作训组、工矿组、行政组、组干组、保卫组、宣教组、学习组、办公室、财务组、生活组、材料组，另配置机要电台、食堂、托儿所。建制单位有学校、卫生队、一连、二连、三连、四连、五连、六连、七连、八连、九连、十连、十一连、十二连、劳改队 15 个基层单位。建制公路沿途站点 5 个，分别是苏塘站、205 站、阿拉干站、江尕勒萨依站、考干站。

1974 年

2 月 1 日 兵团党委决定，农三师且末工程支队实行属地管辖，划归农二师管理，易名为农二师且末工程支队（后简称且末工程支队）。

2 月 为大力支持"三线建设"，新疆公路局按照自治区的指示，划拨给且末工程支队解放牌 4 吨载重货车 100 辆。

3 月 且末工程支队成立汽车营，拥有汽车 280 辆，其中参加施工运输和物资运输车辆 208 辆。下辖汽车一连、二连、三连，职工总数 500 人，其中驾驶员 200 余人、修理工 100 余人、其他人员 180 余人；有 1.5 吨自卸车 80 辆、解放牌 4 吨货车 120 辆、北京吉普车 4 辆、跃进牌吉普车 5 辆。

6 月 1 日 且末工程支队民营照相馆落成，位于红旗区且末县输水干渠 30 米与场区中心道路 15 米交会处。照相馆工作人员 2 人，馆长于万林。馆内有"120"照相机 2 部，配备有洗相、布景等设备。

6 月 在苏塘地区建石料厂一处，分选出四种石料，主要供应从苏塘往且末方向 314 千米道路路面的铺设，汽车二连负责拉运石料和物资运输。

7 月 且末工程支队筑路人员逐年减少、劳动力缺乏，经农二师上报兵团批准，从民丰支队调拨一个劳改中队到且末工程支队充实施工队伍，计划在且末跃进区成立劳改农场。

8月 在红旗地区新建一个石料厂，主要供应从且末往若羌方向147千米道路路基的铺设，汽车一连负责拉运石料。

1975 年

5月 兵团建制撤销，农二师归属巴州，成立农垦局，且末工程支队改编为巴州且末工程支队。

9月 且末工程支队下属的劳改中队与巴州四十里城监狱合并。

10月 且末县为支援且末工程支队发展工业生产，决定把且末县吉格带库里石棉矿转让给支队开采。

1976 年

9月18日 且末工程支队在大礼堂举行追悼大会，悼念毛泽东主席逝世，党员干部和职工代表1300余人参加大会。

11月30日 筑路部队工程施工至且末县江尕勒萨依道班，六连、七连、十一连、十二连等主要施工单位逐步撤出施工现场，留守三连、十连部分人员和设备继续修筑收尾工程。

1977 年

4月 且末工程支队七连承建的且末县飞机场改扩建工程动工，对跑道、塔台、地貌标志、办公室、住房等进行改扩建。

5月 且末工程支队筑路部队因施工人员逐年减少，劳动力严重不足，经自治区革委会批准，撤销巴州且末工程支队建制，划归巴州公路局管辖，更名为新疆巴州工程支队。

6月12日 石棉矿易名巴州工程支队石棉矿，属巴州小型非独立核算企业，矿区职工171人（含固定工、临时工、计划外用工），占地面积50万平方米，房屋建筑面积350平方米，全年耗电量9.3万度，燃油消耗量15.5万千克，钢材消耗量2万千克。

6月30日 龙口大桥建成通车。该桥由巴州工程支队施工组负责设计和施工。桥长11.28米，宽7米，承压1.5万千克，为钢筋混凝土结构，桥梁跨度单孔，是西岸大渠龙口段与315国道的交叉桥梁。

7月 自治区"0701"工程进入收尾阶段，大部分施工连队陆续下撤，工地保留2个连队继续收尾。

1978 年

2 月　自治区公路局从巴州工程支队抽调汽车 100 辆到克拉玛依石油基地，支援国家石油开发建设，支队汽车营解体改为汽车队，为正连级建制。

是月　且末工程支队施工的江尕勒萨依大桥开工。

3 月　经自治区公路局协调，五连、七连 2 个施工队共 400 余人参加榆树沟水毁道路改造工程，施工道路总长 30 千米，工期为 60 天。

5 月　车尔臣河前进大桥竣工，桥长 405 米，宽 8 米，高度 22 米，承压 15 吨，钢筋混凝土结构，桥梁跨度 6 孔，每孔跨度 67.5 米。因施工时没有吊装机械设备，采用人工堆筑"土牛"，解决了大跨度拱圈浇筑和安装难题。车尔臣河大桥是且末工程支队建造的桥孔跨度最大、距离最长的公路双曲拱桥之一。

是月　按照自治区建委安排，巴州工程支队接收乌鲁木齐盐湖化工厂第一期工程无水芒硝脱硫车间及附属建筑工程建设任务，六连、七连、十二连 3 个施工队 1200 余人从且末搬迁至乌鲁木齐盐湖化工厂施工。六连、十二连负责居民楼建筑工程和化工厂脱硫车间主厂房建设任务，七连负责盐湖道路、化工厂基础设施建设任务，工期为 3 年。

6 月 21 日　巴州工程支队部分工程连队进驻吐鲁番大河沿，参加兵团农十二师二二一团共青干渠修筑，工程量 87 千米。

7 月　巴州工程支队搬迁至盐湖的施工连队，为便于承揽工程和施工建设，将原来的生产连队更名为工程连队，并对建制序列进行调整，改称工程二连、工程三连、工程四连等。

10 月　巴州工程支队指挥机关陆续搬迁至盐湖，在盐湖化工厂建立巴州工程支队机关、职工食堂、连队、学校、幼儿园等附属机构。

11 月　江尕勒萨依大桥建成通车。此桥由巴州工程支队施工组负责设计和施工。位于 315 国道且末通往若羌及内地的南疆公路交通线上。桥长 59.5 米，宽 7.15 米，承压重量 13 吨，钢筋混凝土结构，桥梁跨度 3 孔，每孔跨度 20 米。

1979 年

2 月　巴州工程支队适应区域内建筑市场的现实需要，分成 10 多个建筑队重点进驻北疆建筑市场，参与地方政府企业厂房、住宅、桥梁、水利、道路、农田开垦等施工建设。

3 月　工程七连、五连、十二连承揽盐湖化工厂 1~12 栋居民楼、宾馆、食堂、文化活动中心等项目建设；其他工程连队参加乌鲁木齐市兵团文艺楼（和平都会）、冷库等施工项目，有 5 个施工队 1200 人在乌鲁木齐市建设施工。

8 月　由巴州工程支队承建的且末机场落成，12 月正式通航。且末机场位于且末县城北，距城中心1.2千米，与且末县玉都宾馆相邻。主要经营乌鲁木齐—库尔勒—且末航线，属新疆维吾尔自治区民航局乌鲁木齐管理局支线机场。

11月 巴州工程支队八连、机关823人留守且末，巴州公路局要求工程支队解放思想，积极找寻市场，自谋生路，守住阵地。其他连队全部搬迁至盐湖或随工程项目搬迁至施工地。

1980年

5月 巴州农垦局相继两次召开专题会议，研究巴州工程支队出路问题，并向巴州党委提出专题报告，请求解决巴州工程支队没有施工任务的困难问题。

11月 工程十连、三连留守部分人员进行国道收尾工程，经巴州公路局协调，从国道收尾工地抽出大部分人员参加三十一团卡拉水库大堤加固工程。

12月 经自治区建委和农垦总局协调，巴州工程支队在乌鲁木齐—吐鲁番铁路的吐鲁番段沿线接收部分施工任务，主要建设铁路沿线房屋、酒店、职工宿舍、商店、学校、邮局、汽车站、公路等基础设施。在吐鲁番大河沿镇并购部队遗留旧房屋800间，安置盐湖施工队6个，学校、机关等附属单位4个，成立巴州工程支队北线指挥部。

1981年

3月 经自治区农垦总局协调，巴州工程支队接收乌鲁木齐农九师服务楼、兵团文艺楼（和平都会）家属楼、巴州农垦局乌鲁木齐办事处等建设工程。

5月 巴州工程支队在哈密承揽红星干渠、连队住房等施工任务。

10月底 巴州工程支队十连承建红星干渠防渗工程。工程概算112万元，施工面积2.32万平方米。红星干渠位于大河沿镇二二一团，属农十二师重点水利工程。

11月13日 自治区党委书记王恩茂在自治区三级干部会议上，传达国家"三线建设"工作会议精神，作出关于开发南疆地区，重点开发且末的指示，要求像治理玛纳斯河一样治理且末河，并在其流域恢复劳改农场，实施南疆开发建设。

12月3日 巴州工程支队煤矿发生煤尘爆炸事故，工亡1人，其余4名工人不同程度负重伤和轻伤，4辆拉煤车报废，煤矿内部的照明、通风设施被摧毁，煤矿停产整顿21天。

1982年

4月 兵团建制恢复，农二师回归兵团建制，原并入巴州农垦局及地方的团场、部分事业单位和工矿企业回归农二师建制序列。

是月 且末工程支队二连、十一连承建卡拉水库清淤加高和水泥板防浪墙工程，修筑二库西坝工程。农二师批准概算资金 174 万元，师投资 100 万元，三十一团筹资 74 万元，分两年投资完成。计划 1983 年底竣工交付使用。

5 月　且末工程支队回归农二师建制，恢复农二师且末工程支队名称。建制级别为正团级建安单位。

是月　农二师勘探测量队派技术人员赴喀什农三师取回原工三师对且末地区所有勘探资料，向巴州计委、农业局、水电局、水文勘探队等有关单位收集且末有关资料，着手对且末地区水土资源情况进行再次勘探。

9 月　农二师组织水利、土壤、测量等专业人员 6 名，由师测量队长黎承民带队，在且末进行为期 40 天的实地踏勘。

10 月 10 日—15 日　农二师副师长陈炳昕、副参谋长杨纪民、建设处副处长赵木等领导和专家赴且末对主要水系、荒地进行察看，就开发且末向且末县委、县政府、人大征求意见建议，形成会议纪要；对且末工程支队留守情况进行调研，要求留守人员看管好现有的土地、财产，创造条件开发一些农副业生产，重点做好煤炭生产工作。

11 月 15 日　根据自治区、兵团开发且末的指示精神，农二师向兵团党委提交《关于开发建设且末地区的报告》。指出且末地区的水土资源基本概况、开发且末地区的主要问题，并提出对开发且末地区的意见，建议兵团在且末区域恢复劳改支队，建立且末垦区等。

11 月 30 日　且末工程支队收尾的施工队将道路修至若羌县江尕勒萨依大桥段，与国家筑路队伍会师，全线贯通和田至青海茫崖 1680 千米道路。国家将此项工程命名为 315 国道（四级砂砾公路）。

1983 年

2 月　自治区和兵团党委批准农二师提交的《关于开发建设且末地区的报告》，要求结合国家法制建设，在且末开发中通过完善和加强劳改支队建设，为农业开发提供劳动力支持。

8 月　按照国家相关政策，根据自愿返回原籍的原则，且末工程支队原先安置"伊塔事件"的大部分少数民族职工被送回伊犁、塔城，返回家乡。是年，民族一连建制撤销。

是月　自治区和兵团作出"大规模开发且末，将且末作为兵团重要安犯基地之一"的决定，在且末跃进地区恢复设置劳改支队。

11 月 12 日　且末工程支队在乌鲁木齐盐湖召开党员干部大会，传达自治区、兵团党委关于开发建设且末的指示精神，动员干部职工返回且末。在盐湖的且末工程支队卫生队部分人员回到且末，恢复且末工程支队卫生队营级建制单位。

12 月　在盐湖施工的工程连和机关部分人员返回且末工程支队，共 300 人。

1984 年

1 月 25 日　兵团召开三级干部会议，传达自治区"把且末作为今后兵团重点开发建设的四个垦区之一，加强且末河、喀拉米然河、莫勒切河流域治理"等会议精神，再次把且末农业开发提上重要议事日程。

2 月　农二师向巴州党委、政府呈报开发且末的专题报告，得到巴州党委、政府和且末县委、县人民政府的批准和支持，组成工作组到且末地区实地踏勘，部署开发工作。

3 月　且末工程支队北线指挥部建制撤销，与农二师水利工程团合并组建成立农二师建筑工程第二团（简称工二团），有在职职工 2812 人，退休职工 986 人。

4 月 11 日　巴州党委、州人民政府对农二师开发且末问题的报告予以批复，巴州支持兵团农二师开发且末地区，要求必须从全局考虑，在做好前期准备工作的基础上，有计划地开发建设。

4 月　兵团且末农业大开发建设规划开始实施。农二师重新规划且末地区引水工程，决定从车尔臣河老龙口引水，在车尔臣河西岸修筑一条引水大渠，引车尔臣河水进入跃进区，可增加灌溉面积 6666.6 公顷。此项工程由国家总投资 2150 万元，施工期限为 3 年。农二师将车尔臣河西岸大渠工程交由且末工程支队建设。

5 月 10 日　巴州州委书记钟彬、州委常委徐志昌、副州长崔光华，农二师师长陈炳昕，副师长杨和顺、赵鸣钿，总工程师杨纪民等带领州、师有关部门及专家，对且末县和农二师且末工程支队农业开发前期准备工作进行调研，在且末县召开且末前期开发建设工作协调会，就农二师《关于开发建设且末有关问题纪要》达成协议，将且末河西岸英吾斯塘乡以西排碱沟为界区域面积 762.67 平方千米（东西长 22.78 千米、南北长 33.48 千米，包括且末工程支队农场和石棉矿区）土地划归农二师且末工程支队开发。

5 月 16 日　首期且末农业开发建设工程车尔臣河西岸大渠动工，且末工程支队和工二团投入劳动力近 1100 人（其中且末工程支队 70 人、工二团 400 人，劳改队 600 人）。西岸大渠年度工程概算 500 万元，计划在 4~5 年完成施工任务。

5 月 20 日　《新疆日报》、新疆人民广播电台、新疆电视台对农二师组织 2 个施工单位开发建设且末进行专题报道。

5 月 25 日　巴州党委以文件形式批准农二师开发且末地区。

7 月 13 日　农二师与巴州党委、政府，且末县委、县人民政府共同签订《关于开发建设且末的会议纪要》，明确在且末县城以西（英吾斯塘乡以西区域）为开发工作重点，筹建成立且末劳改支队。

7 月 30 日　根据开发建设且末的需要，且末县人民政府与农二师且末工程支队签订合资经营水泥厂协议。共同出资 500 万元（且末县投资 275 万元，占总投资的 55%，农二师且末工程支队投资 225 万元，占总投资的 45%），在红旗区以南 7 千米处建成水泥厂，生产规模为年产水泥 20

万千克。入股双方组成董事会，成员 7 人，其中且末县 4 人、且末工程支队 3 人，由各方自派董事会成员。董事会全权负责水泥厂经营管理。

12 月 经自治区建设厅对北线建筑工程第二团资质审查，定为公路工程施工二级企业和建筑工程施工三级企业。

1985 年

1 月 农二师副师长芮彬率工作组到乌鲁木齐盐湖北线工程支队机关驻地，宣布农二师党委的决定，撤销盐湖且末工程支队番号，从机关抽调部分干部组建劳改第一支队，抽调人员回归且末。

5 月 农二师建筑工程第二团根据施工需要在库尔勒塔什店建点，主要承担塔什店火电厂家属楼、厂房工程建设任务。

7 月 因且末首期建设减少投资，农二师建筑工程第二团工三连、工六连、工十二连、工九连（由个体户管理）相继搬迁到哈密地区红星一场，承建钙塑板厂、水泥厂办公楼、托儿所等工程。

10 月 乌鲁木齐盐湖的施工队结束工程后，工六连、工七连、工八连、工十二连等施工单位搬迁至吐鲁番大河沿镇，承建铁路大厦、居民楼、铁路宾馆、邮政大楼等工程，参加施工的职工有 2200 余名。

12 月 且末工程支队工二连、工七连、工十连部分施工单位动工修建吐鲁番市大河沿镇铁路大厦，占地面积 4400 平方米，为框架 6 层结构。1986 年 6 月主体工程竣工交付使用。

是月 且末工程支队结合实际对发展工作进行分工，确定在盐湖、大河沿、哈密等北疆区域施工的单位为北线，主要是以工程施工为主；在且末地区的单位为南线，主要以农业开发为主。

1986 年

1 月 经兵团和农二师勘探设计，车尔臣河西岸大渠全长 47.553 千米，设计流量每秒 38 立方米，概算总投资 2150 万元，纳入兵团重大水利施工计划。

2 月 且末工程支队工程六连搬迁至和静钢铁厂，承建和静钢铁厂居民楼 14 栋、架设厂区南北桥梁 2 座。

3 月 且末工程支队承建的盐湖化工厂在建工程结束，经新疆铁路局批准，参与乌鲁木齐至吐鲁番铁路工程建设，盐湖化工厂建设施工队伍分散搬迁至昌吉、大河沿、鄯善县、哈密等地，工程支队指挥部设在大河沿镇。

4 月 监区中队建成一个小型养殖场，以养猪、养羊为主，年养殖生猪 10 余头，用以调剂和改善中队食堂伙食，标志着集体养殖业开始兴起。

6月21日 兵团同意在且末组建"农二师且末工程支队"为团级建制，纳入且末工程支队的劳改管理工作按照兵团相关文件执行。

6月24日 兵团党委以文件形式批准农二师且末工程支队为正团级建制单位，下辖劳改中队行使劳改管理职能。

7月 且末工程支队西岸大渠施工力量达到每天1500多人，主要由劳改中队、且末工程支队和工二团3个连队组成。

是月 在且末工程支队医院成立犯休所，为副连级建制。

9月 兵团党委研究决定，批准农二师呈报的《关于解决且末工程支队新进人员户粮关系问题的请示》，且末工程支队540名干部职工农转非问题得以解决。

9月10日 农二师司令部对车尔臣河西岸大渠工程技术设计修正进行概算，工程总投资2150万元，由农二师基建处控制使用。

10月1日 兵团批准农二师《关于成立且末工程支队的请示》，农二师且末工程支队（且末劳改农场）正式挂牌，机关设办公室、管教科、政工科、计划财务科、生产科5个正营级职能部门。启用"中共新疆生产建设兵团农二师且末工程支队委员会""新疆生产建设兵团农二师且末工程支队"印章。且末工程支队与且末劳改支队合署办公，实行"一套机构，两块牌子"的管理体制，建制级别为正团级。

10月 支队投资39万元在昆仑山上恢复云母矿开采，采用人工采掘、毛驴驮运方式。所开采的3处云母矿均为彩色云母。翌年，再次停产。

11月 且末工程支队接受车尔臣河西岸大渠建设任务，在315国道沿途按工段驻扎5个中队，在极度艰苦的条件下，施工队伍在戈壁滩上用铁丝网铸成围墙，就地深挖1米，上面用芦苇把子拱起2米高的地窝子，作为办公和住房场地。

11月15日 根据巴州有关文件，且末工程支队与且末县人民政府签订《关于开采吉格带库里石棉矿有关事宜协议书》，支队以75万元并购且末县吉格带库里石棉矿24平方千米矿区开采销售权。石棉矿属国有矿山企业，注册资本280万元，总资产1200万元。拥有露天采矿场2座，建有石棉精选厂2座，年产原矿石4000万～10000万千克，可生产部标、国标三个等级9个牌号的产品。

12月13日 兵团给工程支队划拨开发建设工作费用60万元。

12月 石棉矿固定资产由1985年的75万元增加到350万元，拥有矿山翻斗车4辆，推土机5台、装载车2台、柴油发电机7台，年发电量788千瓦时，石棉产量3000万千克，总产值720万元。

是年 且末工程支队成立石棉矿，为营级建制单位；兵团在且末组建5个劳改中队，各中队建制级别为正连级建制单位。

1987 年

1 月　支队投资 3200 元在红旗区打生活饮用水井一眼，深度 46 米，对营区生活用水进行了改造，所有家庭接上自来水，职工群众告别了人畜共用涝坝水的历史。

2 月 5 日　农二师成立车尔臣河西岸大渠建设指挥部。师总工程师杨纪民任总指挥，师基建处副处长彭葆、师勘探设计队主任工程师何威远、且末工程支队副支队长张荣彬任副总指挥。指挥部的任务是组织施工力量，安排施工计划，进行技术指导和质量监督，控制建设投资和按照工程进度拨款等。

5 月　工二团三连搬迁至且末，参加车尔臣河西岸大渠会战，承揽电站尾水进水闸和第一退水闸工程，工期一年。车尔臣河西岸大渠主干渠线段，由工二团三连、十连和劳改中队、工程支队 4 个单位施工。

7 月 20 日　车尔臣河西岸大渠开挖渠道 26.5 千米，完成土方工程 51 万立方米，渠道干砌灌浆衬砌工程 5600 米，砌石灌浆 7350 立方米，7 个混凝土板预制场完成预制板 5080 立方米，渠道配套建筑物施工 11 处。

7 月 30 日　兵团原计划当年给车尔臣河西岸大渠投资 700 万 ~750 万元，后调整为 400 万元。由于投资缩减，工程指挥部对施工计划进行了调整，工二团十连、劳改中队从工地上撤离，致使大渠工程进度变缓。

9 月　且末工程支队接入且末县城电网，工农业生产用电由且末县电力局供应。

是年　支队开荒 366.6 公顷，基本为收复老支队原来的弃耕地；种植棉花 23.3 公顷，单产皮棉 37 千克，总产皮棉 12.5 吨；投资 700 万元对石棉矿进行技术改造，建成年生产能力 2000 吨的生产线；修通了苏塘至石棉矿 130 千米戈壁公路（42 千米盘山道，88 千米戈壁路），用红柳枝填铺 13 千米沙河路段，为矿山运输开通了道路，结束了且末县西部山区昆其布拉克牧场牧民到县城常年跋山涉水靠骆驼运输的历史。

1988 年

4 月 15 日　巴州、农二师党委决定，且末县委书记兼任且末工程支队第一书记，且末工程支队的一名主要领导任且末县委常委，推行兵地干部交叉任职。

6 月　且末工程支队投资 2.8 万元在副食品加工厂西侧打井 1 眼，井深 75 米，单井涌水量 150 米^3/小时。安装地下输水主管道 80 千米，安装自来水入户水管 896 千米，使用自来水用户 760 户（包括公共用水），受益人口 1300 人。

是月　且末工程支队第二次参加卡拉水库除险加固扩建工程。工程概算投资 600 万元，二师及所属团场自筹 254 万元，向兵团贷款 246 万元，实际投资 500 万元。单项工程包括防浪墙、西坝尾端延伸、加宽加高、土坝坝体劈裂灌浆等工程。

7月 且末工程支队原计划当年完成400万元施工项目，因国家缩减建设投资资金，上级只拨付40万元，导致由国家投资的且末河西岸大渠水利工程下马。

10月5日 支队决定因地制宜，自力更生发展农业和工业，劳改队转产工副业，调一、四、五中队上山修路，发展石棉生产，其余单位开荒种田，重点发展农业。

11月 支队一中队上山修筑临时宿舍，四中队、五中队修筑通往矿山的盘山公路。

1989 年

2月 支队投资700余万元，在海拔3800米高的昆仑山上恢复石棉矿生产，建成两个矿点、一个料房、3个生产车间，恢复年生产能力2000吨的石棉矿生产线。

3月17日 兵团司令员刘双全、政委郭刚到且末工程支队调研，要求且末工程支队要在且末扎下根，把生产维持下去，兵团在三年内（指1988—1990年）总投资500万元（每年投资200万元）支持且末工程支队发展生产。农二师党委向支队党委提出"脚踏农业，手伸矿山，狠抓两棉（棉花、石棉）"的经济发展要求，且末工程支队重新确定经济发展方向，由建筑安装施工逐步转为矿产资源开发和农业开发建设。

5月 一、四中队开赴昆仑山修筑盘山公路，在通往石棉矿区道路上架桥6座，主要解决石棉矿运输问题，为且末县西部山区牧民提供交通便利。

7月3日 机要传真室列编为干警编制，行政上隶属支队管理，业务上由农二师机要科指导。

8月16日 凌晨2点16分，车尔臣河山洪暴发，洪水漫过河床，穿越国道从河西进入辖区。凌晨3点15分，且末工程支队组织200余名劳力参加堵截洪水，经过两天两夜的奋战，在上游筑起拦洪坝一处，引洪水进入车尔臣河。洪灾造成120公顷农作物全部被毁，部分房屋倒塌，受灾人口1360人，直接经济损失170万元。

9月23日 石棉矿盘山公路一号桥竣工通车，在海拔3800米的昆仑山上举行竣工仪式。

10月13日 机关成立档案室，归办公室管理，抽调2人负责档案工作，档案规范化管理工作正式启动。

12月9日 成立车队，建制为正连级。

12月17日 对机关部门进行调整，设置行政办公室、狱政科、生产科、计财科、政工科、保卫科、机要室。成立人民武装部，部长由支队党委主要领导兼任。

1990 年

4月 西岸大渠分水闸处新建场外干渠一条，全长23千米，总投资1750万元，水系注入跃进水库。

5月 在跃进区修建一座水库，库容面积30万立方米，以缓解跃进区333.3公顷农田夏季抗旱问题。

6月 在跃进区成功试种水稻10公顷，平均单产300千克，盈利26.4万元，缓解了吃粮靠外调的困难。

1991年

3月8日 农二师党委从三十三团抽调技术骨干4人，组成农业技术服务组到且末工程支队帮助发展地膜棉生产，重点进行农业生产管理和农业技术服务。

3月29日 按照农二师《关于组织离休干部健康疗养的通知》，且末工程支队首批安排离休干部孙道卿、赵连华到太湖参加疗养。

4月 跃进区老场外干渠开工兴建，由且末工程支队一连、加工厂等承建。该干渠从且末县琼库勒乡西岸大渠分水闸处引水，沿途经琼库勒乡、托乎拉克乡、英吾斯塘乡至跃进区水库，全长8.7千米，设计流量4米³/秒，使用流量2米³/秒，渠断面为梯形，渠底为浆砌卵石铺垫，边坡为砼板衬砌。

5月23日 举办公民道德建设长卷签字仪式，职工群众、党员干部650余人在公民道德长卷上签字承诺：爱祖国、爱人民、爱劳动、爱科学、爱社会主义，恪守社会公德、职业道德、家庭美德。

6月21日 西岸大渠分水闸至跃进地区的场外防渗干渠修通，全长13.6千米。

9月 按照自治区《关于取消中小学部分收费项目的通知》，且末工程支队子女学校取消中小学45项不合理收费。

10月 兵团将且末工程支队纳入边境贫困团场序列，每年拨款30万元用于发展社会各项事业。

11月 且末工程支队党委开展社会主义思想教育，成立以党委副书记王晓林为组长的社教工作领导小组，下设办公室指导全支队社教工作。各单位成立社教小组6个，抽调6人任指导员，负责本单位社教工作。

1992年

2月 农二师党委组成调研组深入且末工程支队，实地调研存在的问题，向支队党委班子提出"三年走出困境，五年改变面貌"的工作目标。

3月 农业连队开始推行"两费自理"承包责任制，承包年限1~3年，上缴指标3年不变。

4 月 且末工程支队将原来的八连改组为生产一连，在跃进区成立生产二连，主要种植棉花并试种水稻。

5 月 对机关区域和基层单位主干道土路进行戈壁砂砾修整，总里程 2.1 千米。

是月 跃进水库建成竣工，开始向农田供水。

9 月 师批准昆金石棉矿为营级单位建制。

10 月 8 日 且末监狱首次举行民警授衔仪式，有 19 名监狱干警通过相关法律知识学习培训考试，获得晋升警衔资格。

10 月 石棉精选厂在离矿区 40 千米的栏杆段（一号桥）建成，精选厂年生产规模 200 万千克，总投资 158.4 万元，其中自筹资金 50.4 万元，申请银行贷款 108 万元。

1993 年

2 月 跃进区老场外干渠竣工。工程总投资 176 万元，共投入开挖人工 14.4 万个工时、机械 1340 台次，开挖土方 1.34 万立方米；铺设石方 6700 立方米、预制板 5.36 万块；修筑渠道沿途建筑物 24 座。经农二师设计院、水利局验收后交付且末工程支队使用。

3 月 25 日 跃进地区农业开发建设动工，计划当年开荒 1333.3 公顷，由于开发资金短缺，只有 2 台 55 型链轨拖拉机开荒，年底石棉矿机车组下山参加开荒后，机车达到 5 辆。是年，实际开发土地面积 153.3 公顷。

4 月 且末工程支队党委每年一次向且末县委工作汇报会改为"且末工程支队经济发展研讨会"。

5 月 且末工程支队被巴州党委授予"民族团结进步模范单位"称号。

6 月 投资 20 万元对石棉矿进行技术改造，对 3 个生产车间、2 个电站、4 台推土机等设备进行维修和技术更新。于 7 月 29 日试车成功。

7 月 5 日 投入资金 12 万元，对苏塘沙河段 13 千米水毁道路进行改道修建，投入劳力 70 余人，动用各种机车 16 台，铺设砂石料 3000 多立方米。于 8 月 3 日完成道路改建并开通使用。

7 月 15 日 石棉矿山区连降大雨，山洪暴发，通往矿区栏杆段 3.2 千米处的路基被洪水冲断 19 处，通往矿山的道路中断。矿山采矿人员采取爆破方式取砂石料拦截洪水，7 月 16 日早晨洪水得以控制，在炸塌的砂砾上平整出一条路面，23 日矿山交通恢复。

8 月 棉花加工厂设备进行技术改造，淘汰了皮辊扎花设备，购锯齿轧花机 1 台、棉花打包机 1 台；在农二师二十四团和毛巾厂技术力量的帮助下，于 8 月 10 日安装完毕，轧花形成流水线作业。于 8 月 25 日投入生产。

10 月 9 日 一监区成立通讯报道小组，开办育新学校，添置了监区文化娱乐设备，改善监区文化娱乐条件。

1994 年

3 月　扩大棉花种植面积，当年种植棉花 440 公顷，种植品种为军棉 1 号、陆地棉、长绒棉等，较 1990 年种植面积扩大 100 公顷，全部推行地膜种植技术。

5 月　支队投资 75 万元对跃进水库进行清淤和改建，水库调节蓄水量达到 45 万立方米，扩大了库容量 50%。

5 月 11 日　支队经师公安局批准成立派出所，从监狱干警队伍中抽调人员组建公安队伍，负责内部社会治安、民事纠纷排解等事务。派出所归乌鲁克公安局管辖，名称为"乌鲁克垦区公安局且末支队派出所"。

6 月 21 日　根据国内市场对石棉品质和价格的要求，石棉矿在山下建设年产量 300 万千克石棉精选厂。

7 月 8 日　因且末工程支队成立后经济基础薄弱，土地资源开发规模小、土地利用面积少，开发建设任务没有按照规划如期完成，且末县政府将 1984 年划拨给农二师且末工程支队跃进区的土地开发权收回。

9 月 15 日　农二师党委授予且末工程支队"民族团结进步模范单位"称号。

是年　承包土地推行"放水养鱼"政策，对土地承包户采取"集体辅助"与"两费自理"相结合的办法，调动社会力量投入农业生产，承包户由 1993 年的 64 户增加到 85 户。总产籽棉 69.43 万千克，公顷单产 1578 千克。

1995 年

1 月 11 日　且末工程支队邀请且末县广播电视局，利用 2 个月的时间安装闭路有线电视 42 户，职工群众可收看 12 套电视节目。

2 月　实行管理体制改革，撤销车队建制，建立机耕队，从熟知农业机械作业的职工中选拔机耕作业人员，充实了农机队伍技术力量。

3 月 8 日　在红旗地区成立广播站，安装播音设备一套，定时转播中央人民广播电台节目，自办内部新闻、农业技术知识、生活小常识、新风赞等节目。广播站设编辑 1 人，播音主持 1 人。

4 月　农二师给且末工程支队分配 12 名湖南籍大中专毕业生，其中 4 人分配到机关、8 人分配到基层连队管理岗位。

5 月　支队实施跃进地区农业综合开发，成立工作领导小组。

6 月 21 日　支队政工科牵头，成立农二师且末工程支队文学艺术界联合会，张素琴任会长。联合会设文学艺术、歌舞、书法、体育 4 个协会。

6 月　农二师设计院对跃进地区进行实地勘测，农二师三十五团负责跃进地区 2000 公顷土地的开荒任务。

8月　且末县委书记董兆国兼任且末工程支队第一书记、政委，且末工程支队党委书记、政委王晓林兼任且末县委常委。

9月6日　且末工程支队与且末县联合举办整体化防暴演练，以民兵为主要力量参加演练课目。

10月1日　学校纳入农二师农牧团场中小学事业单位编制管理，教师核定编制数23名。

12月　经农二师公安局批准，且末工程支队公安派出所更名为苏干特派出所，位于红旗区机关附近，负责治安管理和民事纠纷、治安案件处置等。

是年　且末工程支队有耕地532公顷，种植棉花440公顷，籽棉公顷单产1600千克，粮食作物75.1公顷；完成国内生产总值574万元，财务总收入616.8万元，总支出603.46万元，利润总额13.34万元，一举甩掉亏损的帽子。

1996 年

2月　支队投资8.4万元，从且末县广播电视局购进一套电视接收设备，在原电视差转台的基础上，改扩建为有线电视差转台，在且末县广电局技术力量的支持下，经过一年的调试，可转播4套（且末县电视台、山东卫视、中央电视台、浙江卫视）电视节目，覆盖率达12平方千米。

5月　且末工程支队成立精神文明建设活动委员会，成员由各部门、各单位主要领导，办公室设在政工科，由政工科组织协调开展各项群众性精神文明创建活动。

5月3日　且末工程支队按照师办公室相关文件要求，开始执行每周五天工作日制度，生产单位根据工作任务完成情况，可以进行适当调休。

6月　支队贯彻落实司法部关于"九五"期间监狱民警学历教育实施"568"工程（一般民警大专以上学历达到50%，科级干部大专以上学历达到60%，监狱领导班子中大专以上学历达到80%）的意见，本着"在岗培训，自学为主，离岗培训，进修为辅"的原则，分批次推进学历教育培训工作进程。

11月　且末工程支队狱政科邀请师电视台拍摄的纪录片——《大漠南缘有一支打不垮的部队》，获兵团监狱管理局优秀奖，奖金100元。

12月　且末工程支队有耕地535.2公顷，种植棉花440公顷，其他粮食作物95.2公顷，籽棉单产200千克，国内生产总值438万元，创利润45万元。

1997 年

2月13日　且末工程支队第一次与生产单位签订《新疆生产建设兵团农二师且末支队劳动合

同书》，审核通过《且末工程支队集体合同》《且末工程支队土地种植合同》《土地种植合同实施细则》《且末工程支队集体合同实施细则》等。推行全员劳动合同制，职工与单位签订劳动合同314份，占应签合同的98%。

8月16日　凌晨3点10分，因且末县西部山区连续降雨，车尔臣河洪水决堤，红旗区河西一带农田遭受有史以来特大洪水侵袭，53.3公顷棉田被毁，13间房屋被淹，无人员伤亡。

9月　兵团监狱管理局将且末劳改农场改组为农二师且末监狱，划归兵团司法系统管理，统一调配人员，重新规划建设，按照兵团要求发展监狱事业。

11月18日　经农二师党委研究，批准且末工程支队机关及辅助单位搬迁至且末县城，根据建设规划，新支队办公楼占地面积1公顷、居民住宅区占地面积2公顷、学校占地面积1.6公顷、粮油加工厂占地面积1.6公顷，其他建设项目1.6公顷，共申请建设用地8公顷。

12月　支队开通程控电话业务，淘汰了原来的手摇电话机，各单位和机关科室安装程控电话18部。

1998年

1月21日　且末地区普降大雪，降雪厚度30厘米，跃进地区新植枣树被冻死，受灾面积280公顷，造成农业经济损失101万元。支队党委划拨救灾资金19万元，参加生产自救0.12万人次。

3月8日　农二师党委调整且末工程支队党委班子，二十四团副团长隋健鹏调任且末工程支队党委副书记、支队长。

4月　支队投资230万元，在跃进区修建面积为2800平方米养殖场，建立副食品生产基地，以养猪为主，附带养殖鸡、鸭、鹅等禽类。

7月13日　且末工程支队根据国家政策，召开危旧住房改造动员大会，启动危旧住房改造工程。计划改造职工危旧住房125户，新建的住房为三室一厅砖木结构，每户面积90.2平方米，户均造价4.8万元，国家建房补助1.6万元。首期46栋住房改造工程是月动工。支队成立危旧住房改造工程建设指挥部，党委书记、支队长王晓林任总指挥，副支队长韦泽文任副总指挥。

7月　支队实行农机管理体制改革，将13台大中型机车和农用拖拉机及配套农具全部作价归户，机耕队体制撤销。农机归户后，机车驾驶员为个体经营户，农机作业管理依然由生产科调控，农业单位对辖区农机具进行管理和协调服务。

9月8日　且末工程支队取得且末县土地管理局颁发的红旗区国有土地使用证，颁证面积513.39公顷。

1999 年

7 月 15 日 且末工程支队被农二师党委评为"民族团结进步模范单位"。

7 月 18 日 车尔臣河出现特大洪水，河西且末工程支队 53.3 公顷棉田、8 公顷果园及一栋民房被淹，支队转移灾区居住人员，组织职工群众抗灾自救，无人员伤亡。

8 月 13 日 支队在大礼堂召开会议，动员职工群众出资改善营区环境，在职干部人均出资 60 元，自建红旗地区场区砂砾公路 2.2 千米，路面宽度 7 米。

11 月 4 日—5 日 中共且末支队委员会第一次党员代表大会在跃进区召开。农二师组织部、师监狱管理局、且末县委领导应邀出席大会。基层 6 个党支部党员代表 87 人参加大会。

是年 且末工程支队危旧住房改造投资 539 万元，在红旗区建成 3 个居民小区，住房建筑面积 11250 平方米，入住居民 285 户。种植棉花 450 公顷，籽棉总产 110.43 万千克，公顷籽棉平均单产 2454 千克，经济实现扭亏为盈。

2000 年

3 月 16 日 生产科组织全体职工，首次在夜间进行人工捕捉树木春季害虫春尺蠖成虫（雌蛾、雄蛾）137.66 万只，提早 10 天进行林业化控，林木病虫害得到有效控制。

4 月 13 日—15 日 组织全体职工在跃进区开展植树造林，栽植道路防护林 29000 株，共计 4.6 公顷。

7—9 月 参加且末县抗洪抢险 5 次，共投入劳动力 460 人次，拉运抗洪卵石 600 立方米，筑堤 370 米，投入机力 50 余个台班，被且末县委授予"抗洪抢险先进单位"称号。

9 月 13 日 农二师监狱管理局资助且末工程支队 130 万元，在红旗区动工新建 1 栋二层综合办公楼，占地面积 1083 平方米，改善机关办公环境，结束了机关常年在土坯房办公的历史。此楼是且末工程支队有史以来第一座楼房。

10 月 5 日 筹资 64.5 万元对红旗区支队机关、跃进区一监区主干道硬化，铺设柏油路面 3.5 千米，场区修建了第一条柏油路。

10 月 30 日 且末工程支队党委在红旗区大礼堂召开"三讲"（讲学习、讲政治、讲正气）教育学习动员大会，安排部署"三讲"教育学习活动。

是年 播种棉花 385 公顷，公顷籽棉平均单产 2760 千克，加工厂入场籽棉 106.26 万千克。

2001 年

1 月 石棉矿对外招商，开采经营对外租赁承包。经过招商，与甘肃省一个体客商签订租赁承包合同，对石棉矿开采、加工和销售权进行租赁，每年给且末工程支队缴租金 90 万元，合同期为 3 年，且末工程支队派两名干部驻矿监督生产和经营。是年，石棉产量达到 3000 万千克，较上年增产 1700 万千克。

4 月 25 日 且末工程支队党委召开"三个代表"重要思想学习教育活动动员大会，制订活动方案，成立"三个代表"重要思想学习教育活动领导小组，在政工科设办公室。

4 月 29 日 在跃进地区投资 130 万元建养殖场一座，主要养殖猪、羊、鸡、鸭、鹅，以自繁自养的方式逐年扩大规模。

7 月 且末工程支队被且末县党委授予"抗洪抢险先进单位"称号。

9 月 26 日 且末工程支队设立农二师土地管理局且末支队国有土地管理分局，有工作人员 2 人。

11 月 1 日 支队召开第一届一次职工代表暨工会会员代表大会，选举产生且末工程支队第一届工会委员会委员 9 人、第一届工会经费审查委员会委员 6 人。支队党委常委、副政委、纪委书记张素琴当选工会第一届委员会主席，支队纪委副书记、政工科科长洪光当选第一届工会委员会副主席。

12 月 生产二连建制撤销，耕地归属且末监狱种植。

2002 年

1 月 且末工程支队土管分局在红旗区开展土地登记颁证工作。

2 月 在农业连队全面推行"两费自理"承包责任制，土地承包年限由过去的 1~3 年延长到 5~10 年，上缴指标 5 年不变。

3 月 13 日 全面推广棉花高密度超宽膜栽培技术模式，购进两台超宽膜棉花点播机，一机两膜，膜宽 215 厘米，株行距配置 60 厘米 ×16 厘米 ×9.5 厘米，理论密度 1.7 万株/亩。通过播种结果调查，棉花保苗株数平均 1.2 万株/亩，棉花亩基本苗首次突破万株。

7 月 犯休所从医院撤离。医院医务人员减至 7 人，因人员和设备不足，撤销医院营级单位建制，改为连级。

是年 支队种植棉花 440 公顷，公顷籽棉单产 3285 千克，籽棉总产 144.54 万千克，亩产首次突破 200 千克。

2003 年

3 月 机关实行压缩分流，成立财务结算中心，企业实行连队报账制度，机关非生产人员由 48 人减少到 42 人。

4 月 投资 23 万元在跃进区副食品基地建蔬菜大棚 6 座，年产新鲜蔬菜 51 万千克。

6月23日 一监区示范试用"袖筒灌"节水新技术16.6公顷，因河水泥沙含量高（含沙量约20%～30%），袖筒出水口泥沙淤积严重，经常改变位置，增加了灌水过程中的人工成本，影响灌水进度，此项技术因存在多种弊端而没有得到推广。

7月 师卫生局批准组建且末工程支队卫生防疫站，内设防疫室、妇幼室、保健室。卫生防疫站与医院合署办公，由医院院长兼任站长，配备2名医务人员，负责区域内疾病预防控制和妇幼保健工作。

7月13日 且末地区突降冰雹和大雨，红旗区186.6公顷棉花不同程度受灾，重灾地段棉田绝收；跃进区53.3公顷棉花受灾，直接经济损失210万元。

9月 根据《关于进一步推进国有企业分离办社会职能工作的意见》精神，农二师经多方协调，将师属企业学校正式与原办学企业剥离，且末工程支队学校纳入师属事业单位管理。

是月 支队农电网改造工程竣工，接通且末县电网，结束了长期使用柴油机发电的历史。

11月 建立低保档案，纳入低保范围的家庭16户16人。其中，6户为残疾家庭、1户为困难家庭、9户为低收入家庭。

是年 支队棉花总播种面积383公顷，籽棉平均亩产285千克，总产籽棉125.82万千克，实现利润15万元，职均收入7500元。

2004 年

1月 在农林牧机单位首次推行年薪制，干部实行年薪工资，由基本工资和绩效工资两部分组成，对不同级别干部实行不同的年薪工资待遇，年终由计财科根据考核情况兑现年薪工资和奖金。

2月 改革土地租赁经营承包责任制，采取先交钱后种地的租赁承包方式，农一连、农二连实行租赁承包，承包面积380公顷，占棉花播种面积的78%；承包户共计124户，占职工人数的86%。

4月 跃进一支渠7斗5个条田45.3公顷棉田示范推广棉花加压滴灌节水技术；打机井一眼，井深120米，安装首部设备1套，流量每小时250立方米，用以保证5个条田棉花生育期灌溉用水。

6月12日 农二师水利部门在阿尔金山与昆仑山交界处的栏杆石门处新建水文监测站，架设滑车1辆，配备工作人员2名，对莫勒切河水系进行水文监测，为开发苏塘垦区水土资源做前期准备。

7月13日—18日 且末地区出现重大旱情，车尔臣河最大流量仅为20米³/秒，为往年流量的1/10，且末工程支队跃进区400公顷棉田受旱枯萎。支队每天抽调800余人投入抗旱救灾，调配河西大渠供水时间，延长机井滴灌设备工作时间，进行限时分渠轮灌，集中水量缓解旱情。

8月 投资16万元在红旗区社区建成综合健身场，占地面积4600平方米，安装健身器材

12 套。

    10 月　红旗区兴支商店在且末县电信局首次办理场区话吧服务业务，为辖区职工群众及外来务工人员提供电信服务。

    是年　棉花播种面积 370 公顷，公顷籽棉单产 3360 千克，总产籽棉 124.32 万千克。

2005 年

    1 月 31 日　且末工程支队党委分三批开展"共产党员先进性"教育实践活动，每批时间为 6 个月，至 2006 年 6 月结束。

    2 月　棉花种植大面积推广早熟、高产、优质、抗病新品种"巴棉 1 号"，推广面积占棉花总播面积的 78.6%。

    6 月　根据农二师"做大做强石棉产业"的决定，且末工程支队昆金石棉矿与三十六团石棉矿进行资源整合，昆金石棉矿由三十六团石棉矿租赁承包经营，双方签订租赁合同，年租金 96 万元，合同期限 5 年。

    9 月 15 日　且末县委、县政府和且末工程支队在县党政大楼召开座谈会，就且末工程支队在跃进地区建设生态经济林和红枣基地进行座谈。且末县政府同意且末支队在跃进地区 315 国道以南开发生态经济林 3333.3 公顷，支持农二师且末工程支队发展红枣产业。

    9 月 25 日　支队投资 31 万元在跃进地区打机井 2 眼，主要用于解决办公及居民生活饮用水，结束了跃进地区 3 个单位和 43 户居民用涝坝水的历史。

    10 月 13 日　且末工程支队与且末县人民政府共同签订跃进地区 5 万亩生态经济林和红枣基地建设项目协议。且末工程支队将在英吾斯塘乡区域内农二师且末工程支队监狱区以西，315 国道以南、沙漠以北地域整体统一规划开发建设 5 万亩生态工程，全部种植红枣。

    11 月 27 日　根据兵团对且末垦区开发工作部署，农二师决定在跃进地区设立农业开发区，前期规划开发 1400 公顷。农二师在且末工程支队跃进地区召开且末垦区万亩生态经济林开发动员大会，组织 10 个团场和 6 家建安公司等企业，调度 100 余台大中型机械进驻现场，且末垦区生态经济林及开发建设全面启动。

    12 月　且末工程支队在跃进区开始建设连队居民点，设居民点 4 处，分别为一区、二区、三区、四区，由农二师天宇公司一至四处承建。

2006 年

    2 月 16 日　自治区党委副书记，兵团党委书记、政委聂卫国带领兵团办公厅、建设局、农业局等部门领导，在农二师和且末县委领导的陪同下，到且末县苏塘垦区和跃进垦区调研。在调研中指出：兵团实施苏塘开发建设，是实施南疆经济发展战略的重要步骤，要大力发展生态经济林建设，维护南疆地区生态和谐发展。

3月 首次开展棉花育苗移栽试验，利用蔬菜大棚育苗，将 0.33 公顷耕地作为棉花育苗移栽试验田。

4月 农二师司法局在且末工程支队派驻司法所。

4月15日 在跃进开发区设立医疗站，保障 240 户新职工和 14 个施工单位共计 1500 余人医疗卫生工作。

5月11日 农二师在且末工程支队跃进开发区召开师生态林建设总结表彰大会，对参与跃进开发建设单位的施工组织、人力协调、工程进度、质量保证、现场管理、安全生产、后勤保障等工作综合检查评比，对 13 个生态林建设先进单位和 31 名先进个人进行了表彰奖励，发放奖金 13.7 万元。

5月12日 武警兵团指挥部在且末工程支队举行扶贫帮困捐赠仪式，向且末工程支队捐赠扶贫帮困资金 10 万元，对困难职工群众家庭进行了走访慰问。

5月30日 跃进区场区公路开工，从 315 国道与进场区公路接合部至跃进区 4 号井，总长 8.51 千米，路面宽 7 米，为跃进区通往且末县、库尔勒、和田方向的主要通道。主要包括路基、路面、涵洞、标志牌、林带等工程，为三级沥青混凝土路面，工程总造价 527.33 万元，由农二师天宇公司路桥分公司施工。

6月15日 跃进营区道路动工，总长 35.3 千米，路面宽度 8 米，主要包括路基、路面、林带、标志牌、标线等工程，为三级沥青混凝土路面，由新疆天宇公司路桥分公司施工。

6月21日 跃进区土地开发建设工程结束，10 个参与开发建设的团场用时 6 个月完成了 1400 公顷的开荒任务。新开发的土地种植红枣。

7月 在国家文化政策项目支持下，投资 120 万元为跃进开发区生产二连、三连建成 1200 平方米的多功能文化中心。

7月23日 11 时 40 分，且末地区狂风骤起，风力达到 6~7 级，阵风 8 级，跃进区新开荒种植的红枣间作的打瓜严重受灾，受灾面积 1000 公顷，受灾人口 1230 人，直接农业经济损失 2500 万元。

10月26日 农二师安排部署师设计院重新规划跃进地区水利工程实施和用水计划，决定在英吾斯塘乡南新建分水闸，延伸修筑 1 条新场外干渠，以保障跃进区新开垦土地灌溉用水。延伸新建场外干渠总长 18.87 千米，总投资 1728.89 万元，分为两个标段施工。

2007 年

3月10日 农二师党委宣传部给且末工程支队新职工家庭配发 139 台电视机，且末县广电部门派出一名技术人员进行电视安装与调试工作，将高清数字电视信号传送给职工家庭，接通了且末县光缆传输 40 个频道的数字电视节目，收视率达到 100%。

4 月 投资 50.72 万元进行跃进开发区自来水改造，打深水井 1 眼，铺设输水主管道 4 千米，解决开发区连队 210 多户职工群众饮水问题。

4 月 11 日 兵团电视台"春行绿洲"报道组抵达且末工程支队，对生态经济林建设进行实地采访。

6 月 生产二连组织 226 名职工从野外打回芦苇，在居民区和各自所承包的条田外围捆扎防沙障。经过两个月的奋战，完成了 110 个条田的芦苇捆扎任务，捆扎芦苇防沙障总长 184.8 千米。

7 月 支队从基层连队中抽调 10 余名干部职工加入支队减负领导小组，组织工会、宣传、纪检监察部门的工作人员全程参与监督。当年给职工减负 30%，91 户职工让利补助资金 99.07 万元。

7 月 30 日 支队通连公路建设工程竣工，将跃进区通往 315 国道的土路改建为柏油路，工程投资 840 万元，工期 6 个月。

8 月 投资 300 万元，将跃进区 4 条农田斗渠进行防渗加固，总长 7.6 千米。

8 月 12 日 首次在三连、监区的 18 个滴灌井位安装上了智能电表。

9 月 18 日 农二师土地确权工作协调会在且末县国土资源局二楼会议室召开，主要对跃进区开垦的 1400 公顷土地进行确权磋商。

10 月 跃进区农田斗渠防渗改造工程完成，改造的 4 条斗渠使新种植的 1400 公顷红枣和沙漠防护林实现渠系灌溉。

10 月 25 日 投资 15 万元在跃进区和红旗区建成两座棉花分级场，建筑面积 4885 平方米，植绵单位实行棉花产品分级存放、交售。

11 月 20 日 计生办对辖区 309 户 808 名常住人口进行全员信息调查和个人档案信息录入工作，信息汇总到农二师基层人口信息化管理系统。

11—12 月 且末工程支队委托巴州国土资源勘测规划设计院，完成跃进区土地勘测定界，勘测面积为 10694.09 公顷。

12 月 兵团整合且末工程支队卫生事业机构（犯休所、疾控室、监区卫生室、计划生育），农二师且末工程支队卫生队更名为农二师且末工程支队医院，为连级建制。

12 月 29 日 跃进区首期生态林建设项目渠系工程开闸放水，农二师建设局、水利局、发改委等部门领导参加通水仪式。

12 月 支队落实土地长期固定政策，采取生产自主经营等措施，把税改和减负结合起来，对承包期限 5 年以上的职工减收承包费 30%，少征土地承包费 55 万元。对承包红枣地的职工核补 75% 的人工费，为职工让利 150 万元。

是年 棉花种植面积 368 公顷,总产籽棉 117.47 万千克,公顷籽棉单产 3192 千克;实现国内生产总值 1387 万元,其中第一产业增加值 949 万元,第三产业增加值 438 万元;职工上缴土地使用费 96 万元;在岗职工年均收入 9022 元,人均收入 4803 元;财务亏损 400 万元;后勤基地有菜地 6.6 公顷,温室大棚 10 座 0.7 公顷,生产夏季蔬菜及反季节蔬菜 443 万千克,养殖场存栏牲畜 4380 头(年出栏 602 头),出栏家禽 3300 只,提供肉食 17.36 万千克,被兵团评为"五好"后勤基地。

2008 年

1 月 根据国家、兵团和师医疗服务体制改革指导意见,医院医务人员实行实名制管理,且末工程支队医院共 9 人纳入国家事业单位编制。

1 月 17 日—30 日 且末地区持续 14 天冷冻降雪,气温降至 -27.3℃。冻害造成跃进区 1400 公顷两年生的红枣树皮冻裂,地表部分的树干冻裂严重,红枣死亡率占种植面积的 67.13%。冻害发生后,且末工程支队组织职工群众抗灾自救,给红枣树包扎草衣、培土保暖,清扫树盘积雪。筹资 180 万元从河南新郑购进 93 万株红枣树苗解冻后补栽,将灾害带来的损失降到最低限度。

5 月 16 日 干部职工开展向四川汶川地震灾区捐款活动,共捐款 15887 元。

5 月 22 日 各基层党支部党员缴纳特殊党费,46 名党员干部捐款 6800 元,向汶川地震灾区奉献一片爱心。

6 月 17 日 且末工程支队与且末县协商,以 1350 万元竞得且末县原公安局以及幼儿园土地面积 3.51 公顷,在且末县城新建住宅小区。

6 月 19 日 且末工程支队党委召开动员大会,全面启动"四抓四看"活动。

7 月 13 日 支队将每个星期日作为信访工作"党委书记大接访日",由党委书记下基层走访,倾听职工群众的意见,现场解决职工群众生产生活中遇到的难题。

9 月 16 日 因地制宜探索防风固沙工作,利用红枣地间作冬小麦预防红枣苗木遭受风沙侵袭,实施间作 866.6 公顷。

10 月 开展"和谐平安家庭"创建活动,建立和谐平安家庭创建评比激励机制,评选出 1 个和谐平安连队、3 户和谐平安家庭,机关干部张素琴、李新川夫妇被农二师授予"和谐平安家庭"荣誉称号。

是月 从适应小城镇建设的需要出发,本着"尊重历史,照顾习惯,体现规划,突出特色,好找宜记"的原则,在确保原有地名相对稳定的前提下,根据建设规划,对红旗、跃进两辖区内 12 处临时地名、设施和处所进行了地名更名。

12 月 农二师根据兵团政策实行医疗卫生体制改革,且末工程支队医院接受师卫生管理部门和支队双重领导,并恢复营级单位建制。

2009 年

3 月 8 日 在国家项目政策支持下，党员干部远程教育网络开通，主要在一连、二连、三连空白点单位安装党员干部远程教育设施 1 部，把连队组织活动场所建设、信息化建设、文化共建共享与现代远程教育紧密结合，实现一站多能多用。

4 月 7 日 农二师分管师领导带领师组织部、财务局、监狱管理局等部门的领导，在支队召开干部大会，宣布且末工程支队企业与且末监狱正式分开的决定，监企合一管理体制终结。

5 月 16 日 支队在且末县"百日文化广场"举办专场文艺演出，且末县党委、人大、政府、政协等部门领导和上千名群众观看演出。

5 月 26 日 且末地区遭受大风、沙尘暴袭击，且末工程支队 706 公顷棉花和林果受灾，生产一连、二连靠近沙漠地段的 53.3 公顷棉花绝收，跃进区新种植嫁接的 653.3 公顷红枣重复受灾，办公区和连队停电停水近 6 个小时，造成直接经济损失 92 万元。

5 月 开展全国地名普查，以片区为界，命名且末工程支队 3 个自然村。其中，命名红旗区为苏干特村、跃进区为欣和村、跃进区且末监狱辖区为田园村。

7 月 且末工程支队党委按照兵团和农二师党委的要求，以团处级以上领导班子和党员领导干部为重点，在全体党员中开展学习实践科学发展观活动。

是月 支队通过招商引资，将棉花加工厂的生产经营权以每年 30 万元的租金租赁给浙江温州客商，承包方投资 950 万元对原棉花加工厂的所有设备进行技术改造和更新，建成 2100 平方米的生产车间一座，安装生产、消防、储存、运输等机械设备 86 套，修建籽棉场地 1.3 万平方米。

8 月 8 日 且末工程支队接到且末县防洪指挥部紧急汛情，组织 120 名干部职工迅速奔赴抗洪前线，职工们在没有任何照明工具的情况下，借着微弱的月光，采用铁丝网装卵石的方法，在被洪水冲垮的险要地段筑起高 1.2 米、宽 3 米的防线，截住了洪水，避免了车尔臣河下游遭受洪水的侵袭。

9 月 且末工程支队成立林业工作站，配备专职工作人员 2 人，负责林业病虫测报、特色林果业种植技术推广应用、林带管护、补植、野生胡杨林保护等工作。

11 月 21 日 支队招商引资 1000 万元，在跃进区成立红枣加工厂，后注册成立巴州沙漠玉枣果业有限公司，占地面积 1.2 万平方米，计划投资建设四栋流水线厂房、四栋大仓库、办公楼及相关配套设施，年粗加工红枣达到 100 万千克生产规模。后因资金紧张，实际投资 600 万元，办公楼及配套设施停建。

2010 年

2 月 5 日 且末工程支队第二届一次职工代表暨工会会员代表大会在红旗区大礼堂召开，参会代表67人。大会确定支队"保民生、保增长、保稳定"的工作目标，厘清发展思路，着力解决监企分家之后因财务负债多、资金匮乏等产生的新问题。

4月 投资234万元兴建"农家书屋"，分别在机关、学校、一连、二连、三连、加工厂、社区、水电站8个单位建成"农家书屋"8个，占地总面积520平方米，共配置32个书柜、48张桌子、40个报架、80把板凳以及16件消防设备。每个书屋配发1.6万元的书籍，藏书4000册。8个"农家书屋"总藏书3.2万册，藏书种类142种。

4月21日 在机关组织职工群众1000余人在国旗下表达对青海玉树地震灾区遇难同胞的悼念和哀思。

5月19日 按照师党委组织部、宣传部《关于在全师党的基层组织和党员中深入开展创先争优活动的实施意见》，且末工程支队党委开展以"创建先进基层党组织、争当优秀共产党员"为主要内容的"创先争优"启动活动。

6月8日 学校开设网络教育课堂，网络远程教育平台使教师和学生分享信息资源库里的上百种教学资源，为学生学习知识、了解外界提供信息化平台。

6月 支队成立会计核算中心，归属财务科管理。各单位配备报账员，每月向会计核算中心上报本单位会计账目。

是月 且末工程支队以1350万元并购且末县公安局和且末县幼儿园所在地3.51公顷土地，开始新建居民小区，后冠名为康都小区。

8月24日 且末县发现了一件距今6000～7000年的岩画，该岩画发现点位于昆仑山北麓的戈壁滩上，海拔2000～2500米。

9月28日 支队投资1173万元的廉租房建设二期工程举行奠基仪式，可解决241户职工住房问题。

10月 成立科学技术委员会（简称科委），下辖农业技术推广站、兽医站、林业工作站等部门。

10月10日 机关开通政务网络，机关科室开通局域网。

11月5日 河北省捐赠40万元，援建支队中学远程交互式教学多功能会议室，实现网络教学全国一体化。

11月 支队投资505万元实施跃进开发区营区道路硬化建设，将原来19条砂砾干道和28条小区砂石土路全部进行硬化，其中铺6米宽的主干道6.6千米，3.5米宽的小区道路13.6千米。

2011年

1月25日 第二届二次职工代表暨工会会员代表大会在支队机关（且末县原政府大楼）召开，参会代表76人。

4月6日　原兵团司令员刘双全一行 10 人，在农二师党委常委、副政委莫合特·则克利亚等领导的陪同下到且末工程支队调研。

8月16日　河北省唐山市财政局领导一行 4 人到且末工程支队进行前期援建工作调研。

9月18日　中共且末工程支队第二次党员代表大会在机关十二楼会议室召开，基层单位 82 名党员代表参加会议。

9月27日　河北省开滦集团公司到且末工程支队调研，就矿产资源开发项目合作等事宜进行磋商。

2012 年

1月　在跃进开发区新植防护林 45 公顷，植树 70 万株，支队农田防护林总面积达到 278.6 公顷，形成 180 千米的防护林网，农田林网化达到 65% 以上。

是月　农二师劳动和社会保障局在且末工程支队设立社保所，配备工作人员 1 名。

2月16日　兵团党委书记、政委车俊带领兵团相关部门到且末工程支队调研，对且末工程支队纳入兵团农牧团场序列问题，要求农二师向兵团提交专题性报告，切实解决好且末工程支队发展中存在的问题。

3月17日　第二届三次职工代表暨工会会员代表大会召开，参会代表 85 人。会议审议并通过《且末工程支队 2011 年团场经济责任制办法》《且末工程支队 2011 年度工会工作报告》《且末工程支队 2011 年度领导干部廉洁自律情况报告》《且末工程支队 2011 年业务招待费使用情况报告》等 9 项报告。

4月21日　兵团林业局调研组到支队就植树造林、林业管理、农田防护林标准化建设项目、林业站基础设施建设等进行调研，对且末工程支队防护林建设、封沙育林、退耕还林等林业工作取得的成绩给予高度评价。

7月12日　兵团、农二师在且末工程支队机关二楼会议室召开调研汇报会，兵团编办主任曹天星，就且末工程支队申请列入兵团农牧团场序列专题调研情况进行汇报。二师行政领导、总经济师，师办公室、发改委、农业局、编办、设计院、建设局等部门领导，且末县行政领导和且末工程支队党政领导及机关部门负责人参加会议。

10月9日　兵团党委常委会研究决定，将农二师且末工程支队纳入兵团农牧团场序列，编为新疆生产建设兵团农业建设第二师三十七团。按地域划分为跃进区、红旗区、石棉矿区、县城城区四个部分，土地管辖区域 11251.72 公顷。

11月13日　一连开展第二次"平安家庭"评比活动，按照"平安家庭"评比标准，94 户职工家庭进行了评比，实现连队"平安家庭"达标率 100%。

是年　三十七团投资 650 余万元，在塔克拉玛干沙漠边缘建成第三期农田外围林，总面积

460 公顷。当年补植跃进区二期外围林 45 公顷，补栽树木 70 万株。

是年末，三十七团农田防护林总面积达到 3051.5 公顷，形成宽 50 米、长 18 千米的防护林网。

2013 年

1 月 23 日 三十七团在且末县城团机关二楼举行日本无偿援助跃进社区卫生室医疗器材装备项目竣工仪式。国家民宗委有关领导、日本驻华使馆代表，兵团民宗局、二师统战部等部门参加仪式。项目建筑面积 280 平方米，日本援助 B 超机、大生化机、血细胞酶标仪等 16 套医疗设备，总价值 65 万元人民币。三十七团党委书记、政委郭鲁肃主持仪式。

3 月 在康都小区动工建设职工文化中心项目，项目总投资 400 万元，建筑总面积 1966 平方米。文化中心内设表演、视频、录制、会议等多功能大厅和更衣间、播放间，可满足团场举办大型文化活动和职工学习培训的需求。

是月 引进社会资金 1904 万元，在且末县城丝绸路和文化路交会处建造 1 座州际宾馆，是集商贸、住宿、娱乐、服务、办公等功能于一体的综合性大楼。于 2014 年 5 月交付使用，年营业额 35 万元，吸纳职工 4 人就业。

4 月 27 日 三十七团第二届四次职工代表暨工会会员代表大会召开，参会职工代表表决通过大会 10 项议题。

6 月 三十七团成立社区建设指导委员会，一名团副职领导任主任，成员由行政办公室、农业科、工交建商科、社区、生产单位领导组成。

6 月 13 日 兵团武警指挥部向三十七团中学提供援助资金 40 万元，新建远程交互式教学多功能会议室。

6 月 15 日 团设施农业大棚建设项目开工建设，总投资 6700 万元，占地面积 103.3 公顷，3 年分期完成，拟建大棚 284 座，用于种植冬枣、茄果类蔬菜及培育苗木等，打造集大学生创业孵化、农业休闲观光、现代设施农业示范于一体的生态农业设施基地。

6 月 21 日 三十七团在且末县昆仑广场举办"且末县百日文化广场"专场演出，表演文艺节目 16 个，且末县各族群众 3000 余人观看了演出。

7 月 27 日 三十七团招商引资 4174 万元，在红旗区原棉花加工厂左侧新建一座双 180 商品混凝土搅拌站，团以 1.52 公顷土地形式入股。首期工程投入资金 800 万元，建筑面积 1.2 公顷。

8 月 25 日 康都小区绿化、亮化、美化工程竣工，绿化面积 6000 平方米，安装亮化路灯 25 盏。

10 月 统一规范区域名称的使用，统称为第二师三十七团社区居委会和第二师三十七团红旗社区连委会、跃进社区连委会。

11 月 16 日　成立南屯玉枣红枣专业合作社，年度红枣交易量突破 4100 万千克。

12 月 15 日　投资 500 万元实施的康都小区天然气入户工程竣工，241 户居民受益。

2014 年

2 月 25 日　三十七团召开党的群众路线教育实践活动动员大会，启动和部署群众路线教育实践活动。第二师党的群众路线教育实践活动第二督导组，团党委常委班子成员，机关部门、各基层单位领导干部，党员代表及离退休老同志参加会议。

3 月 8 日　河北省唐山市路北区副区长张金波作为第二批援疆干部到三十七团任职，兼任三十七团副团长。

3 月 29 日　第二师在跃进区举行三十七团成立挂牌仪式，且末县五套班子领导成员、各部门负责人及三十七团干部职工 120 余人参加仪式。

5 月 3 日　兵团歌舞剧团到三十七团开展"送文化下基层"慰问演出，职工群众 1000 余人观看演出。

5 月 7 日　三十七团召开二届五次职工代表暨工会会员代表大会，大会审议并通过行政工作报告、《2014 年度经济责任制办法》《2014 年女职工专项合同》讨论稿。团与各单位签订安全生产责任书 18 份、党风廉政建设责任书 64 份，团行政主要领导与工会签订 2015 年集体合同书。

7 月 6 日　团在且末县举办"百日文化广场"专场演出，演出节目 18 个，是团在且末县连续举办的第五个专场文化活动。

7 月 28 日　设施农业基地人工种植的 6100 株黑枸杞开花结果，野生黑枸杞人工种植取得成功。

7 月 30 日　团中学中考有 7 人考入第二师华山中学，14 人考入第二师八一中学，重点中学升学率达到 95.4%，为建校以来中考成绩最好纪录。

9 月 16 日　三十七团生态旅游招商引资项目开工建设，总投资 3000 万元。首期水库清淤工程投资 200 万元，在水库出水路面上筑岛 4 座，疏通环岛船道，打造生态旅游业。

10 月 15 日　三十七团调整史志编纂领导小组，党政主要领导宁丰、陈志杰任史志编纂委员会主任，曲新泓任副主任，委员由各单位、机关各科室负责人担任。团史志办挂牌成立，配备 2 名志书编修人员。

10 月 17 日　且末县政府同意将位于县城丝绸东路以南、气象局以东、环城东路以北，总面积 21.98 公顷的土地出让给三十七团，作为三十七团小城镇建设综合用地。该宗土地包括团部办公用地、商业用地、休闲娱乐用地、住宅用地等。

10 月 18 日　团利用国家交通项目政策支持，投资 551 万元在跃进开发区修建的 5.38 千米柏油路通车，方便偏远连队职工群众出行。

11 月 17 日 三十七团与且末县签署英吾斯塘乡以西 10694.08 公顷土地和县城 21.98 公顷综合用地的确权协议。且末县委常委、常务副县长邵军安代表且末县人民政府与团长陈志杰签订协议书。兵地双方达成资源共享、优势互补、城市共建、融合发展、共同繁荣的意向。

2015 年

2 月 8 日 跃进区 10694.08 公顷国有土地确权勘界埋桩工作完成，团成立确权勘界领导小组，由且末县国土局牵头，在县林业局、畜牧局、水利局和团国土分局的协助配合下，巴州国土勘测规划设计院工作人员开展野外勘测埋桩，历时 12 天完成勘测定界任务。

3 月 10 日 且末县举行第二师三十七团跃进区 10694.08 公顷国有土地确权勘界成果验收会。会议确定，巴州国土勘测规划设计院提交的勘界成果资料符合自治区勘测定界技术规程各项要求，同意通过验收。

3 月 16 日 团召开第二届六次职工代表大会，出席大会的正式代表 67 人，列席代表 9 人，特邀代表 3 人。大会审议通过 7 项决议。签订三十七团 2015 年度集体合同及责任书 64 份。大会表彰 2014 年度先进集体 24 个，先进个人 56 名。

3 月 20 日 跃进区国有土地确权事宜完成，且末县人民政府正式将跃进区 10666.6 公顷国有土地使用权移交给三十七团。

3 月 团部重新选址在跃进区。新团部建设规划总面积 236.41 公顷，绿地面积 52.46 公顷，建设用地面积 148.48 公顷。

4 月 13 日 中央编办、国土资源部、水利部等部门组成的国家调研组在自治区发改委党组副书记牛晓萍、兵团党委副秘书长赵保平、巴州常务副州长柴凤兰和二师铁门关市行政主要领导、三十八团建管局等领导陪同下，到三十七团实地调研团场小城镇建设、养殖基地、红枣精品园、标准园、设施农业基地等生产建设情况。

4 月 新团部建设开始动工。团部居住用地总面积 115.52 公顷，占建设用地面积的 77.8%，人均居住用地面积 53.34 平方米。

5 月 8 日 团成立非公有制企业党支部，有党员 4 人。

5 月 三十七团被巴州党委授予"民族团结进步模范单位"称号。

是月 在全团处级以下领导干部中开展"三严三实"（"三严"即严以修身、严以用权、严以律己；"三实"即谋事要实、创业要实、做人要实）专题教育活动。

6 月 且末县重新复核三十七团红旗区土地确权勘界面积，兵地双方委派指界人员到达现场指界，双方测定红旗区复核勘界区域总面积 557.634 公顷，同步完成复核勘测定界埋桩工作。

7 月 24 日 团向且末县英吾斯塘乡捐赠 10 万元，实施三年帮扶对接计划，主要支持科技、教育、卫生、文化等项目。

7 月　总投资 164. 17 万元，在跃进区二连三支 9 斗 1～8 农新建核桃园 66.6 公顷，团场首次在农田试种坚果类作物。

11 月 2 日　团举行河北省唐山市路北区政府援助三十七团捐赠仪式，唐山市路北区援助三十七团资金 50 万元和价值 10 万元的医疗设备。河北省唐山市路北区人大、政协等领导出席仪式。

12 月 8 日　团在跃进区成立四连，配备连队干部 2 人，有土地面积 355.13 公顷，耕地面积 303.4 公顷，林地面积 51.73 公顷，职工 32 人，总人口 67 人。

12 月 20 日　跃进区新团部富强路与团结路交叉口东侧，规划新建团文化活动中心，含文化站、团史馆、青少年之家、老年之家、图书馆、综合培训中心等设施。

第一章 建置区划

三十七团是由新疆生产建设兵团工三师司令部"0701"工程民丰工程支队和兵团农一师、农三师、兵团建工师筑路施工队演变而来。1970年筑路队驻扎且末，主要承担南疆西部段建设任务。1974年2月隶改为农二师且末工程支队。1978年集体前往乌鲁木齐盐湖化工厂承揽工程。1982年迁至大河沿镇参加吐哈铁路建设。1984年返回且末组建劳改支队。2009年4月7日实行监企分离，按辖区由跃进区、红旗区、石棉矿区、县城城区四个区域构成。2012年10月9日，农二师且末工程支队列编为新疆生产建设兵团农业建设第二师三十七团。2015年，团辖3个营级和10个连级建制单位，土地管辖区域面积11251.72公顷，域内有人口2172人，是第二师铁门关市最南部的团场。

第一节 三十七团概况

一、位置

三十七团位于塔克拉玛干沙漠南缘的且末县境内。且末县东与若羌县交界，西与民丰县接壤，南濒阿尔金山和昆仑山，与西藏自治区为邻，北部深入塔克拉玛干沙漠与尉犁县相接。团场由跃进区、红旗区、石棉矿区、县城城区四个区域组成。其中，跃进区位于且末县城以西23千米处，315国道以南，东北部与且末县英吾斯塘乡接壤，为三十七团机关所在地，地理坐标为东自东经85°23′37″，西至东经85°8′4″，南自北纬38°0′06″，北至北纬37°0′40″之间；红旗区位于且末县城以南6.7千米处，东临车尔臣河，地理坐标为东经85°32′35″，北纬38°4′46″；石棉矿区位于阿尔金山与昆仑山交会处，距且末县城278千米，地理坐标为东经84°44′44″，北纬36°59′24″，四周均为高山深谷，海拔高度3200~3850米。

三十七团距乌鲁木齐市公路里程1300千米，距第二师铁门关市公路里程710千米。沙漠公路北线为且末至塔中至铁门关市至库尔勒市，南线为且末至若羌至库尔勒至铁门关市。若民（若羌至民丰）高速公路从团部北侧2.5千米处经过，建有高速公路入出口匝道。和若铁路过境三十七团7.02千米，在跃进区新建客货两用火车站一座。三十七团团部距且末县玉都机场10千米，开通航线且末至库尔勒至乌鲁木齐、且末至和田至喀什往返线路两条。315国道从团部穿过，向西通向和田、喀什地区，往东途经若羌直达青海省格尔木市。

二、面积

在且末县区域内由跃进地区、红旗地区、石棉矿区、县城城区四部分组成。2015年，勘界面积为11251.72公顷。行政辖区外由三十七团使用且末县土地面积69.97公顷。

20世纪70年代初，工三师筑路队伍进驻且末县后，且末县人民政府按照自治区要求，给筑路部队在县城以南6.7千米处划拨土地557.63公顷，总规划用地面积253.3公顷。其中，可耕作土地面积186.6公顷，居民点规划用地23.3公顷。

1970年5月，巴州按自治区要求，从支持兵团"三线建设"出发，于5月18日，巴州、农二师、且末县党政领导就农二师《关于开发建设且末有关问题纪要》达成协议，决定将车尔臣河西岸英吾斯塘乡以西排碱沟为界，面积762.67平方千米（东西长22.78千米、南北长33.48千米，包括且末工程支队部驻地）土地划归农二师且末工程支队一并开发建设。

1984年，按照且末县政府相关文件精神，且末工程支队出资75万元获得且末县石棉矿国土资源使用和矿产开采销售权，国土使用面积为45公顷。

1998年9月8日，且末工程支队取得且末县土地管理局颁发的红旗区国有土地使用证，颁证面积513.39公顷。

2005年10月26日，且末县委、县政府与农二师签订在跃进地区315国道以南建设3333.3公顷生态经济林建设协议。

2007年11—12月，且末工程支队委托巴州国土资源勘测规划设计院完成跃进区土地勘测定界，勘测面积为10694.09公顷。

2010年后，三十七团在且末县城使用地方土地面积24.97公顷。其中，玉城花苑面积21.46公顷、康都小区面积3.51公顷。

2015年3月16日，巴州国土资源局出具《勘界成果验收意见》，确认三十七团跃进区国有土地确权勘界面积为10694.09公顷。

2015年6月，且末县重新复核三十七团红旗区土地确权勘界面积557.63公顷。

第二节　建制沿革

一、三十七团建制

1967年4月，兵团从兵团勘探设计院、建工师、农一师及农三师所属农场抽调整建制连队和技术人员组建新疆生产建设兵团工程建设第三师（后简称工三师），师部驻扎在和田地区莎车县。主要承建 315 国道新疆境内南疆段施工任务，第一施工段为莎车县至民丰县，从莎车县由西向东分段施工。8 月，筑路施工队将公路修至和田地区民丰县时，工三师前线指挥部迁至民丰县，番号为新疆军区生产建设兵团工三师司令部"0701"工程指挥部，下辖民丰支队、建工师工程团、农一师、农三师工程指挥部等施工建筑单位。

1968 年 8 月，为便于施工管理，工三师将建工师和农一师、农三师所属施工队合并隶改为民丰工程支队，建制为正团级。

1969—1970 年，"0701"西线工程施工逐步东延，工三师司令部"0701"工程指挥部随施工进程，从和田地区民丰县陆续迁往巴州且末县，先后驻扎在且末县东风公社域内，后搬迁至县城以南 6.7 千米处驻扎，其附属机构包括机关、幼儿班、医疗队、车队、劳改队、生产三连。1970 年 12 月，工三师民丰前线指挥部更名为工三师且末前线临时指挥部。

1971 年 2 月 25 日，工三师建制撤销，兵团工一师三团、工三师与农三师合并，工三师司令部"0701"工程且末前线指挥部易名为农三师司令部"0701"工程且末前线指挥部。

1973 年 3 月，农三师完成莎车至民丰段公路施工任务，由民丰县迁驻且末地区施工。农三师且末前线指挥部与工三师留存下来的连队合并，组建成立农三师且末工程支队，农三师司令部"0701"工程且末前线指挥部建制撤销。

1974 年 2 月 1 日，农三师且末工程支队划归农二师管理，易名为新疆生产建设兵团农业建设第二师且末工程支队（后简称且末工程支队）。

1975 年 5 月，兵团建制撤销，农二师并入巴州。农二师且末工程支队易名为巴州且末工程支队，依然保留原建制级别。9 月，其下辖的劳改农场被并入巴州四十里城监狱。

1977 年 5 月，因且末工程支队人数逐年减少，不能满足施工需要，经新疆维吾尔自治区革委会批准，撤销巴州且末工程支队建制，划归巴州公路局管辖，更名为新疆巴州工程支队，保留正团级单位建制。

1982 年 4 月 2 日，兵团建制恢复。5 月，自治区加强农垦体制建设，巴州工程支队回归农二师建制，恢复新疆生产建设兵团农业建设第二师且末工程支队称号，建制为正团级建安单位。

1983 年，自治区和兵团作出"大规模开发且末，兵团将且末工程支队作为重要农业开发基地"。

1986 年 6 月 21 日，兵团同意组建农二师且末工程支队为团级建制，纳入且末工程支队的劳改管理工作按照兵团相关文件执行。10 月 1 日，兵团批准农二师《关于成立且末工程支队的请示》，新疆生产建设兵团农二师且末工程支队（且末劳改农场）正式挂牌，为正团级建制。

1997 年 9 月，且末劳改农场组建成立为农二师且末监狱，归兵团司法系统管理。

2005 年 6 月 3 日，农二师实施监狱体制改革，整合部分监狱机构，明确且末监狱为正团级建制。

2009 年 4 月 7 日，根据司法部相关文件规定，兵团实行监企分离，且末工程支队的劳改管理职能被剥离，企业部分保留农二师且末工程支队建制，建制级别为正团级。

2012 年 10 月 9 日，农二师且末工程支队被纳入兵团农牧团场序列，列编为新疆生产建设兵团农业建设第二师三十七团。12 月，变更为新疆生产建设兵团第二师三十七团。2014 年 3 月 29 日，三十七团正式挂牌成立。

二、团属单位建制

1970 年 5 月，工三师指挥部工程二队、三队及农三师二十三团九连、劳改队进驻且末县境内，分别在跃进、东风地区建设农场。1972 年 10 月，从民丰支队和农三师陆续搬迁到且末参加"0701"工程建设的有 12 个施工单位，其中跃进地区驻扎单位有一连、五连、七连、八连、"五•七"班（主要种植蔬菜）；红旗地区驻扎单位有二连、四连、九连、十一连、十二连。驻扎在且末县东风地区的有三连、六连、十连等单位。12 月，工三师民丰前线指挥部随工程进度，陆续搬迁至且末，前线指挥部驻扎在红旗地区，附属机构包括机关、幼儿园、卫生队、汽车营、劳改队（营级）等。

1971 年 5 月 23 日，根据自治区、兵团的指示，农二师结合开发建设工作的需要，在跃进地区组建民族一连，安置"伊塔事件"中的少数民族群众。其主要任务是开荒种植小麦和蔬菜，解决筑路施工队伍后勤保障问题。8 月，民丰支队与农三师五十三团且末前线指挥部合并，在队部组建农三师且末指挥部医疗队，为营级建制单位。东风地区生产连队由三连驻守。

1972 年，且末前线指挥部在红旗地区兴办粮油综合加工厂，生产面粉、清油和小食品。

1973 年 3 月，在且末苏塘地区组建云母加工连，为正连级建制。5 月，农三师二十三团农场从且末跃进地区搬迁至苏塘，月底又从苏塘搬迁至泽普县。6 月 21 日，根据兵团要求，农三师从二十三团劳改农场调集一个中队，在跃进地区组建生产十连，主要安置刑满释放人员。12 月，农三师由西向东，在民丰至若羌沿线分别设置苏塘站、205 站、江尕勒萨依站、阿拉干站、考干站 5 个接待站。是年，农三师民丰工程支队学校随施工连队整体搬迁至且末，在且末县建起农三师且末指挥部学校。

1974 年 2 月，为大力支持"三线建设"，新疆公路局按照自治区的指示，划拨给且末工程支队解放牌载重 4 吨的货车 100 辆。3 月，且末工程支队成立汽车营，拥有汽车 280 辆，其中参加施工运输和生活物资运输的车辆 208 辆。下辖汽车一连、汽车二连、汽车三连，职工人数 500 人，其中驾驶员 200 余人、修理工 100 余人、其他人员 180 余人；有 1.5 吨自卸车 80 辆、解放牌 4 吨货车 120 辆、北京吉普车 4 辆、跃进牌吉普车 5 辆。至年底，农三师筑路队从民丰到且末搬迁完毕，有营级单位 3 个，即机关、劳改队、汽车营（下辖汽车一连、汽车二连、修理连）；14 个连级基层单位，即学校、医疗队、一连、二连、三连、四连、五连、六连、七连、八连、九连、十连、十一连、十二连；终点至库尔勒的沿途设接待站点5个，即苏塘站、205站、阿拉干站、江尕勒萨依站、考干站。是年，支队购买且末县煤矿1处，为正连级建制。

1974年2月1日，农二师且末工程支队成立后，有3个营级建制单位，即汽车营、学校、劳改队；13个连级单位，即一连、二连、三连、四连、五连、六连、七连、八连、九连、十连、十一连、十二连、煤矿。5月，农三师且末指挥部医疗队易名为农二师且末工程支队卫生队。是年，农三师民丰工程支队学校更名为农二师且末工程支队子女学校，为正营级建制。7月，且末工程支队筑路人员逐年减少、劳动力缺乏，经农二师上报兵团批准，从民丰支队调拨一个劳改中队到且末工程支队，与且末工程支队生产十连合并，在且末跃进区成立劳改农场。

1975年5月，兵团建制撤销，农二师并入巴州。且末工程支队及下属单位随之归属巴州管辖。9月，且末劳改农场撤销，与巴州四十里城监狱合并。

1976年，支队在红旗区建成榨油厂，在六连建成豆制品厂。1977年，两厂合并组建副食品加工厂，为连级建制。

1977年6月12日，且末工程支队石棉矿易名为巴州工程支队石棉矿，属巴州重工小型非独立核算企业。

1978年，自治区公路局从巴州工程支队抽调汽车100辆运往克拉玛依石油基地，支援国家石油开发建设，支队汽车营解体改为汽车队，为正连级建制；撤销205转运站，保留且末公路养护站、阿拉干物资转运站、江尕勒萨依转运站、考干转运站4个站点，均为副连级建制。7月，巴州工程支队搬迁至盐湖的施工连队，为便于承揽工程和施工建设，将原来的生产连队更名为工程连队，随之调整建制序列，改称工程二连、工程三连、工程四连等。10月，巴州工程支队指挥机关陆续搬迁至盐湖，在盐湖化工厂建立巴州工程支队机关、职工食堂、连队、学校、幼儿园等附属机构。巴州工程支队卫生队迁至盐湖，在盐湖组建卫生队，且末驻地卫生队保留6人。支队学校搬迁至盐湖，与盐湖学校合并。在且末驻地学校保留小学1~3年级，学校营级建制取消，降为连级建制。至此，且末工程支队没有营级建制单位。

1979年11月，巴州工程支队八连、机关部分人员在且末留守，其他连队全部搬迁至盐湖或随工程项目搬迁至施工工地。

1980年，巴州工程支队下属的多数单位迁往新疆盐湖化工厂、乌鲁木齐市和大河沿镇等地（时称为北线）承揽基建工程，原且末驻地留守823人守住阵地，待机开发。

1980年12月，巴州工程支队在吐鲁番大河沿并购部队遗留旧房屋800间，安置机关、学校、医疗队、托儿所4个附属单位，6个盐湖施工队即工二连、工四连、工六连、工七连、工十连、工十二连，成立工程支队北线指挥部。

1982年，且末工程支队且末驻地有八连和学校、卫生队部分人员，国道沿途5个站点撤销

4 个，只保留且末公路养护站，后改为道班。且末驻地连级建制单位减至 6 个。

1983 年 8 月，按照国家关于"伊塔事件"的有关政策，且末工程支队原先安置的大部分少数民族职工自愿返回原籍。11 月，在盐湖的且末工程支队卫生队部分人员回到且末，恢复且末工程支队卫生队营级建制单位。是年，撤销民族一连建制。

1984 年，且末驻地学校开办至初中年级，学校恢复为副营级建制。1984 年 3 月，且末工程支队北线指挥部建制撤销，与农二师水利工程团合并组建成立农二师建筑工程第二团（后简称工二团）。7 月，农二师且末工程支队原北线指挥部从工二团分离，划归到且末工程支队；盐湖巴州工程支队卫生队返回且末。

1985 年 1 月，撤销盐湖且末工程支队番号。盐湖工程支队学校搬迁至且末。

1986 年 7 月，且末工程支队卫生队成立犯休所，为副连级建制。

1989 年 12 月 9 日，且末工程支队整合原汽车营资产成立车队，建制为正连级单位。

1990 年，支队石棉矿被兵团认定为重工业小型采矿企业，命名为昆金石棉矿。

1991 年，且末工程支队将副食品加工厂改扩建成棉花加工厂。1992 年 4 月，且末工程支队将原来的八连改组为生产一连，在跃进地区成立生产二连，主要种植棉花和试种水稻。是年，在红旗区成立林园连，为副连级单位。

1992 年，农二师批准昆金石棉矿为正营级建制单位；兵团在且末成立安犯基地，组建 5 个劳改中队，为正连级建制单位。

1993 年 8 月，且末工程支队棉花加工厂成立，建制为正连级单位。1994 年，在苏塘地区新建石棉精选厂，归属石棉矿管理。

1995 年 2 月，支队实行管理体制改革，撤销车队建制，建立机耕队，从熟知农业机械作业的职工中选拔 5 名机耕作业人员，充实了农机技术力量。7 月，在跃进区建立农机合一的二连，组建水管站，以上两家单位按正连级编制，建点在跃进区，原八连更改为一连。

1996 年 3 月，石棉精选厂停产。1998 年 7 月，机耕队建制撤销。

2000 年，支队学校、卫生队归属事业单位序列。2001 年，生产二连建制撤销，耕地归属且末监狱种植。2002 年，卫生队医务人员减至 7 人，撤销卫生队营级单位建制，改为连级建制。

2004 年，恢复生产二连建制。

2005 年 4 月，在红旗区成立社区，为正连级建制。是年，师整合石棉资源，昆金石棉矿与三十六团石棉矿整合为巴州石棉矿。

2006 年 12 月，且末工程支队成立教育中心。是年，林园连建制撤销。支队在跃进区组建三连、二连，为正连级建制；水管站更名为水电站，为副连级建制。

2007 年 12 月，农二师实行医疗卫生体制改革，且末工程支队卫生队更名为且末工程支队医院，接受师卫生管理部门和支队双重领导。2008 年，恢复医院营级单位建制。

2009 年 4 月 7 日，且末工程支队企业与监狱分离，学校归属企业建制，保留且末工程支队学校称谓，保留营级建制级别。是年，支队下辖石棉矿、学校、医院 3 个营级建制单位。

2009 年 9 月，且末工程支队在跃进区成立林业工作站，为连级建制。2010 年 9 月，棉花加工厂注册成立农二师昆山棉业有限公司。

2010 年 5 月，昆金石棉矿回归且末工程支队经营。

2012 年 10 月 9 日，兵团党委常委会研究决定，将农二师且末工程支队纳入兵团农牧团场序列，列编为新疆生产建设兵团农业建设第二师三十七团。结合地域管理实际，三十七团划分为跃进区、红旗区、石棉矿区、县城城区四个部分，土地管辖区域 11251.72 公顷。下辖昆金石棉矿、学校、医院 3 个营级建制单位和 3 个农业连队、2 个服务单位。

2013 年，且末工程支队学校隶改为第二师三十七团中学。2014 年，设施农业基地成立，为连级建制。2015 年 12 月 8 日，在跃进地区成立四连，为连级建制单位。

2015 年底，三十七团有学校、医院、昆金矿业有限公司 3 个营级建制单位；有一连、二连、三连、四连、设施农业基地、水电站、林管站、昆山棉业有限公司、社区、幼儿园 10 个连级建制单位。

第三节 区划

2008 年全国地名普查时，按照自治区、兵团和农二师关于地名称谓要求，结合单位所处地理位置和生产种类，且末工程支队由四个区域构成。

2012 年 10 月 9 日，农二师且末工程支队列编为新疆生产建设兵团农业建设第二师三十七团。结合地域管理实际，三十七团划分为跃进区、红旗区、石棉矿区、县城城区四个部分，土地管辖区域面积 11251.72 公顷。

一、红旗区

1970 年，兵团工三师司令部以 45 万元并购且末县城以南 6.7 千米处土地 5.13 平方千米，并驻扎于此。红旗区东临且末县琼库勒乡克亚克勒村四、五两个小队，西接昆仑山北麓冲积扇沙漠地带，南部与且末县水泥厂相连，北部与琼库勒乡克亚克勒村四、六小队只有一条水渠相隔，引车尔臣河水灌溉农田。全区总规划用地面积 253.3 公顷，其中居民点规划用地 23.3 公顷。辖区内居住有汉族、维吾尔族、回族、布依族等职工，总人口 316 户 1120 人，大部分职工从事农业、商业和棉花加工厂工作。辖区主干道振兴路与且末县域公路"591"专线相连。

20 世纪 70 年代初，红旗区是原工三师师部所在地，驻扎有机关、学校、医疗队、汽车营、武装四连、五连、六连、副食品加工厂、二连、八连、九连等单位，主要承担修筑"0701"国防公路工程路基和农田开垦任务。红旗区为且末工程支队机关驻地。

1972年，红旗区驻扎有汽车营、二连、六连、武装四连、九连、十一连、十二连、粮油综合加工厂等单位。1978年，汽车营解体改为汽车队，巴州工程支队指挥机关搬迁盐湖，红旗区留守建制单位八连、粮油加工厂，汽车营、学校、卫生队降级为连级建制单位，机关留守部分人员。其他单位随施工工地转移搬迁至盐湖。

1986年，兵团恢复且末工程支队建制。在红旗区驻扎一个中队和犯休所。1991年4月，红旗区成立社区；至年底，红旗区驻有机关、卫生队、学校、八连、劳改三中队、犯休所、车队、社区、粮油加工厂9个单位，有人口1600人。1992年4月，八连改为农一连，八连建制撤销。是年，红旗区成立林园队，1994年更名林园连。1995年，在红旗区成立水管站，无专用办公场所，连队干部居家办公。1998年，支队实施危旧住房改造工程，在红旗区设置一区、二区、三区3个居民小区。至2000年底，红旗区驻扎有机关、一连、卫生队、学校、加工厂、犯休所、劳改三中队、水管站、林园连、社区10个建制单位。

2002年，犯休所建制撤销回归监狱管理。2004年，林园连建制撤销，林带管理划归辖区各单位。2006年，红旗区设置司法所。是年，水管站更名为水电站搬往跃进区。至2009年4月监企分离时，红旗区驻有机关、学校、医院、一连、棉花加工厂、劳改支队三中队等单位；驻团单位有土地管理分局、司法所、苏干特派出所。2010年9月，且末工程支队机关从红旗区迁至且末县城。农二师昆山棉业有限公司在红旗区。

2013年，三十七团在红旗区新建1座商品混凝土搅拌站，2014年申请注册为三十七团奇强混凝土商业有限公司。

2015年，红旗区驻有学校、一连、苏干特派出所，有农二师昆山棉业有限公司、奇强混凝土商业有限公司2家工业企业。红旗区行政区域土地总面积557.63公顷，耕地面积186.6公顷，主要种植红枣、棉花，是团场红枣主产区之一。

二、跃进区

跃进区位于且末县城西16千米处。东与且末县英吾斯塘乡接壤，以一条南北走向的排碱沟为界，315国道从辖区北部穿过。跃进区距且末县城（邮电局）公路里程23千米。1971年兵团工三师司令部"0701"工程指挥部与且末县协商，由且末县划拨给兵团开发建设面积11200公顷，用于劳改队、一连、八连等附属单位农业开发和办公。

1970年后，跃进区先后驻有农三师二十三团农场、跃进农场一场、二场、农一连、农七连、农八连、劳改队等单位，主要修筑"0701"工程（民丰—若羌段）。为解决粮油自给问题，筑路队伍在此一边修路，一边开荒种地。在跃进区开荒1866.6公顷，种植小麦、玉米、水稻、油菜、蔬菜和粮食作物，生产的粮食运至红旗辖区面粉加工厂碾磨、加工成面粉及其他副食品，以此缓解单位粮油供应不足问题。1971年，在跃进地区组建民族一连，主要种植粮食。1975年9月，跃进区且末劳改农场撤销，与巴州四十里城监狱合并。1980年，基本完成315国道施工任务，驻扎在跃进区的施工连队随着施工主力迁往盐湖化工厂、乌鲁木齐市和大河沿地区（时称北线）承揽工程，跃进地区的农田被撂荒。1983年11月，民族一连建制撤销。

1985年，且末工程支队在跃进区驻扎劳改二中队、五中队，收复弃耕地，开荒种植粮食、油料和蔬菜等，基本实现生活自给。1989年，五中队与二中队合并，五中队建制撤销。

1992年，在跃进区新建生产二连，引进外来承包土地人员从事地膜棉种植。1994年，跃进区被列为农二师待开发的四大垦区之一，师成立跃进开发前线指挥部，规划开垦2000公顷耕地，历经2年5个月，实际开垦耕地153.3公顷。

1995年7月，在跃进区建立农机合一的二连，组建水管站按正连职建制。2001年，生产二连建制撤销，所开垦的耕地归属且末监狱种植。

2005年9月，农二师举全师之力在跃进区再次实施农业开发，历经6个月，开荒土地1400公顷，全部种植红枣和农田生态林。2006年12月，跃进开发区扩编为二连、三连和水电连。是年，跃进居民区总规划用地面积404250平方米，建筑用地17489平方米。2009年4月监企分离后，跃进区驻有劳改队二中队、二连、三连、水电站4个建制单位。

2015年，三十七团在跃进区成立四连。2016年末，团机关从且末县城迁至跃进区，驻有二连、三连、四连、水电站林管站等单位，建有万头猪场和设施农业基地。驻团单位有三十七团国土资源管理分局、司法所、社保所。跃进区行政区域内土地面积10694.09公顷，耕地面积1146.6公顷，建成红枣生态经济林1133.3公顷，成为三十七团红枣主产区。

三、石棉矿区

石棉矿位于且末县城西南278千米处的基格带库里村，因石棉矿地处昆仑山与阿尔金山交会处，取名为昆金石棉矿。总面积为45公顷，四周均为高山深谷，海拔高度3200～3850米，人烟稀少，山口有42千米的盘山砂砾公路通往矿山。

1975年10月，且末县为支援且末工程支队发展工业生产，决定把且末县基格带库里石棉矿转让给支队开采。因技术力量和资金不足等问题，支队将石棉矿暂时搁置未开采。

1977年6月12日，石棉矿易名为巴州工程支队石棉矿，属巴州小型非独立核算企业，占地面积50万平方米，房屋建筑面积350平方米。

1986年11月15日，且末工程支队付给且末县75万元，取得石棉矿24平方千米矿区开采销售权。石棉矿属国有矿山企业，拥有露天采矿场2座，分为东山和西山，年产原矿石4～10万吨，矿区建有石棉精选厂2座，企业注册资本280万元，总资产1200万元，可生产部标、国标三个等级9个牌号的产品。

1988—1991年，且末工程支队自力更生改扩建通往矿区的道路124千米。其中，完成盘山道路42千米，架设桥梁6座。修筑矿区原料运输道路14千米，修建石棉生产车间2处，料棚1处，建成地窝子、半地窝子办公室和宿舍167间，帐篷式发电房9间，安装输电线路2.5千米。在苏塘和库尔勒设置石棉产品物资中转站2处。

1990年，石棉矿区分成四个作业区，即采矿区、发电区、维修区、选矿区。矿区以M1矿体开采为主，通过浅孔爆破和钻孔爆破、推土机推碾、装载机采装、公路开拓、汽车运输的开采流程，把原料运至山下5000米处的加工车间破碎加工。矿山设计年生产能力为1580吨，采矿区回采率为95%，贫化率为3%。是年，且末工程支队石棉矿被兵团认定为重工小型采矿业，冠名为昆金石棉矿。1991年，石棉矿区完成技术设备改造，建成三个石棉选场，形成石棉选矿"一条龙"生产线。昆金石棉矿开始恢复生产。

1992年，师党委批准昆金石棉矿为营级建制单位。

1993年，石棉矿分成三个作业区即（采矿区、发电区、维修区）投入石棉开采。石棉矿区总人数1293人，其中职工120人、专业技术人员23人、其他人员1150人。

1994年，在棉花加工厂和苏塘建成两个电动振动筛石棉精选厂。1995年，因市场石棉滞销被迫停产，石棉矿全部人马转投从事农业生产，实施跃进区开荒任务。1996年，国内石棉市场价格有所提升，石棉产品销路畅通，石棉矿恢复生产。

2001年1月，石棉矿采取招商引资方式，实行对外承包，将石棉矿的开采权、经营权租赁给承包方，当年有一家承包方在石棉矿开采经营。2003年，石棉矿发展到3家承包户，年产量达到2780吨，创产值300万元。

2005年6月，以租赁的方式，昆金石棉矿与三十六团石棉矿整合为巴州石棉矿。2010年，昆金石棉矿的开采经营权从巴州石棉矿剥离，重新归属且末工程支队。2011年，昆金石棉矿重新对外发包给私人开采经营。2013年，昆金石棉矿重组成立三十七团昆金矿业有限公司。2016年，因开采方没有获得安全生产许可证，昆金矿业有限公司停产。

四、县城城区

三十七团在且末县城城区分布有康都小区、玉成花苑。

康都小区位于且末县城丝绸东路与文化路交界地段。2010年6月，且末工程支队以1350万元并购且末县公安局和且末县幼儿园所在地3.51公顷土地，开始新建居民小区，命名为康都小区。小区总规划面积3.51公顷，建筑物用地7825.67平方米，总建筑面积34289.96平方米，建筑密度为22.32%。公用地段和绿化面积26464.29平方米，由团机关、社区和居民小区三部分组成，其中团机关占地面积7012平方米，建有1栋三层办公楼、1座州际酒店、7栋住宅楼。

2012 年 1 月，三十七团社会保险基金管理所成立，办公点设在团机关。

2014 年 10 月 17 日，且末县政府同意将位于县城丝绸东路以南、气象局以东、环城东路以北总面积为 21.46 公顷的土地出让给三十七团，作为三十七团小城镇建设综合用地，该宗土地包括团部办公用地、商业用地、休闲娱乐用地、住宅用地等。是年，三十七团依法办理且末县城综合用地审批手续，取得该宗建设用地批准书。

2015 年 3 月，三十七团按照小城镇建设规划开始对该地段实施土地平整，命名为玉城花苑。后因三十七团拟建新团部选址变更，此地段开发建设工作停止。

第四节　农林连队

1974 年 2 月，农二师且末工程支队成立后，有农林连队 5 个，即一连、三连、六连、八连、十连。经过单位建制不断撤销、合并，2009 年 4 月 7 日，且末工程支队监企分离后，有农林连队 4 个，即林园队、一连、二连、三连。2012 年 10 月 9 日，农二师且末工程支队列编为新疆生产建设兵团农业建设第二师三十七团，有一连、二连、三连 3 个农林连队。

2015 年 12 月，新建农业连队四连。三十七团有一连、二连、三连、四连 4 个农林生产连队。

一、生产一连

生产一连（简称一连）的前身是工三师八连，位于红旗区，地处且末县英吾斯塘乡境内，辖区面积 133.33 公顷。1971 年 5 月，在跃进区组建民族一连，安置"伊塔事件"中的少数民族群众，主要种植小麦、玉米，以解决筑路队伍粮食问题。1983 年 8 月，民族一连大部分少数民族职工自愿返回原籍。是年，民族一连建制撤销，部分人员和土地与八连合并。

1984 年 4 月，兵团在且末实施农业大开发，首期建设项目为车尔臣河西岸大渠工程。八连从跃进区迁至红旗区，参加西岸大渠施工任务。1988 年 7 月，西岸大渠工程下马，八连全部职工在红旗区转为农业生产，以种植粮食和蔬菜为主。1992 年 4 月，且末工程支队统一调整基层连队编制，将八连改组为生产一连。

1998 年，一连辖区内新修区间柏油路 14 条，有三条辖区公路与国道相接，辖区内设置有公交站，职工群众出行极为便捷。是年，且末工程支队实施危旧住房改造工程，第一批连队 60 户职工住进新房。设置三个小区，分别为一、二、三号小区，小区内部为两家一栋房舍，形成"前有圈，后有院"居住格局。

2000 年，一连在原支队部的土坯房设置连队办公室。2004 年，一连种植的 176.8 公顷棉花总产籽棉 762 万千克，平均单产 287.3 千克。2009 年，且末工程支队机关从红旗区搬进且末县城，处于一连辖区的支队二层楼房成为连队办公场所。

2015 年底，一连总人口 510 人，其中少数民族职工群众 20 人。全连从业人员 189 人，其中在岗职工 112 人，非职工 77 人。有离退休人员 93 人。土地总面积 513.33 公顷，其中耕地 310.8 公顷、林地 28 公顷。种植红枣 185.3 公顷，总产量 861.8 吨，实现生产总值 387.81 万元。

二、生产二连

生产二连（简称二连）位于跃进区。1995 年 7 月，二连成立，连队职工大多为来自河南、安徽、四川、山东等地的社会自流人员，总人口 13 户 64 人，其中承包土地职工 27 人。2001 年，二连建制撤销，耕地归属且末监狱种植。2004 年恢复二连建制，全连总人口 49 户 181 人，其中职工 97 人、非职工 84 人；土地面积 196.2 公顷，棉花总产籽棉 530 万千克，平均单产 180.0 千克。

2005 年，农二师举全师之力完成跃进区 1653.3 公顷土地开发，栽植树木后，新植园地交由二连管理。2006 年，引进新职工 193 户 678 人，全连总人数达 852 人，其中正式职工 256 户，外来承包户 13 户。是年，种植棉花 320 公顷，种植红枣 846.6 公顷。

2007 年，二连被拆分为二连、三连两个连队。二连土地面积为 633.4 公顷，其连部从且末监狱旧址处搬迁至开发区新建连部办公室。是年，全连总人数为 134 人，其中职工 60 户，外来承包户 18 户。种植棉花 146.6 公顷，生态防护林 53.3 公顷，生态经济林 486.67 公顷。

2010 年，引进新职工 102 人，外来承包户 48 人，共有职工 159 人。

2015 年，二连土地面积 633.4 公顷，其中农作物种植面积 246.6 公顷，主要种植棉花、红枣。实现生产总值 735 万元。连队居民人均可支配收入 0.8 万元。在岗职工平均工资 3.3 万元。

三、生产三连

生产三连（简称三连）地处跃进开发区欣和村，军垦路以南，与且末县英吾斯塘乡吐排吾斯塘村为邻。2007 年 8 月，三连由生产二连拆分而组建，总人口 592 人。其中，新职工 147 户、外来承包户 17 户。连队总面积 1533.3 公顷，其中红枣种植面积 800 公顷、生态防护林面积 400 公顷、棉花种植面积 333.3 公顷，农作物种植主要为红枣。

2009 年 6 月，连队管理面积 456.8 公顷，主要经济作物为红枣、打瓜。连队国内生产总值 265 万元，职工家庭年均收入 1.2 万元。

2010 年，全连有职工 53 户，种植红枣 456.8 公顷，实现生产总值 192 万元，职工家庭年均收入 1.35 万元。2011 年连队红枣开始达产达效，红枣产量逐年增加。

2015 年，连队总人口 312 人，其中在岗职工 107 人。土地总面积 473.2 公顷，其中耕地 32.10 公顷、园林地 441.1 公顷。红枣单产 280 千克，棉花单产 250 千克，实现生产总值 630 万元。连队居民人均可支配收入 1.17 万元。在岗职工平均工资 1.24 万元。

四、生产四连

2015年12月8日，三十七团在跃进区成立生产四连，位于跃进区牛场附近，配备连队干部2人，总人口67人，其中职工32人。土地面积303.4公顷、林地面积51.73公顷。连队职工以管理新荒地为主，由团按月发放土地管理费每公顷150元，栽植梭梭、红柳嫁接大芸，土地间作部分种植打瓜补充收入。

第五节　自然镇村

一、自然镇

20世纪70年代初，随着工三师司令部"0701"工程指挥部进入且末县后，在红旗区所在地驻扎有机关、学校、医疗队、汽车营、武装四连、二连、四连、五连、六连、七连、九连、副食品加工厂等单位，又称苏干特镇。

2008年，在且末县城实施小城镇建设规划，城镇选址位于且末县城丝绸路与文化路交界地段。2009年9月，按照小城镇建设规划，确定在且末县购置土地实施建镇规划。由于且末地域原为中国历史上记载的西域三十六国之一的小宛国属地，在镇区建设中曾一度被称为小宛镇。

2015年12月，按照兵团、师市有关政策和"一团一镇"发展规划，将三十七团城镇选址在跃进区，城镇拟名为小宛镇，后又改为金山镇（建制镇）。（注：2019年4月30日，金山镇挂牌成立。）

二、自然村

2008年全国地名普查时，以片区为界，命名且末工程支队3个自然村，其中命名红旗区为苏干特村、跃进区为欣和村、且末监狱辖区为田园村。

（一）苏干特村

苏干特村（地属戈壁滩，常年荒芜，村民将死牲畜埋藏于此地，蒙古语意为埋藏死牛的地方）位于且末县城以南6.7千米处的三十七团红旗区。

20世纪70年代初，红旗区为工三师所在地，居住人口2.1万人。20世纪80年代后，改为且末工程支队机关驻地。2008年，地名普查时设立村名。2010年，苏干特村部分人员随机关入迁且末县城康都小区。2015年底，驻有一连、学校、第二师昆山棉业有限公司、奇强混凝土商业有限公司、苏干特派出所5个单位，居住人口216户720人。

（二）欣和村

欣和村位于距且末县城以西23千米处的跃进区。20世纪80年代，随地方乡镇取名为跃进区。2005 年起，跃进区实施农业开发。2007 年 3 月，生产二连从且末监狱一监区处迁至跃进区；8 月，跃进区扩编为二连、三连和水电连 3 个建制单位。2008 年地名普查时，跃进区被命名为欣和村，意为欣欣向荣、和谐发展。欣和村以红枣种植为主，建有红枣生产基地。2015 年，驻有二连、三连、四连、设施农业基地、水电站、林管站 6 个连级建制单位，总人口 319 户 972 人。

（三）田园村

田园村又名草禾苑，位于距且末县城以西 18 千米处的原监狱驻地，四面沙漠环绕。1980 年，驻有一连、八连、十二连、劳改队等单位。1992 年，新建生产二连。2006 年 3 月，生产二连迁至欣和村，仅余农二师且末监狱下辖的一个监区驻守于此。2008 年地名普查时，被命名为田园村。有耕地 253.3 公顷，主要种植红枣、棉花、小麦、玉米，监狱建有副食品生产基地一处。2009 年，监狱与企业分离，将全部国有土地转交给且末工程支队。2014 年，三十七团团部和小城镇建设选址于此。2015 年，有住户 720 户 1600 人。

第六节　村镇道路

20 世纪七八十年代，村镇有两条场区道路。2006—2015 年，随着国家西部大开发战略的实施，修建主干道 4 条，全长 8.78 千米。至 2016 年底，团内总计修建公路 89 条，总长 392.38 千米。其中，建成标准等级公路 7 条，总长 38.3 千米，铺油面积 257320 平方米。建设乡道 28 条，总长 134.5 千米。建设场区便道 54 条，总长 196 千米。连队沥青公路通达实现 100%。

一、主干道路

（一）振兴路

振兴路地处红旗区，东西走向，是 1970 年工三师入驻且末时修建的一条场区主干道。1970 年，工三师筑路队伍驻扎在红旗区时，就地取材修筑一条东西长 0.8 千米、宽 6 米的场内主干道，东与 315 国道呈"T"形连接，西进入场区 600 米后，分成 12 个交通路口与各居民小区间的道路连接，是红旗区职工群众出行的唯一一条道路。1993 年，且末工程支队投资 266.99 万元对红旗区所有道路实施改扩建，改扩建成后路面宽 8 米，两边各建林带 2 米，总长 0.8 千米。1995 年，且末工程支队自筹资金 3.7 万元再次对道路加高铺设砂砾，刮平碾压维修，道路两侧各扩宽 1 米作为人行道，命名为"振兴大道"。1998 年，实施危旧房改造工程时，道路再次加高、加宽修复，铺设沥青路面 7 米。东起于红旗区 591 专线 226.9 千米处，西止于学校发电房处，全长 0.8 千米，路面宽 7 米，属村镇三级通连公路。2008 年地名普查时，振兴大道更名为振兴路，途经苏干特派出所、一连连部、医疗室至学校。2009 年，路面再次改造，铺垫戈壁砂石。2010 年，振兴路完成路面铺垫沥青。

（二）建设路

2005 年 8 月，跃进区开发建设生态经济林地时建成 1 条砂砾路，为南北走向。北起 315 国道 1902.1 千米处，南至跃进开发区军垦路东端，总长 3.8 千米，宽 8 米。后命名为建设路。2009 年，投入 904.6 万元，对建设路拓宽改造，铺设沥青路面 8 米，铺油 3.04 万平方米，架桥涵 5 座。2015 年 6 月，从建设路北段接 315 国道起点，向南改扩建道路，全长 2.36 千米，路面拓宽至 26 米，铺油面积 61360 平方米，使用国家项目资金 544 万元。途经三十七团新团部，东经英吾斯塘乡至且末县城，南濒跃进水库，西与跃进区军垦路相连，是新团部与外界通行的主要交通道路。

（三）军垦路

军垦路位于跃进区。2005 年 6 月，跃进区开发建设生态经济林，修建 1 条砂砾路面道路，为东西走向。东起建设路 3.8 千米处，西止跃进开发区 4 号井位，全长 4.1 千米，宽 8 米。2008 年命名为军垦路，取兵团成立 55 周年和职工战天斗地，发扬南泥湾精神、艰苦奋斗、无私奉献，开发建设且末之意。2009 年，对军垦路拓宽改造，铺设沥青路面 8 米，铺油 3.28 万平方米，公路等级为三级路面；沿途架桥 3 座，其中板桥 2 座、涵桥 1 座。2012 年 6 月，对军垦路重新铺油改造，铺设沥青路面厚度 5 厘米，铺油面积 3.28 万平方米。途经二连、三连、团部，与 315 国道通连后，往东至英吾斯塘乡直达且末县城，往北通连且末县玉都机场，是跃进开发区的主要交通道路。

（四）田园路

田园路位于跃进区。1986 年，从跃进区 315 国道至监狱蔬菜基地，修建一条南北长 2.1 千米、宽 6 米的公路，建成后命名为田园路，是跃进区二中队通往且末县域的交通道路。2000 年 12 月，田园路改扩建成路面宽 7 米的沥青路面。2014 年 2 月，团在跃进区实施小城镇建设，总投资 1605 万元，将田园路改扩建长 2.01 千米，路面拓宽至 26 米，铺油面积 52260 平方米，桥涵 2 座。（注：2016 年 10 月底建成通车，受益人口 1200 人，属三十七团小城镇东环主干道。）

二、街道

（一）红旗区街道

红旗区街道包括团结巷、文化巷、区间巷。

团结巷位于振兴路主干道，于 2006 年 10 月建成。地处少数民族集聚地区，以民族团结之意而命名。全长 680 米，巷宽 7 米，南北走向，分为南巷、中巷、北巷，为沥青路面。街道两侧驻有支队队部、生产一连连部，建有 4 个居民区、绿化带、健身广场、灯光篮球场等配套设施齐全。

文化巷位于振兴路主干道西段，于 2006 年 10 月建成。地处学校和机关附近，取振兴支队文化之意而命名。全长 650 米，巷宽 7 米，分南巷、中巷、北巷。支队学校、原支队机关、一连大礼堂建在街道两侧，有居民区 2 个。2008 年，新建一连会议室和职工文化中心，有苏干特派出所驻扎。

1986 年，在红旗区动工建成 7 条区间街巷，分别为机关学校巷、监狱民警小区巷、八连街巷、加工厂街巷、九连街巷、医院街巷、大库房街巷，大部分街巷路面为土路，仅通往学校、医院、大库房的街巷铺有戈壁砂石，路宽 6 米。2000 年，拓宽改造原来的街巷，新建 16 条区间巷道，路宽 6 米；改扩建小区巷道总长 13.7 千米，路面铺设沥青，为四级巷间道路。

2000 年，支队拓宽改造居民区街巷　　　　　　　　　　　　　　　（杨波　摄）

（二）跃进区街道

跃进区街道主要包括四个小区街巷。

2006 年跃进区开工建设 16 条小区巷道，于 2010 年完工。起自开发区 1 号小区至 4 号小区道路末端，每条小区巷路长 0.72 千米，总长 11.52 千米。2011 年，小区巷路面铺设沥青，路宽 5 米，技术等级为四级路面。

第七节　地名工作

2008 年 10 月，且末工程支队从适应小城镇建设的需要出发，本着"尊重历史，照顾习惯，体现规划，突出特色，好找宜记"的原则，在确保原有地名相对稳定的前提下，根据建设规划，对红旗、跃进两辖区内地名、设施和处所实行地名改革，成立地名改革委员会，组长由支队主要行政领导担任，成员由基建科、生产科、财务科、政工科和办公室主要领导组成。地名管理机构挂靠在行政办公室，由负责民政事务的干部处理日常业务工作。11月，支队地名管理机构统一规范原来的地名设置，重点清理整治未命名的地名名称、不规范的地名标志等。社政部门负责清理不规范地名名称，按程序办理地名命名、更名的审批工作，负责团域内未命名道路、广场、桥梁等的命名申报工作；苏干特公安派出所负责所有门牌和团域内交通指示牌的清理规范，路、街、巷牌的清理规范，所辖范围的地名名称、标志清理规范工作；社区负责自然村、路、街、巷（含社区道路）名称与标志的清理规范，主干线交通指示牌的清理规范，地名标志的清理规范工作。

2009年5月，组织完成地名清理与地名命名集中申报工作。9月，完成地名清理与命名工作的检查验收。经兵团、师批准，且末工程支队有自然地理实体名称11个，包括1个镇名、3个社区、3个村名、4个居民区；公共场所名称28个，包括道路14条、街巷13个、广场1个；水利设施名称34个，包括桥梁17座、隧道9条、水库1个、闸坝7个；文化名称1个；主要设施通道4个，其中红旗区2个、跃进区2个。经过清理整治，按照地名管理要求，红旗区命名为苏干特村、跃进区命名为欣和村、跃进区且末监狱辖区命名为田园村。

2010年，建成地名公共服务工程数据库信息系统，实行电子建档录入地名信息。

2013年，统一规范区域名称的使用，称为第二师三十七团社区居委会和第二师三十七团红旗社区连委会、跃进社区连委会。

2015年，跃进水库取名为玉昆仑湖湿地公园，且末县城小区取名为康都小区。

2017年，三十七团兴建的玉昆仑湖湿地公园　　　　　　　　　　　　　　　　（杨铁军　摄）

第二章　自然地理

三十七团位于塔里木盆地东南缘，昆仑山地槽斜褶皱带与塔里木地台两个构造单元接触带附近。区域除现代河床、沟谷内为第四系全新统冲积物覆盖外，其余均为第四系上更新统冲积与洪积物覆盖，岩性结构为犬牙交错的多层结构。总的沉积韵律由上到下、颗粒由细变粗，中间夹有亚黏土薄层，地表为亚砂土，向下为粉细砂，底部为卵砾石、砂砾石夹亚黏土和砂的薄层或透镜体。南部山峰连绵，中部地势较为平坦，为巨大的山麓洪积平原，北部为浩瀚沙漠，由南向北可分为4个地貌单元。

且末垦区内有8条较大的水系，依车尔臣河水浇灌农田。区域内三面环沙，一面为山前戈壁滩，自然环境恶劣，主要自然灾害是大风、沙尘暴的侵袭。垦区物产、自然资源丰富，地域开阔，物候、气候适应于耐风沙农作物生长。

第一节　地质

一、昆仑山地槽斜褶皱带

三十七团南部和西部地区属北昆仑山地槽斜褶皱带的托库孜达坂复向斜，北与塔里木地台的阿尔金山断块以深大断裂为界，地层由古生界变质岩系、中—新生界碎屑岩及侵入岩体组成。

阿尔金山断块　塔里木地台的阿尔金山断块包括整个阿尔金山，南与昆仑山地槽斜褶皱带相邻，以深大断裂为界，北与塔里木地台内的且末—若羌台隆相连，其中间被阿尔金山山前深大断裂所分。阿尔金山断块主要由前寒武系的变质岩及后期的侵入岩组成，局部地区有古生界、中—新生界的碎屑岩。

且末—若羌台隆　三十七团南与阿尔金山断块相邻，北与塔里木盆地台内的塘古兹巴斯特台隆、中央地台、莎车台坳以深大隐伏断裂所分。该台隆西起于田，东达罗布泊，呈条带状延伸，是一个潜伏的隆起构造，被两条近乎平行的北至西南向深大断裂所控制。车尔臣河进入沙漠后，沿北界断裂发育。台隆内由于受喜马拉雅山旋回影响，局部地区产生凹陷，并接受新生代陆相沉积，地层由煤系、红色建造和磨拉石建造组成，分布在南部山区江尕莎依台凹、铁克盖塔格台凹等地。台隆地表主要为第四系松散堆积物覆盖。三十七团城镇位于该构造单元的西南部。

二、工程地质

（一）层岩性特征及物理性质

耕植土　分布于地表底板埋深 1 ~ 1.3 米，主要由亚砂土组成，混杂粉砂，富含植物根系。粉砂稍密，允许承载力 100 千帕，不宜作为地基持力层。

粉砂—中砂　灰黄色，厚 1.6 ~ 2.4 米，底板埋深 5.3 米以上，土层分布均匀，岩性以粉砂为主，夹亚砂土或亚黏土薄层或透镜体，湿度为稍湿至饱和，密实度为中密，承载力 130 千帕。

中砂—粗砂　分布深度 3.9 ~ 5.3 米，以中粗砂为主，局部为细砂，青灰至褐灰色，湿度为很湿至饱和，密实变为中密至稍密，承载力 160 千帕。

（二）场地分区

建筑有利区　场区建筑有利区分布于团部西部和南部，该区地形平坦，地形结构单一，上部为粉土质亚砂土，厚度一般大于 3 米，承载力 130 千帕。该层以下为中粗砂，承载力 160 千帕。

可建区　分布于跃进区大部分地段，地形基本平坦，结构变化较大，地表土为耕植土或亚砂土，地层较薄，下伏粉砂层，是判为液化土层，承载力 130 千帕。

建筑危险区　且末县城东北部沿车尔臣河自然河沟呈西南至东北向条带状冲积层展布，宽 50 ~ 100 米，深 6 ~ 8 米，地质松软，地形复杂，谷沟两侧有泉水溢出，不宜作为建筑用地。

三、地震地质

20 世纪七八十年代史料记载，多年对且末县城所处大地构造形变测量资料，县城所处地属塔里木地台南缘的且末坳陷边缘的沉降区与隆起区的过渡带，主要发育北东向断裂，对三十七团建设可能产生影响的主要有 3 条断裂带。

车尔臣河断裂带　呈北东走向的隐伏断裂，总长 500 千米以上，从县城西北约 10 千米处通过，是中、小地震的多发地。

江尕勒萨依（阿尔金山北缘）断裂带　走向北东，南西倾，倾角陡，长约 360 千米。1933 年曾发生里氏 6.75 级地震，是一条发生强震条件的断裂带，从县城东南 60 千米处通过。

阿尔金山断裂带　走向北东，总长 1000 千米以上，北东倾，倾向 60° ~ 80°，是具有大震条件的断裂带，从县城南约 80 千米处通过。

第二节　地貌

三十七团所在的且末县境南部山峰连绵，中部地势平坦，为巨大的山麓洪积平原，北部为浩瀚沙漠，由南向北分为4个地貌单元。

一、南部山区

南部山区面积为5.2万平方千米，为昆仑山支脉及阿尔金山山脉，海拔在3000米以上，山脉呈东西偏南走向，著名的山峰有阿克塔格峰（海拔3029米）、四岔雪峰（海拔6784米）、托库孜达坂山峰（海拔6242米），山峰的雪线在海拔4800米左右，终年积雪区是河流的发源地。南部山区地形异常复杂，表面裸露部分多覆盖碎石粗砂，植被有明显的垂直群落结构，交通困难，人迹稀少。该区的山坡及谷地一带植被稀疏，南部山坡生长植被多为蒿草、芨芨草等，山坡下与河道流水地段生长有马兰花，为且末南部山区主要夏冬牧场。吉尔代吉克牧区驻有三十七团石棉矿，占地面积24平方千米，有一条盘山便道从山门至石棉矿区，距三十七团部公路里程278千米，是三十七团最偏远的单位。

三十七团南部山区石棉矿位于昆仑山支脉与阿尔金山山脉交界处　　　　　　（杨铁军　摄）

二、山麓倾斜平原区

且末县山麓倾斜平原区总面积1.035万平方千米，占垦区总面积的7.38%。该区自西部的阿尔金山山麓向北延伸，海拔高度由山前的近 3000 米降到跃进区以北的 1100 米，倾斜平原宽度 70 ~ 80 千米，除近山的 20 ~ 40 千米分布有石膏棕漠土外，大部分为沙漠所掩盖，植被稀疏，广泛分布着新月形沙丘和新月形沙链，车尔臣河由南向东北从该区贯穿而下。在地形发育过程中，山麓平原有不同程度的隆起。车尔臣河出口处下切达 160 米，喀拉米兰河、莫勒切河自东南向西北流入该区，沿途通过砾漠沙丘，水量大部分在沙漠中损耗殆尽。

山麓平原的下部，是由沙壤质组成的较平缓的细土平原，其上分布着固定或半固定的风积沙土包，细土原上由于泉水及洪水的供给，为当地沿河地区发展农牧业生产提供了良好的水利条件。

三、车尔臣河河谷平原区

车尔臣河河谷平原区总面积 2.41 万平方千米，占垦区总面积的 17.2%。车尔臣河是发育于西部阿尔金山的最大河流，第四纪时车尔臣河可能直接向北进入塔克拉玛干大沙漠中部，今河流沿断裂转向东北注入台特玛湖。车尔臣河河谷平原宽约 10 千米，主要为粉砂及亚砂土积物。车尔臣河上中游河流坡度大、流速快，泥沙沉积少。车尔臣河故道两岸自然堤岸一带密布芦苇、红柳与沙土包，高者达 10 余米，一般多在 4 ~ 5 米，红柳长势弱，由于人们长期砍挖，原来已固定的风积沙包有重新趋向流动的风险。

从英吾斯塘乡西碱沟到三十八团 150 千米之间，地势向西北微倾，大致趋于平缓，是且末垦区的主要农作物种植区和灌溉耕作区。部分土地经过人们长期的灌溉耕作，渠系、道路纵横密布，绿色的林带保护着农田，呈现出一派盎然生机。

自 315 国道以北地下水位升高，河道两岸生长着稠密的芦苇、红柳和胡杨。由于地形起伏，地下水矿化度较高，可作为牧草地。

三十七团红旗区地处车尔臣河西岸，河谷较窄，遇洪水期河道经常改道，为古老的洪积戈壁冲积扇平原，河道两旁无植被生长，沙丘上生长着稀疏的红柳及骆驼刺等。河流水源丰富，水流湍急，随时可以浇灌。从河道出山口至沙漠区地质疏松，渗透力强，河水泥沙含量高，地下水位深度 5 米以下，水质含盐较重，优质水源在 50 米以下，可供人畜饮用。

四、沙漠区

三十七团跃进区地处阿尔金山北麓巨型复合新月形沙链地带，地势较为平坦，多沙丘和戈壁，地质疏松，地面上生长有芦苇、盐爪爪、红柳及骆驼刺和沙棘，土质为沙壤土和草甸土。该区沙丘连绵并随风移动，对新开发的土地有极大威胁。因此，防止沙漠流动、保护沙漠边缘大片农田，是一项艰巨而长期的任务。

第三节 气候

一、气候分区

根据地形和地势的差异及其对气候的影响，三十七团地处的且末垦区分为两大气候区。

（一）暖温带干旱大陆性气候区

三十七团红旗区和跃进区地处且末垦区的平原地带，属暖温带干旱大陆性气候。日照时间长，全年平均日照达2860.4小时，昼夜温差大；年平均气温10.6℃，7月平均气温25.5℃，日极端气温最高可达46℃；无霜期165~180天，平均无霜期为165天，最长无霜期为188天，最短127天，一般初霜冻在10月初，最早为9月15日，终霜冻在4月中旬，最晚4月27日。年均降水量39毫米，年均蒸发量2507.5毫米。每年8级以上大风平均15.8天，最多37天，沙尘暴和沙尘天气193.7天。作物生长期为3—10月。

（二）高山严寒气候区

随山势增高降水量增加，山势每上升100米气温下降0.6℃~0.8℃，

降雨降雪量增多。海拔3000~4800米的地区为高山寒冷干旱气候，无夏季，只有冷暖季之分，10月中旬至次年3月下旬为冷季，4月上旬至10中旬为暖季；海拔4800米以上的山峰终年积雪。三十七团石棉矿位于高山严寒气候区内。

高山严寒区牧草生长期为150天左右。大于0℃的积温在2100℃左右，年均降水量150毫米左右，多集中在6—8月，夏季有短暂的山洪发生。山坡及沟谷一带为且末地区主要放牧草场，全靠量少且不稳定的自然降水，属荒漠草原。

二、气象要素

（一）气温

且末垦区年平均气温10.6℃。全年1月最冷、7月最热，1月平均气温为－8.5℃，7月平均气温为25.5℃；极端最低气温为－29.5℃，极端最高气温为46.0℃。年均大于0℃的积温为4248℃，大于10℃的积温为3356℃，大于20℃的积温为2090℃。

三十七团跃进区年平均气温10.7℃，极端最高气温42.0℃，极端最低气温－27.5℃，最高气温差35.5℃，气温平均日较差16℃；无霜期165~209天。

表 2-1　三十七团垦区历年极端气温与积温一览表（1990—2015 年）

年份	极端最高气温（℃）		极端最低气温（℃）		>20℃的积温（℃）	>10℃的积温（℃）	>0℃的积温（℃）
	值	出现日/月	值	出现日/月			
1990	38.2	6/8	-27.5	2/12	2085	3355	4355
1991	39.2	26/7	-24.5	22/1	2091	3365	4365
1992	41.0	11/8	-29.5	25/1	2085	3345	4342
1993	42.2	16/7	-26.0	23/1	2069	3375	4175
1994	38.0	9/8	-28.5	24/1	2083	3385	4285
1995	41.2	17/7	-21.5	2/12	2087	3350	4150
1996	38.4	21/7	-27.5	14/1	2107	3400	4100
1997	41.2	6/8	-27.5	2/1	2081	3351	4051
1998	40.2	26/7	-28.5	22/1	2076	3360	4061
1999	41.0	11/8	-26.7	25/1	2098	3325	4337
2000	42.2	26/7	-22.1	23/1	2082	3365	4363
2001	39.4	9/8	-26.5	24/1	2092	3380	4381
2002	41.2	17/7	-25.5	2/12	2079	3358	4356
2003	39.4	21/7	-26.5	4/1	2077	3330	4331
2004	42.3	26/7	-26.1	13/1	2083	3360	4362
2005	39.4	1978	-26.5	4/1	2097	3335	4331
2006	41.2	16/7	-25.5	3/12	2117	3345	4315
2007	39.4	14/7	-22.5	4/1	2088	3371	4271
2008	46.0	17—21/7	-24.1	27/1	2076	3352	4152
2009	42.2	27/7	-21.3	13/1	2098	3340	4240
2010	39.4	4/8	-22.5	24/1	2079	3360	4361
2011	41.2	17/7	-21.5	12/12	2084	3325	4355
2012	39.4	24/7	-22.5	14/1	2087	3365	4363
2013	39.4	21/7	-22.5	4/1	2177	3380	4381
2014	41.4	13—16/7	-17.9	17/12	2088	3358	3358
2015	41.3	25/7	-17.4	18/12	2076	3330	4310
26 年平均值	40.6		-24.6		2090	3356	4248

注：此表数据根据团档案室资料整理。

表 2-2　三十七团垦区历年月气温一览表（1990—2015 年）

年份	月平均气温（℃）												年平均气温（℃）
	一月	二月	三月	四月	五月	六月	七月	八月	九月	十月	十一月	十二月	
1990	-8.0	-3.4	4.8	12.1	22.0	24.0	25.8	24.6	19.3	10.9	0.4	-8.2	10.4
1991	-6.1	-3.3	4.7	12.5	21.6	24.8	25.7	24.4	19.4	10.7	0.3	-8.8	10.5
1992	-6.1	-3.1	4.3	12.2	21.7	25.0	25.8	24.1	19.0	10.9	8.8	-8.4	11.2
1993	-9.0	-3.3	5.3	12.0	22.0	24.1	25.2	24.6	19.4	10.9	0.4	-8.2	10.3
1994	-9.1	-3.3	5.7	12.5	21.4	24.8	25.7	24.3	19.2	10.1	0.3	-8.7	10.5
1995	-9.9	-3.1	5.3	12.4	23.7	24.7	25.8	24.1	19.0	10.8	0.8	-8.3	10.4

续表

年份	月平均气温（℃）												年平均气温（℃）
---	一月	二月	三月	四月	五月	六月	七月	八月	九月	十月	十一月	十二月	
1996	-9.1	-3.3	4.7	13.5	23.6	24.3	25.2	24.6	19.3	10.7	0.3	-8.7	10.4
1997	-8.1	-3.4	4.7	12.4	22.9	24.3	25.7	24.9	19.9	10.9	0.5	-8.7	10.5
1998	-8.3	-3.7	4.9	12.6	21.7	24.9	25.8	24.5	19.5	10.8	0.5	-8.9	10.4
1999	-8.2	-3.4	4.5	12.3	21.8	25.2	25.9	24.9	19.2	11.9	0.1	-8.8	10.5
2000	-8.0	-3.4	5.3	12.0	22.1	24.8	25.2	24.7	19.6	11.7	0.4	-8.2	10.5
2001	-8.1	-3.3	5.7	12.5	17.0	25.8	24.7	24.3	19.0	10.1	0.3	-8.7	10.3
2002	-8.9	-3.1	5.3	12.4	23.7	25.7	24.8	24.1	19.0	10.8	1.2	-8.3	10.6
2003	-8.1	-3.3	4.7	13.5	23.6	24.3	25.2	24.6	19.3	10.7	1.3	-8.7	10.6
2004	-10.2	-3.5	5.2	12.4	22.1	24.8	25.3	24.8	19.6	11.8	1.4	-8.3	10.5
2005	-9.1	-3.3	5.7	12.5	21.4	25.8	24.7	24.3	19.2	10.1	1.3	-8.7	10.3
2006	-9.0	-3.3	5.4	12.2	23.7	25.7	25.6	24.2	19.1	10.7	1.3	-8.8	10.6
2007	-8.2	-3.2	4.7	13.6	23.4	24.1	25.7	24.2	19.2	10.1	1.5	-9.2	10.6
2008	-9.4	-5.0	5.3	14.0	23.4	26.0	26.3	24.2	19.8	11.1	1.0	-6.0	10.9
2009	-9.3	-4.3	5.7	12.5	21.4	25.8	24.7	24.2	19.2	10.1	1.3	-8.7	10.2
2010	-8.2	-4.3	5.4	12.2	23.7	25.7	24.6	24.3	19.1	10.8	1.4	-8.8	10.5
2011	-8.4	-4.2	4.7	13.6	23.4	25.7	24.4	24.0	19.4	10.8	1.6	-9.1	10.5
2012	-8.7	-5.0	5.6	14.7	23.5	26.1	26.2	24.4	19.8	11.2	3.1	-6.2	11.2
2013	-8.3	-4.4	5.6	12.3	23.8	25.9	24.8	24.4	19.4	10.9	1.7	-8.9	10.5
2014	-8.5	-4.3	4.8	13.7	23.4	24.2	25.8	24.6	19.4	10.8	1.8	-9.8	10.5
2015	-8.7	-5.0	5.6	14.7	23.5	26.1	26.2	24.4	19.8	11.2	1.1	-6.2	11.1
26年平均值	-8.5	-3.7	5.1	12.8	22.7	25.0	25.5	24.4	19.4	10.9	1.3	-8.4	10.6

注：此表根据团档案室资料整理。

（二）日照

且末垦区日照时间全年达2860.4小时，昼夜温差大，无霜期长达170天。全年太阳总辐射量为150千卡/厘米^2，日照百分率为66%，光能利用率为0.69%左右。生理辐射量75.4千卡/厘米^2，3—10月作物生长季节的太阳总辐射量为119.2千卡/厘米^2。南部山区夏季冰雪融化形成多云天气较多，太阳总辐射量略少。且末垦区光照潜力大，太阳能资源仅次于青藏高原，高于同经纬度的其他地区，具有发展太阳能的优越条件。

表2-3　三十七团且末垦区日照情况一览表（1990—2015年）

年份	日照时数（小时）												全年日照（小时）	日照百分率（%）
---	一月	二月	三月	四月	五月	六月	七月	八月	九月	十月	十一月	十二月		
1990	163.4	221.2	232.7	241.9	250.9	265.2	279.4	270.4	264.5	257.8	231.1	223.2	2901.7	65.9
1991	167.0	222.0	237.1	231.2	251.1	265.0	289.1	271.0	262.3	257.1	241.7	224.0	2918.6	66
1992	164.7	231.1	232.9	251.1	260.1	265.2	278.6	271.3	267.2	257.0	231.8	225.2	2936.2	66

续表

年份	日照时数（小时）												全年日照（小时）	日照百分率（%）
	一月	二月	三月	四月	五月	六月	七月	八月	九月	十月	十一月	十二月		
1993	165.4	227.2	242.7	247.9	250.9	265.4	279.1	278.4	265.5	254.8	233.1	224.4	2934.8	66
1994	163.7	223.2	232.4	241.9	250.9	265.2	279.4	270.4	267.5	257.8	231.1	225.2	2908.7	65.9
1995	167.0	222.0	237.1	234.2	251.1	265.0	288.1	271.0	262.3	257.1	242.7	224.0	2921.6	65.8
1996	164.7	231.1	232.9	251.1	261.1	265.2	278.6	274.3	267.2	251.0	231.8	225.2	2934.2	66
1997	165.4	227.2	242.7	240.9	250.9	267.4	279.1	278.4	265.5	254.8	233.1	221.4	2926.8	65.7
1998	158.9	220.7	202.5	247.8	256	280.5	279.4	269.1	256.4	254.7	235.6	257.9	2919.5	66
1999	175.3	194.6	213.9	223.6	274.4	256.8	215.6	267.6	232.5	235.9	166.8	189.2	2646.2	65.7
2000	164.2	224.2	249.5	270.2	254.9	227.9	246.7	276.6	233.8	203.4	180.4	172.7	2704.5	65.8
2001	161.2	195.2	235.2	267.5	281.1	271.4	229.1	274.8	243.5	248.5	221.5	151.4	2780.4	66
2002	160.1	174.2	225.2	283.9	278.3	253.1	243.9	250.5	247.7	270.1	221.7	148.3	2757	65.9
2003	162.2	184.7	239.6	222.7	255.2	261.2	267.2	271.2	251.1	273.6	256.4	175.9	2821	66
2004	163.5	201.1	244.7	260.2	274	291.4	289.9	264.7	252.5	218.1	218	146.2	2824.3	66
2005	166.7	243.1	237.2	286.4	265.2	240.7	259.5	280.1	273.7	272.6	190.9	175.5	2891.6	65.8
2006	173.9	228.0	200.6	222.4	244.9	275	286.4	244.3	278	267.2	182.9	163.7	2767.3	65.7
2007	161.7	201.6	241.6	239.9	290.4	312.4	307.6	304.2	223.6	276.5	235.6	176.2	2971.3	66
2008	159.2	196.7	239.3	239.9	284.0	288.8	294.7	309.5	290.9	264.4	188.8	167.7	2923.9	65.7
2009	167.8	187.7	250.6	249.6	273.1	310.3	306.3	300.2	269.8	261.1	149.9	157.9	2884.3	65.8
2010	165.9	157.5	175.3	237.9	286.6	291.4	281.1	274.9	253.3	227.7	224.0	166.0	2741.6	66
2011	173.8	228.1	200.4	232.4	244.8	275.3	285.4	244.3	278.0	267.2	182.9	163.7	2776.3	65.9
2012	162.7	231.6	251.6	239.9	280.4	312.4	317.6	304.2	233.6	276.5	235.7	176.8	3023	66
2013	161.2	196.4	239.4	239.7	285.0	286.8	295.7	309.5	280.9	264.7	188.8	167.7	2915.8	66
2014	167.5	177.7	254.6	249.6	272.1	320.3	316.5	300.2	269.8	261.1	149.9	157.9	2897	66
2015	164.9	157.1	175.4	237.7	286.6	292.4	282.1	274.9	253.7	227.7	225.0	166.1	2743.6	66
26年平均值	165.1	207.9	229.5	245.8	265.9	275.8	279.1	277.2	259.4	254.6	212.7	187.4	2860.4	65.9

注：此表数据参照《且末县志》。

（三）降水量

垦区自然降水量极少，气候干燥，年平均降水量39毫米。平原区降水量年际变化很大，降水量最多的年份可达54.9毫米。跃进地区年均降水量25毫米，最多达到35毫米，降水量最多的是在每年4—9月，正值植物生育期；降水量最少的是1.9毫米，大部分在初秋季节。红旗地区年均降水量18毫米，4—10月降水量最多。垦区降雪日数仅8.5天，其中1月1.4毫米、3月1.2毫米，分别占全年降雪量的29.2%和25%。积雪最大深度12.5厘米。2008年最大积雪深度30厘米，给农田越冬作物造成一定程度的危害。2009—2015年，且末地区冬季降雪量逐年减少，大部分年份冬季不下雪，称为干旱年。

（四）蒸发量

且末地区年均蒸发量为2507.5毫米。作物生育期（4—10月）平均蒸发量为1215.9毫米，

为同期降水量的 65.4 倍。红旗地区年均降水量 18 毫米,年蒸发量 2540 毫米,是年降水量的约
141 倍;跃进地区年蒸发量 1225.5 毫米,是年降水量的约 65 倍。

2008—2015 年的 8 年间,团域内平均降水量为 39 毫米,平均蒸发量为 2507.5 毫米,平均蒸
发倍数为 105.6。

表 2-4　且末垦区降水量与蒸发量对照一览表 (2008—2015 年)

年份	平均降水量（毫米）	平均蒸发量（毫米）	蒸发倍数
2008	28.7	2507	87.4
2009	16	2506	156.6
2010	49	2507	51.2
2011	21	2510	119.5
2012	11	2506	227.8
2013	18.7	2507	134.1
2014	55	2509	45.6
2015	112.5	2508	22.3
8 年平均值	39	2507.5	105.6

注:此表数据由团农业科提供。

（五）风

且末地区盛行东北风。县城附近年平均风速 2.4 米/秒,北部沙漠戈壁带风速最大,农业区的
东北部风速亦较大。一年中春季风速最大,夏季次之,冬季最小。春天风速一般在 2~3 级,大于
5 级风速的天数达 23 天,7 级以上大风 8 天;夏季大于 5 级风的天数达 16 天,7 级以上大风 7 天;
秋季有 7 级以上大风 1~3 天;冬季几乎无大风,一般最大风力 5 级。且末垦区南部靠近山区的风
力年均在 7~8 级,最大风力 11 级,每年大风日 20 天,平均风速 3.2 米/秒,最大风速 29 米/秒。
三十七团农业区西部沙漠地段风速较大,平均风速 4 米/秒,农区平均风速 2.4 米/秒。由于且末
地区大风天气较多,三十七团一连河西部靠近塔克拉玛干大沙漠的耕地,极易遭受沙害的侵袭;
跃进开发区西部和南部农田,受东北风旋回的影响,极易遭受沙害。3—5 月的风速能够启动大小
风力发电机,具备风力发电的自然条件。

第四节　物候

三十七团所处的且末地区春、夏、秋、冬四季分明。春季物候现象是冰雪消融,土壤开始解
冻,是播种早春作物之际。当冬小麦返青、苜蓿发芽、榆树和青杨开始萌芽吐絮、桃树等开花出
现时,春灌、春耕、春播可以相继进行。初春在 3 月底至 4 月初,晚春在 4 月中旬或 5 月初。柳
树、杨树开始萌芽在 3 月 20 日前后,小麦返青期一般在 2 月底至 3 月初。此时,大地萌动,农田
里的芨芨草、冰草等早春植物露出尖尖角,柳树、杨树开始吐絮,告诉人们又一个春季来临。

夏季天气开始渐热，春播作物开始变黄成熟，树木、农作物生长旺盛，植物对水分、肥料、温度的依赖性大。早春植物逐渐进入夏收夏播等最忙碌的收获季节。初夏一般在5月下旬至6月上旬，此时昼夜温差大，白天一般温度在25℃～30℃，夜晚一般在10℃～15℃；盛夏一般在6月中旬至7月底，8月底为末夏。

秋季物候特征是气候逐渐变凉，农作物相继成熟进入收获时节，越冬作物开始播种。且末地区昼夜温差大，清晨农作物叶片上呈现出霜冻现象。秋季在9月中旬至11月下旬，树木逐渐变黄落叶，团场红枣收获一般在11月上旬至中旬。

冬季万物进入休眠期，冬小麦停止生长，土壤开始冻结，农田作业基本结束，牲畜吃储备饲草过冬。且末地区冬季夜间气温一般在－15℃左右，白天气温上升较快，昼夜温差大，进入2月温度上升至－5℃～15℃，特殊月份温度在－25℃左右。冬季一般在11月下旬至来年2月底。

表2-5　三十七团区域四季日均数（1970—2015年）

季节	始期	终期	日数
春	2月23日	5月27日	97
夏	5月28日	9月19日	106
秋	9月20日	11月23日	69
冬	11月24日	2月22日	93

注：此表内容参照《且末县志》气象资料列举数据。

第五节　水文

一、地表水

（一）河流

三十七团所在的且末县境内主要河流有车尔臣河、喀拉米然河、莫勒切河、江尕勒萨依河、米特河、安迪尔河、塔什萨依河、博斯坦托格拉克河8条较大河流，其中安迪尔河、塔什萨依河和博斯坦托格拉克河分别流入民丰县、若羌县境，还有10余条小河和一些间歇性的山洪沟。三十七团所使用的水源是流经且末的车尔臣河水系。

且末县境地表水年总径流量16.5亿立方米，其中流出巴州境的水量0.47亿立方米，流入羌塘高原区难以利用的水量2.3亿立方米，实际中近期可控制利用的径流量为13.33亿立方米（包括车尔臣河下游分配给若羌县的用水）。车尔臣河（出山口）年平均径流量7.84亿立方米，占可控制利用径流量的58.8%。

三十七团所处且末县境内可利用水能资源为57万千瓦，其中车尔臣河水能36万千瓦，其余河流水能21万千瓦。各河流多处可以利用自然落差发电，仅车尔臣河从山口到且末县城的直线距离就有 100 多千米，河流落差超过 1700 米，适合开发水力发电。

1. 车尔臣河

车尔臣河（亦称且末河，《水经注》中称"阿末辱达大水"）。是巴州境内昆仑山系、阿尔金山系中最大的河流，发源于昆仑山北坡的木孜塔格峰。水源为高山融雪、山区降水及泉水补给，河源海拔高度 6933 米以上。河道全长 813 千米，在且末县境内有 622.1 千米。上游山区段 353 千米，为径流汇集区，流域面积 2.47 万平方千米。中游段自河道出山口至阿克塔孜，长 224.5 千米，为径流运转损失段，山口以下 30 千米处已建巴什克其克电站引水枢纽 1 座，电站以下 36.2 千米处建有革命（西岸）大渠渠首。下游段自阿克塔孜至尾闾台特玛湖，长 225.5 千米（其中若羌县境内长 190.9 千米），为径流运转消失段，历史上车尔臣河丰水时从台特玛湖循故道入罗布泊。

车尔臣河源流区地形条件复杂，各支流均源于泉流，在吐拉山间盆地汇聚后向西穿过 9 个大阪，形成深切峡谷，然后折向北流出山区。出山后，因地形坡降较大形成多级阶地，河床深切砾石戈壁 100 米以下，河水大量渗入戈壁滩中，经过山前砾质倾斜平原河谷逐渐由深变浅，至且末县城以南 10 余千米处开始散流。在流经且末县城北约 40 千米后，折向东北方向流动，最后注入若羌县境内的台特玛湖。2000 年之后，除夏季特大洪水外，春、秋、冬季已无水流进入台特玛湖。

车尔臣河年内来水量较为均匀，季流量总计为 56319 万立方米。其中，春季流量 16379 万立方米，占总水量的 29.1%；夏季流量 26240 万立方米，占总水量的 46.6%；秋季流量 9510 万立

四季奔流的车尔臣河（摄于 2015 年）　　　　　　　　　　　　　　　　（杨波 摄）

方米，占总水量的16.9%；冬季流量4190万立方米，占总水量的7.4%。车尔臣河总水量较大季节为春季和夏季，冬季河床大面积为封冻期。

据且末水文站1957—1989年33年水文观测统计，车尔巨河平均流量为16.5米³/秒，平均径流量5.6亿立方米，保证率75%的径流量为4.26亿立方米。据实测推算，巴什克其克段平均流量为21.8米³/秒，平均径流量6.88亿立方米，保证率75%的径流量为5.84亿立方米。车尔臣河出山口处的平均流量为24.8米³/秒，平均径流量7.84亿立方米。

车尔臣河是巴州平均含沙量最大的一条河流，为75.9千克/米³，实测最大含沙量为141千克/米³。平均输沙量671万千克，最大年输沙量1173万千克，最小年输沙量75.7万千克，连续6个月（3—8月）最大输沙量占年输沙量的97.7%。流域平均侵蚀模数为250千克/千米²。

2. 喀拉米然河

喀拉米然河发源于阿尔金山箭峡山区，距车尔臣河西近70千米，出山口断面东经85°11′、北纬37°11′7″，集水面积2877平方千米，河流长177.6千米，年径流量1.66亿立方米，年平均流量3.88米³/秒。该河出山后流向西北，穿越60千米的戈壁、26千米的沙丘、13千米的沙土包和灌木林区，到且末县至民丰县公路709千米处消失。该河水碳酸钙含量较高，呈乳白色，矿化度为0.98克/升。

3. 莫勒切河

莫勒切河发源于昆仑山的尤鲁达斯山，由8条小河汇集而成，出山口断面东经84°32′7″、北纬37°06′，集水面积2478平方千米，河流长70.4千米，年径流量2.47亿立方米，年平均流量约6.6米³/秒。该河出山后流向西北，在流出山口20千米处分为东西两支，东支流到硝尔堂，西支流到喀木尕孜。平时水流出山后穿流30～40千米的戈壁沙漠就渗漏消失，只有在洪水期才能流过315国道。该河水质清溪见底露苍苔，可作饮用和灌溉。2004年6月12日，农二师水利部门在阿尔金山与昆仑山交界处的栏杆石门处，新建水文监测站一处，架设滑车1辆，配备工作人员2名，对莫勒切河水系进行长达3年的水文监测，为开发苏塘地区水力资源做前期准备。

4. 米特河

米特河发源于昆仑山区，位于喀拉米然河与莫勒切河之间，出山口断面位置东经84°59′、北纬37°10′，集水面积637平方千米，河流长55千米，年径流量0.455亿立方米。该河向北流出山后10千米就渗漏消失，洪水期河水流入喀拉米然河。该河至2015年尚未开发利用。

5. 江尕勒萨依河

江尕勒萨依河发源于阿尔金山，出山口断面位置东经86°36′、北纬38°03′，集水面积719平方千米，河流长53.6千米，年径流量0.219亿立方米。向北流消失于沙漠之中。

6. 博斯坦托格拉克河

博斯坦托格拉克河发源于昆仑山冰雪覆盖区，出山口断面位置东经83°48′、北纬36°47′，集水面积 747.5 平方千米，河流长 61 千米，年径流量 0.473 亿立方米。该河向北流入安迪尔河，四周红柳、芨芨草、胡杨林丛生。

7. 哈迪勒克萨依河

哈迪勒克萨依河位于阿羌乡东北，发源于阿尔金山，出山口断面位置东经 86°09′、北纬 37°47′07″，集水面积 431 平方千米，河流长 38 千米，年径流量 0.074 亿立方米。向北流经其格勒克萨依、科克米后穿越公路，消失在沙漠之中。河边胡杨、红柳丛生。

8. 尤努斯萨依河

尤努斯萨依河位于阿羌乡以东，发源于阿尔金山，出山口断面位置东经 86°52′、北纬 38°12′07″，集水面积 258 平方千米，河流长 36.6 千米，年径流量 0.075 亿立方米。向北流消失在沙漠之中。河边生长有胡杨、红柳、芨芨草和麻黄草等植物，是且末山区牧民的优质牧场。

9. 塔什萨依河

塔什萨依河发源于阿尔金山，出山口断面位置东经 87°02′、北纬 38°15′，集水面积 1421 平方千米，河流长 77.2 千米，年径流量 1.43 亿立方米。向北流消失在沙漠之中。洪水过后，上游有少量水，下游干涸，沿河边杂草丛生。

（二）湖泊

且末县境南部阿尔金山、昆仑山区有大小湖泊 58 个，面积在 10 平方千米以上的有 5 个。

1. 半岛湖

位于阿羌乡以南 90 千米的昆仑山区，海拔 4935 米，湖水面积 27 平方千米，湖深 3 米，为淡水湖。头道沟水流入此湖。湖区细毛草甚多，野生动物有盘羊、青羊、狼、雪鸡等。

2. 塔什库勒湖

位于奥依亚依拉克乡东南 47.5 千米的昆仑山区，海拔 4373 米，湖水面积 25 平方千米，湖深 15 米，为咸水湖。

3. 银球湖

位于吐拉牧场西南 137 千米的昆仑山区，海拔 4783 米，湖水面积 18 平方千米，湖深 3 米，为淡水湖。由泉水和夏季山洪汇流而成。湖岸为草甸地，有羚羊、野驴、狼等野生动物。

4. 长虹湖

位于吐拉牧场西南 190 千米的昆仑山区，海拔 4912.4 米，湖水面积 12 平方千米，湖深 3～5 米，为咸水湖。湖区植被主要有冰草等，野生动物有羚羊、野驴等。

5. 锦水湖

位于吐拉牧场西南 146 千米的昆仑山区，海拔 4844 米，湖水面积 10 平方千米，湖深平均 3.6 米。湖区植被有羽毛草等，野生动物有羚羊、雪鸡等。

二、地下水

且末县境内地下水年补给量为 13.91 亿立方米，其中车尔臣河流域地下水年补给量 7.94 亿立方米，可开采量 3.87 亿立方米，可采模数 18.56 万米^3/千米^2。平原区地下水年可开采量 7.4 亿立方米。按且末县现有灌区和跃进开发区总发展规模累计，且末地区地下水可开采量 1.24 亿米^3/年。

红旗区地下水主要分布在前山冲积扇砾石带和冲积倾斜平原上、中部。地下水埋深沿车尔臣河自上而下呈逐渐变浅的趋势。车尔臣河三角洲上部地区（红旗区一带）地面纵横坡大，地下水埋深 3~10 米。三角洲中部地区坡度变缓，地下水埋深抬高至 1.2~3 米。

三十七团跃进区因地势差别大，地下水分布呈现两大类，以欣和村区间主干道为界，道路以南区域地下水深埋 5~7 米，以北区地下水深埋 2~5 米，多在 1~3 米，局部洼地有地下水溢出。

地下水矿化度自上游至下游呈增大趋势，红旗区以南矿化度为 0.758~1.89 克/升，跃进区以下为 0.76~3.18 克/升，局部 6.6~30.9 克/升。跃进区地下水埋深一般 3~5 米，矿化度 3~10 克/升。

第六节　土壤植被

一、土壤

团域土壤类型分为灌淤土、草甸土、盐土、风沙土、沼泽土 5 个土类、21 个亚类、19 个土属、24 个土种。因地形地貌不同，土壤分布类型不同。

红旗地区处于阿尔金山山麓倾斜平原上，土层较薄，土壤中含沙石量大，农业种植靠车尔臣河水淤成后耕种，属于典型的灌淤土。面积 253.3 公顷，占全团耕地总面积的 13.33%。

跃进地区处在沙漠地带前沿，主要是草甸土、盐土、固定或半固定风沙土。跃进区灌耕草甸土面积 1500 公顷，占耕地总面积的 87.67%；有 7313.3 公顷待开发风沙土。荒地土壤以草甸土、风沙土、盐土类为主。团域内优质农业土壤分布在跃进地区，水文条件良好，地势平坦，土壤类别适用于农业种植。

二、植被

三十七团境域内天然植被大致可分为荒漠植被、草甸和沼泽植被、盐生植被、沙生植被 4 种类型。

车尔臣河北部的塔克拉玛干大沙漠区，植被生长稀疏，有极稀少的麻黄、白刺、红柳、骆驼刺等荒漠植被和沙生植被，覆盖率不到 1%。

三角洲下部为车尔臣河冲积细土平原区，以盐化草甸土、盐土和沼泽草甸土为主，主要生长芦苇、骆驼刺、胖姑娘、黑刺和风滚草等，在沼泽区还生长有马鞭草、蒲草、牛毛毡和蒲公英等。

南部山区在海拔 2000 米以上山区分布 232.86 公顷耐寒耐碱牧草，主要有芨芨草、蒿草、黑刺、扁穗冰草、马莲等。

从南部山区到三角洲下部为车尔臣河冲积细土平原区，散生有 60333.33 公顷天然灌木林和 3306.6 公顷天然胡杨林木，是国家重点森林保护区。

第七节　矿产资源

且末区域土地辽阔，矿产资源丰富。据地质普查资料，有煤炭、铜、锌、云母、黄金和玉石等矿藏。农二师且末工程支队成立后，曾经开发石棉、煤炭、云母、玉石等矿产资源，后因各种原因陆续停止。至 2015 年，团场已开发生产矿产资源有石棉，待进一步开发的矿产资源有煤炭、铜、锌、云母、黄金和玉石等。

一、石棉

在阿尔金山与昆仑山交会处的且末县阿尔帕至若羌县安南坎有石棉成矿带，东西绵延 800 千米，南北宽 120 千米，已发现的可开采的石棉矿点有 10 余处，均为温石棉。

1979—1989 年，新疆第三地质大队曾两次普查和评查昆金石棉矿地质，研究东山矿体地质特征、矿石类型、质量以及开采条件，初步采掘该矿体的浅部形态、规模、产状、矿石类型分带、石棉品类和变化规律，取样分析石棉矿物理化学性质，获得宝贵的研究资料。经计算，石棉矿西山、南山矿体的地质储量 207 亿吨，其中 E 级储量 201.9 亿吨，预测石棉总储量超过 300 亿吨。

二、云母

20 世纪 70 年代，工三师勘探云母矿 3 处，分别在苏鲁克沙依、江可沙依、沙依丁等地，均为露天矿，储量不等。1986 年，总投资 39 万元在昆仑山上兴建云母矿，采用人工方式采掘，所开采的 3 处云母矿均为彩色云母。

三、煤炭

1970 年，工三师在且末县基格代艾肯开采煤炭，建有煤矿一座。1974 年 8 月，且末县将原工三师基格代艾肯煤矿划归支队开采。经过进一步调查了解，初步掌握该煤矿的组织结构、煤层分布岩石及煤线走向等情况，制订开采方案和计划。基格代艾肯煤矿煤线走向为北41°～47°东，倾角78°～87°倾向以3号井以东120米断层为界，以西为东南方向，倾角87°，以东为西北方向，倾角为75°～80°，均为单斜构造。该矿储量为15亿吨，煤质分为烟煤、无烟煤、半无烟煤。因成分组成与质量不同，发热量也不相同。单位重量燃料热量每千克热当量7万千卡，可作为标准煤，也可用以炼焦。

第八节　野生动物

一、兽类

且末地区有广袤的草原和山地，野生动物有黄羊、盘羊、青羊、羚羊、赤狐、猞猁、野鹿、野猪、野骆驼、野牦牛、野驴、雪豹、棕熊、藏羚羊等。

1970年，筑路部队初入且末地区时，兽类动物种类较多，黄羊、羚羊、盘羊（大头羊）、野猪、野骆驼、狐狸、狼等较珍贵的野生动物时常出没。随着平原地带大面积开荒种植，部分红柳、梭梭等地表植被被砍伐，加上人口逐年增多，生态环境发生变化。1990年以后，在农区已极少见到野生兽类动物，靠近山体的戈壁区和荒漠区仍有黄羊、狐狸、狼、野骆驼等活动。至20世纪90年代后期，经常在垦区出没的黄羊、野猪、野骆驼也极少见到。

2015年，垦区以旱獭、田鼠、老鼠等为主的啮齿类野生动物居多，可见到野兔、刺猬、黄鼠狼、蝙蝠等，荒漠芦苇丛中时有黄羊、野猪、狼等出没。

可可西里藏羚羊　　　　　　　　　　　　　　　　　（2017年且末县文史局供图）

二、禽类

团域内有雪鸡、石鸡、雕、鹰、雁、喜鹊、麻雀、山雀、猫头鹰等30余种野生禽类。其中以林果木、草丛、棚舍栖身的麻雀、喜鹊、乌鸦、啄木鸟、布谷鸟、斑鸠、猫头鹰居多。

三、虫类

团域内有三叶草夜蛾、甘蓝夜蛾、棉铃虫、棉蓟马、棉盲蝽象、黄曲跳甲、红蜘蛛、蚜虫、麦秆蝇、菜青虫、瓢虫、草蛉、地老虎、米象、麦蛾、豆象、杨细蛾、杨透翅蛾、杨毒蛾、青叶蝉、叶蛾、春尺蠖、蚧壳虫、食心虫、桃蛀螟、蝴蝶、蝉、蜻蜓、蜘蛛、蝗虫、蜜蜂、马蜂、螳螂、蟋蟀、蚂蚁等近百种虫类。其中棉铃虫、红蜘蛛、蚜虫、杨毒蛾、蝗虫、春尺蠖等害虫，对农作物和林木危害较为严重。

四、爬行动物

团域内在陆地上爬行的动物主要有草蜥、壁虎、沙蜥等。在戈壁滩上或沙漠中爬行的动物有蜥蜴、沙虎、黄尾蛇等。

五、水生动物

团域里有鲤鱼、鲫鱼、白条鱼、草鱼等水生动物。

第九节　野生植物

三十七团有天然草场近4000公顷，主要分布在跃进地区，多为耐寒、耐碱、抗风沙植物，枝叶小而尖，蜡质多，如芨芨草、蒿草、麻黄、黑刺、扁穗、冰草、马莲等。

跃进区西部荒原生长有芦苇、骆驼刺、苦豆子、胖姑娘、甘草、黑刺、芨芨草等植物，是理想的自然牧场。其周围有4条人工开挖的排水沟，生长有三棱草、芦苇、菖蒲、莎草、冰草、猪毛草等野生植物。

红旗区农田周围和县城附近区域生长有枸杞、韭白菜、花丁草、肉苁蓉、石花菜、车前子、蚂紫菜、锁阳、红花、青兰、柴胡、大黄、木通等50余种可入药的野生植物。

垦区内生长在沙质荒漠上的植物有柽柳、沙拐枣、芦苇、花花柴等。一般都具有庞大的根系，具有沙埋后迅速生长不定根的能力，能充分吸收沙粒中的悬着水和地下水而顽强地生长。生长在盐生荒漠上的植物有盐节木、盐穗木、盐爪爪、琵琶柴、梭梭柴、柽柳等，它们在恶劣的环境中，一般表现为植物体干而硬，叶片不发达，根系少，生物产量低，并且有聚盐和泌盐效能。

生长在土质荒漠上的植物以蒿属植物为主，伴生有角果藜、猪毛菜、苔草、针茅等。

水生植物有星星草、蒿草、三棱草、水蓼、芦苇、牛毛毡、稗子草等。

在红旗地区、跃进地区的农田里，常见的野生农田杂草有苦苦菜、马齿苋、大蓟灰藜、芦苇、狗尾草、蒲公英、稗子草、野燕麦、阔叶独行菜、滨草、田施花等。在海拔 2400～3800 米的石棉矿山区，分布的野生植物以马兰草、针叶草、紫花针茅、寒生茅草为主。

团境域内有野生胡杨林 1333.3 公顷，其中天然胡杨林 1066.6 公顷。天然灌木丛 66.6 公顷。天然灌木有红柳、盐梭梭、柽柳、白榆、馒头柳、垂柳等。散生树木主要有野柳、沙枣、沙拐枣、野杏树、野生毛桃、旱柳、盐梭梭、铃铛刺、白刺、野蔷薇等。

第十节　自然灾害

一、霜冻灾害

且末地区初霜期来临一般在每年的 10 月 20 日前后，最早在 9 月底，终霜期一般在翌年 3 月中下旬终结，全年霜冻天数 150 天左右。

1998 年 1 月，且末地区普降大雪，降雪厚度 30 厘米，跃进地区 1 斗当年新植枣树部分被冻死，受灾面积 280 公顷，农业经济损失 101 万元。支队党委安排救灾资金 19 万元，参加生产自救 0.12 万人次。这是 20 世纪 70 年代以来最大的一次降雪。

2003 年 5 月上旬，且末地区连续多日风沙及低温天气，红旗区一连棉田出现了不同程度的死苗，导致农田缺苗断垄。生产科通过实地调查，在生产连队开展手推穴播器人工补种，对缺苗面积达到 30% 以上的棉田，安排宽膜点播补种，将灾害导致的损失降到最低限度。

2008 年 1 月 17 日至 30 日，持续 14 天的冷冻降雪过程使且末地区气温降至 -27.3℃。冻害造成且末工程支队 1400 公顷两年生的红枣树皮被冻裂，树干变黄，尤其是地表部分的树干冻裂严重，红枣树死亡率占种植面积的 67.13%。

2010 年 5 月，且末地区遭受低温霜冻气候灾害，且末工程支队 453 公顷棉花和 21133 公顷红枣不同程度受灾，大量棉花苗和红枣发芽新枝被冻死冻伤，造成直接经济损失 520 余万元，间接损失达 900 余万元。支队组织人力，申请救灾资金对棉花补播，使职工群众的损失降到最低。

2011 年 5 月 19 日凌晨 4 时许，且末地区受西伯利亚南下冷空气影响，迎来入夏以来首场大风降雨降温过程，当地气温普遍下降 5～8℃，时间持续 28 个小时，团场 620 公顷农作物受灾。

21 世纪后，且末区域春季和初夏季节气温骤降天气增多，由于同处山区和沙漠性气候区域，降温易形成强对流，降温天气随之引发大风天气。低温、霜冻成为农业生产主要自然灾害。

二、冰雹灾害

且末地区因受天山阻隔，来自西伯利亚对流天气变化过程较少，冰雹很少发生。但遇到强对流天气变化过程，也会不同程度地出现冰雹天气。

2003年7月13日14时30分，且末地区突降冰雹、大雨，10分钟内造成红旗地区186.6公顷棉田不同程度受灾；13.3公顷棉田遭受重灾，棉花绝收；跃进地区53.3公顷棉花受到不同程度损害，直接经济损失210万元。

三、洪水灾害

车尔臣河洪水分为春洪和夏洪两种。春洪主要是立春后温度回升，由山区冰川、积雪融化形成，集中在4—5月中旬，水量小、历时短，随气温的高低呈现规律性变化，对经济社会发展及人民生活不构成大的威胁。夏洪主要由山区降水形成，洪峰值高、水量大、历时长。夏洪集中出现于每年的7月中旬或下旬，延续至8月上旬，对农业生产及国民经济发展造成很大破坏。车尔臣河洪水期河水夹带大量泥沙，淤塞河道造成河水漫溢，增加防洪工作难度，同时也带来异常严重的灌区渠道、耕地的淤积问题。

1971年7月，车尔臣河受南部山区降雨影响，河道洪水泛滥，洪水冲毁工三师驻扎在东风地区的基础设施和房屋，自治区建委被迫将工三师师部迁往车尔臣河上游的红旗地区。

1989年8月16日凌晨2时16分，车尔臣河山洪暴发，洪水漫过河床，翻越国道从河西进入支队辖区。红旗区120公顷农作物全部被毁，部分房屋倒塌；跃进区受灾面积153.3公顷，受灾总人口1360人，直接经济损失170万元。

1993年7月15日，石棉矿山区连降大雨导致山洪暴发，通往矿区栏杆段3200米处的路基被洪水冲断19处。当天下午，矿山采矿人员采取爆破方式取砂石料拦截洪水，于7月16日清晨拦截成功。驻扎在石棉矿区的一、四中队抽出15名人员在大山深处奋战6天6夜，7月23日矿山公路恢复通行。

1997年8月，因且末县西部山区连续降雨，车尔臣河洪水决堤，红旗区河西一带农田遭受有史以来特大洪水侵袭，53.3公顷农田（棉花）被毁，13间房屋被淹，直接经济损失120万元。

1999年7月18日，车尔臣河洪水漫过河床流经河西，且末工程支队53.3公顷棉田、8公顷果园及6间民房被淹，直接经济损失24万元。受灾后，支队立即组织人员抗灾，无人员伤亡。

2000年7—9月，且末工程支队参加且末县抗洪抢险5次，共投入劳动力460人次，拉运抗洪卵石600立方米，筑堤370米，投入机力50余个台班，被且末县委授予"抗洪抢险先进单位"称号。

2013年8月13日，洪水龙口顺河道奔流而下，沿革命大渠两侧180.3公顷棉田和8公顷红枣园及部分民房受灾，红旗区部分棉田被淹。

四、干旱与高温灾害

且末地区属永久性干旱气候，常伴随出现干热日和干热风（干热日高温、低湿、风小，干热风高温、低湿、风速≥4米/秒），全年平均发生干热日和干热风日7～10天，主要发生在每年的6—8月。其中，6月平均发生1.1天，7月平均发生3.3天，8月平均发生2.6天。干热风的危害大于干热日。枯水年5月中旬至6月中旬，且末地区有短暂的春旱发生，一般每三年发生一次。高温集中发生在8—9月，土壤因高温造成干旱，致使农作物生长受到抑制、枯萎、产量下降。由于干旱造成河水径流量减少，草场、农作物灌溉面积随之减少，草场退化，农作物产量降低，给农业、畜牧业生产造成很大的影响。干旱在跃进地区较为明显。

2004年7月10日—18日，车尔臣河最大径流量仅有20米^3/秒，是往年流量的1/10。受干旱影响，支队跃进区400公顷棉田久旱干裂，棉苗枯萎，树木变黄落叶。支队每天抽调800余人投入抗旱救灾，调剂团场两大渠系供水时限，延长机井滴灌设备工作时间，限时段分渠轮灌，经过6天6夜集中浇灌，基本控制旱情。

2009年8月5日—25日，且末地区气温高达38℃～42℃，干热风骤起，车尔臣河水量大减，跃进开发区1400公顷农田和466.6公顷外围林受到干旱威胁，新补栽的红枣树由于缺水死亡70%，红枣地间作部分打瓜绝收。由于且末县供电紧张，支队抽出4台发电机组进行发电，供应开发区18个井位抽取地下水，经过2周的抗旱救灾最终缓解旱情。

2015年7—8月，且末地区出现高温天气。7月28日13—16时，气温升至39℃，地表温度高达42℃，造成居民发生不同程度的中暑现象，机关上班时间推迟到下午5点之后。

五、大风灾害

且末地区大风出现在涡旋强气压梯度区内，呈逆时针旋转。雷暴和飑线的大风则发生在过境时，雷雨拖带的下沉气流至近地面的流出气流中。地形的狭管效应可以使风速增大，使沙漠、戈壁滩及山区边缘等地区成为大风多发区。据且末县气象局资料表明，阿尔金山北麓的平原区年平均8级以上的大风日数15.8天，最高可达38天。大风主要出现在3—8月，以4—7月出现频率最多。其时正是且末垦区各类农作物花期、灌浆和成熟期，大风影响植物授粉，造成农作物粒重下降，直接影响农业丰收，早期的大风对农作物破土生长具有很大威胁。

1995年5月，且末工程支队遭受大风、沙尘暴袭击，受灾农田176.6公顷，经济损失1250万元。其中，毁灭性受灾面积19.3公顷，重灾农田43.8公顷，轻灾47.3公顷，一般灾害27.2公顷。灾后，且末工程支队立即组织抗灾自救，购买补种器10个发放到受灾连队，进行人工补种。机关干部下基层帮助补种，做好职工安抚与稳定工作，鼓励职工增强信心，奋起抗灾自救，降低自然灾害带来的损失。

1999 年 5 月中旬，且末地区连续经历两场大风及沙尘暴天气，导致跃进区一支渠七斗 50 公顷棉田棉苗被刮死，经济损失 50 万元。

2001 年 5 月上旬，且末地区连续遭遇大风，风力达到 6 级以上，红旗区和且末县琼库勒乡交界处的 32 公顷棉田受灾严重。

2006 年 7 月 23 日上午 11 时 40 分左右，且末地区大风骤起，风力达到 6～7 级，阵风 8 级，跃进区新植红枣行间作的打瓜被大风刮死。2 斗地 54.6 公顷棉田地膜全部被摧毁，受灾面积 1000 公顷，受灾人口 1230 人，造成农业直接经济损失 2500 万元。

2009 年 5 月 26 日，且末支队遭受大风、沙尘暴的袭击，706 公顷棉花和林果受灾，生产一连、二连靠近沙漠地段的 53.3 公顷棉花绝收，跃进开发区新种植嫁接的 653.3 公顷红枣重复受灾，办公区和连队近 6 个小时停电停水，直接经济损失 92 万元。

六、地震灾害

且末地区位于阿尔金山地震带，在历史上曾遭受过 6 次地震破坏，经分析，且末县城一带的地震基本裂度为 6 级。三十七团位于阿尔金山地震带的中段，其地震活动在整个地震带上相对弱小，强震活动主要分布在且末县城东北。该区自 1970 年以来，发生过 4.7 级以上地震 22 次，其中 6 级以上 3 次（若羌县东南）、5 级地震 3 次（若羌县东至东南）、4 级以下地震 16 次（主要分布在且末县南和若羌县东）。

且末县历史上有记载的大地震是 1924 年发生在民丰县的 7.25 级地震，影响到且末地区的地层裂度为 6 度。1933 年民丰县发生 6.75 级地震，影响到且末的地层裂度为 4 度。

2010 年 11 月 6 日 10 时 12 分（北京时间），且末县发生 5.0 级地震，震中位于北纬 36.8°、东经 87.5°，震源深度 10 千米。震中位于青藏高原西北部阿尔金山保护区，平均海拔 5000 米以上，属无人区，距最近乡镇吐拉牧场 150 千米。至 12 时 30 分，且末地震台共记录到余震 5 次，其中 ML1.0～1.9 地震 2 次、ML2.0～2.9 地震 3 次，最大地震 ML2.8。

2016 年 11 月 6 日 10 时 12 分（北京时间），新疆巴音郭楞蒙古自治州且末县发生 5.0 级地震。据测定，地震发生于 10 时 12 分 43 秒，震中位于北纬 36.8°、东经 87.5°，震源深度 9000 米。震中距且末县城 780 千米，位于且末县与若羌县交会处的阿尔金山山区中段，海拔 5400 米以上，属无人区，没有人员伤亡。

2016 年 12 月 20 日 18 时 4 分（北京时间），且末县发生 5.8 级地震，震中位于北纬 37.25°、东经 84.81°，震源深度 9000 米。震中位于阿尔金山保护区，海拔 5000 米以上，属无人区，距且末县吐拉牧场 240 千米。没有人员伤亡和财产损失。

七、扬沙和沙尘暴灾害

且末地区年平均浮尘日达 129 天，多发生在春、夏、秋季，春季沙尘日最多，沙暴日年均 24.5 天。沙尘暴和浮尘天气严重影响人体健康（呼吸道疾病发病率较高）和农业生产，降低日照率，作物叶面因积土而降低光合作用。沙尘暴强风来袭时，地面尘沙被吹起，空气混浊，水平能见度小于 1000 米。

表 2-6　三十七团垦区灾害性天气情况一览表（2000—2015 年）

年份	霜冻天气		5~8 级以上大风天气				冰雹天气	
	次数	出现日/月	最多风向	平均风速（米/时）	次数	出现月份	次数	出现月份
2000	2	4/5、17/6	东南风	23.6	18	4、6、7、8、9	1	6
2001	2	13/4、7/5	东南风东风	24.1	21	5、6、7、8、9、10	2	5、6
2002	1	3/5	东南风	23.5	19	4、5、6、7、8、9	—	—
2003	1	4/5	东南风	23.5	14	5、6、7、8、9	—	—
2004	1	12/4、4/5	东北风	23.7	18	4、5、6、7、8、9	1	5
2005	2	8/5、2/4	东北风	23.6	12	4、5、6、7、8	1	6
2006	3	23/3、19/4、4/5	东南风	23.7	23	5、6、7、8、9	—	—
2007	1	23/4	东北风	23.5	17	4、5、6、7、8	1	5
2008	1	21/4	东北风	23.6	24	5、6、7、8、9、10	1	5
2009	2	18/4、2/5	东北风	23.6	18	5、6、7、8、9	1	2
2010	2	14/4、4/5	东南风	24.1	17	3、4、6、7、8、9	—	—
2011	2	13/4、4/5	东南风	23.5	17	4、5、6、7、8	—	—
2012	1	25/4	东南风	23.5	16	5、6、7、8、9	—	—
2013	2	8/4、2/5	东北风	23.7	19	4、5、6、7、8	1	6
2014	3	28/3、21/5、17/6	东南风	23.6	16	5、6、7、8、9、10	—	—
2015	4	4/3、24/4、4/5、28/5	东南风	23.7	18	5、6、7、8、9	—	—
16 年合计	31			23.6	287		9	

注：此表内容参照《且末县志》气象资料列举数据。

第十一节　环境保护

一、造林防沙

三十七团地处塔克拉玛干沙漠东南边缘，四周沙漠包围，流动沙丘处在跃进区场外干渠以南靠近山坡的新月形沙漠扇形地带，沙漠之中地下水位深，地表植被稀疏，地表流沙严重，是塔里木地区最典型的沙漠腹地团场。团场沙漠面积 2981 公顷，占土地总面积的 26.4%。团场辖区车尔臣河冲积平原地势较为平坦，由于北部侵入的巨型复合新月形沙丘链受到南面山地的遏制，形态变为单一的复合新月形沙丘，其间洼地上有较低的垄岗沙丘，边侧常出现新月形沙丘。沙丘连绵并随风移动，对靠近沙漠边缘的耕地造成极大威胁。

1970 年 3 月，在且末跃进地区沙漠边缘由且末县划给工三师一定面积荒地进行开发建设，解决工三师驻扎且末之后的粮食供给问题。5 月，兵团工三师指挥部二十三团农场八连、劳改队进驻且末县境内，在跃进区开发建设农场，开荒种植小麦和蔬菜。职工在农耕过程中，为防止沙漠对农田和人们生活的侵害，在居民点和农田四周种植柳树、杨树、胡杨、沙枣树等防沙治沙树种86.6 公顷，引车尔臣河水到跃进地区，形成生态屏障，用于防风固沙、抵御风沙对农田的危害。

20 世纪 80 年代，随着跃进地区农业发展，人工栽植的林带逐年更新，部分枯木逐渐被淘汰砍伐。

1987 年，在跃进地区因地制宜修建一座水库、一条场外干渠，在 1 斗 1 农、1 斗 2 农分别修建支渠，沿两个斗渠修筑农田道路和林带，栽植杨树、沙枣树等树木 3 万余株，以农田防护为主。

2005 年，农二师抽调 10 个有经济实力的团场投入跃进生态经济林开发建设，利用 6 个月的时间，完成 1400 公顷生态经济林的红枣定值。是年，且末工程支队在跃进区生态林农田四周建造110 条林带，共计 520 公顷，在沙漠边缘绑扎芦苇防沙障 1180 千米，以增强跃进生态经济林防风固沙效果。

2006 年，实施退耕还林还草计划，对棉花产量低的农田退耕还林，栽植红枣改善生态环境。2006—2008 年，跃进区生态林加大植树造林力度，推行农田林网化和居民区绿化，新增林地 1433公顷，补植防风林木 296530 株，居民区绿化林木 264612 株，植树造林总面积 1920 公顷。

2007 年 6 月，在居民区和各自所承包的条田外围捆扎防沙障。经过两个月的奋战，完成110 个条田的芦苇捆扎任务，捆扎芦苇防沙障总长 184.8 千米。

2008 年 9 月 16 日，因地制宜探索防风固沙措施，利用红枣地间作冬小麦，预防红枣苗木遭受风沙侵袭，实施间作 866.6 公顷。

2010 年 4 月，新植 446.6 公顷外围林，实施防渗渠改扩建、修筑扬水站及水库除险加固续建工程，为 1800 公顷野生胡杨林补充水源。

2012 年，新植农田防护林 45 公顷，新植树木 70 万株，农田防护林总面积达到 2411.6 公顷，农田林网化超过 65%，初步形成以营造防护林、防风固沙为重点，农林封育保护完整的防沙治沙生态体系，增强了农田防御风沙灾害的能力。

二、农业污染防治

20 世纪 90 年代初，且末工程支队开始推广地膜棉种植，残膜长期留存在土壤中将造成耕地减产甚至绝收。1992 年，大面积推广地膜棉种植后，每年有 30% 的残膜滞留农田，造成严重的"白色污染"。

1996 年以后，各连队按照农业生产阶段目标管理，制订作物的揭膜时间、标准和捡拾回收任务及相关奖罚制度，年均义务投入劳动力 600 人次捡拾残膜。

2006 年，实施生态经济林建设，逐年减少棉花种植面积，在一定程度上减少土地污染。

2007 年，给农业连队职工划分身份地，每年开春承包户集中清理农田地膜、滴灌带、废塑料等，有效减轻残留塑料品对农田的污染。

2010 年以后，每年 5 月各连队的棉花地实行揭膜，揭膜率达 100%。采取滴灌的农田定期更换滴灌带，旧滴灌带集中存放后回收利用，使其变废为宝。

2015 年，除二连种植的 120 公顷棉花使用地膜播种外，其他单位种植红枣不再使用地膜覆盖，有效减轻了土地的"白色污染"。

三、饮用水源保护

20 世纪 70 年代，每个连队挖有 1~2 个涝坝，用渠道蓄满水澄清后作为生活用水，水质无法保障。

1988 年，在红旗地区加工厂处打深井 1 眼，周围无污染源，但生活饮用水质含氟量高，水质没有达到人畜饮用质量标准。

2007 年，红旗区生活用水被纳入且末县统一管理，原来的水井被淘汰，在原水井旁打深井 1 眼作为红旗区居民饮用水水源。在跃进区自建饮用水系统，以满足职工的生活用水。

2009 年 7—10 月，且末县水电局在红旗地区划定水源保护区面积 175 公顷，在且末工程支队区域内钻探饮用水深井 2 眼。每年在车尔臣河丰水期、枯水期，检查化验每眼井的水源水、末梢水的水质，均达到国家功能区水质标准三类。

2015 年，且末县对水源保护区实行封闭管理，居民生活用水水质符合国家生活饮用水卫生标准。三十七团在跃进区新团部新建饮用水厂，团域内没有发生饮用水源污染问题。

四、生活环境保护

20 世纪 80 年代，支队没有生活污水排放设施，均排放在房前屋后空地，对生活环境造成严重污染。

2009 年，实施危旧住房改造工程，兴建简易垃圾池 17 个，每户建有地下化粪池，但生活垃圾管理松散。

2009—2010 年，支队组织职工清理房前屋后柴草和牲畜垃圾，清除林带杂草、垃圾，修整渠道，安排专人进行楼道、营区道路、小区卫生清扫，生活环境得到明显改善。

2015 年，团在各小区投放移动式垃圾箱 46 个，购买垃圾运输车辆 2 辆，污染物排放和垃圾处理实行规范管理。

第三章　人口

三十七团最早一批人员来自1967年兵团工三师修筑315国道时期。1970年工三师从民丰迁入12个施工连队、1个汽车营和机关、幼儿园等单位，有21020人。1971年工三师撤销后，人口呈逐年下降趋势。1980年且末驻地留守人口823人。1994年，且末工程支队把人口增长和计划生育列入日常工作，制定有效措施促进团场人口稳步增长。2000年以后，落实职工子女、大中专毕业生和少数民族职工群众在团场就业政策，辖区总人口呈上升趋势。2015年，辖区总人口2264人，人口增长率为0.42‰。

第一节　人口规模

一、人口总量

1970年，工三师筑路队伍总人数21020人，达到总人口数的最高峰值。1971年，工三师建制撤销，人口减至1.8万人左右。是年，兵团在且末安置"伊塔事件"人员，成立一个少数民族连队。1973年6月，从民丰支队调拨一个劳改中队，两次增补人员800余人，年末总人口18098人，加强了筑路力量。

从1978年起，巴州工程支队承建的"0701"工程基本结束，各施工连队随工程项目转移集体迁至盐湖、大河沿、乌鲁木齐等地施工。施工连队陆续搬迁至盐湖化工厂等地1302户5187人，搬迁至克拉玛依油田104户304人，且末驻地留守823人。1982年末，且末工程支队驻地实有人口789人。

1986年，且末工程支队总人口1228人（不包括各中队人口）。至1990年初，且末工程支队实有人数1176人，5年当中人口出现负增长，主要原因是随着建筑行业市场化趋势，支队承建的施工量大幅减少，经济效益持续下滑，辖区人口流动量增大。

1991年，且末工程支队转变发展方式，转产工农业生产，广招社会人员就业。至1992年末，总人口达到 1255 人，其中汉族人口 1117 人、其他民族人口 138 人。

1993 年，且末工程支队招收河南省汝州市农民工 50 户 192 人，引进大中专毕业生 23 人。但因且末工程支队自然环境和生活条件差，人口流失严重。其中，职工子女到外地就业 43 人；农民工因条件艰苦离开支队 89 人；大中专毕业生来支队 16 人，留下来的只有 6 人；在岗职工辞职离岗 13 人。当年人口减少 169 人，年底实有人口 1102 人、人口自然增长率为 −0.63‰。

1996 年后，且末工程支队以多种形式扩大职工队伍，采取社会招工和引进大中专毕业生方式引进人口 356 人，当年上海知青返城 134 人、过世 5 人。至年底，总人口为 999 人。虽人口流失严重，但人口总量呈逐年增长趋势。至 2000 年末，支队总人口 1510 人，较 1996 年增加 511 人，5 年人口平均自然增长率为 1.4‰。

2006 年，且末工程支队在跃进区实施生态经济林开发建设项目，人口增长速度较快，各岗位新增人员 330 人，扩大了职工队伍。至年末，总人口达到 1721 人，较上年增加人口 330 人，人口自然增长率为 0.21‰。

2009 年 4 月，实有人口 1674 人，监狱与企业分离后，企业部分总人口减至 1005 人。企业广招人员，扩大职工队伍。至年末，户口在册总人口达到 1768 人，人口自然增长率为 −1.47‰。

2010 年后，支队先后从其他地区招录大学生 450 人、劳务工 520 人，招录社会面务工人员 132 人到团就业进入职工队伍。因且末地区自然条件差，交通不畅，人口流动较大。至年末，总人口 1795 人，人口自然增长率为 0.42‰。

2013 年，三十七团实施人才战略，吸纳高校大专以上毕业生、新职工到团场就业，年度招收各类专业大学生、新职工 142 人，部分人员选择离开团场。至年末，团内人口 1958 人，自然增长率为 0.21‰。

2015 年，团实施小城镇建设规划，人口向城镇聚集，产业向园区集中，辖区人口迅速增长。有 106 人到团场落户。至年末，全团总人口为 2264 人，人口自然增长率为 0.42‰。

表 3−1　三十七团历年人口自然变动一览表（1990—2015 年）

年份	年初人口数（人）	年内增加（人）	出生（人）	出生率（‰）	年内减少（人）	死亡（人）	死亡率（%）	人口自然增长率（‰）	年末人口数（人）
1990	1176	31	4	0.34	—	3	0.25	0.21	1208
1991	1208	27	3	0.24	—	2	0.16	0.21	1203
1992	1203	62	2	0.15	—	3	0.23	−0.21	1255
1993	1255	−163	3	0.27	169	6	0.54	−0.63	1102
1994	1102	6	9	0.81	—	5	0.45	0.84	1108
1995	1108	25	9	0.79	—	11	0.97	−0.42	1133
1996	1133	−134	11	1.1	127	5	0.5	1.26	999
1997	999	323	3	0.22	—	4	0.3	−0.21	1322

续表

年份	年初人口数（人）	年内增加（人）	出生（人）	出生率（‰）	年内减少（人）	死亡（人）	死亡率（%）	人口自然增长率（‰）	年末人口数（人）
1998	1322	−36	4	0.31	41	5	0.38	−0.21	1286
1999	1286	−32	2	0.15	39	7	0.55	−1.05	1254
2000	1254	127	6	0.43	—	4	0.29	0.42	1510
2001	1510	162	4	0.25	—	4	0.26	0.00	1543
2002	1543	73	5	0.3	—	6	0.38	−0.21	1616
2003	1616	−89	7	0.45	84	2	0.13	1.05	1527
2004	1527	−44	1	0.06	50	7	0.47	−1.26	1483
2005	1483	92	1	0.07	—	3	0.21	−0.42	1391
2006	1391	330	3	0.17	—	2	0.12	0.21	1721
2007	1721	0	2	0.11	—	3	0.17	−0.21	1669
2008	1669	−52	3	0.17	51	2	0.12	0.21	1674
2009	1674	5	2	0.12	2	9	0.53	−1.47	1768
2010	1768	94	5	0.28	—	3	0.16	0.42	1795
2011	1795	5	4	0.22	—	2	0.11	0.42	1799
2012	1799	31	8	0.44	—	1	0.05	1.47	1805
2013	1805	6	5	0.27	—	4	0.22	0.21	1958
2014	1958	159	9	0.45	—	5	0.24	0.84	2064
2015	2064	106	6	0.29	—	4	0.19	0.42	2264

注：数据来自《农二师统计年鉴》资料。

二、人口分布

1970—1971 年，工三师筑路队伍总人口 21020 人，主要集中在红旗、东风、跃进三个兵团亟待开发建设的地区，其中红旗地区为人口主要聚集地。跃进地区驻扎有一连、八连、十连、十二连等单位，人口约 7000 人；东风地区驻扎 2 个连队，总人口逾 3000 人；红旗区驻扎有师部、幼儿园、医疗队和 8 个连队，人口逾 1 万人；其他人员零散分布在 315 国道沿途各站点，人数逾 1000 人。

1976 年，总人口约 1.4 万人，大部分人口分散在筑路沿线或沿途各站点，机关、学校、农业连队等单位人口较为集中。

1977—1984 年，大部分人口集中在盐湖、大河沿、吐鲁番、昌吉北四线，且末驻地仅留有 823 人。至 1984 年末，且末支队总人口为 1108 人，主要集中在跃进和红旗两个地区。其中，跃进地区居住 512 人、红旗地区居住 596 人。

1996 年初，辖区居住人口为 999 人，主要分布在跃进区、石棉矿区、红旗区。其中，跃进区有人口 210 人（不包括各中队）、红旗区 673 人、石棉矿区 116 人。

2000 年末，辖区居住人口 1510 人，人口主要集中分布在跃进区和红旗区，两区域总人口为

1302人。有208人零散分布在石棉矿、库尔勒物资站等地，部分人口退休后居住在异地。

2015年末，三十七团人口为2264人。其中，分布在红旗区620人、跃进区980人、康都小区531人、其他地区133人。团内流动人口1635人，主要分布在跃进区小城镇建设工地和红枣基地务工。

三、人口密度

1970年，辖区实有土地面积5.13平方千米，人口21020人，人口密度为每平方千米4097.5人。1984年，在且末支队辖区由农二师开发使用的土地面积为762.67平方千米，总人口1108人，人口密度为每平方千米1.45人。2015年末，团土地面积为113.19平方千米，总人口2264人，人口密度为每平方千米20人。

表3-2　三十七团各辖区人口分布及人口密度一览表（2015年）

地区		户数（户）	人口（人）			户均人口（人）	总面积（平方千米）	人口密度（人/千米²）
			小计	男	女			
红旗辖区	一连	187	627	342	285	3.09	5.58	120.1
	学校	22	29	6	23	1.1		
	棉花加工厂	4	11	9	2	1.5		
	派出所	3	3	3	0	1		
合计		216	670	360	310	6.68		
跃进辖区	二连	97	396	231	165	3.05	106.94	9.2
	三连	96	342	214	128	3.47		
	四连	24	96	56	40	4		
	水电站	19	58	33	25	3.0		
	设施农业基地	83	88	42	46	1.1		
合计		319	980	576	404	14.62		
县城辖区	康都小区、玉城花苑	241	531	280	251	2.2	0.25	2124
矿区	石棉矿	41	83	77	6	1.8	0.42	197.6
总计		817	2264	1293	971	2.8	113.19	20

注：本表数据由团社会服务中心提供。

第二节　人口结构

一、性别结构

1990年以前，男性职工在劳动生产当中占职工队伍大部分数量，且承担着较重的体力劳动。部分女性职工从事与男性职工一样的工种，也有部分女性职工从事服务业和种植业。1990年末，且末工程支队总人口1208人。其中，男性632人，占总人口的52.3%；女性576人，占总人口的47.7%。

2000年末，总人口1510人。其中，男性856人，占总人口的56.7%；女性654人，占总人口的43.3%。至2005年末，总人口1391人。其中，男性1062人，占总人口的76.3%；女性329人，占总人口的23.7%。

2010年末，总人口1795人，其中，男性1136人，占总人口的63.3%；女性659人，占总人口的36.7%。至2015年末，总人口2264人。其中，男性1381人，占总人口的61%，女性883人，占总人口的39%。

1990—2015年，从三十七团人口性别结构变化情况可见，历年男性人口均多于女性人口。

表3-3　三十七团人口性别构成一览表（1990—2015年）

年份	年末总人口（人）	男		女		年份	年末总人口（人）	男		女	
		人数（人）	占比（%）	人数（人）	占比（%）			人数（人）	占比（%）	人数（人）	占比（%）
1990	1208	632	52.3	576	47.7	2003	1527	1123	73.5	404	26.5
1991	1203	634	52.7	569	47.3	2004	1483	1135	76.5	348	23.5
1992	1255	697	55.5	558	44.5	2005	1391	1062	76.3	329	23.7
1993	1102	766	69.5	336	30.5	2006	1721	1114	64.8	607	35.2
1994	1108	761	68.7	347	31.3	2007	1669	1106	66.3	563	33.7
1995	1133	753	66.5	380	33.5	2008	1674	1058	63.2	616	36.8
1996	999	668	66.9	331	33.1	2009	1768	1118	63.2	650	36.8
1997	1322	1003	75.9	319	24.1	2010	1795	1136	63.3	659	36.7
1998	1286	982	76.4	304	23.6	2011	1799	1035	57.5	764	42.5
1999	1254	953	76.0	301	24.0	2012	1805	1037	57.4	768	42.6
2000	1510	856	56.7	654	43.3	2013	1958	1174	60.0	784	40.0
2001	1543	1187	76.9	356	23.1	2014	2064	1259	61.0	805	39.0
2002	1616	1205	74.6	411	25.4	2015	2264	1381	61.0	883	39.0

注：此表数据来自《农二师统计年鉴》资料。

二、年龄结构

1970年，工三师到达且末后，总人口21020人。其中，学前儿童（0~6岁）1342人，占总人口的6.4%；学龄儿童（7~17岁）3961人，占总人口的18.8%；成年劳动人口（18~55岁）10845人，占总人口的51.6%；56岁以上人口4872人，占总人口的23.2%。总人口的结构趋向年轻化。

1975年末，巴州且末工程支队总人口16113人。其中，学前儿童（0~6岁）1037人，占总人口的 6.44%；学龄儿童（7～17 岁）2187 人，占总人口的 13.57%；成年劳动人口（18～55 岁）8918 人，占总人口的 55.35%；56 岁以上人口 3971 人，占总人口的 24.64%。总人口的结构持续趋向年轻化，但老年人口占比较 1970 年增长 1.46%。

1980 年，农二师且末工程支队转战北疆（乌鲁木齐、大河沿、盐湖一带）建筑市场，且末驻地留守人口 823 人。其中，学前儿童（0～6 岁）12 人，占总人口的 1.46%；学龄儿童（7～17 岁）146 人，占总人口的 17.74%；成年劳动人口（18～55 岁）436 人，占总人口的 52.98%；56 岁以上人口 229 人，占总人口的 27.83%。老年人口占比较 1975 年增长 3.19%。

1986 年，兵团实施且末开发战略，从塔里木、焉耆地区招收 35 岁以下团场职工子女到且末工作，组建劳改队。是年底，且末工程支队总人口为 1228 人。其中，学前儿童（0～6 岁）19 人，占总人口的 1.55%；学龄儿童（7～17 岁）207 人，占总人口的 16.86%；成年劳动人口（18～55 岁）612 人，占总人口的 49.84%；56 岁以上人口 390 人，占总人口的 31.76%。总人口的结构趋向于中老年行列。

1990 年末，且末工程支队总人口为 1208 人。其中，学前儿童（0～6 岁）53 人，占总人口的 4.39%；学龄儿童（7～17 岁）208 人，占总人口的 17.22%；成年劳动人口（18～55 岁）581 人，占总人口的 48.10%；56 岁以上人口 366 人，占总人口的 30.30%。中年劳动力较 1986 年降低 1.84%，人口流动大，管理人员缺乏。人口结构逐渐趋向老龄化。

2000 年末，且末工程支队总人口为 1510 人。其中，学前儿童（0～6 岁）79 人，占总人口的 5.23%；学龄儿童（7～17 岁）301 人，占总人口的 19.93%；成年劳动人口（18～55 岁）682 人，占总人口的 45.17%；56 岁以上人口 448 人，占总人口的 29.67%。人口结构趋向老龄化。

2010 年末，三十七团总人口为 1795 人。其中，学前儿童（0～6 岁）167 人，占总人口的 9.30%；学龄儿童（7～17 岁）474 人，占总人口的 26.41%；成年劳动人口（18～55 岁）773 人，占总人口的 43.06%；56 岁以上人口 381 人，占总人口的 21.23%。中年劳动力较 2000 年降低 3.16%，人口流动大，人口结构趋向于中老年群体。

2015 年末，团场总户数 817 户，总人口 2264 人。其中，学前儿童（0～6 岁）114 人，占总人口的 5.04%；学龄儿童（7～17 岁）602 人，占总人口的 26.60%；成年劳动力（18～55 岁）人口 923 人，占总人口的 40.76%；56 岁以上人口 625 人，占总人口的 27.60%。形成以青壮年为主的人口年龄结构。

从年龄结构上分析，儿童和成年劳动力人口增长较快，引进人口是团场人口增长的重要因素。老年人口基本保持平衡，有利于团场发展社会事业。

表 3 – 4 三十七团部分年份人口年龄构成一览表（1970—2015 年）

单位：人

年份	年末总人口	0~6 岁	性别		7~17 岁	性别		18~55 岁	性别		56 岁以上	性别	
			男	女		男	女		男	女		男	女
1970	21020	1342	714	628	3961	2026	1935	10845	6689	5156	4872	2963	1909
1975	16113	1037	614	423	2187	1172	1015	8918	4772	4146	3971	2219	1752
1980	823	12	7	5	146	84	62	436	238	198	229	101	128
1986	1228	19	11	8	207	123	84	612	376	236	390	184	206
1990	1208	53	36	17	208	121	87	581	317	264	366	160	206
1995	1133	48	34	14	197	129	68	562	321	241	344	169	175
2000	1510	79	43	36	301	189	112	682	365	317	448	259	189
2005	1391	75	41	34	293	184	109	675	362	313	348	225	123
2010	1795	167	89	78	474	317	157	773	484	289	381	216	165
2015	2264	114	63	51	602	341	261	923	521	402	625	280	345

注：此表数据由团派出所提供。

三、民族结构

1970 年，兵团工三师到达且末后，总人口 21020 人。其中，汉族 20140 人，占总人口的 95.8%；维吾尔族 620 人，占总人口的 2.95%；回族 24 人，占总人口的 0.11%；其他民族 236 人，占总人口的 1.12%。

1974 年 2 月，农三师"0701"工程且末指挥部划归农二师属地管辖，改隶为农二师且末工程支队后，总人口 18103 人。其中，汉族 17268 人，占总人口的 95.39%；少数民族 835 人，占总人口的 4.61%；在少数民族人口中，维吾尔族有 620 人，占少数民族人口的 74.25%。

1980 年，巴州工程支队基本结束筑路工程，大部分施工连队随工程搬迁至乌鲁木齐、大河沿、盐湖一带施工，且末驻地留守总人口 823 人。其中，汉族 662 人，占总人口的 80.44%；维吾尔族 139 人，占总人口的 16.89%；回族 1 人，占总人口的 0.12%；其他民族 21 人，占总人口的 2.55%。

1991 年末，且末工程支队总人口 1203 人。其中，汉族 1158 人，占总人口的 96.26%；维吾尔族 28 人，占总人口的 2.33%；回族 10 人，占总人口的 0.83%；其他民族 7 人，占总人口的 0.58%。至 1995 年，"民汉结合"家庭为 12 户；维吾尔族总人口 31 人，其中男性 19 人，女性 12 人。

2010 年末，且末工程支队总人口 1795 人。其中，汉族 1767 人，占总人口的 98.44%；维吾尔族 24 人，占总人口的 1.34%；回族 2 人，占总人口的 0.11%；其他民族 2 人，占总人口的 0.11%。这一时期，居住在辖区的少数民族人口有所减少，其中有 5 户迁移外地，2 户家庭子女嫁到外地，还有因家中老人去世而导致人口自然减少。

2015 年末，三十七团总人口为 2264 人。共有 8 个民族成分本科，分别是汉族、维吾尔族、回族、苗族、蒙古族、藏族、土家族、布依族。人口以汉族为主，有 2233 人，占全团总人口的

98.63%；维吾尔族 17 人，占全团总人口的 0.75%；回族 5 人，占全团总人口的 0.22%；其他民族人口 9 人，占全团总人口的 0.40%。

表 3-5　三十七团部分年份人口民族构成一览表（1970—2015 年）

年份	年末总人口（人）	汉族		维吾尔族		回族		其他民族	
		人口（人）	占比（%）	人口（人）	占比（%）	人口（人）	占比（%）	人口（人）	占比（%）
1970	21020	20140	95.8	620	2.95	24	0.11	236	1.12
1975	16113	15289	94.89	627	3.89	21	1.13	176	1.09
1980	823	662	80.44	139	16.89	1	0.12	21	2.55
1986	1228	1118	91.04	39	3.18	2	0.16	69	5.62
1991	1203	1158	96.26	28	2.33	10	0.83	7	0.58
1995	1133	1087	95.94	31	2.74	6	0.53	9	0.79
2000	1510	1452	96.36	23	1.52	4	0.07	31	2.05
2005	1391	1363	97.99	24	1.73	2	0.14	2	0.14
2010	1795	1767	98.44	24	1.34	2	0.11	2	0.11
2015	2264	2233	98.63	17	0.75	5	0.22	9	0.40

注：数据来自《农二师统计年鉴》资料。

四、文化结构

20 世纪 70 年代初期，工三师职工队伍来自北疆农牧团场和兵团建工师及师直属农场等单位，1970 年末，总人口最高峰时期达到 21020 人。其中，大学本科文化程度 55 人，占总人口的 0.26%；大专文化程度 220 人，占总人口的 1.05%；高中（高小）文化程度 340 人，占总人口的 1.62%；初中（初小）文化程度 6420 人，占总人口的 30.54%；小学以下（私塾、文盲）文化程度 13985 人，占总人口的 66.53%。该时期小学以下文化程度人口占比较大，人口文化程度偏低。

1980 年末，且末驻地留守总人口 823 人。其中，本科学历 7 人，占总人口的 0.85%；大专文化程度 19 人，占总人口的 2.31%；高中（高小）文化程度 134 人，占总人口的 16.28%；初中（初小）文化程度 216 人，占总人口的 26.25%；小学（私塾、文盲）文化程度 447 人，占总人口的 54.31%。这一时期人口数量大减，但人口文化程度仍然较低。

1986 年，兵团在且末建立劳改农场，一批具有初中以上学历的青年加入职工队伍，促使人口文化结构发生变化，给社会发展带来动力。是年末，且末工程支队总人口 1228 人。其中，本科学历 9 人，占总人口的 0.73%；大专学历 27 人，占总人口的 2.20%；高中（高小）学历 219 人，占总人口的 17.83%；初中学历 434 人，占总人口的 35.34%；小学（私塾、文盲）以下 539 人，占总人口的 43.89%。

1991 年末，总人口 1203 人。其中，本科学历 12 人，占总人口的 1.00%；大专学历 29 人，占总人口的 2.41%；高中（高小）学历 210 人，占总人口的 17.46%；初中学历 447 人，占总人口的 39.65%；小学（私塾、文盲）以下 475 人，占总人口的 39.48%。

2000 年后，随着国家实施支持中西部发展战略，兵团计划单列的作用进一步显现，支队鼓励职工参加成人教育学习，以适应生产建设需求，同时引进大中专毕业生加入职工队伍，人口文化结构逐步发展变化。2000—2005 年，支队有 127 人参加兵团党校、兵团农广校成人学历教育。

2007—2014 年，支队有 393 名职工通过参加兵团农广校函授和中央电大函授学习，获取大专以上学历证书 230 人；引进大中专毕业生 462 人到团场就业。团场职工队伍文化素质不断提升，人口文化结构发生明显变化。

2015 年末，全团总人口 2264 人，具有本科学历 57 人，占总人口的 2.52%；大专学历 173 人，占总人口的 7.64%；高中学历 862 人，占总人口的 38.07%；初中学历 1016 人，占总人口的 44.88%；小学以下文化程度 158 人，占总人口的 6.98%。人口文化结构占比侧重于高中和初中学历群体。

表 3－6　三十七团五年相比人口文化构成一览表（1970—2015 年）

年份	年末总人口（人）	本科		大专		高中		初中		小学以下	
		人数（人）	占比（%）	人数（人）	占比（%）	人数（人）	占比（%）	人数（人）	占比（%）	人数（人）	占比（%）
1970	21020	55	0.26	220	1.05	340	1.62	6420	30.54	13985	66.53
1975	16113	34	0.21	172	1.07	549	3.41	3412	21.18	11946	74.14
1980	823	7	0.85	19	2.31	134	16.28	216	26.25	447	54.31
1986	1228	9	0.73	27	2.20	219	17.83	434	35.34	539	43.89
1991	1203	12	1.00	29	2.41	210	17.46	477	39.65	475	39.48
1995	1133	11	1.64	32	2.76	256	22.15	403	34.80	431	38.67
2000	1510	23	1.52	43	2.85	342	18.68	532	35.23	570	41.73
2005	1391	39	2.63	107	7.22	391	19.65	597	40.31	257	30.18
2010	1795	42	2.33	169	9.37	782	43.35	601	33.31	196	11.64
2015	2264	57	2.52	173	7.64	862	38.07	1016	44.88	158	6.98

注：此表来自《农二师统计年鉴》资料。

五、职业结构

1970 年，工三师进入且末地区修筑 315 国道，总人数 21020 人。其中，从事修筑公路的人员 8000 余人，从事后勤服务和其他人员 3100 人，汽车驾驶人员 470 人，退休人员 298 人，家属等人口 9150 余人。

1978 年，巴州工程支队总人口逾 1.3 万人，各施工连队随工程搬迁盐湖化工厂等地人数共计 1302 户 5187 人，搬迁至克拉玛依油田共计 104 户 304 人，搬迁至乌鲁木齐、昌吉、鄯善等地承揽工程人数 6700 人，且末驻地留守人口 823 人。

1986 年，兵团在且末恢复成立劳改农场，且末工程支队人口增至 1228 人。其中，从事农业生产612人，家属及子女242人；其他人员374人，分别从事农业生产管理、教育、医疗和劳改管理。

1990年，辖区总人口1208人。从业人员362人，其中女性职工106人，固定工303人，年平均职工人数361人。从事农业种植和连队管理人员以及机关服务人员210人，从事工业生产人员110人，退休职工22人，其他行业从业人员20人。

2009年，监企分离后，总人口1768人，全社会从业人员439人，其中女性职工238人。在从业人员中，农业从业人员217人、工业从业人员57人、建筑业从业人员12人、其他行业从业人员153人，年末平均职工人数446人。从事农业一线职工占比较大。

2010年，且末工程支队持续调整农业种植结构和产业结构，引进农民工和社会面人员到支队承包土地就业，劳动用工增多，人口职业结构较以往有所大的改变。总人口1795人，全社会从业人员443人。在从业人员中，农业从业149人，工业从业人员78人，建筑业从业人员69人，其他行业从业人员147人。农业从业人员依然是从业人数最多的行业，表明农业在支队经济发展中占有主导地位。

2013年，三十七团吸纳大中专毕业生和新职工到团场就业，至年末，团内职工人数589人，其中女职工人数256人。在从业人员中，农业从业人员259人，工业从业人员84人，建筑业从业人员79人，其他行业从业人员167人。农业从业人员依然是团场从业人数最多的行业。

2015年底，团总人口2264人，其中全社会从业人员749人。在从业人员中，农业从业人员394人，工业从业人员42人，机关事业单位76人，商业和社会服务行业23人，其他从业人员214人。随着团场发展壮大，农业产业化、多元化发展，工业企业增多，三产服务业的兴起，团场职业结构是多元化发展趋势。

六、籍贯

20世纪70年代，工三师筑路队伍人员来自各省市，师部多次调干和招收部队转业军人及上海知青充实筑路队伍。八九十年代，招收塔里木各团场人员和社会面人员百余人。进入21世纪，不断从其他省区招聘大中专毕业生到团场就业，人员流动量大，姓氏分属变化大。2015年底，三十七团人口2264人，籍贯分属27个省（自治区、直辖市）。

表3-7　三十七团人口籍贯分属一览表（2015年）

单位：人

地区	人数	地区	人数	地区	人数	地区	人数	地区	人数
河南	1446	四川	609	山东	12	河北	23	甘肃	43
陕西	21	山西	5	湖北	9	湖南	11	江苏	7
安徽	7	新疆	12	青海	4	吉林	6	辽宁	6

续表

地区	人数	地区	人数	地区	人数	地区	人数	地区	人数
黑龙江	6	宁夏	3	广西	2	广东	2	江西	9
浙江	4	福建	5	云南	2	内蒙古	1	上海	4
贵州	3	天津	2						
合计				2264					

注：数据根据团档案室资料列举。

七、姓氏结构

20 世纪 70 年代，工三师各连队和服务单位人口较多，人员复杂，很多姓氏不详，特别是 1971 年安置"伊塔事件"人员没有得到详细统计。2015 年，根据各种资料记载，在团场曾经工作人员由 200 个姓氏组成。

表 3-8　三十七团人口姓氏结构一览表（2015 年）

单位：人

姓氏	人数	姓氏	人数	姓氏	人数	姓氏	人数	姓氏	人数	姓氏	人数
张	119	赵	98	刘	93	陈	42	胡	34	许	24
孙	61	万	61	周	50	余	34	朱	23	何	13
高	37	杨	36	郭	35	吴	24	孔	14	万	18
徐	28	苏	27	郑	27	曹	16	石	18	钱	14
孟	21	袁	19	韩	18	丁	21	吕	14	鲍	6
梁	26	冯	12	白	21	卢	16	魏	8	叶	7
谢	17	姚	18	唐	16	金	6	邹	3	潘	8
田	14	彭	11	秦	10	严	7	章	2	郎	1
陶	7	俞	4	戚	3	窦	3	柳	4	史	4
杜	8	喻	3	柏	4	龚	7	苗	6	费	3
诸	2	葛	6	范	9	尤	1	程	7	倪	7
鲁	2	韦	7	於	4	花	2	贺	4	常	6
崔	3	董	11	任	6	阎	7	樊	8	于	11
方	4	廉	2	薛	5	夏	9	轩	2	时	4
雷	3	汤	7	卫	2	鲜	2	顾	4	尹	12
蔡	7	蒋	9	申	3	郝	8	穆	6	明	7
安	2	罗	11	毕	1	康	7	米	2	舒	4
齐	9	傅	8	伍	3	毛	1	纪	3	姜	2
邵	4	汪	4	祁	4	熊	4	童	1	华	3
萧	2	戴	2	庞	6	娄	2	颜	2	裴	4
成	1	阮	1	蓝	1	江	1	虞	3	甘	3
闵	1	习	2	贾	9	霍	3	邓	8	祖	1
林	3	钟	1	骆	2	单	4	邢	4	赖	7

续表

姓氏	人数	姓氏	人数	姓氏	人数	姓氏	人数	姓氏	人数	姓氏	人数
莫	1	左	3	包	4	侯	9	宁	1	艾	4
洪	2	房	1	柯	2	仲	3	仇	1	沈	8
陆	7	荣	2	宫	1	巴	2	蒲	6	党	4
靳	3	段	3	焦	2	黎	2	耿	8	温	2
武	2	詹	1	龙	6	廖	3	盖	4	库尔班	2
乔	3	郁	2	向	1	权	2	佟	2	阿不都	1
聂	6	晁	5	曾	4	佘	1	尚	3	欧阳	1
楚	4	闫	12	岳	5	邬	1	托乎提	1		
翟	9	谭	6	冉	4	阿不拉	2	李	64		
庄	1	柴	4	翟	3	黄	73	宋	39		
呼延	2	鲜于	2	王	88	马	38	牛	29		

注：实际统计姓氏 200 个，人口 2264 人。数据来源《农二师统计年鉴》资料。

第三节　计划生育

一、宣传教育

20 世纪 80 年代初期，且末工程支队开始贯彻落实国家计划生育政策，在职工群众中开展计划生育宣传工作，贯彻落实中共中央、国务院关于加强人口与计划生育工作相关文件精神，持续改进计划生育宣传措施，达到家喻户晓、人尽皆知的目的。

1999 年，国家计生委以宣传《中华人民共和国人口与计划生育法》《社会扶养费征收管理办法》《流动人口计划生育管理办法》《计划生育技术服务管理条例》《新疆维吾尔自治区人口与计划生育工作条例》为重点，组织开展"婚育新风进万家"教育活动，利用广播定时播放宣传相关政策和法律法规。连队配置计划生育工作骨干，配合连队开展计划生育管理，走访入户调查了解育龄妇女生育情况，建立计划生育管理档案，详细掌握连队计划生育情况。

2002 年 6 月，支队计划生育办公室重点向育龄职工群众宣传计划生育政策、避孕节育知识和实行计划生育的重大意义，宣传科学、文明、进步的婚育观念和计划生育、优生优育、生殖健康等科普知识，引导职工群众遵守国家法律法规，自觉实行计划生育，有计划地增长人口。每年"三八"国际劳动妇女节，计生办联合工会组织开展"珍爱健康　关爱女性"的宣传活动，提高女职工日常护理健康知识和自我保护意识。2005 年，计生宣传培训费达到 0.9 万元，其中宣传费 0.25 万元。

2013 年，结合团场生产、生活、医疗、教育实际，组织育龄妇女开展形式多样的青春期、新婚期、孕产期、育儿期、更年期的"五期"计生宣传活动，引导广大育龄群众掌握节育知识，实行晚婚晚育，少生优生。

2015 年，利用"5·29"中国计生协会成立日、"7·11"世界人口日、"9·12"预防出生缺陷日、"10·28"男性健康日、"12·1"世界艾滋病日等重大活动日，集中开展群众性主题宣传活动，在康都小区举办计划生育宣传咨询活动，向群众发放宣传单和宣传册 2100 份。

2010—2015 年，三十七团计生办面向社会提供义务咨询服务 800 余人次，发放计生宣传品16000 余件，撰写外宣稿件 9 篇，举办板报宣传栏 28 期，展出人口与计划生育知识板报 28 块。全团 8 个连队的计划生育宣传教育覆盖面为 100%。

二、服务管理

20 世纪 90 年代中期，计划生育服务管理工作坚持单位一把手"亲自抓，负总责"的原则，贯彻落实中共中央、国务院《关于加强人口与计划生育工作稳定低生育水平的决定》等文件和法律法规，围绕计划生育政策规定，持续推进以经常性服务工作为主的计生服务工作，拓宽计生服务生产、生活、生育渠道，计划生育实行"一票否决制"。

1994 年 5 月，计生委下发《且末工程支队计划生育责任制》《且末工程支队计划生育目标管理考核办法》，全面推行"一对夫妇只生一个孩子"管理措施，对机关、企事业单位实行计划生育目标管理责任制，计划生育委员会与连队、连队与承包户、用工单位与个人层层签订计划生育责任书；单位与育龄职工签订计划生育协议书，做到管理落实到人，责任落实到户。

2005 年，兑现计划生育各项政策性费用 1.86 万元。其中，独生子女保健费和退离休父母奖励金 1.2 万元，年终目标考核奖励 1000 元；社保支付免费节育服务项目资金 0.56 万元。是年，投入计划生育经费 2.43 万元，其中计生干部岗位津贴 0.61 万元、独生子女父母退休奖励金 0.73万元、计生宣传培训费 0.9 万元、免费服务费 0.19 万元。

2006 年，在跃进区新建 150 平方米计划生育服务站，内设宣传室、咨询室、孕检室、妇检室、药具室、手术室、多功能治疗室等。是年，由计生办牵头，联合妇联、医院、社区、工会等部门，为全部已婚育龄妇女普查普治妇女常见病，90% 以上的女职工接受健康检查。

2008 年，针对贫困计划生育家庭，计生部门协同民政、工会、妇联实施帮扶救济措施，以保证他们的正常生活。救济贫困计划生育家庭 105 户；给实行计划生育的 8 户特困职工家庭发放医疗救助金 8500 元；为计划生育困难家庭捐衣捐物 1800 件；慰问 16 户贫困计划生育家庭；向"幸福工程——救助贫困母亲行动"捐款 4016.6 元。

2010 年，计生办在医院和 8 个基层单位设立避孕药具免费发放点和自取箱，育龄妇女免费查环、查孕和查病，普查率达 92%。协同民政、工会救济慰问计划生育贫困家庭 6 户、医疗救助 8

人共计 4000 元，向"幸福工程——救助贫困母亲行动"捐款 3006 元。

2013 年，团主管计划生育领导与各单位主要领导签订计划生育目标管理保证指标责任书、计生办主任与各单位计生员签订计划生育管理业务指标责任书，计生工作与文明单位、先进单位考评挂钩，实现同部署、同检查、同考核、同奖惩。

2014 年，投入 10 万元帮扶 10 户贫困母亲，受惠人口 39 人，项目救助率、资金滚动率 100%，贫困母亲脱贫率 100%。2015 年，完成育龄妇女及男性生殖健康检查 530 人次，全团计划生育率 100%。

2011 年 12 月，支队举办幸福工程救助贫困母亲 10 万元项目启动仪式，10 位贫困母亲得到救助　（杨波　摄）

三、流动人口计生管理

1995 年，且末工程支队在流动人口中宣传计划生育政策，执行"谁用工、谁负责、谁管理"的流动人口计生管理制度。计生办严格落实流动人口计划生育管控措施，到辖区长期探亲访友的已婚妇女，均严格查验婚育证、结婚证、身份证、生育证，流入辖区内的育龄妇女实行登记造册，避免因流动人口流入造成计划外生育现象发生。

1999 年 1 月起，贯彻落实国家计生委颁布的《流动人口计划生育工作管理办法》，加强管理流动人口计划生育，外地到支队的临时工、合同工、季节工、个体工商户、家属均由用工单位出具个人户口所在地计划生育部门证明，方可在辖区居住和工作。

2005年，流动人口实行属地化管理，建成流动人口信息交换平台，流动人口个人信息均录入信息平台系统，实现流动人口信息化管理。

2007年11月20日，计生办对辖区309户808名常住人口进行全员信息调查和个人档案信息录入工作，信息进入农二师基层人口信息化管理系统。

2010年，支队把流动人口计划生育管理纳入"一票否决"考核目标，在支队各工作岗位就业的流动人口，在严格执行计划生育管理政策和措施的基础上，在住房、就医、子女入托、入学和享受扶贫帮困政策方面，享有与户籍人员同等待遇。

2013年，团计生办根据政策要求，建立跨地区流动人口已婚育龄妇女信息档案，发放流动人口婚育证明，全年流动人口发证率95％，验证率100％。

2015年，全团流入女性流动人员145人，其中已婚育龄妇女57人。团建立2个流动人口免费避孕药具服务网点，为已婚育龄妇女查环查孕57例，落实避孕节育措施66例，免费技术服务落实率100％，生育普查率100％。

四、机构

1994年，且末工程支队成立计划生育委员会，负责计划生育政策落实与宣传教育工作，办公室设在机关政工科，配置人员2名，由1名副职领导主抓计划生育工作。各单位成立计划生育工作小组，连队党支部书记负总责。基层单位成立计划生育组织6个，配备计生员6人。1996年，基层单位成立计划生育组织8个，配备连队计生员8人。

2002年6月，支队计划生育办公室由政工科移交至医院，在医院挂牌成立且末工程支队计划生育委员会办公室，由1名副政委主抓计划生育工作，医院抽出1人任计生专干。各单位配备计生员，负责组织育龄妇女体检和提供计生服务。

2009年4月，监企分家后，且末工程支队计划生育工作领导小组成员随之调整，医院院长任计划生育办公室主任。基层单位成立计划生育组织7个，配备计生员7人。

2013年5月，人口与计划生育领导小组合署办公，团党政主要领导任组长。计生办设兼职管理干部1人。基层单位有人口与计划生育领导小组5个，设兼职管理人员5人。管理机构延续至2015年。

第四章　国土资源管理

三十七团位于新疆巴音郭楞蒙古自治州且末县境内。2001 年 9 月，农二师土地资源管理局且末工程支队分局成立后，全面贯彻执行"十分珍惜，合理利用土地和切实保护耕地"的基本国策，加强垦区土地资源管理，核查清理连队土地，明确工业、商业用地使用范围，依法依规为经济和社会发展提供土地使用权。2015 年，三十七团行政区域土地总面积 11251.72 公顷，其中跃进区 10694.08 公顷、红旗区 557.63 公顷；行政辖区外使用且末县土地面积 69.97 公顷。因团场地处塔克拉玛干沙漠的前沿，每年遭受不同程度自然灾害，团场通过封沙育林、植树造林等措施，使所辖区域内国土资源得到有效保护。

第一节　土地权属

从 20 世纪 70 年代起，兵团工三师进驻且末地区，所需的土地均由且末县行政划拨或并购，经过双方协商或确权后，用于开荒造田，发展工农业生产。

2012 年 10 月，按照属地管理划分和使用土地面积，延用长期形成的习俗，三十七团土地被划分为跃进区、红旗区、石棉矿区、县城城区四大区域。至 2015 年，三十七团与且末县共同完成土地确权，勘界面积为 11251.72 公顷，其中跃进区 10694.09 公顷、红旗区 557.63 公顷。行政辖区外由三十七团使用地方土地面积 69.97 公顷，其中石棉矿矿区面积 45 公顷、县城康都小区面积 3.51 公顷、玉成花苑 21.46 公顷。

一、红旗区土地

1970 年 5 月，新疆维吾尔自治区革委会对巴州革委会关于对工三师进驻且末县的几个具体问题的报告给予批复，同意兵团工三师迁进且末、若羌地区，建立农业基地，担负且末、若羌、民丰一带的"三线建设"和国防公路施工任务。11 月，工三师筑路队伍进驻且末县后，且末县人民政府按照自治区要求，给筑路部队在县城以南 6.7 千米处划拨土地 557.63 公顷，由其自主开发使用。筑路部队当即投入开荒造田，种植粮食、蔬菜以求实现自给自足。

1974 年，农二师且末工程支队成立后，原工三师所辖的土地转由且末工程支队使用。1978年，巴州工程支队施工连队开始随工程项目转移至北疆盐湖化工厂施工，在且末红旗区等地开垦的农田部分土地撂荒。1990 年，且末县乡镇农民将且末工程支队在红旗区河西段撂荒的土地陆续复垦种植农作物。

1997 年，巴州土地管理局会同且末县人民政府对红旗区国有土地确权勘界，确定土地界线走向，兵地双方工作人员到达现场勘界指界。1998 年 9 月 8 日，且末工程支队取得且末县土地管理局颁发的红旗区国有土地使用证，颁证面积 513.39 公顷。

2015 年 6 月，且末县重新复核三十七团红旗区土地确权勘界面积，兵地双方委派指界人员到达现场指界，双方测定红旗区复核勘界区域总面积 557.634 公顷，同步完成复核勘测定界埋桩工作。

二、跃进区土地

1970 年 3 月，经新疆维吾尔自治区革委会指示，由巴州党委在且末县划给兵团工三师 26666.6 公顷荒地，兵团计划在跃进区区域建设三个农场，成为巩固边防的兵团南疆大后方。所划拨的土地主要种植粮食作物，以解决工三师筑路部队吃粮问题。8 月，且末县在跃进区实际划拨给工三师土地 4000 公顷，未勘界。

1983 年，按照自治区、兵团党委大规模开发且末的决定，兵团将跃进地区列为农二师农业开发重点。1984 年，巴州党委、政府，且末县人民政府和农二师召开且末跃进地区开发专题会议，确定在车尔臣河流域的英吾斯塘乡以西境域内，建立农二师开发且末的立足点。

1984 年 4 月 11 日，巴州党委文件批复，中共巴音郭楞蒙古自治州委员会、巴音郭楞蒙古自治州人民政府支持兵团农二师开发且末地区，遵照"开发且末就是开发巴州，建设且末就是建设巴州"的原则，做出"把巴州建成为自治区六个经济区之一"的决定，要求农二师从全局考虑，制定开发且末规划，在做好前期准备工作的基础上，有计划地开发建设。

1984 年 5 月 18 日，巴州、农二师、且末县党政领导召开且末开发建设协调会，就农二师《关于开发建设且末有关问题纪要》达成协议，决定将车尔臣河西岸英吾斯塘乡以西排碱沟为界，面积 762.67 平方千米（东西长 22.78 千米、南北长 33.48 千米，包括且末工程支队农场和石棉矿区）土地划归农二师且末工程支队一并开发建设。7 月 13 日，农二师与巴州党委、政府，且末县委、县人民政府共同签订《关于开发建设且末的会议纪要》，明确在且末县城以西（英吾斯塘乡以西）区域作为开发工作重点，筹建成立且末劳改支队。

1994 年 7 月 8 日，因且末工程支队成立后经济基础薄弱，土地资源开发规模小、开发建设任务没有按照规划如期完成，且末县人民政府将 1984 年划拨给农二师且末工程支队的跃进区土地开发权收回。

1997 年，巴州土地确权办组织农二师及且末县相关部门，统一给农二师所辖团场土地确权。明确跃进地区土地确权问题由且末县确权小组办公室出具双方意见上报州人民政府确权办处理。此后，跃进区土地确权一直搁置，未有明确处理意见。

2005 年，经农二师党委与巴州协调，在且末跃进区开发 5 万亩土地，作为帮扶且末工程支队摆脱贫困的扶持发展项目。随后，且末工程支队与且末县经过多次协商，于 2005 年 10 月 26 日，且末县委、县人民政府与农二师签订建设 3333.3 公顷生态经济林协议，开发地段为跃进区 315 国道以南。2006 年，农二师党委举全师之力在且末跃进区实施土地开发计划。

2007 年 9 月 18 日，且末县政府与且末工程支队在且末县国土资源局召开新建三十七团土地确权有关问题协调会，形成《关于农二师且末工程支队新建三十七团土地确权问题协调会纪要》，明确跃进区土地确权事宜。9 月 20 日，跃进区土地确权工作启动，由兵地双方相关部门现场初步踏勘，拟定界线拐点走向，绘制界线草图，报且末县政府确定。11—12 月，且末工程支队委托巴州国土资源勘测规划设计院，完成跃进区土地勘测定界，勘测面积为 10694.08 公顷。

2014 年 10 月 17 日，三十七团与且末县签署英吾斯塘乡以西 10694.08 公顷土地确权协议和县城 21.98 公顷综合用地出让协议。且末县委常委、常务副县长邵军安代表且末县人民政府与三十七团团长陈志杰签订协议书。兵地双方达成了资源共享、优势互补、城市共建、融合发展、共同繁荣的意向。

2015 年 2 月 8 日，由三十七团和且末县国土资源局牵头、巴州国土勘测规划设计院工作人员协助，启动跃进区 10694.08 公顷国有土地野外确权勘界埋桩工作。各方依据 2014 年 10 月 17 日且末县与三十七团签订的 10694.08 公顷《国有土地确权协议书》，历时 12 天，完成跃进区土地勘测定界任务。是年 3 月 9 日，经过巴州国土资源局、民政局组织兵地相关部门验收，形成《且末县人民政府会议纪要》。3 月 10 日，在且末县举行三十七团跃进区 10694.08 公顷国有土地确权勘界成果验收会。经验收组审核勘界资料，一致认为巴州国土勘测规划设计院提交的勘界成果资料，符合自治区勘测定界技术规程各项要求，同意通过验收。3 月 16 日，巴州国土资源局出具《勘界成果验收意见》，确认三十七团跃进区国有土地确权勘界面积为 10694.08 公顷。三十七团跃进区土地确权勘界技术成果资料经且末县人民政府和三十七团签字并盖章确认。3 月 20 日，跃进地区国有土地确权事宜全部完成。

三、石棉矿区土地

1986 年 11 月 15 日，按照且末县政府相关文件精神，且末工程支队与且末县人民政府签订《关于开采吉格带库里石棉矿有关事宜协议书》，且末工程支队付给且末县 75 万元，取得且末县吉格带库里石棉矿国土资源使用和矿产开采销售权，采矿区使用土地面积45公顷。

四、县城综合用地

2008年6月17日，且末工程支队与且末县协商，以1350万元购买且末县原公安局以及幼儿园土地面积3.51公顷，在且末县城兴建住宅小区。

2009年，经巴州党委批准，且末工程支队以1350万元竞得且末县城丝绸东路与文化路交界地段3.5063公顷土地的使用权。2010年6月，且末工程支队在该地段实施小城镇建设，建设居民小区一处。是年，小区被命名为康都小区。

2014年10月17日，三十七团与且末县政府签订县城综合用地土地出让协议书，且末县政府同意将位于县城丝绸东路以南、气象局以东、环城东路以北的1宗地出让给三十七团，宗地总面积21.98公顷。且末县以总价款7500万元将该宗国有建设用地使用权出让给三十七团。该宗土地作为综合用地，包括办公用地、商业用地、休闲娱乐、住宅用地等。三十七团在使用综合用地期间，且末县按居住同等标准为团提供给排水、用电、采暖、用气等生活条件，团职工子女上学、职工就医、县城内道路等公益事业建设，享受且末县居民同等待遇。小区内的治安管理由第二师三十七团管辖。

2015年，三十七团依法办理且末县城综合用地审批手续，缴纳土地出让金及契税7329.14万元，取得该宗建设用地批准书，实际勘界出让土地面积为21.46公顷。该宗地原拟建三十七团团部，命名为玉城花苑，后因团部选址调整变更至跃进区，该宗地当年未开工建设。

第二节　土地开发利用

一、土地开发

1970年，工三师筑路队伍到达且末，响应自治区党委参加开发建设且末的号召，计划在且末建立工三师师部。且末县给工三师在红旗区划拨土地557.63公顷，开垦农田306公顷，修建农渠3条。3月，经巴州党委批准，且末县在跃进区划给工三师26666.6公顷荒地进行开发建设，但划拨的土地没有勘界打桩。8月，且末县实际从跃进区给工三师划拨土地12000公顷，驻扎4个连队。

1971年2月，工三师建制被撤销，开发且末计划随之被搁置。5月，兵团农三师在跃进地区新建少数民族连队一连。至1972年底，跃进区开发土地1333.3公顷，修建农田530公顷。

1973年，且末县在东风地区划拨给农三师垦荒地1333.3公顷，经过且末工程支队垦荒，种植粮食等农作物面积533.3公顷。

1978年，施工连队随工程项目转移至北疆承揽工程，在且末红旗、跃进、东风地区垦种的农田大部分被撂荒，只留有跃进地区副业队和队部附近部分土地种植蔬菜。

1981—1983年，自治区、兵团党委将开发建设且末提上议事日程，在自治区三级干部大会上要求像治理玛纳斯河一样治理且末地区的车尔臣河、喀拉米然河、莫勒切河流域。

1984年2月，农二师向巴州党委、巴州人民政府递交开发且末的专题报告，得到巴州党委、政府和且末县委、县人民政府的赞同。双方经过实地勘查，召开且末开发工作会议，形成《关于开发建设且末有关问题纪要》，且末县同意在且末县英吾斯塘乡以西碱沟为界，划拨一定面积的土地归农二师开发使用，所划拨的土地没有打桩标界。

1985—1990年，且末工程支队按照且末县所批复的土地开发年限，实施土地开发建设。

1993年，且末工程支队计划每年投资36万元，总投资180万元，逐年开荒80公顷，利用5年时间完成跃进区土地开发400公顷任务。其间，且末工程支队曾自行组织机力开发跃进区土地100公顷，后因资金短缺，开发建设力量不足，土地开发进度缓慢。

1994年，经农二师协调，由三十五团承担跃进地区收复弃耕地和土地开荒任务，利用2年的时间开垦荒地1333.3公顷。且末工程支队组织石棉矿5台推土机下山开荒，与三十五团共同承担跃进区土地开发建设任务。1995年，三十五团与且末工程支队石棉矿在跃进区共开发土地面积153.3公顷。1996年，因开发资金不足等原因跃进土地开发建设停止。

2005年10月13日，农二师党委为帮助且末工程支队摆脱经济困境，组织10个有经济实力的团场赴且末工程支队跃进地区实施农业综合开发。至2006年7月20日，完成跃进区土地平整1446.7公顷。且末工程支队加强跃进区新开垦耕地的管理，通过两年治碱治沙和补植果树，至2008年，基本达到红枣建园的目标，为调整种植业内部结构、发展以红枣为主的林果业打下基础。

2014年，三十七团在跃进区实施土地平整项目建设，土地平整总面积1086.6公顷，施工土方量为657.07万立方米。新建田间加压滴灌系统28个，新建排水支渠6.3千米，建设道路49千米，建防护林面积126.98公顷。

2015年4月，团启动跃进地区3333.3公顷土地开发建设项目，第二师天宇公司在3个月内完成首期1333.3公顷土地开发，其中种植梭梭、大芸333.3公顷。12月，投资8000万元在跃进区实施533.33公顷土地开发工程，包括平地、管网安装、排渠及交叉建筑物工程、田间道路、电力农网及周边防护林等配套工程。

经过多年土地开发和建设，三十七团土地面积逐年增多。至2015年，全团已开发利用土地面积3118.28公顷，团域内仍有8133.44公顷待开发建设的土地。

二、土地利用

三十七团耕地和各类建设用地主要分布在红旗地区和跃进地区。

1970 年，巴州在且末划拨给工三师土地面积 22666.6 公顷，经过多年开发建设，至 1977 年，且末工程支队归至巴州农垦局管辖时，耕地面积 2300 公顷，居民点及工矿建设用地 66.6 公顷，有未被利用的土地面积 20300 公顷，其中有宜垦荒地 6666.6 公顷。

1978—1980 年，施工连队转移至盐湖、乌鲁木齐等地，在且末地区开垦的农田大部分被撂荒，只留有跃进和红旗区队部附近部分土地种植。

1986 年，且末工程支队建制恢复后，有国有土地面积 11252 公顷。其中，耕地面积 266.6 公顷，实际利用耕地面积 88.9 公顷；居民点及工业用地面积 66.6 公顷，未利用土地面积 10918.8 公顷，其中仍有可开垦荒地面积 6666.6 公顷。

2005 年 9 月 15 日，且末县委、县政府同农二师达成建设 5 万亩红枣基地意向，并于 2005 年 10 月 26 日签订协议。2006 年 3 月 20 日，巴州人民政府下达《同意农二师在且末县跃进地区进行生态建设和综合开发的批复》，同意农二师在且末县跃进地区已开发的 1333.3 公顷土地划拨给农二师且末工程支队。2005—2006 年，农二师举全师之力在且末跃进区首期开发 1333.3 公顷土地，用于生态经济林建设。

2009 年，经全国第二次土地调查，且末工程支队国有土地面积 76130.24 公顷（二调工作界线，土地未确权）。其中，耕地面积 694.66 公顷，占土地总面积的 0.91%；园地面积 1043.02 公顷，占土地总面积的 1.37%；林地面积 353.81 公顷，占土地总面积的 0.46%；草地面积 34.16 公顷，占土地总面积的 0.04%；城镇村及工矿用地面积 116.43 公顷，占土地总面积的 0.15%；交通运输用地面积 134.75 公顷，占土地总面积的 0.18%；水域及水利设施用地面积 563.75 公顷，占土地总面积的 0.74%；其他土地面积 2940.58 公顷，占土地总面积的 3.86%。

2010 年后，随着团场小城镇建设项目落实，土地主要用于粮食生产、种植特色林果业、生态经济林、城镇化建设、交通与工矿业等基础设施建设项目的实施。

2015 年，三十七团行政区域土地总面积 11251.72 公顷（已确权土地面积）。其中，农用地面积 2777.19 公顷，占土地总面积的 24.68%；建设用地面积 341.09 公顷，占土地总面积的 3.03%；未利用地面积 8133.44 公顷，占土地总面积的 72.29%。

农用地中，耕地面积 677.38 公顷，占土地总面积的 6.02%；园地面积 1038.47 公顷，占土地总面积的 9.23%；林地面积 353.15 公顷，占土地总面积的 3.14%；其他农用地 708.19 公顷，占土地总面积的 6.29%。建设用地中，城镇村及工矿用地面积 163.98 公顷，占土地总面积的 1.46%；交通运输（公路用地）面积 80 公顷，占土地总面积的 0.71%；水利设施用地面积 97.11 公顷（其中水工建筑 35.21 公顷、水库水面 61.90 公顷），占土地总面积的 0.86%。未利用地中，荒草地面积 39.55 公顷，占土地总面积的 0.35%；盐碱地 413.88 公顷，占土地总面积的 3.68%；沙地 7680.01 公顷，占土地总面积的 68.26%。

三、垦荒造田

20世纪70年代，工三师筑路队伍到达且末后，抽出三连、八连、一连部分人员居住在沙漠边缘地区，分别在且末县红旗地区、跃进地区、东风地区开荒造田1866.6公顷，种植粮食和蔬菜，供给筑路队伍生活所需。20世纪80年代初期，筑路队伍基本结束315国道施工工程，大部分连队撤往北疆地区施工，除在红旗、跃进地区保留部分土地外，在东风等地开垦农田移交给地方种植，部分农田撂荒。

1986年，且末工程支队（且末劳改农场）成立时，红旗区有耕地186.6公顷，建有面积大小不等的条田78个，由一连和劳改三中队耕种。

1987—1989年，在跃进、红旗区收复弃耕地366.6公顷，其中收复红旗区弃耕地133.3公顷、跃进区233.3公顷。开垦农田防护林23.3公顷，整理改造农田256公顷，试种棉花、红花、油菜、小麦等作物。1992年，且末工程支队开始转产农业，将红旗区原来的零星菜地整理成农田，开垦边角地种植棉花140公顷。

1992年，按照"集中连片，垦荒收弃相结合"的原则，收复集中整理耕地120.3公顷，新建条田9个。其中，种植棉花28公顷，平均单产91千克；种植小麦改良土壤5.3公顷。是年，在跃进区开垦荒地173.3公顷，均改建成农田。

1994年3月25日，跃进地区动工实施农业开发建设，全年开发土地153.3公顷。

1997年，出台优惠政策鼓励职工自费开垦土地，所开垦土地自行种植8年不收取任何费用，第9年每公顷收取土地费750元，以此类推，每年增长150元。红旗区职工开荒造田积极性高涨，

20世纪70年代初，工三师筑路队在且末地区开荒造田，种植粮食　　　　　　　　　　（团档案室供图）

利用夏季车尔臣河水淤地造田 76 公顷，全部整理成条田。5 月，且末工程支队投资 120 万元，计划在跃进区年收复弃耕地 200 公顷，土地平整工程承包给农二师三十五团承包户；经过 6 个月施工，收复弃耕地 80 公顷，后因资金不到位弃耕地收复计划被搁置。当年，垦荒造田 156 公顷，其中种植棉花 45 公顷、小麦 10 公顷、试种水稻 15 公顷、压碱泡田 20.6 公顷。

1997 年，师计划委批准立项，在监区新开荒地 120 公顷，完成投资 230 万元，开垦荒地 80 公顷，新建条田 11 个。

2000 年，一连由个人投资开垦沙滩、边角地、收复河西荒地 10.6 公顷，整理成农田种植棉花 10 公顷，公顷单产 1800 千克。2003 年，收复跃进区原一连、八连、十连弃耕地 168.5 公顷，平整修整条田 13 个，跃进区耕地面积增至 414 公顷。

2013 年 11 月，总投资 310 万元，在跃进区二支渠改良盐碱地 266.6 公顷，改良土地为跃进地区 15 号井 1~8 斗条田，疏通排渠 12 千米、渠道防渗 8.8 千米。2014 年 6 月，团总投资 4000 万元完成 3333.3 公顷耕地盐碱地治理建设项目，土地增施有机肥和深松深翻。团推进连队居民点建设用地置换工作，整治连队散乱、废弃、闲置和低效建设用地 4.32 公顷，进一步优化团场建设用地布局。2015 年 3 月，团投资 2000 万元在跃进区实施 1333.33 公顷盐碱地改良工程，清淤 130 万立方米，挖排 75 千米，增施有机肥 4300 立方米，深翻土地 600 公顷。拆除红旗区老医院、原三中队旧房屋和废弃养殖圈舍、整理收复废弃闲置土地、农田渠道周边扩地改良共计 8 公顷。

1991—2015 年，团总投资 7181 万元实施垦荒改田计划。通过垦荒和农用地整治、宜耕后备土地开发和损坏土地收复等，补充耕地 882.11 公顷，更新渠道建筑物 31 座，修建机耕道路 7.8 千米。

第三节 农田保护

一、耕地保护

1992 年，且末工程支队转产农业后，把改良土壤、增肥地力作为基本农田保护的重要内容，每年投入物力和财力实施大规模农田基本建设，采取挖排清淤改善土壤条件和培肥地力相结合的综合性基本农田保护措施，土壤肥力持续增加，实现农作物丰产丰收。

1996 年后，持续推广绿肥种植、秸秆还田、应用配方施肥等保护性耕作农田模式，以培肥农田地力、实施改造中低产田、收复弃耕地、建立养地基金制度、回收残膜治理土地污染等全面保护基本农田的措施，提高耕地产出水平。

2008 年，且末工程支队国土分局全面摸底调查辖区土地，按照《中华人民共和国土地管理法》《基本农田保护条例》有关规定，把土地适应性好、生产稳定、农产品产量高、基础设施配套完整、条田平整连片的优质耕地划为永久性基本农田保护区，农二师下达基本农田保护面积

220 公顷，实际划定基本农田面积 222.99 公顷。基本农田保护区主要分布在红旗地区一连、跃进区二连。2009 年，据第二次全国土地调查统计，且末工程支队耕地面积 694.66 公顷，其中基本农田保护面积 222.99 公顷，保护率为 32.10%。

2010 年，且末工程支队有基本农田永久保护连队 2 个。2013 年，通过农用地整治、宜耕后备土地开发和损坏土地复耕等措施，补充耕地 882.11 公顷。2015 年，按照师下达给三十七团的耕地保护任务指标，团成立耕地保护领导小组及办公室，各连队组建耕地保护工作小组，分解各连队基本农田指标，层层签订耕地保护责任书。是年，全团土地面积为 11251.72 公顷，其中耕地面积 677.38 公顷，确定基本农田永久保护面积为 222.99 公顷，占耕地面积的 32.92%。

2011—2015 年，三十七团制定土地利用总体规划，划定生产连队基本农田保护区总面积 222.99 公顷。其中，红旗区基本农田保护区面积 138.41 公顷，有基本农田 78 块；跃进区基本农田保护区面积 84.58 公顷，有基本农田 17 块。

二、中低产田改造

1992 年，且末工程支队转产发展农业生产后，改造中低产田、提高单位面积产量一直是农业生产的一项主要工作。中低产田主要分布在跃进区，其造成作物低产的原因是土地盐碱重、排水不畅、土壤板结等。

2000 年后，逐年加大中低产田改造力度，疏通排水渠，实施压碱泡碱、秸秆还田、增施有机肥等措施。

2008 年 11 月，投资 613.61 万元，实施跃进区低产田改造工程，平整土地 338.33 公顷，改造修复二支渠及其斗渠 13.7 千米，修建配套建筑物 98 座。

2009 年 12 月，投资 468.4 万元在跃进区一支渠实施低产田改造工程，改建渠道防渗 7 千米，其中支渠防渗 4.5 千米、斗渠防渗 2.5 千米，配套建筑物 50 座，清淤挖排 63.9 千米，新建桥涵 29 座。

2010 年，完成跃进地区 666.7 公顷中低产田综合改造治理。其中，二连 333.3 公顷、三连 266.7 公顷、监狱一监区 66.7 公顷。

2014 年底，全团仍有中低产田 380 公顷，占全团耕地总面积的 56.1%，主要分布在跃进地区二连。

2015 年，团总投资 270.15 万元，实施跃进地区 380 公顷低产田改造项目，采取疏导排渠，保证排水畅通，实施平整土地洗盐、增肥地力等具体治理改造措施。其中，水利设施建设投入 146.75 万元，占项目总投资的 54.32%；实施农田综合治理改造投入 120.9 万元，占项目总投资的 44.75%。投入 2.5 万元实施科技推广，完成职工技术培训。同时，在项目区建设 66.7 公顷示范田。至年底，在项目区完成斗渠塑膜防渗 16.4 千米，清淤挖排开挖土方 18 万立方米，更新、新增渠系配套建筑物 70 座，修建机耕道路 30 千米，工程性平地 266.7 公顷，农作物播种、复绿、复平地和复洗盐面积 667.7 公顷。

三、培肥地力

（一）秸秆还田

自 1994 年起，推广小麦秸秆还田种地养地措施，以调整土壤结构，增加土壤有机质含量。跃进区秸秆还田面积 88.9 公顷，红旗区秸秆还田面积 67 公顷，此方法在农业连队推广。

1999 年，逐步扩大玉米、水稻种植面积，收割后秸秆全部还田。2000 年后，秸秆还田由水稻、玉米延伸到棉花等作物。当年，二连、监区三中队棉花秸秆还田面积 123 公顷，改良土壤面积 98 公顷。

2006 年，在跃进区栽植红枣 1038.47 公顷，枣树行间种植玉米、小麦、苜蓿草等作物，以防风治沙。第二年间种的各类作物均深翻掩埋，达到还田养地，培肥地力的目的。生产部门制定《跃进区农业连队红枣地间作管理办法》，各连队按规定落实红枣地间作管理措施。至此，生产连队每年推行秸秆还田，红枣地间种的作物全部秸秆还田，棉花地 90% 的秸秆还田。

2010 年，取消红枣地间作种植模式，农田实行增施有机肥的措施，每公顷红枣地施用养殖场沼液 300 立方米，以提高红枣的品质，增加职工收入。棉花种植除施用必要的化肥外，推行秸秆还田养地措施，年均秸秆还田率 90% 以上。至 2015 年，全团秸秆还田和沼液养地措施一直被推广沿用。

（二）增施有机肥

1996 年后，每年坚持开展群众性积肥活动，采取压绿肥、清理牲畜圈棚等措施广积有机肥，每公顷农田投施有机肥 75 立方米。承包土地的职工每施 1 立方米有机肥，支队给予 15 元补助，以此激励职工增加有机肥的投入。

2005 年，农业连队对积施有机肥实行属地管理，按照产品收益给予连队 5% 的奖励，纳入连队管理人员效益工资；对管理差、积施有机肥量少的连队，扣罚连队管理人员效益工资。2007 年，农业承包职工划分身份地，职工群众广积农家肥的积极性普遍增强。承包土地的职工纷纷投入资金购买牲畜圈肥，每公顷农田投施有机肥 80 立方米。集体给每立方米圈肥补助 18 元。至 2015 年，全团年增施有机肥 1.2 万立方米，每年每公顷农田投施沼液 70 立方米。全团累计每年改良耕地 220 公顷。

第四节　土地管理

一、地籍管理

1986 年，且末工程支队重新组建后，所有国有土地均实行无偿使用，由连队集体开垦土地种植作物，按规定指标向支队缴纳粮油。

1990年后，扩大土地种植面积，国有土地均实行有偿使用办法，连队职工土地种植均与单位签订长期土地租赁承包合同，按承包合同面积收取土地租赁金。

1996年，健全地籍管理档案，完成农用地分等定级和农业连队及居民点的地籍调查，对所属连队全部进行土地登记。给职工住房前的宅基地发放国有土地使用证，并正式纳入有偿使用的管理范围。

1998年2月，种植业实行"土地固定、两费自理"承包经营责任制。坚持土地长期固定承包，承包土地期限5～30年不变，直到退休为止，土地承包费上缴指数5年不变。

2001年9月26日，且末工程支队设立农二师土地管理局且末支队国有土地管理分局，有工作人员2人。

2002年，且末工程支队土管分局成立挂牌后，在红旗区开展土地登记发证工作。依法核查清理各连队使用土地情况，明晰工业、商业土地使用情况和范围，依法依规为发展建设提供土地使用权。土管分局负责土地利用总体规划和基本农田保护措施的修编。

2006年，连队按照管理地亩数，将耕地承包给职工，按亩数建立连队土地管理档案和考核办法。

2009年7月，且末县水电局在红旗地区的2眼饮用水机井，划定水源保护区范围。

2010年，按照农二师农牧团场及职工住房用地国有土地使用权登记发证相关规定，共发放职工住宅征用国有土地使用证56本（宗），面积为8公顷；工业用地2宗，面积为10.26公顷；农用地租赁征用11宗，面积为102.2公顷。是年，且末工程支队土管分局对土地变更进行调查登记统计，形成当年土地利用现状地类登记表和地籍管理数据资料。

2014年，按照师市要求，开展耕地后备资源宜耕地调查，调查图斑209个，面积6666.67公顷，完成耕地后备资源调查评价底图及调查评价资料收集汇总工作；完成二调新增耕地资料收集整理工作，调查图斑252个，面积1200公顷。全年土地变更6宗，总面积97.05公顷。其中，建设用地1宗，变更面积0.77公顷；设施农用地5宗，变更面积96.28公顷。

2015年，团场规范登记程序和登记材料，积极为驻团企业和职工办理各类土地登记。全年办理他项权（抵押）初始登记2宗，抵押面积13.74公顷，抵押金额201万元。全团土地变更7宗，总面积44.9公顷。其中，建设用地6宗，变更面积42.87公顷；临时用地1宗，变更面积2.03公顷。

二、建设用地管理

1998年，且末工程支队启动危旧住房改造工程，支队给参加危房改造的每户职工划拨240平方米自用地用于建住宅，共划拨建房、建圈、职工菜地24公顷，其中建房用地8公顷。

2002 年，因且末工程支队跃进区土地一直未确权，跃进区土地开发和建设用地由且末县管辖。且末工程支队开发跃进区土地之前，须与且末县人民政府和且末县土地管理局达成开发建设土地协议，经批准后方能开发建设。

2005 年，支队国土分局现场清查连队使用土地情况，要求建设项目用地均采取划拨或出让等有偿方式供地，所有使用土地必须取得国有建设用地使用权。

2006 年，国土分局按照相关法律法规，对没有取得土地使用权的单位，重新申请土地使用权。其中，跃进开发区 1～4 区职工住宅用地 65.82 公顷、水库用地 35.21 公顷，均由支队国土分局申请补办建设用地审批手续。

2012 年，根据三十七团小城镇建设规划需求，团国土分局为团场小城镇建设划定充足的建设用地。

2013 年，团场推进连队居民点建设用地置换，整治连队散乱、废弃、闲置、低效的建设用地 4.32 公顷。

2014 年，全团依法报批建设项目用地 6 宗，总面积 97.05 公顷。其中，出让国有建设用地（工业）1 宗，面积 0.77 公顷，占地类型为存量建设用地；设施农用地（生猪养殖、肉牛养殖、农资仓库、温室大棚）5 宗，面积 3.05 公顷，占地类型为未利用地。

2015 年，全团报批建设用地项目预审（保障性住房、通营公路、医院综合楼、中小学及幼儿园、锅炉房）共 5 宗，总面积 2.59 公顷；上报临时用地建设项目（预制品厂和沥青拌合站）共 2 宗，总面积 1.77 公顷。2015 年，三十七团建设占用耕地 20.38 公顷，落实耕地"占补平衡"制度，异地委托（三十四团）补充耕地面积 20.38 公顷，缴纳耕地开垦费 80.84 万元。

三、土地档案管理

1999 年之前，且末工程支队没有规范统一的管理土地档案，相关土地资料由生产科负责管理。

2000 年，师土管局对各团土管分局档案员进行业务知识培训，支队土地档案管理工作就此起步。起初土地档案资料管理比较粗放，所有资料只按年限，不分类别混合存放在办公室，年底装订成册移交到团档案室。

2002 年，且末工程支队土管分局成立后，根据《新疆维吾尔自治区档案管理工作升级考评办法》，支队土管分局全面开展土地综合档案达标定级工作。系统整理各类土地卷宗 23 册，建立土地综合管理档案室，集中管理各类土地档案资料，初步形成团连土地档案管理体系。各基层连队建立土地管理档案册、土地种植面积报告和土地面积统计簿。每年由土管分局对全部土地档案册汇总入档。

2010 年，支队国土分局按照自治区档案管理办法要求，集中统一管理各类土地档案，制定档案工作规章制度，土地档案管理趋于规范。

2011—2015 年，三十七团国土分局按照自治区档案管理办法要求，建立土地档案室，档案包括综合类、计划财务类、地籍管理类、土地利用类、建设规划用地类、土地监察类、土地宣教科技类、土地管理声像类、矿产管理类。2015 年，收集整理档案资料 72 卷。其中，永久卷 17 卷，长期卷 33 卷，短期卷 22 卷。

四、执法监察

2002 年，开展治理整顿土地市场秩序工作，治理整顿的重点是非法占地建房、建圈、乱开荒和非法买卖房屋的行为。

2004 年，按照师相关文件要求，加大各单位辖区内土地管理力度，杜绝土地违法行为的发生，清理整治各类乱建房、乱建圈、乱开荒等行为，对未完成整顿的单位，追究领导责任。推进国有土地使用证的办证审查工作，完成基本农田保护检查工作，落实基本农田保护碑、牌的更新与设置。

2007 年 5 月，支队国土分局加大辖区内土地管理整顿力度，现场清理和治理各单位乱建房、乱建圈、乱开荒的非法占用土地行为；清理乱占、乱建的违法建筑，拆除无使用价值的建筑 6 栋。未完成土地清理整顿的单位，追究单位领导干部责任。

2010 年，支队国土分局依规依法行使土地管理职权，拆除违章建筑、无使用价值的建筑 2 栋；依法查处未批先用、批少占多土地的违法行为 2 起，立即给予纠正。

2011 年，支队国土分局组成土地清查小组，逐单位清查所有使用土地情况，确保各单位依法依规使用国有土地。通过清查，建土地档案 3 宗，纠正不正当使用土地 1 宗。

2015 年，按照兵团和师国土局的安排布置，全面贯彻落实以查处"以租代征"为重点的"土地执法百日行动"。对供应的土地，逐宗从供地前的规划设计到供地后建设管理的每个环节，进行全面清理，没有发现违反土地法行为。

五、土地法规宣传

从 1995 年起，且末工程支队开展以土地国情国策、《中华人民共和国土地管理法》《基本农田保护条例》为主要内容的土地法规宣传教育工作。

1996—2005 年，常年利用广播、板报向职工群众宣传《中华人民共和国土地管理法》。每年利用"科技之冬"活动举办土地管理法规培训班 2 期，受教育职工 1200 人次；各生产连队张贴土地法宣传标语 400 幅、制作固定式标语牌 13 块、出宣传板报 10 块。土管分局工作人员前往社区、连队，面对面向职工群众宣传《中华人民共和国土地管理法》及自治区、兵团、农二师的土地管理法规，发放宣传材料 400 份。

2006—2010 年，组织宣传人员 40 人次，前往社区、连队、农贸市场举办土地管理法规宣传咨询 10 次，接受咨询 200 人次；国土分局在团部主干道电线杆竖立土地法规宣传标语牌 60 块，宣传覆盖面达 85％。

2011—2015 年，组织宣传人员在社区、连队举办土地管理知识宣传咨询 8 次，接受咨询 300 余人次；土管分局张贴标语 150 幅、出黑板报 30 块；举办土地管理知识竞赛 5 次、土地管理法规演讲比赛 2 次；发放宣传材料 500 份。

六、土管机构

1998 年以前，土地管理由生产科兼管，没有专职人员。1998—2002 年 2 月，由支队生产经营科科长彭友东代管土地管理工作。2001 年 9 月，土管分局正式纳入兵团直属机构，从团场企业管理中脱离，成为派驻机构。经师编委批准成立农二师土地管理局且末支队分局，编制 2 人，作为师土地管理局的派出机构。2003 年 3 月，农二师土地管理局且末工程支队分局正式挂牌成立，行使支队辖区所有土地管理权。2004 年 2 月，农二师任命韩卫为农二师国土资源局且末支队首任分局副局长。2004 年 12 月，贾永军由兵团统一招录分配到且末支队分局工作。

2006 年 4 月，由农二师国土资源局党组任命春全东任且末监狱分局副分局长，韩卫调离分局。

2008 年 5 月，农二师国土资源局党组任命孙德现任且末工程支队国土分局局长，春全东任分局主任科员，贾永军调入三十八团国土分局任负责人。

2010 年 5 月，孙德现由且末支队国土分局调入师执法监察大队工作，2010 年 9 月，杨润琪由二十五团国土分局调入农二师国土资源局且末支队分局任局长。

2013 年 2 月，农二师国土资源局党组任命陈国民任农二师国土资源局三十七团分局局长，杨润琪调入三十八团国土分局任主任科员。

2014 年 7 月，第二师国土资源局党组任命王特任第二师国土资源局三十七团分局副局长。

2015 年 1 月，第二师国土资源局党组安排张欢到第二师国土资源局三十七团分局工作。

2015 年 2 月，第二师国土资源局党组任命王特任第二师国土资源局三十七团分局局长。

第五章　村镇建设

20 世纪 70 年代，且末工程支队以修筑 315 国道为主，队部及机关驻地随着建设项目屡次搬迁，以队部为中心的村镇建设无法持续展开；施工人员以工地为家，居无定所，常年居住在地窝子、苇拱房、土坯房内，生活条件极为艰苦。80 年代末，且末工程支队转产农业，随着经济发展，职工住房条件不断改善。2006 年 2 月，且末工程支队被兵团确定为 38 个重点团场之一，城镇化建设正式启动。至 2015 年，建成规范化居民小区 4 个，成立社区 2 个，完成小城镇建设一期工程 200 公顷，建成保障性住房 1800 套，中学、医院、幼儿园项目相继竣工，房产管理和物业管理日趋规范，城镇建设不断推进。

第一节　团部建设

一、团部变迁

1969 年，工三师进驻且末地区，将指挥部及机关设在且末县东风公社，因当年遭受洪水袭击，师部迁址县城以南 6.7 千米处的且末县红旗地区。

1971 年 3 月，工三师建制撤销，划归农三师管辖，工三师遗留单位与民丰工程支队合并成立农三师且末前线指挥部，在原工三师师部的红旗区原址建立且末指挥部。1974 年 2 月，农三师且末前线指挥部隶改为农二师且末工程支队，队部仍设在红旗区原址。

1975 年 5 月，农二师且末工程支队改隶为巴州且末工程支队。10 月，巴州且末工程支队队部陆续搬迁至乌鲁木齐盐湖，在盐湖化工厂设队部机关、职工食堂、连队、学校、幼儿园等附属机构。且末驻地留守部分人员，保留原队部办公设施。1977 年 5 月，易名为巴州工程支队。

1980 年 12 月，巴州工程支队在吐鲁番大河沿的施工队并购国家建筑部队遗留的旧房屋 800 间，成立北线指挥部，支队机关、学校等附属单位迁至大河沿驻地。

1986 年 6 月 24 日，农二师且末工程支队恢复建制，下辖劳改中队行使劳改管理职能。是年，支队队部仍设在红旗区原址，机关恢复办公，学校、卫生队等附属单位从盐湖迁回且末。

1997年11月18日，农二师批准且末工程支队机关及附属单位搬迁至且末县城，根据建设规划，新支队队部办公楼占地面积1公顷、居民住宅区占地面积2公顷、学校占地面积1.6公顷、粮油加工厂占地面积1.6公顷，其他建设项目1.6公顷，共申请建设用地8公顷。因农二师支持资金困难，小城镇建设规划被搁置。

此后，支队部一直设置在且末红旗区。2009年，支队实行监企分离。9月，支队并购且末县公安局办公大楼，作为队部新址。

2010年8—9月，支队队部从红旗区搬迁至且末县城原公安局大楼。

2014年，三十七团团部迁至且末县城康都小区，总规划面积3.5公顷，建筑物用地7825.67平方米，总建筑面积34289.96平方米。公用地和绿化面积26464.29平方米，由团机关、社区和居民小区三部分组成。

2015年3月，三十七团团部重新选址在跃进区。新团部建设规划总面积236.41公顷，绿地面积52.46公顷，建设用地面积为148.48公顷。4月，团部动工建设。团部居住用地总面积115.52公顷，占建设用地面积的77.8%，人均居住用地面积53.34平方米。

二、房屋建设

（一）办公用房

20世纪70年代初，且末工程支队机关驻扎红旗区，建有干打垒土坯办公房屋2栋，每栋占地面积350平方米，共计面积700平方米。

1978年，支队机关随施工连队搬迁盐湖，在盐湖化工厂修建临时机关办公房6间180平方米，且末驻地保留原支队队部办公设施。

1980年12月，支队在大河沿并购旧房屋800间作为机关办公用房，设置临时指挥部。1986年，北线施工连队部分人员返回且末建立劳改农场。红旗区原支队部恢复机关办公。

2000年9月，农二师投资130万元在红旗区新建二层综合办公楼1处，占地面积1083平方米，是支队有史以来兴建的第一栋楼房，结束了机关常年在土坯房办公的历史。

2010年，支队部搬迁且末县城后，红旗区原队部成为一连连部。9月，支队以1350万元并购且末县公安局旧址一处和5.3公顷土地，机关迁进原且末县公安局办公大楼，为三层混凝结构，占地面积7012平方米，用房面积3982平方米。

2014年，团机关搬迁至康都小区州际宾馆大楼9～12层，机关办公面积2400平方米。2015年3月，团小城镇选址变更至跃进区，团机关大楼随小城镇选址而变更，6月破土动工开始建设。

（二）文化娱乐设施

支队队部驻地根据实际工作需要不断变迁，随之在队部所在地区修建一批文化娱乐设施，以满足职工文化生活的需求。1970年，队部所在区域修建有一座大礼堂，面积1500平方米，是职工文化娱乐的主要场所。

1974年，因地制宜修建一座面积为2300平方米的露天电影院，院内设置放映墙和用水泥板搭建成的长条座凳，可容纳观众1200人。

1978年，支队部搬迁至盐湖，在盐湖建有职工食堂，兼顾职工文化娱乐场所之用。

1980年，在大河沿镇支队部建有露天电影院、兼作文化娱乐场所的会议室1个，配备基本的职工文化娱乐设施。其中，露天电影院面积为3000平方米，内建土坯放映墙，可容纳2000人观影；会议室为砖木结构，面积1500平方米，可容纳800人集会。

1986年，且末工程支队恢复后，支队部驻扎红旗区，职工群众文化娱乐使用劳改农场干警食堂作为文化娱乐活动场所。

2006年，投资25万元在支队部右侧新建一处寄宿制学生食堂，占地面积810平方米，建筑面积670平方米，建成后因寄宿制学生人数少，为节约资源，将食堂兼作且末工程支队文化活动中心使用。2010年，支队部办公场所搬迁至且末县城，此场所作为一连文化活动中心使用。

2013年3月，三十七团申请国家建设项目资金400万元，在且末县丝绸东路以北的康都小区修建框架结构的职工文化中心，建筑面积1966平方米，设有大型文化活动、职工学习教育培训等多功能厅。

2015年，三十七团在跃进区新团部富强路与团结路交叉口东侧规划修建团部文化中心，含文化站、团史馆、文化活动中心、图书馆、综合培训中心等文化设施；规划在珍珠湖公园修建灯光球场、旅游健身场各一处；修建旅游接待中心，在畜牧养殖基地展示中心设置旅游接待点。规划的文化活动设施占地总面积21.75万平方米，全部申请国家财政拨款。2015年，三十七团团部文化设施建设项目陆续动工建设。

三、水电暖供应

（一）供水

20世纪70年代，队部驻地生活用水依靠渠道供应，开挖有蓄水池（俗名涝坝），引渠道水澄清后供人畜使用。80年代后期，支队在副食品加工厂附近打一眼深井，修建水塔，把自来水引进队部驻地。

1994—2000年，支队曾3次改建更新支队部饮用水管道。2006年，支队红旗区被划定为且末县生活用水水源保护区，统一由且末县水电局负责供应生活用水。

2008年，且末县加强对饮用水源地环境保护，支队部居民饮用水由且末县水厂统一供给。

2010 年，支队机关入驻且末县城后，由且末县城统一供应生活用水。

2014 年，三十七团启动跃进区小城镇建设，在新团部附近新建一处饮用水水源地，建设项目总投资 192 万元，其中申请国家资金 153.6 万元、团场自筹资金 38.4 万元。安装地下输水管道 1280 千米，平均井深 200 米，单井涌水量 200 米³/时，重点解决团部地区的生活用水供应。

2015 年，三十七团在跃进区修建 1 座供水站，满足跃进区的团部、二连、三连、水电站、四连、设施农业中心和明珠社区等居民生活用水供应。

（二）供电

1970 年，工三师师部驻地八连靠渠边建有 1 处发电机房，安装 V75 千瓦柴油发电机组 4 组，配备电工 3 人，线路维修工 3 人。每组电机发电功率为 75 千瓦，可供给全支队照明和食品加工厂生产用电。

1973 年，学校驻地建一座发电房，安装 V75 千瓦柴油发电机组 1 组，发电功率为 75 千瓦，供应学校教室照明和机关办公室用电。

1982 年，市场柴油价格上涨，发电成本增加。支队每天晚上发电 3 小时供场区夜晚照明，队部举办活动临时启用学校发电机房机械发电。

1985 年，且末县巴什克一级水电站建成开始供电。

1987 年，且末工程支队接入县城电网，因电力供应不足，支队经常启用自备动力发电，解决工农业生产和日常用电问题。

1988 年，支队部投资 30 万元架设电网设施，架设主干线 1 条 0.8 千米，架设 8 米长高压线杆 14 根；分流线路 2 条，架设 6 米长线杆 16 根，采用电网输电，职工群众结束使用煤油灯照明的历史。

2010 年，支队机关入驻且末县城后，由且末县城统一供应生活用电，延续至 2015 年。

（三）供暖

20 世纪 70 年代，支队部每个办公室内砌有火墙，使用红柳根明火取暖。1978 年，使用原煤作燃料，用铁皮炉取暖。

2000 年，红旗区学校建成锅炉房，队部和学校办公室均安装暖气设施，采用燃煤锅炉集中供暖。红旗区有 88 户职工家庭统一在住房内安装供热面积为 100 平方米的燃煤蒸汽锅炉；有 27 户职工家庭安装供热面积为 150 平方米的燃煤蒸汽锅炉。

2008 年 10 月，投资 30 万元改造学校锅炉房，更换地下管道 1.2 千米，安装供热面积为 3000 平方米燃煤锅炉 1 台，学校和机关扩大供暖面积 1500 平方米。

2010 年 11 月，支队部搬迁至且末县城，在康都小区新建供暖管道 5.07 千米及配套附属设施，安装检查井 24 口，供暖管道由且末县热力公司铺设。由且末县热力公司通过城镇热力管网统一给支队部供暖。

2012年9月底，投资155万元，在康都小区完成集中供暖建设工程，受益人口580余人。小区供暖设施被接入且末县供暖管网。

2015年底，三十七团投资1400万元在跃进区新团部新建1个锅炉房及配套管网，跃进区所有单位实现集中统一供暖。

四、环境绿化

20世纪70年代，在红旗区支队部附近驻扎连队7个，栽植道路林12条。支队部通往各连队的道路两旁栽有杨树、柳树、沙枣树等。

1974年，农二师且末工程支队成立后，支队部及场区实施绿化建设，开挖林床14条，道路两侧按4行、间距2米，栽种杨树和柳树15万棵，总长1.32万米，形成以支队部为中心的绿化区。

1978年后，大部分连队迁往盐湖等地，每年春季，且末留守人员给队部各条林带补植、浇水、除草，以保证林木的正常生长。

1986年，支队部所在地建有林地34.6公顷。其中，队部门前建有两处花坛，占地面积0.04公顷，栽植菊花、月季等各类花卉12种。

1992年，支队在队部所在的红旗区公路沿线、住宅区栽种杨树、榆树、柳树、胡杨树，队部植树面积1.6公顷。

2000年，队部营区种植以大叶榆树、馒头柳等为主的绿化树种，使居住环境焕然一新。

2002年，机关搬迁至新建的办公楼，彻底清理队部住宅区道路、渠道、路沿、林带、绿地，做到路面干净、渠道笔直、林带无杂草。

至2014年，三十七团团部林带以栽植小叶杨、青杨为主，春季林床更新栽植紫花槐4行。其他道路林以引进种植馒头柳、圆冠榆，间作榆叶梅等，形成一街一景，各具特色。

2015年，在跃进区三十七团新团部区域，按照小城镇建设规划，团部外围实施防护绿地与生态林地间种，形成一条完整的环形绿化防护带，作为绿色生态屏障，以阻隔外界风沙侵蚀。

截至2015年底，三十七团团部绿地规划编制完成。团部规划绿地包括公园绿地、防护绿地和广场用地三类，规划绿地总面积58.42公顷，占建设用地面积的16.90%，人均绿地面积29.21平方米。规划防护绿地面积10.77公顷，人均防护绿地面积5.39平方米。规划在建设路以西、315国道和工业四路以南设施用地周边设置宽度15米以上的防护绿带。是年，跃进区新团部的各小区间种植竹柳、小叶白蜡、红叶海棠、裂叶榆、山桃、黄金树等数十种绿化树种；居民区人行道两侧种植国槐、馒头柳、垂榆、紫花槐等风景树。团部绿化区内已栽植杨树、紫花槐等树种1.6万株。

第二节　连队营区建设

一、房屋建设

（一）红旗区住宅

20世纪70年代，红旗区确定为连队居民点后，筑路职工因地制宜，就地取材在施工工地附近，挖成一个深约0.6米、长5～8米、宽约4米的地坑，地面部分用土坯加高0.6～1米，把野外收割的芦苇用细铁丝捆扎为长约5米、直径约0.2米的圆柱状（俗称靶子），用红柳枝做成签子，把苇把一个个穿起，平铺在屋顶，上抹15～20厘米厚的草泥，墙面四周再用草泥抹平，一间地窝子就此完工，成为施工队伍居住的房屋。

70年代中期，各连队就地取材，使用土坯建成干打垒房屋1200余间，营区职工住房由地窝子变成土坯房。

1984年初，结合兵团农牧团场建设规划，支队启动基础设施建设工程，全面实施且末开发建设规划。重点建设支队队部所在地红旗区连队营区。5月，在红旗区动工兴建民警家属区，取名为干警新村，建设总面积13750平方米，修建土木结构住房98套，每套住房占地面积175平方米，使用面积120平方米。

1985年，根据兵团、农二师"两化"（连队林园化、团部城镇化）建设的要求，支队加快队部所在地红旗区城镇化建设步伐。1986年底，在红旗区新建办公设施和生活设施等17栋，分别建成机关住宅区、民警住宅区、职工住宅区3个，新建平房12栋48户，建筑面积1920平方米。

1987年，投资3.5万元在加工厂北50米处新建土坯房12套，安置干警家属。

1998年7月13日，支队根据国家政策，启动危旧住房改造工程。计划改造职工危旧住房125户，新建的住房布局为三室一厅，为砖木结构，每户面积90.2平方米，户均造价4.8万元，国家建房补助1.6万元。当年首期46栋住房改造工程动工。支队成立危旧住房改造工程建设指挥部，支队党委书记、支队长王晓林任总指挥，副支队长韦泽文任副总指挥。至2000年，支队投资539万元实施危旧住房改造，在红旗区建成3个居民小区，建筑面积11250平方米，入住居民285户。

至2005年，红旗区已建成居民住宅293套，拆除旧房226套，新建房屋面积26200.4平方米，人均居住面积23.1平方米，辖区常住人口1130人。

2010年，在红旗区新建砖木结构住房42套，每套面积80平方米，总建筑面积3360平方米。

2015年，红旗区居民营区有一连、医院、学校、加工厂等单位，住户476户，总人口1130人。建有砖木结构住房335套，建筑面积29560.4平方米，人均住房面积26.16平方米。

（二）跃进区住宅

1986年，在跃进区修建土木结构住房145间，劳改农场中队职工居住。

2005年12月，且末工程支队在跃进区开始建设连队居民点，设居民点4处，分别为一区、二区、三区、四区。

2006年1月底，跃进区连队营区开始建设，1~4营区完成给水管道土方挖填、管道铺设和砖混泵房工程。4月底，建成砖混结构的住房125栋，安置新职工98户。

2006—2008年，支队投资400万元，在跃进区连队营区新建住房200套，其中三连70套、二连130套，每户面积63.5平方米，总面积12700平方米。2006年第一期工程建住房100套，总面积6350平方米；2008年第二期工程建住房100套，总面积6350平方米，安置新职工93户。至2015年，跃进区各连队营区总规划用地404250平方米，总建筑面积17489平方米。

（三）危旧住房改造

1998年4月，由各单位对居住在危房内的家庭进行摸底调查，所辖拆迁地段住户包括家庭人口、住宅结构、建造年代、建筑面积等登记造册，按相关规定纳入危房改造范围。按照"公建私助"建房原则，参加建房的职工要先申请，批准后纳入统一建房计划，原来的房屋先由个人拆除后，再由支队统一安排新住房。

1998年7月，贯彻落实农二师农牧工危旧住房改造工作会议精神，实施危旧住房改造工程，以改善职工群众住房条件。7月13日，支队召开危旧住房改造动员大会，正式启动危旧住房改造工程。成立危旧住房改造工程指挥部，支队队长王晓林任总指挥，副支队长韦泽文任副总指挥。下设办公室在生产科，配备7人负责旧房拆迁协议签订和改造后颁证工作。工程指挥部重新规划红旗区的住房布局，重点改造红旗区20世纪70年代修建的土坯房。

1998年，支队实施的危旧住房改造工程 （杨波 摄）

出台《且末工程支队危旧住房改造实施办法》《且末工程支队房产管理办法》等相关规定和制度，明确责任和管理范围。工程规划分三期建设，首期工程（1998—2000年）改造机关、民警小区住房，建成98套砖木结构三室一厅住房；二期工程（2001—2003年）改造一连职工住宅小区；三期工程（2004—2005年）改造更新加工厂和其他住宅区、全期改造职工危旧住房293户。建房采取统一规划、统一设计、统一施工、统一造价、统一面积和自建公助方式，产权归个人。工程改造范围为一线农牧工（含退休人员），兵、师、团补贴费用与个人承担费用比例按当年规定标准执行。户型结构由师设计院 D 型图纸施工设计，首批每户建筑面积为 99.68 平方米，实际使用面积为 90.2 平方米，均为砖木结构，超出统一规定建设部分由个人全额承担。

新建的住宅区设一号、二号、三号小区，每两家一栋房舍，提出了"前有院，后有圈，中间夹个小宫殿"的建房规划模式。7月15日，首期危旧住房改造工程在红旗区破土动工，拆除机关、学校、一连、老九连旧房屋124间。新建三室一厅砖木结构新房98套，总建筑面积1.125万平方米，户均建筑面积115平方米，使用面积90.2平方米。每套造价5.5万元，总投资539万元，其中兵师补助资金250万元、支队补助171.4万元、个人出资117.6万元。1999年12月建成后，划分为二号小区、三号小区，安置98户职工入住。

2001年，第二批危旧住房改造工程启动，拆除老二连、医院旧房屋78间。新建砖木结构住房64套，为三室一厅，每户住房面积为90.2平方米。总投资320万元，其中兵师补贴160万元、支队补贴73万元、个人出资87万元。2003年8月建成后，取名为一号小区，安置64户职工入住。

2004年，且末工程支队实施三期危房改造工程，拆除机耕队、加工厂旧房屋24间。在一号小区新建住房58套。是年，安置58户职工入住。2005年，在一号小区续建二室一厅住房65套，安置新职工65户。

至2005年底，通过7年实施危旧住房改造工程，共改造职工危旧住房285套。

二、配套设施

20世纪70年代，各连队营区开始建设后，配套建设水电等最基本的生活设施。各连队开挖有蓄水池，引渠道水澄清后供人畜使用。八连靠渠边建有1个发电机房，用柴油发电机发电，电线架设至各居民点，可供给全支队照明。

80年代后期，加工厂附近打一眼深井，修建水塔，把自来水引进队部驻地的各连队职工家庭。居民用柴火或煤炭取暖。

1985年，且末县巴什克一级水电站建成开始供电。1987年，且末工程支队接入县城电网，因电力供应不足，支队经常启用自备动力发电，以解决日常用电问题。1988年，支队部投资30万元架设电网设施，采用电网输电。

1997年12月，投资3万元实施红旗区居民点亮化工程，在振兴路、团结路安装16盏路灯。

2000年，红旗区各连队营区统一由且末县水电局负责供应生活用水。

2003年，在红旗区建成3个小区，修建小区道路14条，道旁安装高压电杆路灯16盏，照明灯采用高效节能型荧光灯及白炽灯。

2008年2月，统一规划跃进区道路，在军垦路、小区通道、办公场所安装照明灯300盏。

2015年，团在跃进区新建供水站，全团居民生活用水全部使用地下水。是年，三十七团申请国家项目资金，在红旗区连队居民点实施道路亮化工程，重新安装节能路灯16盏，方便职工群众夜间通行。

三、环境绿化

20世纪70年代，连队营区栽植有小叶杨、青杨、柳树等树种，住宅区和农田四周建成一条条林带，环境优美。80年代，连队居民点所有缺苗林带完成树木补植。1999年后，连队营区规划逐渐整齐，街道顺直，街道两旁由各单位和住户义务劳动种植人行道林木，增添馒头柳、垂柳、杨树、馒头榆树等。机关驻地修建林带、花池、花坛，居民住宅也都有庭院绿地，种有葡萄、杏子等瓜果和蔬菜，职工居住环境有了明显改善。

2000年后，连队营区绿化纳入支队年度规划，每年均投入一定资金用于绿化建设，逐步淘汰老化枯朽树木，更新改造老林带，在绿化带引进风景类、经济类、观赏类等新树种栽植。

2010年起，利用美丽中心连队建设项目资金，美化、绿化连队环境。红旗区道路两侧种植青杨408棵。跃进区设施农业基地公路两侧种植山桃430棵，牛场道路两侧种植青杨1700棵。至2014年，连队营区共建有绿地5处，总面积11321平方米。其中，红旗区的原支队部建有2处绿地，占地面积8992平方米，栽植青杨、枣树等树种，林地种植苜蓿草；一连办公室门前后院建有3处绿地，总面积2329平方米，栽植松树33棵，地面种植苜蓿草等。红旗区道路两侧种植青杨3750棵。

2015年，连队各营区道路两侧规划绿化带6米，林床内栽有紫花槐、馒头柳、圆冠榆，间作榆叶梅等树种。绿地栽有松树、青杨、枣树等，地面种植苜蓿，为职工提供了良好的生活居住环境。

第三节　小城镇建设

一、规划

2006年之前，因支队工程施工迁移频繁，难以固定，无法实施以队部为中心的城镇规划和建设。

2006年2月，且末工程支队被兵团确定为38个重点建设小城镇之一，开始启动基础设施建设项目前期准备工作，同步完善支队小城镇建设初步设计和规划。虽有城镇规划，但小城镇实施具体地址久未确定。

2008年，支队在且末县城丝绸路与文化路交界地段并购土地3.5公顷，决定依托且末县城实施小城镇建设。同时，支队小城镇建设被纳入且末县城整体建设规划。

2009年4月，实行监企分离后，加快推进小城镇建设步伐。9月，机关入驻原且末县公安局办公大楼。按照小城镇建设规划，在且末县城启动居民小区和商业大楼建设。

2010年，经兵团、农二师专家评审，不支持且末工程支队将小城镇建设选址在且末县城，其小城镇建设选址待定。

2012年10月，且末工程支队列编为三十七团。2013年兵团、第二师相继派出综合调研组实地调研三十七团小城镇建设情况，最后确定三十七团行政机关建在且末县城，城建规模在原有3.5公顷土地基础上，按照"团镇合一"模式，适当扩大建设规模。

2015年3月11日，第二师且若垦区经济发展工作协调会在三十七团召开，会议决定，三十七团小城镇建设选址在且末跃进地区。5月，团委托华中科技大学编制完成跃进区团部城镇总体规划，城镇规划总占地面积236.41公顷。容积率为0.41%，绿化率为42.8%，建筑退红线严格控制在25米以上。

三十七团小城镇建设规划结构为"一心居中，一带集绿，两轴串联，四区聚合"城镇化布局。"一心"指三十七团城镇公共服务中心；"一带"指采用防护绿地与生态林地间种的形式，形

2019年，三十七团跃进区新规划建设的团部小城镇　　　　　　　　　　　　　　（杜炳勋　摄）

成完整的环形绿化防护带，阻隔外界风沙侵蚀，形成绿色生态屏障；"两轴"指沿跃进路打造团行政文化主轴，依托华团路两侧城镇绿地打造城镇景观主轴；"四区"指设旅游服务休闲区、城镇工业区、设施农业区、生态城镇展示区。规划区具备居住、公共服务、商业、教育、医疗及绿化六大功能。

三十七团小城镇居住区规划用地面积约为 115.5 公顷，分布于公共服务中心周围，规划总户数 4892 户，规划总人口 1.95 万人。设置明珠社区、玫瑰社区、丝路社区以及沙海社区 4 个综合社区。

城镇道路由景观大道、主干道和支干道三类组成。景观大道包括跃进北路、跃进南路组成的贯穿城镇南北的景观道路，道路两侧的景观绿化依据不同城镇功能区的景观主题，各具特色的街头景观，景观大道路宽 20 米。主干道包括建设路、文明路、田园路、华新路、华团路、华康路和育新路，道路宽度 26 米。支干道包括富强路、安康路、安泰路、民主路、和谐路、振兴路、团结路、新屯路和华盛路，道路宽度分别为 22 米、15 米。

交通规划客运站建设用地面积 14007 平方米，建筑面积为 6189.8 平方米。对外交通主要依托于 315 国道，通过建设路与田园路、315 国道连接，形成对外交通网络，连接团域范围内的各生产作业点。城镇中心的景观大道跃进北路与 315 国道相连，成为三十七团主要对外通道，依托 315 国道缩短与且末县、三十八团等沿线团场交通距离。华新路、华团路及育新路三条道路贯穿城镇东西，延伸连接城镇工业及物流用地。

三十七团城镇建设规划区建筑总面积 148.59 万平方米，其中居住建筑面积 115.53 万平方米、公共建筑面积 56.2 万平方米。2015 年起，三十七团按照小城镇规划，全面启动城镇化建设工程。

二、房屋建设

（一）居民住宅

1. 廉租房

2009 年 8 月，首批 100 套廉租房在且末县城康都小区动工，由师天宇公司施工。按照小城镇建设规划，确定在且末县康都小区新建 5 幢职工住宅楼，规划用地面积 33063 平方米，建筑用地 7825.67 平方米，规划总建筑面积 34289.96 平方米，绿化率 40.2%。

2010 年 9 月 28 日，且末县城康都小区投资 1173 万元的廉租房建设二期工程 1 号、2 号、3 号、4 号楼举行奠基，建廉租房 100 套、职工保障性住房 141 套，可解决 241 户职工住房问题。

2012 年，三十七团分别在红旗区、康都小区、跃进区建有廉租房。其中，康都小区新建廉租房面积 6656.6 平方米，安置职工及低收入家庭 100 户，户内面积 66 平方米。

2014 年，跃进区修建廉租房户数 500 户，建设面积 19.28 万平方米，总投资 32193.74 万元。其中，申请国家补助资金 14763 万元，团场自筹资金 17430.74 万元。

至 2015 年底，团在跃进区建廉租房面积 16.28 万平方米，户均面积 66 平方米，总投资 7865.36 万元，其中国家补助 5000 万元，自筹资金 2865.36 万元。安置职工 864 户。

2009—2015 年，三十七团建廉租房面积 45.08 万平方米，总投资 56369.48 万元，其中国家补助 24526 万元，团场自筹 31843.48 万元，安置职工 3234 户，户均面积 56.2 平方米。

表 5 - 1　三十七团廉租房建设一览表（2009—2015 年）

建设时间	建设地点	建设面积（万平方米）	户数（户）	户均面积（平方米）	总投资（万元）	其中		房屋结构	配套设施
						国家补助（万元）	团场自筹（万元）		
2009	二连	0.72	144	50	792	216	576	平房砖混	管网、道路
2011	红旗区	0.25	50	50	300	125	175	平房砖混	管网、道路
2011	二连	0.13	26	50	182	65	117		
2012	三连	0.75	150	50	1539	357	1182		
2012	红旗区	0.5	100	50	600	250	350		
2012	康都小区	0.67	100	66	897.38	500	397.38	楼房框架	管网、绿化
2012	跃进区	1.50	300	50	3000	750	2250		
2013		5.00	1000	50	9000	2500	6500		
2014		19.28	500	80	32193.74	14763	17430.74	砖混结构	
2015		16.28	864	66	7865.36	5000	2865.36	楼房框架	
合计		45.08	3234	56.2	56369.48	24526	31843.48		

注：表内投资工程项目均为已完成建设项目，表内所列举数据由团基建科提供。

2. 周转房

2013 年，三十七团投资 72.89 万元新建援疆干部、大学生周转房 13 套，为塑钢结构。其中，申请国家资金 68.25 万元、自筹资金 4.64 万元。每套面积 35 平方米，总建筑面积 455 平方米，周转房解决了援疆干部和大学生住宿问题。2014 年，投资 63 万元建设医院职工周转宿舍 10 套，为砖混结构，每套面积 35 平方米，总建设面积 350 平方米。2015 年 7 月，团投资 200 万元在跃进区新建大学生周转房 6 栋，其中申请国家资金 100 万元、团场自筹资金 100 万元。为一层砖混结构平房，建筑面积 1420 平方米，安置大学生 150 人。

3. 保障性住房

2012 年，且末县城实施小城镇建设，在康都小区建成住宅楼 7 栋计 241 套，其中廉租房 100 套、保障性住房 141 套。2015 年，三十七团跃进区小城镇保障性住房工程项目立项，争取国家项目资金 3872 万元，在跃进区动工新建保障性住房 352 套，总建筑面积 19360 平方米，新建居民小区 1 个，取名为明珠小区。12 月，团投资 8377.709 万元在跃进区实施小城镇保障性安居工程项目，占地总面积 154389.5 平方米，建筑面积 41860 平方米，建保障性住房 928 套。

2016 年 5 月，争取国家项目资金 512 万元，在跃进区新建景祥小区 10 号楼、11 号楼保障性住房 64 套，总建筑面积 2560 平方米，当年建成交付使用。

（二）公用房屋

2012 年 7 月，跃进区建设连队文化活动中心一处。8 月，且末县城康都小区修建商业综合楼、机关办公楼 2 栋。其中，团机关占地面积 7012 平方米。

2013 年 3 月，康都小区新建职工文化中心一处，项目总投资 400 万元，其中申请国家专项资金 300 万元、团场自筹资金 100 万元，为框架结构，建筑面积 1966 平方米。

2015 年，三十七团由国家投资 700 万元，在新城镇跃进区动工新建砖混结构的综合教学楼、学校食堂及餐厅，建筑面积 2276.08 平方米，配套建设室内外管网、大门、围墙等。由国家投资 1416.66 万元在跃进区兴建新城镇民兵综合楼，为框架结构，地上四层，建筑面积 4970 平方米，配套设施包括室外文体活动场 1800 平方米和车库两座。由河北省唐山市对口援建的幼儿园项目开始建设，是年底，完成主体工程。

2015 年 7 月，三十七团总投资 7739.9 万元建设三层医院综合楼，其中，申请国家资金 7000 万元、团场自筹资金 739.9 万元。为砖混结构，建筑面积 3859.43 平方米。

2016 年，三十七团总投资 4350 万元，在跃进区新团部修建综合服务中心，其中国家资金 3000 万元、引入社会资金 350 万元。服务中心综合楼为五层框架结构，总建筑面积 1.34 万平方米，包括社区服务、人力资源保障、综合培训中心、多功能厅、团史展览馆、综合活动室等设施。次年底，主体工程完工。

三、道路建设

2011 年，康都小区建成水泥路 200 米。2013 年 5 月，团投资 883.05 万元在且末县康都小区和玉城花苑实施小区道路建设工程，其中申请国家资金 800 万元、团场自筹资金 83.05 万元。新建小区道路 4.66 千米及配套附属设施。2014 年，团投资 9252.48 万元，拓宽改建跃进区城镇区间道路、通营道路，扩建公路 3 条，总长 53 千米，路面铺设沥青 113.4 万平方米。

2015 年，团投资 1.43 亿元，在跃进区续建新城镇道路 11 条，道路总长 33.153 千米，路面铺设沥青 79.34 万平方米。

2016 年，跃进区田园路延伸至水库 1.96 千米，路面拓宽至 26 米，硬化面积 51019.54 平方米，为三级沥青路面。10 月底建成通车，为三十七团小城镇东环主干道。

2003—2016 年，团场新城镇道路总投资 3.48 亿元，修建团内公路总长 122.55 千米，硬化面积 229 万平方米。

表 5－2　三十七团房屋建设一览表（1990—2015 年）

单位：平方米

年份	房屋总建筑面积	建筑物分类面积			建筑物结构面积	
		工业建筑	居民区建筑	公共建筑	土木结构	砖混结构
1990—1996	23595	1020	17175	5420	23095	520
1997—1999	29536	1020	17175	11341	26946	2590
2000	36376	1020	24015	11341	4410	3890
2001	38776	1020	24015	13740	4410	3890
2002	39855	1020	24015	13740	4410	4980
2003	46376	1020	34015	21342	4410	5090
2004	46776	1020	35045	23740	4410	5190
2005	51855	1020	35115	24740	4410	5980
2008	261855	1020	245415	234740	607	261121
2009	261855	10322	245415	234740	507	261121
2010	273855	10322	257415	235940	507	273121
2011	273855	10322	257415	235940	507	273121
2012	273855	10322	257415	235940	507	273121
2013	773855	13220	757415	735940	507	773121
2014	873000	17220	857005	235940	507	874421
2015	1110165	17220	857005	235940	507	874421

注：数据由团基建科提供。

表 5－3　三十七团新城镇道路建设一览表（2013—2016 年）

建设年份	总投资（万元）	建设长度（千米）	油面宽度（米）	硬化面积（平方米）	公路等级	公路类别
2013	883.05	4.664	12	55968	水泥路面	康都小区区间道路
2014	5500	26.5	21	556500	沥青三级	城镇区间道路
		0.5	21	10500		
		3.5	32	112000		
	3112.48	15	12	180000	沥青三级	通连路
	640	7.5	12	90000	沥青三级	通营路

建设年份	总投资 （万元）	建设长度 （千米）	油面宽度 （米）	硬化面积 （平方米）	公路等级	公路类别
2015	1000	3.779	16	60464	沥青三级	主干道
	11680.13	10.257	26	267150	沥青二级	
		0.73	26	18980		前进南路
		2.364	26	61464		建设路
		2.007	26	52182		文明路
		2.007	26	52152		田园路
		2.048	26	248		华新路
		1.961	22	43142		华团璐
		1.489	26	38714		华康路
		4.211	22	92642		城镇道路
	1650	3.3	22	72600	沥青三级	跃进北路
2016	500	4.53	15	67950	沥青三级	小区道路
	4225	2.925	26	7605	沥青三级	城镇道路二期
		4.416	22	97152		
		3.077	15	46163.55		
	4655	1.962	26	51019.54	沥青三级	城镇道路一期
		6.298	22	138559		
		3.747	15	56205		
	1000	3.779	16	60464	沥青三级	建设路
合计	34845.66	122.551	531	2289824		

注：数据由团基建科提供。

四、水电暖卫建设

1. 供暖

2010年11月，康都小区新建供暖管道5.065千米及配套附属设施，安装检查井24口，供暖管道由且末县热力公司铺设。团部热源由且末县热力公司通过城镇热力管网供给。2014年6月，三十七团跃进区实施小城镇建设规划，在跃进区新建锅炉房1座，面积3500平方米，建成采暖管网18000米；投资2852万元购置14千瓦锅炉，开始建设城镇供暖系统。2015年，团小城镇建设选址在跃进区，在跃进区建设锅炉房，修建3座换热站，新建2条（每条长4.087千米）供热管网。2013—2015年，团建成供热管网50.05千米及其附属设施。

2. 供气供电

2013年12月15日，团投资500万元实施的康都小区天然气入户工程竣工，241户职工群众受益。2015年，团投资1300万元在跃进区兴建1座变电站，与国家电网连通，形成覆盖全团的供电网络。

2016 年 1 月，团投资 1565.3 万元动工建设城镇亮化工程，其中申请国家资金 1500 万元，自筹资金 65.3 万元。在 17 条城区道路安装配套路灯 936 套，铺设电缆 80.6 千米，安装节能控制柜 25 台。次年 12 月建成交付使用。

3. 供排水

2016 年，总投资 2398.64 万元，新建各小区供水管网 6.95 千米、排水管网 5.31 千米。是年，投资 3500 万元在跃进区新建 1 个水厂，占地面积 2400 平方米。投资 172.2 万元建供水勘查井 8 个、水表井 2 个，新建污水处理厂 1 个。至 2016 年，团在小城镇共建成供排水管网 72.26 千米，形成以团部小城镇为中心的供排水体系。

4. 垃圾处理

2016 年，团新建 1 个生活垃圾卫生填埋场，占地 2.6 公顷，建筑面积 1022 平方米；建成垃圾彩板房 3 座，库容 23 万立方米。配备推土机、压实机、装载机、自卸汽车、挖掘机、喷洒水车和吸污车各 1 辆，自卸式垃圾压缩车 2 辆，垃圾桶 180 个。

表 5 – 4　三十七团新城镇水电暖卫及设施建设一览表（2013—2016 年）

单位：万元

年份	工程名称	总投资	其中		主要建设内容
			国家投资	团场自筹资金	
2013	供排水工程	424.92	380	44.92	新建地下管网，检查井
		264.47	240	24.47	建化粪池 3 个
	供热	2262.95	2000	262.95	供热面积 12600 平方米
2014	供热工程	148.38	134	14.38	建供热、供水、排水管网及配套设施
		702.8	632	70.8	
		2852	2000	852	建供热锅炉房 1 个
		1475.8	1000	475.8	供热管网 23.940 千米
		1561.07	1000	561.07	供热管网 41.39 千米
	水厂	3500	3000	500	新建水厂 1 个
	供水系统	172.20	155	17.2	勘查井 8 个，水表井 2 个，蝶阀 79 个，放气阀 10 个，泄水阀 10 个
	排污工程	3600	3000	600	新建污水处理厂 1 个
2015	供热	2398.641	2000	398.641	建供热暖气管网及设施
		2583.22	2000	583.22	建换热站 3 个，安装锅炉 2 台
2016	供电工程	834.64	800	34.64	室外电缆架设
	垃圾处理	2666.47	2000	666.47	新建生活垃圾卫生填埋场 1 个
	供热	834.64	800	34.64	供热面积 1245 平方米
		2482.85	2000	482.85	架设室外电缆、管理用房建设

五、绿化美化

2012年，支队投资112万元，将且末县城康都小区空地全部硬质化，面积2.89万平方米。

2014年，团投资23万元对康都小区公用地段实施绿化，绿化面积26464.29平方米，栽植风景树170株，修建牡丹花、月季花等花园5个。是年，团投资17万元在康都小区安装照明灯33盏，其中白炽灯7盏、聚光灯7盏、彩灯19盏，小区全部实现亮化；投资13万元新建康都小区大门，路面硬化260平方米。2013年8月，康都小区绿化、亮化、美化工程竣工，绿化面积6000平方米，安装路灯25盏。

2015年，跃进区小城镇道路两侧均设6米宽绿化带。各小区间种植竹柳、小叶白蜡、红叶海棠、裂叶榆、山桃、黄金树等数十种绿化树种。团部四周及人行道两侧种植国槐、馒头柳、垂榆、紫花槐等风景树。2015年后，在新城镇继续实施人工造林、道路林等美化环境工程。

表5-5 三十七团新城镇绿化工程一览表（2014—2016年）

工程名称	开工时间	竣工时间	用地面积（平方米）	绿化面积（平方米）	备注
城镇道路绿化	2015.12	2016.3	158300	120900	种植杨树、紫花槐
团部绿化	2016.2	2016.4	3582000	594200	种植风景树、花卉
住宅区绿化	2016.2	2016.4	259200	148587	种植洋槐、风景树
校园绿化	2016.2	2016.4	68400	36400	铺设草坪、栽植花卉
医院绿化	2016.2	2016.4	42200	27480	种植花卉、风景树
幼儿园绿化	2014.5	2015.3	1600	472	种植花卉、草坪
公园绿化	2016.2	2016.3	173800	109200	种植风景树、花卉
广场绿化	2016.2	2016.4	11700	10650	
城镇区间绿化	2014.5	2015.3	524631	434600	种植柳树、杨树、榆树

第四节 房产管理

20世纪70年代，由支队计财科管理公建房屋。使用公共房屋的住户，首先向计财科提交住房申请，经批准后入住，享受水费、电费、住房折旧费等优惠政策。80年代，连队职工住房和公共房屋大多为地窝子住房，支队部、学校、卫生队建有部分干打垒土坯房。由生产科负责管理房屋，不收取职工住房费。职工居住房屋遭受自然损坏后，由住户负责修缮，允许在其居住地自行扩大居住面积，所用材料费用由住户自行承担。

1991年4月，支队成立房产管理领导小组，下设办公室，张礼正任主任，房产管理业务挂靠在机关办公室。

1998年，实施危旧住房改造后新建3个小区，人员居住较为集中。支队调整社区工作职能，给社区配备5名工作人员。房产管理业务交社区兼管。是年，社区出台《且末工程支队房屋管理办法》，将全支队的职工住房、公有房屋、公共设施纳入统一管理，同时规范房屋出租、长期居住、临时用房、公共用房等管理制度，对房产实行制度化、规范化管理。

是年，红旗区采取公建私助方式实施危旧住房改造工程。至2005年底，共拆除旧房屋226间，新建砖木结构住房293套，由生产科临时兼管房产业务。

2006年，支队在跃进区新建砖木结构保障性住房280套，支队将房屋租赁给新职工居住，由生产科临时负责跃进区房产管理相关业务。

2007年，红旗区危旧住房改造部分工程款由住户投资，由生产科临时负责红旗区房产业务，给所有住户颁发土地使用证和房产证。2008年，社区接管跃进区新建的4个小区，生产科将临时代管的该区房产管理业务转交给社区统一管理。

2009年，社区安排专人清理公房私用，腾出私人占用的公房12间，均作价出售。2010年8月，社区随支队部入驻且末县城，与机关行政办公室合署办公，继续负责房产管理业务。

2012年，支队且末县城的康都小区建成100套廉租房、240套保障性住房，入住职工241户。2013年6月，社区更名为社区服务中心，承担辖区房产管理等业务。

2013年，团启动公有房租赁工作。由社区服务中心负责公有住房的对外租赁。居住在连队的外来人员，需租赁公房时，与连队社区签订公房租赁协议，办理入住手续，连队收取承租人租赁合同抵押金1000元；职工入住连队公有房，与连队社区签订公房租赁合同，缴纳租房押金200元，如租赁康都小区的公有房屋，入住前需一次性缴清当年房租。红旗区、跃进区公有房屋均为平房，租赁费按每月4元/米^{2}收取；康都小区公有房屋1~2层按每月6元/米^{2}收取租赁费、3~4层收取5.5元/米^2、5~6层收取5元/米^2。团场招用大学生公寓所产生的费用参照《三十七团大学生管理办法》执行；入住基层连队的公房，按团下发的房屋管理办法缴纳房租和水电费。

2015年，团社区服务中心迁址跃进区，兼管全团房产业务。

第六章　水利电力

三十七团农田灌溉用水来自车尔臣河。相继兴建西岸大渠、场外干渠，将车尔臣河水引入垦区。在垦区内建成支渠、斗渠、农渠等农田灌溉体系，保证了农业生产用水。2006年后，且末地区农业灌溉用水日趋紧张，开始开采利用地下水，以地表水灌溉与地下水灌溉相结合的方式满足农业生产所需。2011年12月，随着国家输变电工程投运，且末县电力全面融入国家电网。2011年，且末工程支队投资改造高压、低压线路等电网设施，结束了数十年使用柴油机发电的历史。2014年，三十七团投资建设农业设施、小城镇规划、场区照明等电力设施，形成覆盖辖区农业、工业、城镇化建设、居民生活电力网络。

第一节　引水工程

一、西岸大渠

1970年，兵团首次实施且末开发战略，工三师在且末县车尔臣河中段老龙口处修筑拦河堤坝7千米，建引水枢纽工程一处和土渠一条，引车尔臣河水灌溉农田。

1971年3月，工三师建制撤销，开发建设且末地区的规划随之被搁置。建成的引水渠多年失修，淤塞严重，没能发挥引水灌溉农田的作用。

1984年，兵师党委决定重新开发且末地区，农二师重新规划且末地区引水工程，决定充分利用原工三师修筑的水利设施，改扩建车尔臣河西岸引水大渠，引车尔臣河水进入跃进区，增加灌溉面积6666.6公顷。是年，此项工程国家总投资2150万元，施工期限为三年。农二师将车尔臣河西岸大渠工程交由且末工程支队完成。

车尔臣河西岸大渠工程主干渠全长47.84千米，分场内、场外两段施工。其中，场内段长10千米、场外段长37.84千米。西岸大渠首期工程测绘面积25333.3公顷。第一期西岸大渠（场外段）工程全长13.84千米，计划建设的主要建筑物有24座，其中分水枢纽3座，支、斗渠进水闸 6 座，交通桥 14 座（场内 5 座、场外 9 座）、倒虹吸构筑物 1 座。干渠建成后，主要用于灌溉 3333.3 公顷新开垦的耕地。

1986 年 2 月，兵团启动且末开发建设计划，在且末成立车尔臣河西岸大渠工程指挥部，农二师总工程师杨纪民担任总指挥，师基建处副处长彭葆、师勘探设计队主任工程师何威远、且末工程支队副支队长张荣彬兼任副总指挥。大渠施工任务交由且末劳改队完成。指挥部制订施工计划、明确技术要求和质量监督、调控建设投资和工程进度拨款等各项工作，以确保车尔臣河西岸大渠工程建设如期完工。7 月，且末工程支队组织 1500 余人投入西岸大渠第一期工程施工。参加施工的单位由工二团二连、九连，工程支队八连等 5 家单位组成，在红旗区建预制板厂 1 处，在一级电站尾水渠首以下 28.5 千米处一线排开施工。

1987 年 2 月，工程指挥部调动师工二团二连到且末参加车尔臣河西岸大渠会战，承揽电站尾水进水闸和第一退水闸工程，工程投资 110 万元，施工期限为一年。西岸大渠主干渠线段由工二团九连、工程支队八连等 4 家单位施工。

且末西岸大渠施工期间，正处在国家经济调整期，兵团建委根据国家经济发展需要，压缩建设资金。1987 年 10 月，兵团把计划每年投资西岸大渠工程 700 万～750 万元，调整为每年投资 400 万元，比原计划压缩年工程投资 350 万元。因工程投资减少，西岸大渠工程指挥部减少人工投入，从工地上撤离工二团九连等单位 700 余名施工人员，致使大渠施工进度减缓。

1988 年 5 月，兵团给西岸大渠工程年投资从 400 万元压缩至 40 万元，只够维持施工人员生计。至此，由国家计划总投资 2150 万元的西岸大渠水利工程停建。

1987 年，西岸大渠挖渠工地　　　　　　　　　　　　　　　　　（团档案室供图）

1986—1988 年，且末工程支队开挖车尔臣河西岸大渠共计 27 千米，完成土方量 72.8 万立方米，为工程设计的 64.5%；完成渠道砌石总长 8 千米，石方量 1.65 万立方米，为工程投资计划的 24%；铺设预制水泥板 0.75 万立方米，为工程设计的 34.15%；建成渠道沿线建筑物 16 座，为工程设计的 75%；完成工程投资 326.76 万元，为投资计划的 43%。

1990 年后，且末县扩大农业种植面积，投资续建车尔臣河西岸大渠工程，扩大灌溉面积 5333.3 公顷，因干渠磨损严重，且末县每年投入一定资金对西岸大渠进行维护。2015 年，西岸大渠依然发挥着独特的输水作用，成为 20 世纪兵团开发建设且末的见证。

二、场外干渠

（一）老场外干渠

老场外干渠是农二师实施车尔臣河水利工程的续建项目。1991 年 4 月，老场外干渠开工兴建，由且末工程支队一连等单位修建。该干渠从且末县琼库勒乡西岸大渠分水闸处引水，沿途经琼库勒乡、托乎拉克乡、英吾斯塘乡至跃进区水库，全长 8.7 千米，设计流量 4 米³/秒，使用流量 2 米³/秒，渠断面为梯形，渠底为浆砌卵石铺垫，边坡为砼板衬砌。1993 年 2 月，完成大渠建设工程，总投资 176 万元。共投入开挖人工 14.4 万个工时、机械 1340 台次，开挖土方 1.34 万立方米；铺设石方 6700 立方米、预制板 5.36 万块；修筑渠道沿途建筑物 24 座。经农二师设计院、水利局验收后交付且末工程支队使用。

2005 年，老场外干渠因淤沙严重，时常出现干渠垮口，造成渠水外泄，给农业生产造成损失。9 月，且末工程支队投入 120 万元翻修重建老场外干渠，渠道过水量扩至 4.5 米³/秒，渠水注入跃进水库，保障了且末县 3 个乡和跃进区一、二支渠农田的用水需求。

（二）新场外干渠

2005 年 10 月 13 日，且末县委、县人民政府与农二师且末工程支队共同签署《建设 5 万亩红枣基地协议书》。根据协议书要求，农二师党委在开发跃进区水土资源过程中，决定在英吾斯塘乡南新建分水闸，延伸修筑 1 条新场外干渠，以保障跃进开发区新开垦土地灌溉用水。延伸新建场外干渠总长 18.87 千米，总投资 1728.89 万元，分为两个标段施工。

2005 年 10 月 26 日，由兵团第三建筑公司（简称兵团三建）工程五处水利项目部承建新场外干渠第一标段工程。第一标段渠道全长 8.42 千米，设计流量 3 米³/秒，渠深 1.36 米、水深 0.7 米、坡度为 0.5。11 月 20 日，第一标段渠道施工完成。工程总造价为 223.4 万元。共开挖土方 6.68 万立方米，填方 27.59 万立方米，铺防渗铺塑料膜 8.6 万立方米，使用塑料胶泥 1.25 万米，砂浆 1490 立方米，铺设六棱板 3124 立方米、方水泥板 891 立方米、弧形板 1000 立方米，制作首部分水闸、交通桥 2 座、过水双管涵桥 2 座、分水闸 1 座。

2006 年 3 月 10 日，由农二师天宇公司和兵团三建中标承建的新场外干渠第二标段开工建设，渠道全长 10.45 千米,设计流量为 5 米³/秒。2007 年 8 月 26 日,第二标段渠道竣工试水。总投资 1505.49 万元,其中国家专项资金 1100 万元、自筹资金 405.49 万元。挖土方 4 万立方米,填方 3 万立方米,清基方 3 万立方米,铺设混凝土预制板 2510.8 立方米、砂浆垫层 713 立方米、塑料膜 41860 立方米,使用塑料胶泥 7222 米,设置 1 座节制分水闸。新场外干渠竣工后,保证了跃进区三、四、五斗近 2000 公顷农田用水需求。

2007 年 12 月 29 日,且末垦区首期生态林建设项目渠系工程开闸放水,农二师建设局、水利局、发改委等部门和建设工地的职工、且末县邻近乡村群众参加了通水仪式。

三、跃进水库

1990 年 5 月,且末工程支队投资 28 万元,在跃进区老场外干渠尾部因地制宜自建一座小型平原水库,库容量 30 万立方米。上游老场外干渠中断输水时,依靠跃进区水库蓄水调节,可保障跃进区 1300 公顷农田 10～15 天的灌溉用水。是年,跃进水库蓄水量 35 万立方米,年出水量 300 万立方米。

1996 年,且末工程支队自筹资金 80 万元,完成水库的清淤和加固工程,清淤土方量 60 万立方米、水泥双防加固 12 万平方米,跃进水库调节用水灌溉面积增至 300 公顷。扩大水库蓄水量为 40 万立方米,年出水量为 350 万立方米。是年,经支队党委研究,因水库地处跃进区,故命名为跃进水库。

1999 年 9 月,因跃进灌区面积逐年扩大,水库容量不能满足汛期灌区调节用水需求,经师水利局和发改委批复,决定在原水库西侧扩建水库面积 15 万立方米,由农二师设计院承担工程勘探、选址和设计工作,负责工程施工及质量监督。2000 年春,农二师拨付资金 60 万元,由且末工程支队完成跃进水库扩建工程。扩建后,跃进水库总库容量达到 45 万立方米,控制灌溉面积 1000 公顷。

2000 年起,跃进水库年进水量为 350 万立方米,年出水量为 300 万立方米。2007 年 10 月,农二师水利局、发改委、安全监督局联合认定跃进水库为三类平原堤坝水库。

2010 年 9 月,且末工程支队总投资 677.39 万元,完成跃进水库清淤和双防加固工程。其中,申请国家投资 590 万元、自筹资金 87.39 万元。该工程改建水渠 2180 米,设计流量 2.2 米³/秒;增建大坝观测点 6 个和一座管理站,修建护堤管理房 89 平方米。水库完成清淤工程,扩容至 85 万立方米,保障了跃进区 1300 公顷农田夏季汛期调节用水和辖区内 600 公顷胡杨林用水需要。是年,跃进水库年进水量增至 500 万立方米,年蓄水量从原来的 300 万立方米增至 450 万立方米。

2012 年 5 月,投资 25.8 万元再次加固跃进水库。修建土坝 1280 米、进水口桥涵 1 座,进水口加固面积 800 平方米。是年,水库灌溉面积为 1600 公顷。

2015 年,三十七团投资 1000 万元,重新规划扩建跃进水库,改扩建后库容量增至 106 万立方米，年进水量为 500 万立方米，年出水量为 450 万立方米，新增控制灌溉面积 1400 公顷，总灌溉面积为 2000 公顷。

第二节　灌溉工程

20 世纪 70 年代开始修建农田灌溉渠道，至 2015 年，全团灌溉渠系总投资 29232.07 万元，其中国家投资 28523.23 万元、三十七团自筹资金 658.84 万元。在红旗、跃进两个农业种植辖区内已建成支渠、斗渠、农渠、毛渠纵横交错的农田灌溉渠系，渠道总长 410.08 千米，可灌溉全团 2333.3 公顷农田。

一、红旗区灌溉工程

1970 年，工三师到达且末后，驻扎在且末县红旗地区以南的戈壁滩，除推进筑路工程进程外，同时担负且末地区水土资源开发建设任务。为此，支队就开发建设且末地区制定详细规划，计划利用 10 年的时间，在车尔臣河两岸修筑西岸大渠、东岸大渠 2 条大型输水渠道和 4 个引水枢纽，修筑支渠、斗渠等配套水利工程若干座，同步规划水利设施灌溉农田、林园、草场的面积。1971 年 3 月，工三师规划被撤销。

1972 年，农三师司令部"0701 工程"且末指挥部下辖的"五·七班"驻扎在红旗区，主要种植蔬菜和粮食。"五·七班"从位于红旗区的车尔臣河西岸分流河道上游地段，修建一条土渠直到医院旧址处，总长度 2.3 千米，宽 2 米，深 1 米，引水用于浇灌菜园和农田。随着场区种植面积逐年扩大，此渠道不断延伸至各个施工连队。至 1975 年，筑路连队为生活需要，在此渠道上分流修建引水毛渠 10 余条，种植蔬菜和发展养殖业。

1986 年，劳改农场成立后，三中队驻扎在红旗区，持续扩大林地和农用地面积，从原土渠分建一条长 1.2 千米、宽 1.5 米、深度 0.6 米的农用渠道，引水到三中队驻地，发展粮食生产和种植蔬菜。

1988 年，且末县琼库勒乡从车尔臣河西岸大渠上游段修建分水闸一处，修建一条全长 8.3 千米、流量为 4 米³/秒的引水支渠。是年，且末工程支队投资 8000 元在水泥厂南 100 米处的且末县乡镇的支渠上兴建小型分水闸 2 个。投入 180 人修建 2 条土渠，分别引水至支队部和三中队处。其中，通往支队部渠道长 1600 米，宽 2.5 米，深 1.2 米，设计流量 2.5 米³/秒；通往三中队渠道长 2400 米，宽 2.5 米，深 1 米，设计流量 2 米³/秒。1997 年，完成渠道防渗 3500 千米。

2007 年，投资 800 万元完成红旗区渠道改扩建工程，从水泥厂西侧的支队渠上修建节制闸，建成一条支渠，全长 2840 米，宽 2.5 米，深 1 米，设计流量 2 米³/秒，灌溉农田面积 80 公顷。支队分别命名三条渠道，即三中队渠为三支渠、支队部渠为二支渠、水泥厂西侧渠为一支渠。三条支渠总长 5200 米，全部防渗。是年，红旗区修筑斗渠 3000 米，农渠 28.6 千米，均为土渠。

2009 年，投资 99.74 万元完成红旗区 3 条支渠防渗工程，渠道总长 5840 米。设计流量 2～2.5 米³/秒，渠道为梯形断面，采用砼板 + 塑膜双防渗。新建和改建渠系配套建筑物 24 座，其中节制分水闸 1 座、分水闸 23 座，均为开敞式钢筋砼结构。灌溉农田面积为 210 公顷。

2011 年 7 月，支队利用国家扶贫项目资金 154.83 万元，对红旗区一支渠至三支渠尾部斗渠全部实施节水防渗，改扩建斗渠 14.84 千米。是年，投资 120 万元在红旗区 2 斗延建防渗斗渠 3.5 千米，沿途修筑节制水闸 6 座，灌溉农田 100 公顷。自筹资金 1.93 万元完成红旗区二支渠尾部延伸渠道防渗加固 1400 米，配套修建渠道建筑物 3 座。

2015 年 12 月，团总投资 2.34 亿元，计划在红旗区龙口以南地区，新建场外输水干渠及骨干管网工程，新建干渠 7 千米、骨干管网 24 千米及配套附属设施。翌年，立项并开工建设。

截至 2015 年，三十七团红旗区建有主渠道 820 米，从西岸大渠上游段分水闸处引水，修建支渠 3 条，分别是一支渠、二支渠、三支渠，全长 5.2 千米；修筑斗渠 23 条，全长 82 千米；修筑农渠 64 条，全长 101.02 千米。红旗区渠道总长 188.4 千米，灌溉农田面积 186.6 公顷。

二、跃进区灌溉工程

1971 年，农三师且末前线指挥部在跃进区一连辖区修建一支渠，用于灌溉新开垦的 186 公顷粮田。一支渠位于跃进区原且末监狱地段，引水口从跃进水库至二中队旧址处，全长 2800 米，宽 3 米，深 1.2 米，是一条土渠。

1986 年，支队在跃进区垦荒造田 300 公顷，开挖跃进区二支渠，总长 4300 米，修建 8 条附属斗渠，均为土渠。

2006 年，农二师在跃进地区实施水土开发建设，新建跃进区连接新场外干渠的三支渠，全长 3.8 千米，建成节制分水闸 6 座、农用桥 1 座、附属斗渠 8 条。

2007 年 3 月，支队以投资立项的方式改扩建一支渠为防渗渠道，全长 4520 米。配套建成渠系建筑物 7 座，其中节制分水闸 4 座、分水闸 3 座。2008 年 3 月竣工通水，可灌溉面积 520 公顷，是支队苗圃、棉花、红枣地和蔬菜基地灌溉主要水源之一。

2010 年 3 月，投入"以工代赈"专项资金 468.4 万元，开工实施二支渠防渗改建工程，总长 7 千米。其中，支渠防渗长度 4.5 千米，配套建筑物 32 座，斗渠防渗长度 2.5 千米，设计流量 0.5 米³/秒，加大流量至 0.65 米³/秒。配套建筑物 18 座。新建机耕道桥涵 22 座，干道桥涵 7 座。同年 11 月，竣工交付使用。

2011 年，总投资 201.93 万元，其中申请国家投资 200 万元、自筹资金 1.93 万元，在跃进开发区实施小型农田水利建设工程。完成二支斗渠防渗渠 3.4 千米，设计流量 0.6～0.72 米³/秒，配套建成渠系建筑物7座，属于小二型水利工程。

2011年12月至2012年8月，支队投资107.51万元，由新疆神宇水利水电安装工程有限公司承建国家2011年扶贫项目三支渠防渗渠工程，总长3.61千米。工程建成后，保障了跃进区10斗600公顷农田和林带的灌溉用水。

2012年7月，完成一支渠铺设防渗膜加砼板防渗改建工程7.88千米、二支渠改建防渗工程17.8千米、三支渠防渗改建工程31.8千米，三条支渠建设配套渠系建筑物104座。

至2015年，跃进区有一支渠、二支渠、三支渠3条支渠、斗渠49条，总长150.9千米，可灌溉7049.3公顷耕地和500公顷林地。其中，一支渠进水口位于水库左侧出水口处；二支渠进水口位于水库右侧出水口处；三支渠连接且末县英吾斯塘乡以南闸口新场外干渠尾部，通过分水闸引水。至此，跃进区农田灌溉体系基本形成。

表6-1　三十七团灌溉水利工程建设一览表（2006—2015年）

| 年份 | 总投资（万元） | 其中 | | 项目类型 | 建设内容 | 灌溉面积（公顷） | 桥涵及设施（座） | 道路（千米） |
		国家投资（万元）	自筹资金（万元）					
2006	2780	2500	230	扶贫开发	新建跃进区三支渠附属8条斗渠23千米	400	7	3.8
2007	800	800		农田建设	改扩建红旗区渠道101.08千米、跃进区渠道7.88千米	820	17	
2009	99.4		99.4	农田建设	红旗区一斗渠道防渗2.48千米	210	24	
2010	468.4	468.4		以工代赈	跃进区二支渠防渗扩建4.5千米	600	32	
2011	120		120	农田建设	红旗区二支渠延伸3.5千米	100	6	1.8
	107.51		107.51	扶贫开发	跃进区三支渠尾渠道防渗3.61千米	600	8	
	201.93	200	1.93	小型水利	跃进区开发区渠道防渗3.4千米	400	7	
	154.83	154.83		扶贫开发	红旗区一至三支渠尾防渗改扩建4.84千米	186	7	2.6
2015	1100	1000	100	以工代赈	跃进区四支渠改扩建5.8千米	400	22	4.8
合计	2835.07	2126.23	658.84			3716	130	13

注：此表由团基建科提供并审核。

第三节　节水工程

20世纪90年代，且末工程支队转产发展农业生产后，红旗区农田全年依靠车尔臣河水灌溉；跃进区农田春季引用地表水灌溉压碱，夏秋两季地表水紧张时，大部分农田抽取地下水灌溉。

2006年，且末地区土地开发面积逐年增多，地表灌溉用水日趋紧张。且末工程支队地处车尔臣河西岸，为古老的洪积戈壁冲积扇平原，地下水资源丰富。地下水主要来源于车尔臣河出山口后的河床渗透，年总补给量为 6.89 亿 ×10 立方米，可开采量 3.45 亿 ×10 立方米，地下水的利用率较低。跃进区地下水年总补给量 0.68 亿 ×10 立方米，年可开采量 0.42 亿 ×10 立方米，有一定的地下水开发利用条件。从 2006 年起，农田灌溉开采地下水主要在跃进区实施。

一、跃进区节水工程

2006 年，师党委举全师之力帮助且末工程支队在跃进地区实施 3333.3 公顷水土开发建设工程，前期开发的 1400 公顷土地全部安装加压滴灌设施，实施滴灌节水灌溉工程。投资 200 万元钻打直径 720 毫米的机井 15 眼，单井深度均为 150 米，每眼机井涌水量 200 米³／小时；安装滴灌系统首部 15 套，完成地埋管总长 81 千米、地面管总长 62.5 千米，铺设地面毛管 3982.5 千米；架设高压线路 12.5 千米，以满足农田的灌溉用电。

2007 年 6 月，投资 40 万元在跃进区监狱以南 186.6 公顷红枣地打机井 3 眼，全部安装加压滴管设施，与开发区井位号排列为一支渠 1、2、3 号井位。

2008 年，在跃进开发区二支渠 3—4 斗、三支渠 2—10 斗增设滴灌设施面积 800 公顷，总投资 1955.1 万元，其中国家投资 1600 万元、自筹资金 355.1 万元；安装首部 8 套，装机容量 600 千瓦／时。支队投资 120 万元，在跃进区红枣基地西侧新建 66.6 公顷重点防护林，安装滴灌设施 2 套，全部铺设节水灌溉设施，当年投入使用。

2010 年 4—11 月，总投资 1443.95 万元，在跃进地区西侧的荒漠地带建设生态防护林 114 公顷，打井 4 眼，安装高压线路 9.6 千米，建泵房 4 座，铺设滴灌节水面积 114 公顷。

2011 年 10 月至 2012 年 9 月，总投资 70 万元完成跃进开发区西北部 666.6 公顷封沙育林工程项目，其中 660 公顷林地安装滴灌设施。

2006 年，且末工程支队在跃进开发区安装的加压滴灌首部设备（杨波　摄）

2013 年 6 月，投资 14.25 万元在跃进区二支渠农田铺设节水灌溉设施 53.3 公顷，种植棉花和玉米，打机井 1 眼，单井深度为 150 米，涌水量为 160 米³／小时。

2015 年 7 月，总投资 164.17 万元，其中国家投资 100 万元、团场自筹资金 64.17 万元。在跃进区新建核桃园 66.6 公顷，打机井 2 眼，全部安装滴灌设施。9 月，建成投入使用。

二、红旗区节水工程

2008 年，且末工程支队完成红旗区滴灌人工造林项目，面积为 198.2 公顷，建设内容包括种苗、定制、抚育管理、节水灌溉设施等。项目总投资 1600 万元，其中国家投资 1400 万元、自筹资金 200 万元。在总投资中，节水灌溉设施建设投入 916.8 万元。在红旗区一连投资 56 万元安装首部 4 套，装机容量 300 千瓦/时，灌溉面积 196.2 公顷，当年建成投入使用。

2010 年，根据国家政策全面推行退耕还林还草，积极调整农业种植结构，红旗区退棉进枣还林工程在西岸大渠与红旗区支渠所夹长三角地带，打机井 2 眼，修建滴灌设施，可灌溉面积 73.3 公顷。实施滴灌节水后，灌溉用水亩定额由原来的 600 立方米降至 460 立方米，田间灌溉用水量节约 23%。

2011 年，在红旗区河西实施生态经济林建设项目，面积 66.6 公顷，采用地下水加压滴灌林地，打机井 1 眼，安装首部 1 套，人工栽培红枣苗木 66.6 公顷。项目总投资 175.65 万元，其中国家投资 140 万元、自筹资金 35.65 万元。

2006—2015 年，三十七团完成节水工程总面积 3078.5 公顷，总投资 4803.47 万元，安装首部 45 套，装机容量 3525 千瓦，节水灌溉面积占农用地面积的 67.2%，形成规模化节水灌溉体系。

表 6-2　三十七团节水工程完成一览表（2006—2015 年）

年份	面积（公顷）	投资（万元）	首部（套）	装机容量（千瓦）	建设地点
2006	1400	680	15	1350	跃进区三支渠
2007	186.6	40	3	225	跃进区监狱南一支渠
2008	800	1955.1	8	600	跃进区二支渠 3 至 4 斗、三支渠 2 至 10 斗
2008	66.6	120	3	150	跃进区外围防护林
2008	198.2	56	4	300	红旗区一连
2009	40	14.25	1	75	跃进区二支渠农田
2010	73.3	30	2	150	红旗区一连长三角地带
2010	114	1443.95	4	300	跃进区二支渠、生态防护林区
2011	66.6	140	1	75	红旗区河西
2014	66.6	160	2	150	跃进区四支渠
2015	66.6	164.17	2	150	跃进区二连
合计	3078.5	4803.47	45	3525	

第四节　排水工程

1986 年，且末工程支队在跃进区开垦农田种植棉花，因土地含碱量大、排水不畅、土壤板结等，低产田占耕地总面积的 40% 以上，主要分布在跃进地区一支渠、二支渠和二连所辖区域，改良土壤成为当时农业生产的主要任务之一。

1987 年起，且末工程支队把挖排清淤作为改造中低产田的重要措施，每年投入大量人力、机力、物力和财力，开挖排渠、改建条田，疏通农田盐水排放渠道，降低土地盐碱含量，以实现改良土壤结构、提高作物产量的目的。

1988 年，在位于跃进区与且末县英吾斯塘乡分界处，修建两条平行支排，全长 8.2 千米，设计最大排水流量 3 米³/秒，主要用于排放跃进区 190 公顷农田和且末县英吾斯塘乡吐排吾斯塘村 213 公顷农田的盐水，取名为跃进东排碱沟。

1996 年，采取机械清淤挖排和人工割除排渠杂草相结合的办法，疏通垦区各级排碱渠，保证排水通畅，农田地下水位降低，提高盐碱地的改良成效。

1989 年，在跃进区一支渠修建南、北两条支排，全长 4.7 千米，设计最大排水流量 3 米³/秒。1999 年，在一支渠修建一条干排，全长 2.2 千米，设计最大排水流量 2 米³/秒。

2000 年后，在继续完善排水渠系、改善排灌条件的同时，采取平整土地、深耕深松土地和积施有机肥等措施集中治理中低产田。2000 年，集中治理跃进地区一支渠的 65.3 公顷中低产田。2002 年，投资 1326 万元，集中治理跃进区二支渠 73.3 公顷中低产田。至 2002 年底，在跃进区修建排渠 80.91 千米，其中支排 1.72 千米、斗排 11.34 千米、农排 67.85 千米。

2005 年后，实施跃进区水土资源开发建设工程，新开垦的土地需灌水压碱排盐，排碱渠施工量增大。

2006 年，在二支渠修建一条总排，全长 3.05 千米，设计最大排水流量 3.95 米³/秒。

2008 年，在三支渠修建一条总排，全长 2.25 千米，设计最大排水流量 1.18 米³/秒。

2010 年，修建场外基干林总排渠一条，全长 3.75 千米，设计最大排水流量 1 米³/秒。10 月，投资 75 万元，在三连所处的三支渠向西 1100 米处，新建一座扬水站。其中，新建泵房 80 平方米及配套设备，装机容量 60 千瓦；修建扬水车间及库房 140 平方米；建成蓄水池 2 座、渡槽 2 座。扬水站日抽水量为 2000 米³/小时，解决了三支渠 3 斗、5 斗、7 斗 53.3 公顷农田因地势高导致灌排水不畅、农田压碱改良问题。

2015 年，全团建成排碱渠 9 条，总长为 48.6 千米，日排放量为 240 立方米。至此，三十七团农田排灌系统基本形成，农田土壤矿化程度明显降低。

第五节　饮用水工程

20 世纪 70 年代，职工的生活用水来源于涝坝明水。夏季河道丰水期，涝坝水流频繁，水质尚可饮用。春、秋、冬三季河道水流干枯，涝坝水质下降，蚊虫孵卵、杂草等污染水体，影响着职工群众的身体健康。后由各连队砌生活用水池，通过渠道注水入池，澄清后成为生活用水。

1980年，曾有连队的职工尝试在垦区部分地域内打压井取水，深度10～15米，但水体泛黄，水味苦咸。

1987年1月，支队投资3200元在红旗区打生活饮用水井一眼，井深75米，单井涌水量150米^3/小时。安装地下输水主管道80千米，安装自来水入户水管896千米，使用自来水用户760户（包括公共用水），受益人口1300人。但偏远单位的职工仍在用渠水、涝坝水、土井水，没能解决生活用水水质差的问题。

1991年，且末工程支队在跃进区二中队南侧100米处打井1眼，安装输水主管道4.5千米、自来水管16千米，主要供应监区、武警中队和二连职工生活用水。

2005年，制定《"十一五"时期饮用水源改造规划》，决定分年度实施规划，以解决区域内5万人生活饮水安全问题。

2006年，且末县水管部门按照国家水源保护区污染防治管理规定，且末工程支队红旗区被划定为且末县生活用水水源保护区，统一由且末县水电局负责生活用水供给。且末工程支队使用的水塔停止供应生活用水，给予棉花加工厂作消防用水使用。是年3月，投入26.6万元在跃进开发区、监区钻打生活饮水井2眼，深度为150米，涌水量为100米^3/小时，跃进区连队居民和监区1200人的生活用水问题得以解决。

2007年，实施农村饮水安全工程，分别在红旗区、跃进地区钻打2眼深水井，安装无塔自来水装置，改善了自来水供应条件。

2008年，由且末县统一管理县域内饮用水资源，红旗区饮用水源地落实环境保护措施，禁止在饮用水水源地区域建厂、养殖、开发、填埋垃圾等。

2012年，投资35万元实施且末县康都小区生活用水改造工程，铺设主管道1100米、分支干管7000米、检查井8口。小区的生活供水管道均接入且末县供水系统。是年，支队投资3.2万元在车尔臣河西侧打深井1眼，解决了4户7人生活饮用水问题。

2012年后，居民生活饮用水供应分为两大区域，红旗区和县城小区居民生活饮用水由且末县水厂统一供给，跃进区居民生活饮用水由团场供给。

2013年4月，启动且末垦区农村饮水安全工程，由第二师设计院有限公司编制完成《新疆兵团第二师且若垦区农村饮水安全工程实施方案》。工程投资51.59万元，其中团场自筹资金5.1万元。8月17日，工程竣工。在跃进区新打机井1眼，井深150米，铺设管网520米，三十七团590人生活饮水安全问题得到解决。

2014年，三十七团启动跃进区小城镇建设规划，在监区副食品基地北侧新建一处饮用水供水站，打井1眼，平均井深200米，单井涌水量200米^3/小时。安装地下输水管道1280千米，受益人口 2300 人。工程项目总投资 192 万元，其中国家资金 153.6 万元、自筹资金 38.4 万元，解决了二连、三连、水电站、四连、设施农业基地和明珠社区、团机关 1750 人生活饮用水问题。是年，四连新建 1 处生活用水供水站，受益人口 260 人。

2015 年，全团居民生活饮用水均来自地下水，红旗区和跃进区打生活用水井 6 眼，总投资 223 万元，其中申请国家资金 153.6 万元、自筹资金 69.4 万元。平均井深 180 米，单井涌水量 120 米^3/小时，受益人口 2300 人。

第六节　用水管理

一、农用水管理

1990 年之前，农业用水费用由集体承担，按年度和亩用水量向且末县水电局缴纳农业用水费用，每立方米缴纳水费 0.012 元。

1990 年后，农业用水费用由承包土地的个人负担，集体不再承担土地承包水费。由生产科按 900 米^3/亩的标准，每亩地收取承包土地的农业用水费为 8.5 元。

1996 年，根据农二师规定的标准，调整农业用水费用。在渠口安装流速仪或标尺测量农田用水量，每亩收取水费 40 元。

1999 年，取消标尺测量用水量的办法，继续采用亩用水量收缴费用，收费标准为 0.012 元/米^3，减轻了职工负担。

2013 年，且末县统一调整农业用水收费价格为 0.097 元/米^3。跃进区节水滴灌设施所产生的费用，除上缴且末县水电费之外，其余部分用于团场设施、设备、管道维修费。农业承包职工应缴纳水费由连队报账员代收代缴，张榜公布。至 2015 年，农业用水价格未发生变化。

二、生活用水管理

20 世纪 80 年代中期，且末工程支队通过打井抽取地下水，解决了生活用水问题。1988 年，由行政办公室负责生活用水管理，制定《且末工程支队生活用水管理办法》，配备 1 名管理员，每天供水 12 个小时。每户每年缴自来水费用 10 元。

1991 年 4 月，且末工程支队成立社区，生活用水管理由社区负责，社区进一步完善用水管理制度，制定《且末工程支队生活用水与农业用水管理办法》，明确用水单价和费用收取标准，配备管理人员 2 人，分别负责水井、输水、用电、维修等工作。每年年底按每户 10 元收取当年水费，作为机井抽水电能消耗、人工费、发电费、管道维修费等的专项支出费用。

1991 年，监区在地下水井处修建 1 间泵房，地下水费收取实行单位包干，每个单位每年向支队行政办公室缴纳机井抽水电能消耗、人工费、发电费、管道维修费等的专项支出费用500元。

1997—2007年，居民生活用水的水费收费标准一直延续每户每年10元，由管理人员在每年年底入户收取。

2008年，且末工程支队居民生活用水被纳入且末县饮用水资源管理范围。每户安装水表，按表计费，避免了水资源的浪费，提高了生活用水利用率。跃进区一直延续1991年的收费标准。

2012年，康都小区居民生活用水按照"先购买再使用"的办法，由居民自行凭水卡到且末县政务大厅购买，每方水费为2.4元（含排污费）。

2015年，康都小区综合楼1～6层楼水费为4.1元/米^3，7～8层楼水费为4.3元/米^3，9～12层楼水费为3.1元/米^3；机关办公楼水费为2.86元/米^3。跃进区水费为2元/米^3。红旗区生活用水由且末县统一供水，由且末县供排水公司收缴水费。团属各居民小区水费收取标准不一。

三、管理机构

1990年之前，且末工程支队区域内农田水利管理由原八连（又名副业队）负责。1995年，水管站成立后，饮用水、农田用水由水管站集中管理。

2002年4月，实施农电网体制改革，水管站按需设岗，以岗定编，全站定编9人。超编人员分流至西岸大渠分水闸口和老场外干渠沿线，分别负责红旗区、跃进区农业用水、农田水利设施保护、职工生活用水的管理。

2006年，水管站更名为水电站，由副连级调整为正连级建制单位，负责区域外围林、水库沿线、农田用水管理工作。2015年，水电站负责全团农业用水管理。

第七节　电力

一、电力设施

1973年，农三师筑路部队到达且末后，在八连靠渠边建有1个发电房，安装V75千瓦柴油发电机组2组，日发电功率为75千瓦/小时，利用柴油发电机自行发电，以供照明用电和食品加工厂生产用电。

1974年，煤矿开始投产，自备VL200千瓦柴油发电机4组，日发电功率为400千瓦/小时，供应煤矿生产和生活用电。是年，机关在距离原工三师前线指挥部以西300米处建有80平方米发电房一间，配有V75千瓦柴油发机1组，主要供应机关、学校用电。

20世纪70年代，且末工程支队投资350万元帮助且末县在车尔臣河上游巴什克地段修建一座一级水电站。1982 年，利用 75 千瓦柴油发电机发电，每晚供电 3 个小时，结束了场区无电的历史。

1985 年，且末县巴什克一级水电站建成投入运行，开始给且末工程支队和且末县城供电。

1987 年，且末工程支队用电接入且末县城电网，在红旗区完成电网架设。因且末县电力供应不足，不能满足支队职工群众日常生活、生产需要。是年，在二中队修建一个发电房，安装 1 台 V75 千瓦发电机，每晚发电 4 小时，主要供应二中队生活照明用电。为解决工农业生产和日常用电问题，且末工程支队先后购置动力发电设备 5 台，自备动力发电机械 18 台，其中 V75 千瓦发电机 5 台、VL200 千瓦发电机 8 台、移动式 120 千瓦汽油发动机 4 台。分别安装在煤矿、石棉矿、机关驻地、八连老发电房、二中队、加工厂、跃进开发区等处。

1988 年，在石棉矿安装自备发电 VL200 千瓦柴油发电机 4 组，发电功率为 800 千瓦，主要供应石棉矿三个生产车间、办公区和采矿区等区域的生产用电。

1992 年，将副食品加工厂扩建为棉花加工厂，配备电力发动机 2 台，解决了加工厂生产电力供应不足和居民区生活用电问题。

2008 年夏季，且末地区遭受旱灾，跃进区 15 个滴灌首部用电受到极大限制，1400 公顷农田旱情严重。且末工程支队投入 80 万元购买移动式 120 汽油发动机 4 台，轮流向 15 个地下水井位供电，抽取地下水，有效缓解了旱情。

2011 年 12 月 27 日，"轮台县—塔中—且末县"输变电工程投运，且末县被正式融入国家电网，且末工程支队偏远连队的职工群众实现正常用电。

2014—2015 年，三十七团建设发展得到国家、兵团、二师的重点支持，重新规划团区域内电网布局，总投入 1300 万元完成团内各项电力设施的建设和改造，改造完成农业、小城镇公共用电和营连队区照明等电力设施，新增的电网设施覆盖全团工农业生产、城镇化建设、人民生活的各个领域。

二、电网改造

1987 年第一次电网改造。是年，使用 75 千瓦柴油发机发电，沿场区主干道设置主线路 1 条、分流线路 2 条，其中主线路架设长为 8 米的高压线杆 14 根，分流线路架设长为 6 米的线杆 16 根，建立以场区主干道为轴心的辐射带动全支队各单位的电力网络。

1989 年，用电被接入且末县水力发电电网后，在资金极度匮乏的情况下，投资 20 万元改造电力设施、线路，将原来的木电杆全部更换成 6 米长的水泥电杆，原来的电线被统一更换为外包绝缘体的电线，避免用电事故发生。

1992 年，按照农二师棉麻加工质量要求，架设 10.2 千米工业用电线路，引导且末县高压电进入支队加工厂，安装变电设施 3 架，厂房内线路以地埋方式与各生产车间连通。

2004 年，按照国家农电网改造政策及标准，投资 80 万元再次实施农网改造，采用高架和直埋两种方式重新铺架电缆，配电设施等级为 380～220 伏特。在公共场所使用的电源，从配电室至建筑物总配电室的电缆主要采用 380～220 伏特、VV22 型电缆地埋连结；照明线路采用 BV 型导线，穿孔暗敷设；动力和锅炉房用电电源，由电缆直接地埋引入总配电箱至各用电点，采用房舍式用电方法；

2011 年 12 月，支队改造输电线路被并入国家电网　　（杨金宝　摄）

各建筑物照明灯具采用高效节能型荧光灯及白炽灯，照明线路电压为 220 伏特。

2006—2008 年，按照兵团团场电网完善工程的统一规划，完成农电网电力线路改造工程，其中完成 10 千伏电力线路改造 68.5 千米、0.4 千伏电力线路改造 31 千米。包括新增且末县变电所至跃进监区线路 16 千米、跃进开发区生态林滴灌工程线路 5 千米、二连至三连线路 4 千米以及新建监区改造线路等电力线路。改造完成且末县变电所至监区线路 16 千米、监区到二连线路 5 千米、二连至三连线路 4 千米。

2011 年 12 月，总投资 210 万元，再次改造辖区内的输电线路，架设高压线路 21 千米、低压线路 17 千米，均接入国家电网，结束利用柴油机发电的历史。

2014 年，实施农电网建设工程项目，新增 10 千伏电力线路 32.5 千米，其中三连电力线路 3.5 千米、二连生态经济林滴灌项目电力线路 19 千米、三连生态林滴灌项目电力线路 10 千米；新增 0.4 千伏线 31 千米，其中二连新增线路 10 千米、三连新增线路 10 千米、监区改造线路 2 千米。总投资 716.45 万元，其中国家投资 573.16 万元、自筹资金 143.29 万元；其中建设 10 千伏线路投入 486.35 万元、建设 0.4 千伏线路投入 158.1 万元。

2015 年，小城镇建设项目、养殖业基地、沙生产项目、设施农业基地先后在跃进区落地。按照国家和且末县农电网改造工程项目要求，三十七团利用国家电网覆盖的便利条件，在跃进区新建一座 35 千伏变电站，满足了各行各业的用电需求。

三、用电管理

1990 年以前，且末工程支队没有设专门的用电管理机构。用电管理由机关办公室与且末水电局进行协商。1991 年，由八连负责收取承包土地职工和居民家庭的电费，电费收取方式按每个灯头每年 15 元价格收取。公共用电由集体承担，每度电为 0.75 元。

1994 年，用电管理工作挂靠在机关办公室，配备 1 名电工负责用电管理和辖区线路维修，电工给各家安装电表，每年抄表一次，每度电按 0.75 元收取电费后，给用电户开具收据，电费收取实行年底张榜公示。工业用电计入单位成本核算，集体不再承担。公共场所、机关办公用电实行限量制，白天一般只给加工厂供电，其他用电停止；夜晚从 20 点供应照明 4 个小时，零点后停电，每度电单价为 0.85 元。

1995 年，支队水管站成立，全团农业用水用电纳入水管站统一归口管理，取消连队电管人员收取电费的管理方法，实行统一时间发电、统一时间送电、统一安装电表、统一收费标准、统一管理措施的"五统一"，线路安装到户、维修检查到户、费用收取到户、安全措施宣传到户的"四到户"和收取费用公开、使用电价公开、统一标准公开的"三公开"的用电管理制度。

1998 年，工业、农业、林业单位均安装有电表，公用电按照电表计数单独核算，电费在生产总值中核销。职工家庭安装电表，每年 12 月底由水管站工作人员入户抄表，收取电费。连队承包土地的职工家庭产生的电费，年底由所在连队从产品上缴费用中统一核算。

2002 年 4 月，实行水电分离，电管业务从水管站分离出来，由社区接管住户用电、生活用水费用收缴。水管站按照精简高效原则，重新整合水管站内部结构，主要负责电力线路、电力设备维修维护和电力基础设施建设项目落实。

2003 年，社区负责用电管理后，统一更换智能电表，更换费用由水管站承担，全团所有用电单位用电部位实行电表计数管理，电价按照且末县电力公司统一标价收取费用，用电管理逐步实现正规化。

2006—2008 年，且末工程支队完成农电网电力线路改造工程，重新调整用电价格，各居民家庭安装预付费磁卡电表，一户一卡，实行先缴钱后用电的管理办法。社区负责辖区内所有用电设施管理和办理电表售电等业务。

2010 年，机关迁入且末县城，用电实行分片管理。红旗社区为社区居民提供用电业务管理和服务，水电站为跃进区居民提供用电管理和服务，形成一连一社区用电管理模式。

2011 年 12 月，总投资 210 万元架设的高、低压线路接入国家电网后，社区服务中心统管用电管理工作，每年按照国家电费标准收取电费。

2015 年，康都小区高层楼房电费收取标准为每度 0.65 元，条式住宅楼电费每度 0.56 元，商用楼电费为每度 0.65 元；住宅楼梯间公摊电费每户每年 30 元。

第七章　交通　信息

　　20 世纪 70 年代，兵团工三师驻扎且末地区，场区道路均为土路。80 年代，场区主干道和通连道路铺设砂石料，建成砂石公路。90 年代后期，场区重新规划修筑主干道 2 条，区间道路 14 条，硬化路面 13 条，其余均为土路。2000 年后，实施通团、通连道路建设工程，路面逐步改造为沥青路。2006—2015 年，城镇化建设步伐加快，场内主干道由原来的 2 条增加到 4 条，区间道路全部完成路面硬化。改扩建通连公路 98.3 千米、农田农机道路 65 千米、交通桥 19 座、过路涵洞 51 个，全团公路总里程 151.3 千米，交通状况得到根本改善。

　　2000 年后，电话、网络逐渐进入家庭及办公领域，信息化建设为经济和社会发展提供了强有力的支持。

第一节　公路

一、过境公路

团辖区内有两条过境公路。

（一）315 国道

315 国道从团域内通过，途经长度 4.6 千米。其中，途经红旗区 1.5 千米，途经跃进区 3.1 千米。向西经民丰、于田、和田、莎车至喀什，向东经若羌至青海省，国道全长 3080 千米，是南疆地区连接新疆西部地区的主要通道。

（二）591 专线

2005 年，315 国道改道且末县城以北，从若羌至塔提让、且末、民丰后，将原 315 国道更名为 591 专线。途经团红旗区 1.5 千米，是且末县城通往南部山区主通道。

二、团内公路

1970—2015 年，三十七团总计修建团内公路 89 条，总长 368.77 千米。其中，建成标准等级公路 7 条，总长 38.32 千米，铺油面积 257320 平方米。建设乡道 28 条，总长 134.5 千米；建设场区便道 54 条，总长 195.95 千米。沥青公路通达实现 100%。

（一）矿山公路

20 世纪 70 年代，且末县在距且末县城以西 278 千米的昆仑山昆其布拉克吉格代艾肯开发 1 个石棉矿，有 1 条从苏塘出发途经沙河段、80 千米戈壁滩、42 千米盘山道至石棉矿的进山便道，依靠骆驼和毛驴运输进出物资。

1985 年，且末工程支队组织人力修筑苏塘沙河段至石棉矿道路 9 千米，因山洪暴发时常被冲毁。1986 年，投资 120 万元，组织一中队、五中队驻扎石棉矿，开始修建矿山公路、桥梁、矿舍、车间等设施；投资 60 万元修筑苏塘至进山口戈壁道路 80.12 千米，路宽 6 米，为戈壁砂石路面。修建涵桥 27 座，其中过水平板桥 14 座。机耕队投入人力 140 个工作日、机力 260 台次。至 1988 年，经过 3 年苦战，从苏塘建成一条通往矿山的戈壁公路，全长 142 千米，其中建成路宽 6 米的盘山砂砾公路 42 千米。开挖土石方量 120 万立方米，参加施工 28.8 万人次。负责桥梁施工设计的监狱民警苟为美因地制宜，土法上马，采用石块、鹅卵石铺设灌浆的方法，在昆仑山与阿尔金山交会处架设石孔桥 6 座，从入山口到矿点分别取名为一号桥、二号桥、三号桥、四号桥、五号桥、六号桥，石棉矿运输通道正式开通。

1993 年 6—7 月，投资 12 万元修建苏塘沙河段水毁道路 13 千米，投入劳动力 576 人次，出动各种机械 16 台次，路基采取铺垫红柳和砂石料的方法，铺设红柳枝道路 9 千米，铺垫砂石料 3000 立方米。

2010 年，农二师启动开发苏塘地区建设三十八团期间，将苏塘至山口 80 千米戈壁路扩建成柏油路，山口至矿山 42 千米仍为砂石路面。

2015 年，从进山口至石棉矿 42 千米的盘山公路以及附属桥梁经过多次维修、铺垫，依然保持着 20 世纪 80 年代的路况，成为且末县昆其布拉克吉格代艾肯牧民唯一的出山通道。

（二）场区公路

1. 红旗区公路

（1）振兴路

1970 年，工三师筑路队伍驻扎在且末县红旗区时，就地取材修筑一条东西长 0.82 千米、宽 6 米的土路，与 315 国道呈 "T" 形相连，是红旗区唯一场区主干道路，称为场区路。1993 年，投资 266.99 万元对红旗区所有道路实施改扩建。此条道路改扩建成 8 米，两边各建林带 2 米，总长 0.82 千米。1995 年，自筹资金 3.7 万元再次对此路加高铺设砂砾，刮平碾压维修，道路两侧各扩宽1米作为人行道，名为"振兴大道"。1998年，实施危旧房改造工程时，将此条道路加高、加宽，铺设沥青路面宽7米。2008年，地名普查时振兴大道更名为振兴路。

（2）315国道至河西路

2003年4月，在红旗区2斗渠末端修建一条戈壁路，长1500米，宽7米，路面宽5米，从原315国道往南通达河西与且末县环城路连接，架桥4座，其中板桥1座，涵桥3座。2008年5月，且末县投资150万元对此路拓宽改建，铺设柏油路面宽7米，铺油面积1.05万平方米。

（3）加工厂路

2009年，修建棉花加工厂至315国道的戈壁路，长600米，宽10米，铺垫戈壁石厚度0.6米，全程铺设戈壁石料3600立方米，刮平压实后作为棉花加工厂运输通道。

至2015年，红旗区共有1条主干道和2条乡道，总里程3120米。其中，硬质路面2520米，戈壁路面600米。

2. 跃进区公路

2005年以前，跃进区没有公路，只有两条砂砾铺设的农田便道。2005年起，跃进区实施农业开发，随之陆续修建一批场区公路。至2015年，跃进区已建成10条场区公路。

2015年，三十七团修建跃进区新城镇道路　　　　　　　　　　（杨金宝　摄）

（1）田园路

1986年，从315国道至跃进区监狱蔬菜基地，修建一条南北长2100米、宽6米的公路，建成后名为田园路，是跃进区二中队通往且末县的主要交通道路。2000年12月，田园路改扩建成路面宽7米的沥青路。2014年2月，跃进区实施小城镇规划，总投资1605万元，将田园路改扩建 2010 米，路面拓宽至 26 米，铺油面积 52152 平方米，修建桥涵 2 座。2016 年 10 月底建成通车，属三十七团小城镇东环主干道。

（2）育新路

1986 年，在田园路末端修筑一条东西长 1800 米、宽 6 米的砂石路，通往且末劳改农场驻地，取名为育新路。2000 年 12 月，育新路改扩建成路面宽 7 米的沥青路面。2004 年 6 月，育新路拓宽至 8 米，完成道路硬质化工程。

（3）监狱至水库路

2001 年，修建监区至水库道路，总长 2300 米，为土质路面农村公路。

（4）建设路

2005 年 8 月，跃进区开发建设生态经济林时建成 1 条砂砾路，为南北走向。北起 315 国道 1902.1 千米处，南至跃进开发区军垦路东端，总长 3800 米，宽 8 米，后命名为建设路。2009 年，投入 904.6 万元，对建设路拓宽改造，铺设沥青路面宽 8 米，铺油 3.04 万平方米，架桥涵 5 座。2015 年 6 月，实施小城镇建设重建此路，从北向南直达育新路西端，总长 2360 米，路面拓宽至 26 米。2015 年 9 月，投资 544 万元，路面重新铺设沥青 61360 平方米。是新团部与外界通行的主要交通道路。

（5）军垦路

2005 年 6 月，跃进区开发建设生态经济林修建 1 条砂砾路面道路，为东西走向。东起建设路 3.8 千米处，西至跃进开发区 4 号井位，全长 4.1 千米，宽 8 米。2008 年命名为军垦路。2009 年，对军垦路拓宽改造，铺设沥青路面宽 8 米，铺油 3.28 万平方米，公路等级为三级路面。铺设路基土方 5.79 万立方米，戈壁砂石 1.43 万立方米，面层砂砾 0.35 万立方米，铺设沥青路面厚 3 厘米，实际使用沥青 75 吨，渣油 225 吨，架桥 3 座。其中板桥 2 座，涵桥 1 座。2012 年 6 月，对此路重新铺油改造，铺设沥青路面厚度 5 厘米，铺油面积 32800 平方米，是跃进开发区主要的交通道路。

（6）水库路

2009 年，修建跃进开发区营区至水库戈壁路，全长 1.5 千米，路面宽 6 米，名为水库路。

（7）营区路

2010 年，建成全长 11.5 千米的营区道路，公路等级为沥青四级农村公路。路面宽 6 米，2010 年 12 月交付使用，是连通二连、三连、水电站、牛场和四连的交通通道。

（8）四连道路

2015 年 12 月，修建二连至四连的通连道路 10.4 千米，路面宽 10 米，铺油路面 8 米；投资 267.8 万元建成牛场道路 2.8 千米，路宽 8 米，修建桥涵 4 座，当月通车。

（9）建设路北段拓宽改建

2015 年 6 月，从建设路北段接 315 国道起点，向南改扩建道路 2.1 千米，路面拓宽至 17 米，利用国家项目资金，总投资 544 万元。

（10）猪场路

2015 年 11 月，建成通往养猪场柏油路 5.3 千米，路面宽 12 米，工程总投资 715 万元，其中，中央预算内投资 500 万元、自筹资金 215 万元。铺油面积 6.36 万平方米。

（三）农田道路

1. 红旗区农田道路

1974 年，红旗区 4 斗修建从 315 国道接口处通往河西四连农田道路，全长 3.8 千米，修建路间涵桥 10 座。路宽 4 米，为土路，用于大渠工地与四连间的通行。修建从加工厂通往九连、四连的农田道路，全长 2.05 千米，路宽 4 米，为土路，主要便于职工农田劳动和农产品运输。2006 年，此路铺设为沥青路面。

1985 年，修建从支队机关驻地通往河西墓地的农田道路，全长 4.35 千米，建路间涵桥 3 座。路宽 4 米，为土路。1986 年，修建从 315 国道接口处通往三中队农田道路，全长 2.5 千米，路间涵桥 1 座。路宽 4 米，为戈壁石便道，主要用于支队机关到三中队通行和职工农田劳动。2014 年，此路铺设为沥青路面。

1988 年，修建从水泥厂通往三中队外围的农田道路，全长 3.83 千米，建路间板桥 1 座、涵桥 2 座。路宽 4 米，为土路，主要用于三中队人员农田劳动及物资运输。

2010 年起，由各连队完成红旗区农田道路的整修，将原来的土路铺垫砂砾碾压整修。2015 年，一连有 8.35 千米农田道路改为沥青路、8.18 千米农田道路改为砂砾，修筑盖板桥 3 座、涵桥 18 座，便于职工群众通行、运输农用物资和农产品。

2. 跃进区农田道路

2007—2008 年，在跃进区一支渠 0 斗建有农田道路 2 条，总长 4.17 千米，建涵桥 6 座。路宽 4 米，为砂砾路，路面凹凸不平，尘土覆盖。归属二连管辖，分别位于一支渠新 0 斗头、一支渠新 0 斗尾、一支渠新 0 斗 1 农、一支渠新 0 斗 2 农、一支渠新 0 斗 3 农、一支渠新 0 斗 4 农、一支渠新 0 斗 5 农，主要用于农用物资和农产品运输。

2007 年，二支渠二连辖区内建设农田道路 3 条，总长 13.63 千米，分别位于二支渠 1 斗尾、2 斗头、6 斗头，辖 15 个条田。除二支 1 斗尾 580 米路段铺设戈壁砂石外，其余路面均为土路。各农田间无路，有林带或排碱沟相隔。2012 年，二支渠农田道路完成改扩建，修建路间涵桥 8 座。

2006—2008 年，三支渠二连辖区建成农田道路 7 条，总长 51.05 千米，道路位于三支渠 7 斗头尾、8 斗头尾、9 斗头尾和 10 斗头，辖 46 个条田，除三支 7 斗头尾路况较好外，其余道路均为砂砾路。2012—2013 年，三支渠农田道路完成改扩建，修建路间涵桥 24 座。

2007 年，二支渠三连辖区的 1 斗尾和 2 斗建有农田道路 1 条，总长 13.6 千米，为土路，辖

15 个条田，包括二支 1 斗、二支 2 斗。各农田间无路，有林带或排碱沟相隔。2012 年，二支渠农田道路完成改扩建，修建涵桥 7 座。

2007 年，三支渠三连辖区修建农田道路 9 条，总长 52.71 千米，其中牛场至三连营区外围农田道路全长 3.59 千米。位于三支 3 斗 7 农、三支 3 斗头、三支 4 斗头尾、三支 5 斗尾、三支 5 斗 7 农和三支 6 斗头的农田道路铺设戈壁砂石，其余为土路。三支渠农田道路辖 46 个条田，包括三支 2 斗、三支 3 斗、三支 4 斗、三支 5 斗、三支 6 斗。位于三支 5 斗头 1.35 千米的土路路况较差。2012 年，三支渠大部分农田道路完成改扩建，路面铺垫戈壁。2015 年，改扩建为沥青路，修建涵桥 3 座，便于农产品、猪场和牛场的物资运输。

至 2015 年底，全团修建的场区道路总长 374.57 千米，其中乡道总长 144 千米，农村公路总长 32.32 千米，农田便道总长 195.95 千米，小区路总长 0.2 千米，城镇道路总长 2.1 千米，铺油面积 257320 平方米，交通运输条件明显改善。

表 7－1　三十七团场区道路建设一览表（1985—2015 年）

年份	总长（千米）	路宽（米）	铺油面积（平方米）	公路类型	公路等级	公路名称	公路位置
1985—1986	9	6	—	乡道	戈壁路	苏塘沙河路	苏塘—沙河
	42	6	—	乡道	戈壁路	矿山盘山路	山口至石棉矿盘山路
	80	6	—	乡道	戈壁路	苏塘戈壁路	苏塘—进山口
	1.8	6	—	农村公路	砂砾路	育新路	田园路—监区
1998—2000	2.1	6	19200	农村公路	沥青四级	田园路	跃进区 315 国道—监区
	0.82	6	4920	农村公路	沥青四级	振兴大道	红旗区支队部
	12.8	6	76800	农村公路	沥青四级	营区路	红旗区营区
2001—2009	2.3	5	—	农村公路	土质路	—	监区—水库
	1.5	5	—	乡道	戈壁路	黄泉路	红旗区 315 国道—河西
	4.1	8	32800	农村公路	沥青四级	军垦路	跃进开发区—4 号井
	3.8	8	30400	农村公路	沥青四级	建设路	跃进区 315 国道—开发区
	2.5	5	—	农村公路	土质路	—	监区—开发区
	0.6	6	—	农村公路	戈壁路	—	红旗区 315 国道—棉花加工厂
	1.5	6	—	农村公路	土质路	水库路	跃进区营区—水库
	14.4	5	—	农田便道	戈壁路	—	红旗区农田共计 6 条
	28.15	5	—	农田便道	戈壁路	—	跃进开发区
	153.4	5	—	农田便道	土质路	—	跃进开发区
2010—2015	11.5	5	57500	农村公路	沥青四级	营区路	跃进区营区
	0.2	8	—	小区路	水泥路	小区道路	康都小区
	2.1	17	35700	城镇道路	沥青三级	建设路北段	跃进 315 国道—小城镇
合计	374.57	130	257320				

注：此表数据由团基建科提供。

三、道路养护

1990 年以前，场区道路养护工作由生产科负责，制订道路维护方案与保护措施加强对道路的管理。农田道路由连队使用和养护，每年连队动用拖拉机刮平路面 2 次。同时，及时修复遭受洪水、风沙毁坏的路面。

1992 年，将建成的公路划分到各基层单位养护，每年各单位组织机械和劳力加高路基，平整戈壁砂石路面，道路通行质量大幅提高。

1996—2000 年，各单位利用冬春农闲时节，调集人力和机力按单位划分道路养护路段，拉运砂石改造主干道，建成砂石路，职工出行更加方便快捷。2001 年，场区主干道铺设柏油路后，更加重视主干道卫生清理、林床绿化和养护。社区安排专人清扫和维修主干道路面；营区内次干道、土路，由住户清扫和维护。每年由生产科组织安排，各连队出动义务工，抽调机车拉运沙土，修补路肩路基，清理道路林带的杂草，以保证道路完好畅通。

2005 年后，随着道路建设总里程增加，以往的道路管理和养护措施明显滞后，道路管护采取生产部门协调管理，单位负总责，按照各单位所辖地段分成道路管辖区，由各单位负责养护。2009 年，由基建科负责道路养护工作。团、连配备环卫工人 4 人，每天清扫和养护支队部和连队的道路。2011 年，成立客运站，配备公路养护人员 4 人，明确管理区域和人员职责，承担全支队道路养护工作。

2012—2013 年，连队辖区道路由各连队配备道路清扫和养护人员，承担道路日常维护和养护，养护人员按本单位所辖路面的里程，对道路进行修补、清扫、看护。因缺乏养护设备，道路养护只限于人工清扫路面，无力修补、修复道路损坏和老化的地段。

2014 年，全团道路养护实行辖区负责制，各辖区内的公路养护和公路设施管理由所在单位承担养护责任。2015 年，团成立公路养护站后，各单位配备公路养护工人 1 名，共有 3 名，负责全团公路养护和交通安全管理工作。

第二节　桥涵

20 世纪七八十年代，且末工程支队在区域道路上架设的桥涵，因承载负荷小，造成使用寿命短。

1968 年 9 月，由工三师民丰工程支队施工组设计、七连承建的牙通古斯河大桥落成，桥全长80 米，宽 8 米，高度 16 米，跨度两孔三组桥墩，每组桥墩四个桥柱。位于民丰县以东 63 千米处草湖至安迪尔河中段。

1970 年 8 月，安迪尔河大桥开始施工，此桥位于民丰县以东 130 千米处，是新疆和田地区与新疆巴州地区的界河桥。由兵团工三师工程支队三队承建。大桥全长120米，宽8米，高17米，跨度四孔五组桥墩，每组桥墩三个桥柱，预制构件拱波与拱肋组合为拱圈，桥身主体结构为双曲拱桥。

1978年5月，车尔臣河前进大桥竣工，桥长405米，宽8米，高度22米，承压15吨，钢筋混凝土结构，桥梁跨度6孔，每孔跨度35米，因施工时没有吊装机械设备，采用人工堆筑"土牛"，解决了大跨度拱圈浇筑和安装难题。车尔臣河大桥是且末工程支队建造的桥孔跨度最大、距离最长的公路双曲拱桥之一。

1986—1991年，组织人力、物力，在通往石棉矿山142千米的道路上，总投资132万元修筑桥涵32座。其中，修筑拱桥涵6座、平板桥涵21座。20世纪90年代，投资完成原有桥涵的改扩建，桥涵利用率提高。

2000—2010年，开发建设跃进区生态经济林，新建3个连队，道路桥涵数量随之增加，修建涵桥54座，其中平板桥涵6座。

2011—2015年，三十七团加快小城镇建设步伐，相继完成全团连通达公路改扩建工程，修建桥涵10座，其中新建涵桥7座、平板桥涵2座、改建平板桥涵1座。

至2015年底，全团有桥涵131座，其中涵桥88座、拱桥涵8座、平板桥涵35座。红旗区有桥涵21座，其中平板桥涵3座、涵桥18座；跃进区有桥涵83座，其中平板桥涵8座、涵桥73

1988年，且末工程支队矿山公路1号桥施工工地 　　　　　　　　　　　　　　　　（团档案室供图）

座、拱桥涵 2 座；石棉矿区有桥涵 27 座，其中拱桥涵 6 座、平板桥涵 21 座。石棉矿另有过路涵桥 32 座。

第三节　运输

一、拖拉机运输

1971 年，农二师调拨给且末工程支队 28 型轮式拖拉机 4 台，用于农田开垦耕作或运输物资。后又陆续引进轮式拖拉机并配套拖车，承担物资运输工作。

1980 年，拖车增至 6 辆。

1995 年，拥有转运机具的大中型拖车 14 辆、小四轮拖车 7 辆（包括私有小四轮 4 辆），承担农用物资和生活物资的运输，年完成货运量 2000 吨。

1996—2005 年，因国家公路交通管理日趋规范，拖拉机只限于短途运输。轮式拖拉机以田间作业为主，在秋收季节，则集中运送棉花等农产品。2005 年，承包土地职工有轮式拖拉机 45 台，其中小四轮拖拉机 5 台、大中型拖拉机 40 台，当年完成货运量 8000 吨。

2007 年后，职工购买拖拉机可享受国家农业机械购置补贴优惠政策，加之轮式拖拉机车身低，易装易卸，既可用于田间作业，又可用于短途运输，用途较广，农机户购买轮式机车热情较高。是年，拥有拖拉机 32 台，其中轮式拖拉机 30 台、履带式拖拉机 2 台。全年完成货运量 1.6 万吨。

2010 年，全团有轮式拖拉机 67 台，其中大中型拖拉机 64 台，小四轮拖拉机 3 台，年货运量 1.9 万吨。至 2015 年，轮式拖拉机增至 210 台。其中，小型拖拉机 2 台、大中型拖拉机 118 台，年完成货运量 2 万吨。

二、汽车运输

（一）车辆

1974 年 2 月，新疆公路局划给农二师且末工程支队解放牌 4 吨载重货车 100 辆；3 月，组建汽车营，加快修筑 315 国道任务。参加施工的连队有 12 个，职工 7500 人，其中建安工人 1110 人，投入施工的各种型号汽车 208 辆。其中，参加远程运输砂石料任务汽车（东风翻斗汽车）80 辆，解放牌 4 吨货车 120 辆，压路机 2 台，生活运输车辆 4 辆，吊车 2 台，各种型号的工作车、生活车 4 辆，工程施工配套机具 1100 余架，日运输工作量 4.53 万吨。主要承担修建 315 国道苏塘段至且末县城、红旗段江尕勒萨依段砂石料和物资运输任务。北京吉普车 4 辆，跃进牌吉普车 5 辆，为机关公务用车。汽车营建有车工车间，配备有机床、车床等较为先进的机械设备，主要用于汽车、机械维修和零部件锻造。

1978 年，经新疆维吾尔自治区公路局批准，从巴州工程支队汽车营抽调 100 辆汽车和 400 名职工到克拉玛依石油基地，支援国家石油开发建设。汽车营参加筑路物资运输车辆减至 80 余辆。

1980 年后，且末工程支队分成 10 多个建筑队前往北疆承揽工程，汽车营各类车辆随之分散到各个工地，单位内部运输车辆减至 40 余辆。

1986 年，兵团在且末成立劳改农场，拥有运输车辆 32 辆，其中汽车 23 辆，年完成货运量 1.2 万吨。1989 年 12 月 9 日，且末工程支队成立车队，负责全支队所有运输车辆的管理与维修，建制为正连级，有各种车辆 38 辆。

1993 年，农二师调拨给且末工程支队 1 辆南京跃进卡斯汽车。1995 年，且末工程支队重点发展农业后，重点开发石棉矿和开垦农田。随着车辆需求量的增加，是年底，拥有各类型号车辆 48 辆，其中汽车 23 辆，年完成货运量 7000 吨；拖拉机 11 辆，主要承担农业生产田间拉运和耕地作业。

2005 年，开发建设跃进区，连队职工自行购买各类车辆，其中部分职工购买小汽车和轻型货车用于运输，车辆数增加，有车辆 97 辆，其中汽车 5 辆。全年完成货运量 3200 吨，货运周转量 227.42 万吨/千米，运输收入 31.2 万元。

2011 年，随着职工承包土地种植红枣连年丰收，职工生活逐步富裕，汽油摩托车、电动车摩托车、小汽车等家用运输车辆逐渐成为职工群众主要交通工具。车辆总数达到 383 辆，其中汽车 23 辆、摩托车 236 辆、拖拉机 114 辆、其他车辆 10 辆。全年完成货运量 2500 吨，货运周转量 138 万吨/千米，运输收入 55 万元。

2015 年，全团有各类型车辆 928 辆。其中，汽车 112 辆、拖拉机 224 辆、摩托车（含电动车）576 辆、农用运输车 13 辆、其他汽车 3 辆。

表 7-2　三十七团车辆拥有量一览表（1994—2015 年）

单位：辆

年份	车辆总数	汽车	汽车类型		其他车辆	农用运输车	摩托车（含电动车）	拖拉机
			载客汽车	载货汽车				
1994	23	23	10	13	—	—	—	—
1995	48	23	10	13	—	—	14	11
1996	42	17	9	8	—	—	14	11
1997	42	17	9	8	—	—	14	11
1998	61	18		18	6	—	26	11
1999	53	16	6	10	—	—	26	11

续表

年份	车辆总数	汽车	汽车类型		其他车辆	农用运输车	摩托车（含电动车）	拖拉机
			载客汽车	载货汽车				
2000	66	14	6	8	6	—	35	11
2001	51	5	1	4	—	9	31	6
2002	51	5	1	4	—	9	31	6
2003	62	3	1	2		20	33	6
2004	64	3	1	2	—	20	35	6
2005	97	5	2	3	9	27	47	9
2006	128	6	2	4	13	35	62	12
2007	127	5	2	3	13	35	62	12
2008	225	5	3	2	6	43	89	82
2009	157	7	5	2	14	53	69	14
2010	198	13	11	2	8	8	92	77
2011	383	23	21	2	8	2	236	114
2012	532	56	54	2	2	5	313	156
2013	613	81	80	1	2	4	339	187
2014	850	98	95	3	2	12	531	207
2015	928	112	109	3	3	13	576	224

注：依据《农二师统计年鉴》数据整理。

（二）货运

20世纪70年代，工三师前线指挥部建有汽车营，下辖汽车一连，二连、三连3个正连级单位，其中一连、二连为物资运输连队，主要承担315国道施工砂石料和各类建设物资运送任务，帮助其他农业连队运送种子、肥料、粮油等生产生活物资。有汽车208辆，年完成货运量120万吨。70年代中后期，且末工程支队归属巴州农垦局管辖，除承担修建公路的物资运输外，还承担购进物资的长途运输任务。

1980年，新疆维吾尔自治区"0701"工程基本完工，自治区建委从汽车营抽调100辆汽车支援克拉玛依石油基地建设，汽车营改为汽车队，为正连级建制，且末驻地保留车辆40余辆，其余车辆随施工队承担盐湖、乌鲁木齐、鄯善、昌吉等地工程施工物资运输任务，当年完成各类物资货运量23万吨，全年货运量大减。

1994年，且末驻地拥有各类车辆23辆，年货运量0.5万吨，货运周转量8万吨/千米，货运收入 36 万元。

1999 年，个体和私营运输业有所发展，且末驻地拥有物资运输汽车 16 辆，其中客运车辆 6 辆、载货汽车 10 辆，全年完成货运量 0.5 万吨，货运周转量 95 万吨/千米，货运收入 30.4 万元。

2000 年后，随着农业种植面积逐年扩大，承包土地职工为方便出行和农用物资运输，自行购买各种型号汽车、摩托车等，车辆总数量增加至 66 辆，较 1994 年增加 43 辆。年运输量由 1999 年的 0.5 万吨上升至 0.6 万吨。货运周转量 101 万吨/千米，货运收入 30.2 万元。

2010 年，支队在且末县城新建居民小区，农用车辆增加至 198 辆，所需建材均由外地通过私人运输车运入，全年完成货运量 0.16 万吨，货运周转量 49 万吨/千米，货运收入 11.4 万元。

2015 年，团场在跃进区实施小城镇建设工程，全年完成货运量 0.45 万吨，货运周转量 156 万吨/千米。货运产值 78 万元，货运纯收入 12.2 万元。

表 7-3　三十七团公路货运及收入一览表（1994—2015 年）

年份	货运量（万吨）	货运周转量（万吨/千米）	运输收入（万元）	运输纯收入（元/人）
1994	0.5	8	36	4.2
1995	0.7	12	57.3	9.3
1996	0.7	12	52.4	8.2
1997	0.8	13	36	7.12
1998	0.8	14	14.6	3.2
1999	0.5	95	30.4	8.9
2000	0.6	101	30.2	7.9
2001	0.6	101	30.2	7.9
2002	1.2	720	132	15.7
2003	1.0	170	32	9.8
2004	0.2	170	24.1	9.5
2005	0.32	227	31.2	9.5
2006	0.46	303	41.6	13.1
2007	0.32	256	32.3	1.7
2008	0.16	38	24	9
2009	0.16	49	11.4	2.3

续表

年份	货运量（万吨）	货运周转量（万吨/千米）	运输收入（万元）	运输纯收入（元/人）
2010	0.16	49	11.4	2.3
2011	0.25	138	55	4.5
2012	0.26	140	67	2.5
2013	0.32	146	70	7.1
2014	0.34	148	74	7.4
2015	0.45	156	78	12.2

注：数据来自《农二师统计年鉴》。

（三）客运

20世纪70年代中后期，且末工程支队没有专门的客运线路，职工群众外出均搭乘汽车营的敞篷汽车。1993年，农二师调拨给且末工程支队1辆46座公共客车，客运业就此起步。1993—1997年，客运公共汽车成为人们外出的主要交通工具，年客运周转量达52次，年客运纯收入9.9万元。1998年，且末县际班车增至每日一班，且末工程支队客运公共汽车停运。此后，职工群众外出均搭乘且末县际班车。

2007年，有3名职工自行购买轿车在且末县城从事个体出租业务，年均客运纯收入8.2万元。2008年，个体出租车减至2辆，从业人员2人。2009年，新增客运校车2辆，从业人员4人。

2011年4月，且末工程支队成立客运站，在机关设客货管理办公室，客运被纳入农二师客运管理网络。因且末工程支队总人口较少，且与库尔勒相距甚远，加之客运成本高，随后取消客运业务，人员外出仍乘坐且末县际班车。2013年，三十七团在且末县城仅余1辆个体出租车，2014年停运。

2015年，三十七团有客运校车1辆，从业人员2人，年完成客运量4500人，客运周转量156万人/千米。

第四节　交通管理

一、路政管理

2009年以前，且末工程支队没有专门路政管理部门，由生产科按照农二师路政部门要求兼管支队路政业务。

2010 年，随着支队辖区公路建设里程增加，路政管理工作从生产科转由基建科负责。是年，且末工程支队成立交通科，与基建科合署办公，配备一名副职行政领导主抓路政管理，科室配备 1 名路政管理员，以道路管理与养护为重点，承担道路设施更新维护、开展路政执法、依法依规稽查路政案件等。是年，路政工作正式归口交通科管理后，与基层单位签订路政管理责任书，按照分区、分段原则，明确规定各单位连长或书记为公路管理第一责任人，负责辖区内公路的综合管理。支队交通科以"全面治理超限超载保护路桥"为主题，利用板报在全支队范围内进行广泛宣传，在主要道口刷墙体交通标语 7 条幅，坚持每周 3 次上路巡查，发现问题及时解决。

2011 年，经群众举报查处损路案件 2 起，对公路设施存在的安全隐患进行改进和改建。其中，新增加标识标牌 12 个，安装路口安全警示桩 12 处 36 根，安装里程碑 58 个、百米桩 5800 个，改建新建桥涵 14 座。

2013 年，交通科更名为路政管理办公室。2015 年，团场在各辖区内新建公路标识标牌 69 个、警示桩 112 根、减速带 16 条。在各连队设监督电话 4 部，出台《路政员职责》《路政管理守则》《路政员行为准则》等各项规章制度，干线公路和通连公路管理覆盖率 100%。

二、管理机构

2009 年以前，生产科负责道路运输工作，设 1 名专职路政安检员，不定期对进出各种车辆实施安全检查，有安全隐患车辆随时做出停运处理，以确保道路交通安全。2009 年 6 月，生产科与综合治理办公室联合开展道路交通安全整治活动，重点打击非法驾驶行为，叫停 7 辆"黑车"，督促其在且末县交警大队挂牌后，准予运营。

2011 年，且末支队成立客运站。2012 年，开展为期三个月的机动车牌号换证验收工作，逐人登记公务、私人车辆，是年，全团 532 辆各种类型机动车全部完成换牌换证。

2013 年，三十七团成立以派出所为主力的路政队，行政职能归属基建科。制定并落实交通管理制度与道路养护措施，确保团域内公路畅通运行。

2014 年，团交通管理实行辖区负责制，各辖区内交通管理由所在单位负责。

2015 年，团总投资 495 万元在城区道路及四条干线道路安装道路监控设施，确保团场道路交通安全。因团场没有交通管理处置权，发生交通事故时，由团派出所协助且末县交警大队负责处置。是年，团党委明确 1 名副团长分管交通工作。团成立公路养护站，配备公路养护人员 6 人，归属团基建科统一管理。

第五节　信息化建设

一、电话

20世纪70年代，工三师筑路队伍居无定所，没有电话，对外联系依靠邮政局传递信件和公文。1974年，农二师且末工程支队机关安装一部摇把子电话机，承担支队与上下级的联系职能。配备电话线路维修人员2人，配置移动式电话机，保障与且末县邮电局和支队部联系。1980年，机关各部门均配置一部电话机，在行政办公室设置总机，承担上下级、各部门信息沟通业务。

1986年，为便于上下级联系与沟通，且末工程支队在红旗区支队部安装无线电调频通话设备，修建1座高度为46米的信号铁塔，在一中队、二中队、三中队、四中队、五中队、石棉矿分别设立无线电通信站，通过无线电台沟通信息和部署工作。同年，在机关成立机要室，添置总机、接转话设备，与农二师师部和且末县总机连接。机要室与基层各中队和基层单位联系依然采用无线电步话机。

1990年，开通且末县有线电话，通过总机转机可与各科室、各中队通话，职工家庭开始安装有线电话设备。1995年12月，开通程控电话业务，淘汰原来的摇把子电话机和有线电话设备。机关各科室和各单位安装程控电话18部，其中机关各部门办公室安装10部、基层单位办公室安装8部。

2004年10月，红旗区兴支商店在且末县电信局申请开通场区话吧业务，给辖区职工群众及外来务工人员提供便捷的电话通信服务。

2005年，职工家庭普遍安装并使用程控电话，缩短了与外界的距离。2007年，且末县移动通信、电信业务服务在且末工程支队辖区开通，移动通信业务逐步在辖区推广并使用。至2010年底，职工群众对外联系主要使用手机，逐步替代程控电话机。2015年，全团手机总数超过1000部，移动通信设备成为职工群众通信的工具。

二、信息网络

2005年3月，国家教育体制改革，且末工程支队学校开通远程教育网络，提升了教学质量。2007年，机关开通互联网。2008年，职工家庭网络开通，但使用互联网的用户极少，主要用于收看电视、上网游戏等。

2009年6月，学校开设网络教育课程，各个科目的教学内容被制作成计算机课件，利用网络和多媒体方式开展教学。学校通过网络与农二师所有学校课堂教学实现联网，借鉴其他学校的教学资源完成各科目的教学任务。学生通过学校的网络远程教育平台，分享信息资源库里的上百种教学资源，满足了学生求知欲和了解外界的愿望。

2010年10月，且末工程支队开通电子政务网络，机关各科室均开通局域网；支队电子政务网络与农二师电子政务内网联网，逐步实现网络化办公，办公成本降低。11月，河北省捐赠40万元，援建支队中学建成远程交互式教学多功能会议室，学校教学实现网络教学全国一体化。支队学校成为在兵团试点开设网络教育课题的学校之一。

2013年12月，三十七团机关各部门通过网络与上级部门沟通工作和传递信息，团政务网设团场政策文件、机构编制、工作动态、计划规划、人事信息、通知公告等栏目，全年向师有关部门发布团场文件、工作动态、计划项目等信息1256条，做到上情下达、信息流畅。

2014年5月，团司法所建立"新丝路"局域网，设团场动态、政策宣传、法治教育等栏目，全年发布团场动态230条，政策宣传350条，每年12期共计4个栏目开展法制教育，年发布法律知识讲座12期。

2015年底，全团网络用户达到1170户。其中，移动用户454户，占总用户的38.80%；电信用户632户，占总用户的54.02%；联通用户84户，占总用户的7.18%。团机关建有外网、内网、网络专线等公众服务网络平台，学校建有远程教育平台。团机关、事业单位和基层各单位均实现网络化办公和网络信息化服务。

第六节　邮政

20世纪70年代，且末县邮电局在且末工程支队设有一处临时邮政点，由支队配备1名联络员，负责取送信件和公文。1973年1月1日，且末县邮电局在且末工程支队红旗区大商店附近成立临时邮政所，承办信件、电报业务，临时代管上级寄发的文件。

1986年，临时邮政所业务量增多，且末县邮电局增派2名工作人员，其中邮递员和邮政业务员各1人。1988年，且末县邮电局将1名邮递员更换为且末工程支队人员。是年，邮政所在各中队、支队部分别设邮政业务联系点，由邮递员每个星期定时取送邮件。

1993年，邮政所开办邮政代汇取款和报纸订阅业务，职工群众汇款不再到且末县邮电局办理，方便了职工群众。

1997年4月，且末县邮电局实行内部业务整合，取消且末工程支队邮政所。且末工程支队往来信件和报刊发送业务由且末县邮电局指派1名邮递员承办。一直沿用至2015年。

第八章　经济综述

20世纪七八十年代，且末工程支队历经计划经济向商品经济、市场经济转变的过程。经济发展从依靠国家投资转向直接面对市场竞争，自力更生，自我发展；从建筑产业向农业产业化转型，持续调整经济结构和产业结构，深化经济体制改革，努力探索土地联产承包、租赁承包、国有民营、股份合作制等多种劳动组合和资本组合的经营管理方式，逐步建立起具有兵团特点，适应社会主义市场经济要求的经济运行机制。2012年，且末工程支队更名为三十七团后，以"壮大团场经济，致富职工群众"为目标，加大经济体制改革力度，推动资源优势向经济优势转化。至2015年，已形成以公有制为主体、多种经济成分共存的经济发展格局。

第一节　经济转型

20世纪60年代中后期，兵团工三师担负新疆维吾尔自治区修筑南疆国防公路"0701"工程任务。1970年4月，工三师筑路队伍进驻且末地区，工程指挥部设在且末红旗区，下辖工程团和农业、基建、施工连队14个建筑施工单位。工三师在且末施工期间，同时担负开发建设且末任务，在且末建立兵团大后方。工三师按照兵团指示，随即制定开发且末规划，分别在且末设置二十三团农场、跃进一场、跃进二场、东风团结农场4个正规编制的农场，规划土地总面积3万公顷，其中开垦耕地6666.6公顷；沿车尔臣河流域分别设置团结农场一场、团结农场二场、团结农场三场3个农场，规划土地面积27333.3公顷，开垦耕地面积14000公顷，修筑大型引水主干渠2条和其他支渠10余条，引车尔臣河水灌溉农田。

1971年2月，工三师建制撤销，所辖工三师司令部"0701"工程指挥部划归农三师管辖，部分施工连队撤离且末，开发建设且末规划被搁置。

1973年10月，农三师工程团搬迁至若羌县瓦石峡以南地区，根据兵团部署，计划完成且末至若羌道路施工任务后，在此区域建立一个农牧团场，用于弥补和田至若羌820千米沿线没有兵团团场的不足。后因农三师司令部"0701"工程且末指挥部改隶而取消计划。

1974年，农三师司令部"0701"工程且末指挥部划归农二师管辖，改隶为农二师且末工程支队（后简称支队），承担开发建设且末的任务。是年，支队与且末县政府联合建设煤矿2个，云母矿、石棉矿各1个，水泥厂、砖厂各1个，形成以工程施工为主，兼顾农业生产和矿产资源开发的经济发展模式。

1975年5月，兵团建制撤销，农二师并入巴州，农二师所属企业并入巴州各工业系统，且末工程支队划归巴州公路局管辖，更名为巴州且末工程支队。时有职工2400余人，其中投入修路与建筑安装工程1800余人，从事工矿生产338人、农副业生产262人。

1980年，自治区"0701"工程全线竣工，由于且末县域内基建投资减少，巴州公路局要求工程支队解放思想，积极找寻市场，自谋生路，守住阵地，待机开发。

在自治区建委和巴州建委没有给巴州工程支队分配新的施工任务的情况下，为求生存，巴州工程支队四处承揽工程，进军北疆建筑市场，先后承揽榆树沟水毁公路改建工程、盐湖化工厂无水芒硝脱硫车间安装工程、乌鲁木齐楼堂馆所建设等多项施工项目。建筑施工连队随工程项目搬迁至北疆各地。其中，榆树沟水毁道路改建工地安置2个施工连队计400人；盐湖化工厂安装工程安排4个施工队计758人；其余连队分布在呼图壁、昌吉、大河沿、乌鲁木齐、和静钢铁厂、库尔勒、鄯善等地。1979年3月，为加强农垦体制，巴州将工程支队列入农垦局。

1980年5月，巴州农垦局相继两次召开专题会议，研究巴州工程支队出路问题，并向巴州党委提出专题报告，请求解决巴州工程支队在没有施工任务下的去留问题。

1981年11月，自治区党委书记王恩茂在自治区三级干部会议上，传达国家"三线建设"工作会议精神，作出开发南疆地区，重点开发且末地区的指示，要求重点治理车尔臣河（又名且末河），并在其流域加强加快水土开发建设。

1982年4月，党中央恢复兵团建制，且末工程支队恢复农二师建制。9月，农二师按照自治区和兵团党委相关会议要求，担负开发建设且末重任，组织水利、土壤、测量等专业人员6人，由师测量队队长黎承民带队，在且末进行为期40天的实地踏勘。10月10日—15日，农二师副师长陈炳昕、副参谋长杨纪民、建设处副处长赵木等领导和专家赴且末地区，对主要水系、荒地进行踏勘，就开发且末地区向且末县委、县政府、人大征求意见建议，形成会议纪要。对且末工程支队留守情况进行调研，要求留守人员看管好现有的土地、财产，创造条件搞一些农副业生产，重点搞好煤炭生产。此后，且末工程支队经济发展方式向工副业生产转移。

1983年2月，自治区和兵团作出大规模开发且末的决定。计划在且末跃进地区恢复成立劳改农场。兵团总投资1374.6万元在且末实施水利、工矿业、农业种植和基础设施建设，其中水利建设投资921.6万元、工矿建设投资330万元、农业建设投资31万元、基础设施建设投资92万元；在红旗区种植棉花23.3公顷，皮棉单产37千克，总产1290千克，初步奠定工农业生产发展基础。

1984 年初，兵团党委召开扩大会议，作出"把且末作为农二师重点开发建设的四个垦区之一，加强车尔臣河、喀拉米然河、莫勒切河流域治理"等决定。再次把且末农业开发提到重要议事日程。4 月，农二师开始实施且末农业大开发建设规划，车尔臣河西岸大渠工程动工修建。

1984 年 5 月 10 日，巴州州委书记钟彬、州委常委徐志昌、副州长崔光华，农二师师长陈炳昕，副师长杨和顺、赵鸣铀，总工程师杨纪民，州、师有关部门领导和专家前往且末，对且末县委、县政府和且末工程支队农业开发前期准备工作进行调研。巴州政府与农二师在且末县召开且末前期开发建设工作协调会，就农二师《关于开发建设且末有关问题纪要》达成协议。7 月 13 日，农二师与巴州党委、政府，且末县委、县人民政府共同签订《关于开发建设且末的会议纪要》，明确农二师以且末县城以西（英吾斯塘乡以西区域）作为开发工作重点区域，筹建成立农二师且末劳改农场。

1986 年 10 月 1 日，兵团批准农二师成立且末工程支队，新疆生产建设兵团农二师且末工程支队（且末劳改农场）正式挂牌，为正团级建制单位。且末工程支队恢复成立后，经营体制从建筑安装转产为农业生产和工商业并行相结合的多种经营机制。开设机关、医院、学校等社会事业，兴办工业、农业、商业等产业，主要经济来源依靠采矿业，拥有石棉矿、煤矿各 1 座。

1988 年，车尔臣河西岸大渠工程下马，且末工程支队依靠国家投资维持生存已难以为继，经济陷入困境。10 月 5 日，支队党委召开会议决定因地制宜，自力更生发展工农业生产，调集一、四、五中队奔赴昆仑山修路架桥，转产石棉生产；其余生产单位开荒种田，扩大耕地种植面积，重点发展农业生产。

1989 年 3 月 17 日，兵团司令员刘双全、政委郭刚到且末工程支队调研，要求且末工程支队要在且末扎下根，坚持下去，兵团在三年内（1988 年至 1990 年）总投资 500 万元扶持且末工程支队发展生产，要求且末工程支队重新确定经济发展方向，把经济发展的重心由建筑安装施工，逐步转产矿产和农业开发建设上来，自力更生，从土地中求生存，谋发展。

1989 年起，石棉矿开始投资完善基础设施建设，为恢复石棉开采作准备；改扩建棉花加工厂，农业种植面积由原来的 180 余公顷扩大到 254 公顷。当年实现总产值 162 万元，其中农业总产值 154 万元、其他经营总产值 8 万元；成本投入 201 万元，经营亏损 39 万元。至 1990 年，支队逐步由原来依靠国家投资生存，开始转向自力更生发展的道路，经济形式由原来的建筑施工转向以农业为主、工业生产为辅的经济发展方式，经济和社会事业正式纳入国民经济五年发展规划。

第二节　经济发展

一、国家"八五"时期经济发展（1991—1995 年）

"七五"期末的 1990 年，且末工程支队经济发展处于低谷时期，债务累累，经营维艰、求贷无门。依靠国家投资建设的车尔臣河西岸大渠工程下马后，因自身发展能力不足，耕地面积小，人口少，石棉矿常年亏损，企业无经济来源，欠发职工全年的工资，无资金购买生产资料，经济处于崩溃边缘。

1991年，且末工程支队把减亏作为"八五"期间重点任务，转产工农业生产，重点发展石棉产业和地膜棉种植。投入30万元整合土地资源，收复平整弃耕地154公顷，农业种植面积增至411.8公顷。在红旗地区试种军棉1号棉花品种，取得较好经济效益。淘汰陈旧工业设备，副食品加工厂实施技术改造，改建为棉花加工厂；投资120万元完成昆金石棉矿电站设备维修和石棉选矿厂技术改造，开始逐步恢复石棉开采。针对经济落后、事业萎缩、人心思走等问题，支队党委多次向农二师党委书面反映且末工程支队经济困难情况，渴求得到上级援手解决存在的困难和问题。10月，兵团党委将且末工程支队纳入重点贫困团场之一，每年拨付给且末工程支队扶贫资金30万元，用于发展社会事业。当年，因农业开发投入大、效益低，石棉矿技术改造后没有产生效益，债务累计339万元。

1992年2月，农二师党委组成调研组，实地调研且末支队存在的问题，随后制定"坐稳农业，手伸矿山，狠抓两棉"的发展经济方针，向支队党委班子提出"三年走出困境，五年改变面貌"的工作目标。

1993年，且末工程支队全面停止副食品加工厂生产，扩建棉花加工厂。昆金石棉矿完成技术改造，正式恢复生产。扩大农业种植面积，主要依靠工农业发展经济。1991—1993年，处于起步发展阶段的支队经济，三年累计完成国民生产总值638万元，其中第一产业产值149万元、第二产业产值165万元、第三产业产值324万元，营业盈余为－236.6万元。

1994年，棉花播种面积440公顷，全部推行地膜种植技术。棉花加工厂开始正常运营，经济开始复苏。1995年，完成国内生产总值574万元，其中第一产业完成增加值279万元，占其国内生产总值的48.6%；第二产业完成增加值85万元，占其国内生产总值的14.8%；第三产业完成增加值210万元，占其国内生产总值的36.59%。财务总收入616.8万元，总支出603.46万元，利润总额13.34万元，一举甩掉亏损的帽子。

"八五"时期，支队总产籽棉3225.9吨、粮食1809.9吨、果品741.9吨、肉类40.3吨、蔬菜30600吨。人均年收入从1991年的776元增加到1995年的1354元。工业亏损严重，主要是矿山企业投入技改资金大，效益低。种植业结构不尽合理，土地承包处在试行阶段，农业科技推广应用得不到普及，农业种植技术水平差，加之生产规模小、人口少，职工生活水平低，经济发展水平落后于全师各团场。

二、国家"九五"时期经济发展（1996—2000年）

"九五"期间，且末工程支队狠抓棉花、石棉生产，落实土地承包责任制，土地承包经营由"集体垫资"逐步过渡到"两费自理"。种植业扩大农业技术和资金投入，棉花产量逐年提升。投入资金收复弃耕地，鼓励职工自费垦荒，不断扩大耕地面积。新建生猪养殖场，修建监区蔬菜基地。扩大林果业种植面积，试种红枣、桃、李、杏等品种，农业种植模式向多元化经营转变。

经过战略性布局调整和新技术、新品种推广应用，农业种植面积逐年扩大，两费自理促进作物单产逐年提高。农机具作价归户。商业实行国有民营、民有民营经营发展模式。畜牧业由集体和私人自主经营、自我发展。棉花加工业实行厂长负责制，产品实行统一品牌标号，产品销售挂靠在农二师棉麻公司。

"九五"期间，且末工程支队棉花种植面积 2165 公顷，总产籽棉 4291 吨，比"八五"时期增长 52.63%；生产粮食 2306.4 吨，比"八五"时期增长 27.43%；生产果品 1040 吨，比"八五"时期增长 40.18%；生产肉类 77.1 吨，比"八五"时期增长 91.32%；生产蔬菜 42700 吨，比"八五"时期增长 39.54%。五年累计完成国内生产总值 2889 万元。其中，第一产业完成增加值 1356 万元，占其国内生产总值的 46.9%；第二产业完成增加值 778 万元，占其国内生产总值的 26.9%；第三产业完成增加值 755 万元，占其国内生产总值的 26.2%；固定资产投资 1442 万元，实现营业盈余 295 万元。五年财务总投入 4402.08 万元，总支出 4373.47 万元，利润总额 29.61 万元。职均年收入 5226 元，人均年收入 2628 元。

"九五"时期，且末工程支队由于土地面积小，人口少，经济基础薄弱，改善自然环境能力较差。经济增长缓慢，民生改善效果不明显，基础设施建设滞后，职工收入水平在全师居于偏低水平。

三、国家"十五"时期经济发展（2001—2005年）

"十五"期间，且末工程支队党委贯彻落实兵团党委"1+3"和"1+8"文件精神，制定了"以农业为主，主抓单产；工业为辅，实行对外承包经营；大力发展畜牧业和庭院经济，多种经营体制共同发展"的经济和社会发展目标。

2001 年，昆金石棉矿实行对外租赁承包，每年收取租赁承包费 90 万元，减缓了工业生产亏损。畜牧业主要以监区副食品基地为主，支队给每户职工划拨 0.2 公顷养殖用地，支持职工发展养殖业。全年完成国内生产总值 784 万元，利润总额 2.62 万元。利润低的主要原因是投入 230 万元新建的生猪养殖场没有收益。

2004 年，打破计划经济体制下的土地经营模式，实行土地承包全额自理。工业持续完善承包经营体制。

2005 年，昆金石棉矿与三十六团石棉矿整合为巴州石棉矿，由三十六团接管昆金石棉矿的经营销售权。当年，支队实施水利、猪场、晒场、水库大堤加固、架设高压线路、铺设区间沥青路、建寄宿制学校、危房改造等项目，财务总收入1020.7万元，总支出1269.05万元，全年利润总额 -248.35万元。

"十五"时期，五年累计播种面积2635.4公顷，其中棉花累计种植面积1946公顷。累计总产籽棉6406.21吨，比"九五"时期增长49.29%；生产粮食累计4352吨，比"九五"时期增长88.69%；生产果品累计611.7吨，比"九五"时期增长 -41.18%；生产肉类累计127.8吨，比"九五"时期增长65.76%；生产蔬菜累计39927吨，比"九五"时期增长 -6.49%。五年累计完成国内生产总值5174万元。其中，第一产业完成增加值2369万元，占其国内生产总值的45.8%；第二产业完成增加值1487万元，占其国内生产总值的28.7%；第三产业完成增加值1318万元，占其国其内生产总值的25.57%。五年固定资产投资总额6124万元，营业盈余332万元。五年财务总投入4578万元，总支出4759.82万元，利润总额 -181.02万元。人均年收入2758元，职均年收入8853元。亏损的原因是期间投入跃进区开荒成本没有收回，土地开垦没有完成计划，生荒地种植没有收益。

"十五"时期，且末工程支队通过连年垦荒，农业产业化格局逐渐形成，私有资本融入集体经济，经济结构调整达到预期目标，职工群众生活质量得到逐步提高。但集体固定资产投资大，回报率低。土地不平整，土壤含碱量大，农产品产量仍然偏低，经济增长速度缓慢。

四、国家"十一五"时期经济发展（2006—2010年）

"十一五"期间，且末工程支队按照"土地承包经营、产权明晰到户、农资集中采供、产品订单收购"的兵团农牧团场基本经营制度，结合生产实际，把发展生态经济林建设放在一切工作的首位，紧紧围绕"生态建设、持续循环、以人为本、富民优先"理念，加快产业结构战略性调整，大力发展生态经济和畜牧业。

2006年，农二师在且末工程支队跃进区开发建设生态经济林1400公顷，栽植红枣1166.6公顷，打机井15眼，全程铺设加压滴灌设施。是年，农作物种植结构实行大调整，完成退棉进枣面积256.6公顷，红枣种植面积扩至1640公顷；农业由原来的棉花种植转向以红枣种植为主、粮食等其他作物种植为辅的多元化种植结构，逐步奠定经济发展基础。2007年，主要补植跃进区新植的红枣地，补植面积533.3公顷，补植苗木134万株。完成固定资产投资2949万元，全年财务总收入1456.67万元，总支出1901.41万元，利润总额为 -444.74万元。

2008年，加大基本建设投资力度，投资162万元修建场外干渠2030米；投资282万元完成开发区7600米渠道防渗及配套设施；投资20万元新建晒场500平方米；投资50万元清挖排渠2300米；投资368万元改扩建跃进水库，库容量增加至105万立方米；投资395万元新增加压滴灌面积160公顷，加压滴灌总面积达到981.6公顷；投资39.5万元为跃进开发区架泵房高压电线路22千米；投资8.4万元改造学校、医院、机关供暖设备；投资9万元完成学校3500平方米的操场建设；投资 12 万元为医院购买体检设备；投资 436 万元完成危旧房改造 2010 平方米（共 29 户）；投资 25 万元为红旗区打饮水井 1 眼；投资 11.6 万元解决跃进开发区二连、三连办公室、医务室、教室等供暖问题；投资 30 万元新建后勤养殖基地围栏和扩建 500 平方米的猪舍；投资 258 万元为跃进开发区退棉进枣及补植购买枣树苗 103 万株，新植防风林及老防风林，补植购买胡杨及沙枣苗 56.11 万株。全年财务总收入 963.82 万元，总支出 1287.07 万元，实现利润总额为 - 323.25 万元。当年收回三十六团承包昆金石棉矿租赁金和资源占用费 2743 万元，弥补了第二产业的收入。

2009 年，且末工程支队依照"减棉、增粮、增畜、增果"的发展思路，减少棉花低产田 73.3 公顷，种植春小麦 80 公顷，以林果业种植为导向，优化畜牧、粮食产业发展布局，退出籽棉亩单产 250 千克以下的低产田 80 公顷，增加林果业面积 846.6 公顷，扩大早春播面积 86.6 公顷。4 月，监狱转移给支队 429 万元固定资产，当年计提折旧费 11.8 万元计入支队成本；昆金石棉矿对外承包没有收回当年租金。固定资产投资 560 万元。全年营业盈余为 - 276 万元。财务利润总额为 - 187.2 万元。2010 年，昆金石棉矿回归支队实行对外发包；低产田改造和高新节水农田建设节水灌溉面积扩大。立足特色农业逐步推进新型工业化建设，招商引资组建农二师昆山棉业有限公司、巴州沙漠玉枣果业有限公司 2 家工业企业；棉花、红枣单产提升，林果业种植渐成规模。棉花种植面积减至 209 公顷，红枣种植面积 1018 公顷，总产红枣 4093.7 吨，比 2009 年增产 18.24 倍。支队在且末县城启动小城镇建设规划。全年财务总收入 1558.25 万元，总支出 1541.97 万元，利润总额 16.28 万元。

2006—2010 年，五年累计总产籽棉 6194.4 吨，比"十五"时期增长 - 3.31%；生产粮食累计 2735.1 吨，比"十五"时期增长 - 37.15%；生产果品累计 4617.9 吨，比"十五"时期增长 654.93%；生产肉类累计 153.6 吨，比"十五"时期增长 20.19%；生产蔬菜累计 50965 吨，比"十五"时期增长 27.65%。五年完成国内生产总值 6661 万元。其中，第一产业完成增加值 4663 万元，第二产业完成增加值 10 万元，第三产业完成增加值 1988 万元，第一、第二、第三产业增加值占其国内生产总值比重分别为 70%、0.15%、29.8%。五年财务总收入 6416.8 万元，总支出 7336.66 万元，固定资产投资 9120 万元，利润总额 - 919.86 万元。在岗职工收入 13500 元，较"十五"期末增加 4600 元。财务亏损的原因是跃进区生态经济林建设投资大，红枣地处于抚育期没有经济收益。

"十一五"期间，以林果业为主业的生态建设渐成规模，果园达产达效，石棉矿对外发包，小城镇建设起步，是支队有史以来经济增长速度最快、职工群众得实惠最多的时期。但因农业种植规模小，林果业成本高效益低，经济体量弱，监企分开后企业负债加重，经济高质量增长速度缓慢。

五、国家"十二五"时期经济发展（2011—2015年）

"十二五"期间，三十七团抓住西部大开发建设机遇，加快转变经济发展方式，出台优惠政策招商引资，把产品资源优势转化为高附加值的市场优势，努力实现经济跨越式发展和社会长治久安，与二师同步进入小康社会。

2011年，以红枣为主的林果业面积增至1018.3公顷，粮食作物种植面积72.4公顷；牲畜存栏2.16万头（只）；人工造林面积86.6公顷。营业盈余为－240万元，全年财务总收入2103.44万元，总支出2065.96万元，利润总额37.75万元。在岗职工年均收入19150元，同比增长70.49%。因当年农作物遭受低温影响，补种面积大，小城镇建设和农业基础设施建设投入资金多，造成利润较少。

2012年，以红枣为主的"红色产业"凸显增产增收增效。且末县城小城镇建成的住宅楼交付使用，有241户职工告别土坯房搬进楼房。2013年，实行产业结构调整，扩大特色林果业和畜牧业规模，建立设施农业基地。招商引资新建生猪养殖场，招商引资发展工业企业4家，社会资本融入团场发展。2014年，实施1000公顷盐碱地整治项目建设和533.3公顷土地开发工程；建设生态经济林536.5公顷，农田封育538.9公顷；通过招商引资发展生态旅游业；成立奇强混凝土商业有限公司。

2015年，规模化生猪养殖场正式投产；新建设施农业大棚77座；特色种植333.3公顷；新建保障性住房928套；投资260万元在跃进开发区建大学生公寓2200平方米；投资700万元新建教学楼工程；投资369.5万元建设幼儿园；投资697.86万元新建医院综合楼；投资957万元扩建改造城镇道路2100千米；固定资产投资完成26874万元；实现利润总额367.08万元。

"十二五"期间，生产棉花6039.5吨，比"十一五"时期增长－2.5%；生产粮食2473吨，比"十一五"时期增长－9.58%；生产果品37686.2吨，比"十一五"时期增长716.09%；生产肉类1173.6吨，比"十一五"时期增长664.06%；生产蔬菜60090吨，比"十一五"时期增长17.9%。完成国内生产总值18276万元，其中，第一产业完成增加值9773万元，第二产业完成增加值2097万元，第三产业完成增加值6406万元。第一、第二、第三产业增加值占国内生产总值比重分别为53.5%、11.4%、35.15%。"十二五"时期财务总收入20949.12万元，总支出19851.64万元，固定资产投资总额41274万元，实现利润总额1097.48万元，年均增长219.5万元。实现人均可支配收入9720元，职均收入26502元。

"十二五"期间，三十七团招商引资发展工业企业8家，涉及基本建设、农副产品初加工、水利、旅游设施建设等，是团场农产品转型升级、新型工业化、城镇化加速发展期。但红枣产品资源转化速度慢，果品质量与市场需求不相适应。特色林果业种植、旅游业缺乏新技术支撑，投入大，见效低。

表 8 - 1　三十七团国民（内）生产总值构成一览表（1991—1995 年）

年份	国民（内）生产总值（万元）							各产业占当年国民（内）生产总值比重（%）		
	三十七团	按产业分列					营业盈余	第一产业	第二产业	第三产业
		第一产业	第二产业	第二产业分类		第三产业				
				工业	建筑业					
1991	206	24	70	70	0	112	-68.8	11.6	34.0	54.4
1992	210	52	52	52	0	106	-118.8	24.8	24.8	50.4
1993	222	73	43	43	0	106	-76	32.9	19.3	47.8
1994	427	172	102	102	0	153	45	40.3	23.9	35.8
1995	574	279	85	85	0	210	41	48.6	14.8	36.6

注：以当年价格计算。数据来自《农二师统计年鉴》，1991—1993 年经济数据以"国民生产总值"为统计口径，1994 年起经济数据以"国内生产总值"为统计口径。

表 8 - 2　三十七团国内生产总值构成一览表（1996—2015 年）

年份	国内生产总值（万元）										各产业占当年国内生产总值比重（%）		
	三十七团	按产业分列					按要素分列				第一产业	第二产业	第三产业
		第一产业	第二产业	第二产业分类		第三产业	劳动者报酬	固定资产折旧	生产税净额	营业盈余			
				工业	建筑业								
1996	438	314	-9	0	-9	133	343	41	9	45	71.7	-2.1	30.4
1997	544	389	0	0	0	155	421	41	9	73	71.5	0	28.5
1998	603	292	233	29	204	78	462	53	18	70	48.5	38.6	12.9
1999	600	136	311	24	287	153	547	39	6	8	22.7	51.8	25.5
2000	704	225	243	11	232	236	555	43	7	99	32.0	34.5	33.5
"九五"合计	2889	1356	778	64	714	755	2328	217	49	295	46.9	26.9	26.2
2001	784	334	304	33	271	146	697	56	-9	40	42.6	38.8	18.6
2002	871	391	207	43	164	273	711	68	3	89	44.9	23.8	31.3
2003	985	447	288	90	198	250	714	95	12	164	45.4	29.2	25.4
2004	1242	531	338	261	77	373	1002	99	13	128	42.8	27.2	30.0
2005	1292	666	350	174	176	276	1264	104	13	-89	51.5	27.1	21.4
"十五"合计	5174	2369	1487	601	886	1318	4388	422	32	332	45.8	28.7	25.5
2006	1329	713	0	0	0	616	1150	138	7	34	53.6	0.0	46.4
2007	1375	937	0	0	0	438	1174	148	7	46	68.1	0.0	31.9
2008	1203	871	0	0	0	332	1056	131	3	13	72.4	0.0	27.6
2009	1242	942	0	0	0	300	1379	137	2	-276	75.8	0.0	24.2
2010	1512	1200	10	10	0	302	1555	137	12	-192	79.4	0.6	20.0
"十一五"合计	6661	4663	10	10	0	1988	6314	691	31	-375	70.0	0.15	29.8

年份	国内生产总值（万元）										各产业占当年国内生产总值比重（%）		
	三十七团	按产业分列					按要素分列				第一产业	第二产业	第三产业
		第一产业	第二产业	第二产业分类		第三产业	劳动者报酬	固定资产折旧	生产税净额	营业盈余			
				工业	建筑业								
2011	2079	1290	115	27	88	674	2122	140	57	−240	62.1	5.5	32.4
2012	2367	1445	39	39	0	883	2367	163	47	−210	59.5	1.6	36.4
2013	3820	2528	49	49	0	1243	2685	390	177	568	66.2	1.3	32.5
2014	4406	2030	897	897	0	1479	2808	584	45	969	46.0	20.4	33.6
2015	5604	2480	997	997	0	2127	4451	548	84	521	44.3	17.7	38.0
"十二五"合计	18276	9773	2097	2009	88	6406	14433	1825	410	1608	53.5	11.4	35.1

注：本表依据《农二师统计年鉴》数据汇总，以当年价格计算。

六、农业生产水平

20 世纪 70 年代，且末工程支队主要以修筑 "0701" 工程为主，农业以种植蔬菜、粮食、油料为主，生产水平较低，不能满足筑路队伍生活所需，粮食、食用油、肉类需从外地购买。80 年代中期，持续不断开垦土地，种植粮食和蔬菜。1988 年，支队投资 13 万元购进一台康麦因收割机，用于收割粮食，减轻人工劳动强度，因缺乏维修技术，1992 年作价变卖给私人经营。至 1990 年底，粮食种植、畜牧业养殖主要以中队为主体，八连主要种植蔬菜，基本保证了本单位粮食、蔬菜和肉食供应。

1991 年，农作物种植面积 411.8 公顷，其中种植棉花 343 公顷，总产籽棉 540.9 吨，人均占有量 449.62 千克；种植粮食、蔬菜 63.8 公顷，人均占有粮食 140.2 千克、蔬菜 4571.9 千克；总产果品 25.9 吨，人均占有量 21.5 千克；总产肉类 7.1 吨，人均占有量 5.9 千克。因农业机械化水平低，种植靠机械犁地、播种，收获靠人工。

1992 年，且末工程支队转产农业，发展地膜棉生产，投资购买农业拖拉机和配套农具 4 台，棉花种植耕地、播种使用机械，收获以人工采收为主。棉花种植面积占种植业总面积的 81.84%，小麦种植面积占种植业总面积的 8.82%，水稻、油料、玉米、蔬菜等种植面积占种植业总面积的 9.34%。在河西栽植苹果树、杏树、梨树、桃树等果树。是年，人均占有棉花 473.1 千克，人均占有粮食 307.4 千克。

2000 年，支队全面推行土地承包责任制后，各农业连队承包土地职工陆续购置农机 34 台，配套农具 54 件，提高了农业生产机械化水平。2001 年，在跃进区试种红枣、桃、李、杏等果树，停止水稻种植，扩大小麦种植面积，占种植业总面积的 20.13%；棉花种植面积减少，占种植业总面积的 73.22%；蔬菜瓜果等作物占种植业面积的 6.65%。

2006 年，支队拥有农业机械 124 台（套），配套农具 185 件，农业机械化程度达到 55.13%。

2007—2008 年，购置大马力机力 8 台，农业播种、管理基本实现机械化。

2009 年，一连、二连、三连红枣建园面积 1018 公顷，总产鲜果 229.4 吨。当年人均占有果品 129.7 千克。农业机械化程度达到 80%。

2010 年末，人均占有棉花 386.6 千克、人均占有粮食 272.6 千克、人均占有果品 2284.2 千克、人均占有肉类 6.6 千克、人均占有蔬菜 6874.7 千克。

2012 年，红枣种植面积增至 1170 公顷，总产鲜果 6708.1 吨，人均占有鲜果 3720.3 千克。

2015 年，种植果园 1598 公顷，其中红枣 1527 公顷。总产果品 9100.6 吨，其中收获红枣 9084.8 吨，人均占有果品 4019.7 千克；总产棉花 1824.7 吨，人均占有量 806 千克；总产粮食 502.1 吨，人均占有量 221.8 千克；总产蔬菜 12346 吨，人均占有量 5453.2 千克；总产肉类 985.2 吨，人均占有量 435.2 千克。全团拥有农业机械 320 台（套），配套农具 415 台，农业机械化程度达到 83.1%。

表 8-3　三十七团主要农产品产量及人均占有量一览表（1991—2015 年）

年份	棉花		粮食		果品		肉		蔬菜	
	总产（吨）	人均（千克）	总产（吨）	人均（千克）	总产（吨）	人均（千克）	总产（吨）	人均（千克）	总产（吨）	人均（千克）
1991	540.9	449.62	168.7	140.2	25.9	21.5	7.1	5.9	5500	4571.9
1992	593.7	473.1	385.8	307.4	27.9	22.2	8.2	6.5	5800	4621.5
1993	693.0	628.8	415.8	377.3	29.1	26.4	6.7	6.1	6100	5535.4
1994	694.3	626.6	423.8	382.5	319.0	287.9	8.4	7.6	6400	5776.2
1995	704.0	618.7	415.8	367.0	340.0	300.1	9.9	8.7	6800	6001.8
1996	706.2	707.0	375.8	376.2	240.0	240.2	10.4	10.4	7800	7807.8
1997	709.3	536.6	375.2	283.8	210.0	158.9	20.9	15.8	8100	6127.1
1998	708.6	551.0	274.2	213.2	180.4	140.3	20.8	16.2	8200	6376.4
1999	1104.3	880.6	291.2	233.9	180.4	143.9	12.6	10.0	8900	7097.3
2000	1062.6	703.7	990	655.6	229.2	151.8	12.4	8.2	9700	6423.8
2001	1197.3	776.0	1020	661.0	209.1	135.5	12.9	8.4	9707	6291.0
2002	1445.4	894.4	1033.0	639.2	117.4	72.6	26.9	16.6	7412	4586.6
2003	1258.2	824.0	833.0	545.5	108.1	70.8	28.1	18.4	7713	5051.1
2004	1243.2	838.3	723.0	487.5	88.3	59.5	28.6	19.3	7414	4999.3
2005	1262.1	907.3	743.0	534.1	88.8	63.8	31.3	22.5	7681	5521.9
2006	1163.6	676.1	797.9	463.6	76.5	44.5	36.4	21.2	8795	5110.4
2007	1174.7	703.8	587.5	352.0	96.4	57.8	36.6	21.9	8795	5269.6
2008	2187.2	1306.6	447.5	267.3	115.4	68.9	34.5	20.6	9795	5851.3
2009	975.0	551.5	412.8	233.5	229.4	129.7	34.3	19.4	11240	6357.4
2010	693.9	386.6	489.4	272.6	4100.2	2284.2	11.8	6.6	12340	6874.7
2011	866.3	481.5	505.2	280.8	6405.1	3560.4	9.4	5.2	12556	6979.4
2012	852.7	472.4	505.2	279.9	6715.2	3720.3	24.5	13.6	10556	5848.2

续表

年份	棉花		粮食		果品		肉		蔬菜	
	总产（吨）	人均（千克）	总产（吨）	人均（千克）	总产（吨）	人均（千克）	总产（吨）	人均（千克）	总产（吨）	人均（千克）
2013	703.4	359.2	478.2	244.2	6765.1	3455.1	35.8	18.3	12516	6392.2
2014	1792.4	868.4	482.3	233.7	8700.2	4215.2	118.7	57.5	12116	5870.2
2015	1824.7	806.0	502.1	221.8	9100.6	4019.7	985.2	435.2	12346	5453.2

注：本表数据由团统计部门与农业科提供。

第三节 经济结构

一、农工结构

三十七团经济优势在农业，农业是三十七团的经济基础。工业主要是依托农业资源发展农产品初加工和深加工。"七五"期间，工业生产主要以农产品深加工为主，生产副食品供应给筑路队，工业生产总值居于农业生产总值之上。

1991—1993年，石棉矿实施技术改造，投资力度较大，导致效益低，工业生产一直处于亏损状态，支队营业盈余累计为－263.6万元。三年农业完成国民生产总值149万元，占工农业国民生产总值的47.45%；工业完成国民生产总值165万元，占工农业国民生产总值的52.55%。

1994年，且末工程支队坚持"坐稳农业，手伸矿山，狠抓两棉（棉花、石棉）"的工作方针，针对市场需求和资源优势，坚持"以农促工，依工助农"经济发展方式，狠抓"两棉"生产，完成石棉矿改扩建后，每年生产混级石棉300万千克，通过精选后售向市场，工业实现扭亏为盈；农业在扩大种植面积的基础上，推行地膜覆盖技术，提升了单位面积产量。实现工农业生产总值274万元，其中，完成农业增加值172万元，占工农业生产总值的62.77%；完成工业增加值102万元，占工农业生产总值的37.23%。农业增加值超过工业增加值。

1995年，农业增加值占工农业生产总值的76.65%，工业增加值占工农业生产总值的23.35%。"八五"期末，随着农业种植面积逐年扩大，副食品加工厂停业改建成棉花加工厂，农业生产总值超过工业生产总值，农业成为主导产业。

1996年，且末工程支队致力于扭转经济亏损局面，通过垦荒造田耕地面积扩大至535.2公顷，种植棉花440公顷，粮食75.1公顷，农业完成增加值314万元。棉花加工厂生产加工的皮棉标准达不到兵团、师棉麻公司皮棉标准，皮棉销售遇阻。石棉矿受市场行情影响，时开时停。1996年、1997年，连续两年工业增加值为零，工业仍处于亏损状态。1998—2000年，农业承包推行"两费自理"，职工加大土地投入，实行科学种植，籽棉总产明显提高。农机具作价归户，农机作业出现国有私营模式。重点加大农业基础设施建设，农业生产条件进一步得到改善。"九五"期间，实现工农业生产总值1420万元。其中，完成农业增加值1356万元，占工农业生产总值的95.49%；完成工业增加值64万元，占工农业生产总值的4.51%，农业在经济结构中占据绝对优势地位。

2001年，石棉矿实行对外租赁承包，减少了工业亏损额。畜牧养殖业兴起。棉花种植逐年扩大规模，至2003年，棉花种植面积383公顷，总产籽棉125.82万千克；平均公顷单产籽棉3285千克；较2000年提高19.02%。

2004年，打破计划经济体制下的土地经营模式，实行土地长期租赁承包经营，私有资本融入集体经济，增强了企业发展活力。全年播种面积507.2公顷。其中，棉花种植面积370公顷，总产籽棉124.32万千克。工业持续完善承包经营销售权，取得较好经济效益。全年实现工农业生产总值792万元，其中完成农业增加值531万元，占工农业生产总值的67.05%；完成工业增加值261万元，占工农业生产总值的32.95%。工业生产总值在工农业生产总值中所占比重有所提升。

2005年，昆金石棉矿与三十六团石棉矿整合后，巴州石棉矿每年偿还给支队98万元租金。当年完成工业增加值174万元，占工农业生产总值的20.71%。

2001—2005年间，五年累计实现工农业生产总值2970万元。其中，完成农业增加值2369万元，占工农业生产总值的79.76%；完成工业增加值601万元，占工农业生产总值的20.24%，农业在经济发展中仍处于优势地位。

2006年，实行产业结构调整，退棉进枣面积256.6公顷，红枣种植面积扩至683.6公顷；种植生态经济林1333.3公顷，农业由原来的棉花种植转向以红枣种植为主，棉花等其他作物种植为辅的多元化产业结构。全年完成农业增加值713万元，占工农业生产总值的100%；因昆金石棉矿被巴州石棉矿合并，水泥厂、水泥制板厂停产。棉花加工厂生产经营亏损严重，停产改造。当年工业增加值为零。

2006—2009年，所属的工业企业经营亏损严重，工业发展步入低谷，连续四年工业增加值为零。2009年，减少棉花低产田73.3公顷，以林果业种植为导向，优化畜牧、粮食产业种植，退出籽棉亩单产250千克以下的低产田80公顷，果林业面积达到846.6公顷，扩大早春播面积86.6公顷。当年完成农业增加值942万元。

2010年，立足特色农业，逐步推进新型工业化建设，招商引资兴办农二师昆山棉业有限公司、巴州沙漠玉枣果业有限公司等工业企业2家；昆金石棉矿回归支队。农业节水灌溉面积扩大。种植棉花209公顷，种植红枣1018公顷，全年完成工农业生产总值1210万元。其中，完成农业增加值1200万元，占工农业生产总值的99.17%；完成工业增加值10万元，占工农业生产总值的0.83%。

"十一五"时期，五年完成工农业生产总值4673万元。其中，完成农业增加值4663万元，占工农业生产总值的99.79%；完成工业增加值10万元，占工农业生产总值的0.21%。农业继续领先工业，居主导地位。

2011 年，昆金石棉矿实行对外租赁承包。持续调整农业产业结构，以红枣为主的林果业面积增至 1173.2 公顷，棉花和粮油减少种植面积。由于红枣市场行情见好，带动农副产品加工业在团场落地。招商引资引进农产品深加工企业，增加了工业在工农业生产中的占比份额。

2012—2013 年，扩大特色林果业和畜牧业规模，以红枣为主的"红色产业"实现增产增收增效，在农业发展中处于举足轻重的地位。建立设施农业基地，招商引资新建养猪场。2013 年招商引资新建一座双 180 商品混凝土搅拌站；昆金石棉矿重组成立三十七团昆金矿业有限公司，工业生产开始起暖回生。

2014 年，建设生态经济林 536.5 公顷，农田封育 538.9 公顷；通过招商引资发展生态旅游业、兴建奇强混凝土商业有限公司、三十七团永鑫砂石料厂。

2015 年，团持续调整种植业产业结构，大力发展特色林果业和以生态建设为平台的沙漠特色种植业。种植梭梭、大芸 333.3 公顷，种植棉花 76.2 公顷，种植玉米 99.8 公顷，设施农业种植面积 15.8 公顷；在跃进区连队新建设施农业大棚 77 座投产达效，年产新鲜蔬菜 520 万千克。种植首蓿、打瓜、核桃、瓜果等作物 176.4 公顷，占种植业面积的 22.1%。规模化生猪养殖场投产，年出栏仔猪 1.2 万头。招商引资引进 8 家工业企业落地团场。经过优胜劣汰，至 2015 年底，全团有 7 家工业企业。是年，完成工农业生产总值 3477 万元。其中，完成农业增加值 2480 万元，占工农业生产总值的 71.33%；完成工业增加值 997 万元，占工农业生产总值的 28.67%。

2011—2015 年，五年完成工农业生产总值 11782 万元，其中，完成农业增加值 9773 万元，占工农业生产总值的 82.95%；完成工业增加值 2009 万元，占工农业生产总值的 17.05%。农业经济总量仍在团场经济总量中占主导地位。

表 8－4　三十七团农、工业生产总值结构一览表（1996—2015 年）

年份	工农业生产总值（万元）	分类		占工农业生产总值比重（%）	
		农业	工业	农业	工业
1996	314	314	0	100	0
1997	389	389	0	100	0
1998	321	292	29	90.97	9.03
1999	160	136	24	85	15
2000	236	225	11	95.34	4.66
"九五"合计	1420	1356	64	95.49	4.51
2001	367	334	33	91.01	8.99
2002	434	391	43	90.09	9.91
2003	537	447	90	83.24	16.76
2004	792	531	261	67.05	32.95

续表

年份	工农业生产总值（万元）	分类		占工农业生产总值比重（%）	
		农业	工业	农业	工业
2005	840	666	174	79.29	20.71
"十五"合计	2970	2369	601	79.76	20.24
2006	713	713	0	100	0
2007	937	937	0	100	0
2008	871	871	0	100	0
2009	942	942	0	100	0
2010	1210	1200	10	99.17	0.83
"十一五"合计	4673	4663	10	99.79	0.21
2011	1317	1290	27	97.95	2.05
2012	1484	1445	39	97.37	2.63
2013	2577	2528	49	98.1	1.9
2014	2927	2030	897	69.35	30.65
2015	3477	2480	997	71.33	28.67
"十二五"合计	11782	9773	2009	82.95	17.05

注：以当年价格计算。

二、大农业内部结构

20世纪70年代，筑路队伍在且末开垦荒地种植粮食、蔬菜，主要解决筑路人员生活问题，没有形成大农业产业化格局。

1980年之前，且末工程支队以建安为主，施工队随工地迁移到北疆等地，许多耕地弃耕，留守人员以种植粮食、蔬菜、油料为主，农业规模小、产量低。

1990年后，且末工程支队由建安企业逐步转产工农业生产，把发展大农业作为经济发展的主产业，在逐步扩大种植规模基础上形成支柱产业。

1991年，完成大农业总产值59万元，其中种植业33万元、林业2万元、牧业21万元、农业服务业3万元、渔业为零。种植业总产值占大农业总产值的55.93%，牧业次之占比35.59%，林业产值和服务业产值分别占比为3.39%、5.09%。种植业在大农业内部结构中占据主要地位。

1991—1995年，在大农业内部结构中，种植业、林果业、畜牧业、服务业分别占比为70.27%、0.08%、1.08%、28.57%，渔业占比为零。种植业占大农业生产的首位。

1996年，通过垦荒造田扩大种植面积，加大对养殖业的扶持力度，畜牧业主要以私人养殖为主，集体养殖业规模小，存栏数量少，仅供中队使用，初步形成种植业、林业、牧业、服务业等各产业相互补充的大农业发展格局。

1998年，加大低产田改造力度，提升大农业生产规模，投资扩建监区养殖场，当年养殖各类家禽家畜 1200 余只，养殖业比重增加。农牧业的发展提升带动服务业兴起，当年服务业占大农业的比重为 19.55%，跃居大农业内部产业的第二位。

2000 年后，随着农业种植结构调整，大农业内部结构渐次趋向合理，各行业之间按照大农业规划有序发展。服务业依托种植业发展速度较快。

1996—2000 年，种植业在大农业中占比最高，林业、畜牧业生产稍有推进。1998 年渔业生产开始起步，但养殖面积小产量低，2000 年渔业生产停止。

2001 年，畜牧业主要以监区副食品基地养殖场为主，职工养殖为辅。棉花种植 383 公顷，总产籽棉 119.73 万千克，种植业占据大农业的首位，服务业仍居第二位。

2004 年，全年种植业面积 507.2 公顷。其中，棉花种植面积 370 公顷，占大农业主导地位。跃进区试种红枣 1.5 公顷，梨 1.3 公顷，种植桃、杏、葡萄等其他果品 0.86 公顷。畜牧业通过引进优良品种，当年繁育仔猪 190 头；自繁自养鸡品种 4 个，养殖数量 600 余只；附带养殖珍珠鸡 56 只。年底生猪存栏 319 头，生产猪肉 25.52 吨。畜牧业得到快速发展，渔业一直处于停产状态。种植业、服务业分别占大农业的第一位、第二位。

2005 年，持续发展特色林果业种植，全支队种植业播种面积 526.6 公顷，其中棉花播种面积 370 公顷，其他农作物种植面积 156.6 公顷，种植业播种面积比 2000 年减少 114 公顷。

2001—2005 年，实现大农业内部结构逐步向林果业、畜牧业方面发展。林业面积逐年扩大，但各类苗木处在试种阶段。

2006 年，在跃进区规划建设以红枣种植为主的林果业生产基地 1400 公顷，栽植红枣 666.6 公顷，形成以林果业为主、其他作物种植为辅的多元化种植结构。2007 年，林果业种植仍处在补植补栽阶段。但因市场红枣价格上扬，产值效益较好。2009 年，林果业借鉴农二师其他团场标准化建园经验，分别在一连、二连、三连建成红枣示范园 1018 公顷。林果业的发展带动服务业和畜牧业发展，红枣深加工、果树管理、规模化养殖业等岗位服务人员倍增，产值有所增加。2006—2009 年，种植业在大农业中继续占据首位。

2010 年，随着林果业产量逐年倍增，支队招商引资在跃进区新建红枣深加工厂，推进红枣产业向规模化、高质量迈进。渔业生产开始兴起。

"十一五"期间，在大农业内部结构中，种植业、林果业、畜牧业、渔业、服务业占大农业比重分别为 54.79%、28.91%、3.61%、0.01%、12.68%。种植业仍居首位。

2011 年，在大农业结构中，种植业、林果业、畜牧业、服务业所占比重依次为 17.14%、71.81%、1.78%、9.2%。渔业开始显现效益，大农业内部结构进一步优化。

2012 年 10 月，且末工程支队被纳入兵团农牧团场序列，列编为农二师三十七团。大农业内部结构情况按照农牧团场统计口径规范统一。2013 年，完成大农业总产值 4675 万元，种植业、林果业、畜牧业、服务业在大农业所占比重分别为 86.55%、2.74%、6.31%、4.4%，渔业为零。以林果业为主的种植业在大农业中占主导地位。

2013—2015 年，团场根据市场行情不断调整大农业内部结构，2015 年，规模化生猪养殖场投产。大农业完成总产值 21129 万元。其中，种植业完成产值 11650 万元，占大农业总产值的55.14%，呈下降趋势；林业完成产值 143 万元，占大农业总产值的 0.67%；畜牧业完成产值7972 万元，占大农业总产值的 37.73%；服务业完成产值 1364 万元，占大农业总产值的 6.46%。大农业内部结构向生态、多元、高效、特色方向转变，以红枣为主的林果业仍占大农业主导地位。

表 8-5　三十七团大农业内部总产值变化一览表（2013—2015 年）

年份	大农业总产值（万元）	分类（万元）					占大农业总产值的比重（%）				
		种植业	林业	牧业	渔业	服务业	种植业	林业	牧业	渔业	服务业
2013	4675	4046	128	295	0	206	86.55	2.74	6.31	0	4.40
2014	5494	4778	129	380	0	207	86.97	2.34	6.92	0	3.77
2015	21129	11650	143	7972	0	1364	55.14	0.67	37.73	0	6.46
合计	31298	20474	400	8647	0	1777	76.22	1.92	16.99	0	4.87

注：此表数据来源《农二师统计年鉴》资料，按当年价格。

三、所有制结构

20 世纪 70 年代，支队是全民所有制国有企业，工农业生产、建筑施工等主要以国家投资建设为主。80 年代后期，西岸大渠工程下马后，且末工程支队在失去国家投资情况下，自力更生发展经济，经济形态转向以公有制为主体，多种所有制并存的经营模式。

1990 年后，实行经济体制改革，以畜牧业、工副业、农机、商业改制为契机，逐步吸纳社会资本参与经济建设，工商个体户、私人养殖户、农机个体经营户、民营企业相继诞生，带动支队经济和社会事业不断向前发展，所有制结构中开始融入非公有制经济成分。

1992 年开始，实行土地联产承包责任制，生产资料由个人承担。至 1997 年，国有经济仍独占天下。1998 年，由私人投资 23 万元，改造副食品加工厂设备，兴办榨油厂。是年，完成国内生产总值 603 万元，其中国有企业完成增加值 525 万元，占国内生产总值的 87.06%；非国有企业完成生产总值 78 万元，占国内生产总值的 12.94%。自此以后，形成国有经济与非国有经济相互共存、相互发展的局面。

"九五"期末，国有经济占支队国内生产总值的比重为 91.76%，非公有制经济比重为8.24%，国有经济、非国有经济共同推动经济发展。

"十五"期间，非国有经济在所有制经济结构中所占比重逐年加大，国有经济占支队国内生产总值的 78.29%，非国有经济占支队国内生产总值的 21.71%。

2006 年，全民所有制单位由原来的 7 个整合为 4 个，其中农业单位 2 个、水电单位 1 个、工副业单位 1 个，主要涉及第一产业和第三产业。全年完成国内生产总值 1329 万元，其中，国有企业完成增加值 994 万元，占国内生产总值的 74.79%；非国有企业完成增加值 335 万元，占国内生产总值的 25.21%。

2008 年后，工业实行国退民进，私有资本份额逐渐加大。招商引资 1123 万元实行煤矿资产重组改制，租赁给私人经营。2009 年，招商引资改扩建棉花加工厂，组建农二师昆山棉业有限公司。且末县城小区新增个体商户 27 家。2009 年 11 月，招商引资在跃进区兴建红枣加工厂；招商引资 8790 万元，将昆金石棉矿对外发包给 3 家个体企业承包经营。2010 年，完成国内生产总值 1512 万元，其中国有企业完成增加值 1431 万元，占国内生产总值的 94.64%；非国有企业完成增加值 81 万元，占国内生产总值的 5.36%。

"十一五"期间，注册类企业累计完成国内生产总值 6660 万元，其中国有企业完成增加值 5667 万元，占国内生产总值的 85.09%；非国有企业完成增加值 993 万元，占国内生产总值的 14.91%。国有企业在经济发展中仍占主导地位。

2011 年，注册类企业完成国内生产总值 2079 万元。其中，国有企业完成增加值 1691 万元，占国内生产总值的 81.34%；非国有企业完成增加值 388 万元，占国内生产总值的 18.66%。非国有经济国内生产总值所占比重比 2010 年增长 248.13%。

2013 年后，团场招商引资力度加大，一批具有市场竞争力的企业相继在团场落地。招商引资新建昆金红枣加工厂、节水滴灌材料厂、奇强混凝土商业有限公司、钢架厂、永鑫砂石料销售有限公司、水泥制品厂等一批私营经济实体。到 2015 年末，在市场经济条件下，一些产能低、不适应市场需求的个体经济实体相继被淘汰。全团有工业企业 7 家，其中国有民营工业企业 2 家，其余 5 家均为私有私营企业。2015 年，各类企业完成国内生产总值 5604 万元，其中国有企业完成增加值 4266 万元，占国内生产总值的 76.12%；非国有企业完成增加值 1338 万元，占国内生产总值的 23.88%。国有企业生产总值比重由 2011 年的 81.34% 降至 2015 年的 76.12%，非国有企业生产总值比重由 2010 年 5.36% 增至 2015 年的 23.88%。

"十二五"期间，三十七团五年累计完成国内生产总值 18276 万元。其中，国有企业完成增加值 15817 万元，占国内生产总值的 86.55%；非国有企业完成增加值 2459 万元，占国内生产总值的 13.45%。国有经济在团场经济发展中仍占绝对优势地位。

表 8-6　三十七团各类型企业生产总值一览表（1996—2015 年）

年份	生产总值（万元）	国有企业		非国有企业	
		生产总值（万元）	占生产总值比例（%）	生产总值（万元）	占生产总值比例（%）
1996	438	438	100	0	0
1997	544	544	100	0	0
1998	603	525	87.06	78	12.94

续表

年份	生产总值（万元）	国有企业		非国有企业	
		生产总值（万元）	占生产总值比例（%）	生产总值（万元）	占生产总值比例（%）
1999	600	592	98.67	8	1.33
2000	704	646	91.76	58	8.24
"九五"合计	2889	2745	95.50	144	4.50
2001	784	702	89.54	82	10.46
2002	871	747	85.76	124	14.24
2003	985	817	82.94	168	17.06
2004	1242	895	72.06	347	27.94
2005	1292	790	61.15	502	38.85
"十五"合计	5174	3951	78.29	1223	21.71
2006	1329	994	74.79	335	25.21
2007	1375	1079	78.47	296	21.53
2008	1203	1123	93.35	80	6.65
2009	1241	1040	83.80	201	16.20
2010	1512	1431	94.64	81	5.36
"十一五"合计	6660	5667	85.09	993	14.91
2011	2079	1691	81.34	388	18.66
2012	2367	2128	89.90	239	10.10
2013	3820	3496	91.52	324	8.48
2014	4406	4236	96.14	170	3.86
2015	5604	4266	76.12	1338	23.88
"十二五"合计	18276	15817	86.55	2459	13.45

注：本表数据来自《农二师统计年鉴》。

四、投资结构

20世纪70年代，且末工程支队固定资产投资全部由国有资金投资。固定投资力度不大，主要是投资兴办以副食品加工为主的工业企业，有豆制品厂、面粉厂、榨油厂、木材厂、砖厂等小型工业企业，以满足筑路队伍人员生活所需。80年代，工业逐步向采矿业方向发展，固定资产投资力度逐渐加大，相继兴建煤矿、石棉矿、水泥厂等工业企业。

90年代初期，因集体资金缺乏，部分工业企业停产，只有石棉矿和副食品加工厂得以保留。

1991年后，且末工程支队正处于经济转型期，由建筑施工转向农业生产，经济基础较为薄弱，固定资产投资全部由国有资金承担。1991—2002年，固定资产国有投资总额为2519万元。

2003年，固定资产投资融入私人投资，昆金石棉矿对外招标租赁承包，由私营业主经营。当年私人固定资产投资总额为2500万元，国有投资总额为217万元，私人投资首次进入固定资产投资领域。

2006 年，支队加大固定资产投入力度，实施生态经济林开发建设，全年固定资产国有投资总额为 3549 万元，占比为 100%。

2007—2008 年的两年间，工业实施资产重组改制，将煤矿租赁给私人经营，承包方投资 80 万元增添采矿设备，固定资产有所增加。且末工程支队处于生态经济林建设期，红枣地补植苗木面积大，农业固定资产投资效益不明显。

2009 年，支队企业部分从监狱剥离后，改善投资环境，加快招商引资项目的落地。招商引资扩建棉花加工厂、成立农二师昆山棉业有限公司、巴州沙漠玉枣果业有限公司、新建生物微肥厂、昆金红枣加工厂、免烧砖厂等，私营企业实现从无到有、从少到多、从小到大的发展历程，私有资本在固定资产投资领域所占份额逐年增多。2010 年，固定资产投资总额 1557 万元，其中国有投资总额 837 万元，占固定资产投资总额的 53.76%；私人投资总额 720 万元，占固定资产投资总额的 46.24%。

2011—2015 年，团场深化经济体制改革，进一步扩大改革开放，积极吸纳社会资金到团兴办企业，实行国退民进。2011 年，固定资产投资总额 1920 万元，其中国有投资总额 630 万元，占固定资产投资总额的 32.81%；私人投资总额 823 万元，占固定资产投资总额的 42.86%；其他投资总额 467 万元，占固定资产投资总额的 24.32%。通过招商引资，私人投资和其他投资总额超过国有投资总额，逐步改善了资本结构，形成国有、私人、股份经营多元的固定资产投资主体。2015 年，固定资产投资总额 26874 万元，其中国有投资总额 5090 万元，占固定资产投资总额的 18.94%；其他投资总额 21784 万元，占固定资产投资总额的 81.06%。

1991—2015 年，固定资产投资总额 58450 万元，其中国有投资总额 20875 万元，占固定资产投资总额的 35.71%；私人投资总额 5299 万元，占固定资产投资总额的 9.07%；其他投资总额 32276 万元，占固定资产投资总额的 55.22%。非国有资产投资逐步在固定资产投资总额中占重要地位。

表 8 – 7　三十七团固定资产投资完成一览表（1991—2015 年）

单位：万元

年份	固定资产投资总额	分类			本年新增固定资产	年份	固定资产投资总额	分类			本年新增固定资产
		国有投资总额	私人投资总额	其他投资总额				国有投资总额	私人投资总额	其他投资总额	
1991	147	147	—	—	147	1996	65	65	—	—	65
1992	75	75	—	—	75	1997	70	70	—	—	70
1993	96	96	—	—	96	1998	586	586	—	—	586
1994	102	102	—	—	102	1999	435	435	—	—	435
1995	70	70	—	—	70	2000	286	286	—	—	286
"八五"合计	490	490	—	—	490	"九五"合计	1442	1442	—	—	1442

续表

年份	固定资产投资总额	分类			本年新增固定资产	年份	固定资产投资总额	分类			本年新增固定资产
		国有投资总额	私人投资总额	其他投资总额				国有投资总额	私人投资总额	其他投资总额	
2001	326	326	—	—	326	2009	560	560	—	—	560
2002	261	261	—	—	261	2010	1557	837	720	—	1557
2003	2717	217	2500	—	2717	"十一五"合计	9120	8320	720	80	9120
2004	297	297	—	—	297	2011	1920	630	823	467	1640
2005	2523	2523	—	—	2523	2012	3692	1279	756	1657	3412
"十五"合计	6124	3624	2500	—	6124	2013	6928	—	500	6428	6888
2006	3549	3549	—	—	3549	2014	1860	—	—	1860	3000
2007	2949	2869	—	80	2949	2015	26874	5090	—	21784	23434
2008	505	505	—	—	505	"十二五"合计	41274	6999	2079	32196	38374

注：本表数据来自《农二师统计年鉴》资料。

第四节 经济体制改革

一、农业经营体制改革

（一）种植业经营体制改革

1992 年 2 月，且末工程支队农业连队开始推行种植业土地承包责任制，承包年限 1～3 年，上缴指标 3 年不变。承包方式为生产资料先由集体垫资，年终结清，连队与承包人签订土地承包合同，按合同条款规定对土地种植管理、费用缴纳等义务。

1993 年 3 月，土地承包实行五年不变。1994 年 12 月，推行"放水养鱼"土地承包政策，打破农业连队"大锅饭"，首次推行"两费自理"责任制。种植业承包经营实行全费自理，两户一个条田，每户 5.33 公顷左右，大户承包一般不超过 13.33 公顷。除生荒地外，产生经济效益的条田均按面积固定到户。在跃进地区承包土地面积一般为每户两人 4.6 公顷，外来大户承包土地面积一般不超过 13.3 公顷。是年，对土地承包户采取"集体辅助"与"两费自理"相结合的办法，调动社会力量投入农业生产，承包户由 1993 年的 64 户增加到 1994 年的 85 户。

1996 年，农业经营管理实行支队、连两级管理、三级核算体制。推行以土地固定为基础，生产资料费不足部分可按规定程序申请集体垫支，生活费用预借。连队根据职工需求统筹安排，待农产品收获时，以产品抵缴利费和连队垫资的费用，按银行利率收取垫资利息。

1998 年 2 月，兵团印发《关于进一步加快农牧团场改革与发展的决定》文件，要求农牧团场要逐步推行资产经营责任制。支队召开党委会研究确定由放权让利政策性调整，向制度创新转变，推进以产权责任承包为核心的改革进程。种植业实行"土地固定、两费自理"承包经营责任制。坚持土地长期固定承包，连队与承包土地职工签订土地固定合同，承包土地期限 5～30 年不变，直到承包人退休为止。土地承包费上缴指数五年不变。土地承包户由 1994 年的 85 户增至 110 户。

1999 年，红旗区私人投资开荒 53.3 公顷，支队在职代会上表彰自费开荒职工。2000 年，支队实行分类登记划分承包土地等级，按土地等级明确上缴承包费。

2002 年 2 月，土地承包年限延长到 5～10 年，上缴土地管理承包费指标 5 年不变。

2003 年 2 月，支队给农业连队承包土地职工发放"明白卡"，明确种植亩数、品种、成本、上缴费用等事项。117 户承包土地的职工领到"明白卡"。

2004 年 2 月，改革种植业（棉花）租赁经营承包责任制，租赁承包土地的职工先缴钱后种地。一连、二连有 124 户职工租赁承包土地 380 公顷，占种植业播种面积的 74.92%，剩余土地由监区经营。

2005 年起，支队生产部门出台土地承包经营文件，规定每个职工承包管理土地面积不低于 20 亩。生产资料费用全部自理的承包人员，按优惠标准上缴土地管理承包费。

2006 年，生产连队缴纳土地使用费 141 万元，支队按照上缴利费 20% 的比例，给职工减负让利 44.07 万元，减轻承包土地职工负担。

2007 年，种植业实行全额自理承包经营办法，土地承包费用年初缴纳 60%，保留 40% 的费用，以农业小额贷款缴纳或年末以产品款抵价偿还。坚持统一计划管理、统一栽培技术措施、统一机械作业、统一生产物资采供、统一大宗农产品收购管理的"五统一"管理模式。全面落实土地经营管理制度，种植用地划分为职工自用地、定额承包地（身份地）、经营地。一连每个职工的身份地不超过 1.6 公顷，二连、三连每个承包职工身份地不超过 2.3 公顷，经营地原则上控制在 2 公顷之内。7 月，支队给职工减负 30%，为 91 户职工让利补助资金 99.07 万元。12 月，落实土地长期固定政策，采取生产自主经营等措施，把税改和减负结合起来，对承包期限固定 5 年以上的职工减收承包费 30%，降低土地承包费 55 万元。对承包红枣地的职工核补 75% 的人工费，当年共为职工让利 150 万元。

2008 年，根据跃进开发区种植面积扩大、种植结构调整等情况，在二连、三连落实土地承包责任制相关政策，采取现场会、经验交流会、观摩会等形式，按照"两费"自理的租赁承包方式推动连队土地承包。承包职工生产资料费自理率达到 80% 以上，小额生资贷款达到 70%，缴纳土地租赁金达到 100%。

2009 年，贯彻落实兵团"土地承包经营，产权明晰到户，农资集中采供，产品订单收购"为主要内容的团场基本经营制度，改革完善土地经营管理、劳动用工管理等制度，严格内部管理，调动了职工群众的生产积极性。

2010 年，土地经营管理方式逐步向市场转变，全面落实兵团、师减负政策，为二连、三连种植红枣亏损的 64 户职工，减负让利 276 万元，平均每户减负 4.3 万元。

2015 年，三十七团推行承包土地职工定额承包地"五保三费"与土地承包费"两费分离"政策；种植棉花的每个职工承包土地的定额为 2.3 公顷，实行年初一次性缴纳生产资料自有资金。无能力缴纳生产资料费自有资金的职工，进行土地有序流传，解除承包合同，统一调动到团劳动服务公司工作。全团签订土地承包合同 243 份，合同签订率为 100%；缴纳土地承包费用总额 390 万元，生产费用自理和生产费自理率 100%。

（二）林果业经营体制改革

2006 年，且末工程支队实施生态经济林建设，跃进开发区二连、三连职工每户承包红枣地 4 公顷，单身职工承包 2 公顷，费用由连队垫资，承包职工在 3 年内按照土地管理面积，由支队发给果园抚育管理费。其他农业连队承包果园的职工，按承包合同上缴年度费用。

2008 年，连队土地承包实行 30 年不变政策，红枣地经营管理与其他农作物管理方式相同，全部推行"六到户"（经营方针政策宣传到户、思想工作做到户、土地落到户、技术措施到户、管理办法到户、单独核算到户），实行"五统一"（统一耕作、统一播种、统一管理、统一农资、统一销售）的经营管理方式。

2010 年，按照兵师相关规定，干部退出承包土地 14.6 公顷。新增职工 45 户，管理土地面积 125 公顷，连队林果业管理全部推行"两费自理"承包。3 个农业连队职工共承包土地 1533.3 公顷。

2015 年，林果业按照"产权归属团场、承包固定到户、生产费用自理、依法有序流转、产品定量上缴、技术统一管理、效益明显提高"的总体要求，进一步明晰产权关系。职工承包红枣地定额为 1 公顷，"五保三费"随职工收入和费率变动而改变；从事林业管理职工实行定额管理，新植林管理面积 1.6 公顷、2～3 年生植林管理面积 2 公顷、4 年以上生植林管理面积 5.3 公顷。林业实行集中管护与个人负责、定额管理与成本核算相结合的管理方式，按管理区域核定人员，划分管理面积，林带管理人员实行管护与考核相挂钩的年薪制。

二、工业经营体制改革

1991 年，石棉矿实行矿长和教导员双承包责任制，经营管理实行两级核算、财务包干、超利留用、亏损自补的经营管理办法。年初支队给石棉矿下达任务指标，明确全年石棉产量、品位、成本、上缴利润指标，根据生产产量和产品出厂价按计划价格核算产值，支队与石棉矿领导签订生产、狱政"双承包"责任书，各自履行职责义务。1992 年，棉花加工厂开始投产，生产经营以集体经营为主。因产品质量达不到兵团、师棉麻公司皮棉标准，皮棉销售不畅。

1993 年，石棉矿完成石棉生产任务 7500 吨，超出部分与支队按 3∶3∶4 分成，即 30% 上缴财务科、30% 作为单位留成、40% 作为干部和职工奖金。是年，因国内石棉市场价格高扬，石棉生产一度成为支队经济发展的支柱产业。

1995年，市场石棉价格下滑，每吨价格仅为80元，石棉矿亏损严重导致歇业。

1996—2003年，石棉矿实行经营体制改革，推行厂长承包责任制，扩大企业经营管理自主权，改计时工资为浮动工资或计件工资。企业所有权和经营权分离，由内向封闭的生产型转为外向开放的经营型，逐步推行以市场调节为主的经营管理体制。

2004年，工业企业生产经营管理权全部下放到企业，由企业根据市场行情自行制定生产计划后，任务分解到车间、班组付诸实施。棉花加工厂改制重组后，经营管理模式发生变化。籽棉收购总量4350吨，实现生产产值952.7万元，产销率100%。

2005年，石棉矿与三十六团石棉矿整合为巴州石棉矿。2006年，榨油厂、水泥厂、水泥制板厂相继停产。棉花加工厂生产经营亏损严重，停产改造。

2006年后，把发展工业生产作为促进经济增长方式转变的主要途径，国有工业企业"抓大放小"，实行国退民进，利用本地资源优势，引进私有资本投资兴建一批工业企业，让不同所有制的企业参与支队工业建设，实现工业增产增效。

2009年，棉花加工厂对外租赁承包，招商引资温州一家棉花加工企业，成立农二师昆山棉业公司。棉花加工厂实行股份合作制。支队机关供销科科长兼棉花加工厂厂长。

2010年11月，招商引资1000万元在跃进区修建红枣加工厂。石棉矿经营权重归且末工程支队，对外发包给个人承包经营。2011年，通过招商引资，新建私营企业免烧砖厂、节水滴灌材料厂。

2014—2015年，招商引资建成私营企业有奇强混凝土商业有限公司、三十七团钢架厂、水泥制品厂、永鑫砂石料销售有限公司等。2015年底，全团有各类所有制的工业企业7家。非国有经济占据团场经济的半壁江山。

三、交通运输及商业体制改革

（一）交通运输体制改革

20世纪70年代，工三师前线指挥部建有汽车营，下辖汽车一连，二连、三连3个正连级单位，交通运输主要承担315国道施工砂石料和各类建设物资运送任务，为其他农业连队运送农业种子、肥料和粮油等生产生活物资。70年代中后期，交通运输承担购进物质长途运输任务。

1978年，自治区建委从工程支队汽车营抽调100辆汽车支援克拉玛依石油基地建设，汽车营解体，且末驻地保留车辆40余辆。1989年12月，汽车营改为汽车队，建制级别为正连级。

1993年，师监狱管理局配发给且末工程支队一辆奔驰大客车，用于内部客运，客运业务起步，成为人们外出的主要交通工具。

1997年，改革交通运输体制，汽车队改为机耕队。其拥有的9辆农用轮式拖拉机和3辆履带式拖拉机，评估作价后转让给职工承包经营；4辆解放牌运输汽车公开拍卖给个人，交通运输体制由计划经营型改为市场经营机制。

1998年，且末县际班车增至每日一班，且末工程支队公用客车停运。1999年，个体和私营运输业有所发展，私人拥有物资运输汽车10辆，其中有1户职工利用私家车从事客运，实行自主经营，自负盈亏。

2000年后，职工群众自行购买各种型号机动车、摩托车等，车辆总数量增加至66辆。至2010年，各种车辆增加至198辆，所需物资均由外地通过私人运输车运进支队辖区。

2011年4月，且末支队成立客运站，纳入农二师客运管理网络。因且末工程支队人口少、运距远、成本高而取消客运业务。2014年，个体客运停运。2015年，三十七团增加客运校车1辆，从业人员2人，年完成客运量4500人，客运周转量156万人/千米。

（二）商业体制改革

1971年，工三师司令部投入固定资产15万元，开办集体大商店，所售商品包括农机配件、汽车配件、农产品加工配件、各类生活日用品、粮油等。

1975年，副食品加工厂与商店合并，副食品加工厂生产的酱油、面条、烧酒等日用品全部由大商店集中销售。

1980年，施工连队转移至盐湖等地，国营商店经营萎缩。1993年，国营商业在市场竞争中逐渐处于劣势，经营勉强维持。

1995年，实行商业体制改制，大商店公开招标对外租赁承包，职工卢新民中标承包经营，国营商业实行国有民营。1998年，国营商店作价拍卖，卢新民出资8万元买断大商店经营权，大商店改为个体经营，国有商业退出市场。是年，职工在场区陆续开办4家个体商店，年经营利润达到10万元。

2003年，个体商业经营户增至7家，年经营利润达到30万元。

2010年，在且末县新建康都小区开办商业网点27家，经营利润275万元。

2013年3月，团持续降低私营商业企业准入门槛，引进私人资金1904万元，在且末县城新建1栋集商贸、住宿、办公等功能为一体的综合性大楼，年利润35万元，吸纳4名职工就业。

2014年，跃进区二连开办电商、快递店各1家。至2015年，全团个体商业经营户发展到46家，从业人员56人。

四、机关机构改革

1970年，工三师承担自治区"0701"工程建设期间，成立且末前线指挥部。按照兵团编委机构设置要求，工三师指挥部机关设置"八处一室"，分别为行政处、劳资处、工程处、组干处、保卫处、宣教处、财务处、后勤处和办公室，均为正营级建制。处下设相关职能部门23个。机关人员编制为110名。其中，党委领导班子9人，各处室工作人员不超过7人，股不超过3人，组不超过4人。另设有1所托儿所。

1971年2月，工三师建制撤销，划归农三师管辖。农三师且末前线指挥部机关工作机构由处室改隶为股，保留5个股，均为副营级建制。股下设17个小组。机关有工作人员46人。

1973年，农三师司令部且末前线指挥部机关撤销"股"的建制，机关机构设置为一处一室一部四科，各部门内细化为19个小组。另设置食堂和托儿所。

1974年2月，农三师司令部且末前线指挥部划归农二师实行属地管辖，更名为农二师且末工程支队。机关机构设置一处一室一部十一科，机关部门为正营级建制，下辖17个小组。配备处长及部门工作人员35人。

1978年，根据国家下发文件要求"农场要实行定员定额，非生产人员不得超过20%，多余人员一律回到生产岗位上去"，经巴州党委常委批复决定：农业团场机关定员在非生产人员不超过20%的前提下，可根据大、中、小团场按70名、45名、35名核定人员编制；建工团机关定员非生产人员不超过18%。巴州工程支队被划归一类团场序列，机关人员按70名核定。其中，设置正副支队长5人，正、副政委2人。机关部门改组建科，设置一处一室四科一部共22个业务部门。

1980年后，支队搬迁至北线，在乌鲁木齐盐湖化工厂设置机关工作机构，有政治处、办公室、群工部、施工材料科、计财科、宣教科、保卫科。其中，行政办公室下设机要组、后勤组、缝纫组、托儿所等机构。

1982年，农二师且末工程支队恢复建制，机关设置"五科一室"，即施工材料科、组干科、宣教科、计财科、群工科、办公室。机关人员编制40名（含正处职干部2名、副处职干部5名）。

1984年7月，且末工程支队为有利于与师机关上下业务对口，机关设11个职能部门。机关人员编制37名，其中团处级、科室领导19人、工作人员18人。

1986年10月1日，且末工程支队（且末劳改农场）组建后，机关设"四科一室"，即管教科、政工科、计划财务科、生产科、办公室。机关人员编制按照总人口的2%配置，机关在编人员42人（含支队5名领导）。

1989年12月，支队调整机关部门，设置行政办公室、狱政科、生产科、计财科、政工科、保卫科、机要室。成立人民武装部，由支队长兼任人武部部长。

1990年，按照师对机关设置的要求，实行减员增效。组干科更名为政工科。压缩机关人员编制12名，机关人员实际编制为30人（含支队5名领导）。设"五科一室"：政工科、管教科、生产科、计财科、供销科、行政办公室。

2005 年，机关设置"六科一室"，分别为政工科、管教科、生产科、劳资科、计财科、供销科、办公室。按照师监狱管理局相关文件要求，为便于上下级业务对口管理，管教科更名为狱政科，机要科与办公室合署办公。

2006 年 3 月，机关在编人数 30 人。因支队安排 7 名大学毕业生在机关部门就业，机关实际在岗人数 37 人。恢复机关幼儿园建制，归属行政办公室管理。

2009 年，且末工程支队企业部分与监狱分离，保留正团级建制。机关计财科更名为财务科，机要科、纪检监察科从政工科剥离成为独立科室。保留原编制的部门有办公室、政工科、财务科、供销科、纪检监察科、生产科，增设民政科。机关人员编制 30 人（包括 3 名支队领导），实际在岗人员 19 人。机关推行部门经费包干预算制，工作人员实行年薪制。

2012 年 10 月 9 日，农二师且末工程支队纳入兵团农牧团场序列，列编为农二师三十七团。团机关设置 12 个部门：纪律检查委员会办公室，纪检监察科与纪律检查委员会办公室合署办公；党委办公室（挂团场办公室、机要科、信访办公室牌子）；政工办公室；政法办公室；发展改革经营管理科（挂安全生产监督管理科牌子）；社政管理科（挂民政科、劳动和社会保障科、人口和计划生育办公室牌子，其中社区建设指导委员会办公室设在民政科）；财务科（挂国有资产管理办公室、统计科牌子）；农业科（挂畜牧兽医科牌子）；工交建商科（挂环境保护科牌子）；工会机关（挂妇联牌子）；团委机关（挂少工委牌子）；人武部单设，不占团机关编制。机关人员编制 30 名。其中，团领导职数 5 名；各内设机构的领导职数均不超过 3 名。

2015 年 2 月，经请示兵团编制委员会，三十七团适当调整机关 12 个部门的配置。纪律检查委员会办公室下辖纪检监察科，实行合署办公；党委办公室下辖机要科、信访办公室，实行合署办公；政工办公室下辖组干科、宣传科，实行合署办公；政法办公室下辖人武部、社会治安综合治理办公室，实行合署办公；发展改革经营管理科下辖安全生产监督管理科，实行合署办公；社政管理科下辖民政科、劳动和社会保障科、人口和计划生育办公室、社政建设管理委员会办公室，实行合署办公；财务科下辖国有资产管理、统计科、会计核算中心，实行合署办公；农业科下辖生产科、畜牧兽医科，实行合署办公；工交建商科下辖交通、运输、路政、工业、基建、商业、销售、环境保护科，实行合署办公。工会委员会下设工会办公室；共青团委员会下设共青团委办公室；人武部单设。机关人员编制为 30 名，其中团领导职数 6 名，实际机关在岗人员 42 人。

五、事业及服务单位体制改革

20 世纪七八十年代，且末工程支队属农二师建安单位，人员工资按照级别、职务等由上级划拨，统管队部、学校、医院、劳改队等单位。1986 年劳改农场成立后，所有单位实行企业化管理，执行企业工资制。

2002 年，卫生队、学校实行法人实体经营预算管理，接企业分离办社会职能相关政策，有 11 名医务人员和 24 名学校教师纳入兵团事业单位编制，人员工资仍由企业承担。

2008 年，根据国家、兵团事业单位管理体制改革指导意见，学校、医院人员实行实名制管理，通过考试纳入国家事业单位编制，工资由国家全额拨款。有 9 名后勤人员从事业单位剥离，分配至企业单位工作。

2009 年，支队监企分离后，学校和医院归入企业管理，保留事业单位编制。至 2015 年，学校、医院各项费用年初核定基数，实行包干使用，超支不补，节资留存。同时改革分配制度，实行按劳分配、多劳多得机制。机关事业单位的各项费用年初核定标准后，包干使用，超支不补。人员使用按照师人事局人员增补计划，招录大专以上全日制学历的大学生，经过一年试用期满后，正式聘用为事业单位工作人员。

第五节　自营经济

一、职工两用地

2001 年，兵团出台《关于深化兵团农牧团场改革的意见》等相关文件，且末工程支队根据兵师文件精神，制定《且末工程支队深化土地承包经营管理改革实施方案》《且末工程支队农业职工自用地划分管理办法》，重点解决土地固定长期承包、扩大职工自主经营权、增强团场经济实力、致富群众增收等问题。

2003 年，支队党委落实兵团"1 + 3"文件精神，给农业连队职工划分自用地。工会与生产、财务等部门组成工作组，摸底调研全支队土地使用情况后，制定划分自用地计划和管理办法，率先在一连推广实施自用地政策试点。是年，一连给承包土地职工每户划分自用地 0.15 公顷，实行自主管理、自由种植、自负盈亏。职工通过种植自用地，年均增收 500 元以上，增强了职工种植土地的热情。2005 年，自用地政策在二连普遍推开，每户职工划分自用地 0.1 ~ 0.15 公顷。2008 年，三连给每户职工划分自用地 0.195 公顷，全支队共划分自用地 34.065 公顷，户均自用地实现总产值 2300 元，年创利润 1000 元左右。

2012 年，落实承包土地职工减负政策，减负标准按每亩上缴费用的 20% ~ 30% 对职工进行减负，并通过小额贷款解决职工承包土地资金不足问题。但自用地不享受减负政策。

2015 年，团场给承包职工划拨身份地每人 2 ~ 2.5 公顷，划分自用地 0.15 公顷，取消由承包土地职工承担的"五保三费"，职工自用地与身份地除上缴水费外，取消任何费用。每个承包土地职工拥有两用地 2.6～3 公顷，通过自主经营，每公顷创产值 5.8 万元，年公顷获纯利 3 万元左右。其中自用地获利 1200 元，职工收入逐步增加，生活水平得以提高。

二、私有养殖业

三十七团的自营经济养殖业是由庭院经济发展而来的。20 世纪 70 年代，连队职工在房前屋后自主养殖家禽、家畜等，自给自足，以散养为主。

1994 年，从内地招收一批新职工在连队落户，引进养殖技术，家庭养殖业开始兴起。是年，职工养殖牛羊 77 头（只），年利润 3.2 万元，由此带动 10 多户职工从事家庭养殖业。

2002 年，红旗区油库附近划拨 2 公顷土地建设自营经济养殖区，有 6 户职工入驻，每户建成面积为 1200 平方米养殖场，自营经济养殖业纳入规范化管理和发展轨道。2004 年，自营经济养殖户发展到 14 户，养殖各类牲畜 426 头（只），以养殖小尾寒羊为主。养殖户年创产值 1.2 万元，增收 2000 元左右。

2008 年，兵团出台自营经济小额贴息贷款优惠政策，配合且末县金融机构每年度向职工发放自营经济小额贷款，以扶持职工发展自营经济。在红旗区三中队旧址处划拨土地 4.5 公顷，出让给一连职工修建圈舍，职工自建 4 家养猪场，实行自养自繁，当年生猪存栏 660 头，创产值 158.4 万元，户均收入 12 万元。

2010 年，红旗区自营经济养殖区进入鼎盛发展时期，入驻养殖户 6 家。私人养殖户自行投资 80 万元修建生猪圈舍 6 栋，养殖生猪 230 头，年出栏 202 头，创产值 56.5 万元，户均产值 9.5 万元。至 2012 年，有 7 家职工在养羊的同时附带养牛，私人养牛达到 32 头。

2012 年，受市场牲畜价格下跌的影响，养殖户自行减少牲畜存栏数量。至 2012 年末，私人养牛户减至 4 家，养牛数量 17 头，当年实现总产值 30.6 万元，户均增收 4.5 万元。

2015 年，团扶助职工陈建伟 200 万元发展枣园鸡养殖业。成立 4 家养殖合作社，采取职工自愿入股方式，吸纳社员 17 人（包括 3 名困难职工），带动 174 户职工发展自营经济养殖业。合作社全年雇用临时用工 220 人次，年孵化鸡苗 60 万只，创产值 90 万元，实现利润 30 万元。

经过 10 多年探索和发展，至 2015 年，全团职工自行投资 430 万元修建生猪圈舍 7 处、鸡舍 1 栋；养猪户由 1994 年的 10 户发展到 2015 年的 24 户，从业人员 28 人。私人养殖户养猪 410 头、牛 34 头、羊 630 只、鸡 12 万只、鸽 210 羽，孵化鸡苗 60 万只，创产值 2500 万元。私有养殖业的发展促进职工多元增收，团场自营经济逐步形成。

第六节 河北援建

一、考察对接

2010 年 9 月，且末工程支队与河北省唐山市共同启动对口援助计划。成立党政主要领导任组长的对口援助工作领导小组，在财务科设援疆办公室，财务科科长梁洁任援疆办主任。10 月，行政主要领导带领援疆办工作人员首次赴河北唐山市实施援疆工作对接。

2010—2013 年，先后 3 次组织人员赴河北唐山市对接，对接内容涉及学习考察、招商引资、参加展会、协调项目等方面。河北唐山市政府、河北省援疆工作前方指挥部、唐山市援疆办等先后 6 次派出代表团到三十七团开展对口援建工作，涉及援建规划、援建项目、投资环境、产业发展等方面。

2014 年 5 月，三十七团调整对口援疆工作领导小组，对口援疆工作领导小组下设办公室，设在发展改革科，由发改科主任闫江平兼任办公室主任。

二、援建工作

（一）援建项目

2010 年 11 月 5 日，河北省捐赠 40 万元，援建中学远程交互式教学多功能会议室，学校教学实现网络教学全国一体化。

2014 年 10 月 17 日，河北省唐山市援建三十七团中学 200 套被褥，用于保障团中学寄宿学生寒冬保暖。

2015 年，唐山市援建三十七团中学、医院住院楼、保障性住房和幼儿园等建设项目。至 2016 年初，已投入援建资金 1430 万元，受益群众 760 户 2172 人。

（二）人才援疆

2010—2014 年，经师组织部、援疆办、三十七团和援疆干部协调，河北省唐山市先后分二批派出援疆干部到三十七团任职。每年团主要领导、干部及职工分批到河北省考察学习城镇发展规划、党建工作、农业生产技术等，双方互访互往活动频繁。2010—2015 年，团共选派各级干部、专业技术人员、职工等 41 人次赴河北省唐山市挂职锻炼和培训学习。唐山市援疆干部在三十七团举办各类专业知识培训班 9 期，累计培训干部职工 1200 人次。

第九章　建筑施工

20世纪70年代，且末工程支队具有公路工程施工二级和建筑工程施工三级企业资质，除承建315国道新疆段工程施工外，还参与国家投资重大工程项目建设。1982年，施工队伍辗转南北疆建筑市场，直至乌鲁木齐、昌吉、克拉玛依、鄯善、库尔勒等地，先后参与和独立完成盐湖化工厂、大河沿镇建设等施工项目，工程涉及道路、桥梁、厂矿、房屋、水利建设等，为新疆建设事业作出了重要贡献。

第一节　施工队伍

1967年4月，自治区"0701"工程启动，兵团接受自治区建设任务，调集农一师、农三师和兵团建工师机关附属团场21020人和210辆汽车，组建新疆生产建设兵团工程建设第三师（简称工三师），师部设在莎车县，番号为新疆军区生产建设兵团工三师司令部"0701"工程指挥部，下辖民丰支队、建工师工程团和农一师、农三师工程指挥部等施工建筑单位。第一施工段为莎车县至民丰县。

1970年，工程施工东延到达且末地区，在且末县东风公社设立指挥部。筑路队伍按照自治区革委会工作要求，采取边开发边建设措施，担负且末、若羌、民丰一带三线建设任务。是年，工三师派遣民丰工程支队一个连队进入且末进行修建公路的前期踏勘，采用铺垫芦苇、红柳枝压土的方式，先修建一条便道，打通民丰到且末的道路。指挥部工程二队、三队及农三师二十三团九连先进驻且末县境内，分别在跃进、东风地区建设农场。6月30日，工三师第一批500人组成的筑路队到达且末，当年开荒186.6公顷，生产粮食35万千克，完成车尔臣河老龙口引水工程，修筑拦水堤坝7千米。

工三师到达且末后，充分发挥兵团集中力量办大事和保卫边疆、建设边疆的特殊作用，对且末地区进行全面规划，在东风公社（后易名为阿热勒乡）、团结公社（塔提让乡）、胜利公社（巴

20 世纪 80 年代初，且末工程支队在车尔臣河龙口段修建的拦水闸　　　　　　　　　（团档案室供图）

格艾日克乡）、跃进公社（英吾斯塘乡）、红旗公社（琼库勒乡）分别驻扎工三师的附属机构。在东风公社和团结公社建立团结一场、团结二场、团结三场，在跃进公社阿琪曼（吐排吾斯塘村）以北驻扎二十三团农场，在红旗公社驻扎工三师师部和建筑工程处。在车尔臣河岸修筑输水大渠，在车尔臣河上游建水力发电站（1 号电站），在东风公社、红旗公社建分水枢纽 2 处。

1971 年 2 月，工三师建制撤销，自治区建委决定将工三师司令部"0701"工程且末指挥部划归农三师管辖。工三师划归到农三师后，部分人员随连队搬迁离开且末，参加筑路工程的人员大减。为不影响筑路进度，确保"三线建设"工程顺利实施，兵团分别从农三师调拨一个劳改中队、抽调工三师二十一团援巴人员补充筑路力量，支援"0701"工程建设。农三师司令部"0701"工程指挥部承担着修筑南疆国防公路和改造罪犯的双重任务。

1973 年 1 月，农三师筑路工地机械损耗、工具破损量大，需要建立机械修理设施，农三师且末指挥部与且末县联合承建农机大修厂，七连负责大修厂施工，年底交付给且末县使用后，农三师且末指挥部所有损坏机械设备均在且末县汽车大修厂进行修理。为便于施工队搬迁和施工物资运输，农三师在民丰至若羌沿线设置接待站 5 个，由西向东分别设有 205 站、苏塘站、江尕勒萨依站、阿拉干站、考干站。每个站点设置 2～3 人负责日常接待工作。

1974 年 3 月，参加施工连队 12 个，职工 7900 余人，其中建安工人 1110 人，投入施工的各种型号汽车 208 辆。参加远程运输砂石料任务汽车（东风翻斗汽车）80 辆，解放牌 4 吨货车 120 辆，压路机 2 台，生活运输车 4 辆，吊车 2 台，各种型号的工作车、生活车 4 辆，工程施工配套机具 1100 余架，日运输工作量达 4532 万千克。主要承担修建 315 国道且末县苏塘段至江尕勒萨依段砂石料和物资运输任务。

1975 年 5 月，兵团建制撤销，农二师并入巴州。农二师且末工程支队后更名为新疆巴州工程支队，继续修筑 315 道路。

1976 年 11 月，工程施工至江尕勒萨依站，与其他筑路部队会师，七连、十一连、十二连、六连等主要施工单位逐步撤出施工现场，留守三连、十连继续修筑收尾工程。

1978 年，"0701"工程接近尾声，巴州工程支队组成 10 多个建筑队进军北疆建筑市场。3 月，经自治区公路局协调，五连、七连 2 个施工队共 400 余人参加榆树沟水毁道路改造工程，施工道路总长 30 千米，工期为 60 天。5 月，自治区建委布置巴州工程支队接收乌鲁木齐盐湖化工厂第一期工程无水芒硝脱硫车间及附属建筑工程建设任务，六连、七连、十一连、十二连 4 个施工队 1200 余人从且末搬迁至盐湖施工。六连、十一连、十二连负责居民楼建筑工程和化工厂脱硫车间主厂房建设任务，七连负责盐湖道路、化工厂基础设施建设任务，工期 3 年。6 月，巴州工程支队部分工程连队进驻吐鲁番大河沿，参加兵团农十二师二二一团共青干渠修筑，工程量 87 千米。7 月，巴州工程支队搬迁至盐湖的施工连队，为便于承揽工程和施工建设，将原来的生产连队更名为工程连队，并对建制序列进行调整，改称为工程二连、工程二连、工程四连等。

1978 年至 1979 年 3 月，巴州工程支队大部分施工连队陆续撤往北线。1979 年 10 月，巴州工程支队指挥机关陆续搬迁至盐湖，在盐湖化工厂建立巴州工程支队机关、职工食堂、连队、学校、幼儿园等附属机构。搬迁至盐湖化工厂共计 505 户，人口 2812 人。转移搬迁至乌鲁木齐、昌吉、鄯善、哈密等地施工人员 1709 户 5103 人。11 月，八连、机关部分人员在且末驻守，其他连队全部搬迁至盐湖或随工程项目搬迁至施工地点。

1980 年 12 月，经自治区建委和农垦总局协调，巴州工程支队在乌鲁木齐至吐鲁番铁路吐鲁番沿线承接部分施工任务，主要建设铁路沿线房屋、酒店、职工宿舍、商店、学校、邮局、汽车站、公路等基础设施。在吐鲁番大河沿镇并购部队遗留旧房屋 800 间，安置盐湖施工队 6 个，学校、机关等附属单位 4 个。12 月，巴州工程支队成立北线指挥部。七连、十二连抽出 240 人合并投入盐湖化工厂居民生活区房屋建设工程。北疆施工的其他连队承揽部分地州农垦局驻乌鲁木齐办事处服务楼、住宅楼、兵团文艺楼、百花村家属楼、农九师驻乌鲁木齐办事处宾馆大楼、自治区干部培训学校教学楼、鄯善影剧院、大河沿镇基础设施建设等工程。南疆施工队承揽和静钢铁厂家属楼、南北桥、且末延安影剧院等工程项目的建设。巴州工程支队施工建设遍布天山南北。

1981 年 3 月，经自治区农垦总局协调，巴州工程支队接收乌鲁木齐农九师服务楼、兵团文艺楼（2015 年改为和平都会家属楼）、巴州农垦局乌鲁木齐办事处建设工程。

1982 年 4 月，巴州工程支队回归农二师建制。经师建委批准，在南疆施工的二连、十二连 2 个施工队共 400 余人与农二师水利工程团（简称水工团）合并，组建农二师建筑工程团，团部设置在塔什店，主要承揽库尔勒地区水利、工业、房屋、道路建设工程。11 月，留守且末的二连，将道路修至若羌县江尕勒萨依大桥段，与其他筑路部队会师，和田至青海茫崖 1680 千米道路贯通。

1984 年 3 月，且末工程支队北线指挥部建制撤销，与农二师水工团合并组建成立农二师建筑工程第二团（简称工二团），建点塔什店，有职工 2812 人，退休职工 986 人，主要承担塔什店火电厂家属楼、厂房工程建设任务。12 月，经自治区建设厅对工二团资质审查，定为公路工程施工二级企业和建筑工程施工三级企业。

1985 年 10 月，乌鲁木齐盐湖的施工队结束工程后，工程六连、七连、八连、十一连等施工单位搬迁至吐鲁番大河沿，承建铁路大厦、居民楼、铁路宾馆、邮政大楼等工程，参加施工的职工有 2200 余名。

1986 年 2 月，在北线施工的六连搬迁至和静钢铁厂，承建和静钢铁厂居民楼 14 栋、架设厂区南北桥 2 座。3 月，经新疆铁路局批准，北线施工队参与乌鲁木齐至吐鲁番铁路工程建设，盐湖化工厂建设施工队伍分散搬迁至昌吉、大河沿、鄯善县、哈密等地，工程支队指挥部设在大河沿。

1989 年，与水工团合并的且末工程支队施工队伍从工二团分离，组建成立农二师第三建筑安装工程公司（简称三建）。

2002 年，农二师以四建（工四团）为基础，与一建、三建合并，改制组建成立新疆天宇建设工程有限责任公司。

2003 年，天宇公司为国有二级建筑施工企业，主营工业与民用建筑施工，业务涉及木材加工、制氧、水泥制品等领域。2019 年 7 月，天宇公司改制被私人合股买断，转为民营企业。

第二节　315 国道建设工程

一、国道施工

1967 年，兵团工三师施工队承担修筑"0701"工程（315 国道工程）的任务。道路起点于青海西宁市，终点至新疆喀什，全长 3063 千米，在新疆境内全长 1735 千米。工三师承担新疆莎车至青海茫崖段全长 1280 千米道路（后简称"茫莎公路"）修筑任务。

1969 年，工三师筑路队结束民丰段施工任务后，施工队向且末转移，与工二师五十三团且末前线指挥部会合，实施且末段道路修筑任务。此工段线路长 489 千米，跨越 360 千米沙漠和 130

千米戈壁荒滩及牙通古斯河、安迪尔河、车尔臣河、莫勒切河、江尕勒萨依河水系，是整个路段最险要、工程最艰苦且点多线长的地段。是年，工三师民丰工程支队按照自治区公路局航空勘探计划，派一个连队先遣进入且末境内进行公路沿线前期踏勘。采用铺垫芦苇、红柳枝压土的方式，先修建一条便道，打通民丰到且末的道路，插注路标，利用半年时间打通了一条长320千米的便道。

1971年8月，且末前线指挥部东风公社驻地因遭受洪水袭击，指挥机关搬迁至距且末县城以南6.7千米的戈壁滩上，设立临时指挥部，东风公社只留下三连驻守。11月，筑路施工队从民丰地区安迪尔河修筑到且末县苏塘区域，完成150千米筑路任务。

1972年10月30日，从民丰工程支队和农三师陆续搬迁到且末参加"0701工程"建设的有12个施工单位和1个副业单位，其中跃进地区驻扎单位有一连、五连、七连、八连和"五·七"班（主要种植蔬菜）；红旗地区有六连、二连、四连、九连、十一连、十二连。一连少数民族职工和驻扎在东风地区的三连，种植小麦1866.6公顷，基本解决了本单位的吃粮问题。

1973年，民丰工程支队完成西部段（民丰段）施工任务，由民丰县迁移到且末县。农三师五十三团且末指挥部与民丰工程支队合并，在且末成立农三师"0701"工程且末前线指挥部，指挥东段施工任务。

且末前线指挥部组成11个连队和一个汽车营参加工程施工。其中，跃进地区驻扎单位有一连、五连、八连、七连、十二连、"五·七"班。一连主要种植粮食，"五·七班"主要种植蔬菜。驻扎在红旗地区的单位有二连、四连、九连、十一连、学校、卫生队、汽车营和机关。驻扎在东风公社的单位有六连、三连，主要种植小麦解决本单位吃粮问题。

施工期间，按连队划分工段，每20千米为一个工段，连队再按每人20米为一个工段。拉运砂石料或搬运土方时，距离远的用汽车拉，距离近的就用肩挑，背扛或两人抬一个大筐或用独轮车推。女职工每人每天要搬运8~10立方米砂石料，男职工要搬运10~12立方米砂石料，完成当天任务量计算一个工日，每人每月标准工日为30个，工资核算每月女职工为38.1元，男职工为48.9元，完不成任务的从月工资里面相应扣除。衣服破了补上补丁再穿，手上老茧磨了一层又一层。六连女职工曹继荣每天超额完成运送砂石料任务，连续多年被且末工程支队评为生产先进者，曾两次被工三师党委授予"筑路模范"称号。

筑路队员们天当帐，地当床，工程施工到哪里，"地窝子"就挖到哪里。每天到了饭点，由专人把玉米面窝窝头、白菜汤送到工地，每人2个窝窝头、一份咸黄豆和着白菜汤就是一顿伙食，生活十分艰苦。

1974年2月1日，农三师且末前线指挥部划归农二师管辖，改名为农二师且末工程支队后，筑路部队继续按原计划施工。

1975年，农二师且末工程支队划归巴州公路局管辖，更名为新疆巴州且末工程支队，公路施工由巴州建管局指挥管理。

1980年1月，315国道工程施工任务基本完成，巴州工程支队留守2个施工单位处理扫尾工程，其余施工队伍转战北疆建筑市场。

1982年11月，且末工程支队收尾的施工队将道路修至若羌县江尕勒萨依大桥段，与国家筑路部队会师，全线贯通和田至青海茫崖1680千米道路。国家将此项工程命名为315国道（四级砂砾公路）。

1970—1982年，且末工程支队完成民丰至且末640千米315国道铺设任务。工程投入总石方量6658.88万立方米，总土方量113800万立方米，施工面积1218184万平方米，竣工面积1218184万平方米。因处在国家经济调整期，工程概算总投资15018.192万元，实际工程总费用21518.53万元。其中，路基费用11600.63万元、路石费用6500.34万元、桥梁费用258.19万元、沿途设施费用144.2万元、人工费用3015.17万元。

修筑315国道期间，平均每天参加修筑路基的人员为2071人。其中，建安工人1110人，参加劳动的女职工有364人。修筑路基投入人工1057100人次，修筑桥涵投入人工7020人次，其他投入人工数70731人次，总折合人工数195594天。参加远程运输砂石料任务的汽车（东风翻斗汽车）有50辆，压路机2台，生活运输车辆4辆。其中5~8吨压路机工作量7529工时，10~15吨压路机工作量22528时，5吨吊车工作量355工时，4吨载重翻斗车25900班次，汽车装卸940541吨，日采石加工42619.84吨，合计机械用工996853工日，其他机械辅助用工90730.62工日。

施工期间，因物体打击、车辆伤害、机械伤害、高处堕落等，造成职工伤亡共计165人次。其中，死亡1人、重伤9人、轻伤155人。

表9-1　且末工程支队修筑315国道历年投资总预算一览表（1970—1982年）

单位：万元

年份	投资金额	年份	投资金额
1970	1460.198	1977	1249.651
1971	148.315	1978	1019.192
1972	1168.795	1979	4034.575
1973	1074.231	1980	1042.233
1974	1145.231	1981	170.101
1975	1203.154	1982	80.345
1976	1222.171	合计	15018.192
		实际工程总费用	21518.53

注：以上投资包括土石方、沿途设施、人工工资、机械、福利费用等。

二、主要施工项目

（一）路基工程

1970—1982年，且末工程支队修筑"0701"工程路基全长640千米，实际在且末县境内完成道路修筑436千米，平均底宽22米，平均高度1.27米。人工修筑路基堤坝土方135.47万立方米，使用细土138.47万立方米，铺设15厘米砂砾路石29.26万立方米，铺设2厘米砂砾磨耗层路石75.9万立方米，路基填石5537.2万立方米。筑路工程6658.88万立方米，总土方量1380万立方米，施工面积12181840万平方米，竣工面积12181840万平方米，工程产值15018.192万元。

（二）桥涵工程

1968—1980年，且末工程支队施工的315国道工程，沿途架设大中小桥梁涵洞156座。其中，长度50米以上较大桥梁6座，20米以上中型桥涵47座，10米以下涵桥103座。施工难度大、耗资耗材量较大的桥梁分别是地处民丰县牙通古斯河大桥和且末县车尔臣河前进大桥。道路全线架设桥梁投入7.02万人次，折合工日9810个，使用水1240立方米，水泥2.52万吨，砂砾5.26万立方米，卵石2.27万立方米，钢材2035吨，圆木606立方米，其他材料2418立方米。桥梁工程总投资258.19万元。

表9-2　且末工程支队修筑315国道沿途主要桥涵建设一览表（1971—1987年）

桥梁名称	投资金额（元）	桥梁结构		建设时间
		建筑结构	长宽高（米）	
牙通古斯河大桥	981217.04	悬挂式混凝	58×8×16	1968.9—1970.6
车尔臣河前进大桥	951321.01	钢筋混凝土	205×7.05×9.8	1976.5—1978.5
江尕勒萨依大桥	334632.17	钢筋混凝土	59.5×7.15×3.5	1978.2—1978.11
龙口大桥	199118.23	钢筋混凝土	11.28×7×1.5	1977.4—1977.6
水泥厂南桥	115623.01	钢筋混凝土	15×12×1.2	1987.7—1987.10
合计	2581910.46			

注：此表根据团档案室资料整理。

（三）道路站点

1970年，修筑315国道工程期间，因点多线长，施工队伍因地制宜在工地沿线修建临时性站点7处，房屋为土坯房或"半地窝子"，占地面积共计682平方米。站点内设有加油、加水、住宿、饮食、石料加工等设备，沿线设置道班房4处有33间房屋，供施工人员休息和生活。沿途站点共配备工作人员18人。其中，管理人员3人，服务人员15人。配备道路养护机械4台。

1971年，在距离且末县城205千米处，设置有205站一个，施工单位是六连女工排。施工任务是修筑路基。女职工肩挑背扛、利用独轮车、架子车运送盐块铺设路基，盐块洒水融化后铺平压实，路基坚硬无比。此方法在全程路基铺设过程中曾推广应用。

1974 年，支队在且末县城以南 7 千米处，建砖木结构站点房屋 2 间，建筑面积 40 平方米，是沿途站点的指挥中心。随着国道工程不断推进，部分站点随施工队伍搬迁而撤除，少部分站点保留多年。

2010 年，且末苏塘站点随着三十八团建设被撤除，红旗区且末站于 1988 年移交且末县交通局作为道班保留，成为且末工程支队修筑 315 国道工程的历史见证。

表 9 – 3　且末工程支队修筑 315 国道沿途站点设置一览表（1971—1978 年）

站点名称	站点面积（平方米）	房屋结构	房间数量（间）	建站点时间
205 段道班房	115	干打垒土块房	1	1971.5—1971.8
		地窝子	5	
苏塘站	117	土块房	3	1972.3—1973.5
		地窝子	6	
且末站	150	砖木结构	2	1972.2—1974.11
		半地窝子	4	
江尕勒萨依站	120	干打垒土块房	1	1974.4—1975.6
		地窝子	3	
若羌站	80	干打垒土块房	3	1977.7—1977.10
阿拉干站	60	干打垒土块房	1	1978.2
		地窝子	2	
考干站	40	地窝子	2	1978.3
合计	682		33	

注：此表数据根据团档案室资料整理。

第三节　盐湖化工厂建设工程

1978—1982 年，巴州工程支队承建乌鲁木齐盐湖化工厂建设工程，相继完成盐湖化工厂无水芒硝脱硫车间建设工程、厂办公楼、学校教学楼、幼儿园、居民生活区、招待所、商业街、场区道路等一批生产、办公、生活、商业和交通设施，为盐湖建镇奠定了基础。

一、生产设施

1978 年 3 月，国家轻工业部投资的盐湖化工厂无水芒硝脱硫车间及附属设施建设工程项目由巴州工程支队开工建设，工期 4 年。工程建设内容包括脱水、栈桥、分解、机修、电修、铸造、化合、脱硫、制品、包装、锅炉房、泵房、水塔、通风系统、储藏、加碘车间等 30 余项生产设施，工程概算 1991.15 万元。脱硫车间总占地面积 1849.5 公顷，建筑面积 1649 公顷，为混凝土框架结构。1982 年 6 月，主体工程及附属设施竣工。是年，由新疆维吾尔自治区计委、轻工业厅检查验收合格后交付使用。

二、公共设施

（一）办公楼

1981 年 8 月，巴州工程支队十二连承建盐湖化工厂办公楼项目。办公楼占地面积 9770 平方米，建筑面积 7790 平方米，总造价 1488 万元，为三层框架结构，内设中间走廊、对称房间、办公大厅、会议厅、办公室、洗手间等设施。1982 年 11 月，工程竣工，经自治区建工委、轻工业厅验收后交付使用。

（二）教学楼

1981 年 5 月，巴州工程支队六连承建盐湖化工厂学校教学楼。教学楼占地面积 20070 平方米，建筑面积 18790 平方米，包括外观通道、广场等设施。施工面积 2243 平方米，竣工面积 2243 平方米，总造价 1800 万元。为三层砖混结构，内设教室、办公室、会议室、教研室等设施。设有 1 ~ 9 年级教学班，可容纳 1000 名学生就读。

（三）幼儿园

1982 年，由巴州工程支队二连与七连部分工人共同修建盐湖幼儿园。占地面积 1500 平方米，建筑面积 1230 平方米，总造价 800 万元。为二层砖混结构，内设教室、办公室、会议室、娱乐室，场区设置儿童活动设施，园内可容纳 200 名幼儿。

三、生活设施

1980 年 12 月，由巴州工程支队七连、十二连部分人员合并施工盐湖化工厂居民生活区工程项目，施工人员 240 人。生活区修建 7 号、8 号居民楼 2 栋，每栋楼房占地面积 1460 平方米，建筑面积 1400 平方米，每栋楼投资 80 万元，总投资 160 万元。每栋楼设有 3 个单元，为三层混凝土结构。1982 年建成交付使用，安置盐湖化工厂职工 126 户，小区间路面实行水泥硬化。

四、商业设施

1981 年 4 月，由巴州工程支队七连承建盐湖招待所，又名盐湖候车招待所。1981 年 9 月竣工并交付使用，占地面积 1400 平方米，为三层框架式结构，主楼为三层普通建筑风格，接待大厅装修具有新疆民族特色。内设食堂、候车大厅、餐厅、售票室、住宿和花卉欣赏厅等设施，一层除候车服务设施外，左边设置商业门面房 4 处。该招待所地处盐湖化工厂中心地段的小柳林左侧，盐湖化工厂办公楼右侧，四面树木环绕，是盐湖区唯一的商业服务场所。是年，在盐湖建设 1 条商业街，占地面积 6184 平方米，有商业用房 12 间。

五、交通设施

1982 年，且末工程支队在盐湖化工厂修建场区道路 39 千米，均为混凝土预制路面。

第四节　大河沿镇建设工程

1985—1989 年，且末工程支队在大河沿镇承建的施工项目有铁路大厦、邮电局、吐鲁番火车站家属楼、吐鲁番火车站候车室等一批基础设施，由二连、六连、七连、十连、十二连 5 个建筑连队完成施工任务。

一、铁路大厦

1985 年 12 月，由且末工程支队二连、七连、十连部分施工单位动工修建吐鲁番市大河沿镇铁路大厦。1986 年 6 月，主体工程竣工。11 月，铁路大厦交付使用。占地面积 4400 平方米，为框架 6 层结构。内设宾馆、会议室、写字楼等。铁路大厦位于吐鲁番火车站对面 100 米处，坐南朝北，是 20 世纪 80 年代吐鲁番火车站接待旅客的唯一服务场所，为大河沿建镇时的第一座高层建筑。

二、邮电局

1985 年 9 月，由且末工程支队七连动工兴建大河沿镇邮电局。1986 年 5 月，竣工交付使用。邮电局占地面积 400 平方米，为框架二层结构。邮电局地处吐鲁番市大河沿镇中心地段，吐鲁番火车站对面 150 米处，主要承揽大河沿镇以及铁路邮政业务项目。

三、吐鲁番火车站家属楼

1984 年 4 月，由且末工程支队十二连动工修建吐鲁番火车站家属楼。国家总投资 3500 万元，家属楼占地面积 7.2 公顷，为六层砖混结构。以六横四纵式排列，每栋楼房设计 4 个单元。吐鲁番火车站家属楼位于大河沿镇，距离吐鲁番市区约 50 千米，与吐鲁番火车站铁路大厦相连，是大河沿镇铁路职工家属生活居住场所。

四、吐鲁番火车站候车室

1983 年 9 月，且末工程支队六连、七连、十二连联合施工力量，共同建设吐鲁番火车站候车室。吐鲁番火车站候车室为铁道部建设项目，总投资 7000 万元，占地面积 10.2 公顷，为三层框架结构，其中候车室为二合一框架式结构。内部设置旅客候车大厅、售票室、值班室、医疗室、更衣室、旅客休息室、警卫室、广播室、调度室、行李存放处、物资调度运输处等服务型设施。1985 年竣工投入使用。吐鲁番火车站候车室位于大河沿镇，距离吐鲁番市区约 50 千米，兰新线及南疆线各次列车均在吐鲁番站停靠。

第五节　交通工程

1968—1987 年，且末工程支队相继修建完成且末飞机场、牙通古斯河大桥、车尔臣河大桥、江尕勒萨依大桥、龙口大桥、老水泥厂南桥、安迪尔河大桥等一批重大交通工程项目，改善了当地的交通条件。

一、且末机场

1977 年 4 月，且末工程支队七连承建的且末县飞机场改扩建工程动工，对跑道、塔台、地貌标志、办公室、住房等进行规划建设。1979 年 8 月建成试航，12 月正式通航。且末机场位于且末县城北方，距城中心 1.2 千米，与且末县玉都宾馆相邻，主要经营"且末—库尔勒—乌鲁木齐"航线，属新疆维吾尔自治区民航局乌鲁木齐管理局支线机场。占地面积 51 平方千米，工程建筑面积 405.15 平方米，包括跑道、停机坪等设施。工程造价 32057.39 元，修建混凝土跑道长 1700 米，宽 30 米，两侧道肩宽 1.5 米，跑道两端部各设 45 米×45 米掉头坪，跑道两侧外各设长 30 米×33 米防吹坪。联络滑行道长 40 米，道面宽 18.5 米，南侧设 3.5 米宽的增补面，道肩宽 1.5 米，另一侧不设增补面，道肩宽 1.5 米，总宽 25 米，站坪按照靠停一架 ATR－72 飞机自滑进出设计，站坪长 50 米，宽 50 米，道面结构为沥青混凝土道面。房屋建设面积 151.80 平方米，工程造价 1.85 万元，包括航站楼、候机室等设施；建筑安装工程造价 1.73 万元。

二、桥梁工程

（一）牙通古斯河大桥

1968 年 9 月，由工三师民丰工程支队施工组负责设计，且末工程支队劳改队、七连承建。牙通古斯河大桥位于民丰县以东 63 千米，处于民丰县牙通古斯河流域内的草湖至安迪尔河中段，故名为牙通古斯河大桥。1970 年 6 月，大桥竣工交付使用。大桥全长 80 米，宽 8 米，高度 16 米，跨度两孔三组桥墩，每组桥墩四个桥柱。桥墩上拱圈以及拱肋之间的拱波是双曲拱桥力学结构与造型主要特征。因大桥地处沼泽地带，采用混凝土悬臂桥面板弹力结构建造完成。牙通古斯河大桥是新疆南疆大漠中建成的第一座双曲拱桥，是 315 国道沿线技术含量最高、建造难度最大的曲拱桥梁之一。

（二）安迪尔河大桥

安迪尔河位于民丰县以东 130 千米处，是新疆和田地区与新疆巴州地区之间的界河。1970 年 8 月动工，由兵团工三师工程支队三队（后建制变更为七队、七连）承建。大桥全长 120 米，宽 8 米，高 17 米，跨度四孔五组桥墩，每组桥墩三个桥柱，预制构件拱波与拱肋组合为拱圈，桥身主体结构为双曲拱桥。由电焊师傅张玉兰及其徒弟杨新元现场完成全部钢筋焊接。架桥时,采用胡杨木搭设支架和步道,凭着人抬肩扛,完成拱波与拱肋组合造型。1972 年,大桥建成通车。

(三)车尔臣河大桥

车尔臣河大桥位于且末县城以东 33 千米处的车尔臣河上游地段,又名前进大桥。1976 年 5 月,由巴州且末工程支队施工组设计,参加大桥设计的有熊瑞祥、邓俊发、魏征戍、张治安、陈国华、刘海云、李国力等工程技术人员,由支队施工队承建。1978 年 5 月竣工。桥长405 米,宽 8 米,高度 22 米,承压 15 吨,钢筋混凝土结构,桥梁跨度 6 孔,每孔跨度 67.5 米。因施工时没有吊装机械设备,采用人工堆筑"土牛",解决了大跨度拱圈浇筑和安装难题。车尔臣河大桥是且末工程支队建造的桥孔跨度最大、桥体最长的公路双曲拱桥之一。

(四)江尕勒萨依大桥

1977 年 11 月,由巴州工程支队施工组设计。1978 年 2 月动工,由巴州工程支队施工组负责施工。大桥位于 315 国道且末通往若羌及青海省的南疆公路交通线上。桥长 59.5 米,宽 7.15 米,承压重量 13 吨,钢筋混凝土结构,桥梁跨度 3 孔,每孔跨度 20 米。大桥地处沙河下游的沙漠地段,河道被风沙湮没,属于季节性河流,每年夏季有洪水通过大桥。

(五)龙口大桥

1977 年 6 月建成通车,由巴州工程支队施工组设计,支队施工队负责施工。桥长 11.28 米,宽 7 米,承压 15 吨,为钢筋混凝土结构,桥梁跨度单孔,是革命(西岸)大渠龙口段与 315 国道的交叉桥梁。

1978 年 5 月,且支工程支队建成的车尔臣河前进大桥 (杨波 摄)

（六）老水泥厂南桥

1987 年，由且末工程支队施工组设计，八连负责施工建造老水泥厂南桥。桥长 15 米，宽 12 米，承压 10 吨，为钢筋混凝土结构，桥梁跨度单孔，是且末沿 315 国道通往若羌公路线上的重要交通桥梁。

第六节　水利工程

1968—1994 年，且末工程支队相继修建完成卡拉水库除险加固工程、红星干渠等一批重大水利工程项目，提高了当地的农田基础设施条件，完善了农业灌溉体系。

（一）卡拉水库除险加固工程

1982 年 4 月，且末工程支队二连、十一连承建卡拉水库清淤加高和水泥板防浪墙工程，以及修筑二库西坝工程。农二师批准概算资金 174 万元，其中师投资 100 万元，团场筹资 74 万元，分两年投资完成。1983 年底，竣工交付使用。

1988 年 6 月，且末工程支队第二次参加卡拉水库除险加固扩建工程。工程概算投资 600 万元，农二师及所属塔里木团场自筹资金 254 万元，兵团贷款 246 万元，实际投资 500 万元。单项工程包括防浪墙、西坝尾端延伸、加高、土缓坡、土坝体劈裂灌浆等。工程完成现浇、钢筋混凝土护坡 125 千米，预制混凝土板护坡 10.1 千米，低坝段土坝延伸、加高、土缓坡 5.6 千米，钢筋混凝土防浪墙 10.4 千米，共完成土方 42.5 万立方米，混凝土板预制铺筑 0.69 万立方米，钢筋混凝土 0.4 万立方米，编织布 8.1 万平方米。1990 年 12 月，卡拉水库除险加固扩建工程竣工，增加蓄水量 2100 万立方米，库容达到 1.363 亿立方米，扩大灌溉面积 2000 公顷。

（二）红星干渠防渗工程

红星干渠位于大河沿镇二二一团，属第十二师（原兵团哈密管理局）重点水利工程。1981 年 11 月，由巴州工程支队十连承建。工程概算 112 万元，施工面积 2.32 万平方米。1982 年 10 月，竣工交付使用。

第七节　房屋建设工程

1970—1987 年，且末工程支队在完成 315 国道修筑任务的同时，在南北疆各地相继完成一批房屋建设工程项目，其中以住宅楼居多。至 2015 年，除部分住宅被陆续拆除外，仍保留有少量房屋。

一、昌吉呼图壁干校

1970 年 4 月，由且末工程支队承建昌吉呼图壁干校校区，又称新疆农业职业技术学院东泉校区。1972 年底竣工投入使用。其中，校舍占地 240 公顷，均为主体四层楼房。校区地处昌吉回族自治州呼图壁县二十里店镇东泉地区，东距乌鲁木齐市 60 千米、距昌吉市 37 千米，西离呼图壁县 5 千米，东南与二十里店镇良种场相连，西北与自治区畜牧厅呼图壁种牛场（2015 年演变为西域春乳业集团）相接，南距 S201 省道 3.5 千米、312 国道 7 千米、乌奎高速公路和第二条亚欧铁路 10 千米左右。

二、农二师驻乌鲁木齐办事处住宅楼

1981 年 7 月，由巴州工程支队六连、四连、十一连施工，农二师驻乌鲁木齐办事处住宅楼（2015 年已拆除后修建为博斯腾大厦）建筑面积 3000 平方米，框架结构，共六层四个单元，工程造价 770 万元，1982 年 12 月竣工交付使用。

三、兵团文艺楼

1982 年 9 月，由且末工程支队七连、十一连承建，兵团文艺楼后易名为和平都会，地处乌鲁木齐市中山路 141 号，建筑面积 3312 平方米，楼层为 16 层，框架结构，工程总投资 160.92 万元，1984 年 12 月竣工交付使用。该楼主要经营住宿、餐饮、文艺创作、文艺学习培训和服务等项目。

四、百花村家属楼

1986 年 3 月，由且末工程支队承建两栋百花村家属楼，1987 年 8 月竣工投入使用。家属楼地处乌鲁木齐市中山路 141 号。1 号楼占地面积 3400 平方米，为 7 层框架式结构，4 个单元；2 号楼占地面积 3100 平方米，为 6 层框架结构，2 个单元。可入住居民187 户，是兵团百花村居民的主要生活居住区。

五、延安影剧院

1987 年 4 月，由且末工程支队承建且末县延安影剧院，又名且末影剧院。地处且末县埃塔路中段，且末老街中段右侧，占地面积 1700 平方米，建筑面积 1400 平方米，为混凝土二层结构，总投资 270 万元。内部设有硬质靠椅 660 张，可容纳观众 400～450 人。四周设置有波音板和回音壁，建有 1.2 米高的舞台，放映窗 8 处，可同步工作 4 部电影放映机。20 世纪 80 年代，延安影剧院是且末县召开大型会议、举办大型文化活动的主要场所。2003 年，且末县城统一规划时拆除。

六、鄯善影剧院

1986 年 4 月，由且末工程支队十二连承建。1986 年 11 月底竣工交付使用。地处鄯善县楼兰东路 788 号，占地面积 2200 平方米，建筑面积 1800 平方米，为三层框架式混凝土结构。内设上、中、下三个放映厅，设有放映口三层共计 24 个窗口，每层放映台可安装 4 架放映机同时工作。每个放映厅设有座位 1620 个，可容纳观众 1800 人以上。20 世纪 80 年代，鄯善影剧院是吐鲁番地区鄯善县设施较为先进的公共文化建筑。

第八节　施工管理

1970 年，工三师机关设置施工管理科，监督管理各个施工队的道路工程质量、施工任务完成量、施工人员的管理等。道路工程完成后由自治区建委验收。桥梁建造工程由施工科负责设计，检查施工质量，自治区建委对工程质量实施监管和验收。

1971 年，工三师建制撤销，且末前线指挥部易名为农三师且末前线指挥部，实行属地管辖后，"0701" 工程管理由机关进行管理，配备 2 名管理人员，管理施工队和后勤工作。

1978 年后，巴州工程支队组织 10 多个施工连队进军北疆建筑市场。在盐湖化工厂施工期间，施工科按照自治区轻工业厅施工设计方案组织工程建设，由自治区计委、轻工业厅对工程实施监理和质量监督。由主管施工副支队长、技术科技术人员具体负责工程质量的监督和验收工作。工程完成后，由国家轻工业部组织验收，移交给盐湖化工厂。

1982 年底，且末工程支队在北疆地区的施工队分成 10 多个建筑队在吐哈铁路沿线承揽工程，各施工队由技术员管理工程施工和质量验收。1984 年，"0701" 工程全面竣工后，所有施工合同交由且末工程支队档案室管理。

第十章　种植业

1986 年，农二师且末工程支队建制恢复后，有 2 个连队从事种植业。因区域内持续干旱、沙尘天气和自然灾害频繁发生，农业种植依靠车尔臣河水浇灌，选择以边开荒、边种植、边建设的措施，以棉花种植为主，附带种植打瓜、玉米、小麦、水稻等作物。2005 年后，农二师加快开发建设且末垦区，跃进区发展生态经济林建设，随之调整作物种植结构，逐步减少棉花种植面积。2012 年，种植业以红枣为主，附带种植小麦、蔬菜、瓜果，棉花种植面积大幅减少。2015 年，农业种植播种面积 677.38 公顷，全团农田基本实现条田标准化、道路林网化、渠系工程化、作业机械化。

第一节　种植结构

1971 年，工三师在且末县东风、跃进、红旗地区开荒造田，下属的一连、三连、八连、跃进区"五·七班"以种植小麦、玉米、水稻等粮食作物为主，附带种植蔬菜，以解决筑路队伍的生活保障问题。但种植的粮食作物产量较低，经济效益不明显。

1974 年，农二师且末工程支队成立后，接管农三师司令部"0701"工程且末前线指挥部下辖的生产连队 4 个，继续开荒发展种植业，所开垦的土地主要种植粮食，保证筑路队伍粮食供给。

1980 年，施工连队转移至北疆承揽工程，只留八连和"五·七班"驻守且末驻地种植小麦、玉米、瓜果、蔬菜等农作物。因粮食种植面积较少，产量低，不能满足生活供应，仍需从外地购进部分粮食做补充。

1986 年，农二师且末工程支队承担且末开发建设任务，大部分人员投入车尔臣河西岸大渠建设工程。农业种植以八连、"五·七班"为主，当年种植粮食 46 公顷，占耕地总面积的 56%；种植蔬菜 32 公顷，占耕地总面积的 40%。

1990年，转产农业，重点发展地膜棉生产，种植业形成以棉花种植为主、粮食种植为辅的发展格局。6月，在跃进区成功试种水稻10公顷，平均亩单产300千克，盈利26.4万元，缓解了本单位吃粮靠外调的困难。在红旗地区试种"军棉1号"棉花品种43.3公顷，公顷单产籽棉1575千克，总产籽棉6.82万千克，实现经济效益54.6万元。

1992年，种植业播种总面积468公顷。其中，棉花播种面积383公顷，占播种总面积的81.8%；小麦播种面积41.3公顷，占播种总面积的8.8%；试种水稻23公顷，占总播种面积的4.9%；种植油葵、蔬菜、瓜果等农作物20.7公顷，占播种总面积的4.42%。

1993年，扩大棉花种植面积至440公顷，占播种总面积的94%；在跃进区扩种水稻56公顷；小麦种植面积比1992年减少22.2公顷，实际种植19.1公顷。因推广地膜棉种植技术，棉花亩单产由1990年的105千克提高到1993年的250千克，当年总产籽棉165万千克。

1994年，播种面积529.4公顷，其中种植"军棉一号"、陆地棉、长绒棉等品种棉花440公顷，占总播种面积的83.1%，全部推行地膜种植技术。其他农作物种植面积89.6公顷，占种植业播种面积的16.9%。

1991—1995年，累计播种总面积2472.5公顷。其中，棉花累计播种面积2046公顷，占播种总面积的82.75%；小麦播种137.7公顷，占播种总面积的5.57%；水稻种植201公顷，占播种总面积的8.13%。棉花种植占播种总面积的首位。

1997年，在跃进区开始种植玉米54公顷，用于解决监区养殖场饲料问题。全年播种面积591.1公顷。其中棉花播种440公顷，占播种总面积的74.44%。棉花种植占播种总面积的首位。水稻播种56公顷，占播种总面积的9.47%。水稻种植占播种总面积的第二位。

1998年，种植业播种总面积558.2公顷。其中，棉花种植面积为450公顷，占播种总面积的80.62%；种植粮食作物84.8公顷，其中小麦7.8公顷、水稻15公顷、玉米62公顷，粮食作物播种面积占播种总面积的15.19%。因新建养殖场，另种植饲料饲草80公顷。监区修建蔬菜种植基地，扩大蔬菜种植面积4公顷。

2000年，调整大农业结构，扩大林果业种植面积，在跃进区一支渠2斗地试种红枣、桃、李子、杏120公顷，种植业播种面积增加至640.6公顷。其中，棉花种植面积减至385公顷，占播种总面积的60.1%；小麦种植面积增至22公顷，占播种总面积的3.43%；蔬菜瓜果种植面积23公顷，占播种总面积的3.59%。种植水稻142公顷，占播种总面积的22.17%，棉花和水稻种植占比较大。

1996—2000年，累计播种总面积2885.2公顷。其中，棉花播种面积2165公顷，占播种总面积的75.04%；水稻播种面积284公顷，占播种总面积的9.84%；玉米播种面积236公顷，占播种总面积的8.18%；小麦播种面积75.8公顷，占播种总面积的2.63%；其他农作物播种面积124.4公顷，占播种总面积的4.31%。棉花种植仍占首位。

2001 年，国内棉花市场行情看好，皮棉价格持续上涨，且末工程支队压缩其他农作物种植面积，扩大棉花种植，棉花播种面积 383 公顷，占播种总面积的 73.22%。其他农作物种植 140.1 公顷，占播种总面积的 26.78%。农业种植主要以棉花、粮食作物为主。

2004—2005 年，继续调整种植业结构，发展特色林果业种植。2005 年，农业播种面积 526.6 公顷，其中棉花播种面积降至 370 公顷，比 2000 年减少 15 公顷。是年，停止种植水稻。

2006 年，根据市场行情以及地域优势，调整农业种植结构，重点发展以红枣种植为主的林果业。在跃进区建设生态经济林 1400 公顷，种植红枣 1166.6 公顷；退出植棉低产田 256.6 公顷，均栽植红枣；棉花播种面积降至 368 公顷；小麦播种面积 19.1 公顷；蔬菜、饲料饲草种植面积 165.8 公顷。

2010 年，红枣种植面积逐年扩大，不再大面积种植玉米，实行红枣地间作玉米，起到防风固沙作用。棉花播种面积降至 209 公顷，小麦种植面积压缩到 7.5 公顷，其他作物种植面积 22.3 公顷。棉花在种植业中仍居主导地位。

2006—2010 年，农作物播种面积累计 2193.2 公顷。其中，小麦播种累计 49.8 公顷，占播种总面积的 2.27%；棉花种植面积 1615 公顷，占播种总面积的 73.64%；玉米种植面积累计 264.7 公顷，占播种总面积的 12.07%；其他农作物播种面积累计 263.7 公顷，占播种总面积的 12.02%。

2012 年，种植业虽以棉花种植为主，但结合地域条件，以市场为导向，尝试种植各类不同作物，力求实现种植业经济效益的最大化。恢复大面积种植玉米 15.2 公顷，占种植业总面积的 4.75%。在跃进区二连尝试种植工业辣椒 13 公顷，占播种总面积的 2.3%，每公顷产量为 1800 千克，因投资大、产量低、产品销售困难，翌年停止种植。

2013 年，种植业仍以棉花种植为主，小麦、玉米种植为辅，蔬菜种植为补充。

2014 年，尝试种植业品种多元化，全团种植业播种面积从 2013 年的 337.9 公顷增至 590.1 公顷。其中，棉花播种面积 398.3 公顷，占播种总面积的 67.5%；种植小麦、玉米、蔬菜、瓜果 44.3 公顷，占播种总面积的 2.51%；种植其他作物 147.5 公顷，占播种总面积的 24.91%，种植结构趋于多样化，作物种类愈加丰富。

2015 年，种植业播种总面积 677 公顷。其中，棉花播种面积 376.6 公顷，占播种总面积的 55.63%；玉米播种面积 99.8 公顷，占播种总面积的 14.74%；温室大棚种植蔬菜 15.8 公顷，占播种总面积的 2.33%；播种小麦、苜蓿、打瓜等 184.8 公顷，占播种总面积的 27.30%。至 2015 年底，三十七团种植业基本形成以特色农产品种植、棉花种植、温室大棚蔬菜种植为主的农作物种植结构。

表 10 - 1　三十七团种植面积及作物种类一览表（1991—2015 年）

单位：公顷

年份	播种总面积	其中						其他农作物
		小麦	棉花	水稻	玉米	蔬菜	瓜果	
1991	411.8	39.1	343	10	—	14.7	3	2
1992	468	41.3	383	23	—	16.7	2	2
1993	531.3	19.1	440	56	—	6.7	4.5	5
1994	529.4	19.1	440	56	—	10.7	3.1	0.5
1995	532	19.1	440	56	—	10.7	4.2	2
五年累计	2472.5	137.7	2046	201	—	59.5	16.8	11.5
1996	535.2	19.1	440	56		12.7	4.4	3
1997	591.1	19.1	440	56	54	13.5	6.5	2
1998	558.2	7.8	450	15	62	14	6.4	3
1999	560.1	7.8	450	15	63	14.5	6.8	3
2000	640.6	22	385	142	57	23	8.5	3.1
五年累计	2885.2	75.8	2165	284	236	77.7	32.6	14.1
2001	523.1	41.3	383	—	64	23	8.7	3.1
2002	561.7	19.1	440	—	66	22.1	11.2	3.3
2003	516.8	19.1	383	—	74	18.7	15.3	6.7
2004	507.2	19.1	370	—	75.2	21.5	13.2	8.2
2005	526.6	23.1	370	—	75.5	21	12.3	24.7
五年累计	2635.4	121.7	1946	—	354.7	106.3	60.7	46
2006	552.9	19.1	368	—	75.2	22	12.3	56.3
2007	541.6	7.8	368	—	78.2	22	14.3	51.3
2008	444.7	7.8	345	—	56.3	19	12.1	4.5
2009	415.2	7.6	325	—	55	18.2	6.4	3
2010	238.8	7.5	209	—	—	15.7	5.6	1
五年累计	2193.2	49.8	1615	—	264.7	96.9	50.7	116.1
2011	305.6	8.7	275	—	—	15.7	3.2	3
2012	319.99	7.19	273.3	—	15.2	16.2	2.1	6
2013	337.9	12.3	233.3	—	72.7	16.2	3.3	0.1
2014	590.1	14	398.3	—	14.9	12.1	3.3	147.5
2015	677	26.6	376.6	—	99.8	15.8	76.7	81.5
五年累计	2230.59	68.79	1556.5	—	202.6	76	88.6	238.1

注：此表内容来源团档案室。

第二节　土壤肥力

三十七团农作物耕作区土壤土体干燥、疏松，保水保肥性差，有盐碱威胁。在车尔臣河冲积三角洲，由于人们长期耕作，使用含泥沙的河水灌溉耕地及施农家肥料，形成深厚的耕作土壤。

红旗地区灌耕层深度在 1.5 米左右，属厚灌耕黄沙土；耕作、灌溉时间短的农田一般灌耕层深度小于 60 厘米，属薄灌淤黄土和灌耕草甸土。西岸大渠两侧伴有洪水淤积的黏土层，厚度一般在 30～40 厘米，土壤渗透力小，宜于耕作。

跃进地区土壤质地轻，以沙壤土为主，土体干燥、疏松，保水保肥性差。中部以南地区地下水位在 4 米以下，土体干燥，地下水水质好，一般为非矿化水，矿化度在 0.78 克/升，土壤无盐渍化。跃进开发区以中心主干道为界，主干道以北地区耕地地下水位较高，多在 1.5～3 米，土体潮湿，地下水矿化度 0.93～3.1 克/升，1 米土层内平均 100 克土含盐量 0.43～0.57 克，有盐碱威胁，部分土壤受轻、中度盐碱危害。耕作以大水压碱、洗碱为主要措施，土壤改良后方可进行农业种植。

2015 年，三十七团区域内耕作的土壤肥力较低，有机质含量一般在 1% 以下，缺少有机质的耕地占耕地总面积的 68.3%。在全团耕地普遍缺肥的情况下，各单位又有所差别。红旗地区开垦前多为棕漠土，地下水位低，原生土壤有机质含量低，垦种后由于肥源缺乏，用地勤，养地少，土壤有机质得不到适当的补充，所以这一带灌淤土有机质含量不超过 1%。跃进地区的二连地下水位高，耕作前原生土壤多为草甸土，土壤本身有机质含量高，加之土壤湿度大，有机质分解速度慢，土壤有机质含量优于红旗地区。但因该地区土壤盐碱含量过大，开垦的土地需进行土壤改良后再种植。

团域内所有耕地一般氮素含量在 0.6～1 毫克/千克，缺少氮素的耕地占耕地总面积的 97%，不仅低于全国标准，也低于塔里木地区其他团场的水平。各连队耕地中氮素最缺的是位于跃进开发区的三连。这类土壤在耕种之前必须施足含氮量较高的底肥，视作物长势及时补施氮肥。

耕地土壤磷素含量较为缺乏，大部分土壤磷素含量在 2.6×10^{-6}～10×10^{-6}，缺磷素的耕地占耕地总面积的 81%，其中耕地缺少磷素最严重的为跃进地区。缺磷素的主要原因是土壤碱性重，因 pH 值多在 8～9，磷酸容易与土壤中的 2、3 价阳离子生成难溶性磷酸三钙等物质，不能被植物吸收利用。2007 年起，每年棉花地一次性每公顷追施磷肥 350 千克，每公顷由团场给予 200 元补助。

第三节　作物栽培

三十七团栽培的农作物主要有棉花、小麦、玉米、水稻。其中，棉花是团场种植面积最大的主栽作物。

一、棉花

（一）棉花栽培史

1987 年，开始在红旗区八连试种棉花 23.3 公顷，栽培方式原始落后，公顷籽棉产量 675 千克，总产籽棉 1.57 万千克，经济效益不明显。

1990 年，红旗地区试种军棉 1 号棉花品种 43.3 公顷，公顷单产籽棉 1575 千克，总产籽棉 6.82 万千克，实现经济效益 54.6 万元。

1991 年 3 月，农二师从三十三团机关和农业连队抽出技术骨干 4 人，组成农业技术服务队，到且末支队帮助发展地膜棉生产，重点提供棉花种植与管理技术服务。当年在红旗区试种地膜棉 80 公顷，总产籽棉 12.62 万千克，产值 105.5 万元，一举获得成功。

1992 年，引种"军棉 1 号"新品种，试种 383 公顷。1993 年，引进塔里木垦区先进植棉团场经验，采取地膜覆盖和种子包衣技术，在跃进区和一连引种"军棉 1 号"、新陆早等棉花优良品种，引种 440 公顷，公顷单产籽棉 1575 千克，获得经济效益 415.8 万元，种植棉花成为发展经济的突破口。至此，以棉花种植为主的种植业发展模式逐步形成。

1995 年，种植业不断扩大棉花种植面积，当年种植棉花 440 公顷，公顷单产籽棉 1600 千克，总产籽棉 70.4 万千克，实现产值 457.6 万元。

1999 年，棉花种植面积达到 450 公顷，公顷单产籽棉 2454 千克，当年籽棉总产 110.43 万千克，实现产值 828.23 万元，为历年最高水平。

2000 年，调整大农业结构，扩大林果业种植面积，在跃进区试种红枣、桃、李子、杏等林果，种植业播种面积减至 432.8 公顷。棉花播种面积降至 385 公顷，因实施双膜覆盖，公顷单产籽棉 2760 千克，总产籽棉 106.26 万千克，实现产值 796.95 万元。

2010 年，重点发展特色林果业，棉花种植面积逐年锐减，当年棉花种植面积减至 209 公顷，公顷单产籽棉 3320 千克，实现总产值 543.6 万元，种植面积虽然较 2000 年减少 176 公顷，但公顷单产籽棉较 2000 年提高 560 千克。

2015 年，棉花播种面积 376.6 公顷，公顷单产籽棉 4845 千克，总产籽棉 182.47 万千克，实现产值 864 万元。虽然总产量创植棉以来最高，但因棉花市场价格下跌，产值较 2007 年下降近 50%。

2010—2015 年，棉花种植面积累计 1556.5 公顷，总产籽棉 603.95 万千克，累计实现产值 3408.1 万元。

（二）栽培技术

1. 耕作

土地耕作一般分为冬耕和春耕。

（1）冬耕

一般在每年的 11 月底进行。棉花收获完成后，利用大马力机车实施灭茬深翻，深度为 40～60 厘米。深翻的土地作业要求到头到边不留空行地头，每个连队深翻面积不少于棉花种植面积的 70%。2001 年，补助职工购进德国制造 450 型沃尔沃机车 3 台，配套深松犁和农具 6 套，实施棉田冬耕作业。2007年起，入冬前，各农业连队利用大马力拖拉机深翻农田，深度为60厘米，以此疏松土壤，改善土壤的通透性。

（2）春耕

一般在每年的3月中下旬进行。当土地解冻后，连队组织机车分片作业处理待播耕地，机车春耕农田耕翻深度为40厘米左右，一般不超过45厘米，土地耕翻后及时抹平保墒。

2. 播种

每年的4月15日至25日为棉花播种期，跃进地区棉花播种期延长至4月25日结束。根据且末地区的气候条件，棉花适宜播种期为4月中旬至4月底。棉花播种前，选用适应本地区水土、气候特点的优良种子，有冀棉、陆地棉、长绒棉等棉花品种。棉种一般毛籽健籽率超过90%，脱绒包衣光籽健籽率为100%。

1990年，红旗区种植棉花采取开沟撒种后掩埋的播种方式，株行距为75厘米×25厘米×10厘米，棉株出土后定苗。1992年，一连种植"军棉1号"新品种，推行棉花播种地膜覆盖技术，株行距为30厘米×60厘米×20厘米。

1993年，推广地膜覆盖和种子包衣技术，引进"军棉1号"、"新陆早"等品种，在一连试种成功。1996年，跃进区大面积推广利用地膜覆盖和种子包衣技术，种植地膜棉，产量明显提高。

2000年4月，示范种植棉花中晚熟新品种——"冀棉22号"，播种面积385公顷。2001年后，棉花播种采用超宽膜棉花点播机，一机两膜，膜宽215厘米，株行距配置60厘米×16厘米×

1996年，且末工程支队在跃进区种植的地膜棉田　　　　　　　　　　（杨波　摄）

9.5 厘米，棉花每亩理论密度 1.7 万株，每亩理论株数超过 1.2 万株，棉花基本苗平均每亩超过万株。

2001 年，推广"中棉 35 号"棉花新品种，播种棉花 383 公顷。通过增加化肥使用量、中后期使用缩节胺调控及早打顶等措施，避免了后期棉苗长势强导致的易疯长，保证棉纤维正常发育、棉铃正常成熟吐絮。

2002 年，购进两台超宽膜棉花点播机，一机四膜，膜宽 215 厘米，株行距配置 60 厘米×16 厘米×9.5 厘米，棉花每亩理论密度为 1.7 万株，理论株数增多，棉花每亩保苗首次突破万株。至 2015 年，一直沿续使用此种棉花播种模式。

3. 施肥

棉花施肥分为基肥、种肥和生育期施肥。其中，基肥包括冬耕施肥和春耕施肥。冬耕施肥一般在每年的 11 月中下旬进行，大致半个月时间。棉田灭茬后，每公顷施羊粪、牛粪或其他有机肥 150 立方米，伴施 300～350 千克磷肥、钾肥，施肥后的土地深翻 60 厘米，以晒茬灭虫。

春耕施肥一般在春耕前，每公顷农田施有机肥 30～45 立方米，施复合肥 750 千克、锌肥 30～60 千克、硼肥 30 千克；易板结、易发生黄萎病的地块每公顷增施硫酸钾 300～450 千克。施肥后，完成土地耕翻、细平、震压、化控等作业，为播种做好准备。

1992—2000 年，冬施肥农田面积为 560 公顷，其中跃进区 400 公顷、红旗区 160 公顷。棉花苗期公顷施尿素 220 千克、二胺 150 千克、硫酸钾 80～150 千克。

2005 年，推行塔里木各团场的植棉经验，棉田秋收结束后当即深灌水，实行一次性冬季施肥措施。冬季施肥的棉田，公顷施有机肥 350 立方米和氮磷钾肥 650 千克。施肥后，土地深翻抹平，以利于保墒，待来年开春后直接播种。是年，跃进区冬季施肥农田为 400 公顷，红旗区冬季施肥农田 150 公顷，其他不实施冬施肥的农田直接深翻晒茬灭虫。因且末地区属于大陆性沙漠气候，土壤蒸发量大，至 2006 年春季播种期，发现播种前土壤含水量不足，影响棉种发芽生长，遂停止推广棉田一次性冬施肥措施。

2010 年，播种前棉田每公顷施有机肥 350 立方米，加施过磷酸钙、三料化肥各 450 千克，支队施肥总面积 302 公顷。

2011—2015 年，棉田每公顷施有机肥 400 立方米，加施过磷酸钙、三料化肥各 550 千克。苗期公顷施二胺 150 千克、硫酸钾 100～150 千克。年施肥棉田超过 300 公顷。

4. 灌溉

三十七团地处塔克拉玛干大沙漠南缘，四周沙漠环绕，土地盐碱化程度高、面积大。棉花种植主要依赖地表水灌溉，由渠道将水源输送到棉田。棉花种植除正常灌水外，每年收获后均实行冬灌压碱或者春灌洗盐，以减轻盐碱对农作物的危害，确保棉花一播全苗。

（1）冬灌

每年 11 月底棉花收获完毕，连队组织劳动力复田埂加高至 60 厘米，集中水源对茬田实施冬灌，公顷灌水量 2500 ~ 3000 立方米，灌溉深度 30 ~ 40 厘米。灌溉时，窜埂跑水农田实施二次补水。盐碱重的条田结合平整土地、植树造林、种植牧草、绿肥等实行生物改良土壤，以减少地表蒸发，抑制土地返盐。新垦荒地增施硫酸亚铁、硫酸等降低土壤碱性，逐步改善土壤条件。

（2）春灌

棉田春灌一般在 3 月初进行，时间为 7 ~ 10 天。春灌质量要求较为严格，先期实施平整土地作业，每个条田打埂条格不得超过 1500 平方米。打埂后，平整格田，然后灌水，灌水量每公顷 1800 ~ 2000 立方米，杜绝跑水和串灌。没有实施冬耕压碱的棉田，春灌时每公顷灌水 2500 立方米，以确保土壤保水量。

1992—2010 年，所有棉田全部实行春灌后整地播种，公顷灌水量 2000 立方米左右，节水效果明显。2011 年后，植棉单位棉田春灌提前至 2 月底开始、3 月上旬结束，为棉花适时早播提供了条件。

（3）生育期灌溉

棉花生育期先后采取开沟畦灌、袖筒灌、加压滴灌等灌溉方式。

1990—2000 年的十年间，红旗地区棉田实行生育期畦灌技术，一般在 6 月 5 日前后，棉田开沟施肥灌溉生育期头遍水，公顷灌水量保持在 1200 立方米左右；第二遍水与第一遍水灌溉时间相差 20 天，沙性土壤一般相隔 15 天，一般在棉苗根系发育成熟后灌溉。2000—2006 年，为节约用水，在 33.3 公顷棉田里实验袖筒灌节水技术，后因进水量小，泥沙淤积严重，袖筒灌技术失败。

2006—2010 年，跃进区全面推广滴灌节水技术，二连 2 斗打机井 2 眼，安装节水滴灌设施 2 套，配置机井首部、地下地上输水管道等设施，棉田首次实施加压滴灌灌溉面积 185 公顷。棉花生育全期灌水 12 ~ 15 次，公顷灌水量 4500 立方米。6 月中旬开始灌第一遍水，间隔 10 ~ 15 天后灌第二遍水，公顷灌水量 3500 ~ 3800 立方米，每次灌水递减 5% 的水量，以促进棉花正常生长发育，同时节约水资源。2013 年后，棉田加压滴灌实施水肥一体化技术，减轻了职工棉田施肥、灌溉等田间作业的劳动强度。

5. 采收

1990—2015 年，棉花采收为人工采摘方式。每年 9 月棉花进入收获期，因人工采收棉花劳动力不足，各植棉连队纷纷引进相邻地方场乡农民帮助承包土地职工采收棉花。1990—2000 年，外来拾花工采收每千克棉花人工费为 0.8 元，日日清账。

2005—2010 年，每千克人工采收费增至 1.5 元。2011 年后，棉花采收成本逐年增加。

2011年，人工采收费每千克增至2元，采收籽棉86.63万千克。

至2015年，三十七团棉花采收仍为人工，每千克人工采收费为2.5元，当年采收籽棉182.47万千克。

6. 新技术应用

2000年以前，棉花栽培主要以常规种植模式为主，面积小，产量低，经济效益不明显。2003年3月，利用0.08公顷蔬菜大棚分三批进行杂交棉育种试验，出芽率大于90%，可延长棉花的生育期15~20天，抵御自然灾害带来的风险，可提高亩产量30%。

2004年，在跃进一支渠7斗5个条田种植45.3公顷棉花，示范推广棉花加压滴灌节水新技术。是年，新打一眼机井，安装首部设备1套，流量每小时250立方米，能够满足5个条田棉花生育全期滴灌水量的设计要求。2005年，一支渠7斗5个条田种植45.3公顷棉花，总产籽棉200.3万千克，平均单产299千克，较2004年5个条田籽棉总产增加37万千克，平均单产增加79千克，增产幅度分别为18.4%和35.9%。

2006年3月，利用0.33公顷蔬菜大棚育苗，首次实施棉花育苗移栽试验。当年育苗移栽棉田面积1公顷，因棉田土地盐碱严重而宣告失败。

2008年，二连推行双膜覆盖播种技术，提高了单位产量。是年，播种棉花345公顷，公顷单产籽棉3082千克，总产籽棉218.72万千克，创支队棉花种植史亩产量最高纪录。

"十二五"期间，三十七团棉花种植面积1556.5公顷，总产籽棉603.95万千克，实现产值3408.1万元。主要推行棉花双膜栽培技术，棉花亩单产明显提高。

表10-2　三十七团棉花栽培面积及产量一览表（1991—2015年）

年份	种植面积（公顷）	公顷籽棉单产（千克）	总产籽棉（万千克）	年份	种植面积（公顷）	公顷籽棉单产（千克）	总产籽棉（万千克）
1991	343	1577	54.09	2001	383	3126	119.731
1992	383	1550	59.37	2002	440	3285	144.54
1993	440	1575	69.3	2003	383	3285	125.82
1994	440	1578	69.43	2004	370	3360	124.32
1995	440	1600	70.4	2005	370	3411	126.21
1996	440	1605	70.62	2006	368	3162	116.36.
1997	440	1612	70.93	2007	368	3192	117.47
1998	450	1575	70.86	2008	345	3082	218.72
1999	450	2454	110.43	2009	325	3000	97.50
2000	385	2760	106.26	2010	209	3320	69.39

年份	种植面积（公顷）	公顷籽棉单产（千克）	总产籽棉（万千克）	年份	种植面积（公顷）	公顷籽棉单产（千克）	总产籽棉（万千克）
2011	275	3150	86.63	2014	398.3	4500	179.24
2012	273.3	3120	85.27	2015	376.6	4845	182.47
2013	233.3	3015	70.34				

注：此表数据由团农业科提供。

二、小麦

三十七团种植的小麦包括冬麦和春麦2种类型，且春小麦品种多样化。种植小麦的土地一般为需改良的土地、苜蓿地和荒地，主要目的是土壤压碱。农业连队冬小麦播种期一般在每年的9月10日至25日，春小麦播种最佳期在每年的2月底至3月初。每年11月中旬开始对小麦地冬灌，11月上旬红旗区冬小麦冬灌结束；跃进区农田大部分为沙性土壤，11月底开始灌溉。公顷灌水量在750立方米左右。冬小麦返青初期，每公顷追施返青氮肥225千克、二氨或磷钾肥150千克，以保证小麦苗壮成长。

20世纪70年代，跃进区一连开垦荒地186.6公顷，种植小麦150公顷，亩单产96千克；三连在东风地区开垦荒地1800公顷，种植小麦1680公顷，亩单产120千克，主要为解决筑路队伍人员吃粮问题。

1980年后，大部分施工人员随工程转移至盐湖等地，东风地区开垦的耕地被撂荒，跃进区开垦的土地部分撂荒，留有一部分土地种植小麦，主要解决留守人员吃粮问题。

20世纪80年代后期，生产科收回弃耕地266公顷用于种植小麦等粮食作物，种植面积小，不能够满足支队居民生活需要，每年需在且末县粮食局购买一定数量的粮食。1992年，跃进区开荒造田、收复弃耕地90公顷，不断扩大土地面积，由二中队种植小麦41.3公顷，品种为"新春2号""新春6号"。

2000年，大部分农田实行退棉退粮进枣，小麦种植面积减少至22公顷，公顷单产2250千克，总产4.95万千克。粮食生产不能够满足支队后勤供应需要。2001年，跃进区扩大小麦种植面积，播种春小麦41.3公顷，当年公顷单产小麦2700千克，收获小麦11.15万千克，解决了支队后勤供应吃粮问题。

2006年后，重点发展生态经济林，粮食种植积逐年减少，当年，种植小麦19.1公顷，主要用于压绿肥改良土壤，人们所需口粮均从市场购买。此后，小麦种植面积逐年减少。

2015年，团场耕地面积扩大，种植小麦26.6公顷，每公顷单产量3600千克，总产小麦9.58万千克，由种植户自行在市场出售。

三、玉米

种植的大部分玉米主要在红旗区、跃进区，种植的品种较多，经常种植的高产品种是"新玉9号""冀玉9号"，选择优良玉米良种的标准是杂交率超过95%、净度超过99%、纯度超过98%。种植玉米的耕地要求必须平整、松碎、保墒，播前使用化学药剂除草化控，公顷施有机肥300~900千克，或公顷施氮磷钾肥250千克，确保出苗后长势良好。

玉米栽培分为正播（春玉米）与复播（夏玉米）两种，均为常见栽培。正播最佳播种期在每年的4月下旬，复播在每年的6月下旬。每公顷播种量控制在105千克左右，播种深度5厘米左右，播后土地压实保墒。玉米为喜水作物，苗期需水较少。生育期灌溉3~4遍水，高温期间需及时补水。每年的6月上旬一般开始浇灌第一水，每公顷灌水量不低于1200立方米，后续灌水根据旱情及时补水。一般玉米灌浆时每公顷灌水900立方米，乳期每公顷灌水1050立方米。玉米拔节后需水量逐渐加大，抽雄前15天到开花散粉的20天内，是玉米需水的高峰期。玉米提倡晚收，以利于籽粒达到饱满获得高产。

1973年，三连在东风地区正播玉米50公顷，公顷单产5250千克，总产26.25万千克，缓解了筑路队伍人员吃粮紧张问题。1975年，在跃进、东风、红旗区大面积推广种植玉米，正播玉米320公顷，复播110公顷，公顷平均单产5700千克，总产玉米245.1万千克，解决了施工队伍的口粮问题。

1980年，施工连队转移至盐湖等地承揽工程，人员减少，留守八连在跃进区种植玉米15.6公顷，每公顷单产2420千克，主要用于发展养殖业。

1992年，支队重心工作转产农业后，种植业以棉花、小麦、蔬菜种植为主，停止大面积玉米种植，只有部分职工在菜地种植少部分玉米作为蔬菜食用。

1997年，职工发展畜牧业养殖，职工利用开荒地零星种植玉米共54公顷，每公顷单产量3750千克，主要用于喂养牲畜和改良土壤。

2005年，跃进区1斗地北采用地膜种植玉米75.5公顷，每公顷单产4123千克，总产玉米31.13万千克，解决了养殖场牲畜饲料问题。2010年后，部分职工在空闲地种植玉米，用作家庭牲畜饲料。

四、水稻

1990年6月，在跃进区成功试种水稻10公顷。1992年5月，二中队在跃进区试种水稻23公顷，种植品种为"沈农15""巴粳3号"等，每公顷产量4500千克，总产10.35万千克，实现盈利36.4万元。主要用于调剂支队口粮供应品种。

1993年，水稻种植面积增至56公顷，通过加大水稻田间管理，当年公顷单产水稻4200千克，总产 23.52 万千克。1994—1997 年，连续 4 年种植水稻，公顷单产均超过 4500 千克。2001 年，支队调整农业种植结构，因种植水稻需水量较大，加之气候逐年趋向干旱，为节约水资源，停止水稻种植。

第四节　设施农业

1990 年前，且末地区因地处偏远，交通不便，由职工群众自种季节性蔬菜。2001 年，投资 30 万元，在跃进区监区利用土块筑墙，木棒捆绑扣棚修建日光温室大棚 11 座，建成占地面积 2.6 公顷的蔬菜基地。日光温室大棚选择含碱量小、土层厚的灌淤土或草甸土为基础土壤，每公顷施有机肥 450 立方米、氮磷钾混合肥 350 千克。地块被修整为中间略高、两边略低的斜平面，两侧开小沟，以便苗期喷水时苗床不积水。如土壤矿化度超过 0.78 克/升，土壤盐渍化严重，须对苗床换土。换土后深翻 40 厘米，大水压碱两次后种植。种植有茄子、辣椒、豆角、葫芦瓜等季节性蔬菜 30 余个品种，年产蔬菜 500 万千克。

2002 年，蔬菜基地改建为副食品后勤基地，扩建蔬菜大棚 17 座，种植蔬菜 8 公顷，年产季节性蔬菜 550 万千克、反季节性蔬菜 220 万千克。2005 年，增建土木结构大棚 6 座，占地面积 1 公顷。

2015 年，支队在跃进开发区建设的高标准水肥一体化日光温室大棚，种植蔬菜、瓜果　　　　（杨波　摄）

至 2009 年，共有土木结构日光大棚 17 座，占地面积 1.5 公顷。2009 年 2 月，二连职工左俊亭在跃进地区承包 1.3 公顷荒地，投资 28 万元，利用草泥筑墙、钢件扣棚建筑方式，新建日光温室大棚 6 座，种植反季节蔬菜。

2014 年，团投资 2800 万元在跃进区二支渠 10 斗修建设施农业示范基地，占地面积 66.6 公顷，建日光温室大棚 78 座，墙体为砖混结构加外墙保温，骨架为镀锌钢，安装自动卷帘和卷膜器、防虫网等设备 78 套。种植反季节蔬菜 20 余个品种，年产蔬菜 120 万千克，成为且末地区规模最大的蔬菜供应基地。

2015 年，续建钢架温室大棚 27 座，其中种养结合阴阳棚 6 座。利用 5 个阴阳大棚示范栽培鲜枣、桃子、李子、樱桃、无花果、火龙果苗木；无土栽培草莓、果树苗木育苗等，栽培苗木 1200 株。完成无土栽培牡丹、玫瑰、菊花等花卉的种植试验，同时栽培食用菌，因气候、水土等原因，最终失败。至 2015 年底，全团有温室大棚 105 座。其中，土木结构大棚 17 座、钢架大棚 88 座。

第五节　耕作制度

一、轮作倒茬

20 世纪 70 年代，新开垦的荒地和弃耕地种植小麦和玉米，经过农业生产的实践证明，在同一块地多年种植同一种作物，土壤中一些微量元素缺乏，其他微量元素不能得到充分利用，造成作物病害发生。棉花生长中吸收的养分比其他作物要多，土壤中的有机质得到快速分解，容易造成土壤有机质含量不足，土壤肥力下降。合理的轮作倒茬可以改善棉田土壤的理化性状，保持和提高土壤肥力。同时，农作物病虫害许多是以土壤为传播途径，长期连续耕作会使病虫害危害程度加重，导致减产。新倒茬地种植棉花，黄萎病的发病率为 0.43%，连作 3 年以上的棉田棉株发病率可达 21.3%，连作多年的老棉田棉株的发病率可达 50% 以上。轮作一年的粮食作物，黄萎病的发病率为 22% ~ 25%。轮作 2 年以后的粮食作物发病率为 15% ~ 20%。轮作 3 年以上的粮食作物，种植棉田发病率为 5% ~ 12%。

作物轮作倒茬一般是在棉花、玉米、小麦等作物之间进行。夏季种植的作物一般是小麦地倒茬种植玉米，入冬前收获。生产之初大多是小麦、玉米倒茬轮作。盐碱重的地块一般倒茬 2 ~ 3 年后方可以种植水稻、棉花等其他作物。1989 年，开始种植棉花，实行棉花、玉米和小麦等作物轮作倒茬。至 2015 年，一直采取轮作倒茬耕作方式。

二、复播

1997 年，各农业连队复播作物主要是玉米。每年冬小麦收获后，连队安排机力对麦田灭茬深翻，平整土地后即刻复播玉米，或复播其他作物作为绿肥或青贮饲料，用于养地和发展畜牧业。

1998 年，跃进区复播玉米 23 公顷，公顷产量 5250 千克，解决了养殖场饲料问题。2013 年，全团农作物复播面积 325.6 公顷，其中玉米复播 72.7 公顷、蔬菜复播 16.2 公顷。

2007 年，职工在红枣地复播打瓜 420 公顷，其中，红旗区复播打瓜 80 公顷，跃进区复播打瓜 340 公顷，每公顷单产瓜籽 1800 千克，创产值 1.62 万元，用于职工增收。2010 年之后，红枣地基本建园后，农业连队不再复播打瓜。

2015 年，全团复播玉米 26.6 公顷、中药材 78.7 公顷、蔬菜 15.8 公顷。跃进区种植梭梭、红柳嫁接大芸 333.3 公顷，在红柳行间复播打瓜 160 公顷，全年农作物复播面积 280 公顷。

三、间作

历史上农业连队实行间作种植次数较少。2007 年，跃进区栽植红枣，为避免风沙危害，在红枣行间间作玉米、油葵、高粱等高秆作物防风固沙，间作面积 680 公顷。2008 年，一连推行退棉进枣，在棉花行间作红枣苗，间作面积 166.6 公顷。

四、套种

套种作物一般运用于蔬菜种植。在蔬菜行间套种其他品种不同的蔬菜，用于提高单位面积产量。2003 年，副食品基地在辣椒、茄子行间套种小白菜、油麦菜等阔叶菜，在南瓜地行间套种苋菜，套种增加了土地的利用率，提高了蔬菜产量。2015 年，跃进区在果树行间套种打瓜 660.5 公顷，每公顷产量 1350 千克，公顷创产值 1.62 万元。

五、土地耕作

（一）春耕

每年 3 月中旬，春季农作物播种前，各生产连队对土地实行播前处理，大部分农田在春灌结束前根据墒情，使用拖拉机先犁后耙，要求犁地深度 30～40 厘米，土壤墒情合适时，利用拖拉机对待播土地对角旋地，不同的作物旋耕的深度不同。

棉花地灭茬灌水后，深耕 50 厘米，对角耙平压实保墒，择日播种。

红枣地春灌结束后，视墒情每公顷追施有机肥 5～8 立方米和化肥 25 千克，使用旋耕机深耕 30 厘米，平整压实后开始灌水。

其他农作物一般先春灌，后深耕刮平耙细土地，做到无沟无垄，达到待播状态。春耕面积一般为待耕面积的 10% 左右。

（二）中耕

冬麦生长期中耕2次，第一次中耕是在来年开春苗期显行时进行，以达到疏松土壤、提高地温、消灭杂草的目的；第二次中耕是在麦苗拔节时结合春施肥一次性完成。

棉花全期中耕4~5次，第一次中耕是在棉苗3~4片叶时进行。棉花播种后，5月初即开始对棉田实施中耕，耕深18~22厘米，宽度以不搂膜为准，目的是疏松土壤，提高地温，促进棉苗根部发育，以及灭虫、灭草；最后一次中耕结合开沟、施肥、灌水一次性完成。

玉米中耕一般在6片叶期时进行，结合施肥一次性完成。其他农作物中耕按照生产部门要求适时中耕施肥。

（三）深耕

20世纪七八十年代，农业连队小麦收割以后一律实行秋耕灭茬和灭除杂草，以减少来年虫源和灭茬压碱，防止土壤返碱。1990年后，减少粮食种植面积，扩大棉花种植面积。棉花开始现蕾时，结合灌溉头遍水，棉田适时深耕并施补苗肥，深耕深度30厘米左右。棉田收获后，一般在入冬前灭茬深翻；入冬前未能翻耕的棉田，待春季土地脱盐碱后，一律翻耕平整，使土地处于待播状态。其他农作物在播种前必须实施深耕作业，通过深耕达到灭虫、灭草、疏松土壤、保障一播全苗目的。农作物生长期的深耕作业，全部在生产部门的技术指导下完成，做到适时中耕、深浅一致。2010年，职工投资购买德国生产的210匹克拉斯—836型大马力拖拉机2台，配套格兰5铧犁2架。每日耕地15公顷，耕地深度30~35厘米，秋耕和冬翻作业进度明显加快，当年秋翻茬地310公顷。

第六节　管理机构

1970年，工三师机关设置后勤处，负责农业生产管理。1973年，农三师指挥部机关设置施工材料科，农业生产归属于施工科管理。

1980年，巴州工程支队随工程搬迁至盐湖地区，在盐湖化工厂设置行政机关，且末区域的农业生产由留守行政人员负责管理。

1986年，且末劳改农场组建后，机关成立生产施工科，负责车尔臣河西岸大渠施工和各中队农业生产技术指导工作。

1992年，且末工程支队全面转产农业生产，撤消施工科，改建为基建科，同时组建生产科，与基建科合署办公，生产科负责支队农林牧业生产与管理，基建科负责基础设施建设工作。

1994年，生产科更名为生产管理科，具体指导基层连队农业生产技术。每年年初生产管理科按照支队党委工作部署，结合农业种植条件，给各生产连队下达农业种植任务和指标。

2005年后，且末工程支队调整领导班子，随之调整机关农林牧业管理机构，农业生产从基本建设部门的管理工作中剥离，成为独立科室，更名为生产科，配备 1 名科长和 3 名科室工作人员。

2008 年，生产科、科协、机务、基建、水利合并成立生产科，配备 1 名科长，并配备科员 4 名。基层连队配备农业技术人员 12 人。

2009 年，且末工程支队企业部分与监狱分离，生产科改为农业科。配备副科长 1 人，工作人员 2 人。

2012 年，且末工程支队纳入兵团农牧团场序列，成立三十七团。农业科与畜牧兽医科合署办公，配备人员共 7 人。其中科长 1 名，副科长 1 名，设置科员 3 名、畜牧技术人员 2 名。

2015 年，三十七团农业科与畜牧科合署为一个部门。农业科负责全团农、林、副、渔业的生产技术管理服务，畜牧科负责全团畜牧业工作。农业科成为统一领导、职能清晰的机关农林牧职能部门。

第七节　植物保护

一、病虫害防治

（一）病虫害发生状况

1. 棉花病虫害

（1）棉花虫害

主要有棉铃虫、红蜘蛛、棉蚜虫、棉蓟马、棉盲蝽象等害虫。危害最大、爆发力最强的是棉铃虫、红蜘蛛、棉蚜虫。

1994 年，且末地区出现历史上罕见的棉铃虫高发期，第 3 代棉铃虫在 8 月上旬成虫开始产卵。雌蛾产卵 800～1000 粒，多时达 3500 粒，孵化率达 80% 以上，幼虫通过苞叶和花瓣钻入蕾铃中为害。当年种植棉花 440 公顷，有 80 公顷以上棉田遭受棉铃虫危害，被危害的苞叶逐渐变黄脱落，棉田亩产量直接下降 20%。

1998—2005 年，曾经发生过 4 次不同程度的棉铃虫危害。2006 年，支队大面积推广种植抗虫棉后，棉花虫害面积减少。通过抗虫棉与普通棉花种植的抗虫性调查比较，抗虫棉抵抗虫害的能力增强，田间虫害明显降低，增产效果比普通棉平稳。

2009 年 8 月，发生重度棉蚜虫危害，种植的 325 公顷棉田有 22 公顷绝收，160 公顷遭到不同程度的虫害，部分棉田出现棉叶流油、向外缩卷、棉桃脱落，受危害棉田减产率在 15%～20%，重灾棉田减产达 50%。

2012 年，红旗区部分棉田遭受螨虫危害，受危害的棉田螨常群集在棉叶背面，并吐丝结网，将虫体掩藏在网下取食棉叶汁液，一片棉花叶片背面有 1～2 头危害时，叶正面即出现黄、白斑点。有 4～5 头叶螨虫危害时，棉叶即出现小红点，叶面呈红褐色卷缩，如同火烧。随着成虫的增殖，红叶棉面积逐渐扩大，直至叶焦脱落。严重者全部叶片脱光，导致棉花蕾铃脱落。

（2）棉花病害

且末地区棉花重大病害主要有棉花枯萎病、黄萎病两种，两者都是危害棉花生长组织的病害，其原因是棉花连作年限长，土壤中同一种病菌含量高，逐年发病且有加重趋势，发病率一般在 20%～50%，土地贫瘠棉田发病率高达 80%。2005 年，枯萎病和黄萎病在部分棉田零星发作，引发棉花叶片变黄、干枯、脱落萎蔫等症状，严重时连片枯死，严重影响棉花产量。黄萎病在棉花现蕾前后开始发病，花铃期发病达到高峰，严重时可致棉花死亡。

2. 小麦病虫害

（1）小麦病害

1975 年，且末地区发生大规模小麦白粉病，东风、跃进区部分麦田受到不同程度的影响。该病侵害小麦植株地上部各器官，以叶片和叶梢为主。发病重时，颖壳和麦芒受害。初发病时，叶面出现 1～2 毫米的白色霉点后，逐渐扩大为近圆形至椭圆形白色霉斑，霉斑表面有一层白粉，遇有外力或振动立即飞散。后期病部霉层变为灰白色至浅褐色，病斑上散生有针头大小的小黑粒点。小麦白粉病可导致麦田减产 10% 左右。2006 年，跃进区部分麦田零星发生麦锈病、叶枯病。2012 年，红旗区部分麦田发生纹枯病等，导致生长期麦苗成片死亡，减产率在 15% 以上。

（2）小麦虫害

小麦虫害主要有蚜虫。成虫常大量群集在叶片、茎秆、穗部吸取汁液。被害处，初呈黄色小斑，后为条斑，枯萎、整株变枯至死。1990—2015 年，团域内曾经发生过 3 次大面积虫害。1998 年 5 月，跃进区小麦抽穗后发生蚜虫危害，蚜虫集中在穗部刺吸小麦而形成秕粒，使千粒重降低造成减产。2003 年，跃进区麦田发生小麦吸浆虫，幼虫以吸食花粉为害，成虫后以吸食籽实或麦粒为害，是一种毁灭性害虫。2009 年，麦田不同程度发生麦蜘蛛危害，被害麦叶出现黄白小点，植株矮小，发育不良，生长萎缩，严重者干枯死亡。在其他年份里，麦田零星发生小麦叶蜂、胞囊线虫、小麦金针虫等虫害，经过田间喷洒农药防治，没有发生大规模危害。

3. 水稻病虫害

（1）水稻病害

且末地区种植水稻面积较小，病害危害不大。1987 年，试种水稻，轻微发生有稻瘟病。水稻拔节抽穗期间，零星发生过叶枯病，没有出现重大危害。1992 年，监区稻田零星出现恶苗病，病株徒长、瘦弱、黄化，通常比健株高 3～10 厘米。病株基部节上常有倒生的气生根，表面有粉红霉层。

（2）水稻虫害

1995 年在跃进区稻田零星发生水稻飞虱、稻苞虫、卷叶螟等虫害。

（二）病虫害防治方法

1. 农业防治法

1992—2015 年，每年由农业管理部门根据农田环境、寄生植物与病虫害之间的关系，利用一系列栽培管理技术，有目的地改变某些生理因子，合理作物布局。组织连队在春播开始前深耕土地，轮作倒茬，抑制病虫害生存条件，控制病虫害的发生。春季在农田四周组织劳力铲埂除蛹，以防治来年病虫害的发生。同时合理施肥与灌溉，改善农作物营养条件，适时中耕除草，切断病虫害营养源，灭除潜伏的虫害。夏季虫害发生旺季，在棉田里采取物理防治措施，主要采取杨枝把诱蛾、种植玉米诱集带、夜晚设置杀虫灯、人工捕捉二三代棉铃虫幼虫等措施。

（1）杨枝把诱蛾

在棉田选用两年生以上的嫩杨树枝条捆扎成上松下紧枝把，长 120～150 厘米，直径 15 厘米，将枝把倒插式设置，间隔 30～50 米，每日清晨天蒙蒙亮时及时收蛾，将蛾虫放进瓶子里，在空旷处焚烧。

（2）玉米诱集带诱虫

棉花春播后，在地头或地边采取人工点播方式种植玉米诱集带，引诱棉铃成虫。当玉米出苗生长至 100～150 厘米高时，起到诱虫作用，每天清晨及时收虫。

（3）高压汞灯诱虫

将锂电汞灯捆绑在 150 厘米高的木条上，设置接虫装置和防雨罩。在农田空旷地方每隔 50 米安置一盏灯，灯下放置大口水盆 2～3 个，每盆注水量 2/3 左右。每晚 11 时打开电源诱虫，清晨 6 点关灯，并在盆水中及时收虫。

（4）人工捕捉诱虫

1990 年开始，每年 3 月 5 日至 15 日，生产科组织职工群众捕捉棉铃虫幼虫和林木幼虫，以每只幼虫 0.05 元价格收取。1993 年，人工捕捉棉铃虫和春雌螨幼虫 423760 只。通过人工捕捉方式防治棉铃虫和林木害虫蔓延。每年 3 月 20 日左右，利用石灰掺石硫合剂、敌百虫制剂涂抹树干 120 厘米，可有效降低虫害源基数。

2. 生物防治法

采取措施保护农田的有益昆虫，如瓢虫类、草羚类、蜘蛛类、食蚜类、肉食椿虫类等害虫的天敌，以益控害，防治病虫害的发生。1993—1998 年，植保工作人员研究总结出一套"以农业防治为基础，以充分保护和利用天敌为中心，以生物防治为重点，以化学防治为辅助"的综合防治策略，制定综合防治措施在各农业连队推广应用。1994年，植棉单位在棉田四周和中间放置黄板诱捕害虫；使用杀虫肥皂或植物性杀虫剂预防和扑杀虫害。夏季红蜘蛛防治主要以清除农田杂草为主，防止红蜘蛛滋生蔓延。2000年后，引进并种植抗虫棉，不再使用性诱剂诱杀害虫。棉田基本上不再大面积喷洒农药，避免杀害天敌，其目的是以益控害，维持生态平衡，控制棉田害虫基数。在棉蚜虫量大而天敌之力不足以控制的情况下，采取人工助迁天敌控制棉蚜虫。

3. 化学防治法

棉花黄萎病防治方法：在轻病田和零星病田，采用12.5%治萎灵液剂200～250倍液，于初病后和发病高峰各挑治1次，每病株灌根50～100毫升。

棉花红粉病防治方法：主要喷施50%的多菌灵、70%的托布津、75%的百菌清或65%的代森锌等可湿性粉剂500～1000倍液。棉花炭疽病防治方法：在棉苗根病初发时，及时用40%的多菌灵胶悬剂、65%的代森锌可湿性粉剂或50%的退菌特可湿性粉剂500～800倍液，25%的多菌灵或30%的稻脚青可湿性粉剂500～800倍液，25%的多菌灵或30%的稻脚青可湿性粉剂500倍液，70%的托布津或15%的三唑酮可湿性粉剂800～1000倍液喷洒，隔1周喷1次，共喷2～3次。

棉花立枯病防治方法：苗期阴雨连绵，棉苗根病初发时，及时用40%的多菌灵胶悬剂、65%的代森锌可湿性粉剂或50%的退菌特可湿性粉剂500～800倍液，25%的多菌灵或30%的稻脚青可湿性粉剂500～800倍液，25%的多菌灵可湿性粉剂500倍液，70%的托布津或15%的三唑酮可湿性粉剂800～1000倍液喷洒，隔1周喷1次，共喷2～3次。

二、植保组织

1992年，且末工程支队成立农业植保小组，由主管农业的副支队长任组长，成员7人，其中生产科农业植保人员3人、农业连队植保人员4人。

1998年，调整农业植保小组成员，由生产科科长任组长，科室和农业连队配备植保人员6人。其中，农业连队植保人员3人，分别为一连1人、二连1人、监区1人。生产科作技术指导，连队植保人员主要负责植棉单位农作物病虫害的调查与防治，定期向农二师农业局汇报支队农业病虫害防治情况。

2005年，成立农业技术指导站，配备工作人员2人。农业连队成立植保组、水土测肥组、畜牧防疫组、农机组，负责农业技术推广与科技项目实施。

2009年9月，农业技术指导站撤销，成立农业技术推广站，核定编制2人。配备农业连队植保人员4人，负责全团农业科技项目实施。

2015年，三十七团农业科负责农业植保工作，有农业植保人员8人。其中，农业科2人、农业连队植保人员6人，其中本科学历2人、大专以上学历4人；8人中获得农艺师职称1人、中级职称3人、初级职称4人。

第八节　农业机械

一、农机保有量

20世纪70年代，农业生产以人力作业为主，没有农业生产机械。80年代中期，随着农业生产的发展，简单的农业机械均由支队购置，为国有资产。

1990年，加工厂购入1台饲料粉碎机，加工秸秆、棉秆、豆秸、麦秸、牧草等饲草以及各类谷物，用于中队和职工家庭养殖鸡、鸭、猪、牛、羊饲料加工等。

1990年后，为农业生产连队陆续购置一批农业机械。1992年，拥有各类农业机械21台（套）。其中，国有农机15台、私人农机6台；大中型拖拉机8台，小型拖拉机、联合收割机、机动脱粒机、碾米机各1台，磨面机3台，农业水泵6台；农业机械总动力达到797千瓦。其中，柴油机总动力692千瓦，电动机总动力105千瓦。

1993年，大面积推广种植棉花，相继购入棉花播种机、铺膜机、轧花机等农业机械和其他加工设备，农业机械化耕作水平提高。1996年，淘汰部分农机和农机具，重新购置农机具63台（套），其中国有大中型拖拉机13台、小型拖拉机2台、大中型机引农具29台、小型农具机引农具1台、农产品加工机械6部。个人拥有小型拖拉机9台，配套农具3件。是年末，支队拥有各种农机具63台（套），农业机械总动力1230千瓦，农业机械化程度达到43.2%。

1998年，实行农机管理制度改革，将国有13台大中型机车和农用拖拉机及配套农具全部作价归户，机关保留2辆小车和1辆生活用车，车辆管理、维修、油料采供和车辆调配工作由行政办公室负责。农机归户后，机车驾驶员为个体经营户，农机作业管理依然由生产科调控，农业单位对所辖农机具进行管理和协调服务。是年，机耕队建制撤销。农业机械均由私人自行投资购买。

1999—2001年，各农业连队承包土地职工陆续购置农机34台，配套农具54件。至2001年，农业机械拥有量达到97台，提高了农业机械化程度。

2006年，承包土地职工自行出资购买各类型农机具，一连农机户刘洪余率先投资1200元购入1台超宽膜棉花点播机，其他农机户也陆续购买一批农用机车及配套农具，农机拥有量明显增加。是年末，支队拥有农业机械124台（套），配套农具185件，农业机械化程度达到55.13%。

2007年起，落实国家农业机械购置补贴政策，职工购买农机享受国家每年度专项资金补贴。支队成立农业机械购置补贴领导小组，制定《农机购置补贴实施办法》，以自主选择、总量控制、依照标准为原则，引导职工购买具有一定先进水平且农业生产需要的大中型农机具。职工陆续淘汰一批旧机型农机，更新购置大马力农业机械。是年，职工购置大马力机车5台，其中2台60马力以上的机车、1台70马力以上的机车、2台80马力以上的机车。

2008年，二连、一连、三连3个农业连队的职工投资120万元，购买东方红迪尔雷沃拖拉机大马力机车3台，当年投入春播作业。

2009年，跃进地区生态防护林列入国家"三北"防护林工程项目体系，兵团林业局拨给支队1台车台式远距离喷雾机，配套动力120千瓦，用于森林灭虫。职工个人购买人工红枣分级器3台，配套动力1千瓦，用于筛选红枣。

2010年，连队职工个人投资200万元，购买德国生产的210匹克拉斯—836型大马力拖拉机2台，配套格兰5铧犁2架，秋耕和冬翻作业进度明显加快。

2013年，跃进区建成万头生猪养殖场，机械设备总投资417.48万元，实现全程操作机械化。拥有供料设备、环控设备、清粪设备三大类机械设备19台，其中控制系统机械设备15件、其他设备4件。全团农业机械化程度达到63.2%。

2015年，全团有150户职工投资1364.37万元购置农业机械。其中，80马力以上的大型拖拉机3台、30马力以上中型拖拉机14台、刨式平地机1台、棉花中耕机36台、机械式精量铺膜播种机25台；团出资购置首部加压滴灌设备19套、购置进口犁9架、筑埂犁6架、联合整地机2台、枣树挖坑移栽机4台、温室大棚用卷帘机149台。是年，团成立红枣合作社，拥有农业机械151台，总资产1000万元。年末拥有农业机械320台（套），配套农具415台。其中，国有农机具34台，占农机具总数的9.4%；私有农机具286台，占农机具总数的90.6%。全团农业机械总动力达到7530千瓦，农业机械化程度达83.1%。

2010—2015年，连队职工通过享受国家农机购置补贴政策和团场农机补贴10%的优惠政策，购置大中型拖拉机14台、刨式平地机1台、棉花中耕机36台、机械式精量铺膜播种机25台。享受国家农机购置政策购置的农机具、卷帘机等376台，补贴资金239.455万元。

二、农机作业

1990年后，农业机械主要用于耕翻土地、整地、播种、中耕等田间作业，连队根据农机作业面积，报请支队生产部门检查验收农机作业质量，审核农机作业费用。如承包户对农业作业质量存异议，经过生产部门调查审核，由其裁定结果再结算费用。

1998年后，国有农机由个人买断，由农机户自主经营农机作业项目，承包土地的职工联系农机户实施田间作业，农机作业量经连队签字后，由承包户支付农机作业费用。

农二师结合且末地区干旱少雨气候特点，制定各项农机作业质量标准。农田秋冬耕作业要求平整化一，无漏耕漏平、地头地边无立垡，做到不落犁、不漏平、不散边，保持耕作土地平整。棉田播种前整地要求达到一平、二净、三压实的作业标准，田间作业质量做到三横三竖平整压实，以减少土壤水分蒸发。

播种棉花时做到行距一致，下种量深度适宜，覆盖不露、镇压确实、种子不露；播种小麦、玉米时，播种机附带掩埋器，掩埋效果与中耕施肥一并进行。

2015年，成立红枣合作社，拥有农业机械151台。合作社联合连队农机大户，实行规模化经营、市场化运作、专业化管理，采取统一管理、统一作业、统一结算的方法运营，农机作业范围是清挖排渠，处理土地、铺膜、播种、耕地。

1990—2015年，利用机械年均收获小麦11.2公顷、玉米7.3公顷、打瓜472公顷，机械收获作业量占农业收获总量的83%以上。

三、农机维修

1988年，农机维修实行大维修费用提存制，汽车按0.027元/千米提存维修费，农机维修费用按原值5%计提维修费，由计财科统一安排机车维修费用。农机经常维修产生的费用直接被列入单位生产成本。

1997年之前，机耕队建立农机维修保养制度，汽车和农用拖拉机根据耗油量确定保养等级。农业机械每周检修一次，检修耗油量与使用周期损耗量，结合主机使用情况，完成农机维修与保养任务。农机作业期间，由农机驾驶员负责农机维修与保养，所产生的费用由机耕队核销。年维修各类机车120台次。

1998年，实行农机管理制度改革，国有农机具全部作价归户，由私人经营。由少数具备农机维修技术人员负责维修农机，修理费用归己。农机户需更新或维修农机时，由个人提出申请，经生产科批准购置更新设备，农机产权归己，修理费用由个人承担。

1999—2001年，各农业连队承包土地职工陆续购置农机97台（套），农机修理费用由农机户承担。为节约成本，农机户放松对农业机械维修与保养，只在开春使用农机时才进行一次保养和维修。对不可使用或者超越使用年限的机车，按照使用年限适时报废。

2006年后，随着跃进区生态经济林种植面积扩大和土地承包责任制落实，职工自行出资购买各类型农机具数量较多，农机修理费用由农机户自行承担。

2007年，职工享受团场及国家农机购置政策补贴，纷纷购买大型农机和配套农具，在保修期间使用农机，出现机械问题由生产厂家承担维修费用。超过农机保修期限，由职工个人前往且末县机械修理厂自费维修农机。至 2015 年，除国有农业机械外，私营农机维修费用均由农机经营户自行承担。

四、农机管理

1991—1997 年，农业机械实行农机标准化管理，优先保证农业生产作业。机耕队统一管理农机工作，制定农业机械耕作、管理等措施，农机作业实行"三定一包"（定机车、定作业量、定油料消耗、包上缴定额）责任制。农机实行单机核算、单机奖罚制度。年初确定机车人员，定耕作任务、定油料消耗、定成本费用、定财务指标，以财务指标完成情况作为考核兑现依据。机车单车核算包干后，个人工资与当月产量挂钩，单位给机车作业人员发放 80% 的工资，20% 的工资作为保留工资，年终完成指标任务后全额发放工资，完不成任务且考核低于 80 分的，按照机车作业系数扣发 20% 保留工资。

1998 年，实行农机体制改革，农机作价归户，机车驾驶员成为个体经营户，农机作业实行自主经营，但农机作业管理仍由生产科负责调控，各生产连队对所辖农机具实行管理和协调服务。

2007 年，农用机车全部由生产科管理，农业作业质量经土地承包户、机车驾驶员、单位验收负责人签字生效后，按市场价格结算农机作业费用。

2011 年，制定农机管理办法，农机收费标准按照《2011 年且末工程支队机械作业收费标准》执行。农机作业完成后，由土地承包户、机车驾驶员、单位验收负责人签字生效结算。是年，分别在跃进区、红旗区划拨 1 公顷场地作为农机停放场，所有农机具按划分定点停放，避免农机具被盗。

2013 年，按照师制定的农机作业管理办法，全团农机作业实行"五统一"管理，即统一指挥调度、统一质量验收标准、统一作业收费标准、统一机具停放、统一结算方式。制定农机作业折合系数和收费标准，明确农机作业质量标准，完善农机作业质量验收和结算程序，农机管理工作逐步规范。

2015 年，按照兵团二师农机管理标准化要求，全团所有农田作业机车纳入农业科统一管理。制定机务干部、农机目标管理考核和农机安全生产责任制，各连队与农机户签订安全生产责任书，开展农机行业安全教育学习。配合且末县农机、交通等部门，严格查处手续不全、"黑车非驾"等各种交通违章行为，确保农机通行安全。

第十一章　林果业

1991 年，且末工程支队转产农业生产后，主要发展以粮食、蔬菜为主的种植业，果品种植面积极少。因缺乏种植技术，果品产量较低，2000 年只有果园 6.8 公顷。2005 年，借助跃进区农业开发，调整农业种植结构，尝试栽植红枣等果树，实施退耕还林还草的生态经济林建设，红枣种植面积迅速扩大，产生较好的经济效益。2015 年，形成以红枣为主的林果业发展格局。

第一节　果园生产

1985 年以前，支队河西排建有果园 6.8 公顷，栽植苹果、香杏、梨树、桃树等果树。其中，种植苹果 1.6 公顷，年产苹果 7200 千克；种植梨树 1.3 公顷，年产梨 5850 千克；种植香杏 0.86 公顷，年产香杏 1290 千克；种植桃树 3.1 公顷，年产桃 11625 千克。由副业队（原八连）负责管理果园，给各单位提供职工生活所需的果品。1988 年，果园由个人承包，因承包者缺乏果树管理技术，导致树木疯长，果园随之荒芜。

1990 年后，且末工程支队转产农业，主要种植经济效益较好的棉花，以及粮食作物，原有的果园由一连职工间作棉花。因疏于管理，果品年产量较低。1991—1993 年，果品总产量 82.9 吨。其中，1991 年果品总产量 25.9 吨，公顷单产 3.8 吨；1992 年果品总产量 26.5 吨，公顷单产 3.9吨；1993 年果品总产量 30.5 吨，公顷单产 4.5 吨。

1994 年，且末工程支队在跃进区试种红枣（骏枣）35 公顷，果品种植面积达到 51.8 公顷，总产量 119 吨，公顷果品产量 9.1 吨。至 1995 年，果品总产量达到 340 吨，公顷单产 8.13 吨。此后，支队的果品年产量一直在 300 吨上下徘徊。

2004 年，且末工程支队开始探索生态农业发展新途径，在跃进区建设果园，种植面积43.36 公顷。其中，红枣种植面积 17 公顷，产量 44.2 吨；苹果种植面积 12.5 公顷，产量 230 吨；种植桃、杏、葡萄等其他果树 0.86 公顷，因缺乏管理技术等多种原因，果品产量较低。

2005 年，跃进区的红枣园面积压缩至 15 公顷，原有的骏枣树全部嫁接为灰枣，果品年产量降至 88.3 吨。是年，跃进区新增红枣苗圃地 15 公顷，抚育酸枣苗木 180 万株，为跃进区后续发展以红枣为主的生态经济林做苗木准备。

2006 年，跃进区开发土地 1400 公顷，结合土壤、气候条件以及市场行情调整种植业内部结构。从山东、河南等地购置酸枣苗木，栽植红枣 666.6 公顷，开始建设以红枣种植为主的林果业生产基地。同时实施退耕还林还草工程，退出沙漠边缘的植棉低产田栽植红枣。其中，一连完成退棉进枣面积 194.91 公顷，监区完成退棉进枣面积 61.6 公顷。5 月，全支队补植红枣苗木 121.5 万株，红旗区栽植的红枣苗木成活率超过 80%，跃进区部分盐碱较重地块成活率低于 75%。全年完成退耕还林面积 350.69 公顷，共计 41 个条田，分布于三支渠 5 斗、6 斗、7 斗和 8 斗，其中退出植棉低产田 256.6 公顷。退耕还林区建成加压滴灌系统泵房，铺设主干管、分干管、地面管，栽植酸枣苗并嫁接红枣。红枣园建园初期阶段没有产生明显的经济效益。是年，且末工程支队果园面积从 2005 年的 41.35 公顷扩大至 690.5 公顷，果品总产量 88.8 吨。

2007 年，补栽红枣 170 万株，果园种植面积 826.6 公顷。补栽面积大、产量低，当年取消苹果、梨种植。

2008 年，且末地区遭受百年不遇特大雪灾，积雪厚度达到 30 厘米，跃进区 1015.9 公顷新植红枣苗木冻死率达到 43.8%。组织人力补植红枣苗木 143.5 万株，苗木成活率超过 80%。2009年，借鉴农二师其他团场果园标准化建园经验，分别在一连、二连、三连建成红枣示范园 1018 公顷，果品总产量达到 229.4 吨。

2010 年，红枣园开始增产达效，年果品总产量达到 4100.2 吨。是年，支队招商引资在跃进区新建红枣加工厂，投资方申请注册"沙漠玉枣"红枣商标。

2012 年 12 月，总投资 80.62 万元实施巩固退耕还林成果特色林果基地建设项目，其中国家投资 60 万元、自筹资金 20.62 万元。建成红枣园 1176.2 公顷，果品总产 6715.2 吨。

2013 年，结合地域特点发展特色林果业和沙生产业，增加林果业产品的多样化，以提升果品的市场竞争力。跃进区建成设施农业示范基地，尝试种植桃、李子、樱桃、无花果、火龙果等高端果品 3.2 公顷。年底，全团建成红枣示范园 26 个、团领导红枣指挥园 3 个。全团果树成园面积 1197.3 公顷。其中，种植灰枣的果园面积 726 公顷，主要集中在一连、三连；种植骏枣的果园面积为 471.3 公顷，主要集中在二连。因受秋冬低温霜冻和夏季干旱等自然灾害的影响，红枣总产量及产值与 2012 年基本持平。

2014 年春季，从河南、山东等地引种油桃、毛桃、杏、李子、樱桃等果树品种；在四支渠 1斗 5~10 农渠种植核桃 66.6 公顷，特色果品栽植面积达到 70.9 公顷，因缺乏管理技术，没有产生明显的经济效益。团域内种植果品种类达 20 余种，主栽品种为红枣。果园总面积为 1511.3 公顷，实现果品总产量 8700.2 吨，其中红枣总产量 8686.2 吨，占果品总产量的 99.84%。

2015年，果园总面积为1598公顷，其中，红枣面积1527公顷，占果园总面积的95.56%；其他果品面积71公顷，占果园总面积的4.44%。总产果品9100.6吨，总产量较2010年增加5000吨，其中红枣总产量为9084.8吨，其他果品总产量为15.8吨。红枣成为三十七团林果业的主产品。

表11-1 三十七团果园面积及产量一览表（2004—2015年）

年份	总面积（公顷）	总产量（吨）	分类											
			红枣			苹果			梨（含香梨）			其他果品		
			年末面积（公顷）	当年栽植面积（公顷）	产量（吨）	年末面积（公顷）	当年栽植面积（公顷）	产量（吨）	年末面积（公顷）	当年栽植面积（公顷）	产量（吨）	年末面积（公顷）	当年栽植面积（公顷）	产量（吨）
2004	43.36	88.8	17	2	44.2	12.5	0	23	13	0	20.4	0.86	0	0.7
2005	41.35	88.3	15	0	54	12.5	0	19	13	0	15	0.85	0	0.8
2006	690.5	88.8	17	666.6	63.1	5	0	11.6	1.0	1.0	1.1	0.86	0	0.7
2007	826.6	96.4	690.5	134	93.3	—	—	—	—	—	—	2.1	2.1	3.15
2008	1018	115.4	558.6	457.3	110.9	—	—	—	—	—	—	2.1	—	4.5
2009	1020.5	229.4	1018	—	224.4	—	—	—	—	—	—	2.5	0.4	5
2010	1021.2	4100.2	1018	—	4093.7	—	—	—	—	—	—	3.2	0.7	6.5
2011	1173.2	6405.1	1018	152	6397.8	—	—	—	—	—	—	3.2	—	7.3
2012	1176.2	6715.2	1176.2	3	6708.1	—	—	—	—	—	—	3.2	—	7.1
2013	1197.3	6765.1	1173	20	6754.1	—	—	—	—	—	—	4.3	0.9	11
2014	1511.3	8700.2	1193	314	8686.2	—	—	—	—	—	—	4.3	66.6	14
2015	1598	9100.6	1527	20	9084.8	0.1	0.1	—	—	—	—	71	2	15.8

注：此表由团农业科提供。

表11-2 三十七团种植果品种类一览表（1985—2015年）

种类	品种
梨	香梨、砀山梨、鸭梨、苹果梨
苹果	国光、金冠、红富士
葡萄	马奶、红提、红珍珠、青提、大青葡萄
枣	灰枣、骏枣、鸡心枣、冬枣、赞皇大枣、扁核酸
桃	五月鲜、毛桃
杏	大光杏、毛杏
其他果品	草莓、无花果

注：此表由团农业科提供。

第二节　红枣

一、基地建设

三十七团地处塔克拉玛干大沙漠东南边缘，日照长达10.1小时，昼夜温差大，全年无霜期长达 209 天，农作物光合作用充沛，具有得天独厚的种植红枣的优势。但跃进区地处沙漠前沿，每年春夏季节风沙大，给农作物生长带来严重威胁，大多数靠近沙漠边缘的农田因缺乏植被保护被大风吞噬。

2005 年 10 月，农二师在且末垦区跃进区投入资金 7500 万元，抽调 10 个具有经济实力的团场帮助且末工程支队平整土地，尝试栽植果树，发展生态经济林，摆脱长期贫困的局面。跃进区荒原气候恶劣、环境艰苦，各团场平均每天投入人力 620 余人、大中型机械 150 台次。

2006 年 5 月，完成工程性土地平整 1400 公顷，沙漠前沿建成 120 个标准化条田，配套修建农渠、排渠 110 条；完成 12.5 千米高压线路架设；打机井 18 眼，铺设地埋管 81 千米、地面管 162.5 千米、地面毛管 3982.5 千米，完成机井首部安装和滴灌系统调试，同时施工队伍栽植红枣苗木 168 万株。新增耕地面积 1166.6 公顷，苗木成活率 30%。

2006 年 2 月至 2008 年 6 月，跃进地区完成工程性条田开发面积 1133.3 公顷，建成 120 个标准化条田。其中，跃进区 1 斗建成长宽分别为 700 米×60 米的条田 24 个；2 斗建成长宽分别为 600 米×60 米的条田 12 个；3 斗建成长宽分别为 800 米×50 米的条田 45 个；3 斗 9 条田建成长宽分别为 500 米×60 米的条田 17 个；3 斗 10 条田建成长宽分别为 800 米×50 米的条田 22 个。安装节水滴灌设施的条田达到 1520 公顷，建泵房 45 套，面积 395 平方米，其中，建变电房 45 间共

2008 年，三十七团红枣产业实现达产达效，建成红枣种植基地　　　　　　　　　　　（杨金宝　摄）

198平方米，安装机井首部45套，水泵功率55千瓦。每座泵房农田供水面积均为73.3公顷，林带供水面积均为2公顷。农田四周开挖排碱渠23条，总长28.4千米。

2007年春，组织职工1200余人，补植跃进区生态经济林缺苗地段，红枣地间作打瓜、小麦、油葵等。经过3年补植，2008年，枣园保苗率在85%以上，单产150千克，实现达产达效。经过历年建设，跃进区成为三十七团的红枣种植基地。

表11-3　农二师各单位投入三十七团跃进区开发建设工程量一览表（2006—2008年）

单位	开发面积（公顷）	工程量		机耕道（千米）	主次干道（千米）	防护林（千米）	施工总人数	人员分类	
		条田（条）	土方（万立方米）					管理人员	施工人员
二十一团	140.2	12	143.67	12.62	4.04	18.55	37	8	29
二十二团	135.13	9	109.65	12.16	3.89	17.89	19	7	12
二十四团	136	12	118	12.24	3.92	18.01	35	9	26
二十七团	140.13	13	123	12.61	4.04	18.55	20	8	12
二十九团	172.3	16	238	15.51	4.96	22.82	40	10	30
三○团	161.9	15	118.8	14.57	4.66	21.44	58	10	48
三十一团	143.3	14	91.5	12.9	4.13	18.97	25	10	15
三十三团	151.06	16	170	13.6	4.35	20	34	10	24
三十四团	156.3	15	140	14.06	4.5	20.68	30	5	25
且末支队	77.8	4	56	7.93	2.31	10.29	30	6	24
宇兴公司	60	2	33	—	—	—	25	3	22
合计	1474.12	128	1308.62	128.2	40.8	187.2	353	86	267

注：此表数据由团基建科提供。

表11-4　三十七团跃进区红枣基地滴灌首部安装一览表（2006—2008年）

年份	首部安装地点	数量（套）	供水面积（公顷）	
			农田	林地
2006	3斗	4	140	8
	4斗	6	160	12
	5斗	6	160	12
	6斗	5	160	12
2007	7斗	4	160	12
	8斗	2	120	14
	9斗	3	53.3	13
	10斗	3	73.3	10
	2斗	6	150	8
2008	1斗	3	120	8
	外围林	3		566.3
合计		45	1296.6	675.3

注：此表数据由团基建科提供。

二、红枣建园

（一）园地选择

园地选择过程中，对其排灌、土地和光照条件等要综合考虑。红枣树适合在沙壤土中种植，且末跃进区土质大部分为沙性土壤，通透性好，具有丰富的水源和排灌系统，可为红枣种植提供便利的灌溉条件。种植红枣的土地分别选择在红旗、跃进地区。其中，红旗地区大部分土壤为淤积土壤，经过多年种植熟化成肥沃的熟地，以沙壤土和壤土为主，结合秋耕每公顷深施有机肥45～60立方米，每公顷施复合肥750千克，深耕0.5米实施土壤改良。部分板结的土壤采取拉沙改土和铺垫杂草深埋，或增施过磷酸钙等措施调节土壤结构，促使土壤土质熟化。跃进地区大部分土地属于沙壤土和积淀土，通过土壤调节已经成为熟化土，宜种植红枣。

（二）土壤改良

团场栽植红枣的土地大部分是新开垦的荒地，土壤生疏，盐碱地面积大，有机质含量低。枣树定植前首要的是土壤改良，培肥地力。结合本地区气候与土质条件，秋季实施深翻晒土，秋冬季节实施压碱，待土壤盐碱减轻后种植。果园间作苜蓿、小麦等，秋季实施秸秆粉碎还田，每公顷追施有机肥45～60立方米，磷肥、钾肥或磷酸二铵450千克，深翻60厘米左右，增加土壤有机质。

（三）品种选择

三十七团结合自然环境和气候条件，选择的红枣品种为灰枣和骏枣。

1. 灰枣

2006年，经过多年栽培实践，将灰枣定为枣园优先栽培品种。灰枣平均单果重12.3克，最大果重13.3克。果肩圆斜，较细，略耸起，果肉绿白色，质地致密，较脆，含可溶性固形物30%，可食率为97.3%，适宜鲜食、制干和加工，品质上等。灰枣干枣果肉致密，有弹性，受压后能复原，耐贮运。果核较小，含仁率为4%～5%。4月中旬萌芽，5月下旬始花，9月下旬成熟采收。果实生育期100天左右，经济效益明显。是年，从河南新郑购买灰枣苗木120万株，因苗木运途长，水分消耗量大，致使苗木成活率低。2007年，自建苗圃地抚育80万株灰枣苗，连续3年补植建园。

2. 骏枣

2006年，二连定植骏枣面积达214.6公顷。骏枣个头大、产量高，被选为优质品种种植。经过承包土地职工多年培植，鲜枣皮薄肉质厚，颜色暗红有光泽。骏枣树上风干后呈紫红色，糖分积累多，营养丰富，含有多种维生素，其中维生素C含量比苹果高80倍。

（四）种植方式

1. 栽植

2006—2008年，跃进地区枣树的种植时间一般为每年4月中旬。株行距为3米×3米，定植前进行开沟，深度 20 厘米，田埂高度 20 厘米，埂宽 30 厘米；开挖定植坑深的直径和深度为 60 厘米和 80 厘米，在坑内施有机肥，做好定植前的准备。枣树定植后及时灌水、及时定干，定干高度 60 厘米，用地膜包扎剪口。红枣种植后，在红枣行间间作小麦、苜蓿等农作物，充分利用土地增加职工收入，同时还利于防风固沙，减轻风沙对红枣苗木的危害。经过职工精心管理，2008年，跃进区枣园进入初果期。2010 年，枣园进入盛果期，行间不再间作其他作物。

2. 籽播

2008 年，7 斗 1 农渠和 7 斗 5 农渠直播酸枣籽，播种前把土地整平压实，铺设地膜，膜下铺设滴灌带。播种时间为每年的 3 月底至 4 月初，精量点播，行株距配置为 3 米 ×0.5 米，亩理论株数为 666 株，播种量每亩 100 克酸枣籽，每穴平均 2 籽粒。

三、枣园管理

（一）园地耕作

枣园园地耕作主要是实施枣树行间除草、松土作业，使土壤疏松、通气、透水，促进枣树根系发育和对营养成分的吸收。红枣地耕作每年进行 3 次，开春追施肥后，利用旋耕耙施耕 15～20 厘米。夏季枣树行间复耕除草 2 次，新定植的苗木靠近根部土壤中耕 2 次以上，深度 40 厘米。夏季人工除树盘杂草 3 次，保障树苗充分吸收水肥，促进生长。盛果期红枣行间树冠郁闭，杂草少，每年完成 2 次松土作业。

（二）花果期管理

枣树花期勤抹芽、勤摘心，力促早花早果，提高坐果率，此外还可采取喷施保果剂、放蜂、喷水、喷施生长调节剂和微肥等措施。喷施保果剂、喷水等宜在上午 10 时之前或晚上 19 时以后，喷施保果效果好。保果剂富含硼、锰、锌、维生素 C、维生素 E 等微量元素，具有无毒无公害作用，使用后不产生依赖性、抗性等副作用。

枣树发芽后喷洒 600 倍叶菜型"天达 2116"＋200 倍红糖＋400 倍尿素液，每 7 天喷施 1 次，连续喷洒 2 次之后，改用 1000 倍果树专用型"天达 2116"＋200 倍红糖＋400 倍尿素液＋500 倍多菌灵药液，每 12～15 天喷洒 1 次，连续喷洒 2～3 次。每 2 次药液之间加喷 1 次 250 倍磷酸二氢钾＋400 倍尿素液，增强叶片光合作用，提高树体营养水平，促进花芽分化，提高坐果率，为枣树丰产打下坚实基础。

（三）水肥管理

三十七团红枣水肥管理措施主要有滴灌和地表灌两大类。

1. 灌水

当年定植的幼苗全期滴水 15 次，滴水深度以苗木根部土壤湿润地表以下 20 厘米为宜，滴水过多易产生土壤板结，造成苗木根部腐烂，影响苗木正常发育。成年（成活 3 年）红枣苗木全生长期滴水 20 次，滴水量 634 立方米，灌水深度以苗木根部湿润地表以下 30 厘米土壤全部显示透明水为准；地表灌幼苗全期灌水 4 次，以苗木根部显示明水为宜，全期灌水每亩灌明水 400 立方米，灌水深度不超过 10 厘米。地表灌成年苗木全期灌水 6 次，每亩灌明水 200 立方米，灌水深度不超过 20 厘米。

2. 施肥

红枣全生长期每生产 100 千克鲜枣需纯氮 2 千克、纯磷 1.2 千克、纯钾 1.6 千克，具体施肥量可按照施肥期给予调整。每年 4 月中旬萌芽前施追肥一次，5 月中旬至 6 月中旬，随灌水追施尿素 1 次，6 月下旬至 8 月上旬果实膨大期，追施磷钾肥和尿素 2 次左右。分别于 6 月、7 月、8 月随灌水追施尿素 8 千克/亩，穴施磷肥 1 千克/亩和羊粪 5 千克/株。9 月底至 10 月中旬为秋施基肥的时期，有机肥 4 米^3/亩，复合肥（以三料、二氨、磷肥为主）50 千克/亩，可沟施也可全园撒施后旋耕，沟施深度为 40~50 厘米，全园撒施后土壤浅翻 15~20 厘米。

（四）树体管理

1. 嫁接

枣树嫁接品种以灰枣、骏枣为主。4 月 5 日开始嫁接到 4 月 25 日前完成。主要采用插皮劈接和舌接嫁接法，选一年生长以上的酸枣苗作砧木，于砧木基部距地面 30 厘米处剪断，把接穗插入砧木皮层与形成层之间，顶部露白 0.1 厘米，在接穗和砧木接合部用塑料绑条将砧木与接穗绑紧。嫁接离地面 30 厘米以上，以防止越冬时苗木发生冻害。

2. 修剪

（1）初果期修剪

此阶段树冠尚小，仍以营养生长为主，但产量逐年增加。修剪应以疏间、扩冠为主，保留外围干枝枣头、健壮充实结果能力强的二次枝枣股，这样可以达到不断扩大树冠，逐年增加产量的目的。剪除下垂枝和衰弱枝、细弱枝、重叠枝、病虫枝、徒长枝。剪除 3 年生以上不作主枝延长枝的枣头和不再继续延长的主枝枣头。

（2）盛果期修剪

此阶段树冠已经形成，生长势减弱，树冠基本稳定，结果能力强。后期骨干枝先端逐渐弯曲下垂、交叉生长，内膛枝逐渐枯死，结果部位外移。可采用疏缩结合的方式修剪，打开光路，引光入膛，培养内膛枝，防止内部枝条枯死和结果部位外移，注意培养和更新结果枝组，延长结果年限。

（3）老枣树修剪

随着树龄的增长，骨干枝逐渐老化，树冠变小，生长明显变弱，枣头生长量小，枣吊短，结果能力显著下降。需进行更新修剪，复壮树势。

3. 树形培养

枣树嫁接当年成活后，新发枣头生长至 4 ~ 7 个二次枝时要及时摘心，二次枝长至 6 ~ 7 枣股后及时摘心，以利于培养树形。嫁接苗木第 2 年，在培养树形的基础上最大限度地结果。二次枝过长生长形成的下垂枝回缩至水平生长的枣股处。每个枣头保留 4 个二次枝，其余下部二次枝全部疏除。第三年，树冠扩大，株间需要隔一去一，使之株行距达到 1 米 ×3 米，树体逐渐开张，树形以小冠型或自然开心形为主。

冬季修剪将夏季枣头处下方第一个二次枝疏除，第一剪口下 3 个不同方向的二次枝留一节枣拐进行短截，40 厘米以下二次枝全部疏除。冬剪放头当年发生的新生枣头留 4 ~ 5 个二次枝及时摘心，达到既迅速扩冠又能使由营养生长转为生殖生长，结果、扩冠两不误的目的。在 4 ~ 5 年可以连年放头，扩大树冠，树冠要以种植株行距为标准，株与株之间、枝与枝之间要有一定的空间，严禁碰头打架，对于过密的枝条要及时疏除，留够枝条生长空间。第 6 年以后根据树体大小可以再一次进行疏密，使之株行距达到 3 米 ×3 米，理论亩保留 74 株后定型，树高 2.5 米。

4. 树体开甲

枣树实施开甲环割作业，截断树体有机营养向下运输的通道，使有机营养暂时集中在树体上部，保证地下的养料和水分正常供应，达到增产目的。枣树开甲环割时间在 5 月 20 日后一周时间内，最佳的开甲时间为枣树盛花期。一般选择有 5 ~ 8 年树龄进入盛果期的枣树开甲。3 ~ 4 年树龄枣树开甲环割必须选留 1/3 的营养枝促进树体扩冠。树干直径在 5 ~ 8 厘米为开甲标准树干。过早开甲会造成树势减弱，缩短枣树寿命。

成年树开甲环割要使用专业刀具扒皮，平行划圈，切达木质部，甲口上刀要下坡，下刀要上坡，使整个甲口形成一个梯形。初次开甲的树在距地面 30 厘米树干处进行，以后逐年上移 3 ~ 5 厘米，甲口到主干分枝处时，重新从树干基部开甲。

枣树开甲环割后，用拌有驱虫剂的湿泥将甲口涂平，也可用塑料薄膜包扎伤口，防止甲口积水腐烂感染病菌，同时防止蚂蚁、昆虫的危害，达到保护伤口、有利于伤口愈合的目的。枣树实施开甲环割后，坐果率提高，果品产量增加，但树体需要消耗的养分多，特别是连年开甲环割的枣树，更容易削弱树势，必须结合加强施肥灌水、修剪调节等综合措施，保持健壮的树势，增加产量。若树势变弱，叶色变淡，要停止开甲 2 ~ 3 年，待树势恢复后再开甲。

（五）收获储藏

三十七团果品采收均采用人工摘拾，每年 10 月下旬为红枣成熟期，连队组织大量人力摘拾熟果，当红枣干度达到 90% 后，进行包装出售。

2009 年，投资 200 万元分别在红旗区、跃进区建红枣晾晒场 2 处，占地面积 10 公顷。其中，跃进区二连、三连晒场占地面积 8 公顷，可晾晒鲜枣 15000 万千克；红旗区晒场占地面积 2 公顷，可晾晒鲜枣 7000 万千克。是年，摘拾红枣 2817 万千克，全部集中晒场管理。

2010 年，招商引资 1000 万元在跃进区建红枣加工厂，职工收获的部分红枣通过加工可提高销售价格的 10%。红枣加工厂建有保鲜库，可储藏果品 800 万千克，对延长果品销售期，保证红枣果品周年均衡供应起到了提质增效作用。

第三节　营林历程

1970 年后，工三师师部从民丰陆续搬迁至且末县以南 6.7 千米处的戈壁滩上，附属单位按照"不与民争利"的要求，分别驻扎在跃进、东风、红旗、胜利公社的荒原里，在远离县城的荒漠腹地开荒造田，栽植树木。

1974 年，筑路队伍在红旗区栽植道路林 5.5 千米、农田防护林 20.6 公顷、居民点绿化树木 10 公顷，以野榆树、野柳树、小杨树、青杨、沙枣树、胡杨树等为主；跃进区栽植道路林、防护林 30 公顷，以沙枣树、野柳树、杨树为主，农田四周主要种植沙枣树；东风公社三连驻地毗邻沙漠地段栽植沙枣树和胡杨树，农田四周和居民点栽植柳树 37.3 公顷。1978 年，三连搬迁北线后，所植树木归属且末县管理。

20 世纪 90 年代，转产发展农业生产，每年仍在辖区栽种林木。1992 年，为贯彻落实农二师加快林牧业发展的决定，农田边、公路沿线、住宅区、沙漠边沿，广种以杨树、榆树、柳树、胡杨树为主的防风林，植被稀疏的戈壁滩前沿种植以沙枣树、胡杨树为主的防风林。在沙漠前沿建起一道牢固的抵御风沙的防护林网，为改善生态和保护农作物起到重要作用。是年，居民点和农田周围植树 29 公顷，年末实有林地面积 30.6 公顷。

随着农业种植面积的逐年扩展，每年投入一定的资金，春秋两季组织职工植树造林。造林面积逐年增加。1993 年，当年植树造林面积 33 公顷，跃进区 1 斗农田植经济林 20 公顷，红旗区造林 13 公顷，年末实有林地 63.6 公顷。每年四五月沙枣树开花前，沙枣木虱、蚜虫等虫害严重，叶片常被害虫吞噬殆尽，虽经多次人工扑杀仍难以奏效。1995 年，陆续采伐沙枣树，辖区已无片林。

2000 年，加大连队营区植树绿化工作，当年栽植以大叶榆树、馒头柳等为主绿化树种 10 公顷，年末营区实有林地 105.6 公顷。

2002 年 9 月，按照国家出台的退耕还林（草）政策要求，位于沙漠前沿的土地全部实行退耕还林，栽植以红枣为主的经济林 8.2 公顷，年末实有林地 129 公顷。

2003 年，跃进区农田周边种植道路林、防风林 120.6 公顷，年末实有林地 249.6 公顷。

2006 年 10 月，组织 1000 多名职工群众投入跃进区植树造林工作。统一规划和整治沙包、碱坑、弃耕地等，整治林床 160.3 公顷，投资 109.4 万元购买苗木 184.27 万株。经过 10 天的奋战，新植苗木157.9万株，树种有胡杨、梭梭、红柳、沙枣、柳树、杨树等10余种。是年，跃进区建生态经济林1284.4公顷，打深水井15眼，建泵房15座，所有条田、林带均铺设滴灌设施，年末实有林地1560.2公顷。

2008年春，完成新增林地14.3公顷，补植防风林29.65万株，年末实有林地1604.5公顷。2010年12月，实施封沙育林工程，育林区总面积1400公顷，育林防护设施投入60.19万元。年末实有林地3004.5公顷。

2012年，三十七团投资650余万元，在塔克拉玛干沙漠边缘建成第三期农田外围林，总面积460公顷。当年补植跃进区二期外围林45公顷，补栽树木70万株。年末，三十七团农田防护林总面积达到3051.5公顷，形成18千米长的防护林网。

2013年12月，实施第二次封沙育林工程项目建设，育林区总面积488公顷，育林防护设施总投入19.61万元，年末实有林地3539.5公顷。

2014年，团投资160万元在四支渠1斗5—10农渠种植核桃66.6公顷，其中使用国家退耕还林工程专项补助资金150万元，自筹资金10万元，年末实有林地3606.1公顷。

2015年，林带主要有胡杨林356.9公顷，外围林566.3公顷、防护林302公顷、道路林53公顷、封沙林1888公顷、条田林570.6公顷，分布在戈壁荒滩、沙漠前沿及农田周围，当年造林面积130.7公顷，造林总面积3736.8公顷，形成防风固沙屏障。

表11-5 三十七团营林面积一览表（1992—2015年）

单位：公顷

年份	当年造林面积	年末实有造林面积	年份	当年造林面积	年末实有造林面积
1992	29	30.6	2004	18.2	267.8
1993	33	63.6	2005	8	275.8
1994	7	70.6	2006	1284.4	1560.2
1995	7	77.6	2007	30	1590.2
1996	2	79.6	2008	14.3	1604.5
1997	5	84.6	2009	—	1604.5
1998	6	90.6	2010	1400	3004.5
1999	5	95.6	2011	2	3006.5
2000	10	105.6	2012	45	3051.5
2001	15.2	120.8	2013	488	3539.5
2002	8.2	129	2014	66.6	3606.1
2003	120.6	249.6	2015	130.7	3736.8

注：表内数据由团农业科提供。

第四节 林木结构

一、林种结构

1970—2015 年，团域内营区和农田建有农田防护林、经济林、特殊用途林等。其中，封沙育林、经济林面积占比较大。区域内封沙育林面积 1888 公顷，经济林面积 1133.3 公顷，其他林地面积 701 公顷。所开垦林地大多分布在农田四周和沙漠边缘，因且末地区风沙严重，年降雨量少，营林条件差等，树木死亡率高，团场每年均对林地实施补植。2015 年，三十七团共有林地面积 3736.8 公顷。其中疏林地面积 2123.7 公顷，占林地面积的 56.83%；包括红枣地在内的灌木林面积 1613.1 公顷，占林地总面积的 43.17%。

表 11-6 三十七团林种结构和林地分类一览表（2015 年）

单位：公顷

林种	亚林种	有林地面积	分类	
			疏林地面积	灌木林面积
防护林	防风固沙林	305	147	158
	农田防护林	302	165	137
	护岸林	29	15.8	13.2
	护道路林	79	39	40.5
特殊用途林	封沙育林	1888	1756.9	131.1
经济林	果树林	1133.8	—	1133.3
合计		3736.8	2123.7	1613.1

注：表内数据由团农业科提供。

二、树种结构

1970—2002 年，域内营区和农田栽植树种主要有新疆杨、钻天杨、银白杨、沙枣树、胡杨树、柳树、榆树等树种。红旗地区栽植道路树木主要以沙枣树、野柳树、杨树为主，农田四周主要种植沙枣树。东风公社三连驻地靠沙漠地段栽植沙枣树和胡杨树较多，农田四周和居民点主要栽植柳树。

2003—2015 年，加大植树造林力度，跃进区新开发耕地四周种植道路林、防风林，主要树种有胡杨、青杨、沙拐枣等。其中，杨类栽植面积 1697.9 公顷，占植树总面积的 45.44%；胡杨面积 775 公顷，占植树总面积的 20.7%；果树面积 1133.8 公顷，占植树总面积的 30.3%。杨类栽植面积居首位。

表 11 - 7　三十七团主要树种结构一览表（2015 年）

树种	面积（公顷）	占林木总面积比例（%）
榆树	0.1	0.0002
沙枣	130	3.50
杨类	1697.9	45.44
胡杨	775	20.7
果树	1133.8	30.3
合计	3736.8	

注：表内数据由团农业科提供。

第五节　林地种类

一、农田防护林

1992 年，一连、二连及跃进区建农田防护林带 130 公顷，栽植苗木 13 万株。

1997 年，一连河西段开垦农田 82 公顷，新建林带 7 条，占地面积 24 公顷，栽植苗木 8.5 万株。截至 2005 年，跃进、红旗区农田边缘栽植防护林 210 公顷。栽植树种主要有杨树、沙枣树两大类。其中，杨树栽植面积 145 公顷，沙枣树面积 65 公顷。

2006 年，投资 1300 万元，跃进区栽植农田防护林，秋季植树 134.4 公顷，新建林床 240 条，完成滴灌地面管安装和秋植林御寒防啃树体捆扎芦苇工作。

2007 年，跃进区农田外围建有防护林带 6 条，总长 17.2 千米，占地面积 106.6 公顷，种植有胡杨、青杨、沙拐枣、梭梭等树种，形成农田防风固沙屏障。

2008 年，跃进区农田四周建条田防风林带 110 条，栽植青杨、沙枣树、梭梭等树种。果园行间间作玉米、油葵、小麦、苜蓿、饲草等作物，不予收获。待防风林带长至 3~5 米或果树达到盛果期后，逐年取消作物间作。

2009 年 9—11 月，跃进地区西侧的荒漠地带种植生态防护林 114 公顷。种植外围林面积 520 公顷，林带宽 51 米，长 7.8 千米；内部防护林带面积 106.2 公顷，主干道两旁林带各为 9 米，次干道两旁林带为 6 米，农田林带宽 5 米。

2009—2015 年，共建条田林 260 条，占地面积 488 公顷。其中，栽植青杨 183.3 公顷 45 万株，占农田防护林总面积的 37.6%；栽植胡杨 176 公顷 48 万株，占农田防护林总面积的 36.07%；栽植其他树种 128.7 公顷，占农田防护林总面积的 26.4%。农田四周形成以防护林网为主的防风固沙体系。

二、封沙林

针对且末地区全年风沙多的气候特点，确立"立体防风固沙"的生态治理工作思路。2007年，新建外围林106.6公顷，栽植防风固沙苗木梭梭、胡杨等树木185万株，森林覆盖率达到28%。

2006—2008年，在110个条田四周种植防护林134.4公顷，植树117万株，全程铺设加压滴灌管道，种植道路林85万株，修筑干、支、斗渠35千米。红枣园区各条林带的外围捆扎1.5米高的芦苇防沙障，总长184.8千米；红枣地中间以20米为距，种植高秆作物玉米，形成一条防风带，红枣与玉米交叉种植，形成网格状防沙体系。间作小麦24.6公顷，间作棉花、打瓜561.06公顷，枣树的成活率提高到86.9%。

2009年，防风治沙工作通过师农业局质量验收。通过5年的补植抚育，至2010年，已建成以防护林网为主的防风固沙生态园区，封沙造田1333.3公顷，种植红枣1133.3公顷，建成生态经济林标准条田120条，种植生态防护林183.3公顷，植树造林850万株，全程铺设加压滴灌管道，防护林成活率达到90%以上。

2010年起，实施封沙育林建设工程项目，以改善跃进地区自然环境和气候条件，发挥防风林的防风固沙、减少风灾的作用。

2011年10月至2012年9月，国家投资70万元在跃进开发区西北部实施1万亩封沙育林建设项目，建成围栏241千米、瞭望塔1座、封育牌1座、宣传牌2座。至2015年底，三十七团封沙育林总面积达到1888公顷。

三、生态经济林

2005年10月，投入资金7500万元，在跃进区建设以红枣种植为主的生态经济林。当年完成红枣树栽植168万株，年底苗木成活率只有30%。2006年5月，支队1166.6公顷生态经济林由198户新职工承包经营。

2007年春，投资76万元购买苗木，组织职工补植跃进区生态经济林缺苗地段。2008年，枣树成活率超过85%。2009年，生态经济林加大有机肥和农用化肥投入，红枣总产量达到224.4吨，创产值179.52万元。

2014年，重新布局跃进区生态经济林，土地平整完成土方657.07万立方米，建成滴灌系统28套，排水支渠6.3千米，道路49千米，农田防护林面积126.98公顷。

2015年4月，启动3333.3公顷土地开发项目，首期开发1333.3公顷生态经济林。其中，种植梭梭、大芸333.3公顷，其余土地种植核桃等。2015年底，团有生态经济林1223公顷，总产果品9100吨，创产值8200万元。

2005 年，支队实施生态经济林建设，在沙漠前沿栽植的防风固沙外围林 　　　　（孙士渠　摄）

表 11-8　三十七团林地种类一览表（2015 年）

林地类别	科别	种类
农田防护林	杨柳科（杨）	新疆杨、银白杨、胡杨
	杨柳科（柳）	旱柳、垂柳、馒头柳、龙爪柳、白柳、红柳、紫花柳
封沙育林	杨科（杨）	胡杨、青杨、新疆杨、银白杨
	胡颓子科	大沙枣、小沙枣
	柽柳科	红柳、梭梭
生态经济林	果树	灰枣、骏枣、苹果、梨树、杏树、葡萄、桃树
	杨柳科	胡杨、青杨、银白杨、新疆杨、短穗柳、长穗柳、馒头柳、红柳、盐穗木、盐爪爪
护岸林	榆科	新疆大叶榆、园冠榆
	杨科（杨）	胡杨、青杨、新疆杨
	木樨科	小白蜡

注：表内数据由团农业科提供。

第六节　植树造林

一、苗木繁育

1990 年，从八连耕地中划拨 1.6 公顷土地作为苗圃繁育苗木，生产科负责落实各项苗木繁育措施，安排 2 名职工管理苗圃地，以保证苗圃苗木的正常生长。通过精心管理，每年出圃苗木

8.5 万株，可供栽植林带 100 公顷。

1992 年，成立林园连，扩大苗木繁育地 2.5 公顷，种植胡杨、青杨、沙枣、榆树等树种 15 万株，年出圃苗木 12 万株。

2003 年，跃进区设苗圃 1.2 公顷，主要种植青杨、胡杨、梭梭、沙枣等苗木，为农田防护和扩大果园种植规模提供苗木。

2008 年 4 月，河北省石家庄市红枣种植专家薛继明投资 40 万元，利用营养钵在二连苗圃地实施大棚育苗，使红枣苗木成活率提高到 90% 以上，较常规育苗缩短生长期 2 年，实现当年种植、当年嫁接、次年移栽大田的目标。是年，完成苗圃抚育面积 66.2 公顷，出圃嫁接苗 80 万株以上；育苗沙拐枣 2.6 公顷、沙枣 2 公顷。

2013 年，团设施农业办公室负责苗木繁育，主要育有葡萄、红枣、核桃、玫瑰等树种，年均育苗面积 1.5 公顷。

2015 年，新建普通日光温室大棚 105 座，利用 6 座日光大棚培育西梅、葡萄、枸杞、桃、李子、杏、红枣等特色果业苗木 16 种 65 万株，占地面积 6.5 公顷。在四连平整土地 333.3 公顷，种植梭梭、红柳苗木 1860 万株，待翌年接种大芸。

二、义务植树造林

1990 年后，每年春季开展全民义务植树造林活动，生产部门备好林地和树苗，各单位组织职工植树，把植树造林任务指标分解至每个职工，明确技术要求。每年团机关、医院、学校、社区和连队干部及个体工商户义务完成道路、场区、居民小区的林带植树工作。

2006—2008 年，跃进区开展义务植树造林活动，其中栽植条田林 1333.3 公顷、农田防护林 302 公顷、外围林 520 公顷。

2009 年，道路林、场区绿化造林 320 公顷，农田植树造林 340 公顷。

2011 年，跃进区 7～10 斗农田道路旁栽植道路林 53 公顷。2012 年，河东地区实施封沙育林工程，每年组织职工参加地方乡镇的义务植树活动，且末县林业局给三十七团分配植树任务，提供定植苗木，由三十七团组织完成义务植树造林任务。

2015 年，团场在且末县义务植树 50 公顷，植树 18 万株，其中栽植胡杨 9 万株、梭梭 6 万株、红柳 3 万株，成活率超过 80%。

1990—2015 年，义务植树造林 3736.8 公顷。其中，在跃进区封沙育林工程中，义务植树 1888 公顷；在生态经济林工程中，义务植树 1133.8 公顷。年均义务植树造林面积 143.72 公顷。

表 11－9　三十七团义务植树造林一览表（1990—2015 年）

单位：公顷

年份	当年义务造林	零星造林	义务造林总面积	年份	当年义务造林	零星造林	义务造林总面积
1990	25.3	3.3	28.6	2003	120	—	258.8
1991	4	2	6	2004	9	—	267.8
1992	29	0.4	30.6	2005	8	—	275.8
1993	33	3	63.6	2006	1293.6	—	1569.4
1994	6	1	70.6	2007	30	4	1599.4
1995	7	1	77.6	2008	14.3	10	1623.7
1996	1	1	79.6	2009	—	2	1606.7
1997	3	2	84.6	2010	1400	4	3006.7
1998	3	3	90.6	2011	2	—	3008.7
1999	5	3	95.6	2012	45	5	3058.7
2000	17	0.2	112.8	2013	488	4	3550.7
2001	7	1	120.8	2014	66.6	9	3626.3
2002	17	1	138.8	2015	103	7.5	3710.3

注：表内数据由团农业科提供。

第七节　病虫害防治

一、林果病虫害

（一）林果病害

团域内林木常见病害有杨树斑枯病、白色窝状腐朽病、杨树破腹病、杨树烂皮病、果树木腐病、溃疡病等。

杨树斑枯病和杨树破腹病在团域内发生较严重。跃进区 80％的林地有杨树斑枯病，患病树干以箭杆杨为多，病情多发生在冬春二季。

杨树烂皮病主要以胡杨树发病较为明显，病情发生在春季萌芽期。跃进区多年生胡杨树发生烂皮病率达 10％以上，树龄越大发病率越高。

果树病害主要有叶斑病、落叶病、根腐病、缩果病、卷叶病等。

（二）林果虫害

团域内林木虫害较为突出的有杨树卷叶蛾、杨树潜叶蛾、沙枣树天蛾、沙枣虱、林木细蛾、白潜蛾、眉蚧、青叶蝉、兰叶螨、家茸天牛、木虱、春尺蠖等。

果树虫害主要有毒蛾、始叶螨、食心虫、果蚜糖槭蚧、吉丁虫、大青叶蝉等。

二、防治方法

林果病虫害防治以预防为主、化学防治为辅，做到早发现、早防治。常见的防治方法有农业防治法、生物防治法和化学防治法。同时苗木引进也是病原传播的途径之一，因此严格检疫引进苗木也是杜绝林木疾病传播的重要措施。

（一）农业防治法

主要是加强苗木管理，勤施肥、灌溉、灭草，促使苗木苗壮，增强对各类病害的抵抗力。采取合理施肥与灌溉，适时中耕除草等措施，可切断病虫害营养源。

（二）生物防治法

林地充分利用害虫的天敌资源开展生物防治，对周围的防护林实施药物灭杀虫害。果园内防治病虫害的方法主要是加强管理，改善通风透光条件，辅之以人工捕捉。保护农田有益昆虫，加大农田害虫的自然控制能力，防止病虫害的发生。

（三）化学防治法

早春萌芽前全园喷施一次石硫合剂，防治病虫害。越冬前树干涂抹白石灰、喷洒石硫合剂，对虫害严重的地块采取重点防治措施，喷洒适量杀螨剂、吡虫吟、啶虫脒等低毒农药，防治虫害对果树的危害和蔓延。2010年，团域内林地病虫害均得到有效控制，发生率控制在5%以下。

第八节　林业管理

一、管护措施

（一）林带管护

1990年以前，林木为集体所有，由林带班负责管理。1992年，推行土地承包责任制，与承包户划定土地周围农田林，确定管理责任制，实行"谁管护，谁受益"。是年，成立林园队，农业连队成立林带班，负责管护农田之外的所有林木和苗圃。按照新植林、多年生林木生长情况，连队给林管员划分管护林带区域，实行计件工资制。把新植林木的成活率和多年生树木的保值率纳入管护考核内容，考核结果与工资挂钩。1992年起，从每年3月至8月底，护林员给所有林带喷洒4遍农药、除草3遍、修剪1遍、浇水10遍。

1995年，实施森林病虫害测报工作，春秋季节开展林木病虫害调查测报，测报结果逐级上报，以便各级管理部门及时掌握林地病虫害发生情况，预防性采取应对措施，减少病虫害对林木的侵害。

2000年3月，生产科组织全体职工在夜间人工捕捉树木春尺蠖成虫（雌蛾、雄蛾）137.66万只，林木病虫害得到有效控制。

2002年，出台《且末工程支队林木管理实施办法》，以加强林木管护工作。林木管理各项措施得到落实，林木成活率提高。

2008年起，随着跃进区1400公顷生态经济林地建设工程完工，林地面积扩大，水电站增加护林人员13人，跃进区新植林木的抚育、管护工作得到加强。

2010年，调整林木种植结构，农田四周防护林以长期固定承包方式转让给承包户自主经营，谁投资，谁受益。主干道路林和外围林以及封沙育林地段，由团指定林管员包片管护。连队营区公共地段环境绿化由社区统一组织完成，住户房前屋后由各家自行栽植各类树木。

2014年12月，林业管理站成立后，为每个护林员划分管护地段，平均每人管护面积达60公顷左右。护林队员定期巡护所管护的林木地段，防止人为毁林现象的发生，以保证林木正常生长。团林管站加强公益林管护工作力度，管护人员实行百分考核制，定期检查考核。林木管护不到位，发生牲畜啃坏或人为毁林现象，给予护林队员一定数额的经济处罚。

（二）果园管护

团场对果园管护，主要以个人承包经营为主，承包户与连队签订果园承包合同，实行费用自理、风险自担、自负盈亏。连队管理人员为承包土地职工做好服务工作，分阶段组织劳动竞赛和管理技术指导与奖评活动，落实各项管护技术措施，提高果品产量和品质，增强果品在市场上的竞争力。

（三）公益林管护

野生胡杨林位于跃进地区军垦路南端拐弯处以南的荒原，呈分散性分布状态，总面积100余公顷。其中，零散分布在居民区的荒原有3公顷，林区位于塔克拉玛干沙漠以南，生态系统十分脆弱，地下水含盐量大，树体长势较差，林相衰败。生长在跃进居民区一区、二区之间的野生胡杨片林，因得到渠道用水的灌溉，树体长势强，枝叶茂盛。

2006年，开发建设跃进生态经济林时，野生胡杨林区地下水位保持在4～5米，加快了林区次生幼苗繁衍生息的速度。

2009年，支队安排专职林业管护人员管护野生胡杨林，在胡杨林保护区实施围栏封育造林等保护性措施，设置苗圃基地培育胡杨树苗，用于对胡杨林改造、更新和抚育，恢复胡杨林及其周边生态环境。

2015年，团域内有野生胡杨林356.9公顷，占团土地总面积的3.7%。

（四）退耕还林

2006年，且末工程支队抓住国家退耕还林还草政策机遇，沙漠沿线实施退耕还林还草计划，制定《且末工程支队退耕还林还草计划》，跃进区营建具有生态效应和经济效益的退耕还林还草示范基地，种植红枣，形成优质红枣种植基地。实施退棉进枣战略，在棉花产量低的农田栽植红枣。其中，红旗区完成退棉进枣194.91公顷，栽植红枣苗木成活率80%以上；监区完成61.6公顷，补植红枣121.5万株；跃进区种植1400公顷红枣，部分盐碱重的地块成活率低于75%。

2009年2月，退出籽棉单产250千克以下的低产田80公顷。2011年，总投资60.59万元实施巩固退耕还林成果节水灌溉工程。2012年12月，总投资80.62万元在二连实施巩固退耕还林成果特色林果基地建设，面积133.33公顷。其中国家投资60万元、自筹资金20.62万元。

2013年底，退耕还林总面积为1086.67公顷，主要集中在一连、二连、三连。

2014年，团总投资160万元，完成跃进区四支渠1斗5~10农渠的退耕还林工程，种植核桃66.67公顷。打机井2眼，全部安装加压滴灌设施。其中国家退耕还林工程专项补助资金150万元，建设期当年补助资金为80万元（其中苗种造林费30万元、现金补助为50万元），第三年补助资金为30万元，第五年补助资金为40万元，团自筹资金10万元。

2015年7月，团总投资164.17万元，巩固退耕还林成果，跃进区二连四支9斗1~8农渠新建核桃园66.6公顷，国家投资100万元、团场自筹资金64.17万元。定植生态经济林233.3公顷，全团完成退耕还林总面积256.51公顷。

二、管护机构

1990年，支队成立林业管理领导小组，由分管农业的副支队长任组长，生产科科长任副组长，各生产单位行政领导为小组成员。林木管理分片区实行属地管辖，各连队负责所属区域内的林木管理与抚育。

1992年，成立林园队，为副连级建制。各连队设立林带班，负责本辖区树木的管护工作。1994年，林园队改隶为园林连，有职工9人，其中科技人员1人。林木管理面积110公顷，其中成林面积64.6公顷、果园面积5.3公顷、苗圃面积2.5公顷。2006年，林业管护人员有9人，管护面积1333.3公顷。

2006年，林园连增加职工7人，全连共有职工16人，其中，管理人员1人、专业技术人员2人、职工13人。担负农田外围林、林木病虫害预报和防治、重大病害的防疫，果树新品种、新技术推广，负责林带管理工作。2006年，林园连建制撤销。2009年，成立林业工作站，负责林业管理工作。

2014年12月，团成立林业管理站，纳入事业单位编制，配备领导1人，林业执法监督人员1人，负责对各连队林业管理工作指导和林业种植及依法管护工作。

第十二章　畜牧业

20 世纪 90 年代以前，三十七团所辖区域内就有养殖家畜家禽的惯例，量小且不成规模。90 年代中期，集体经济开始大力发展养殖业，重视牲畜良种引进、动物疫病防治、畜牧兽医科技推广服务和饲草料加工生产"四大体系"建设，使畜牧业基础设施条件有了明显改变，养殖生产科技含量进一步提高，经济效益稳步提升，畜牧业成为团场经济新的增长点和职工群众多元增收的有效途径。

第一节　饲草资源

一、草场

三十七团草场分为矿山草场和农区草场。

（一）矿山草场

1975 年，地处昆仑山与阿尔金山交会处的且末县石棉矿转让给且末工程支队开发建设。石棉矿山区海拔 2400～3800 米，分布植物以马兰草、针叶草、紫花针茅、寒生茅草为主。矿山实际用地面积 45 公顷，其中高山草场 2.6 公顷，因过度放牧植被生长不良，覆盖度不到 10%，草高 3～10 厘米，可供当地牧民放牧的草地极少。每年秋冬和初春季节矿区气候恶劣，常有大雪封山情况，山区为结冻期，也为禁牧期。6—8 月为山区多雨季节，频繁的降雨和时而暴发的山洪给矿山植被生长提供了有利条件，是牧民放牧最佳季节。因矿区常年停产，团没有在矿区设置放牧点，仅作为且末县西部牧区牧民放牧之地。

（二）农区草场

1985 年，跃进区部分弃耕地作为农区草场放牧使用。农区牧草多为耐寒、耐碱、抗风沙植物，根系发达，枝叶小而尖，蜡质多。主要有野生芦苇、豆棘、冰草、芨芨草、甘草、蒿草、麻黄、黑刺、扁穗、冰草、马莲等，以及秋后农作物留茬地和部分生荒地同时作为农区草场。

1987—1989 年，收复弃耕地 266.6 公顷。1992 年，收复弃耕地 120.3 公顷，开荒造田 173.3 公顷。至此，农区草场面积减少至 6266.7 公顷。

2006 年，建设生态经济林 1400 公顷，其中占用牧草地 1100 公顷。

2009 年，草场面积减少 80 公顷。随着跃进区连年开发建设，农区草场面积逐年减少。

2015 年，团场有农区草场 604.07 公顷。

（三）草场管理

1990 年前，所属的跃进区草场面积辽阔，水草丰富，牛羊随水草而牧，畜群出栏率高；而红旗区可供放牧的草场面积极少，多以渠道边、地角地边杂草为牧。

1994 年后，红旗区职工养殖牛羊数量呈倍数增加，渠边地角被承包土地职工扩边种植棉花，能够放牧的草地只有冬季棉花留茬地；而跃进区草地辽阔，牧民可常年放牧。

1997 年，随着养驴、养羊数量增多，过度放牧致使草场植被更新能力日渐减弱，加之且末地区属于大陆性沙漠气候，常年少雨多旱，沙尘暴、扬沙、干热风天气较多，导致牧草再生能力极弱，部分草场出现不同程度的沙化、盐碱化、荒漠化。

2006 年后，加强农区草场荒漠化治理力度，跃进区建设生态经济林，农用地面积增至 1133.2 公顷，农业种植产生的秸秆、次产品等给牲畜提供了饲料来源。生产科要求所有养殖户饲养的牲畜实行圈养，养殖户在夏季杂草生长旺盛期收割青干草储备作为牲畜越冬饲草。

2010 年后，实施退耕还林还草工程，红枣地间作苜蓿、玉米、棉花等作物计 1690 公顷，退耕还林还草地实行封园禁牧，舍饲圈养。

2014 年，团新建一座养殖场，把农田饲草通过机械加工为饲料，解决了养猪场饲料问题。2015 年，团退耕还林还草总面积 2695.56 公顷，农田种植产生的大量饲草和次产品，除部分作为饲料原料外，大部分农田产生的秸秆、草等被作为绿肥还田养地。

二、饲料

农区饲料原料主要以野生杂草、粮棉秸秆、青干草、苜蓿草、树叶、棉饼棉皮、五级以下的红枣次产品、小麦糠皮类为主。山区饲料主要以野生杂草为主。

1986 年，各中队发展生猪、羊、兔、鸡等家禽家畜养殖业，饲料来源于农田秸秆和收割杂草。

1990 年后，牲畜养殖户开垦空闲地或在戈壁滩上育地成田种植玉米作为牲畜饲料。饲草、饲料利用方式从原来茬地放牧改为采收储存，从简单粗加工改为以精料配方制作饲料，饲料、饲草的利用率大幅提高。

2015 年，团畜牧养殖场从市场购买牲畜配料，混合配制部分棉饼、玉米、红枣次产品、苜蓿草等制作成全价饲料，生产成本降低，有效解决牲畜饲料来源，畜牧业实现以田养畜、以畜促园的持续循环发展目标。

第二节　养殖生产

一、畜禽种类及数量

（一）猪

生猪是团域内主要的养殖畜种。20 世纪 80 年代，养殖的生猪以本土猪种为主，疾病多且产肉量低。1990 年后，引进以二元杂交为主的猪品种，后又引进大白、长白、藏黑猪及其他杂种猪，具有生长发育快、产肉多等优点，深受养殖户喜爱。但生猪养殖主要以监区中队、职工圈养为主，规模小，产肉量低。2001 年，投资 320 万元在监区新建 1 座养猪场，引进大白、长白优质品种 60 头，当年繁育仔猪 190 头。划拨饲料地 15 公顷，种植玉米等作为生猪饲料，实现生猪养殖规模化。年底，生猪存栏 250 头，生产猪肉 20 吨。

2007 年，私人养殖业逐渐兴起。一连职工佘小莉在农田建猪舍 100 平方米，当年养猪 12 头，成为养殖大户。

2008 年，支持和鼓励职工发展庭院经济，出台优惠政策予以扶持，红旗地区三中队旧址处，划拨地盘 4.5 公顷，出让给一连职工修建养猪圈舍。职工陈建伟、王建民、张会强投资自建养猪场，每户猪场占地面积 500 平方米。其中陈建伟投资 20 万元自建养殖场，引进长白母猪 10 头、公猪 4 头、仔猪 50 头，年底存栏生猪 120 头，当年创利 30 万元。监区养猪场生猪繁育推行人工授精技术，产肉量大幅提高。2008 年底，监区养殖场生猪存栏 442 头，年产猪肉 25.36 吨。

2010 年，红旗区私人养猪场发展到 6 家，自建养殖圈舍 6 处，养猪数量达到 300 头，年出栏生猪 250 头。2013 年，私人养殖场面积扩大到 2500 平方米，养殖母猪数量增至 87 头，出栏猪仔 200 头，出栏肥猪 350 头，年底创利 130 万元。

2014 年，团招商引资 3500 万元，跃进区建成猪场一座，猪场有育肥舍 8 栋，保育舍 2 栋，母猪妊娠舍、分娩舍共 4 栋，公猪舍 1 栋。养殖场占地面积 57750 平方米，圈舍占地面积 15030.4 平方米，引进后备母猪 300 头投入生产。冠名为恒盛生猪养殖场。

2015 年，恒盛养殖场从三十四团引进二元、藏黑 1 号品种生猪 318 头。6 月，从羌都天兆猪场引进大白、长白、杜洛克品种生猪 473 头。团引进各品种生猪 791 头，其中大白、长白、藏黑猪品种公猪 13 头，大白、长白、藏黑猪品种母猪 778 头，年繁殖仔猪 1.2 万头。部分职工饲养的生猪大部分从恒盛养殖场购买，当年饲养生猪 260 头。2015 年底，全团存栏生猪 1.05 万头，繁殖的仔猪销往内地多个省份。

（二）羊

羊的品种主要有大头羊、小尾寒羊、高腿羊等。职工群众家庭养羊分为两种类型，一种是细

2014年，团招商引资3500万元在跃进区建成的养猪场　（杨波　摄）

毛羊，另一种是粗毛羊。细毛羊毛色一般为白色或棕褐色，毛皮价格昂贵，产毛率高，经济价值高，是养殖户最喜欢养殖的家畜。粗毛羊毛皮成色与细毛羊相反，毛色一般为灰白色，经济价值低，但产羔率较高。成年公羊体重平均在 70 ～ 90 千克，屠宰率为 60%。成年母羊平均体重为 68.5 千克左右，屠宰率为 56%，产羔率每年 2 胎或 3 年 4 胎，每胎产羔 2 ～ 3 只，经济价值高。1990 年前，以私人养羊为主，养殖规模小，年存栏量不足百只。1993 年，招收新职工后，养羊业发展迅速，年存栏量达到 135 只。2012 年发展到年存栏 393 只。2015 年，大力扶持职工多元增收，职工养殖牲畜积极性高涨，羊存栏量达到 2210 只，较 1990 年增加 20 倍。养羊业兴起，职工家庭养羊年人均增收 230 元。

（三）驴

1990 年前，部分职工家庭饲养驴，主要用于拉车或者从事农田劳动。1997 年，监区发展养驴业，成立驴业公司，20 余人入股，投资 200 万元，养殖本地土驴 210 头。1999 年，驴业公司破产。2003 年后，养驴业逐渐消退。

（四）牛

20 世纪 70 年代，职工居住无固定场所，无法从事养殖业。80 年代，私人养殖开始，有少数职工饲养奶牛，品种为西门塔尔牛，产奶率高，主要供家人常年食用鲜奶。养牛以家庭圈养为主，大部分为南疆牛，体格大，发育好，毛色以红、黑、黄色居多。1990 年后，职工养殖的耕牛以役用型为主，部分属于役用兼肉型，以耕牛为主。成年耕牛体格大的重量为 300 ～ 350 千克，产肉率 50%；最弱型耕牛体重在 250 千克左右，产肉率为 45%。2012 年，私人养牛户增多，养牛数量达到 32 头，其中有 7 户职工养羊同时附带养牛。养殖户罗锡华曾养殖肉牛 12 头，成为个体养牛大户。2014 年，三十七团自筹资金 1000 万元重点建设 5000 头标准化养牛场基地一处，办公、员工生活用房、4500 立方米青储池、育肥圈舍 3 栋共计 3900 平方米，一期工程建设初具规模。2015 年，市场牛肉价格下跌，小规模养牛户养殖亏损严重；团投资的牛养殖基地建成，为牛养殖产业规模化发展奠定基础。

（五）兔

职工庭院常年有养殖家兔的习惯，品种有家兔、土兔、肉兔等，还有少量的皮兔和毛兔，主要以职工家庭圈养为主，用于调剂生活。

（六）家禽

1. 鸡

主要有土鸡、奶黄鸡、尼雅黑鸡等种类。少数民族职工群众家庭主要以养殖土鸡为主，汉族职工群众家庭主要以养殖奶黄鸡为主。2004 年，监区养殖场自繁自养鸡品种 4 个，主要有土鸡、奶黄鸡、尼雅黑鸡、大黄鸡，养殖数量 600 余只；附带养殖珍珠鸡 56 只。2012 年，职工在枣园实施林下养鸡 38 万只，户年均增收超过 2000 元。2015 年，一连职工陈建伟新建养鸡场，自孵自养尼雅黑鸡 2 万只。团场帮扶总投资 870 万元，占地面积 1200 平方米，成立三十七团玖源绿色枣园鸡养殖合作社，集孵化、种鸡、蛋鸡、肉鸡养殖及饲料加工为一体，年孵化鸡苗 60 万只，吸纳职工 17 户入社，人均年增收 3000 元。

2. 鸭

职工家庭养鸭户数不多，数量有限。养殖品种为土鸭、北京鸭等，年养殖量不足百只。

3. 鹅

一般由个人家庭饲养，数量少，养殖品种大部分为大白鹅、雁鹅、杂色鹅等。

4. 鸽

1990 年，部分职工家庭养有家鸽。2000 年，监区养殖场养殖肉鸽和竞翔鸽共 110 羽，年底自繁自养 210 羽。

表 12－1　三十七团历年畜禽存栏数一览表（1990—2015 年）

年份	年末存栏总数（头/匹/羽/只）	牛（头）	马（匹）	驴（头）	猪（头）	鸽（羽）	兔（只）	鸡（只）	羊（只）	
									山羊	绵羊
1990	1377	—	—	12	54	17	79	1130	7	78
1991	2019	—	—	14	57	19	84	1750	11	84
1992	2394	—	—	17	31	33	87	2120	14	92
1993	2624	2	—	23	36	21	93	2314	19	116
1994	3283	7	—	18	31	16	98	2958	21	134
1995	2288	14	2	13	34	0	102	2000	11	112
1996	2817	20	5	210	30	19	79	2316	10	128
1997	2604	20	4	210	32	15	77	2117	9	120
1998	2493	17	—	12	46	23	113	2134	5	143
1999	2706	13	—	9	49	17	217	2217	4	175
2000	2864	11	—	6	57	19	456	2115	8	192
2001	2940	9	—	3	250	210	217	2000	24	154

年份	年末存栏总数 （头/匹/羽/只）	牛 （头）	马 （匹）	驴 （头）	猪 （头）	鸽 （羽）	兔 （只）	鸡 （只）	羊（只）	
									山羊	绵羊
2002	2924	4	—	2	279	170	245	2030	21	168
2003	3035	2	—	—	284	31	238	2250	9	211
2004	3002	—	—	—	319	24	289	2110	13	247
2005	3179	—	—	—	372	20	266	2214	8	299
2006	3632	—	—	—	361	14	276	2658	11	312
2007	3078	2	—	—	327	28	301	2050	6	364
2008	3455	5	—	—	442	33	297	2326	0	352
2009	2701	5	—	—	43	29	82	2217	6	319
2010	2557	4	—	—	27	36	35	2136	12	307
2011	2647	6	—	—	210	45	42	2017	17	310
2012	2888	32	—	—	260	30	57	2115	23	370
2013	4022	9	—	—	1400	65	43	2346	10	150
2014	34444	5	—	—	12000	275	61	21918	15	170
2015	37730	12	—	—	10500	250	78	24680	10	2200

注：本表数据来自团档案室。

二、产品产量

1990—2000年，畜牧业主要以生产肉类产品为主，兼产羊毛、禽蛋等产品，数量少，品质高，但经济效益不高。

2001年，以监区养殖场规模化养殖为主，年出栏生猪250头，产猪肉20吨；羊出栏154只，羊肉总产2.002吨；鸡出栏2000只，鸡肉总产2吨。全年生产肉食26.92吨。

2008年，总产肉产品34.3吨，其中猪肉产量25.4吨，占全年肉类总产量的首位。

2009年，监狱养殖场承包给个人经营，集体养殖业肉产品产量下降，全年生产肉产品12.24吨，肉产品产量较2008年下降22.06吨，一度出现肉食供应紧张局面。

2014年，招商引资建成恒盛养殖场，生猪实现规模化养殖，猪肉产量剧增。是年，肉类总产121.2吨，其中猪肉总产96吨，占肉类总产的79.21%。

2015年，全团肉类总产140.65吨，其中猪肉84吨、牛肉3吨、羊肉28.6吨、禽肉24.68吨。生产禽蛋产品1.23吨，禽蛋销往喀什、和田等地区，并远销至青海省，养殖业呈现规模化、效益化，成为职工群众增收的有效途径。

表 12 – 2　三十七团历年畜禽产品产量一览表（1990—2015 年）

单位：千克

年份	肉类总产量	分类							羊毛	禽蛋
		猪肉	牛肉	羊肉	家禽肉	兔肉	驴肉	其他肉类		
1990	7139.5	4320	—	1014	1130	118.5	540	17	7	56.5
1991	8177	4560	—	1092	1750	126	630	19	11	87.5
1992	6724.5	2480	—	1196	2120	130.5	765	33	14	106
1993	8397.5	2880	500	1508	2314	139.5	1035	21	19	115.7
1994	9903	2480	1750	1742	2958	147	810	16	21	147.9
1995	10415	2720	3500	1456	2000	153	585	0	11	100
1996	20977.5	2400	5000	1664	2316	118.5	9450	19	10	115.8
1997	20817.5	2560	5000	1560	2117	115.5	9450	15	9	105.8
1998	12635.5	3680	4250	1859	2134	169.5	540	23	5	106.7
1999	12405.5	3920	3250	2275	2217	325.5	405	17	4	110.85
2000	12894	4560	2750	2496	2115	684	270	19	8	105.7
2001	26922.5	20000	2250	2002	2000	325.5	135	210	24	100
2002	28058.5	22320	1000	2184	2030	264.5	90	170	21	101
2003	28601	22720	500	2843	2250	257	—	31	9	111.5
2004	31298.5	25520	—	3211	2110	433.5	—	24	13	105.5
2005	36430	29760	—	3887	2214	549	—	20	8	110.7
2006	36562	28880	—	4056	2658	414	540	14	11	131.9
2007	34531.5	26160	500	4732	2050	451.5	630	28	6	102.5
2008	34255.5	25360	750	4576	2326	445.5	765	33	0	116.3
2009	12241	3440	1250	4147	2217	123	1035	29	6	110.85
2010	9375.5	2160	1000	3991	2136	52.5	—	36	12	106.8
2011	24455	16800	1500	4030	2017	63	—	45	17	100.85
2012	35838.5	20800	8000	4810	2115	85.5	—	30	23	105.75
2013	18675.5	12000	2250	1950	2346	64.5	—	65	10	117.3
2014	121244.5	96000	750	2210	21918	91.5	—	275	15	1095.9
2015	140647	84000	3000	28600	24680	117	—	250	10	1234

注：团档案室查阅历年资料统计数据。

三、生产结构

20 世纪七八十年代，畜牧业发展滞后，没有集体养殖业，职工生活所需肉食均到市场购买。1986 年，集体养殖业逐渐兴起，监区中队建成一个小型养殖场，以养猪、养羊为主，年养殖生猪 10 余头，用于调剂和改善中队食堂伙食，但生产的肉类产品供不应求，养殖业仍处于自给性发展阶段。

1990 年后，逐年扩大农业种植面积，部分职工利用农田饲草开始养羊、养猪、养牛、养驴等。除牛、猪实行圈养外，羊、驴、鸡等畜禽多为散养。1997 年，监区发展养驴业，养殖本地土驴 210 头。1998 年，跃进区修建面积为 2800 平方米养殖场，建立副食品生产基地，以养猪为主，少量养殖鸡、鸭、鹅等禽类。

2001 年，监区兴建养猪场，当年养殖各类牲畜、家禽等 1840 头（只），占牲畜存栏总数的 62.5%，形成以公有养殖为主、集体和个人私养为辅助的畜牧业生产格局。牲畜养殖生产中生猪养殖量最多，当年存栏 250 头。2006 年，监区养殖场扩大鸡、鸭、兔的养殖生产规模，引进火鸡、珍珠鸡等试养成功。次年出栏鸡 3600 只，获纯利 3.2 万元；出栏鸭 1400 只，获纯利 1.3 万元；出栏兔 400 只。完成畜牧业总产值 75 万元，同比增长 20%。2009 年，畜禽养殖数量较往年明显减少，以私有养殖为主，年存栏各类牲畜 2701 头（只），较 2008 年下降 754 头（只）。

2013 年，扶持职工发展私有生猪养殖和林下经济，当年各类牲畜存栏数增至 4022 头（只）。2014 年，以招商引资方式新建的恒盛养殖场以发展生猪养殖业为主，年末生猪存栏达到 1.2 万头；承包土地的职工林下养殖鸡、鸭、鹅、鸽等，各类家禽数量剧增，年存栏超过 20 万只。2015 年，全团畜牧业均由私人养殖，采取规模化养殖与个体条块化小规模养殖相结合的方式促进全团畜牧业发展，年生猪存栏 1.05 万头，家禽存栏 2.47 万只，形成以生猪养殖为龙头，以家禽养殖为辅助，以羊、牛、兔养殖为补充的畜牧业生产结构。

第三节　生猪饲养

一、饲养基地

1990 年前，职工养殖生猪大部分因地制宜，利用树枝在庭院或者地头临时搭建圈舍饲养。养殖生猪主要以中队集体养殖为主，但养殖规模较小。1997 年，职工养猪逐渐得到发展，一连职工王怀明在庭院建有猪舍 110 平方米，年养猪 4 茬，年出栏生猪 12 头。另有 2 户职工自养自育生猪

1～3头，育肥后宰杀出售。

1998年，监区投资1300万元建成面积为2800平方米的中型生猪养殖场，建立以生猪饲养为主的副食品生产后勤基地，年繁育仔猪240头，育肥宰杀后供应给监区食堂。后勤基地生猪养殖数量逐年增多。2001年，推广使用生猪养殖新技术，通过科学调整饲料配方，增加猪饲料维生素的含量，重视猪场疾病防疫防治，扭转了养殖产品质量低、技术落后的状况。至2005年，监区生猪存栏达1200头，比1998年初增加10倍，年产值达75万元，成为兵团监狱系统最先进的养殖基地。2009年，监区养殖场对外承包给个人。

2013年，调整农业产业结构，确定以畜牧业为龙头带动二、三产业的发展思路。按照"能人牵头、职工入股、连队参股、成本核定、团场监督、技术统一、按股得利"的畜牧业发展模式，整合项目资金、人才资源，重点扶持以生猪饲养为主的规模化养殖场建设，招商引资3000万元，开工兴建恒盛养殖场，占地面积57750平方米，其中圈舍占地15030.4平方米，建有猪场育肥舍8栋、保育舍2栋、母猪妊娠舍和分娩舍共4栋、公猪站1栋，总建筑面积15657平方米。配备厂长、饲养员、防疫兽医人员、清洁卫生人员、门卫各1人。由团畜牧站负责生猪防疫工作。

2014年，恒盛养殖场建成投入使用，成为生猪饲养过程实现全自动供水、供料、温湿度控制、粪污无害化处理等的现代化生猪养殖繁育基地。当年存栏种猪700头，年出栏仔猪1.2万头。2015年，恒盛养殖场购进各类优良品种791头，通过自繁自养，年底生猪存栏达到1.05万头，成为三十七团和且末县域内集种猪繁育、仔猪供应、商品猪育肥标准化生猪养殖示范基地。

二、饲养方法

20世纪七八十年代，施工连队居无定所，没有条件发展畜牧业。1986年，监区大食堂以改善伙食为目的养殖生猪，食堂残渣剩饭与青草混合后，加入适量玉米喂养生猪。职工在田间地头或庭院内搭建简易生猪圈舍，利用地头种植苜蓿、玉米等青贮饲料，早晚两次混合喂养生猪。生猪越冬期或母猪繁育期间，猪舍内铺垫干土，放置干草给生猪保暖。

1998年，监区建成规模化生猪养殖场后，按照生猪、仔猪、母猪、公猪等分类建设棚圈，最大棚圈面积25平方米，可圈养4～6头猪。另设有母猪繁育舍、公猪舍等。饲料以棉粕、油渣、玉米等为主，适量添加干草粉，按比例配制成全料，发酵糖化后喂养生猪。

2014年，恒盛养殖场实行封闭式管理，全部使用科学配方饲养生猪，圈舍实行自动供暖、供料、温湿度控制、粪污无害化处理等。但私人养殖生猪的方法仍沿用传统的饲养办法，在市场上购买仔猪，自行育肥后出售。

第四节　疫病防治

一、流行病防治

养殖场疾病防治以猪、牛、羊、鸡疾病预防控制为主。养猪场主要控制猪瘟、猪丹毒、仔猪伤寒、黄痢、猪肺疫等疾病的发生。

猪瘟的防治措施是仔猪初生后 20～25 天完成第一次免疫，60～65 天断奶时完成第二次免疫。发现病猪及时隔离，早期用抗猪血清或"三联血清"治疗；在疫情流行时实行紧急预防接种，给未发病猪注射疫苗，每年春秋两季完成防疫注射。对发病猪及时隔离消毒，肌注青霉素效果较好。

猪肺疫又称巴氏杆菌病。每年春秋季节，给普遍生猪实行防疫注射，以防止疫病发生。每年每头猪注射 2 次。如发生疫病，用土霉素油剂与卡那霉素交替使用，猪舍用 1%～2% 烧碱溶液消毒，对发生重病牲畜实行隔离或淘汰方式消除病源。

猪黄痢主要是由大肠杆菌引起的急性传染病。预防措施是改善饲养管理条件，发现病猪及时用庆大霉素肌注治疗。

羊的传染病主要有快疫病、羊羔病、痘病、口腔病和布式杆菌病。预防羊的疾病主要从控制食草与水源入手，避免羊只食用带冰的草料。受寒或环境污秽潮湿易引发羊羔病，防治措施是孕羊用厌气菌病三联菌苗或五联菌苗预防注射，发病时严格消毒隔离。羔羊出生后 12 小时内灌服土霉素，每天一次，连服 3 天。发现羊痘病毒等急性传染病时，及时皮内注射 0.1 毫升羊痘疫苗防治。羊群布氏杆菌病是人畜共患的地方性流行性传染病，防治方法是每年定期做好种公羊和后备母羊群的检疫和菌苗接种工作，定期免疫接种经常接触家畜及畜产品的人。检查出阳性病羊及时淘汰处理。

牛传染病主要是布氏杆菌病。此病发现后要全面防疫，及时淘汰处理检出的阳性病牛。

牛结核病是由抗酸菌引起的一种慢性传染病，属人畜共患病。通过咳嗽把传染病菌飞沫喷到大气中，咽下痰液经粪便排出污染牧场和牛棚。每年采用提纯结核菌素皮内试验检疫牛结核病，发现阳性病牛及时淘汰，同时彻底消毒场地和用具。

禽病以鸡瘟为主，是一种急性烈性传染病。病鸡体温 43～44℃，鸡冠内垂，呈暗黑色或紫黑色，鼻腔流出内溶物，常积聚大量黏液，倒提时可以从口内流出大量黏液，呼吸困难，病死率高。此病重在防疫，每年春秋季给鸡注射"鸡新城疫"弱毒疫苗，基本可以防治。

二、重大疫病防控

生猪主要发生的疾病是口蹄疫即"五号病"。1997 年，全国多地发生生猪口蹄疫疾病，流行性较为广泛。生猪口蹄疫疫情发生后，支队成立防治生猪口蹄疫领导小组及办公室，实行内防外堵，严格检查各商店、食堂、个体经营户、屠宰销售肉食摊位，落实防控防疫措施；路口设消毒站，严禁从外地购入冻肉。建立疫情报告制度，全面检查牲畜，口蹄疫疫苗实行100%的强制免疫，区域内无疫情发生。

2004年，全国发生高致病性禽流感疫情，支队与地方乡村接合处的一连、跃进开发区路口分别设立检疫消毒站，给过往车辆、行人彻底消毒。兽医站按期完成各类家禽的免疫接种工作，挨家逐户检查疫情，区域内没有发生禽流感疫病，防控达到预期效果。

2014年，恒盛养殖场建成投入使用后，防控重大疾病为首要工作。配备1名毕业于畜牧专业的大学生负责生猪疾病免疫检测。出栏生猪、仔猪经检疫后方可上市。猪场购入的生猪新品种，经检疫合格后方能入圈。

第五节　管理机构

1998年，成立以生产科为主的畜牧兽医小组，有技术人员2人，承担支队范围内畜牧生产指导、疫病防治工作。

2003年，在监区建畜牧养殖场后，配备1名兽医专科生负责养殖场的疾病防治工作。机关撤销畜牧兽医小组，牲畜疾病防疫由监区负责。

2010年，牲畜养殖以自养为主，没有专设畜牧管理机构。生产科配备1名工作人员专门从事牲畜疫情防治和服务工作。

2014年，三十七团畜牧兽医工作站成立，配备专业技术人员2人，加强团场养殖场疾病控制与防疫。6月，团成立畜牧科，配备工作人员3人，与农业科、畜牧兽医站合署办公。畜牧科接受第二师畜牧局、兽医站及师卫生监督所的业务指导。承担恒盛养殖场以及职工家庭养殖户、散养户和附近乡村牲畜、家禽的疾病防治和技术服务工作。

2015年底，团先后成立养猪、养羊、养鸽、养鸡4家养殖合作社，共吸纳会员720人，其中恒盛养猪合作社会员470人。

第十三章　工业

三十七团工业起源于 20 世纪 70 年代初，工三师进驻且末后，兴办粮油等手工加工业，主要生产生活用品，供应筑路队伍施工或生活之需。随着自治区和兵团实施且末综合开发战略，先后开发且末地区的煤炭、石棉等矿产资源，奠定工业生产基础。进入 21 世纪后，逐步淘汰一批生产工艺落后、没有市场潜能的工业企业。2010 年后，通过招商引资，新建一批低耗能、高效率的新型工业企业，成为拉动团场经济和社会发展的引擎。

第一节　工业发展历程

1970 年，工三师筑路队伍到达且末后，种植小麦、玉米、蔬菜等粮食作物，建有磨面作坊，用石磨加工小麦，以满足施工队伍生活需要。

1971 年，组建木材厂，生产家具、办公用具，制作桥梁施工用具、开荒造田农具和日常生活用具等，工业由简陋的手工作坊起步。

1972 年 3 月，农三师组织技术力量在且末县苏鲁克沙依、江尕勒萨依、沙依丁等地勘探云母矿三处，均为露天矿藏；且末县以南山区基格代艾肯勘探开采煤矿一处。4 月，且末前线指挥部九连驻扎煤矿，承担煤矿基础设施建设和开采任务，九连有职工 80 余人，组成 2 个采矿队，后勤生活均由山下供给。8 月，且末前线指挥部在红旗地区兴办一座综合加工厂，主要生产面粉、酱油、香醋、白酒等产品。

1973 年，种植油菜，购入 2 台榨油和储油设备，修建 1 座榨油坊，自行加工食用油。抽调农三师二十三团九连筑路队部分人员，投资 500 万元用于煤矿开采。

1973 年 3 月，在昆仑山开采云母，年产云母原矿料 100 吨。1986 年，投资 39 万元在昆仑山上兴建云母矿，采用人工采掘、毛驴驮运方式。所开采的 3 处云母矿均为彩色云母。

1975 年 10 月，且末县为支援且末工程支队发展工业生产，决定把且末县吉格带库里石棉矿转让给且末工程支队开采。因技术力量和资金不足等问题，且末工程支队将石棉矿暂时搁置未开采。12 月，因资金缺乏，投资开采难度大和产品无市场，云母矿停产。是年，投资 10 万元从农二师机修厂购进 2 台 350 型小钢磨，将红旗区原磨面作坊改扩建为面粉加工厂，基本满足职工口粮供应。

1976 年，在红旗区兴建榨油厂，每年可生产清油 50 吨。1978 年，生产的豆制品、面粉、食用油等农副产品主要是自产自销，满足职工生活供给。

1979 年，煤矿生产原煤 3680 吨，创产值 18 万元。至 1980 年，生产的煤炭以外销为主。工业形成以煤矿、建材为主，以自给自足的农副产品加工业为辅的工业生产格局。

1980 年后，工业转型升级，由生产型、自给型向经营型、商品型转变。工业生产根据市场行情调整产业结构和经营方式，除满足自身生产经营和职工群众生活保障外，将剩余产品推向市场。是年，支队与且末县联营在红旗区附近兴办一座砖厂，年生产红砖 20 万块。

1983 年，榨油厂投资 13 万元购进 95 型榨油机 1 台，淘汰旧设备后，日可加工清油 150 千克，除满足内部生活和副食品加工用油之外，剩余产品对外销售。

1984 年 7 月，支队与且末县人民政府合资在红旗区建成一座水泥厂，总投资 500 万元，其中且末县投资 275 万元，占总投资的 55%，且末工程支队投资 225 万元，占总投资的 45%。入股双方组成董事会，负责水泥厂的经营管理工作。水泥厂年产水泥 200 吨，取名为"金驼"水泥厂。

1985 年，因煤矿多次发生瓦斯爆炸和冒水事故，井下积水过深无法排除，煤矿停产。

1986 年，兵团实施且末开发战略，由且末工程支队承建车尔臣河西岸大渠输水工程。投资 25 万元在龙口新建水泥制板厂，主要生产六棱形水泥板和四方形水泥板，用于西岸大渠防渗和农田渠道防渗。

1986 年 11 月 15 日，且末工程支队以 75 万元并购且末县吉格带库里石棉矿 24 平方千米矿区开采销售权。石棉矿属国有矿山企业，注册资本 280 万元，总资产 1200 万元。拥有露天采矿场 2 座，建有石棉精选厂 2 座，年产原矿石 4000～10000 吨，可生产国标（部标）三个等级 9 个牌号的产品。

1987 年，因支队没有种植黄豆，榨油厂原料依靠外购，黄豆价格上涨，加工成本增高，形成经营性亏损，榨油厂停产。水泥制板厂搬迁至红旗区副食品加工厂附近，利用闲置场地生产六棱板、涵管、四方形水泥板等水泥制品，日产水泥板 500～800 块，生产质量符合水利工程技术要求。

1988 年，车尔臣河西岸大渠水利工程停建，且末工程支队转产工农业生产。组织人力扩建矿山道路和改造石棉矿设备。是年，扩大农业种植面积，棉花和粮食作物种植占主导地位。因且末工程支队没有棉花加工设备，生产的籽棉拉运到三十六团棉花加工厂加工成皮棉，以棉籽抵消加工费。至 1990 年底，随着市场经济体制改革，且末工程支队不断淘汰陈旧工业设备，保留下来的有煤矿、昆金石棉矿、副食品加工厂、水泥制板厂4个国营工业企业。

1991年，副食品加工厂改扩建为棉花加工厂。投资120万元在昆金石棉矿建成3个石棉筛选场，修建一座60千瓦柴油发电站，完成电站设备维修和石棉选矿厂技术改造，昆金石棉矿开始恢复生产。

1993年，因资金短缺、技术滞后、设备简陋、缺乏市场竞争力，面粉加工厂停产。棉花加工厂投入13万元新购入打包机，建成棉花加工"一条龙"生产线。至此，形成以石棉开采、棉花加工为主的工业生产格局。

1995年，国内石棉市场价格下滑，昆金石棉矿因亏损严重而停产。是年，棉花加工厂生产加工的皮棉达不到兵团、师棉麻公司皮棉标准，加之支队没有能力实施改扩建棉花加工设备，皮棉产品销售不畅。

1996年，国内石棉市场价格有所提升，昆金石棉矿恢复生产。

1998年，国家实施棉花检验体制改革，全国棉花行业实行统一品牌标号，且末工程支队生产的皮棉产品达不到国标，产品销售挂靠在农二师棉麻公司。榨油厂承包给个人经营。

2001年1月，昆金石棉矿对外租赁开采经营权。经过招商，与甘肃省一个体客商签订租赁承包合同，租赁承包昆金石棉矿的石棉开采、加工和销售权，每年给支队上缴租赁金90万元，合同期3年，且末工程支队派两名干部驻矿监督生产和经营。

20世纪90年代初，且末工程支队土法上马建成的棉花加工厂厂房　　　　　（杨波　摄）

2003年，共生产石棉2780吨，销售2570吨，产销率为92.45%，实现产值300万元。

2005年，农二师为做大做强石棉品牌，整合石棉资源，昆金石棉矿与三十六团石棉矿整合为巴州石棉矿。

2006年，水泥厂因缺乏技术和资金，产品质量不达标而停产。水泥制板厂因且末县水泥厂停产，缺少原材料而停产。棉花加工厂生产经营亏损严重，停产改造。

2006—2008年，所属的工业企业经营亏损严重，工业发展步入低谷。面对困境，支队加大工业企业的改制力度，国有工业企业推行"抓大放小"政策，实施国退民进，引进私有资本进入工业企业投资。

2009年，招商引资温州一家棉花加工企业，将棉花加工厂租赁给其经营。翌年，注册为农二师昆山棉业有限公司。在跃进区招商引资1000万元，成立红枣加工厂。

2010年，且末工程支队与新疆巴州库尔勒国祥农业开发有限公司实行股份合作制，建成年产1万千克的生物微肥厂。跃进区红枣加工厂注册为巴州沙漠玉枣果业有限公司。是年，昆金石棉矿开采经营权从三十六团剥离，重新归属且末工程支队。

2011年，昆金石棉矿对外发包给个人承包经营。

2011年6月，引进社会资金290万元在红旗地区原三中队处开办一座免烧砖厂。是年8月8日，因生产过程不符合安全生产规定，免烧砖厂停产。

2013年，昆金石棉矿重组成立三十七团昆金矿业有限公司。招商引资4174万元在红旗区加工厂东侧新建一座双180商品混凝土搅拌站，翌年注册成立三十七团奇强混凝土商业有限公司。

2014年，团场职工私人投资200万元兴建砂石料厂，翌年注册成立永鑫砂石料销售有限公司。

2015年，团场通过招商引资，盘活闲置资产，以生产基地入股的形式，投资500万元在跃进区建成水泥制品厂。

2010—2015年，三十七团先后引进6家工业企业落地团场，引进资金2.67亿元。至2015年底，三十七团拥有工业企业7家，分别是三十七团昆金矿业有限公司、农二师昆山棉业有限公司、巴州沙漠玉枣果业有限公司、奇强混凝土商业有限公司、三十七团钢架厂、三十七团水泥制品厂、永鑫砂石料销售有限公司。除三十七团昆金矿业有限公司、第二师昆山棉业有限公司为国有私营外，其余5家均为私营企业。

第二节 工业结构

一、产业结构

20世纪70年代，支队工业以国有经济为主，先后兴办一批手工小作坊，主要是初加工粮油等农副产品。70 年代中期相继建有煤矿、石棉矿、云母矿等具有一定规模的工业企业。至 70 年代中后期，相继建成一批轻、重工业企业，属于重工业的有煤炭工业（三棵树煤矿）、建材工业（石棉矿、云母矿），属于轻工业的有农副产品加工业（木材厂、榨油厂、面粉加工厂、豆制品厂等）。1975 年，云母矿停产。

1980 年后，调整工业产业结构，工业企业进行技术升级和改造，以提高工业企业的生产规模、生产能力和市场竞争力为主线，与且末县合资兴办砖厂、水泥厂，自建水泥制板厂等工业企业。豆制品厂通过设备技术改造，转产升级为副食品加工厂和榨油厂。80 年代中后期，因经营管理不到位、资金短缺、设备老化、产品滞销、经营亏损等，煤矿、榨油厂、砖厂相继停产。

20 世纪 90 年代，扩大棉花种植面积，棉花加工业随之兴起，逐渐取代粮油加工业。副食品加工厂改建为棉花加工厂，淘汰面粉加工厂；昆金石棉矿经过更新设备和技术改造，开始逐步恢复生产。90 年代末，工业形成以农副产品加工（棉花加工厂）为主，以建材工业（石棉矿、水泥厂）为辅的工业产业格局。

2000 年后，以市场为导向，继续调整工业产业结构，石棉矿租赁给私人经营。

2002 年，棉花加工厂实行技术改造升级，建成"一条龙"作业流水线，皮棉质量达到国家标准。当年实现工业生产总值 43 万元，比 2000 年增长 290.91%。

2005 年，昆金石棉矿与三十六团石棉矿整合为巴州石棉矿。2006 年，榨油厂、水泥厂、水泥制板厂相继停产。棉花加工厂生产经营亏损严重，停产改造。

2009 年，以招商引资方式与内地企业合作，引入私有资金对棉花加工厂设备技术升级改造，改进生产工艺流程，扩大生产规模，提升产品品质。国有棉花加工厂由私营业主租赁承包经营。11 月，招商引资 1000 万元，在跃进区成立红枣加工厂，后注册巴州沙漠玉枣果业有限公司。

2010 年，棉花加工厂注册为农二师昆山棉业有限公司。其后通过招商引资相继新建免烧砖厂、节水灌溉材料厂、奇强混凝土搅拌站、永鑫砂石料销售有限公司、生物微肥厂、砂石料厂、红枣加工厂等。

2013—2014 年，全团工业企业达到 9 家。后因产品质量及安全生产等各种因素，停产或关闭 3 家。至 2015 年底，工业企业有 7 家，即三十七团昆金矿业有限公司、第二师昆山棉业有限公司、巴州沙漠玉枣果业有限公司、奇强混凝土商业有限公司、三十七团钢架厂、三十七团水泥制品厂、三十七团永鑫砂石料销售有限公司。

按工业门类划分，有重工业企业 2 家，即三十七团昆金矿业有限公司、奇强混凝土商业有限公司，占工业企业总数的 28.6%；轻工业企业 5 家，即第二师昆山棉业有限公司、巴州沙漠玉枣果业有限公司、三十七团钢架厂、三十七团水泥制品厂、三十七团永鑫砂石料销售有限公司，占工业企业总数的 71.4%。全团工业形成以轻工业为主的产业结构。

二、所有制结构

20 世纪七八十年代，兴办的工业企业有副食品加工厂、木材厂、水泥制板厂、榨油厂、煤矿、石棉矿、云母矿等企业，均属全民所有制企业。1980 年，巴州工程支队与且末县合资兴办砖厂，经营过程承包给个人经营，但所有权归国有。1984 年，支队与且末县合资兴办水泥厂，属于国有控股企业。

90 年代，企业推行厂长负责制，扩大企业经营管理自主权，企业所有权与经营权分离，逐步推行以市场调节为主的经营管理体制。通过改制，先后淘汰部分规模小、效益低、易亏损的企业，煤矿、云母矿、副食品加工厂、面粉加工厂、砖厂等企业先后停产。

2000 年后，且末工程支队坚持改革开放，深化工业企业体制改革，减轻企业因投资带来的经济压力。改扩建棉花加工厂，榨油厂由私人承包经营，昆金石棉矿对外租赁承包。2004 年，工副业完成改制重组，非国有工业企业占据工业主导地位。2005 年，昆金石棉矿与三十六团石棉矿整合为巴州石棉矿。2006 年，棉花加工厂生产经营亏损严重，停产改造。

2006—2008 年，且末工程支队全力投入跃进区生态经济林开发建设，工业行业处于停滞发展阶段。

2009 年后，且末工程支队把发展工业作为促进经济增长方式转变的主要途径，对国有工业企业采取"抓大放小"方针，实行国退民进，利用本地资源优势，引进私有资本投资兴建一批工业企业，让不同所有制成分的企业参与支队工业建设，以达到工业增产增效目的。招商引资温州一家棉花加工企业，棉花加工厂实行股份合作制。

2010 年，组建农二师昆山棉业有限公司。4 月，与新疆巴州库尔勒国祥农业开发有限公司实行股份合作制，组建生物微肥厂。注册成立巴州沙漠玉枣果业有限公司，为私人控股公司。石棉矿经营权重归且末工程支队后，对外发包给个人承包经营。

2011—2015 年，通过招商引资，相继组建私营企业免烧砖厂、节水滴灌材料厂、奇强混凝土商业有限公司、钢架厂、永鑫砂石料销售有限公司、水泥制品厂等工业企业。在市场经济大潮中，节水滴灌材料厂、免烧砖厂、生物微肥厂由于多种原因先后停产。

至 2015 年底，全团工业企业有职工 147 人，其中国有企业职工 7 人，其他临时职工 140 人。全团完成工业总产值 4258 万元。其中，国有工业企业完成总产值 997 万元，占工业总产值的 23.41%；非国有工业企业完成总产值 3261 万元，占工业总产值的 76.59%。非国有工业企业在团场工业经济总量中占绝对优势地位。

表 13 −1　三十七团工业总产值构成一览表（1991—2015 年）

年份	工业总产值（万元）	分类			
		国有工业产值（万元）	占工业总产值比重（%）	非国有工业产值（万元）	占工业总产值比重（%）
1991	97.8	97.8	100	—	—
1992	108	108	100	—	—
1993	269	269	100	—	—
1994	122.7	122.7	100	—	—
1995	150	150	100	—	—
五年合计	747.5	747.5	—	—	—
1996	287	287	100	—	—
1997	23	23	100	—	—
1998	30.9	30.9	100	—	—
1999	32	32	100	—	—
2000	33.4	33.4	100	—	—
五年合计	406.3	406.3	—	—	—
2001	30.3	30.3	100	0	0
2002	110.2	110.2	100	0	0
2003	300	300	100	0	0
2004	952.7	0	0	952.7	100
2005	630	480	76.19	150	23.81
五年合计	2023.2	920.5	—	1102.7	—
2006	0	0	0	0	0
2007	0	0	0	0	0
2008	2529	2529	100	0	0
2009	98	0	0	98	100
2010	955.7	0	0	955.7	100
五年合计	3582.7	2529	—	1053.7	—
2011	1604.5	1500	93.49	104.5	6.51
2012	166.3	39	23.45	127.3	76.55
2013	2020	742	36.73	1278	63.27
2014	2744	897	32.69	1847	67.31
2015	4258	997	23.41	3261	76.59
五年合计	10792.8	4175	—	6617.8	—

注：以当年价格计算，本表数据来自《农二师统计年鉴》。

第三节　技术装备

1971年，工三师筑路部队在红旗区建有磨面坊，用石磨人工加工面粉。1973年，修建榨油坊，购进2台榨油、储油设备，自行生产食用油。1975年，从农二师机修厂购进350型滚筒式钢磨磨面机2台、安装粮食清洗机1台、饲料粉碎机1台。原来的石磨不再用于面粉生产，而用于饲料加工。

1972年，且末县西部山区沙依丁开采云母矿一处，经勘查，储量在500万吨以上。1973年3月，指挥部组织人员开采，技术装备为十字镐50把，铁箩筐70个，运往苏塘云母加工连，选矿为人工按品级筛选，年产云母原矿料10万千克。

1973年，农三师投入500万元，给煤矿配备矿山板车2辆、人力车10辆、钻孔机4台、安装发电机组2组，配备生活汽车1辆，抽调九连部分筑路工人到煤矿进行煤炭开采作业。

1976年，红旗区大库房附近兴建榨油厂，有2台榨油机，1台滤油和储油设备，年产清油50万千克。

1983年，投资13万元购进95型榨油机1台，更换原榨油坊设备，每日可加工清油150千克，除满足职工生活用油和食品加工用油之外，还可以将产品对外加工销售。1988年后，手工加工作坊大部分设备被淘汰，保留下来的只有面粉加工厂和榨油厂部分设备。

1984年，且末工程支队与且末县人民政府合资在红旗地区建成水泥厂，生产规模为年产水泥20万千克。水泥厂建有破碎、合成、制品生产车间3个，购买各类机械设备20余台，成立配料、制剂等技术科室，配备技术、管理、销售人员20名，其中，工程师1人，技术人员3人，管理人员7人，其他人员10余人。1998年，水泥厂取名为金驼水泥厂。2006年，金驼水泥厂因经营缺乏资金支持，产品质量不达标而停产。

1989年，昆金石棉矿完成基础设施建设，矿区拥有翻斗车6辆、推土机5辆、生活车1辆、产品运输车6辆，其他辅助机械设备若干台。

1991年，昆金石棉矿投资120万元更新选矿设备42件，添置石棉矿烘干设备1套，建成3个石棉筛选场和一座60千瓦柴油发电站，完成电站设备维修和石棉选厂技术改造。

1991—1992年，原来的副食品加工厂实施技术改造，新购进一台皮辊轧花机，兴建一座棉花加工厂。1993年，由于棉花种植面积逐年扩大，改装原来的皮辊轧花机，投资13万元从二十四团购进1台打包机等辅助设备，实现棉花加工生产线流水线作业。1996年，投资30万元引进山东潍坊棉花加工设备2套。1997年，投资35万元购置200型液压打包机和1台121轧花机，完成棉花加工设备改造，年加工生产皮棉能力为300万千克。

2009年，棉花加工厂以每年30万元的租金租赁给浙江温州客商，承包方投资950万元实施技术改造和更新原棉花加工厂的所有设备，安装生产、消防、储存、运输等机械设备86套，改造后的棉花加工厂年产皮棉2万吨，产品质量与规模效益比2008年提高5倍。

2010年11月，招商引资修建红枣加工厂，购入清洗设备2套、烘干设备84套、包装设备2套，建成两条红枣加工流水线，年粗加工量1000吨。2014年10月，二次改扩建后的红枣年粗加工产量为1.5万吨。

2013年5月，招商引资兴建奇强混凝土商业有限公司，购置搅拌车15辆、泵车2辆、挖掘机1台，年产国标混凝土80万立方米。

2015年10月，投资200万元兴建永鑫砂石料销售有限公司，场区建有厂房4间，拥有装载机2辆，筛选设备1套，发电机1组，日生产砂石料为1000～1500立方米。

表13-2　三十七团重工业单位重要设备拥有量及生产能力一览表（2015年）

工业单位	设备名称	型号	计量	功率（千瓦）	年末实有数		
					数量	能力	单位
石棉矿	柴油发电机组	KW-275	台	275	2	1500	千瓦
		KWL-285	台	285	3	2550	千瓦
	烘干机	CHZ-75	台	75	1	25	千克
	皮带机	TD75、B500×15m	台	1050	6	300	千克
	电动机	KW-1100型	台	1100	30	1100	千瓦
	电动机	KW-850型	台	850	15	850	千瓦
	振动筛	900×7000	台	1000	8	12000	千克
	打眼机	D-35	台	1000	6	1000	千瓦
	汽车	解放翻斗	辆	45	2	4000	千克
		红岩翻斗	辆	85	2	8000	千克
		龙岩中卡	辆	65	1	4500	千克
	装载车	CG-855	辆	85	1	1000	千克
	破碎机	PE600×900	台	55	3	500000	千克
	挖掘机	CL-750	台	280	1	750	立方米
	发电机组	LW-2000型	台	2000	4	2000	千瓦
混凝土搅拌站（奇强混凝土商业有限公司）	搅拌机	Y2-250M	台	55	2	30000	千克
	搅拌车	HK-2.6	辆	2.6	10	19200	千克/辆
	装载机	L-855D	台	55	1	1500	千克
	皮带机	TD75、B500×5m	架	100	18	50000	千克
	泵车	ZZ5356V524ME1	辆	297	2	524	千克
	电动机	Y2-180L	台	22	4	2200	千瓦
	电动机	JHM-160L	台	16	4	1600	千瓦

注：此表由生产厂家提供。

表 13 – 3　三十七团农产品加工主要设备拥有量及生产能力一览表（2015 年）

工业单位	设备名称	型号	计量	功率（千瓦）	年末实有数		
					数量	能力	单位
棉花加工厂（农二师昆山棉业有限公司）	离心风机	47 – 10C	台	55	1	55	千瓦
		632 – 9C	台	45	2	45	千瓦
		472 – 6C	台	15	5	15	千瓦
	轧花机	6MY98 – 17	台	45	2	3000	千克
		MY – 151	台	55	2	5000	千克
	打包机	MDY400	台	90	1	5675	千克
	籽棉清理机	MQZM – 7	台	45	2	30000	千克
	皮棉清理机	MQP – 200	台	49	4	30000	千克
	喂花机	MW – 12	台	20	1	35000	千克
	发电机	10KW – 280	台	1000	1	1000	千瓦
	叉车	CH – 25	辆	25	1	2500	平叉千克
	电动机	Y2 – 180L	台	22	35	22	千瓦
	电动机	JHM – 160L	台	16	15	16	千瓦
红枣厂（沙漠玉枣果业有限公司）	发电机组	10KW – 280	台	1000	1	1000	千瓦
	电动机	Y2 – 120L	台	22	5	22	千瓦
	电动机	JHM – 160L	台	16	6	16	千瓦
	清洗机	JJ3 – 15	套	380	1	1000	千克
	烘干机	MSD – RB8P	套	64	1	5000	千克
	储存室	镀锌板式	间	250	3	50000	千克
	叉车	CH – 25	辆	25	1	1500	平叉千克

注：此表由生产厂家提供。

第四节　工业管理

一、管理机构

工三师进驻且末地区初期，兴办的手工小作坊因规模小，没有设置专门机构管理，一般由单位兼管。

1971—1973 年，相继兴办木材厂、煤矿、石棉矿等一批小型工业企业。1974 年，根据工业企业的生产能力和职工人数，设置管理机构，配备管理人员。

1975—1990 年，设工矿组，配备 3 人，其中组长 1 人，管理全支队的工副业工作。

1990 年 5 月，工矿组撤销，成立供销科，配备 2 人，其中科长 1 人。1992 年，供销科增设 1 名副科长，分工管理支队工业，主管石棉矿、棉花加工厂生产、安全等工作。

2009 年，实行政企分离，保留供销科建制，配备 2 人。是年，供销科科长兼任棉花加工厂厂长，负责农产品销售工作。

2012 年，撤销供销科，设置工交建商科，定编 2 人，其中科长 1 人。

2013 年，工交建商科业务范围增大，负责工业、交通、基建、房管、环保、商务、安全生产等工作，编制增至 3 人。

2015 年，团成立发改科，定编 3 人，负责全团工业生产和管理工作。

二、经营管理

20 世纪 70 年代，工业产品实行统管、统售、利润上缴，亏损由支队承担，工业企业生产经营为"大锅饭"模式。职工实行月工资制，按照职工的技术熟练程度、工龄长短、工种及劳动强度大小、责任大小等条件评定工资等级，个人劳动成果与工资并不挂钩。因工业管理体制存在弊端，没能调动企业和职工的工作积极性，工业生产发展受到制约。

1980 年后，工业加快由内向型、生产型、自给型向外向型、经营型、商品型转变，逐步改变工业经营思路。先后与且末县合资兴建砖厂、水泥厂。生产的工业产品由原来的自给自足逐步实现外销，走向市场。1984 年，砖厂承包给个人经营，私人资金进入工业领域。

1990 年后，工业企业逐步转产，主要保留石棉开采和棉花加工业。但保留的两家工业企业经营状况较差，石棉年生产量不足 100 万千克，棉花加工厂因加工的皮棉达不到兵团、师棉麻公司皮棉标准，造成皮棉销售不畅，经济一直在低谷中徘徊。

1991—1994 年，更新改造昆金石棉矿和棉花加工厂的设备，试图提高工业产品的质量。其间，加工的皮棉统一销售给师棉麻公司，生产的石棉由供销科负责销售，与山东潍坊、西安等地生产耐火材料商签订石棉供货合同。1995 年，国内石棉市场价格下滑，石棉矿因亏损严重而停产。

1995 年后，生产经营管理权完全下放到工业企业，由企业根据市场情况，自行制订生产计划后，分解到车间、班组付诸实施。

1996—1997 年，支队继续投资引进棉花加工设备，生产工艺有所提高。但因产品质量不高，缺少品牌效应，经营常年处于亏损状态。

2000 年，逐步淘汰经营亏损的工业企业，改变企业经营方式，试行私人承包经营方式，由私人承包榨油厂。2003 年，长期亏损的石棉矿对外招标租赁承包，缓解了支队经营连年亏损的压力。2004 年，工副业改制重组后，工业企业经营管理模式发生变化。是年，籽棉收购总量 4350 吨，实现工业总产值 952.7 万元，产销率为 100%。

2005 年，石棉矿与三十六团石棉矿整合为巴州石棉矿，由其接管石棉矿的经营生产和产品销售权。加强工业企业安全生产管理，成立安全生产委员会，下设办公机构。支队与棉花加工厂签订安全生产暨消防安全目标管理责任书，制定安全生产考核细则，确保安全生产管理措施落到实处。2008 年，实现工业生产总值 2529 万元，石棉矿收取对外承包费 56 万元。2009 年，供销科科长

表 13 - 4 三十七团部分工业单位固定资产一览表（2000—2015 年）

单位：万元

年份	石棉矿		云母矿		煤矿		水泥厂		棉花加工厂		红枣加工厂		混凝土搅拌站		预制厂		钢架厂		砂石料厂	
	原值	净值	原值	净值	原值	净值	原值	净值	原值	净值	原值	净值	原值	净值	原值	净值	原值	净值	原值	净值
2000	1200	130	50	50	800	0	550	550	350	120	—	—	—	—	—	—	—	—	—	—
2001	1200	98	50	0	800	0	550	550	350	140	—	—	—	—	—	—	—	—	—	—
2002	1200	110	50	0	800	0	550	550	350	170	—	—	—	—	—	—	—	—	—	—
2003	1200	90	50	0	800	0	550	0	750	230	—	—	—	—	—	—	—	—	—	—
2004	1200	103	50	0	800	0	550	0	750	233	—	—	—	—	—	—	—	—	—	—
2005	0	0	50	0	800	0	550	0	780	255	—	—	—	—	—	—	—	—	—	—
2006	0	0	50	0	800	0	550	0	790	265	—	—	—	—	—	—	—	—	—	—
2007	0	0	50	0	800	0	550	0	790	254	—	—	—	—	—	—	—	—	—	—
2008	0	0	50	0	800	0	550	0	790	257	—	—	—	—	—	—	—	—	—	—
2009	0	0	50	0	800	0	550	0	790	0	—	—	—	—	—	—	—	—	—	—
2010	1280	1280	0	0	0	0	0	0	1000	600	1000	60	—	—	—	—	—	—	—	—
2011	1280	1350	0	0	0	0	0	0	1000	650	1000	32	—	—	—	—	—	—	—	—
2012	1350	980	0	0	0	0	0	0	1200	750	1100	30	—	—	—	—	—	—	—	—
2013	2410	1560	0	0	0	0	0	0	1380	810	1100	75	1700	560	—	—	—	—	—	—
2014	2410	1770	0	0	0	0	0	0	1380	860	1290	85	1800	750	500	93	1570	97	200	35
2015	2510	960	0	0	0	0	0	0	1380	870	1300	105	1800	755	510	102	1570	89	200	0

注：此表数据来源于团档案室资料。

兼棉花加工厂厂长。

2009 年，棉花加工厂对外租赁承包。2010 年，农二师昆山棉业有限公司成立，生产的皮棉按兵团、师收购标准执行收购价格。给棉花加工厂下达经济指标计划，实行单独核算，生产皮棉1575 吨，完成工业总产值 132 万元，实现销售产值 112 万元，利润 97 万元，在岗职均收入 0.8 万元。

2011—2013 年，根据兵团、二师工业政策和工业产业调整目标，支队实施新型工业化发展战略，新建一大批新型工业。通过招商引资新建免烧砖厂、节水灌溉材料厂、年产 80 万立方米混凝土的奇强混凝土商业有限公司，均实行自主经营、自负盈亏，自主销售产品。

2014 年，团以提高工业企业产能和经济效益为目标，加大石棉矿、巴州沙漠玉枣果业有限公司等传统工业企业调控运行力度，实现增产达效。

2015 年，完成工业总产值 4258 万元，其中国有工业企业完成产值 997 万元，占工业生产总值的 23.41% 。工业企业在岗职工年收入达到 2.3 万元。

第五节　工业企业

20 世纪 70 年代，开始兴办工业。主要以采矿、建材、农副产品加工为主，历经曲折发展，至 2015 年，团域内工业企业形成以农副产品加工、建材工业为主的发展局面。

一、采矿企业

（一）昆金矿业有限公司

昆金矿业有限公司的前身是昆金石棉矿，位于且末县城以西 287 千米处的昆仑山中段北麓山前地带，莫勒切河出山口东侧，矿区海拔 3000～3800 米。石棉矿开采始于 1971 年，原属且末县国有工业。

1975 年 10 月，且末县为支援巴州且末工程支队发展工业生产，决定把且末县吉格带库里石棉矿转让给支队开采。因技术力量和资金不足等问题，支队将石棉矿暂时搁置并未开采。

1977 年 6 月 12 日，石棉矿易名为巴州工程支队石棉矿，属巴州小型非独立核算企业，矿区职工年末人数 171 人（含固定工、临时工、计划外用工），有载重汽车 1 辆，占地面积 45 公顷，房屋建筑面积 350 平方米，全年耗电量 9.3 万度，燃油消耗量 15.5 万千克，钢材消耗量 2 万千克。

1979 年，新疆第三地质大队通过对石棉矿的地质普查及部分评查，查明石棉矿带地质储量207 亿吨，其中 E 级石棉矿储量为 201.9 亿吨，等级蛇纹石棉原料 0.6 亿吨，按当年开采规模，可供开采 120 年。四级以上石棉可以打浆纺线，是中国石棉加工行业最稀有且最优质的工业原料。

1986 年 11 月 15 日，根据巴州和且末县有关文件，且末工程支队与且末县人民政府签订《关于开采吉格带库里石棉矿有关事宜协议书》，且末工程支队付给且末县 75 万元，取得石棉矿 45 公顷矿区开采销售权。石棉矿属国有矿山企业，拥有露天采矿场 2 座，分为东山和西山，年产原矿石 4000 万吨～1 亿吨，矿区建有石棉精选厂 2 座，企业注册资本 280 万元，总资产 1200 万元，可生产国标（部标）三个等级 9 个牌号的产品。

1987—1988 年，改扩建通往矿区的道路 124 千米，其中，完成盘山道路 42 千米，架设桥梁 6 座。修筑矿区原料运输道路 14 千米，修建石棉生产车间 2 处，料棚 1 处，建成地窝子、半地窝子办公室和宿舍 167 间，帐篷式发电房 9 间，安装输电线路 2.5 千米。在苏塘和库尔勒设置石棉产品物资中转站 2 处。

1990 年，投资 80 万元建成 60 千瓦柴油发电站一座，完成电站设备维修和石棉选厂技术改造。拥有翻斗车 6 辆、推土机 5 辆、生活车 1 辆、产品运输车 6 辆，其他辅助机械设备若干台。矿区分成四个作业区即采矿区、发电区、维修区、选矿区。矿区以 M1 矿体开采为主，通过浅孔爆破和钻孔爆破、推土机推碾、装载机采装、公路开拓、汽车运输开采，把原料运至山下 5000 米处的加工车间进行破碎加工。矿山设计年生产能力为 1580 吨，采矿区回采率为 95%，贫化率为 3%。是年，兵团认定且末工程支队石棉矿为重工小型采矿业，冠名为昆金石棉矿。

1991 年，投资 120 万元组织技术人员改造原来的陈旧设备，把石棉选场原有的两个振动筛改扩建为 18 个振动筛和 2 台电动筛，建成三个石棉选场，形成石棉选矿流水生产线。昆金石棉矿开始恢复生产。年计划生产石棉 4000 吨，实际生产 2810 吨，完成年初计划的 70.25%。1992 年，农二师师党委批准昆金石棉矿为营级建制单位。

1993 年 6 月，投资 20 万元对石棉矿 3 个生产车间、2 个电站、4 台推土机等基础设施和设备进行技术更新。昆金石棉矿分成采矿区、发电区、维修区 3 个作业区进行石棉开采。矿区总人数 1300 人，其中职工 120 人、专业技术人员 23 人、其他人员 1157 人。当年投资 80 万元添置 1 套石棉矿烘干设备，以提升石棉品质。全年生产石棉 7500 吨，实现产值 269 万元。

1994 年，投资 15 万元在棉花加工厂和苏塘建成两个电动振动筛石棉精选厂，将石棉原料拉运下山，精选出 2—1、2—3、3—2、3—5、4—2、4—5、5—1 等级石棉。

1995 年，由于矿区偏僻，交通不便，导致生产成本高，同时受到进口石棉冲击，国内石棉市场产品滞销，昆金石棉矿停产。

1996 年，国内石棉市场价格有所提升，国内石棉产品销路畅通，昆金石棉矿恢复生产。当年生产石棉 1300 吨，实现产值 287 万元，占支队工业总产值的 100%。

2001 年 1 月，石棉矿对外招商，实行开采经营对外租赁。经过招商，与甘肃省个体客商签订租赁承包合同，对石棉矿开采、加工和销售权进行租赁，每年给且末工程支队上缴租赁金 90 万元，合同期限 3 年，且末工程支队派两名干部驻矿监督生产和经营。是年，石棉产量达到 3000

吨，较上年增产 2350 吨。

2002 年，实现产值 110.2 万元，生产经营成本盈利 4 万元，但仍然资不抵债。2003 年，昆金石棉矿实行对外招标，租赁承包经营户发展到 3 家，石棉年产量达到 2780 吨，销售量 2570 吨，创产值 300 万元。2005 年 6 月，农二师整合全师石棉资源，昆金石棉矿与三十六团石棉矿整合为巴州石棉矿后，昆金石棉矿由三十六团石棉矿租赁承包经营，双方签订租赁合同，年租赁金 96 万元，合同期限 5 年。

2010 年，昆金石棉矿开采经营权从三十六团剥离，重新归属且末工程支队。

2011 年，昆金石棉矿对外发包租赁给私人开采经营，年生产石棉 420 吨，销售量 250 吨，实现年产值 27 万元。

2013 年，昆金石棉矿重组成立三十七团昆金矿业有限公司。当年生产石棉 5800 吨，销售石棉 600 吨，实现产值 742 万元。

2015 年，石棉产量为 10240 吨，销售 10550 吨，实现年产值 997 万元。

2016 年，由于开采方没有获得安全生产许可证，昆金矿业有限公司停产。

表 13 - 5　三十七团昆金矿业有限公司生产销售一览表（1991—2015 年）

年份	产量（吨）	销售（吨）	年产值（万元）	年份	产量（吨）	销售（吨）	年产值（万元）
1991	2810	2500	97.8	2004	6500	7500	952.7
1992	3010	2800	108	2005	4700	500	630
1993	7500	6500	269	2006	—	210	58.8
1994	6600	6500	155.2	2007	—	50	14
1995	—	1600	44.8	2008	—	—	2529
1996	1300	900	287	2009	—	—	—
1997	450	250	23	2010	—	—	—
1998	550	340	30.9	2011	420	250	27
1999	610	300	32	2012	680	300	39
2000	650	450	33.4	2013	5800	600	742
2001	3000	480	30.3	2014	7420	750	897
2002	920	900	110.2	2015	10240	10550	997
2003	2780	2570	300				

注：以当年价格为准。

（二）煤矿

1970 年，工三师组织科技人员勘探且末地区阿尔金山的矿产资源，确定在且末地区阿尔金山北麓实施煤矿开发计划。1973 年，农三师投入 500 万元，给煤矿配备矿山板车 2 辆、人力车 10 辆、钻孔机 4 台、安装发电机组 2 组，配备生活汽车 1 辆，抽调二十三团九连部分筑路工人驻扎煤矿，实行人工开采煤炭作业。

1973—1975 年，煤矿日均采矿 50 吨，最高可达 80 吨。1975 年，煤矿投资 50 万元实施焦煤与动力煤分区开采，所开采的原煤包括动力煤、焦煤两大类，焦煤远销到兰州等地，主要用于冶炼钢铁，动力煤远销至和田、乌鲁木齐等地。1979 年，生产原煤 3680 吨，创产值 18 万元。1984 年，因全部人员撤往北线，加之煤矿多次发生瓦斯爆炸和冒水事故，无法排除井下过深的积水，煤矿停产。1985 年，煤矿恢复生产。1987 年，煤矿转由个人承包经营，产品主要供应给南疆工业企业和生活用煤。1991 年，煤矿因开发资金不足和相关手续问题而被关停。

（三）云母矿

1972 年，经自治区物探队勘察，在且末县西部山区苏鲁克沙依、江可沙依、沙依丁发现三处露天彩色云母矿，云母矿带储量在 5000 吨以上。

1973 年 3 月，指挥部组织人员开采云母矿，在且末县苏塘地区组建云母加工连。

1974 年，且末工程支队投资 250 万元开采云母，年产彩色云母原矿料 100 吨。

1975 年 12 月，因云母开采投资大、交通不便利，产品无市场，云母矿停产。

1986 年 10 月，支队投资 39 万元恢复云母矿开采。因开采成本、运输等原因，翌年再次停产。

二、建材企业

（一）砖厂

1980 年，巴州且末工程支队与且末县合资 50 万元，在红旗区九连附近兴办砖厂，采用人工制作砖坯，年生产红砖 20 万块。1984 年，砖厂承包给个人经营。1987 年，因经营不善停产。

（二）水泥厂

1984 年 7 月，农二师且末工程支队与且末县人民政府合资 500 万元，在红旗地区以南 7 千米处建成水泥厂，生产规模为年产水泥 200 吨。且末县投资 275 万元，占总投资的 55%；且末工程支队投资 225 万元，占总投资的 45%。入股双方组成董事会，成员 7 人，其中且末县 4 人、且末工程支队 3 人，由各方自派董事会成员。董事会全权负责水泥厂经营管理。1998 年，水泥厂取名为金驼水泥厂。2006 年，因水泥厂经营缺乏技术和资金支持，产品质量不达标而停产。

（三）水泥制板厂

1986 年，支队承建车尔臣河西岸大渠，因地制宜在龙口以南戈壁滩兴建 1 座水泥制板厂，主要生产六棱形水泥板和四方形水泥板，用于西岸大渠防渗和农田渠道防渗工程。1987 年，水泥制板厂迁至副食品加工厂。由加工厂利用闲置场地生产六棱板、涵管、四方形水泥板等水泥制品，日产水泥板 500～800 块，产品质量符合水利工程技术要求。2006 年，且末县水泥厂停产。水泥制板厂因缺少水泥随之停产。

（四）免烧砖厂

2011 年 1 月，引进社会资金 290 万元，红旗地区原三中队处开办一座免烧砖厂，引进北京生物建材生产技术，利用水泥、炉渣、黄沙、戈壁石、建筑废料等作为制砖原料，日生产免烧砖 10 万块。是年 8 月 8 日，因生产过程不符合安全生产规定，免烧砖厂停产。

（五）奇强混凝土商业有限公司

2013 年 5 月，三十七团招商引资 4174 万元，在红旗区加工厂左侧新建一座双 180 商品混凝土搅拌站，团以 1.52 公顷土地入股。首期工程投入资金 800 万元，建筑面积 1.2 公顷，随后，完成土建工程与设备购置安装，购置混凝土搅拌车 10 辆、混凝土泵车 2 辆、挖掘机 1 台。9 月正式投产，年产 C20、C25、C30、C45 等各种型号混凝土 80 万立方米，年创产值 3000 万元。2014 年，申请注册奇强混凝土商业有限公司，有员工 17 人，其中管理人员 3 人。2015 年，完成工业总产值 1420 万元，实现利润 359.6 万元。

（六）钢架厂

钢架厂位于三十七团跃进区，建于 2014 年 3 月。由私人投资 500 万元，团场以 1746 平方米土地入股，建筑面积 546 平方米。主要生产制作蔬菜大棚钢架、门窗等产品。有员工 6 人，其中管理人员 1 人，技术人员 4 人，其他人员 1 人。年完成生产产值 3820 万元，创利润 300 万元。2015 年完成产值 1107 万元，实现利润 90 万元。

（七）水泥制品厂

水泥制品厂位于三十七团跃进区，建于 2015 年 9 月。由私人投资 500 万元建成，占地面积 6600 平方米，拥有 3 个生产车间，主要经营水泥制品，同时承担安装、建筑材料、机械设备、园林绿化设计施工、水利水电服务等工作。有员工 16 人，其中技术人员 3 人。另有季节性雇工 20 人，属于专业生产混凝土预制构件三级企业。年生产标准水泥构件 9000 立方米，当年实现产值 800 万元。

（八）永鑫砂石料销售有限公司

2015 年 10 月，由私人投资 200 万元，在且末县琼库勒乡顿买里村东南车尔臣河河道内建设砂石料厂，占地面积 1.5 公顷，其中建厂房 4 间，占地面积 90 平方米。拥有装载机 2 辆，砂石筛选设备 1 套，发电机 1 组，安装线路 2.5 千米。主要经营大小石子、水温料、水洗砂、戈壁料等多种品种和规格砂石料，日生产能力为 1000～1500 立方米砂石料产品，以供团内各项基础设施建设之用。2015 年，注册为且末县永鑫砂石料销售有限公司，有员工 5 人，其中管理人员 3 人。

三、农副产品加工企业

（一）榨油厂

1973 年，修建 1 座榨油坊，购进 2 台榨油、储油设备，自行加工食用油，以解决筑路队伍的粮油供给。1976年，在红旗区原大库房附近兴建榨油厂，购进2台榨油机，添置滤油和储油设备，年可生产清油50万千克。1983年，投资13万元购进95型榨油机1台，日可加工清油150千克，除满足职工生活用油和食品加工用油之外，还可对外加工销售。1987年，因本地不种植黄豆，榨油厂原料均靠外购，加之黄豆价格上涨，加工成本增高，形成经营性亏损，榨油厂停产。1998年，榨油厂承包给个人经营。2000年，承包人扩大生产规模，投资30万元新购1台榨油机，以压榨棉籽油为主，供应本地群众生活所需和当地市场。2006年，因产品质量等原因停产。

（二）面粉加工厂

1970年，开始种植粮食作物，采用石磨加工面粉。至1975年，加工的粮食基本可以满足自给自足供应。是年，投资10万元自建面粉加工厂，占地面积2100平方米，包括粮食仓库1500平方米、面粉储存间50平方米。生产车间安装滚筒式磨面机2台、粮食清洗机1台、饲料粉碎机1台。主要以加工面粉、饲料，附带生产挂面、饼干等食品。原来的石磨不再用于面粉生产，而用于饲料加工。1993年，因资金短缺、技术滞后、设备简陋、产品缺乏市场竞争力而停产。

（三）第二师昆山棉业有限公司

第二师昆山棉业有限公司前身为且末工程支队棉花加工厂。20世纪80年代后期，支队扩大地膜棉种植面积，所生产的籽棉需拉到三十六团棉花加工厂加工，并以棉籽抵销加工费。1991年，副食品加工厂改扩建为棉花加工厂，成为支队兴办的以棉花加工为主的工业企业。1992年，原来的副食品加工厂实施技术改造，新购进一套棉花加工设备，土法上马兴建一座棉花加工厂，当年生产锯齿皮棉12万千克。1993年，棉花种植面积扩大，重新改装原来的皮辊轧花机。在经济困难和安装技术力量不足的情况下，投资13万元从二十四团购进1台打包机，从农二师湖光毛巾厂聘请一位工程师进行安装技术指导。是年8月，试车投入生产。棉花加工厂建成流水线棉花加工生产线。

1995年，因其生产加工的皮棉标准达不到兵团、师棉麻公司皮棉标准，加之支队没有能力改扩建棉花加工设备，皮棉产品销售不畅。棉花加工厂经济一直在低谷中徘徊。

1996年，棉花加工厂投资30万元引进山东潍坊棉花加工技术及设备2套。1997年再次改造棉花加工设备，投资35万元购置1台200型液压打包机和1台121型轧花机，年生产皮棉300万千克，生产工艺较往年有所提高。1998年，国家棉花检验体制改革，全国棉花行业实行统一品牌标号，生产的皮棉产品达不到国家标准。

2000年，完成棉花加工厂技术改造。2003年末，棉花皮棉产量上升到1600万千克。

1995—2005年，先后四次改进棉花加工设备，逐步建立完整的棉花生产加工体系。

2007年，兵团棉麻公司验证支队生产的皮棉，依然没有达到质量标准，后经师棉麻公司协调，棉花产品加工质量调整为"孔雀河"牌棉花，纳入农二师棉麻公司统一销售管理。

2009年，支队进一步加大工业体制改革，棉花加工厂的生产经营权以每年30万元的租金租赁给浙江温州客商。承包方首期投资950万元技术改造和更新原棉花加工厂的所有设备，建成面积为2100平方米的生产车间，安装生产、消防、储存、运输等机械设备86套，修建籽棉堆放场地1.3万平方米。是年8月，完成场地、厂房、道路扩建以及棉花加工机械设备的购置及安装调试，9月下旬试车成功投产。改造后的棉花加工厂年生产皮棉能力为2万吨，产品质量与效益大幅提高。

2010年，棉花加工厂注册为农二师昆山棉业有限公司。有员工14人，其中管理人员3人（承包方2人、团内1人）、技术工人10人（承包方9人、团内1人）、警卫人员1人，每年使用季节工30人。

2013年，收购籽棉4300万千克，较2011年净增2700万千克，增长27%。

2015年，公司有员工15人，其中管理人员3人（承包方2人、团内1人）、技术工人10人（承包方9人、团内1人）、警卫人员2人，每年使用季节工30人。当年全国棉花市场价格下滑，公司籽棉收购价格稳定，收购籽棉640万千克，实现利润172万元。

（四）巴州沙漠玉枣果业有限公司

2009年11月，招商引资1000万元，在跃进区兴建红枣加工厂，2010年，注册成立巴州沙漠玉枣果业有限公司。占地面积1.2万平方米，前期投资600万元。原计划投资建设四栋流水线厂房、四栋大仓库、办公楼及相关配套设施，年粗加工红枣100万千克的生产规模。2013年，因建设资金匮乏，原投资计划被搁置，只建成两栋红枣加工生产流水线，办公楼和其他配套设施没能建成。2014年10月，投资500万元完成2个红枣清洗、分级车间的改扩建工程，生产规模得以扩大，年粗加工红枣500万千克。

2015年，公司建有生产车间2个，红枣储存设备室440平方米。购置红枣清洗设备2套、烘干设备84套、包装设备2套。配备管理人员2人，职工4人，属于自然人控股私营股份有限公司。完成总产值418万元，实现利润49万元。

四、其他工业企业

2010年4月，新疆巴州库尔勒国祥农业开发有限公司与农二师且末工程支队以股份合作方式成立生物有机肥厂。厂址座落于跃进区，占地面积3000平方米，总投资1600万元，前期投资500万元，自筹资金占50%，申请项目补贴和贷款占50%。其中固定资产投资880万元，流动资金720万元。生物有机肥厂充分利用禽畜粪便及其他有机物料，添加生物菌剂，通过发酵、搅拌、造粒而成的新型肥料。其中含有机质、氮、磷、钾、氨基酸、黄腐酸、腐殖酸、有效活性生物菌等多种成分，作为基肥使用能够起到保水保肥、活化土壤、增产早熟、抑制病虫害的作用。2013年因产品质量不达标造成滞销而停产。

第十四章 商业 物资

1970—2000 年，商业领域逐步实现由计划经济向市场经济的转变，国有集体商业企业因经营不善退出市场，2015 年，形成个体商业一统市场的经营格局。经过物资供应体系改革，全团大宗农用物资实行集中管理，统一物资供应，2015 年，基本形成农资集中采供、销售一票到户、方便快捷的物资供服体系。

第一节 商业

一、国营商业

1970 年，各连队职工食堂配备有日常生活用品，职工可用饭菜票购买。1971 年，投入固定资产 15 万元，开办集体大商店，成立商业小组，配备管理员 1 人、采购员 1 人、营业员 4 人，所售商品包括农机配件、汽车配件、农产品加工配件、各类日用商品、布匹、粮油等，年销售额 45 万元。配备流动资金 7 万元，年资金周转率 6 次，获纯利润 3.2 万元，除上缴外职均收入 476 元。

1975 年，副食品加工厂与商店合并，副食品加工厂生产的酱油、面条、烧酒等日用品全部归属大商店集中销售。计财科管理商业经营。

1980 年，大部分人员随施工连队转移至盐湖等地，国有商店营业员减至 2 人。取消职工食堂，职工所需的日常用品到大商店以现金购买，经济困难的职工家庭可在商店记账，月底从个人工资中扣除。1985 年，缝纫组归属于大商店经营，职工缝补做衣服按价格收取费用。

1993 年，国有商业在市场竞争中逐渐处于劣势，国有商业采取保护措施，商店人员工资由支队发放，以减轻商店经济负担。集体生产、行政办公、运输、后勤所需的商品均从商店购买，商店经营勉强维持。

1994 年，场区内职工开办有 2 家商店，与国有商店形成竞争态势。国有商店年购进商品周转率由往年的 6 次降低到 2 次，部分商品滞销，经营陷入困境。

1995 年，实行商业改制，大商店公开招标对外租赁承包，职工卢新民中标承包经营，国有商业实行国有民营。

1998 年，国有商店作价拍卖，卢新民出资 8 万元买断大商店经营权，将集体大商店改为个体经营，国有商业退出市场。

二、个体商业

1992 年，红旗区振兴大道与团结路交会处，职工开办第一家个体商店，主要经营糖烟酒类及日用商品，当年个体商业开办到 2 家。1995 年，新增个体商店 1 家，附带经营干、湿面条，年底从事个体商业经营户 3 家，年经营纯利润 2.1 万元。

1998 年，场区陆续开办个体商店 4 家，年经营利润达到 10 万元。个体商业覆盖红旗区 6 个单位及周边 1 个小队和 3 家县办企业。

2003 年，个体商业经营户达到 7 户，投资成本达到 50 万元。

2010 年，且末县城康都小区建成后，个体商业经营户达到 27 家，从业人员 42 人，经营投资成本 685 万元，年创造产值 419 万元。

2013 年 3 月，引进私人资金 1904 万元，在且末县城丝绸路和文化路交会处建造 1 座集商贸、住宿、文体娱乐、办公等功能为一体的综合性大楼。2014 年 5 月交付使用，年商业营业额 35 万元。

2014 年，根据国家推进的"大众创业，万众创新"政策，激发大学生和新职工的创业热情。大学生王瑞红自主创业，在跃进区二连开办电商 1 家，注册资金 20 万元，在网上销售红枣、枸杞、大芸等当地特产；二连职工在草禾苑小区开办快递店 1 家。全团个体商业经营户达到 38 户，从业人员 49 人。

2015 年，全团个体商业经营户发展到 46 家，从业人员 56 人。其中，大学生自主创业 6 人，带动 10 人就业。全团年商品购进量 2655 万元。

表 14 - 1　三十七团商业从业人员一览表（1990—2015 年）

年份	从业户数（家）	从业人员（人）	年份	从业户数（家）	从业人员（人）	年份	从业户数（家）	从业人员（人）
1990	2	3	1999	4	6	2008	7	9
1991	2	3	2000	5	6	2009	8	10
1992	3	4	2001	5	6	2010	27	42
1993	3	4	2002	5	6	2011	36	43
1994	3	4	2003	7	7	2012	46	47
1995	4	4	2004	5	6	2013	45	46

年份	从业户数（家）	从业人员（人）	年份	从业户数（家）	从业人员（人）	年份	从业户数（家）	从业人员（人）
1996	4	5	2005	5	6	2014	38	49
1997	4	6	2006	6	7	2015	46	56
1998	4	6	2007	7	9			

注：此表数据根据师档案局资料。

第二节　粮油供应

20世纪70年代，工三师筑路队的所需粮油按年度计划从民丰、墨玉、于田、莎车等地调拨，以满足职工日常生活的粮油所需。职工每月实行粮食定量供应，凭粮票、饭票在集体食堂就餐。1971年，工三师抽出一连、八连种植粮食和油料作物，自办粮油粗加工厂，生产加工粮油，筑路人员粮油部分实现自给自足。

1975年，跃进、东风地区种植粮食566公顷，年生产粮油1700万千克。是年，改扩建面粉加工车间，面粉的产量和质量有所提高。

1980年，投资23万元，成立副食品加工厂，为农产品初级加工企业，主要加工豆制品、面粉以及榨油等。

1982年，辖区人员减少，职工群众所需粮食从且末县东风公社购进原粮，每千克小麦0.12元，每年需要购进原粮24000吨。每千克油菜籽0.23元，每年需购进食用油原料900吨，再经过粮油加工厂加工成面粉或其他副食品，由单位按人员进行粮油分配。

1983年，投资13万元购进1台95型榨油机，日可加工清油150千克，生产的食用油除满足职工生活供应外，同时对外销售。1985年取消职工食堂后，粮油供应实行商品化。

1986年，引进大批人员到且末工程支队工作，其户籍分为城市户口和农村户口。经请示师党委批准解决干警的户粮关系，由农村户口转为城市户口，粮油按计划每月供给。此后，建成1个面积为1240平方米的大库房，所生产的粮油全部储存入库，由计财科负责管控粮油供给。

1990年，扩大棉花种植面积，粮食种植面积减少，副食品加工厂所需原粮和油料从地方乡村购进。供销科购进原粮7680吨，较1980年减少23000吨，购进油料12010吨。所生产的粮油首先满足供应中队食堂，剩余供给职工家庭。因且末工程支队不属于兵团农牧团场，没有粮油上缴任务。

1995年，取消油料作物种植，副食品加工厂停产改扩建成棉花加工厂，停止粮油供应，按月给职工发放粮油补贴，各中队和职工家庭所需粮油均从市场购买。

第三节　肉食蔬菜供应

20世纪70年代前，且末地区没有大面积蔬菜种植，蔬菜、肉食等副食品供应依靠从外地购买。肉食购买量极少，每月最后一个星期日集体大食堂改善生活，每个职工肉食标准为20克，逢年过节增至50克。1971年，为解决筑路人员副食品供应问题，工三师抽出一连、八连种植蔬菜，自办粮油粗加工厂，生产副食产品，基本做到副食品自给自足。

1975年，面粉加工车间先后办起小作坊，生产挂面、饼干、豆腐、粉条、酱油、醋、酒等副食品，职工凭菜票到加工厂购买。

1980年，成立副业队，划拨一定面积的土地种植蔬菜，产品出售价格低于市场价。1985年，取消职工大食堂，副食品供应随之取消，职工所需副食品到市场购买。

1990年，劳改农场建立副食品基地，年生产各类蔬菜和瓜果1500吨，主要供给监区食堂和武警食堂。红旗区建有2家私人生猪养殖场。

1998年起，监区副食品基地年蔬菜生产量达到4500吨，其中在市场销售2000吨。是年，支队投资80万元在副食品基地修建养殖场，养殖猪、鸡、鸭、鹅等家畜家禽460头（只），年产肉食18吨，主要供给监区食堂，改善监区生活条件。

2003年4月，投资23万元在副食品基地修建6座蔬菜日光大棚，种植反季节蔬菜0.8公顷，种植常规蔬菜7.3公顷。蔬菜品种有32个，年产反季节蔬菜51吨。副食品基地的养殖场年产肉食120吨，除满足监区供给外，剩余部分在市场上销售。

2007年，副食品基地有菜地6.6公顷，修建温室大棚10座计7公顷，年生产夏季蔬菜及反季节蔬菜443吨。

2008年，引进二十三团大棚种植经验，由职工投资28万元在跃进区二连兴建6座日光温室大棚，种植反季节蔬菜，年产蔬菜20吨，满足了职工日常生活所需。

2009—2014年，全团职工群众日常生活所需的肉食及蔬菜等均由市场供应。2015年，跃进开发区已建成76座高标准水肥一体化日光温室大棚，种植蔬菜、瓜果等，全团职工群众的肉食和蔬菜供应得到全面保障。

第四节　物资

一、物资采供

20世纪70年代，工三师筑路队伍在施工路段沿途设置5个站点便于筑路队的物资供应。

1971 年，工三师在红旗区建有物资库房和油库各 1 座。其中，物资库房占地面积 7500 平方米，有干打垒土块建成的库房 6 间，土坯院墙 146 米，储存有机械配件、农用工具、筑路工具、农副产品加工设备等各类生产物资；油料库房占地面积 5000 平方米，建有露天储油设施 6 座，建院墙 1100 米，油库主要储存柴油、汽油、润滑油等油料物资。筑路工程所需的物资主要从乌鲁木齐市的兵团物资供应站采购。

随着筑路工程进度不断推进，所需生产物资数量逐年增多。1975 年，为便于物资采购，支队在库尔勒北站并购一块地盘，成立物资采购站，建有占地面积 240 平方米的库房，配备站长 1 人、采购员 2 人。物资运抵采购站后，由支队派车运回且末。

1980 年，315 国道工程基本完工，物资供应以农用物资采购为主，大宗农用生产物资主要从巴州农垦局物资供应站和农资公司购进。

1985 年起，每年的 11 月底，库尔勒物资采购站将来年物资采购计划，报农二师物资供应部门，由其按计划分批将物资运抵库尔勒物资采购站，再由车队转运回支队物资库房。油料、农资、机械配件等贵重物资由支队统一管理，各生产单位根据年初计划到物资库房领取，做到不误农时，保障物资供给。

1990 年，机关设置供销科，由其提前三个月制订各类物资的采购计划，交由库尔勒物资采购站购入物资。

1996 年，取消库尔勒物资采购站，所需农用物资实行统一采供和管理，每年年末由各生产连队做出来年农资使用计划，报供销科统一购进。

2004 年，且末工程支队放开物资采供方式，集体使用各类物资实行统一采购供应；个人投资从事与种植业、养殖业、商业等物资供应由个人按所需自行采购。

2008 年，支队实行土地长期由个人承包管理，承包土地职工实行先缴钱后种地管理形式。当年所需农资由连队从供销科统一调拨发放给职工，减轻了承包土地职工购买农资的经济负担，但形成连队职工挂账现象。

2009 年，改革经营制度，供销科改为工交建商科，取消农资采购业务，减轻了财务负担，承包土地的职工均自费从市场购买农资投入生产。

表 14 – 2 三十七团集体及个人购进物资一览表（2006—2015 年）

年份	化肥（吨）	煤炭（吨）	汽油（吨）	柴油（吨）	电力（万千瓦时）	水（吨）
2004	77	663	8	40	36	50400000
2005	89	797	16	64	32	50400000
2006	256	424	10	121	48	13000000
2007	84	850	25	26	32	14300000
2008	765	821	40	21	50	40500000

年份	化肥（吨）	煤炭（吨）	汽油（吨）	柴油（吨）	电力（万千瓦时）	水（吨）
2009	1205	763	26	22	42	32300000
2010	1205	703	22	22	43	33000000
2011	1315	63	25	12	42	330500000
2012	1315	15	3	13	35	331500000
2013	1365	75	2	12	123	337500000
2014	1386	25	1.6	10	276	337500000
2015	1786	30	2	13	360	368130000

注：本表数据来自农二师统计年鉴。

二、物资储存管理

20 世纪 70 年代，汽车营三连在红旗区设有油库，建有 6 个 50 万千克的油罐和输油设施，年储油量在 300 万千克左右，配备拉运油料的运输车 9 辆。同时建有 1 座物资库房，储存各类生产物资。

1970—1982 年，计财科负责各类物资的采购、保管和供应管理。配备 1 人负责物资管理工作，设库房保管员、油料保管员各 2 人。生产单位凭计财科出具的出库单到物资库房领取所需物资。

1984 年，加强固定资产管理，重新设置车队建制，油库配置 2 个 50 万千克油罐，年储油量在 100 万千克左右。1989 年，车队撤销改为机耕队，由支队生产科负责管理油库和物资调度。

1996 年，油库划归机耕队管理，其他单位所需油料凭计财科开具的油料出库单领取，年底单位以资抵账。农资、机械配件等物资由大库房管理，计财科负责物资监管和调拨。

2003 年，建立物资统一采购管理实施办法，供销科负责物资采购。2009 年，机关实施改革，撤销供销科，合并相关职能成立工交建商科，设科长 1 人，工作人员 1 人，负责所有物资的采购与管理。

2010 年，物资库房从红旗区迁至跃进区，配备保管员 2 人。原库房内储存的汽车、农机配件作价拍卖给农机经营户，红旗区原物资库房随之闲置。

2011—2015 年，职工群众生产所需的各类农用物资均自行从市场购买，物资库房储存的物资大部分为之前剩余或被淘汰资产，新购入的物资在团库房储存时间极短，国有物资折旧率大幅降低。

第十五章　经济管理

20世纪80年代初，且末工程支队根据兵团政策，推进改革开放，实行支队、连两级管理、一级预算的经营管理制度。计划管理由指令性向指导性转变，逐步建立起计划经济与市场经济相结合的管理体制。在发展中，贯彻落实国家、兵团、师财务政策，逐步建立和完善综合经济管理体制，有效组织财务收入、调解控制分配比例，为团场经济发展、提高职工生活水平、促进社会进步提供保障。

第一节　计划

一、计划编制

（一）计划编制程序

1990年前，农二师且末工程支队因劳改队刚成立，没有编制中长期计划，只编制有短期计划，并在实施过程中时有变动。

1991年后，随着市场经济逐步深入，师逐步缩小指令性计划范围和数量。且末工程支队在编制和执行年度计划和五年计划中，计划经济范围日趋缩小，计划制订从以年度计划为主逐步转移到以五年计划为主。各种计划的制订均由各个部门结合生产发展实际，根据师下达的计划指标编制支队发展计划，由支队党委会研究后组织实施。

1992年，支队由建安施工转产工农业生产，每年年初根据师下达的生产计划，通过预算给各单位下达生产指标，年终由财务部门对各单位完成生产计划评定和核算，经过会议将各单位完成计划情况进行通报和奖励。

2000年始，在编制计划期间，支队组织政工、农业、财务、民政、武装、综治、卫生、教育等部门和单位领导及相关人员，召开计划编制委员会工作会议，研究部署计划内容和计划目标任务的确立及远景打算，是否切合单位工作实际，切合国家政策和兵团、师发展目标，财务科承担财务计划的编制工作，每年对财务计划执行情况进行通报说明。此后，每年均编制年度财务计划。

（二）五年计划

1990年12月24日，支队召开党委（扩大）会议，通过《且末工程支队"八五"期间国民经济和社会发展计划任务书》讨论稿。"八五"期间（1991—1995年），全面贯彻落实农二师党委提出的"坐稳农业，手伸矿山，狠抓两棉"发展经济方针，支队党委制定"三年走出困境，五年改变面貌"的奋斗目标。1991年，通过收复弃耕地，扩大农业种植面积等措施，生产籽棉540.9吨，完成国民生产总值206万元，但生产处于亏损状态。是年，兵团将且末工程支队纳入贫困团场序列，每年给支队拨付30万元扶贫资金，用于维持社会事业发展。"八五"期间，支队自力更生发展社会事业和生产建设，经济连年处于亏损。至1995年，财务亏损达到170万元，五年无财务盈利。减亏增盈成为支队制订经济发展计划的首要目标。

1996年5月3日，且末工程支队召开党委会总结通报"八五"计划实行情况，讨论通过《且末工程支队"九五"期间国民经济和社会发展规划任务书》。"九五"期间（1996—2000年），跃进二支渠新增333.3公顷耕地。1997年垦荒333.3公顷耕地交付使用。1998年，一支渠266.6公顷耕地扩耕为400公顷。1999年，耕地总面积为733.3公顷。五年累计完成国内生产总值2889万元，基本达到预期目标。

2000年12月13日，且末工程支队在大礼堂召开经济工作暨双先表彰大会，总结"九五"期间各项工作任务完成情况，安排部署《且末工程支队"十五"期间国民经济和社会发展规划》。"十五"期间（2001—2005年），五年累计完成国内生产总值5174万元，农业产业化格局逐渐形成，经济结构调整达到"十五"计划预期目标。

2006年2月25日，支队召开一届六次职工代表大会，通过《且末工程支队"十一五"期间国民经济和社会发展规划任务书》，提出"十一五"期间（2006—2010年）经济和社会发展的指导思想、基本任务和奋斗目标。2006—2008年，且末工程支队处在跃进区生态建设开发期，农业生产经营投资成效初显。2009年，监企分离后，企业负债加重，经济增长速度较慢，生产经营亏损276万元，利润总额为-187.2万元。2010年，经营亏损192万元。"十一五"时期，五年累计完成国内生产总值6661万元，经济结构经过产业调整产生明显经济效益，基本达到计划预期目标。

2011年1月25日，支队二届二次职工代表暨工会会员代表大会召开，通过《国民经济和社会发展第十二个五年规划纲要》，提出"十二五"期间（2011—2015年）三十七团经济和社会发展的指导思想、基本任务和奋斗目标。

2012年10月，三十七团成立后，对规划纲要进行了调整。

2011—2015年，三十七团累计完成国内生产总值1.83亿元，比"十一五"时期增长

174.37%。"十二五"末，实现人均生产总值24753元，平均年增速为16%。五年计划任务指标如期完成，超过师下达计划任务的130%。

（三）短期计划

短期计划主要有年度计划、阶段计划和月计划三种。根据师每年下达的计划任务，经对各单位生产经营进行对比测算后制订年度主要指标计划，经党委会会讨论通过并报师批准后执行。

在实施年度计划过程中，根据农业生产季节性特点，编制阶段性生产计划，由生产部门组织安排机力、人力等完成阶段性生产任务。

1990年以前，师下达年度计划指标不考虑且末工程支队，师监狱管理局只给支队下达狱政指标，要求经济发展保持平衡。

1991年始，师给且末工程支队下达的指令性指标包括国内生产总值计划、在岗职工职均收入计划、农产品（小麦）上缴计划、中低产田改造计划、基础设施建设计划等项目。指导计划包括农作物正播面积、粮食总产、牲畜存栏、肉类产量等。支队根据师下达的指标计划编制年度财务计划。每年组织相关部门对各单位贯彻落实计划情况进行阶段性检查评比，褒奖先进单位，处罚落后单位。

1991—2000年，根据农二师经济总体发展规划要求，支队开始制定本单位短期和阶段性工作目标，分别上报给农二师财务局和师监狱管理局，经济发展方式按照师统一下达的年度经济指标要求实行计划管理，在每年的12月制订第二年度生产、财务计划及年度发展目标。部门在年末制订本部门年度计划，以发挥计划的宏观调节作用。

2009年，制订的各类计划目标更为清晰、明确。2010年，按照年初制订的短期计划，把工作重点确定为基础设施建设，积极到兵师相关部门争取项目支持，多渠道多方式筹集资金，持续加大基础设施建设投入，改善了支队的生产环境和社会发展环境。

2012年，且末工程支队被纳入兵团农牧团场序列后，加快农业基地建设，确定当年工作中心任务是建设红枣"精品园""示范园"，制订年度计划，按计划完成红枣建园目标，使种植业产业结构布局更加合理，实现达产增收。

2014年，三十七团短期经济发展计划目标是小城镇建设和生态经济建设，按照计划任务，人口陆续向新团部所在的跃进区集中，二、三产业向工业园区集中。同时，加大生态环境治理力度，改善了职工群众的生活环境。

2015年，第二师给三十七团下达年度国内生产总值计划指标为4800万元，实际完成国内生产总值5604万元，完成计划的116.75%。

表 15 - 1 三十七团计划指标与实际完成情况对照一览表（2015 年）

项目	单位	计划指标	实际完成	计划完成程度（％）
国内生产总值	万元	4800	5604	116.75
粮食	吨	9.58	9.58	100
棉花	千克	9800	18247	186.19
牲畜年末存栏	万头	2	3.77	188.5
肉类总产量	万吨	0.75	0.85	113.33
果品产量	万吨	0.76	0.91	119.74
工业总产值	万元	4200	4258	101.38
团场人均纯收入	元	8700	9720	111.72
其中：人均工资性收入	元	25120	26500	105.49
其中：人均庭院经济纯收入	元	550	583	106

注：此表数据由团发改科提供。

二、计划管理

1990 年以前，且末工程支队主要以计划经济为主，计财科根据集体拥有资源和资产状况，依据师下达的年度指标，结合生产实际编制年度财务收支计划，定期对各单位落实计划情况进行检查评比，确保制订的计划目标能够实现。

1994 年，土地实行联产承包责任制。监区土地承包给各分监区，实行狱政、生产"双承包"责任制。连队耕地全部承包给个人，生产科除控制主要产品产量和财务指标外，其余均由职工自主承包经营，由此形成以土地承包经营为主的计划管理模式。

2000 年后，受市场经济影响，逐渐由计划经济转变为以市场调节为主的经营机制。通过财务制度改革，顺应市场需求，农产品在市场经营中打破计划经济约束，以质论价，形成市场经济体制。财务部门对基层单位不再下达指令性经济指标，而是根据市场适时调整经济管理计划。

2009 年，监企分开后，对分离之后的土地、资产等进行清产核资，经协商划拨给监狱土地277.13 公顷，用于生活后勤基地建设。除土地外，监狱占用支队固定资产 1332 万元，占用支队流动资产 546 万元。

"十二五"期间，改革土地承包经营制度，不再控制土地经营方式，实行连队自主经营。团计划指标根据连队生产实际灵活决策，发挥了计划管理的指导性作用。基层单位和机关相关部门顺应经济制度变革，从督促检查基层单位工作转为主动向基层单位提供服务，以保证计划指标的实现。财务科通过年终财务决算，反映各单位年度计划实施及生产经营成果，参与经营决策、资金调度、规范财务管理活动。

第二节 建设项目

一、项目投资

1970—1980 年，修筑 315 国道工程期间，主要由国家投资。10 年间，国家总投资 16008.12 万元，建设包括道路、桥梁和非生产性设施，是且末工程支队经济发展高峰期。

1981—1985 年，因工程施工转移至北疆区域，且末支队驻地建设项目为零。

1986 年后，且末工程支队一个单位两块牌子，不属于兵团农牧团场序列，基本建设投资以自筹资金为主，国家投入支队的建设资金较少。

1991 年后，且末工程支队由建筑安装施工转产工农业生产，自力更生发展经济，至 2006 年的 16 年间，自筹资金 8480 万元投资发展农业和实施矿山工业技术改造，发展棉花、石棉生产，走自食其力发展经济的道路，以此维系支队的生存和职工生活。

2009 年，在经济非常困难的情况下，积极争取国家项目资金支持，加大基础设施建设投资力度。是年，争取基本建设项目资金 3411 万元，其中申请国家财政资金 2580 万元、自筹资金 831 万元。项目投资领域涉及农业、林业、交通道路、水利等，完成防沙治沙工程、场外干渠等一批项目工程，极大地改善了支队的生产条件。

2012 年，且末工程支队被纳入兵团农牧团场序列，得到国家和兵团政策的大力支持，从民生建设入手，增加基础设施建设投入。总投资 5512 万元完成廉租房建设，实行连队公益事业一事一议决策制度，巩固退耕还林等项目建设，其中申请国家项目资金 1579 万元、自筹资金 3933 万元。

2013 年，投入基本建设资金 9888 万元，实施农业综合开发中型灌区节水配套改造工程项目。其中，申请国家项目资金 3460 万元、自筹资金 6428 万元。

2015 年，投入基本建设资金 45120 万元，实施石棉矿无电地区光伏电站、退耕还林、水库加固、小城镇建设等项目工程。其中，申请国家项目资金 23336 万元、自筹资金 21784 万元。

2009—2015 年，团基本建设投资总额为 72853 万元，其中申请国家资金 34082 万元、自筹资金 38771 万元。项目建设涉及农业、工业、林业、交通、水利、非生产建设六大类，共计完成 32 个建设项目。

表 15 – 2 三十七团历年基本建设项目投资一览表（2009—2015 年）

单位：万元

年份	投资总额	项目类别						国家资金	自筹资金
		农业	林业	交通道路	水利	工业	非生产建设		
2009	3411	1376	1505	360	155	—	15	2580	831
2010	155	155	—	—	—	—	—	—	155

续表

年份	投资总额	项目类别						国家资金	自筹资金
		农业	林业	交通道路	水利	工业	非生产建设		
2011	5767	2800	80	1360	1396	—	131	3127	2640
2012	5512	1670	1350	1275	870	200	147	1579	3933
2013	9888	1827	3050	2745	176	2000	90	3460	6428
2014	3000	1637	—	1300	—	—	63	—	3000
2015	45120	7867	918	3147	1368	7210	24610	23336	21784
合计	72853	17332	6903	10187	3965	9410	25056	34082	38771

注：历年基本建设投资包括自筹资金和国投项目资金，资料来源《第二师统计年鉴》。

二、项目管理

（一）机构

20 世纪 70 年代初，工三师"0701"工程且末前线指挥部设置财务处，负责国家工程项目的资金管理。后财务处几经撤销更名。70 年代中期改为计财科，负责项目资金管理。2004 年 8 月，计财科负责项目资金管理。2008 年 4 月，基建科更名为发展改革经营管理科，负责项目管理工作。

（二）项目申报

1980 年以前，且末工程支队以承揽工程为主，根据投资方项目计划书施工，项目申报工作由投资方完成。

1986 年后，因且末工程支队不在兵团农牧团场序列，享受不到国家对兵团农牧团场的优惠政策，建设项目得不到国家资金支持，靠自力更生发展经济和基础建设。部分年份由师建设局调整建设规划，拨付给且末工程支队小部分建设资金，以维系原本资金匮乏的项目建设。

2012 年，且末工程支队列编为三十七团后，团场按照国家建设项目管理办法及相关程序，编制工农业生产和小城镇建设规划及基础设施建设等一大批建设性项目，委托有资质的设计单位编制可行性研究报告，向兵团、师有关项目审批部门申请办理审批手续。团基建部门上报给师发改委申请立项，立项内容涉及可行性研究报告、规划选址、用地预审、环境影响评价、节能评估审批手续等。待项目审批获准后，由团场组织施工力量按照上级批复施工建设。至 2015 年底，团申报项目 47 项，上级批复建设性项目 31 项，完成上级批复建设项目的 65.96%，部分项目为续建工程。

（三）项目竣工验收

从 2010 年起，建设项目工程完成后，由组织施工方向上级部门申请竣工验收。项目建设所有技术资料分类立卷存放，土建工程质量检查情况在师建设工程质量监督机构备案待查，并通过审计部门的审计。2015 年，批复项目 31 项，完成上级批复建设项目 21 项，其余 10 个项目仍处在建设中。

第三节　财务体制

一、体制改革

20世纪70年代，工程建设资金主要来源于国家拨付，资金使用按照工程进度投资核算。80年代，且末工程支队（劳改农场）成立后，国家对司法行政单位实行预付拨款制，由财务部门按照规定核算项目资金使用。

1990年后，且末工程支队依据师下达的年度指标，结合生产实际编制年度财务收支计划，定期对各单位落实计划情况进行检查评比，实行财务计划管理。

1992年，按照师下发的会计核算办法推行会计电算初始化，全面实行公共支出预算管理制度，生产、非生产性收支，预算内、预算外资金，经常性、发展性支出，以及工、交、建、商、流通企业单位全部纳入相应的预算管理，严控非生产性开支，形成以勤俭节约、反对浪费为主要目标的严管严控财务体制。

2002年后，顺应市场需求改革财务制度，企业由计划经济逐步向市场经济转变，不再下达指令性经济指标，而是根据市场适时调整经济管理计划。

2003年，且末工程支队成立会计核算中心，完善集中核算、连队报账制，使财务管理进一步规范。会计核算中心负责集中核算单位的财务管理，如实反映机关、所属企事业单位的财务状况和预算收支、结余，监督财务预算收支，向有关方面报送财务会计报告，负责基层单位各类报表的上报工作，对基层单位的会计档案进行整理、归集、保管。集中核算的学校、医院等事业单位，由会计核算中心单设账目，实行独立核算。

2005年，落实兵团党委《关于进一步深化团场财务体制改革，加强财务预算管理的意见》及相关配套办法，内部财务管理实行"一总两分"管理办法，执行两级管理一级会计核算，生产经营收支实行企业预算管理，执行企业会计制度，所属6个报账单位实行会计电算化管理。

2007年，实行二级承包管理和相对"五统一"（统一生产财务计划、统一产品管理、统一机车作业质量、统一技术措施、统一目标管理）、"四到户"（承包到户、核算到户、分配到户、风险到户）的经济责任制，财务实行预算制管理。

2009年4月，监企分家后，监狱财务从基层报账单位变为独立核算的行政单位。学校、医院作为独立法人单位实行财务独立核算，预算单独列报。其核算仍由支队会计核算中心集中核算，年度决算由财务科审定填报、师财务局审核后汇总上报兵团。

2010年，财务管理执行"三联签"（主管财务领导、团长、政委联签）制度，重大项目投入坚持集体研究，党委决定，纪委监督，政务公开使用资金。根据国家会计制度、财务管理规定和师相关规定，制定支队财务管理制度，公共支出实行预算管理制度，严格按规定程序研究报批重大项目开支；进一步完善集中核算、基层连队报账、统一招标采购等财务管理制度。由工交建商科统一采购物资，农产品实行统一销售。连队财务实行集中管理、分户核算，企业资金使用有效率得到提高。

2013年后，继续完善和规范以团场总预算管理、生产经营预算管理、非生产经营单位的部门预算管理为主的"一总两分"财务预算管理制度。各单位的报账员由团委派，生产单位会计核算实行报账制，事业单位实行集中核算制。

2015年末，仍沿用此财务管理制度。

二、收支两条线

2012年后，三十七团按照《中华人民共和国会计法》《农二师会计核算办法》等相关法律和规定，生产财务计划纳入国家计划，所需要的生产资金由师按计划分期分批拨付。团财务体制执行收支两条线，属收入范围的企业利润、折旧资金、固定资产变价收入、房租收入及多余的流动资产等全部上缴给团财务，团财务科再按师下达的上缴计划上缴给师。属于支出范围的基本建设投资、定额流动资金、行政、文化教育、医疗卫生及其他事业性经营费等由团财务拨付，专款专用。坚持执行收入按政策、支出按预算、追加按程序报批的收支两条线的财务体制。

三、预算拨款制

20世纪70年代，工三师"0701"工程指挥部所辖行政事业单位资金使用按照上级拨款进行收支核算。80年代，实施财务补贴方式，每年制订资金使用项目规划，资金使用做到先预算，后合理开支。

1994年，全面实行公共支出预算管理制度，生产、非生产性收支预算内、预算外资金，经常性、发展性支出，以及工、交、建、商、流通企业单位全部纳入相应的预算管理，严控非生产性开支。

2000年后，且末工程支队对所属行政单位实行收支统一管理，定额、定项拨款，超支不补，结余留用的预算管理办法。学校为全额预算拨款，医院为差额预算拨款，其他事业单位实行核定收支、定额或定项补助，超支不补、结余留用的预算管理办法。行政事业单位预算支出依照个人部分、公用部分和事业发展部分顺序核定。科目之间不得调整和改变用途，以及办理超预算支出，本级财务收支预算，根据预算指标实施财务控制核算，确保财务收支平衡，保障行政事业单位工作正常运行。至2015年一直沿用此办法。

表 15-3　三十七团行政事业经费支出一览表（2009—2015 年）

单位：万元

年份	2009	2010	2011	2012	2013	2014	2015	合计
上级拨款和企业自筹资金总额	3315	3604	3133	8204	8285	17445	24580	68566
一般公共服务	301	372	499	549	379	441	694	3235
国防支出	10	10	10	35	20	75	53	213
公共安全支出	0	0	0	75	28	30	40	173
教育	464	475	409	397	476	1612	1482	5315
科学技术	30	41	3	4	3	12	0	93
文化体育传媒	5	21	4	306	50	80	75	541
社保（离休）和就业	353	230	21	1	21	273	77	976
医疗卫生	173	209	178	196	208	806	191	1961
环境保护	105	98	278	98	213	947	156	1895
城镇社区服务	0	0	70	1791	401	341	5696	8299
农、林、水事务	671	1663	1095	1468	2891	4521	6932	19241
商业服务业	1	4	0	0	0	17	349	371
其他	1109	0	116	0	0	0	0	1225
上解支出	0	0	0	34	117	230	210	591
保障性住房支出	93	481	450	3250	3478	8060	8625	24437

注：行政事业经费支出包括上级专项拨款和企业自筹资金。此表由团财政所填报。

第四节　财务管理

一、流动资金管理

1980 年以前，且末工程支队属于建筑施工企业，建设资金实行统一管理，由计财科按照施工工程量经过核算后，有计划地拨付建设资金。

1986 年，且末工程支队（劳改农场）成立后，国家首次拨付建设资金 390 万元，主要用于各中队房屋、基础设施建设和工农业开发。因且末工程支队处在建设初期，资金使用紧张，流动资金不能满足建设需要，当年财务亏损 23 万元。1988 年，且末工程支队上报流动资金 49.87 万元，师批复下达 49.9 万元。

1999 年，按照师财务局相关文件要求，支队各单位每日报账结余现金库存限额不超过 200 元，其余现金全部上缴计财科，单位现金开支做到日清月结。

2000 年后，加强流动资金管理，合理节约使用资金，提高资金在生产中的使用效率。计财科设有内部资金办理业务，采取集中支付制。预算外资金全部纳入预算管理，实行收支脱钩和收缴分离制度。根据各单位生产经营规模，核定流动资金使用限额。

2005年，计财科设专户管理预算资金，实行"收支两条线"管理制度，以加强资金管理力度。各部门、单位收取的资金实行分管财务副职领导、支队长、政委联签付款制。

2009年，且末工程支队流动资产为2187万元，占资产总额的25%，其中应收账款157万元，比2008年减少49万元。2010年，收回石棉款150万元，收回个人欠款34万元。是年，三十六团石棉承包挂账96万元，师国土资源局欠拨土地补偿费156万元，水文站支出34.8万元师未拨付。

2010—2015年，严格落实国家关于"三重一大"决策制度，严格资金管理制度，规定团领导资金使用批复权限，5万元以上大额资金使用必须经党委会讨论决定。流动资金全部实行有偿使用。资金占用费以拨入资金余额为依据，按现行的银行贷款利息利率计息。团属单位使用流动资金，按年计算资金占用费。单位之间清算往来账款，在报账员报账时必须结清资金。各单位办公经费严格实行预算管理。

二、固定资产管理

20世纪七八十年代，固定资产实行集中管理，库房建立出入库制度，固定资产实行谁使用谁管理、损坏赔偿制度，由计财科负责固定资产增值保值监督。

1990年后，固定资产投资主要依靠企业自我发展积累和自筹资金购置。各农业单位的房屋、建筑物、运输工具、电气设备、机井、首部设备和工业单位的机器、发电设备、用电线路以及其他物品和用具，使用期限在1年以上、单位价值在2000元以上的均为集体固定资产。固定资产实行支队与连队两级管理，由计财科统一处置调拨和管理，基层单位只有使用、保管、维修权。计财科建立固定资产账目管理制度，不允许擅自变更、毁坏财产账目、凭证；经过严格的报批程序后，方可改变固定资产用途，以转移、转借、出售、报废等形式处置国有固定资产。油料、副食品供应先由使用单位提出申请，报主管部门审查，经支队党委审批后，供销科统一购买并发放，由使用单位出具油料消耗凭证到计财科核销。

1999年前，因支队底子薄、规模小、条件差，经济发展迟缓，固定资产增值缓慢，企业生产规模、技术装备和机械化程度受到较大制约。

2000年后，转产农业生产，购置农具和采矿设备。计财科制定新增固定资产管理办法，新增固定资产购置必须经支队党委会讨论通过，列举新增清单和款项使用计划，供销科按计划清单统一购入，统一分配给使用单位。单位使用固定资产实行折旧费用管理，各单位之间调动固定资产，调出单位向调入单位结算折旧费，按规定提取后列入使用单位成本。固定资产报废由使用单位根据资产价值折旧情况，报经主管部门现场查验，报请支队党委批准后才能减少。各单位不能直接处置集体固定资产。

2006 年，二师调集 10 个有经济实力的团场到且末支队开发建设生态经济林，力图发展生态建设以摆脱经济困境。是年，支队新增固定资产 5600 万元。

2006 年始，财务科执行《国有企业清产核资办法》《中央直属垦区企业清产核资办法（试行）》等制度，每年组织实施人口、土地、资产、债务等的清产核资，完成账务清理、资产清查、价值重估、债务整理、资产报表编制等工作，做到全面彻底，不重不漏，账实相符，切实摸清"家底"。2006 年，清产核资价值重估资产计 274.36 万元，重估后原值 332.31 万元，重估后净值 145.22 万元。清查账外资产盘盈 645.74 万元，核实水利工程固定资产净值 413.12 万元。

2010 年，监狱转移给支队 429 万元固定资产，当年计提折旧费 11.8 万元计入支队成本。固定资产投资 1714 万元，占资产总额的 20%。其中，监狱固定资产 429 万元，占当年固定资产投资的 25.03%。2013 年，团固定资产核算利用计算机管理，实现固定资产管理电算化。

2015 年，团组织各单位及控股企业清产核资，对国有固定资产保值效果实施有效管理与监督，确保国有资产保值增效、安全完整。是年，团固定资产投资达到 45120 万元，固定资产增长率和更新率较以往显著提高。

三、成本核算管理

20 世纪八九十年代，且末工程支队正处于经济困难时期，在生产经营中大力提倡厉行节约、减少非生产性费用开支，杜绝成本浪费，把有限的资金用于基础性建设。

1996—2000 年，按照成本管理条例，对出售的产品、材料、劳务实行成本核算，收到货款或取得收到货款的凭据后，方可确认收入的实现。经营成本按月、季、年以实际销售量计算结转营业成本。经营管理实行狱政、生产双承包责任制，实行"两费自理"，极大地降低了生产成本。连队主要产品的成本及相关费用，由计财科核算到每个承包户，连队管理费用在连队公示。其他单位年度经济状况、职工收入和全年经营成果，在年终职代会上向职工代表汇报。

2003 年，农业连队实行集中报账制，连队主要产品的成本及相关费用，由计财科根据所掌握的会计报账资料确定，核算到每个承包户的收入和成本，账目简洁明了。

2005 年，计财科制定年度总预算和部门预算实施方案，预算编制根据经济和社会事业发展需要，结合单位生产力发展水平、经营状况、职工收入水平制定，预算编制收支平衡。企业财务预算主要围绕生产经营项目，对年度内生产经营资金的投放、收入与支出、经营成果及其分配方式等作出合理计划与安排，以达到有效控制成本的目的。

2008 年后，加大成本核算管理力度，行政管理费用、财务费用和销售费用执行预算管理，除固定工资外，所发生的费用须经支队主要领导审批，生产性开支、施工投资、建设投资、业务招待费实行签单制，规定接待标准，每年向职代会报告。

2009 年，严格控制行政事业单位经费支出，减少服务性支出，以降低行政管理成本费用。是年，全年营业总收入 518 万元，营业总成本 803.3 万元，成本大于收入的原因仍然是跃进开发区的投入，购买苗木及其施用有机肥、农资、机耕作业、材料等投入大，红枣种植见效较慢，因此没有利润。2010 年，跃进开发区年投入成本下降，本金周转好于往年。

1990—2012 年，物资实行集中管理，农资按照"五统一"，由二师农资部门统一供应。2013 年，农资采购制度放开后，承包职工可到市场选购农资，满足了生产需求，保证了生产顺利进行，降低了投资成本。产品管理按行业各有差异，生产连队农产品收缴由团统一销售管理，尤其是棉花产品统一交售到支队棉花加工厂。

2015 年，进一步放开各项管理制度，农产品收购随行就市，农业生产经营市场化，降低了集体管理成本，财务盈利逐年上升。

四、专项拨款管理

20 世纪 70 年代，工程建设专项资金按照工程项目概算编制预算。1991 年，且末工程支队由建筑施工转农业生产后，在失去上级投资的情况下，走自力更生发展生产道路，生产资金来源主要依靠农业和矿山经营。是年，支队被纳入兵团贫困团场行列后，兵团每年给予 30 万元扶贫补助资金。

1992 年，师财务局一次性拨付给支队扶贫资金 70 万元（1991—1992 年两年扶贫资金），用于工农业生产建设开发，当年完成棉花加工厂一期工程建设，仅此项收回资金 7 万元，创利润 19 万元。

2000 年，国家实施西部大开发战略，中央专项资金、农业开发财政资金投资力度逐年增加。从 2004 年起，且末工程支队遭受自然灾害后，争取国家项目资金支持，采取以工代赈形式，新建或改建农田基础设施。2005 年，建立专项资金使用制度，明确资金使用范围，严格审批程序，管好用好国家及兵师惠农专项资金。2007 年始，对中央预算内以及各级下拨的资金，实行专户管理，专人负责，单独建账核算，专款专用。2008 年，严格专项资金的管理和使用，在按期足额归还到期的中央专项资金、农业开发有偿资金外，同时争取国家、兵团更多的建设项目资金支持。加大追缴欠款力度，取消各单位"小金库"，以集中有限的资金用于支队各项发展建设。2009 年后，把有限的专项资金投入在教育、一般公共服务、社保就业和环境保护等方面。2009 年，财务专项拨款共计 3106.84 万元，其中国家预算拨入 2952.31 万元、其他收入 23.05 万元、企业补贴 131.48 万元。全年支出 3108.36 万元，上缴税费 1.14 万元。

2004—2015 年，完成以工代赈项目 9 个，投资总额 3262.17 万元，其中以工代赈资金 3085.47 万元，自筹资金 176.7 万元。以工代赈项目的实施增强了三十七团农业生产抵御自然灾害的能力，降低自然灾害造成的经济损失，为职工增产增收创造了条件。

表 15 – 4　三十七团以工代赈专项建设资金使用一览表（2004—2015 年）

建设年份	建设项目	总投资（万元）	其中		备注
			以工代赈资金（万元）	自筹资金（万元）	
2004	1000 亩滴灌建设项目	118	100	18	新建
2008	总排建设项目	95.18	95	0.18	新建
2009	低产田改造项目	613.61	613.61	—	改造支渠 1.3 千米、斗渠 10.07 千米、平整土地 338.3 公顷，配套建筑物 98 座，其中节制分水闸 28 座，分水闸 70 座，挖排 9.5 千米
2009	跃进区一支渠防渗工程项目	179.33	179.33	—	一支渠 9 条斗渠实施防渗改建工程，总长 7.88 千米，改建沿渠配套建筑物 64 座
2010	中低产田改造项目	468.4	468.4	—	渠道防渗改建 7 千米，清淤挖排 63.9 千米，新建机耕道桥涵 22 座，路涵建设 7 座
2011	低产田改造项目	479.13	479.13	—	渠道防渗改建 7 千米，清挖排渠 63.9 千米，改建节制分水闸 6 座，建机耕道跨农渠桥涵 22 座
2013	2011 年以工代赈中低产田改造项目竣工	461	400	61	基本建设支出总额 434.42 万元
2014	中低产田改造项目	350	300	50	改建跃进区二支渠 1 斗、2 斗 89.87 公顷加压滴灌农田，改建三支渠 1364 米；中低产田改造三支 6 斗、9 斗；清淤挖排 19.24 千米
2015	小型农田水利建设	497.52	450	47.52	新建加压滴灌面积 330.6 公顷
合计		3262.17	3085.47	176.7	

注：此表中未建年份未填，数据由团基建科按项目投资提供。

五、债务管理

20 世纪 70 年代，生产性负债主要从国家的工程项目拨款中解决，用于发展社会事业和从事正常的生产经营活动。1980 年后，各施工单位实行独立经营，各类债务管理由施工单位承担。

1990 年，因支队不在兵团农牧团场序列，不能享受国家对兵团农牧团场的政策待遇，发展公共事业和生产经营主要依靠短期借贷。

1996 年末，财务拥有资产 1768.94 万元，其中流动资产 537.76 万元，固定资产 1231.18 万元，负债总额 1037.62 万元，其中流动负债 468.19 万元、长期负债 569.43 万元。

2009 年，企业从监狱剥离，公共事业发展经营依靠上级拨款或者争取兵师扶贫资金支持完成。农业经营主要依靠银行借贷。当年由农业银行贷款 29.53 万元，年末形成长期借贷 437.85 万元。流动负债 2854 万元，占负债总额的 40%，比 2008 年减少 18.5 万元。完成年度企业资产总额 6783.91 万元，负债 7032.82 万元，所有者权益 – 248.91 万元。

2010 年，企业资产总额 8719.59 万元，比 2009 年增长 28%。负债总额 8947 万元，比 2009

年增长27%。流动负债3809万元，占负债总额的43%，其中应付账款162万元，比2009年增加111万元；其他应付款238万元，比2009年增加74万元。是年，支队实施小城镇建设，建设性资金来源于项目资金和自筹资金，款项到账后再办理存贷业务。年底负债9847.23万元，所有者权益－232.64万元。

2011年底，企业资产总额9145.05万元，负债9339.94万元，所有者权益－194.89万元。2013年底，企业资产总额23126.83万元，负债18904.61万元，所有者权益4222.22万元。团场还清贷款，没有产生借贷。

2015年，因小城镇等基本建设资金需求量大，短期借贷4000万元，负债总额43643.47万元，资产负债率为87.14%，较2014年上升了1.5个百分点，主要原因是流动负债21377.99万元，占负债总额的48.98%。非流动负债22265.46万元，占资产总额的51.01%。所有者权益中资本公积6270.48万元，团综合楼项目及盐碱地改良项目完工结转，使权益增加1749.5万元，上缴国有资本收益130万元，实现利润367.08万元，产权比率为13.1%，资产负债率达87.1%。全年清理所有欠款29.53万元，年末短期借贷余额4000万元，长期借贷为零。

第五节　财务收支

1970—1980年，且末工程支队依靠上级拨款完成施工建设任务，通过节约开支和技术自主创新，财务盈利较大，是二师颇具盛名的盈利大户，曾资助且末县兴办多项社会事业。

1991年，且末工程支队在失去上级投资情况下，自力更生发展社会事业和生产建设，经济连年亏损。至1995年，5年无财务盈利，累计亏损170万元，较"七五"时期减亏6万元。

2007年，财务总收入1456.67万元，总支出1901.41万元，全年利润总额－444.74万元，亏损的原因主要是跃进开发区生态经济林种植成本投资大，没有收益；工农业生产和农产品加工业利润微薄。

2009年，企业从监狱剥离后，财务收入来源主要依靠上级财政补贴、国家专项拨款和国有资本经营收益。全年财务总收入1014.11万元，跃进开发区林业建设购买苗木及施用有机肥、农资、机耕作业、材料等投入较大，红枣投产期没有收入，全年财务总支出1201.31万元。全年利润总额为－187.2万元。

2010年，财务利润扭亏为盈，实现盈利16.28万元，盈利原因是农产品价格上涨幅度较大，经济结构经过产业调整产生明显经济效益。2011年后，财务一直处于盈利状态。2012年之前，因且末工程支队不在兵团农牧团场序列，兵团和师上缴利税不考虑且末工程支队。

2012年10月9日，且末工程支队被纳入兵团农牧团场序列后，得到国家、兵团和师市项目支持。2013年，财务利润总额为325.99万元，上缴二金利税34万元。2015年底，三十七团财务利润总额为 367.08 万元，上缴利税 130 万元。

表 15 – 5　三十七团财务收支一览表（1991—2015 年）

单位：万元

年份	财务总收入	财务总支出	利润总额	上缴二金利税	年份	财务总收入	财务总支出	利润总额	上缴二金利税
1991	297.72	366.53	-68.81	0	2004	988.5	963.84	24.66	0
1992	257.02	375.83	-118.81	0	2005	1020.7	1269.05	-248.35	0
1993	356.76	409.19	-52.43	0	2006	1423.95	1404.9	19.05	0
1994	561.01	591.57	-30.56	0	2007	1456.67	1901.41	-444.74	0
1995	616.8	603.46	13.34	0	2008	963.82	1287.07	-323.25	0
1996	621.18	604.81	17.37	0	2009	1014.11	1201.31	-187.2	0
1997	857.61	828.8	28.81	0	2010	1558.25	1541.97	16.28	0
1998	928.77	938.59	-9.82	0	2011	2103.44	2065.69	37.75	0
1999	1362.32	1381.71	-19.39	0	2012	2740.87	2723.61	17.26	0
2000	632.2	619.56	12.64	0	2013	5256.78	4930.79	325.99	34
2001	712.51	709.89	2.62	0	2014	4634.60	4285.20	349.40	117
2002	854.71	842.19	12.52	0	2015	6213.43	5846.35	367.08	130
2003	1001.58	974.87	26.71	0					

注：此表由团财政所、统计部门按当年价格填报。

第六节　统计　审计

一、机构队伍

20 世纪 70 年代，机关设财务处，施工连队配备有会计、出纳、材料员等，统计业务出会计、材料员兼任。70 年代末，筑路队伍分成 10 多个建筑队在南北疆施工，仍保留统计岗位。

20 世纪 80 年代，机关增设统计业务，配备统计员。支队成立劳改农场后，统计纳入机关管理，人员纳入机关干部编制。

1985 年，计财科设 1 名专职统计员，各生产单位由会计兼任统计员。统计员采取进度报表、月报、季报、年度报表、统计台账等方法完成统计业务工作。统计部门负责工农业进度报表的报送、考核连队统计人员的基础工作、培训统计基础知识以及向机关各部门提供各类统计数据。

1990 年后，统计业务接受农二师统计局的管理和监督，其业务范围随着经济建设的需要，逐步增多。每年农业连队从春播至秋收，统计要跟进报送各连队生产进度，定时报送各类统计报表，完成统计台账；完成各类统计专项调查及普查，便于领导决策和指导生产。

2000 年，机关和基层单位有统计员 5 人，分别在监狱、学校、医院、加工厂、机关。其中 2 名专职，其余由会计兼职，隶属计财科管理。2008 年，基层单位由报账员兼任统计员。

2010 年 3 月，机关科室合并重组，统计业务工作从财务科剥离，归入发展改革经营管理科。机关设综合统计 1 人，基层单位由报账员兼职统计工作。2013 年，统计工作从发改科剥离，单设统计科。

2015 年，统计科与财务科合署办公。团统计主要以报表反映经济运行和社会发展情况，报表按行业分为农业、工业、建筑业、交通运输业、商业、固定资产投资、社会、能源、国民经济综合报表九大类。此外，统计部门还参加国家和兵团组织的各类专项调查、抽样调查及人口普查、农业普查、经济普查等大型社会普查活动。

二、统计工作

（一）统计报表

1990 年后，统计工作贯彻执行《中华人民共和国统计法》，依据国家统一制定的统计方法、统计标准、统计制度、统计规范，按照国民经济行业分类，对全团农、林、牧、副、渔、水利、工业、建筑业、商业、交通运输、劳动工资、物资、固定资产投资、国民经济综合平衡、基本情况、教育、文化、卫生等各行业的情况进行统计。研究制定统计工作总体思路和实施原则，落实基础工作规范化建设制度，确保各项经济指标符合时序进度，客观反映经济运行。

2000 年，统计部门按照农二师要求，按时上报综合、农业、工业、建筑、交通、商业、能源、社会、固定资产投资、基本单位报表；完成统计年报和订报工作任务。

2001 年，开展农村住户抽样调查，抽取 2 个连队共计 25 户参与调查活动。2002 年，完成第二次全国基本单位普查调查工作，配合派出所、社区、连队开展车辆专项调查工作。2015 年，统计年报有国民经济核算专业统计年报、农业专业统计年报、工业专业统计年报、商业专业统计年报、交通运输专业统计年报、基本建设统计年报、社会专业统计年报和固定资产投资专业统计年报等。完成农产品抽样调查和农产品价格调查工作，为团场经济决策提供了翔实资料。

（二）经济普查

2004 年 12 月 31 日，是全国第一次经济普查标准登记时间。且末工程支队成立经济普查小组，抽调普查员 6 人，普查 4 次，按要求完成所属的产业单位经济普查工作。完成第一次经济普查兵团普查区单位 7 个、非兵团普查区单位 1 个；其中，兵团普查区个体 3 户、非兵团普查区个体 2 户，兵团普查区个体运输 2 户。

2008 年 12 月 31 日，为全国第二次经济普查登记时间，支队所属产业单位全部参加普查。支队配备普查员 7 人，普查次数 7 次，按照普查要求完成经济普查任务。完成第二次全国经济普查兵团普查区单位 9 个、非兵团普查区单位 4 个；其中，兵团普查区个体 6 户、非兵团普查区个体 2 户，兵团普查区个体运输户 1 户。

2012 年 12 月，团成立第三次全国经济普查工作领导小组，设办公室在财务科。经济普查工作涉及 3 个基层连队、1 个社区，划分兵团普查小区 5 个、非兵团普查小区 2 个。第三次全国经济普查工作以数据采集为主。普查员逐一上门入户采集数据，对个体户的工商营业执照、税务登记证等相关证件逐一拍照，在其店铺前由 GPS 精准定位；法人单位和产业活动单位，对其组织机构代码、税务登记证、营业执照、告知书等相关证件逐一拍照，在单位门前定准定位。是月，按要求完成经济普查任务。

（三）人口普查①

2010 年，且末工程支队开展第六次全国人口普查工作，包括人口普查资料的收集、数据汇总、资料评价、分析研究等。支队成立第六次全国人口普查工作领导小组，普查小组办公室设在财务科，由各单位报账员兼任普查员。普查员按照国家统一规定的时间、方法、项目、调查表和标准时点，逐户逐人对支队人口进行一次性调查登记。

据第六次全国人口普查结果，2010 年末，支队总户数 529 户，总人口 1810 人，其中男性 1040 人、女性 770 人。人口最集中的区域是跃进区，人口增长较快的单位是二连、三连。2010 年末，支队总人口较第五次全国人口普查增长 429 人。至 2015 年 10 月 27 日，三十七团总人口 2064 人，比 2010 年末增加 254 人。

三、审计

1970—2015 年，没有成立审计机构。2000 年后，需要审计的项目委托巴州孔雀有限责任会计师事务所，对团属企事业单位的财经纪律和财务收支情况进行审计检查，接受上级部门监督。以上级审计机构授权的审计项目和团党委安排的审计项目开展审计工作。审计项目包括财务收支、财务决算、专项审计、经济责任、领导干部离任及其他审计。

1996 年，审计项目主要是企业体制改革、结构调整等改革发展中的突出问题，重点和专项审计重点建设、城镇居民最低生活保障制度、募集捐赠、扶贫资金使用等项目。师审计局负责审计离任领导任期内的经济责任审计，财务科协助师开展审计工作。

2010 年，主要审计监督 2007 年农村饮水安全建设项目工程、跃进水库除险加固工程建设项目。2012 年，主要审计监督 2009 年国家专项投资计划工程、场外干渠改建工程项目。

2013 年，累计审计 7 个单位（项目），主要是 2011 年渠道防渗改建项目、农村饮水安全建设项目、中低产田改造项目、小型水利建设工程、巩固退耕还林成果（以工代赈）项目、2012 年巩固退耕还林成果（特色林果业基地）建设项目、2009 年城镇基础设施建设项目等。

2014 年，审计 2009 年购买廉租房建设项目、2014 年连队公益事业一事一议财政奖补项目两个单位（项目）；2012 年新建廉租房建设项目和连队公益事业一事一议财政补助 3 个项目。2015

---

① 因年限久远，1990 年和 2000 年两次全国人口普查资料缺乏资料，故从 2010 年第六次全国人口普查时开始记述。

年，审计无电地区新建独立光伏电站建设等项目 11 个，审计资金 730 万元，没有发现违规违纪资金使用。

表 15－6　三十七团主要审计成果统计一览表（2007—2015 年）

年份	审计项目	审计对象（个）	审计金额（万元）	违规违纪金额（万元）
2007	引水工程、水库加固工程	2	74.67	0
2009	防渗改扩建工程	1	179	0
2010	农村饮水、水库除险加固工程	2	8719.59	0
2011	一支渠斗渠防渗工程	1	9145.05	0
2012	土木建筑工程、棉花种植、皮棉收购销售、矿产品加工销售	5	11303.52	0
2013	土木工程建筑、籽棉加工、棉花种植、皮棉收购、石棉加工销售	5	23126.83	0
2014	林园、种植、畜牧业、林木种植、设施农业、棉花、红枣种植、甘草种植、销售、农副产品收购、石棉加工销售	11	31018.25	0
2015	林园、种植、畜牧业、林木种植、设施农业、棉花、红枣种植、甘草种植、销售、农副产品收购、石棉加工销售	11	730	0

注：此表由统计部门提供。

第七节　保险

2013 年，中华联合财产保险分公司在三十七团挂牌营业，开办"世纪安心团体医疗保险""世纪安康团体补助医疗保险"等业务项目。"世纪安心团体医疗保险"面向 1 周岁以上，具有团场和师常住户口的家属和社会其他从业人员；"世纪安康团体补助医疗保险"面向团场在职职工和退休职工。

2014 年，中华联合财产保险公司针对社会需求不断拓展保险种类和服务范围。在团场经营的保险产品涉及农业保险、财产保险、人身保险等，分别有红枣种植、棉花种植、玉米种植保险，车辆保险、个人保险、学生意外保险，人身保险、团体人身意外险等险种。职工群众参保 210 人，学生意外险参保人数 220 人。中华联合保险公司赔付各类保险金 500 万元。

2015 年，团场农业灾害发生后，承保单位迅速勘察定损，及时支付赔款，全年赔付各类保险金 500 万元。

第十六章 中共三十七团组织

三十七团的前身是兵团工三师司令部"0701"工程指挥部，历经撤销、恢复、重组十余次，历届党委班子坚持党的领导、加强党的建设，对党员干部强化政治思想教育，不断完善党建各项工作制度，党员干部政治思想素质和政治理论水平不断提高，为党的各级组织带领职工群众投身各项事业，促进经济和社会发展，提供了坚强的政治保证和组织保证。

第一节 党员代表大会

一、中共且末工程支队第一次代表大会

1999 年 11 月 4—5 日，中共且末工程支队第一次代表大会在跃进区举行。农二师组织部、师监狱管理局、且末县委领导应邀出席大会。基层 6 个党支部党员代表共计 87 人出席大会。大会选举产生中共且末工程支队第一届委员会委员共计 9 人；一届委员会第一次会议选举王晓林、隋健鹏、顾国平、韦泽文、张素琴 5 人为党委常委，选举王晓林为党委书记、隋健鹏为党委副书记。

大会选举产生中共且末工程支队纪律检查委员会委员 7 人；纪委全委会选举张素琴、洪光、薛福海、马秀华、袁玉霞 5 人为中共且末工程支队纪律检查委员会常委，选举张素琴为纪委书记、洪光为纪委副书记。

2009 年 4 月 7 日，农二师在且末工程支队召开干部大会，宣布且末工程支队企业与且末监狱正式分开的决定，监企合一管理体制终结。农二师党委调整且末工程支队党委班子，任命郭鲁肃为且末工程支队党委书记、陈恒山为党委副书记、梁茂泽为党委常委。

1999 年 11 月至 2009 年，且末工程支队召开过一次党员代表大会，期间党委领导班子成员均由师党委任命。

二、中共且末支队第二次代表大会

2011 年 9 月 18 日，中共且末工程支队第二次代表大会在且末县城团机关三楼会议室举行。基层单位 82 名党员代表参加会议。其中，老干部代表 3 人列席会议。大会选举中共且末工程支队第二届委员会委员 7 人；二届委员会第一次会议选举党委常委 3 人，选举郭鲁肃为党委书记、陈恒山为党委副书记。

大会选举产生中共且末工程支队纪律检查委员会委员 7 人；纪委全委会选举梁茂泽、张拥军、庞海莲、田启海、刘龙光 5 人为纪律检查委员会常委，选举梁茂泽为纪委书记、张拥军为纪委副书记。选举郭鲁肃、陈恒山、姚栋 3 人为出席中共农二师委员会第十四次代表大会代表。

2013 年 4 月 2 日，第二师党委任命宁丰为三十七团党委书记、陈志杰为党委副书记。原党委书记郭鲁肃、副书记陈恒山工作调离。2014 年 3 月，增补梁洁、曲新泓为团党委常委。

2015 年 2 月，师党委增补三十七团党委委员至 8 人，增补党委常委为 6 人。至 2015 年底，三十七团党委领导班子共计 8 人，其中，团党委书记、副书记各 1 人，团党委常委 6 人，其中女性常委 1 人。

三、中共三十七团第一次代表大会

2016 年 9 月 9 日，中共三十七团第一次党员代表大会在红旗区一连大礼堂举行。全团 64 名党员代表参加会议。大会选举孙军花（女）、何成春（女）、张志勇、张拥军、赵明侠、耿长福、贾向军、梁洁（女）、梁茂泽、詹其军、魏志刚 11 人为中共三十七团第一届委员会委员；一届委员会第一次全体会议选举宁丰、陈志杰、梁茂泽、梁洁、赵明侠、张金波（河北省援疆干部）、张志勇、詹其军 8 人为党委常委，选举宁丰为党委书记，陈志杰为党委副书记。

大会选举梁洁、庞海莲（女）、毛琪（女）、闫江平、张涛为中共三十七团第一届纪律检查委员会委员；纪委全委会选举梁洁为纪委书记，庞海莲为纪委副书记。大会选举宁丰、孙军花（女）、张涛、陈志杰、陈建伟、梁洁、詹其军 7 人为出席中共第二师铁门关市第十五次代表大会代表。

第二节　党委领导

一、工三师司令部且末前线指挥部临时党委（1968—1969 年）

1968 年 1 月，工三师司令部"0701"工程筑路部队随施工进度陆续进驻且末，在且末设临时指挥部，下辖民丰工程支队、建工师工程团和农一师、农三师工程指挥部等施工建筑单位。番号为中国人民解放军新疆军区生产建设兵团工三师司令部"0701"工程临时指挥部。

1969年9月，经自治区革委会和新疆军区党委批准，工三师迁进且末、若羌地区，建立农业生产建设基地，巩固新疆战略大后方。兵团党委临时任命刘琦、宋彦亭为临时指挥部负责人，任命陈百胜为政治处负责人。

二、工三师司令部且末前线指挥部党委（1970—1971年）

1970年6月，兵团党委在且末成立工三师司令部"0701"工程且末前线指挥部党委，兵团党委任命陈明金、倪青圃、胡英杰、赵培贤、邓俊发、陈百胜、楼兆莹7人为指挥部党委常委，任命宋彦亭任党委书记、史地任党委党委副书记。

1971年2月，工三师建制撤销，兵团工一师三团、工三师与农三师合并，工三师司令部"0701"工程且末前线指挥部易名为农三师司令部"0701"工程且末前线指挥部，接续工三师指挥部工作任务。

三、农三师司令部且末前线指挥部党委（1971—1974）

1971年2月，农三师司令部"0701"工程且末前线指挥部成立后，至1973年底，农三师司令部"0701"工程且末前线指挥部党委班子由9人组成，史地任党委书记，宋彦亭任党委副书记。1973年3月，兵团将农三师且末前线指挥部与工三师留存下来的连队合并，组建成立农三师且末工程支队，接续修建且末至若羌段砂石路面公路。12月，刘琦调离。1974年1月宋彦亭任党委书记，史地任党委副书记。

四、农二师且末工程支队党委（1974—1975年）

1974年2月，农三师且末工程支队划归农二师属地管辖，隶改为农二师且末工程支队。1975年1月，兵团党委调整农二师且末工程支队党委成员，任命田佐民、石秀德、楼兆莹、谷孝良4人为农二师且末工程支队党委常委。任命宋彦亭为党委书记、史地为党委副书记。

五、巴州工程支队党委（1975—1981年）

1975年5月，农二师且末工程支队归属于巴州建管局领导，改隶为巴州工程支队。至1975年12月，巴州工程支队党委班子由6人组成，田佐民、石秀德、楼兆莹、谷孝良4人为巴州工程支队党委常委，任命宋彦亭为党委书记、史地为党委副书记。

1976年4月，巴州建管局党委调整巴州工程支队党委领导班子成员，免除宋彦亭巴州工程支队党委书记职务，任命陈百胜为巴州工程支队党委书记，史地为党委副书记，陈明金、倪青圃、石秀德、胡英杰为支队党委常委。1977年10月，巴州建管局党委任命王银升任巴州工程支队党委常委。

1978 年，巴州工程支队搬迁至盐湖后，经巴州建管局申请自治区建委批准，在盐湖成立巴州工程支队党委机构，陈百胜任党委书记，史地任党委副书记，陈明金、石秀德、邓俊发、叶臻荣任党委常委，疏长杰任党委委员、纪委书记，李葆应任党委委员、主任工程师。1980 年 12 月，史地调离，张三忠任党委副书记。1981 年，巴州工程支队副支队长胡英杰等 823 人留守且末驻地。

六、农二师且末工程支队党委（1982—2009 年）

1982 年 4 月，巴州工程支队回归农二师建制。恢复农二师且末工程支队正团级建制后，农二师在且末筹备成立劳改农场，为且末工程支队配备党委领导班子成员 7 人，党委书记为陈百胜，副书记为张三忠，党委常委由叶臻荣、赵培贤、倪青圃、胡英杰、陈明金 5 人组成。石秀德调离。

1985 年 1—6 月，陈百胜、倪青圃、赵培贤等先后调离且末工程支队。1985 年 7 月至 1986 年 7 月，支队党委由叶臻荣、王继昌、胡英杰、肖玉海、王晓林 5 人组成。叶臻荣任临时党委书记，王继昌任临时党委副书记。

1986 年 8 月，农二师党委任命叶臻荣为且末工程支队党委书记、王继昌为党委副书记。党委常委由张荣彬、姜根荣、毛运祖、肖玉海、王晓林 5 人组成。9 月 30 日，且末工程支队（且末劳改农场）挂牌成立，且末工程支队企业与且末劳改农场合署办公，实行一套机构挂两块牌子。

1987 年 2 月，农二师党委增补蔡先平为且末工程支队副政治委员。1988 年 2 月，叶臻荣退休；3 月，蔡先平任支队党委书记，王继昌任副书记，任命王晓林为副政委，文良雄、张美金、姜根荣为副支队长；5 月，师增补张美金、吴良才为党委常委。

1991 年 1 月，师党委调整且末工程支队党委班子，任命王晓林代理且末工程支队党委书记，李新建任党委副书记，毛运祖、肖玉海、邢晓燕任党委常委。

1995 年 8 月 12 日，且末县委书记董兆国担任且末工程支队第一书记，且末工程支队党委书记王晓林任且末县委常委。增补李金良为党委常委。

1997 年，且末工程支队党委由董兆国、王晓林、李新建、李金良、邢晓燕 5 人组成。其中，且末县委书记董兆国担任且末工程支队党委第一书记，王晓林任党委书记，李新建任副书记，李金良、邢晓燕任党委常委。8 月，提升顾国平为且末工程支队副支队长。

1998 年 1 月，李新建调离。3 月，农二师党委调隋健鹏任且末工程支队党委副书记，王晓林任且末工程支队党委书记，任命顾国平、邢晓燕为党委常委。

1999 年 5 月，农二师增补韦泽文为且末工程支队（且末监狱）党委委员。10 月，且末县委书记张小平任且末工程支队党委第一书记，王晓林任支队党委书记，隋健鹏任党委副书记。党委常委由顾国平、张素琴、韦泽文 3 人组成。

2003年1月，农二师党委调整支队党委班子，且末工程支队（且末监狱）党委副书记隋健鹏调离。2月，党委常委顾国平提任且末工程支队（且末监狱）党委副书记。2004年，增补陈峰、单丙峰为支队党委常委。

2005年8月，农二师党委对且末工程支队领导班子进行调整：免去王晓林且末工程支队（且末监狱）党委书记职务，免去张素琴且末工程支队党委常委、副政委职务，批准退休；2005年9月，任命顾国平为且末工程支队（且末监狱）党委书记，调任丁利文任且末工程支队（且末监狱）党委副书记，任命洪光、韦泽文为党委常委。

2006年2月，农二师党委调任马胜泉为且末工程支队（且末监狱）党委委员。4月，农二师党委任命单丙峰为且末工程支队（且末监狱）党委常委。

2007年2月，农二师党委调任黎明为且末工程支队（且末监狱）支队长。3月，提任陈恒山为且末工程支队（且末监狱）党委常委。

2007年9月，师调丁利文任农二师建设局且末开发建设总指挥，黎明任且末工程支队（且末监狱）党委副书记，调整韦泽文为副处级调研员。

2009年4月7日，且末工程支队与监狱实行"监企分离"后，且末工程支队保留原建制，师党委调任郭鲁肃为且末工程支队党委书记，调整陈恒山为党委副书记，调任梁茂泽为党委常委。至2012年9月底，且末工程支队党委领导班子一直由3人组成。

八、第二师三十七团党委（2012—2015年）

2012年10月，且末工程支队纳入兵团农牧团场序列，农二师党委任命郭鲁肃为三十七团党委书记、陈恒山为副书记、梁茂泽为党委常委。

2013年4月，第二师党委任命宁丰为三十七团党委书记、陈志杰为副书记、梁茂泽为党委常委。

2014年3月，第二师三十七团挂牌成立后，师调整三十七团党委领导班子成员，增补梁洁、张金波、曲新泓为三十七团党委常委。

2015年2月，师党委调任赵明侠为三十七团党委常委。3月，调任张志勇、詹其军为三十七团党委常委。

表16-1　中共三十七团委员会历任书记、副书记名录（1969—2015）

机构名称	职务	姓名	性别	文化程度	任职时间	备注
工三师临时指挥部	负责人	刘　琦	男	大专	1969.9—1970.5	
		宋彦亭	男	高中		
工三师司令部且末前线指挥部	书记	宋彦亭	男	高中	1970.6—1971.2	
	副书记	史　地	男	初中		

机构名称	职务	姓名	性别	文化程度	任职时间	备注
农三师司令部 且末前线指挥部	书记	史 地	男	初中	1971.2—1973.12	
		宋彦亭	男	高中	1974.1—1974.2	
	副书记	宋彦亭	男	高中	1971.2—1973.12	
		史 地	男	初中	1974.1—1974.2	
农二师且末 工程支队	书记	宋彦亭	男	高中	1974.2—1975.4	
	副书记	史 地	男	初中		
巴州且末工程 支队① （巴州工程支队）	书记	宋彦亭	男	高中	1975.5—1976.4	
		陈百胜	男	初中	1976.4—1977.12	
	副书记	史 地	男	初中	1975.5—1977.12	
盐湖巴州工程 支队	书记	陈百胜	男	初中	1978.1—1982.3	
	副书记	史 地	男	初中	1978.1—1980.12	
		张三忠	男	初中	1981.1—1982.3	
农二师且末 工程支队 （且末劳改农场②）	书记	陈百胜	男	初中	1982.4—1985.6	
	临时书记	叶臻荣	男	高中	1985.7—1986.7	
	书记	叶臻荣	男	高中	1986.8—1988.2	
		蔡先平	男	初中	1988.3—1990.12	
	代理书记	王晓林	男	初中	1991.1—1993.12	
	书记	王晓林	男	初中	1994.1—1997.12	兼任支队长
	第一书记	董兆国	男	本科	1995.8—1999.10	中共且末县委书记
		张小平	男	大专	1999.10—2002.12	
	书记	王晓林	男	初中	1998.1—2005.8	
		顾国平	男	大专	2005.9—2009.3	
	副书记	张三忠	男	初中	1982.4—1985.6	
	临时副书记	王继昌	男	高中	1985.7—1986.7	
	副书记	王继昌	男	高中	1986.8—1990.12	
		李新建	男	中专	1991.1—1998.1	
		隋健鹏	男	本科	1998.1—2003.1	
		顾国平	男	大专	2003.2—2005.8	
		丁利文	男	本科	2005.9—2007.9	
		黎 明	男	大专	2007.9—2009.3	
且末工程支队 （监企分离后）	书记	郭鲁肃	男	大专	2009.4—2012.9	
	副书记	陈恒山	男	大专		
三十七团	书记	郭鲁肃	男	大专	2012.10—2013.3	
		宁 丰	男	大专	2013.4—	
	副书记	陈恒山	男	大专	2012.10—2013.3	
		陈志杰	男	本科	2013.4—	

注：此表由二师档案馆、且末监狱、且末文史局提供资料。

---

① 1977年5月，巴州且末工程支队易名为新疆巴州工程支队。

② 1997年9月，且末劳改农场改组为农二师且末监狱。

第三节　党委工作机构

1970年，兵团工三师筑路队伍到达且末后，在且末成立工三师司令部"0701"工程司令部临时指挥部党委，下辖政治工作部门有政治处、群工处。政治处下设组干股、学习股、政教股、通信股、保卫股；群工处下设工、青、妇组织机构。

1971年2月25日，工三师建制撤销，工三师司令部"0701"工程指挥部易名为农三师司令部"0701"工程且末前线指挥部，接管工三师指挥部工作。党委工作机构除保留政治处外，其他机构撤销，原群工处业务归属政治处。

1973年，农三师司令部"0701"工程且末前线指挥部党委工作部门撤销"股"建制，设置政治处和办公室，政治处下设组干组、保卫组、宣教组、学习组等。

1974年2月，农三师司令部"0701"工程且末前线指挥部划归农二师实行属地管辖，更名为农二师且末工程支队。机关党委工作部门保留政治处，下设群工组、组干组、宣教组、学习组、政教组、教育组、卫生组、通信组、保卫组9个小组，配备有处长1人、副处长1人、组长9人。

1975年，农二师且末工程支队划归巴州建管局，机关党委工作部门保留政治处，下设组干组、宣教组、学习组、教育组、通信组、保卫组6个小组，取消政教组、卫生组、群工组，分别归属相关部门。

1978年，国家改革国营农场机构设置。巴州党委根据国发"农场要实行定员定额，非生产人员不得超过12%，多余人员一律回到生产岗位上去"的通知精神，改组建科，分流人员。巴州工程支队政治处，下设组干科、宣教科、政教科、教育科、通信科、保卫科6个科室，配备政治处处长及工作人员9人，分流人员12人到生产一线。

1980年，党委工作部门政治处下设组织干部科（简称组干科），综合管理党务、组织、干部管理、宣传教育、医疗卫生等工作。

1982年，农二师且末工程支队恢复建制，机关党委工作部门设有政治处，下设组干科、宣教科、群工科。

1984年7月，且末工程支队为有利于与师机关上下业务对口，机关党委工作部门取消政治处设置。原由政治处领导的党的工作部门由支队党委直接领导。

1986年10月1日，且末工程支队（且末劳改农场）成立，简化机关部门设置，党委工作部门设置组干科、办公室（包括机要、通信），原组织科更名为组干科，宣教科与组干科合署办公，取消保卫科和群工科，其工作业务移交至组干科负责管理。

1989年7月，机要传真室列编为干警编制，行政上隶属支队管理，业务上由农二师机要局作技术指导。

1990年，且末工程支队按照师对机关设置的要求，通过党委会研究决定，党委工作部门设政工科、管教科。1996年管教科更名为狱政科。

2001年，且末工程支队成立工会委员会。2004年，机关增设纪检监察科与政工科合署办公。党委工作机构分为政工、政法、司法、群团工作部门。其中，政工辖有组织、宣传、统战、纪检监察等机构。政法辖有综合治理、派出所等机构；司法辖有狱政管理、民警学习教育等机构；群团辖有工会、妇联、共青团组织等机构。

2005年，压缩非生产人员，减轻企业负担，党委工作部门政工科与机要科、纪检监察科合署办公。2009年，且末工程支队企业部分与监狱分离，机要科、纪检监察科从政工科剥离成为独立科室。

2012年10月，且末工程支队纳入兵团农牧团场序列，成立三十七团，整合团机关党委工作机构。增设纪律检查委员会办公室、政法办公室，增设社会治安综合治理办公室，其下设治安管理办公室、民事调解办公室、信访办公室。政工科改隶为政工办。经整合，纪律检查委员会办公室与纪检监察科合署办公；党委办公室与机要科、信访办公室合署办公；政工办公室与下辖的组干科、宣传科合署办公；政法办公室与下辖的社会治安综合治理办公室合署办公。

2015年2月，经兵团批准，团调整机关党委工作机构：纪律检查委员会办公室下辖纪检监察科，实行合署办公；党委办公室下辖机要科、信访办公室，实行合署办公；政工办公室下辖组干科、宣传科，实行合署办公；政法办公室下辖人武部、社会治安综合治理办公室，实行合署办公。另设工会、妇联、共青团委等群众团体组织。

表16－2　三十七团党委工作机构领导（负责人）任职情况（1969—2015年）

机构名称	部门	职务	姓名	性别	任职年限	备注
工三师司令部 且末前线指挥部	政治处	主任	陈百胜	男	1969.9—1971.2	主持工作
农三师司令部 且末前线指挥部	政治处	主任	陈百胜	男	1971.2—1974.3	主持工作
	群工处	主任	李祖鑫	男		主持工作
		副主任	唐道鹏	男		后勤生活
农二师且末工程支队	政治处	处长	曲悦友	男	1974.—1975.5	主持工作
		副处长	熊瑞祥	男		兼任参谋长
巴州且末工程 支队（巴州工程支队）	政治处	主任	叶臻荣	男	1975.5—1982.3	主持工作

续表

机构名称	部门	职务	姓名	性别	任职年限	备注
农二师且末工程支队（且末劳改农场）	政治处	主任	叶臻荣	男	1982.4—1984.7	主持工作
		组干科科长	张登帮	男	1982.4—1984.7	业务
		组干科副科长	顾洪地	男	1982.4—1984.7	业务
	组干科	科长	张登帮	男	1984.8—1986.9	主持工作
	政工科	科长	张登帮	男	1986.10—1988.12	主持工作
			邢晓燕	女	1989.1—1991.1	主持工作
			张素琴	女	1991.1—1999.9	主持工作
			候文斌	男	1999.10—2002.6	主持工作
			洪光	男	2002.6—2005.9	主持工作
			明新华	男	2005.9—2009.3	兼纪检监察工作
			任林	男	2007.1—2008.12	兼办公室主任
		副科长	王仁刚	男	1991.1—1997.12	业务
			杨波	男	2008.1—2009.3	宣传业务
且末工程支队（监企分离后）	政工科	科长	曲新泓	男	2009.4—2012.9	主持工作
		副科长	杨波	男		业务
	纪检监察科	科长	张拥军	男		
三十七团	政工办	主任	曲新泓	男	2012.10—	兼政工办工作
		副主任	阳毅	男		业务
		副科长	杨华英	男		业务
	纪检监察科	科长	张拥军	男	2012.10—	兼机关副书记
	综合治理办公室	主任	王旭东	男	2013.1—	主持工作
		副主任	杨波	男	2012.10—	兼管史志

注：狱政管理工作机构不在此表记述，分置于相关章节。

第四节　基层党组织

一、组织

1970年，兵团工三师司令部成立机关党总支，下辖8个处室分别成立党支部；基层各单位成立党支部14个。是年，有基层党组织23个，其中1个党总支、22个党支部。

1971年2月25日，工三师建制被撤销，工三师司令部"0701"工程指挥部易名为农三师司令部"0701"工程且末前线指挥部。农三师司令部机关设置党总支1个，下辖5个股室分别成立党支部；基层连队建立党支部14个。是年，农三师司令部有基层党支部20个。

1974年2月1日，农三师司令部"0701"工程指挥部划归农二师实行属地管辖。番号改隶为农二师且末工程支队后，机关成立党总支1个，下辖5个处室党支部；营级单位组建党总支1个，下辖连队党支部3个；12个施工连队均成立党支部。是年，农二师且末工程支队有基层党组织22

个，其中2个党总支下辖20个党支部。

1980年，巴州工程支队在盐湖组建机关党总支1个，下辖政治处党支部1个。学校、医院、修理连、一连、十二连、三连、五连、六连、七连、九连、十连、十一连、工二团、车队成立党支部14个。留守且末的机关人员组建机关党支部1个。另在四连、八连、煤矿成立党支部3个。是年，盐湖巴州工程支队有基层党组织20个。其中，党总支1个，基层党支部19个。

1984年7月，且末工程支队卫生队易名为农二师且末工程支队医院，医院成立党支部1个。1986年，且末工程支队（且末劳改农场）成立后，分为南线和北线两种体制，且末劳改支队与北线脱离，机关成立党总支1个，劳改农场的5个中队成立党支部，基层单位石棉矿、学校、医院、八连成立党支部4个。全支队有10个基层党组织。

1989年，且末工程支队成立老干部工作委员会，组建退管会，成立退管会党支部1个。1991年4月，社区成立，因党员人数少党员参加一连党支部活动。

1992年，劳改中队由原来的5个压缩到3个，中队党支部减至3个；机关设党总支，八连（更名为一连）、学校、车队各成立党支部。

1993年，加工厂、林园队成立党支部。是年7月，因医院人员流动性大、党员人数少，党支部与机关支部合并。

1995年2月，车队撤销，成立机耕队，车队党支部隶改为机耕队党支部；中队压缩建制为一个监区，成立监狱党总支，下辖3个区队党支部。1998年7月，机耕队撤销，党员划归加工厂党支部管理。2003年7月，二连成立党支部。

2006年12月，林园队撤销，党员划归一连党支部管理。是年，二连分离为二连、三连两个单位，三连党员参加二连党支部活动。是年底，全支队共有9个党组织，分别为机关党总支、一连党支部、二连党支部、加工厂党支部、学校党支部、退管会党支部、一监区3个党支部。是年，昆金与三十六团石棉矿整合为巴州石棉矿党支部撤销。

2007年7月，三连成立党支部。增设水电站建制，水电站党员参加三连党支部活动。至12月底，支队设有机关党总支，有一连、二连、三连、学校、退管会、加工厂6个党支部；监区成立党总支，下辖3个区队党支部。是年，基层党组织11个，其中2个党总支、9个党支部。

2009年，监企分开后，且末工程支队党委下辖机关党总支和一连、二连、三连、学校、加工厂、退管会等6个基层单位党支部。

2010年3月，退管会建制撤销，党员参与机关党总支活动。

2012年10月，且末工程支队列编为新疆生产建设兵团农二师三十七团，相应改组基层单位党支部。成立水电站党支部，将原来的一连、二连、三连、学校、加工厂5个基层单位党支部改组为7个党支部。至12月，支队有机关党总支、一连、二连、三连、学校、加工厂、水电站党支部等。

2013 年 6 月，三十七团成立社区建设指导委员会，建立社区党支部，社区党支部从机关剥离，离退休党员参加社区党支部活动。团党委根据团内职工退休后安居在库尔勒市人员较多情况，在库尔勒市成立三十七团离退休党支部，隶属机关党总支管辖。由 1 名机关退休干部任党支部书记，另配备 1 名机关退休工作人员，组织居住在库尔勒地区的三十七团离退休党员开展党内活动以及落实党支部各项工作。

2014 年，团设施农业基地建立，随后成立设施农业基地党支部。2015 年 6 月，加工厂党支部撤销，在职党员纳入一连党支部管理。7 月，恢复医院党支部，医院党支部工作从机关剥离，配备书记、副书记各 1 人。

2015 年 5 月，团成立非公有制企业党支部，有党员 4 人。

2015 年底，全团有 11 个基层党组织，其中设机关党总支，下辖 10 个基层党支部。机关党总支下辖库尔勒市三十七团离退休党支部、非公有制经济联合企业党支部，以及基层单位党支部 8 个：一连党支部、二连党支部、三连党支部、水电站党支部、设施农业基地党支部、学校党支部、医院党支部和社区党支部。

表 16－3 三十七团部分年份基层党组织建设一览表（1970—2015 年）

单位：个

年份	党总支	党支部	合计	年份	党总支	党支部	合计
1970	1	22	23	2000	2	7	9
1971	1	19	20	2003	2	8	10
1974	2	20	22	2006	2	7	9
1980	1	19	20	2007	2	9	11
1984	1	20	21	2009	1	6	7
1986	1	9	10	2010	1	5	6
1992	1	7	8	2012	1	7	8
1993	1	9	10	2013	1	8	9
1996	2	8	10	2014	1	8	9
1998	2	7	9	2015	1	10	11

注：此表根据团档案室资料整理列举数据。

二、中共党员

（一）党员发展

1970 年，工三师前线指挥部有党员 2101 人，其中国家调干人员和部队转业人员党员 1797 人，占党员总数的 85.53%；一线党员 304 人，占党员总数的 14.47%。

1974 年，农二师且末工程支队成立后，党员总数 1287 人，其中，正式党员 1190 人，预备党员 97 人；一线党员人数 314 人，占党员总数的 24.39%；机关党员 28 人，占党员总数的 2.17%。

在一线发展党员 97 人，占党员总数 7.54%。

1975 年，农二师且末工程支队划归巴州建管局管辖，施工连队人员流动量大，很多技术人员流入巴州相关单位工作。1981 年，因且末工程支队施工连队随工程转移至乌鲁木齐、盐湖等地，党员人数锐减。至年底，正式党员人数 907 人，当年发展党员 86 人，实有党员人数 993 人。

1982 年，巴州工程支队留守且末党员总人数 34 人，其中机关党员人数 16 人，基层党员人数 18 人。北线盐湖且末工程支队党员总人数 891 人，其中，机关党员人数 102 人。南北线合计党员人数 925 人。是年发展党员 86 人，其中女性党员 6 人，占发展党员总数的 6.97%。

1986 年，且末工程支队（且末劳改农场）成立后，党员总数 192 人，其中正式党员人数 172 人。1990 年末，支队有党员 129 人。至 2008 年的 23 年里，且末工程支队发展一线民警党员 64 人。2008 年，支队党员总数为 249。其中，正式党员 246 人，当年发展党员 6 人。

2009 年，且末工程支队与且末监狱分离后，党员总数 101 人，其中机关党员 28 人、基层党员 73 人。2012 年，新发展党员 12 人。

2015 年初，全团 11 个基层党支部共有党员 151 人，团注重在一线职工和大学毕业生中发展党员。至年底，培养预备党员和入党积极分子 23 人，发展新党员 19 人，全团党员总数为 170 人。

（二）党员结构

1974 年，且末工程支队党员总数 1287 人，占总人口的 9.7%。其中，管理岗位干部党员 973 人，占党员总数的 75.6%；一线职工党员 314 人，占党员总数的 24.4%。初中以上文化程度党员 763 人，占党员总数的 59.28%。女性党员 17 人，占党员总数的 1.32%，党员队伍政治素质和文化素质较高。

1975 年，农二师且末工程支队划归巴州建管局管辖，党员流入巴州相关单位工作人数较多。至 1982 年，党员总数 925 人，其中正式党员 839 人，占党员总数的 90.70%，预备党员 86 人，占党员总人数 9.30%。留守且末驻地的党员 34 人，占党员总数的 3.68%；北线盐湖且末工程支队党员总数 891 人，占党员总数的 96.32%。在全体党员中，干部党员 732 人，占党员总数的 79.14%；职工党员 193 人，占党员总数的 20.86%。初中以上文化程度党员 563 人，占党员总数的 60.86%；女性党员 11 人，占党员总数的 1.19%。

1986 年，且末工程支队有党员 192 人，其中，正式党员 172 人，占党员总数的 89.58%；当年发展党员 20 人，占党员总数的 10.42%；转为正式党员人数 8 人，占党员总数的 4.17%。全支队女性党员 14 人，占党员总数的 7.29%。党员平均年龄 37.4 岁。

1993 年，支队有党员 211 人，正式党员人数 204 人。其中，28 岁以下党员 18 人，占党员总数的 8.53%；29～50 岁党员 93 人，占党员总数的 44.08%；50 岁以上党员 100 人，占党员总数的 47.39%；党员平均年龄 34.7 岁；有汉族党员 210 人、少数民族党员 1 人；女性党员 14 人，占党员总数的 6.64%。

2001 年，且末工程支队党员总数 222 人，其中正式党员 214 人，占党员总数的 96.40%；当年发展党员 8 人，占党员总数的 3.60%。2003 年后，党员发展至 231 人，其中正式党员 226 人，占党员总数的 97.84%；当年发展新党员 5 人，占党员总数的 2.16%。

2007 年，支队党委注重在新入职的大中专职工和基层一线职工当中发展党员，到 7 月底共有党员人数 238 人，其中，正式党员 235 人，发展预备党员 3 人。其中，大中专文化程度党员 17 人，占党员总数的 7.14%；初中以下文化程度党员 63 人，占党员总数的 26.47%；干部党员 97 人，占党员总数的 40.76%；离退休党员 34 人，占党员总数的 14.29%；女性党员 27 人，占党员总数的 11.34%。

2009 年，且末工程支队与且末监狱分离后，党员总数 101 人。其中，离退休职工党员 34 人，占党员总数的 33.66%；在职职工干部党员 58 人，占党员总数的 57.43%；在职职工党员 9 人，占党员总数的 8.91%。

2015 年，全团党员总数 170 人，其中男性党员 118 人、女性党员 52 人；汉族党员 169 人、少数民族党员 1 人；28 岁以下党员 18 人，29～50 岁党员 93 人、50 岁以上党员 59 人；大中专文化程度党员 39 人，占党员总数的 22.94%；在职职工党员 132 人，占党员总数的 77.65%；离退休职工党员 38 人，占党员总数的 22.35%。

表 16－4　三十七团部分年份发展党员一览表（1970—2015 年）

单位：人

年份	党员总数	正式党员	预备党员	当年发展	年份	党员总数	正式党员	预备党员	当年发展党员
1970	2101	1904	197	197	2003	231	226	5	5
1974	1287	1190	97	97	2005	229	226	3	—
1981	993	907	86	86	2006	236	234	2	2
1982	925	839	86	86	2007	238	235	3	3
1986	192	172	20	8	2008	249	246	3	6
1989	192	179	13	10	2009	101	93	8	4
1990	129	126	3	5	2010	111	98	13	10
1991	131	125	6	4	2011	114	108	6	1
1992	207	198	9	9	2012	121	109	12	12
1993	211	204	7	4	2013	133	121	12	10
1996	217	208	9	7	2014	154	138	16	13
2001	222	214	8	8	2015	170	147	23	19

注：此表根据团档案室资料整理列举数据。

（三）党员教育

1970—1989 年，各级党组织加强党员的思想政治教育，以党的基本路线、党的基本知识、共产主义理想和道德教育、党纪国法教育为主要学习内容，以提高党员的政治素质。

1990年开始，各级党组织以党课教育为基础，辅以集中学习、理论培训等形式，党员在所属的党总支、党支部参加党员教育活动。

1998年后，组织全体党员学习江泽民《高举邓小平理论伟大旗帜，把建设有中国特色的社会主义事业全面推向二十一世纪》的报告和《中国共产党章程（修正案）》，党员的党性意识得到提高。

2000年开始，副团级以上党员领导干部参加以"三讲"教育为主的党性、党风学习教育活动，加强党员干部作风建设。结合支队经济结构调整和经营方式的转变，各级党组织组织党员带头宣传党的路线、方针、政策和本单位的工作任务和目标，发挥桥梁纽带作用，党员带头学习先进文化和农业科技，提高自身素质和岗位技能，发挥模范带头作用。在党员干部中开展"先锋杯"竞赛和"双培双带"活动，实现把一线职工培养成骨干、把一线骨干培养成党员的党员发展目标。

2002年4月，组织党员干部学习《中共中央关于加强和改进党的作风建设的决定》，深入学习"三个代表"重要思想，使党员干部普遍受到教育，综合素质得到提高。

2003年开始，各级党组织把学习邓小平理论、"三个代表"重要思想、科学发展观、党规党纪和反腐倡廉作为党员教育的主要内容，通过学习教育，党员和领导干部的宗旨服务意识增强。各基层党支部建成党员电化教育室，配齐电化教育硬件设备。每年各党支部按照党员学习计划，把党员电化教育纳入年度党员学习教育总体计划，按期组织党员收看党员电化教育专题片。2004年，经年终民主评议，党员合格率超过95%。

2005年，组织党员参加保持共产党员先进性教育活动，举办党的十六届四中全会培训班3期，参训党员210人次；各级党组织边学习边整改，达到提高素质、促进各项工作的目的。

2008年5月22日，支队各基层党支部党员缴纳"特殊党费"，46名党员干部捐款6800元，向四川汶川地震灾区奉献一片爱心。

2009年3月，在国家项目政策支持下，党员干部远程教育网络开通，主要在一连、二连、三连空白点单位安装党员干部远程教育设施，把连队组织活动场所建设、信息化建设、文化共建共享与现代远程教育紧密相结合，实现"一站多能多用"。建成远程教育终端接收站点8个，党员学习教育实现全国公共资源共享。

2010年12月，支队党委组织全体党员学习《中共中央、国务院关于推进新疆跨越式发展和长治久安的意见》，胡锦涛、温家宝在中央新疆工作座谈会上的讲话精神等。由支队党委书记、副书记上党课，每位党员撰写学习笔记与心得体会，提高了全体党员的政治素质和党性意识。

2012年起，团党委每年为2个"访惠聚"工作组配套8万元经费，确保受援的地方乡村党建活动正常开展。支队党委举办入党积极分子培训班，培训入党积极分子26人，全年培训党员576人次。团各级基层党组织和共产党员中开展以"推动科学发展促跨越、发挥'三大作用'争先锋"为主题的创先争优活动，通过连队广播、公开栏、承诺书等多种方式向职工群众公开承诺事项，确保职工群众得实惠。举办 3 期党的知识培训班，培训党员干部 120 人。是年，团党委表彰一连、三连 2 个先进党支部，先进党员 7 人。

2014 年 2 月 8 日，三十七团党委组织开展第一批党的群众路线教育实践活动，着力解决党员干部在思想作风建设方面存在的突出问题。召开动员大会，组织党员干部集中学习，领导干部撰写读书笔记和学习心得体会，团主要领导上党课。党委常委分别到基层党支部召开座谈会征求意见，各基层党支部举办教育实践活动知识竞赛；举办"我与团场共成长"先进事迹报告会。科室领导和基层单位领导干部与困难职工建立帮扶对子，为基层单位解决办公设施不足和农业生产基础设施差等涉及民生民计的问题。

2015 年 5 月，团党委启动"三严三实"专题教育活动。团领导给基层单位干部上党课，机关部门下基层作巡回报告，召开"三严三实"专题教育研讨会，举办党支部书记培训班，提高了党员干部的政治素质。

三、党组织建设

1990 年，且末工程支队党委按照《新疆生产建设兵团农牧连队基层党支部工作条例》，加强党的各级基层组织建设。每半年对基层党支部工作进行一次检查，年终对支部工作进行总结评比，评出先进党支部和优秀党员进行表彰。是年，表彰先进党支部 2 个，优秀党员 6 人。

2002 年 5 月，支队党委结合"三个代表"重要思想学习教育活动，开展以争创先进党支部和先进集体为内容的团连"两级党建联创"活动。制定《且末工程支队团连"两级党建联创"工作实施办法》，按照《基层党建组织工作先进团场标准》《五好连队党支部标准》以及评选方案，综合考核评议各党支部，实行划类分级，提出一类党支部争创"五好"党支部、二类党支部争取上台阶、三类党支部限期改面貌的党建联创目标。是年，在支队 6 个党组织中，评出一类"五好"党支部 2 个、二类党支部 3 个、三类党支部 1 个；表彰一类党支部 1 个，对三类党支部提出整改要求。

2004 年，各基层党支部制定《党支部工作实施办法》《中共且末工程支队两级联创工作年度目标和三年规划》《基层党支部党员电化教育工作制度》等各项党建工作制度，落实党委班子成员联系制度，每月党委班子成员到联系点指导工作 1～2 次。机关政工部门不定期下基层调研，促进基层党支部党建联创工作。是年，支队建成一类党支部 2 个、二类党支部 3 个、三类党支部 1 个。学校、监区党支部被农二师党委授予先进党支部荣誉称号。2005 年 7 月，支队学校、监区、一连、加工厂党支部被支队党委评为先进党支部。

2006 年，支队重点实施跃进生态经济开发区建设，各党支部组织党员干部吃住在开发工地，为开发区建设提供土地开发、种植果木全流程跟踪服务。

2010 年，支队党委以"创先进党支部、争优秀党员"为目标开展创先争优活动，各基层党支部组织党员参加"党员先锋岗""党员承诺接受监督""党建知识竞赛"等活动，不断提高党组织的战斗堡垒作用。

2010年起，支队建立基层党建工作"两级联述联评联考"制度，为每个基层党支部核拨党组织活动经费8万元。2012年，支队党委落实连队党支部书记第一责任人制度，8个基层党支部与团党委签订党建工作责任书，明确党支部书记"一岗双责"的党建责任。整顿软弱涣散基层党组织，制定二连、三连2个软弱涣散党支部的整改措施。成立"访惠聚"工作队驻扎一连，协助一连开展党组织建设工作。组织开展"三严三实"专题教育活动，边学边查边整改，查摆不严不实等问题115条，当即解决110条；开展"百名党员践行宗旨办实事""党员志愿者"等活动，为群众办好事实事310件，走访慰问困难党员23人次。2014年，团选树学校党支部为先进党支部，表彰6名优秀共产党员。

2013—2015年，三十七团党委建立完善领导干部"两级联述联评联考"制度，落实机关成员部门抓党建工作责任，形成党建工作合力。团党委组织工作组整顿软弱涣散基层党组织2个，选优配强2个单位的支部书记。党支部工作做到每月检查、每季度通报、每半年评比总结。开展"百名党员践行宗旨办实事""党员志愿者"等活动，建立党员领导干部帮扶点7个，帮扶贫困群众10户；机关科室党员、单位领导与生活困难职工建立帮扶对子35户，解决问题50件（次），慰问困难党员和老党员23人次，增强了基层党支部服务群众的能力。

2010—2015年，全团有2个基层党支部被第二师党委授予先进基层党组织荣誉称号，5个党支部被团党委授予先进基层党组织荣誉称号。三十七团基层党支部与且末县乡村党支部结对联创，帮扶且末县英吾斯塘乡党建活动经费10万元，实现兵地党建资源共建共享。

2014年6月28日，三十七团党委召开表彰先进基层党组织和优秀共产党员大会　（杨波　摄）

第五节　纪检监察

一、机构

1970 年，工三师司令部"0701"工程指挥部党委政治处设置有纪检股，配备纪检员 2 人，对党员干部实施执法执纪监督与教育指导职能。营级以上单位配备 1 名纪检员，监督与检查本单位党员干部遵守党的纪律情况。

1974 年，且末工程支队成立纪检监察委员会，配备书记、副书记各 1 人。1982 年，且末工程支队在盐湖成立党委和纪检监察机构，配备纪委书记。1990 年，且末工程支队成立纪检监察机构，设置纪检监察办公室，办公室设在狱政科。1999 年 11 月 4 日，中共且末工程支队召开第一次党员代表大会，选举产生中共且末支队纪律检查委员会委员。

2005 年，纪检监察工作从监狱狱政科分离，成立监狱纪检监察委员会，下设纪检监察科。2006 年 3 月，增设 1 名纪检监督员，驻监区开展巡视和纪律监督工作。2009 年，监企分离后重新组建支队纪委，下设纪检监察科。

2011 年 9 月 18 日，在中共且末工程支队第二次党员代表大会上，选举产生中共且末工程支队纪律检查委员会。6 个基层单位委派纪检监察员各 1 名。

2016 年 9 月 9 日，中共三十七团第一次党员代表大会召开，选举产生 5 名中共三十七团第一届纪律检查委员会委员，在纪委第一次全委会上，选举产生纪委书记、副书记。

表 16 – 5　三十七团历届纪律检查委员会书记任职名录（1970—2016 年）

姓名	性别	籍贯	职务	任职年限	备注
谷孝良	男	河北省	书记	1970—1973	工三师司令部政治处
倪青圃	男	吉林省	书记	1974—1975	农二师且末工程支队
陈明金	男	四川省	书记	1976—1979	巴州工程支队
疏长杰	男	河北省	书记	1980—1982	盐湖巴州工程支队纪委
蔡先平	男	辽宁省	书记	1983—1987	农二师且末工程支队恢复
王晓林	男	上海市	书记	1988—1990	且末工程支队（且末劳改农场）
邢晓燕	女	四川省	书记	1991—1998	且末工程支队（且末劳改农场）
张素琴	女	河南省	书记	1999—2004	且末工程支队（且末劳改农场）
洪　光	男	陕西省	书记	2005—2008	且末工程支队（且末劳改农场）
梁茂泽	男	安徽省	书记	2009—2012	且末工程支队监企分离后
曲新泓	男	四川省	书记	2013—2015	第二师三十七团
梁　洁	女	山东省	书记	2016—	第二师三十七团

注：此表根据团档案室资料整理列举数据。

二、党风廉政建设

（一）制度建设

20 世纪七八十年代，党风廉政建设工作由机关政治处负责，出台相应管理措施，配备有专职纪检员负责此项工作。1986 年劳改队成立后，为加强狱政管理，党委结合监狱民警队伍实际，制定和完善落实党风廉政建设各项制度。1995 年，纪委以狠刹公款吃喝玩乐风为突破口，推动反腐败斗争健康发展。党委和 3 个劳改支中队、6 个企事业单位的主要领导分别对照兵团、师出台的相关规定，召开专题民主生活会，自查党风廉政方面存在的问题。机关和各单位严格要求、严格检查、严格执纪，查处石棉矿违纪问题 1 起，给予党纪政纪处分 1 人。在发展中，根据党委领导班子调整和分工情况，逐步修订完善党风廉政建设管理制度和考评制度。在落实党风廉政建设责任制中，党委与各基层单位党政负责人、机关各部门负责人签订党风廉政建设责任书。副科以上领导干部及其配偶签订廉政承诺书和家庭廉洁自律责任书。通过逐级签订责任书，增强领导干部廉洁自律和"一岗双责"意识。

1999 年，成立党风廉政教育月活动领导小组，组织支队党员干部学习党风廉政建设和反腐败斗争的重要理论以及《中国共产党党员领导干部廉洁从政若干准则》，开展以"讲学习、讲政治、讲正气"为主的党性、党风教育，重点解决个别领导干部违纪、违法问题。制定《领导干部廉洁自律规定》，建立领导干部住房登记制度。机关副科以上干部每年集体在职工代表大会上述职，连队领导干部通过职工大会述职，由职工代表考评，从执行党的纪律、制度、责任上规范领导干部的廉洁从政行为。

2000 年，支队党委与基层 6 个党支部签订《党风廉政建设责任书》，与 5 个机关科室部门领导签定《纠风责任书》，各基层单位建立纠风小组。是年，支队党委完善监狱、企业内部管理制度，制定"党风廉政建设责任制""公用小汽车管理办法""电话管理暂行规定"等制度。清查"小金库"6 个，单位招待费实行零控制，促使党风廉政制度落到实处。

2002 年开始，根据责任制目标考核办法，实行半年重点抽查督促，年终由支队党委对党风廉政建设责任制落实情况检查考核。党风廉政建设考核实行"一票否决制"，与各单位各部门评先评优挂钩，单位发生违纪违法案件，年终不得评为先进单位。

2003 年 7 月，党委抽出 12 名机关科室干部组成调研小组，前往基层连队，从领导班子团结、基层连队日常管理、集体合同和《经济责任制办法》执行、农资采购与发放、制度措施的落实、改革发展与党风廉政建设 7 个方面开展民意调研活动。以"群众满意不满意，答应不答应，称心不称心，高兴不高兴"为标准，调研小组走访职工家庭 254 户 352 人，收集涉及农业生产、经济发展与职工利益等 6 个方面的意见和建议 81 条，归纳整理后提交支队党委会，便于党委作出正确决策。是年，实行领导干部职代会廉政宣誓制度，建立新任领导干部廉政谈话制度，建立健全责任制报告制度，使党风廉政建设责任落实到位。

2007年，落实职工减负政策，制定减负方案和实施细则，经职工代表大会通过后，按照职工身份地落实减负1.17万元，减负160户共计160人，职工人均减负73.4元。是年，且末工程支队党委被农二师授予党风廉政建设先进单位。

2008年，纪委分解、细化惩治和预防腐败各项任务，将党风廉政建设责任落实到监区和机关各部门、各单位党支部，保证目标责任得到落实。有68名副连级以上干部向纪检部门报告个人重大事项。

2009年，且末工程支队监企分离后，建立"党风政风监督员制度""党风政风预警预案制度"，聘请基层单位党员4人为党风监督员，持证上岗，收集上报单位党风、政风信息。清理4个基层单位"小金库"资金8万余元。

2010年，进一步完善"党委议事规则""三重一大制度""党风廉政建设报告制度"等，完成医院、学校、水管站、派出所4个基层站所的群众评议工作。2011年，建立"下基层、知民情、送服务、解难题"示范点1个，联系点5个，为群众解决困难17件。

2011年5月，纪委协助党委制定《且末工程支队预防和惩治腐败体系建设五年规划（草案）》，从作风建设、坚决惩治腐败、科学有效预防腐败三个方面分解74项任务，明确工作目标和完成时限，把惩防体系建设融入工作大局，纳入每个年度党建目标考评，推动惩防体系建设进程。6月20日，召开基层组织暨深化干部作风建设年活动动员大会，通过《且末工程支队预防和惩治腐败体系建设五年规划（草案）》，在全团执行。

2012年，且末工程支队被纳入兵团农牧团场序列，团党委配齐团纪委书记、副书记人选，建立和完善《三十七团党风廉政建设考核考评实施办法》，建立党风廉政建设风险防控机制。整改党员领导干部不严不实问题115条。

至2015年，三十七团制定和完善"党委常委会工作规则""党委班子成员党风廉政建设责任制""干部管理办法""职工减负具体实施方案及实施细则"等15项规章制度，基层党风廉政建设做到有章可循。2015年，开展任前廉政谈话57人次、诫勉谈话7人次，重要节假日及敏感时期明察暗访活动63次，推动了党风廉政建设工作。选树表彰党风廉政建设先进单位3个，表彰廉公仆、廉内助、廉政家庭典型9人次，受到师党委表彰的党风廉政先进个人2人，使党风廉政责任制度落实到位。

（二）党风廉政宣传

20世纪七八十年代，党风廉政建设宣传工作力度较小，由政治处在一定的会议上对相关制度和规定进行一定范围内的学习教育。

1991年后，党委注重突出党风廉政教育在反腐倡廉工作中的基础地位，不断探索创新廉政文化载体，推进廉政文化建设。每年纪委都制订反腐倡廉教育工作计划，把廉政教育各项任务分解到机关各部门和各党支部，明确重点和目标责任。各单位开办"党风廉政建设"专栏，定期宣传党风廉政建设工作。

1999年，党委对党风廉政建设坚持"两手抓、两手都要硬"原则，在党员领导干部当中大力开展宣传教育活动，重点抓5月促全年，出台各项措施，并保障措施落实到位。

2001年3月，纪委与工会、妇联联合组织开展家庭助廉教育活动，机关副科以上领导干部配偶、各单位领导干部家属到监狱廉政警示教育基地接受警示教育；基层连队开展"构建和谐连队，创平安廉洁家庭"倡议签字活动，发放《家庭助廉倡议书》138份、《家庭助廉教育读本》78册；召开"家庭助廉"座谈会1场次，组织干部及其配偶观看反腐倡廉电教片3场次，签订《家庭保廉责任书》78份。

2005年，纪委组成有8名宣讲员的廉洁自律宣讲团，深入基层连队和社区宣讲党内法规和廉洁自律规定，党员干部和职工受教育超过4000人次。7月，采取纪委牵头、党员干部参与、职工群众学唱的办法，举办廉政歌曲比赛活动，6个基层单位党支部组织党员干部学唱"八荣八耻"、廉政歌曲，增强了党员干部廉洁自律意识。

2006年，在中国共产党建党85周年之际，纪委将数十首以"八荣八耻"为主题的廉政歌曲刻录成光盘，下发每个党支部。组织机关干部和各单位党员干部集中学唱，党员干部再向职工群众传唱。7月，举办优秀廉政歌曲会演，形成每个党员会唱、每个职工群众学唱的良好氛围。

2007年7月，邀请且末县检察院反贪局领导给支队党员干部上廉政课，结合巴州地区查处的领导干部腐败案例，用身边的人和事，着重从预防职务犯罪方面，教育党员干部严格遵守党纪条规，始终保持廉洁勤政的作风。是年，给党员干部发放廉洁自律小册子250册、"八荣八耻"卡片285张，给连级以上领导干部配偶发放《争当廉内助，树立好家风》倡议书159封，让党员干部从思想上筑牢拒腐防线。

2008年，纪委在全体党员中开展学习党章、遵守党章、贯彻党章、维护党章活动和社会主义荣辱观教育，纪检监察科组织送廉政党课下基层活动，春节期间给党员干部发放廉政春联和廉政卡片，进行廉政提醒。社区设立廉政文化宣传栏6个，建立党员教育活动室6个，组织党员干部观看廉政电教片12场次。

2009年7月，举办廉政歌曲大家唱活动、廉政歌曲文艺会演，使党风廉政教育家喻户晓。纪委给各单位党支部选送廉政书画327套，悬挂廉政宣传横幅12条，廉政教育宣传力度不断加大。2010年8月，邀请农二师检察分院为监区民警和企业干部上法制教育课，通过案例剖析，提高全体党员干部对党风廉政的认识。

2012年7月，纪委设立以"讲党性、重品行、作表率"为主题的廉政"大讲台"，组成以支队党委书记为主讲员的党风廉政教育宣讲团，在各基层连队巡回演讲；副连职以上领导干部集中举办党课教育活动，用身边的先进典型教育党员和领导干部廉洁自律，做职工群众的表率。

2014 年，举办党内法规知识竞赛 3 次、文艺会演 3 次；征集廉政漫画诗词、廉政格言警句。党政主要领导上廉政党课 10 次；党员干部观看警示教育片 20 次。

2015 年，三十七团组织党员干部节前专题学习 32 次，开展警示教育 23 次；举办 2 次党风廉政教育文艺会演，党风廉政教育深入人心。

三、执法监察

1991 年 9 月，按照自治区《关于取消中小学部分收费项目的通知》，且末工程支队子校取消中小学 45 项不合理收费。

2009 年，纪委重点查处民警队伍中存在的违法违纪行为，执法监察支队工程招投标、工程款使用等情况。

2010 年，纪委执法监察审计、资金监察、招投标监督、政务公开等工作，监督党员干部违法违纪违规行为，纠治部门和行业的不正之风，以端正党风政风。纪委、监察科设信访办公室，坚持"有案必查，有查必果、依法办事"的原则，重点查办党员干部违反纪律、失职渎职、行贿受贿等违法违纪案件。

2012 年，自查自纠工程建设领域突出问题项目 9 个，专项治理 7 个单位"小金库"；搜集问题线索 137 条，全部整改；收集并解决关于加强党的建设、改进党员干部作风方面党员领导干部不严不实问题 115 条。

2014 年，团党委贯彻落实中央和兵师专项整治内容，制定机关、基层单位绩效管理办法，对 6 个科室、3 个连队 33 名干部因思想作风建设方面问题进行通报批评并责罚绩效。明察暗访执法监督检查 73 次，清理团机关办公用房 40.4 平方米。收集整理职工群众反映的意见建议 26 条，解决 24 条；百名党员践行宗旨办好事实事 316 件。

2015 年，纪委受理群众来信来访举报 5 件（次）；查处施工单位领导干部行贿受贿、贪污腐败线索，初查核实违纪线索 5 件，结案 5 件，收缴违纪款 0.85 万元。

第六节　干部工作

一、干部队伍

1970 年，工三师司令部"0701"工程且末指挥部共有各类在职干部 2015 人。1971 年，工三师撤销后，其间，工三师因撤销调离干部 816 人，农三师接收工三师各类干部人数 1199 人，年末实有干部 1198 人。1972 年，农三师调入干部 111 人，年底共有干部人数 1309 人，包括团职、机关处室、连职、劳动锻炼、后勤业务干部和中小学教师、医生等。

1974 年 2 月,农三师司令部"0701"工程且末指挥部撤销后,农二师且末工程支队接收农三师各级管理干部 118 人。是年,为加强"三线建设",兵团调入农二师且末工程支队 1 个劳改中队、2 个工程单位(工一团、工二团),调进干部 172 人,当年有 3 名团职干部调离。年底,全支队有干部 287 人。

1975 年,农二师且末工程支队归属于巴州农垦局管辖后,接收干部 287 人。是年,有 166 名干部调离,调入干部 45 人。年末,有干部 166 人。其中,连队干部 98 人,机关科室干部 68 人。1978 年,调往克拉玛依油田干部 110 人,其中机关干部 30 人。年底实有干部人数 56 人。

1980 年,且末工程支队随施工项目转移至北疆,干部分散至克拉玛依石油基地、乌鲁木齐、大河沿、昌吉、鄯善等地。

1979—1982 年,兵团调入且末工程支队干部 28 人,调离干部 2 人。至 1982 年末,南北线共有干部 82 人。1984 年初,干部人数 79 人,当年调入干部 132 人,调出 6 人。年底,实有干部 205 人。

1986 年,且末工程支队(且末劳改农场)成立后,师组织部门改革干部人事管理制度,在企业管理人员不足情况下,实行企业聘任制充实干部队伍。当年师组织部在塔里木垦区、焉耆垦区各团场招收 35 岁以下具有初中以上文化程度的青年到且末工作,由师劳改局转入且末劳改农场管理干部 123 人、企业聘用干部 84 人,调进干部 2 人,年底且末工程支队实有干部 209 人。

1988 年,随上海知识青年回城干部 7 人,辞职干部 4 人;调入干部 2 人,调出干部 4 人。是年,机关各单位共调离干部 23 人,吸纳企业职工聘为干部 12 人。年底,实有干部 165 人。

1990 年初,且末工程支队有正式干部 82 人、聘用干部 79 人。年内调进干警 23 人,调离和辞职干部 6 人。至年末实有干部 178 人。其中,机关干部 25 人、中队管理干部 125 人、企业管理干部 28 人。

1994 年,调入湖南大学生干部 9 人,留下来工作的干部 7 人。因且末工作、生活条件艰苦流出 5 人。年底实有干部人数 141 人。

1995 年 4 月,农二师给且末工程支队分配 12 名湖南籍大中专毕业生,4 人分配到机关,8 人分配到基层连队管理岗位。

1998 年,招收四川、河南省大中专毕业生 45 人,留任干部岗位 5 人。至 2000 年底,实有干部 143 人,其中正式干部 73 人,聘用干部 82 人,调进干部 4 人,调出、辞职、辞退干部 16 人。

2005 年初,机关、连队、学校聘用干部 76 人,正式干部 59 人。农二师在跃进区实施生态经济林建设,调入干部 17 人。2005—2009 年,且末工程支队有正式干部 135 人,聘用干部 132 人,调进干部 37 人,监企分家后调离干部 88 人。至 2009 年底,实有干部 64 人。其中,机关干部 13 人、医院医生 9 人、学校教师 23 人、连队干部 19 人。

2010 年开始,加大人才引进力度,先后引进大中专毕业生 450 人,留场就业 72 人。2010 年有正式干部 32 人,聘用干部 104 人,调进干部 2 人,调离干部 32 人;年底,实有干部 106 人。

2015 年末，三十七团共有干部 123 人。其中，机关干部 32 人、学校教师 25 人、医院医生 12 人、企业和连队管理干部 52 人。调入团职干部 3 人，调离团职干部 1 人。干部队伍当中有 58 名大中专毕业生从基层连队被提拔进入干部队伍，占干部总人数的 47.15%。副处级以上干部 7 人，占干部总人数的 5.69%；享受副科级（副连级）以上待遇干部 47 人，占干部总人数的 38.21%。其中，妇女干部 9 人，占干部总人数的 7.32%。有连级以下干部 76 人，占干部总数的 61.79%。

表 16－6　三十七团部分年份干部队伍人数变动一览表（1970—2015 年）

单位：人

年份	正式干部	聘用干部	调进干部	调出干部	干部总人数	年份	正式干部	聘用干部	调进干部	调出干部	干部总人数
1970	1915	—	111	12	2015	1990	82	79	23	6	178
1973	2014	—	—	1896	118	1994	96	68	3	26	141
1974	118	—	172	3	287	2000	73	82	4	16	143
1975	287	—	45	166	166	2005	59	76	17	—	152
1980	56	—	28	2	82	2009	76	56	20	88	64
1984	79	—	132	6	205	2010	32	104	2	32	106
1986	125	82	2	—	209	2013	38	58	4	2	98
1988	175	12	2	24	165	2015	37	84	3	1	123

注：此表干部人数包括监狱干警、教师、医护、聘干、正式干部。

表 16－7　三十七团享受副科级以上待遇在职干部名录（2016 年选录）

姓名	性别	民族	政治面貌	任职部门	任职时间	学历	职务
庞海莲	女	汉族	中共党员	纪检监察科	2016.5	大专	科长
张拥军	男	汉族	中共党员	办公室	2016.5	中专	主任
杨　波	男	汉族	中共党员	办公室	2008.8	大专	副主任
吴文松	男	汉族	中共党员	政工办	2016.3	本科	主任
阳　毅	男	汉族	中共党员	政工办	2016.7	本科	副主任
杨　悦	女	汉族	中共党员	政工办	2016.5	本科	副书记
刘龙光	男	汉族	中共党员	社政科	2013.6	大专	科长
杨华英	男	汉族	中共党员	纪检监察科	2016.5	大专	副科长
陈德学	男	汉族	中共党员	基建科	2015.9	大专	副科长
闫江平	男	汉族	中共党员	发改科	2016.5	大专	科长
阮伟荣	女	汉族	中共党员	财务计划科	2016.5	大专	副科长
王旭东	男	汉族	中共党员	政法办	2016.6	大专	主任
毛　琪	女	汉族	中共党员	工会	2016.5	大专	副主席
杨金宝	男	汉族	中共党员	文化中心	2015.6	大专	副站长
李先江	男	汉族	中共党员	农业科	2013.9	中专	副科长
张　涛	男	汉族	中共党员	农业科	2015.6	大专	站长
田启海	男	汉族	中共党员	社区	2015.9	大专	书记

姓名	性别	民族	政治面貌	任职部门	任职时间	学历	职务
翟加义	男	汉族	中共党员	社区	2014.9	大专	书记
方 亮	男	汉族	中共党员	联防队	2015.5	高中	队长
于 静	女	汉族	中共党员	医院	2007.4	大专	院长
孙军花	女	汉族	中共党员	学校	2014.7	大专	党支部书记
郑雪莲	女	汉族	中共党员	学校	2014.7	大专	副校长
肖 斌	男	汉族	中共党员	学校	2014.7	大专	教研主任
肖泽荣	女	汉族	中共党员	学校	2014.7	大专	德育主任
仲霞丽	女	汉族	中共党员	学校	2014.7	本科	教务主任
方冬斌	男	汉族	中共党员	学校	2014.2	中专	后勤主任

注：此表应有人数47人，其中16人在连队岗位，调离1人，辞职4人，实有在册副科级以上干部26人。

二、干部结构

1970年12月，工三师司令部"0701"工程前线指挥部有各类在职干部2015人。其中，团职干部10人；主任、副主任11人；参谋长、参谋9人；处长、副处长17人；营职干部6人；正连职干部72人，副连职干部54人；正副排长321人；连队业务干部620人；劳动锻炼干部130人；司令部业务干部460人；后勤业务干部180人；中小学教员30人；卫生队人员23人；公路沿途站点、驻外办事处等地在职干部72人。男性干部1798人，占干部总人数的89.23%，女性干部217人，占干部总人数的10.77%。大专以上文化程度干部56人，占干部总人数的2.78%；高中文化程度以上干部182人，占干部总人数的9.03%；初中文化程度干部382人，占干部总人数的18.96%；小学以下文化程度干部1395人，占干部总人数的69.23%。干部文化程度总体偏低，高中以上文化程度干部多数集中在机关、学校任职。28岁以下干部74人，占干部总人数的3.67%；29~50岁干部1761人，占干部总人数的87.39%；50岁以上干部180人，占干部总人数的8.93%。汉族干部1998人，占干部总人数的99.16%；少数民族干部17人，占干部总人数的0.84%。

1971年末，农三师司令部"0701"工程前线指挥部有干部1198人。其中，男性干部1050人、女性干部148人。从干部岗位上划分，在机关岗位上的干部83人、其他岗位上的干部1115人。

1973年，农三师司令部"0701"工程前线指挥部有干部118人。其中，男性干部105人、女性干部13人。从干部岗位上划分，有机关干部77人、其他岗位干部41人。

1974年，农二师且末工程支队有干部287人，其中党员干部87人，占干部总数的30.31%。从民族结构上划分，汉族干部275人、维吾尔族干部6人、回族干部1人、哈萨克族干部5人。从文化结构上划分，高中以上文化程度干部84人、初中以下文化程度干部203人，高中以上文化程度干部大多集中在学校、支队机关。是年，干部平均年龄43.7岁。

1975年，农二师且末工程支队归属于巴州农垦局，巴州且末工程支队有干部166人。其中，男性干部149人、女性干部17人。

1982年末，且末工程支队南北线共有干部82人。其中，男性干部67人、女性干部15人，高中以上文化程度干部32人。干部平均年龄42.1岁。

1986年，且末工程支队（且末劳改农场）成立后有干部209人。其中，男性干部175人、女性干部34人；企业干部84人、其他干部125人。

1990年，干部总数178人。其中，男性干部131人、女性干部47人，高中以上文化程度干部67人、初中以下文化程度干部111人。干部平均年龄38.1岁。分布在学校教职工34人，占干部总数的19.10%；其他岗位干部人数144人，占干部总数的80.90%。除党委成员外，副连级以上干部49人，占干部总数的27.52%；连级以下干部129人，占干部总数的72.47%。

1994年，因且末工程支队经济较为落后，干部流动较频繁，至年底，有干部141人。其中，男性干部89人、女性干部52人。本科以上学历干部2人，占干部总数的1.41%；大专学历干部42人，占干部总数的29.79%；高中及中专学历干部37人，占干部总数的26.24%；初中以下学历干部60人，占干部总数的42.55%。

2009年，干部总数64人。其中，党员干部53人，占干部总数的82.81%。28岁以下干部17人，占干部总数的26.56%；29~50岁干部29人，占干部总数的45.31%；50岁以上干部18人，占干部总数的28.13%。本科学历干部8人，占干部总数的12.5%；大专学历干部16人，占干部总数的25%；中专以下学历干部40人，占干部总数的62.5%。汉族干部61人，少数民族干部3人。男性干部45人，女性干部19人。副连级以上干部17人，占干部总数的21.8%；连级以下干部50人，占干部总数的78.13%。

2015年末，三十七团干部总数123人。其中，男性干部65人、女性干部58人。28岁以下干部44人，29~50岁干部56人、50岁以上干部23人，干部队伍平均年龄为41.7岁。本科学历干部28人，占干部总数的22.76%；大专学历干部59人，占干部总数的46.34%；中专以下学历干部36人，占干部总数的29.27%。汉族干部116人、少数民族干部7人。干部队伍当中副连级以上干部47人，占干部总数的38.21%；连级以下干部76人，占干部总数的61.79%。

三、干部管理

（一）干部选拔任用

1970—1980年，支队所需干部由兵团、自治区调配，10年共向支队调配各类管理干部240人、部队转业干部111人。

1986 年，兵团恢复且末工程支队建制，由师监狱管理局招录一批干警从事监狱管理工作。

1988 年，支队党委根据劳改农场成立后存在的各类管理人才缺乏实际问题，采取聘用制方式从职工群众、党员、一线干部和入党积极分子当中推荐选拔后备干部。组织部门规定干部培养选拔条件、推荐方法，按照基层单位推荐、党委审核、师组织部门批准的程序选拔任用干部。至 1990 年，任用正式干部 82 人、聘用干部 79 人，调进干部 23 人，调出干部 6 人，年底实有干部 178 人。

1991 年后，干部职数按照农二师文件要求确定，基层单位干部、业务人员一般配备 3 ~ 5 人，生产规模较小的连队配备 2 ~ 3 人承担管理职能。

1993 年，根据兵团、师出台的《关于建立培养团、营、连级后备干部工作暂行办法（试行）》要求，改革干部管理制度，重点选拔任用具有中专以上学历的大中专毕业生进入干部队伍。采取群众推荐、任期考察、民主选举、公开公示等方法，筛选一批基层单位业务人员作为后备干部，试用期一年，经考察合格后，转为正式干部。一般副连级以上干部从业务干部中选拔，科级干部从连级干部中选拔。至 2001 年，共选拔任用干部 73 人，其中副连级以上干部 14 人、连级以下干部 59 人。

2002 年，根据兵团党委《关于领导干部任前公示制度的实施意见》要求，对拟选拔任用的副连职（副科级）以上干部实行为期一周的任前公示，接受职工群众的评议监督。任前公示 2 批次 23 名拟任副连级以上职位的干部。

2005 年 8 月，制定《机关科员级别晋升暂行规定》，设定机关科员的级别，明确奖惩办法与各类制度。根据科员级别确定晋升的标准和职别，以提高机关干部的工作积极性，进一步完善科级干部级别晋升的公平性、合理性。是年，提拔任用副科级以上干部 6 人。全支队共聘用干部 76 人。

2009 年 10 月，选拔副科级干部 4 人、正连职干部 3 人；从大学生中选拔连级干部 49 人。全年共提拔干部 56 人，干部总数达到 76 人。

2010 年，采取引进人才方式，培养基层干部和专业技术人员。当年引进大中专毕业生 150 人，留场就业 104 人，全部安置在基层一线承担技术岗位和副职领导岗位，很大程度上改变了监企分开后干部人才匮乏局面。

2015 年，三十七团召开党委全委会，对年度选拔的 10 名副连级以上干部实行"一报告两评议"（述职报告、民主评议、测评）制度。从机关和基层连队提拔干部 11 人，其中副科级干部 2 人、正连级干部 3 人、副连级干部 5 人、业务干部 1 人。按照兵团农牧团场深化团场体制综合配套改革要求，全团转正干部 37 人、从基层一线和大中专毕业生当中提拔聘用干部共计 84 人。当年，调进干部 3 人，调出干部 1 人。年底，实有干部 123 人。

表 16 – 8　三十七团历年选拔干部一览表（1985—2015 年）

单位：人

年份	提拔形式	人数	年份	提拔形式	人数	年份	提拔形式	人数
1985	师划拨	123	2000	聘干	56	2008	聘干	0
1986	聘干	82	2001	聘干	3	2009	聘干	56
1990	聘干	79	2002	聘干	6	2010	聘干	104
1994	聘干	68	2003	聘干	2	2011	聘干	4
1996	聘干	5	2004	聘干	4	2012	聘干	2
1997	聘干	7	2005	聘干	76	2013	聘干	58
1998	聘干	2	2006	聘干	2	2014	聘干	2
1999	聘干	9	2007	聘干	5	2015	聘干	84

注：此表包括企业、监狱内部聘干人数。

（二）干部考核

1990 年，且末工程支队出台干部考评工作办法和细则，每年以组织考察和民主评议的方式，按照优秀、称职、基本称职、不称职类别组织考评基层单位领导干部和业务干部，考核结果与干部职位晋升、奖惩、任用相结合。专业技术干部实行职称评定，其结果作为聘任干部的重要依据存档。在年终测评中，对民主测评优称率达不到 60% 的干部，实行诫勉谈话；连续 2 年优称率达不到 60% 的干部，予以免职。支队党委领导班子成员的考核，由师组织部结合年度考核评议结果，经师党委研究审定干部考核定等结果，定等分优秀和称职、不称职等。

2010 年，改进干部考核测评方式，把原来的上级对下级的单向考评改为上下级共同参与干部的考核测评，职工代表参与基层单位领导班子和领导干部的考评。是年，在职工代表大会上，职工代表民主评议基层干部 20 人，被测评为优秀的干部 7 人，占被评议干部总数的 35%；被评定为称职的干部 13 人，占被评议干部总数的 65%，基层单位干部优称率为 100%。机关干部优称率为 85.7%，支队领导干部优称率为 97.3%，群众满意率为 100%。

2015 年，职工代表民主评议基层干部 64 人，其中被评议为优秀的干部 44 人，占被评议干部总数的 68%；被评议为称职的干部 19 人，占被评议干部总数的 29.69%，基层单位干部优称率为 100%。机关干部民主测评优称率为 88.7%，团领导干部民主测评优称率为 98%，群众满意率为 100%。

2010—2015 年，团党委根据干部考核、考评结果，提拔晋升干部 6 人，解聘 4 人，调整岗位 14 人，降职 3 人。对因失职、渎职、贻误工作的 4 名连级干部给予撤职处理，3 名科级干部给予行政警告处分。

（三）干部培训

20 世纪 90 年代开始，且末工程支队党委以提高党员干部整体素质为目标，组织开展干部教育培训活动。按照分级分类和全员培训的原则，抓好党政干部、企业经营管理人员和专业技术人员的教育培训。把干部教育培训工作的重点放在思想观念转变上，采取"走出去""请进来"等方式，邀请师党校专家或讲师授课、到兄弟团场学习取经、选派党政工干部和专业技术人员参加兵师组织的继续教育学习和学历、学位教育培训等多种形式，培训内容涉及国家政策理论、业务技能、法律法规、计算机应用等知识，各级干部的知识水平、业务技能和工作能力明显提高。是年，选送9名监狱民警到兵团警校培训，主要学习法律和管理知识，以提高监狱民警的综合业务素质。

1995年，培训各类干部49人。其中参加兵团干部调训1人。自行组织2期党员干部理论知识培训，参加培训人员52人。1996年，选送2名农业科技干部参加塔里木农学院干部岗位培训学习，回到单位后担任生产科副职领导职务和林业连队领导职务。

2000年，选派监区民警、企业干部79人参加农二师党校在支队开办的法律知识函授大专班，毕业后均取得大专文凭。

2001年，选派129人参加兵师组织的各类培训，年均外派学习人数64人。

2004年，选派干部和监狱民警23人参加第二期法律知识函授大专班学习，以提升个人的学历水平。

2005—2015年，先后选派121人参加兵师组织的各类培训，团党委领导班子成员以及河北对口援建部门共18人相继赴河北唐山市学习培训。

2015年，有4名连队干部参加兵团党校干部进修培训班学习，有2人参加管理干部学院及其他培训机构的学习培训，有58人参加师各部门举办的专业技术培训。全年外派参加各类培训干部64人。

四、专业技术职务评聘

1980年，巴州工程支队启动专业技术人员职称评定工作。参加专业技术岗位评聘23人，其中中级以上3人、初级20人。

1994年，按照国家规定，拟获得中级以上专业技术职称，均参加全国统一考试并加考外语，由兵团职改办凭外语成绩确定获取中级以上技术职称。有121名各岗位专业技术人员获得不同级别的专业技术职称。

1995年，组织部门给企事业单位的专业技术干部和政工干部（含聘用干部）评定职称，确定各类专业技术职务资格和相关待遇。其中，卫生系列高级专业技术职务任职资格实行考试与评审相结合的方法，申报卫生系列高级（正副高级）专业技术职务任职资格人员，须参加兵团统一组织的考试，成绩合格后方可申报。组织部门公示134名专业技术人员参加兵团和师学习教育考核结果，将其作为聘任干部的重要依据。

1999年，进一步改革专业技术职务评聘制度，且末工程支队成立专业技术职务评聘工作领导小组，由组织部门统一安排支队专业技术人员进行初级任职资格评定，中级以上专业技术人员任职资格由农二师或兵团职称改革领导小组评审，逐步建立与市场经济相配套、与人事制度相一致、具有竞争激励机制的专业技术人员管理体制。

2000年，兵团改革职称评审制度，由师和兵团统一评审专业技术人员职称，经过公示后，下发聘任通知，明确职务岗位。且末工程支队召开动员大会，动员适合职称评定各岗位技术人员主动申请，参加师举办的专业技术人员职称评定培训班，通过学习考试合格后晋升职称等级。是年，参加师职称培训班学习3人，全部通过评审，获取初级职称级别2人、中级1人。

2003年6月，职称评定由本人提出申请，所在单位推荐，职改（人事）部门审核同意，参加师举办的继续教育培训后，方能申报评审或报考相应的专业技术职务任职资格。允许集体、私营、个体等所有制单位专业技术人员参加申报评审或报考相应的专业技术职务任职资格。是年，参加师专业技术人员培训2人，获取专业技术等级职称1人。

2007年，本着精简高效、岗职对应的原则，专业技术人员的高级、中级、初级专业技术职务按岗位设置，择优聘任。设农业、农机、畜牧、工程（基建、工交）、会计、政工、教育、卫生系列等专业技术岗位超过60个。且末工程支队聘任专业技术人员72人，通过参加师、兵团专业技术岗位学习培训，获取不同岗位专业职务登记证书62人。

2009年，且末工程支队监企分离，专业技术人员减至17人。2010年后，每年引进大中专毕业生到支队就业，专业技术人员逐年增多。

至2015年末，三十七团有专业技术职务人员43人，其中具有中级以上专业技术职称23人、具有初级专业技术职称20人。

五、老干部工作

（一）老干部管理

1989年，且末工程支队有离退休老干部209人。其中，在且末居住23人、在外地居住186人。支队成立老干部工作委员会，组建退管会，成立退管会党支部，组织离退休老干部开展各种文体活动，为离退休老干部提供生活、学习服务。

2008年12月，离退休老干部增至234人，大部分居住在外地。

2009年，组建老干部工作委员会及老干部工作办公室，配备办公室主任、工作人员各1人，由支队1名副处级领导分管老干部工作。老干部管理纳入机关政工办业务范畴。是年，有老干部157人，其中离休干部9人、退休干部148人；在且末居住34人、在外地居住123人。因支队老干部大部分为异地安置，老干部管理工作难度较大。支队财务每年发放老干部机构活动经费3000元，以保障老干部工作顺利开展。

2010年3月，调整老干部工作委员会及办公室成员，配备2名管理人员、1名办事员。2011

年，给老干部工作岗位人员每人每年发放岗位津贴 380 元。

2012 年，且末工程支队纳入兵团农牧团场序列，成立三十七团，全团有老干部 243 人，其中离休干部 9 人、退休干部 234 人；在且末居住 39 人、在外地居住 204 人。

2015 年，三十七团在库尔勒成立老干部管理服务工作站，配备 2 名管理人员。至年末，全团有离退休干部 237 人，其中离休干部 3 人、退休干部 234 人；在且末居住 39 人、在外地居住 198 人。

（二）老干部待遇

1. 政治待遇

三十七团党委在政治上关心老干部，生活上体贴老干部，对涉及老干部利益及重大政治改革、发展、建设等方面的重要会议、决定、重要文件等，均邀请老干部传阅。在党委换届、党委决策等各类重大活动中，邀请老干部参政议政。

从 1990 年起，每年职代会期间，支队党委均邀请老干部参加会议，采纳老干部提出的各项合理化建议。每年给老干部工作机构和个人订阅报纸杂志不少于 150 份，订阅报纸杂志种类根据老干部工作机构和个人需要适当调整。

1993 年，且末工程支队召开经济工作暨双先表彰会，邀请 6 名老干部代表列席会议，听取会议各类报告和审阅会议文件，听取老干部对党委工作的意见和建议。

2011 年 11 月，老干部活动室从土坯房迁至红旗区一连办公室二楼，使用面积扩大 20 平方米。是年，结合农家书屋建设，给老干部阅览室增加书籍 200 册、添置文体娱乐设施 12 套。邀请 3 名老干部列席支队召开的二届二次职工代表大会，其提出的 3 条合理化建议被支队党委采纳。

2012 年，且末工程支队召开二届三次职工代表大会，邀请 2 名老干部列席会议，其提出的 2 条合理化建议被团党委采纳。

2016 年 9 月，三十七团召开第一次党员代表大会，邀请 3 名老干部列席会议，其提出的 5 条合理化建议被团党委采纳 2 条。是年，老干部参加兵团精神宣讲教育活动 53 人次、法制宣传教育活动 104 次，受教育青少年 1760 人次。

2. 生活待遇

2007 年冬季，且末工程支队按当地标准分别给居住在且末地区、居住在外地的离退休人员每人发放冬季取暖费 400 元、250 元。

2008 年，根据《关于冬季取暖费有关问题的通知》中"各单位中华人民共和国成立前参加工作的离休人员的取暖费，无论平房或楼房，一律按应享受住房面积每平方 18.5 元的标准执行，夫妻各负担一半，资金纳入离退休费由单位发放"的规定，给支队离休干部落实政策，给 9 人补发冬季取暖费 11230 元。

2011 年，报销离退休干部医疗费 13 人次计 7.37 万元。2015 年，三十七团给 3 名健在的离休老干部每月享受 500 元离休特护待遇金；团按时上缴老干部全年公用经费 2550 元，给 2 名异地安置的离休干部代管单位寄发代管费 1800 元。

（三）老干部疗养

1991 年 3 月 29 日，按照农二师《关于组织离休干部健康疗养的通知》，且末工程支队首批安排离休干部孙道卿、赵连华到江苏太湖参加疗养。

1996 年 4 月，组织离休干部、县处级退休干部和拥有高级职称的退休干部、新中国成立前参加革命、符合健康疗养条件的离休工人等到沿海省市健康疗养。老干部健康疗养经费实行全额预收、包干使用，统一由师老干局代师预算外办出具结算。离休干部健康疗养费标准为每人 4000 元，超出的费用自理。

2015 年，三十七团有 7 名老干部分别参加师组织的到其他省区健康疗养，其中成昆线 3 人、杭州线 3 人、北京线 1 人，使用经费 2.5 万元。

表 16–9　三十七团离休人员名录（1982—2015 年）

姓名	性别	民族	祖籍	出生年月	参加工作时间	政治面貌	离休时间	离休前职务
孙道卿	男	汉族	河南孟津	1927.12	1949.1	中共党员	1988.12	指导员
杨爱山	男	汉族	河北涉县	1921.10	1942.2	中共党员	1986.11	连长
田占荣	男	汉族	湖北省	1925.4	1949.9	中共党员	1982.6	指导员
李绍光	男	汉族	甘肃省	1924.1	1949.8	中共党员	1982.11	连长
杨恩喜	男	汉族	库尔勒	1922.9	1948.3	中共党员	1984.6	指导员
胡英杰	男	汉族	河北邯郸	1922.11	1946.5	中共党员	1984.5	副支队长
李春山	男	汉族	安徽凤台	1916.1	1946.1	中共党员	1982.1	副连长
肖敬东	男	汉族	河南周口	1926.8	1949.1	中共党员	1982.11	副指导员
赵连华	男	汉族	河北沧州	1928.12	1949.1	中共党员	1988.12	排长
崔秀坤	男	汉族	河南正阳	1923.11	1949.9	中共党员	1984.6	连长
周自修	男	汉族	山东菏泽	1925.2	1944.2	中共党员	1982.11	副连长
韩成琦	男	回族	青海省	1933.4	1947.12	群众	1987.4	工人
丁云飞	男	汉族	甘肃陇南	1929.11	1949.8	群众	1984.6	连长
尹万银	男	汉族	甘肃陇南	1928.1	1949.9	群众	1983.1	排长
刘　兴	男	汉族	浙江嘉兴	1921.5	1949.9	中共党员	1984.2	技术员
邢克恕	男	汉族	江苏江浦	1920.12	1949.9	中共党员	1982.2	院长
田俊林	男	汉族	陕西宏县	1919.12	1949.9	群众	1983.2	排长

注：根据 2000 年且末工程支队老干部资料列举。

第七节　重大政治活动

一、社会主义思想教育活动

1991 年 11 月，且末工程支队党委在冬春季组织全支队深入开展社会主义思想教育，成立以党委书记王晓林为组长的社教工作领导小组，下设办公室指导全支队社教工作。各单位成立社教小组 6 个，抽调 6 人担任指导员负责本单位社教工作。

且末工程支队社会主义思想教育的主要内容是针对东欧和苏联剧变的国际形势和国内资产阶级自由化思潮，以党的十三届七中全会精神为指导，坚持社会主义方向为主题，进行形势任务教育，党的基本路线教育，爱国主义、集体主义、社会主义教育，增强反对和平演变的自觉性，促进全师社会主义物质文明和精神文明建设。社教工作按组织准备、思想动员、培养骨干、先行试点、全面实施、检查考核 6 个环节进行。先以机关、学校作为试点，取得经验后，在全支队各单位铺开。

社会主义思想教育活动分为两个阶段，第一阶段为学校、机关，第二阶段为基层连队。每个阶段分为三个时段。第一时段学习文件、提高认识。主要学习《中共党史导读》《关于社会主义若干问题学习纲要》、毛泽东的《在中国共产党第七届中央委员会第二次全体会议上的报告》、邓小平的《党和国家领导制度改革》《党在组织战线和思想战线上的迫切任务》、江泽民的《在建党70 周年大会上的讲话》、中央工作会议和兵团党委扩大会议文件。购买分发教育图书 136 册、编写宣讲教材 37 篇。举办理论骨干、副连级干部党员、教师学习班 3 期，举办职工轮训班 6 期，培训职工 136 人次。第二时段联系实际，对照学习内容检查思想、信念、党风、廉政建设、工作作风，民主评议党员和干部，参加社教干部 135 人，占干部总数的 76.40%。第三时段建立和完善规章制度，围绕机关干部和职工思想面貌明显变化、党群干群关系明显改善、屯垦戍边意识明显增强、精神文明和思想政治工作明显加强，社会主义思想教育达到预期目的，促进狱政管理和农业生产工作。1992 年 4 月，完成基层连队社教任务。

二、"三讲"教育活动

2000 年 10 月，按照兵团、师党委部署，在党委领导班子、领导干部及机关各部门和国有企业中开展"三讲"（讲学习、讲政治、讲正气）教育活动。且末工程支队党委成立"三讲"教育活动领导小组，成员分别有科室主要领导、各单位党支部书记等。下设办公室在政工科。

10 月 30 日，且末工程支队党委在红旗区大礼堂召开"三讲"教育学习动员大会，安排部署"三讲"教育活动。

"三讲"教育的基本内容是结合领导班子、领导干部思想和工作实际，有针对性地解决坚定理想信念，增强政治意识、责任意识、全局意识；解放思想、振奋精神，坚持和健全民主集中制，强化宗旨观念，全心全意为职工谋利益；廉洁自律、加强党风廉政建设，解决群众反映强烈的问题。教育对象是党委领导班子、领导干部及机关干部。

"三讲"教育活动自上而下分级分批进行，分思想动员、学习提高，自我剖析、听取意见，交流思想、开展批评，认真整改、巩固成果四个阶段。目的是全面提高各级领导班子、领导个人素质，确保党的基本理论、基本路线、基本纲领、基本方针得到全面贯彻执行，保障改革开放和各项工作的顺利进行。在认真整改、巩固成果阶段，制定《且末工程支队深化改革实施办法》，开展解放思想、更新观念、深化改革、加快发展大学习大讨论，解决了劳改农场成立以来干警思想动摇、人心思走问题，坚定了思想意志，为进一步做好工作奠定了思想基础。制定《且末工程支队党委领导班子成员党风廉政建设责任分解》；确定农业连队土地承包问题解决方法；劳改中队实行联产承包责任制。2001年2月，召开"三讲"教育活动总结大会，且末工程支队"三讲"教育活动结束。

三、"三个代表"重要思想学习教育活动

2001年4月25日，且末工程支队党委召开"三个代表"重要思想学习教育活动动员大会，制定活动方案。成立"三个代表"重要思想学习教育活动领导小组，下设办公室在政工科。

"三个代表"重要思想学习教育活动主要是在农牧团场领导班子成员、农牧团场机关各部门领导及党员干部、农牧连队领导及党员干部中，开展"三个代表"重要思想学习教育活动。教育的重点对象是团场机关科室领导干部，团场连队的连长和指导员，团场直属单位的主要领导；其次是机关一般工作人员，连队副职干部。非重点对象是团基层单位一般干部，连队业务干部及其他党员干部。

且末工程支队计划利用一年的时间，分三个阶段开展学习教育活动。第一阶段集中学习培训；第二阶段深入基层开展工作调研；第三阶段总结，针对问题整改提高。

学习教育活动中，召开民主生活会、对照检查阶段，发放征求意见表170份，召开座谈会6次，征求群众意见和建议132条，梳理群众意见和建议28条。入户走访职工184人，发放调查问卷185份，职工群众对党委班子和领导干部的信任度占97%。有针对性地把群众意见反馈给有关党员干部，开展谈心活动，召开党内民主生活会，开展批评与自我批评。并将召开民主生活会情况和效果在适当范围内进行通报，接受群众监督。

支队领导班子召开民主生活会12次、开展批评与自我批评10次。针对职工群众反映强烈的水电、环卫、医疗、子女上学、土地承包等问题，给职工群众讲明原因。在发展经济、增加职工收入、减轻职工负担、转变干部作风等方面的问题，党委领导班子制定具体整改方案，明确责任，抓好落实，以适当方式公开整改情况。纪委督促检查整改方案的落实情况。2002年3月26日，师党委督查组回访复查支队"三个代表"重要思想学习教育活动情况，且末工程支队"三个代表"重要思想学习教育活动工作结束。

四、保持共产党员先进性教育活动

2005年1月31日，且末工程支队党委分三批开展保持共产党员先进性教育活动，每批时间

为 6 个月，到 2006 年 6 月结束。分为学习动员、分析评议、整改提高三个阶段。党委成立保持共产党员先进性教育活动领导小组，下设办公室在政工科。各基层党支部均成立领导小组，为先进性教育活动提供组织保障。时值且末工程支队开发建设跃进区，全支队人员全部投入开发建设，经请示师党委同意，先进性教育活动只完成第一个阶段的学习动员，第二、第三阶段活动没能开展。

2005 年 1 月 31 日，且末工程支队党委在红旗区大礼堂召开保持共产党员先进性教育阶段动员大会　　（杨波　摄）

五、"四抓四看"活动

2008 年 6 月，在基层党组织和党员队伍当中，开展为期 6 个月的"四抓四看"活动。6 月 19 日，组织召开动员大会，全面启动"四抓四看"活动，分为学习动员、征求意见、问题剖析、建章立制四个阶段。各级党组织走访职工家庭 147 户，收到意见和问题 87 条，当场解决 14 条。针对职工群众提出的意见和问题，支队党委制定 10 项措施，解决了跃进区二连、三连 34 户职工看电视难、职工住房难，群众在养殖、种植、安全、生产、生活等 10 个方面的难题。根据群众推荐、组织考察、民主决策程序，通过竞争上岗、公开选拔，从一线职工中选拔任用 13 名副连级以上干部。2009 年 2 月，"四抓四看"活动结束。

六、深入学习实践科学发展观活动

2009 年 7 月，按照兵团和农二师党委的要求，以团处级以上领导班子和党员领导干部为重点，在全体党员中开展深入学习实践科学发展观活动。支队成立深入学习实践科学发展观活动领导小组，下设办公室，制定深入学习实践科学发展观活动方案与学习计划。

深入学习实践科学发展观活动的主要目标是提高认识，解决突出问题，创新体制机制，促进科学发展。主要原则是坚持解放思想，突出实践特色，贯彻群众路线，以正面教育为主。按照党员干部受教育、科学发展上水平、人民群众得实惠的总体要求，增强贯彻落实科学发展观的自觉性和坚定性，转变不适应、不符合科学发展观要求的思想观念，解决影响和制约科学发展的突出问题及党员干部党性、党风党纪方面群众反映强烈的突出问题，构建有利于科学发展的体制机制，提高领导科学发展、促进社会和谐的能力，使党的工作和党的建设更加符合科学发展观的要求，把科学发展观贯彻落实到经济社会发展的各个方面。深入学习实践科学发展观活动分学习调研、分析检查、整改落实三个阶段。

在学习调研阶段，组织党员领导干部和共产党员学习党的十七大报告和十七届三中、四中全会精神，关于科学发展的论述以及《科学发展观重要论述摘编》、中央深入学习实践科学发展观活动工作会议精神、中央关于新疆及兵团发展与稳定的重大决策、胡锦涛在纪念改革开放30周年大会上的讲话、兵团"四抓四看"教育读本、兵团《深入学习实践科学发展观活动领导干部学习文件选编》等文件资料。举办基层党支部书记和学习骨干学习班1期，参加34人。举办宣讲会3场次，听众260人次。支队党委班子确定调研课题14个，各基层单位确定调研课题23个，走访入户分批深入基层调查研究。召开座谈会3场次，走访基层单位9个，访问职工群众和离退休人员139人次，下发调查问卷134份，收到意见和建议47条，梳理反馈问题18个，形成有价值的调查报告18篇。

在分析检查阶段，各单位领导班子根据调查研究收集到的职工群众的意见和建议，通过召开民主生活会，分析影响和制约本单位本部门科学发展的突出问题，影响社会和谐稳定的突出问题，党性党风党纪方面群众反映强烈的突出问题的主客观原因，特别是主观原因，厘清科学发展思路，形成领导班子贯彻落实科学发展观的分析检查报告，并在一定范围内公布，组织党员和职工群众评议。领导班子成员按照科学发展观要求对照检查自身存在的不足，撰写参加专题民主生活会发言材料。党员参加深入学习实践科学发展观为主题的组织生活会。全支队1个党总支部、6个党支部，101名共产党员参加学习实践科学发展观活动。

在整改阶段，党委领导班子制定整改落实方案，明确责任、明确措施、明确时限，切实解决查找出来的、通过努力能够解决的突出问题。党委班子及其机关部门和各企事业单位党组织从学习调研阶段开始，就把调整产业结构、转变经营方式、解放思想、深化改革、扩大开放、完善体制机制，增强宗旨意识、不断改善民生，转变工作作风，解决党风党纪方面存在的突出问题作为深入学习实践科学发展观的重点突破，力争取得新的成效。支队党委班子公开承诺为职工群众办10件实事全部兑现，为职工群众办好事实事34件。2010年3月25日，召开深入学习实践科学发展观活动总结大会，交流工作经验，安排部署巩固学习实践科学发展观活动成果。深入学习实践科学发展观活动结束。

七、创先争优活动

2010 年 5 月 19 日，按照《师党委组织部、宣传部关于在全师党的基层组织和党员中深入开展创先争优活动的实施意见》，且末工程支队党委开展以"创建先进基层党组织、争当优秀共产党员"为主要内容的创先争优活动。成立创先争优活动领导小组，制定《在党的基层组织和党员中深入开展创先争优活动的实施意见》，下设办公室指导开展活动。

创先争优活动的主题是，以邓小平理论和"三个代表"重要思想为指导，贯彻落实中央新疆工作座谈会精神和兵团、师党委全委扩大会议精神，推动且末工程支队科学跨越式发展和长治久安，党员干部立足本职争先锋作贡献。创先争优活动的主要内容是，先进基层党组织努力做到领导班子好、党员队伍好、工作机制好、工作业绩好、群众反映好（简称"五好"）；优秀共产党员努力做到带头学习提高、带头争创佳绩、带头服务群众、带头遵纪守法、带头弘扬正气（简称"五带头"）。各单位根据实际情况和党员的岗位特点，对活动实行分类指导。

在创先争优活动期间，政工办牵头组织 1 个调研组到 3 个连队、1 个企业、10 个党支部调研。举办 2 期党支部书记培训班，培训基层党支部书记 29 人次，举办优秀党员和优秀党务工作者培训班，培训 67 人次。上党课 2 场次，开展党员干部网上问卷调查 97 人次，发放典型事迹宣传册 32 册、光盘 2 盘。选优配强连队党支部书记 1 人，选拔 3 名优秀党员担任党支部书记，调整 2 名不胜任工作的党支部书记工作岗位。表彰基层组织建设先进党支部 3 个，优秀共产党员 5 名。全支队有 10 个基层党支部、111 名党员参加创先争优活动。

八、党的群众路线教育实践活动

2014 年 2 月 8 日，三十七团与第二师同步开展第一批党的群众路线教育实践活动，按照"为民、务实、清廉"主题，依照"照镜子、正衣冠、洗洗澡、治治病"的总要求，着力解决团场、企事业单位领导班子、领导干部和团机关在严守政治纪律、履行职责使命以及在形式主义、官僚主义、享乐主义、奢靡之风等"四风"方面存在的突出问题，解决联系服务职工群众"最后一公里"问题。

2 月 25 日，三十七团召开党的群众路线教育实践活动动员大会，启动和部署党的群众路线教育实践活动。第二师党的群众路线教育实践活动第二督导组，对第一阶段工作进行督导，并提出工作要求。

活动期间，团党委先后召开 4 次动员大会，组织为期 15 天的集中学习 15 次、涵盖 20 个学习专题内容，领导干部每人撰写 5000 字读书笔记和学习心得体会，团主要领导上党课 3 次；发放调查问卷 210 份，6 名团党委常委分别到 5 个基层党支部召开座谈会 11 次，征求意见 410 条；组织 128 名党员干部进行党的群众路线教育实践活动理论考试，5 个基层党支部举办教育实践活动知识竞赛；举办"我与团场共成长"先进事迹报告会。发放 92 份党员干部民主评议表，团领导班子成员、科室和基层单位领导谈心谈话 28 人次，班子成员之间开展 3 轮谈心谈话活动，征得拟提批评意见 59 条，梳理归纳存在主要问题 15 条。

团党委制定《三十七团党委班子整改方案》《三十七团党委班子专项整治整改方案》，为 70 户红枣亩产量低于 150 千克承包职工垫付有机肥帮扶资金 60 万元；出台《三十七团扶持职工多元增收实施办法》《三十七团困难职工多元增收帮扶办法》等配套文件，拓宽职工增收渠道。先后为职工发放畜牧扶持资金 24 万元、困难职工帮扶资金 3.33 万元，帮助职工购买羊牛猪等牲畜 730 头（只）。成立 2 个养殖专业合作社，为每名一线在岗承包职工配股 1 万元，每年 70% 的分红返还团配股本金，30% 作为红利发放给职工，本金还清后，100% 参与分红。当年养鸡合作社给职工发放枣园生态鸡苗 3 万只。

针对干部服务职工能力不足、职工红枣管理技术差的问题，先后多次邀请新疆农垦科学院林园研究所、师农业局、三十六团红枣专家和塔里木农业大学教授为团机关干部、基层领导干部、青年大学生、红枣承包职工及外来承包户现场培训红枣修剪和管理技术。机关干部到连队植树 7.6 万棵、在设施大棚种植果树 2.97 万棵，清理林床杂草 6 千米，整治营区卫生面积 5.33 公顷；连队干部清理营区渠道 35 千米、清扫营区道路 15 千米，参加服务春播、抗灾自救面积 73.33 公顷，参加义务劳动 1203 人次，缓解了团场劳动力不足的困难。建立领导困难职工帮扶点 7 个，帮扶贫困户 10 户，科室领导和单位领导干部与困难职工建立帮扶对子 35 户。4 名科级干部配合师 2 名"第一书记"到一连、二连开展工作，为基层单位解决办公设施不足和农业生产基础设施差等 10 多个涉及民生民计的问题。

九、"三严三实"专题教育活动

2015 年 5 月，三十七团党委在处级以下领导干部中开展"三严三实"（"三严"即严以修身、严以用权、严以律己；"三实"即谋事要实、创业要实、做人要实）专题教育活动。组织各单位领导干部深入学习《习近平谈治国理政》《习近平关于党风廉政建设和反腐败斗争论述摘要》《中国共产党章程》等文献。党委理论学习中心组集中研学 12 次，召开专题教育推进会 4 次。团党委书记为全体党员讲党课 6 次，团党委班子成员带头学习研讨。经广泛征集，梳理归纳意见建议 40 条。以践行"三严三实"为主题召开专题民主生活会和组织生活会，明确改进方向和整改措施。

按照中共中央组织部《关于深化县级"三严三实"专题教育着力解决基层干部不作为乱作为等损害群众利益问题的通知》要求，团党委成立专题教育工作组，深入基层单位集中开展基层干部不作为乱作为等损害职工群众利益问题专项整治活动。专项检查农资采购、农产品销售以及职工群众反映的突出问题。通报批评 3 个单位，党纪处分 1 人。

第八节　宣传思想工作

一、思想政治教育

20 世纪七八十年代，政治思想教育主要以国防教育、爱国主义教育、思想道德教育为主，由师政治处负责组织开展活动。

1991 年，且末工程支队党委思想政治教育以社会主义思想教育为主线，按照《农二师农业团场班组工作条例》，召开班组建设经验交流会，总结推广班组建设典型经验，把政治思想教育工作任务落实到基层班组。各单位党组织围绕坚持党的四项基本原则，反对资产阶级自由化教育，学习宣传党的十三届五中、六中、七中全会精神以及庆祝中华人民共和国成立 40 周年大会上的讲话，先后举办干部学习班 5 期，参加学习 120 人次。

1992—1994 年，按照师党委开展思想宣传工作要求，制订全年思想政治教育计划，支队党委以领导班子集体学习、党支部"三会一课"学习为主，由党委理论学习中心组学习带领基层党支部学习，规定学习篇目，多次组织学习内容测试。

1995 年，支队党委理顺思想政治工作管理体制，2 个农业连队和 2 个国有企业单位配备配齐政治指导员。2 个连队配备政工干事 2 人。从支队机关到连队、车间，行政干部和经济工作干部都有政治工作任务，形成小机构、大服务，各司其职、各负其责、齐抓共管的思想政治工作格局。加强思想政治工作基础建设，完善思想政治工作制度，建立思想政治工作目标管理制度和政工台账制度，实行"双文明""双百分"考核制度、政治思想教育制度、检查制度、评比奖励制度、干部培训制度等。党委与基层各单位签订"双文明"建设责任书，实行基层各单位政治思想教育与经济效益包干制。1996 年，举办学习宣传党的十四届六中全会精神培训班 2 期，参加培训的党员干部 130 人次。

1997 年，组织宣传学习党的十五大精神，发放学习党的十五大精神文件资料 120 册，深入基层宣讲 4 场次，听众 140 人次；举办学习党的十五大精神研讨班 3 期，参加 135 人次。各单位举办学习贯彻党的十五大精神专栏 24 期。

1998 年底，针对农业自然灾害较多、生产成本和自费额增加、经济效益和职工收入偏低等问题，支队党委组织全体党员干部学习党的十五届三中全会精神，在职工群众中开展爱国主义、集体主义、社会主义教育，引导干部和职工坚定信念，增强战胜困难的信心。出台土地承包上缴费用减免优惠政策，扶持职工群众渡过难关，以稳定职工队伍和促进经济恢复。

2003 年 9—12 月，各单位开展"崇尚科学、反对邪教"宣传活动，发放宣传手册 150 册、宣传资料150份，各单位在宣传阵地编宣传板报4期，全年计32个版面。

2011年11月，开展无邪教单位创建活动，举办宗教知识培训班2期，党员干部和少数民族群众参加教育学习345人次。

2013年，开展"基本普及九年义务教育、基本扫除青壮年文盲"的"双基"教育活动，团外派2名工作人员参加师轮训班，回团后组成宣讲组，深入各连队进行社会主义思想宣讲教育，受教育群众1121人次。

2015年9月，三十七团宗教事务管理工作领导小组办公室与且末县宗教事务管理局共同举办"崇尚科学、关爱家庭、珍惜生命、反对邪教"宣传画展，展出1306张图片和82面宣传板报，受教育群众1.2万人次。

2015年，各级党组织宣传学习习近平总书记系列重要讲话，重点宣传学习习近平总书记视察新疆和兵团重要讲话精神和党的十八届五中全会精神。开展理论专题研讨，组织开展集体学习活动6次，参加学习180余人次。党委理论学习中心组每周组织集体学习活动2次，全年组织政治理论学习108次，参加学习169余人次，学后测试17次。

二、新闻宣传

（一）机构

1995年，支队成立宣传报道领导小组，由一名支队副职领导分管宣传工作，政工科科长主管宣传业务。2009年，监企分开后，支队政工科由1人负责新闻宣传工作，配备1部摄像机、2部照相机、4台计算机。基层单位配备通讯员7人。2010年，宣传科与政工科合署办公。2012年，各连队分别配备1名政工员，负责完成本连队年度新闻宣传任务。2015年，支队建起以连队政工员为主的新闻宣传队伍。

（二）新闻报道

1984年，兵团组织2个团的力量开发建设且末，是年5月20日，《新疆日报》、新疆人民广播电台、新疆电视台专题采访报道兵团组织2个团的力量开发建设且末的新闻，且末工程支队首次登上自治区新闻媒体。

1993年开始，支队新闻报道坚持"贴近实际、贴近群众、贴近生活"的工作方针，成立宣传工作领导小组，制定年度宣传工作方案，以经济建设和民生建设为中心开展新闻宣传工作。政工科抽出专人负责对外宣传报道工作，组织各单位、部门集中力量对外发稿。是年，在省地（州）级报纸杂志上发表新闻稿件22篇，各单位办宣传专栏12期64个版面，扩大了且末工程支队的社会知名度，形成明显宣传效果。

1995年，在2个连队配备政工干事2人，从机关到连队、车间分配宣传报道工作任务，形成齐抓共管的宣传思想工作格局。在职代会上，与基层6个单位签订政治思想工作基础建设"双文明"建设责任书 16 份，实行基层各单位宣传思想教育与经济效益包干制。实行半年一次检查、全年评比奖励制度。全年在报纸杂志上发表新闻稿件 41 篇，评选出"双文明"单位 3 个并给予表彰奖励。

1996 年，政工科举办新闻培训班，向基层通讯员传授新闻写作要领，以提高通讯员写作水平。通过学习培训提高基层单位政工干部写作水平。全年发表新闻稿件 57 篇，其中国家级报刊发表 1 篇，省级报刊发表 11 篇，地（州）级报刊发表 45 篇，扩大了支队对外界的影响。是年 11 月，且末工程支队狱政科邀请农二师电视台拍摄的纪录片——《大漠南缘有一支打不垮的部队》获得兵团监狱管理局优秀奖，奖金 100 元。

2000 年，支队党委加强对新闻宣传工作的领导，明确政工部门承担新闻宣传的工作职责。选派机关负责宣传工作的人员外出参加兵团、师举办的新闻写作培训班，提高新闻写作水平。当年在国家、省、地（州）级报刊上发表新闻稿件 84 篇，其中省级稿件 17 篇，国家级稿件 1 篇。全年在各类媒体传媒网站发表新闻稿件 102 篇。

2001—2005 年，政工部门在《新疆日报》《兵团日报》《中国农民报》《绿原报》《巴音郭楞日报》等新闻媒体发稿件 566 篇。

2006 年，在地（州）级以上新闻媒体刊稿 161 篇，其中国家级 1 篇、省级 28 篇、地（州）级 132 篇。在省地级等各类报纸杂志和电视台发表 30 篇关于跃进区生态林建设的专题性新闻，且末支队被评为农二师生态建设先进单位。

2007 年 4 月，兵团电视台"春行绿洲"报道组抵达且末工程支队，对生态经济林建设进行实地专题采访。

2011 年，邀请兵团新闻网主编到支队举办新闻培训 3 次，选派 5 名政工干部参加兵师新闻写作培训。8 月，支队与且末县达成兵地新闻对播协议，且末县广播电视台播发支队信息。在国家、自治区、兵团、农二师等新闻媒体发表新闻稿件 422 篇。

2015 年，政工办将新闻宣传纳入各党支部政治考核内容，培训骨干通讯员 12 人。政工办实习大学生李嘉成采编的短视频《新疆巴州遭受重大沙尘暴侵袭》，被中央电视台新闻联播采用。全团在地州级以上新闻媒体刊稿 542 篇，超额完成师宣传部下达的刊稿任务。

表 16－10　三十七团新闻媒体刊稿一览表（1990—2015 年）

单位：篇

年份	国家级报刊及网站	省部级报刊及网站	地（州）级报刊及网站	合计	年份	国家级报刊及网站	省部级报刊及网站	地（州）级报刊及网站	合计
1990	—	1	5	6	1994	—	8	26	34
1991	—	—	1	1	1995	—	8	33	41
1992	—	—	6	6	1996	1	11	45	57
1993	—	5	17	22	1997	—	12	63	75

续表

年份	国家级 报刊及网站	省部级 报刊及网站	地（州）级 报刊及网站	合计	年份	国家级 报刊及网站	省部级 报刊及网站	地（州）级 报刊及网站	合计
1998	—	14	66	80	2007	1	26	213	240
1999	—	12	72	84	2008	2	28	213	243
2000	1	17	84	102	2009	4	31	324	359
2001	1	21	82	106	2010	3	41	317	361
2002	—	23	93	116	2011	6	60	356	422
2003	2	22	97	121	2012	4	91	410	505
2004	1	19	84	104	2013	9	112	407	528
2005	—	25	94	119	2014	11	123	412	546
2006	1	28	132	161	2015	7	132	403	542

注：此表根据团档案室资料统计整理列举数据。

第九节　统战工作

一、机构

1980 年之前，支队由群工科负责统战工作。1986 年，群工科隶改为政工科，统战工作由政工科负责。1995 年 5 月，且末工程支队成立外事侨务工作领导小组，下设办公室在政工科，安排 1 名工作人员负责统战工作。

2003 年，民政事务从政工科分离，且末工程支队成立民政科，配备 1 名科长，统战工作移交民政科管理。

2005 年 3 月，机关实行机构改革，民政科撤销，改隶为社政科，统战工作由 1 名工作人员负责。

2009 年，监企分开之后，且末工程支队党委充实完善机关各部门工作机构，统战工作由社政科负责，配备 1 名工作人员负责日常业务。

2012 年，统战工作从社政科剥离移交人民武装部负责，团党委一名副职领导主管统战工作，配备 1 名工作人员。

2015 年，团调整机关党委工作机构，统战工作由政法办公室负责。

二、台胞工作

1993 年，且末工程支队招收内地农民工 50 户。其中，有 4 户台属。支队领导在重大节日期间，登门拜访台属家庭，了解他们的生产生活情况，为其解决实际困难。

2003 年，民政科工作人员到职工家庭走访，了解到 1 户台属与台湾地区的亲人存在联络不畅、信息不通的困难，遂通过信函、电话与其在台湾地区的亲人取得联系，邀请他们回大陆探亲，亲身感受祖国的发展变化。2005 年，支队领导在重大节日期间登门拜访慰问台属，为他们解决困难 3 件次，送去价值 240 元的慰问品 12 件，使台属感受到党的关心和温暖。

2013 年，三十七团党委扶持台属家庭 80 万元，以引导台属脱贫致富。先后发展养猪、养鸽业，成立肉鸽养殖合作社，入社职工 7 户，年人均创收 2 万元。

2015 年末，全团有台属 4 户计 12 人。团安排台属就业 5 人，临时就医 31 次，纳入低保政策 2 人。2006—2015 年，团党委在重大节日期间走访慰问台属 42 次，慰问品价值 1.08 万元。

三、非党人士工作

1970—1980 年，且末工程支队有党外知识分子 1500 人。其中，男性 1100 人、女性 400 人；汉族 1490 人、维吾尔族 4 人、回族 4 人、瑶族 1 人、藏族 1 人；初中学历 1220 人，高中学历 90 人，大专学历 120 人，本科学历 70 人。在机关工作 45 人，在基层工作 1325 人，在教育、医疗等专业技术岗位工作 130 人。

1981—1990 年，且末工程支队人员流动量较大，知识分子流动到外地工作的人员有 230 人，其中党外知识分子 200 人。在各条战线上工作的党外知识分子 19 人，其中男性 16 人、女性 3 人；在 19 人当中，本科学历 7 人，大专及以下学历 12 人，在机关工作 4 人，在教育、医疗等专业技术岗位上工作的有 15 人。

2000—2014 年，参照《党政领导干部选拔任用条例》，健全和完善党外干部选拔使用机制，进一步理顺与组织部门在选拔党外干部工作上的关系，会同组织部门做好培训对象和人选的考察、培训等工作。14 年当中，选拔聘用大专以上学历的各专业技术、干部岗位的党外知识分子 313 人。

2015 年，三十七团有党外知识分子 64 人。其中，男性 46 人、女性 18 人；汉族 62 人、少数民族 2 人；本科学历 7 人、大专以下学历 57 人；拥有初级职称 12 人，无职称 52 人。团党委在政治、生活、学习和工作上对非党知识分子一视同仁，量才使用，搭建知识分子施展才华的平台。每年都有党外知识分子成为党组织培养对象，被选拔到机关、基层管理岗位和专业技术岗位。

第十七章　政企事务

"0701"国防公路工程启动后，施工部队隶属新疆军区生产建设兵团，实行军事化管理体制，司令部下设营级管理机构，一线施工队伍为连级建制单位。1975年兵团建制撤销后，且末工程支队划归巴州工程建筑体系，后划归巴州农垦局期间，保留了行政机构军事化称谓。行政管理延用军事化管理体制。1982年兵团建制恢复后，且末工程支队回归兵团建制，行政管理实行准军事化管理体制，支队下设营级单位，生产单位延用连级编制和番号。2009年4月，监企分离后，且末工程支队保留正团级建制。团场深化体制改革，按需设置行政工作机构，农业、工业、基建、财务等部门归属于行政管理系列。2012年10月9日，且末工程支队纳入兵团农牧团场序列，更名为三十七团后，整合行政编制和机构，建立布局合理的行政管理体系，行使行政管理职能。

第一节　行政领导

1969年，兵团工三师筑路部队陆续搬往且末县境内，在且末建立工三师司令部"0701"工程临时指挥部，兵团党委临时任命刘琦、宋彦亭为临时指挥部负责人，任命陈百胜为临时指挥部政治处负责人。

1970年6月，工三师司令部"0701"工程临时指挥部易名为工三师司令部"0701"工程且末前线指挥部，兵团党委任命宋彦亭为政委、史地为指挥长，任命刘琦为副政委，任命陈明金、倪青圃、胡英杰、赵培贤、邓俊发、楼兆莹为副指挥长。指挥部行政领导班子由9人组成。

1971年2月25日，工三师建制撤销，与兵团工一师三团和农三师五十三团合并，工三师"0701"工程且末前线指挥部易名为农三师"0701"工程且末前线指挥部。兵团任命史地为政委、宋彦亭为指挥长，任命刘琦为副政委。

1972—1973年，农三师司令部"0701"工程且末前线指挥部党委班子由9人组成，史地任政委，宋彦亭任指挥长。增设副指挥长张殿英、田佐民、谷孝良3人。1973年3月，兵团将农三师且末前线指挥部与工三师留存下来的连队合并，组建成立农三师且末工程支队，接续公路施工。12月，刘琦调离。1974年1月，宋彦亭任政委，史地任指挥长。

1974年2月，农三师且末前线指挥部划拨给农二师管辖，改隶为农二师且末工程支队。支队长史地、政委宋彦亭；副支队长倪青圃、胡英杰、赵培贤、邓俊发4人，副政委陈明金，其他行政领导若干名。1975年1月，兵团调整农二师且末工程支队领导班子成员，任命宋彦亭为政委、史地为支队长。任命田佐民、石秀德、楼兆莹、谷孝良4人为农二师且末工程支队副支队长，陈明金为副政委。

1975年5月，农二师且末工程支队归属巴州建管局领导，改隶为巴州且末工程支队。至1975年12月底，巴州工程支队党委班子由6人组成，宋彦亭任政委，史地任支队长。田佐民、石秀德、楼兆莹、谷孝良任副支队长。

1976年4月，巴州建管局调整支队党委领导班子成员，免除宋彦亭巴州工程支队党委书记职务，任命陈百胜为巴州工程支队政委、史地为支队长。任命陈明金、倪青圃、石秀德、胡英杰为副支队长。1977年10月，巴州建管局任命王银升为且末工程支队副支队长。

1978年，且末工程支队施工连队随工程转移至盐湖、乌鲁木齐等地施工，在盐湖成立支队部，政委陈百胜，支队长史地；副政委陈明金，副支队长石秀德、邓俊发。1980年，在且末设置留守处，由副支队长胡英杰负责。1980年12月，史地调离。1981年1月，张三忠任支队长，李葆应任主任工程师。

1981年，巴州建管局调整支队领导班子，张三忠任支队长，陈百胜任政委；副支队长倪青圃、胡英杰、赵培贤、邓俊发，副政委陈明金。1982年4月，巴州工程支队回归农二师建制，恢复农二师且末工程支队正团级建制后，农二师在且末筹备成立劳改农场，为且末工程支队配备班子成员7人，政委为陈百胜，支队长为张三忠，副政委叶臻荣，副支队长赵培贤、倪青圃、胡英杰、陈明金。石秀德调离。

1985年1—6月，陈百胜、倪青圃、赵培贤等先后调离且末工程支队。1985年7月至1986年7月，支队班子由叶臻荣、王继昌、胡英杰、肖玉海、王晓林5人组成。叶臻荣临时任政委，王继昌临时任支队长。

1986年8月，农二师任命叶臻荣为且末工程支队政委、王继昌为支队长。张荣彬、姜根荣、毛运祖、肖玉海任副支队长，王晓林任副政委。9月30日，且末工程支队（且末劳改农场）挂牌成立，且末工程支队与且末劳改农场合署办公，实行一套机构挂两块牌子。

1987年2月，农二师党委任命蔡先平为副政委。1988年3月，农二师党委任命王继昌为支队长、蔡先平为政委；任命王晓林为副政委，文良雄、张美金、姜根荣为副支队长。5月，师增补吴良才为副支队长。

1991年1月，农二师党委调整且末工程支队领导班子，王晓林任支队长，李新建任政委；毛运祖、肖玉海、李金良任副支队长，邢晓燕任副政委。

1995年8月，且末县委书记董兆国兼任且末工程支队第一政委，王晓林兼任且末县委常委，实行兵地干部交叉任职。

1997年，且末工程支队领导班子由董兆国、王晓林、李新建、李金良、邢晓燕5人组成。其中，且末县委书记董兆国兼任且末工程支队第一政委，王晓林任支队长，李新建任政委；李金良任副支队长，邢晓燕任副政委。8月，顾国平任且末工程支队副支队长。9月，且末劳改农场改建为农二师且末监狱，与工程支队继续合署办公。

1998年，农二师党委对且末工程支队领导班子进行调整，任命隋健鹏为且末工程支队（且末监狱）支队长（监狱长），进一步完善了且末工程支队（监狱）双重行政职能下的行政领导机构。

1999年5月，农二师任命韦泽文为且末工程支队（且末监狱）副支队长（副监狱长）。10月，巴州党委、农二师党委决定，且末县委书记张小平兼任且末工程支队第一政委。王晓林任支队政委，隋健鹏任支队长。顾国平、韦泽文任副支队长，张素琴任副政委。

2003年1月，农二师党委调整支队领导班子，支队长（监狱长）隋健鹏调离。2月，副支队长（副监狱长）顾国平任支队（且末监狱）支队长（监狱长）职务。2004年，陈峰、单丙峰任副支队长。

2005年9月，农二师调任丁利文为且末工程支队（且末监狱）支队长（监狱长），负责跃进区农业开发全盘工作。任命洪光为副政委，韦泽文为且末支队（且末监狱）副支队长（副监狱长），协助支队长做好农业开发工作。

2006年2月，农二师任命马胜泉为且末工程支队（且末监狱）副支队长（副监狱长）。4月7日，农二师任命单丙峰为且末工程支队（且末监狱）副支队长（副监狱长）。

2007年3月，任命陈恒山为且末工程支队（且末监狱）副支队长（副监狱长）。

2007年9月，师调丁利文任第二师建设局且末开发建设总指挥，调任黎明为且末工程支队（且末监狱）支队长（监狱长），调整韦泽文为副处级调研员。

2009年4月，且末工程支队与且末监狱分离，师党委任命陈恒山为支队长、郭鲁肃为政委；任命梁茂泽为副支队长。

2012年10月，且末工程支队纳入兵团农牧团场系列管理，列编为新疆生产建设兵团农二师三十七团。农二师调任郭鲁肃为三十七团政委，陈恒山任团长，梁茂泽任副团长。2013年4月，第二师党委任命宁丰为三十七团政委，陈志杰任团长，梁茂泽任副团长。2014年3月，第二师三十七团挂牌成立，师调整三十七团领导班子成员，增补梁洁、张金波为三十七团副团长，曲新泓任副政委。

表 17 - 1　三十七团历任行政正职领导人名录（1969—2015 年）

机构名称	职务	姓名	性别	文化程度	任职时间	备注
工三师临时指挥部	负责人	刘 琦	男	大专	1969.9—1970.5	
		宋彦亭	男	高中		
工三师司令部且末前线指挥部	指挥长	史 地	男	初中	1970.6—1971.2	
	政委	宋彦亭	男	高中		
农三师司令部且末前线指挥部	指挥长	宋彦亭	男	高中	1971.2—1973.12	
		史 地	男	初中	1974.1—1974.2	
	政委	史 地	男	初中	1971.2—1973.12	
		宋彦亭	男	高中	1974.1—1974.2	
农二师且末工程支队	支队长	史 地	男	初中	1974.2—1975.4	
	政委	宋彦亭	男	高中		
巴州且末工程支队（巴州工程支队）	支队长	史 地	男	初中	1975.5—1977.12	
	政委	宋彦亭	男	高中	1975.5—1976.4	
		陈百胜	男	初中	1976.4—1977.12	
盐湖巴州工程支队	支队长	史 地	男	初中	1978.1—1980.12	
		张三忠	男	初中	1981.1—1982.3	
	政委	陈百胜	男	初中	1978.1—1982.3	
农二师且末工程支队（且末劳改农场）	支队长	张三忠	男	初中	1982.4—1985.6	
	临时支队长	王继昌	男	高中	1985.7—1986.7	
	支队长	王继昌	男	高中	1986.8—1990.12	
		王晓林	男	初中	1991.1—1993.12	兼任代理书记
					1994.1—1997.12	兼任书记
		隋健鹏	男	本科	1998.1—2003.1	
		顾国平	男	大专	2003.2—2005.9	
		丁利文	男	本科	2005.9—2007.9	
		黎 明	男	大专	2007.9—2009.3	
	政委	陈百胜	男	初中	1982.4—1985.6	
	临时政委	叶臻荣	男	高中	1985.7—1986.7	
	政委	叶臻荣	男	高中	1986.8—1988.2	
		蔡先平	男	初中	1988.3—1990.12	
		李新建	男	中专	1991.1—1998.1	
	第一政委	董兆国	男	本科	1995.8—1999.10	中共且末县委书记
		张小平	男	大专	1999.10—2002.12	
	政委	王晓林	男	初中	1998.1—2005.8	
		顾国平	男	大专	2005.9—2009.3	
且末工程支队（监企分离后）	支队长	陈恒山	男	大专	2009.4—2012.9	
	政委	郭鲁肃	男	大专		
三十七团	团长	陈恒山	男	大专	2012.10—2013.3	
		陈志杰	男	本科	2013.4—	
	政委	郭鲁肃	男	大专	2012.10—2013.3	
		宁 丰	男	大专	2013.4—	

注：此表由二师档案局、且末监狱提供资料。

2015 年 2 月，师党委调任赵明侠为三十七团副团长。3 月，调任张志勇为三十七团副团长，调任詹其军为三十七团副政委。至年底，团行政领导班子由 9 人组成。

表 17 - 2 三十七团历任行政副职领导人名录（1970—2015 年）

机构名称	职务	姓名	性别	文化程度	任职年限	备注
工三师司令部且末前线指挥部	副指挥长	陈明金	男	高小	1970.6—1971.2	
		倪青圃	男	初中		
		楼兆莹	男	初中		
		胡英杰	男	高小		
		赵培贤	男	高小		
		邓俊发	男	初中		
	副政委	刘 琦	男	大专		
农三师司令部且末前线指挥部	副指挥长	陈明金	男	高小	1971.2—1974.2	
		倪青圃	男	初中		
		楼兆莹	男	初中		
		胡英杰	男	高小		
		赵培贤	男	高小		
		邓俊发	男	初中		
		张殿英	男	初中	1972.1—1974.2	
		田佐民	男	高小		
		谷孝良	男	初中		
	副政委	刘 琦	男	大专	1971.2—1973.12	
农二师且末工程支队	副支队长	倪青圃	男	初中	1974.2—1975.5	
		胡英杰	男	高小		
		赵培贤	男	高小		
		邓俊发	男	初中		
		田佐民	男	高小		
		石秀德	男	初中	1975.1—1975.5	
		楼兆莹	男	初中		
		谷孝良	男	初中		
	副政委	陈明金	男	初中	1974.2—1975.5	
巴州且末工程支队（巴州工程支队）	副支队长	田佐民	男	高小	1975.5—1977.12	
		石秀德	男	初中		
		楼兆莹	男	初中		
		谷孝良	男	初中		
		陈明金	男	初中	1976.4—1977.12	
		倪青圃	男	初中		
		胡英杰	男	高小		
		王银升	男	高小	1977.10—1977.12	
	副政委	陈明金	男	初中	1975.5—1976.4	

续表

机构名称	职务	姓名	性别	文化程度	任职年限	备注
盐湖巴州工程支队	副支队长	田佐民	男	高小	1978.1—1978.12	
		楼兆莹	男	初中		
		谷孝良	男	初中		
		王银升	男	高小		
		石秀德	男	初中	1978.1—1982.4	
		胡英杰	男	高小	1978.1—1982.3	且末驻地留守
		倪青圃	男	初中		
		赵培贤	男	高小	1981.1—1982.3	
		邓俊发	男	初中		
	副政委	陈明金	男	初中	1978.1—1982.3	
农二师且末工程支队（且末劳改农场）	副支队长	赵培贤	男	高小	1982.4—1985.6	
		倪青圃	男	初中		
		胡英杰	男	高小	1982.4—1986.7	
		陈明金	男	初中	1982.4—1985.7	
		肖玉海	男	大专	1985.7—1988.3	
		王晓林	男	初中	1985.7—1986.8	
		张荣彬	男		1986.8—1988.3	
		姜根荣	男	初中		
		毛运祖	男	中专		
		文良雄	男	高中	1988.3—1990.12	
		张美金	男	高中		
		吴良才	男	中专	1988.5—1991.12	
		毛运祖	男	中专	1991.1—1995.8	
		李金良	男	初中	1991.1—1999.5	
		顾国平	男	大专	1997.8—2003.2	
		韦泽文	男	中专	1999.5—2007.9	
		陈　峰	男	大专	2004.1—2009.3	
		单丙峰	男	大专		
		马胜泉	男	大专	2006.2—2009.3	
		陈恒山	男	大专	2007.3—2009.3	
	副政委	叶臻荣	男	初中	1982.4—1986.8	
		王晓林	男	初中	1986.8—1991.1	
		蔡先平	男	初中	1987.2—1988.3	
		邢晓燕	女	高中	1991.1—1999.10	
		张素琴	女	大专	1999.10—2005.8	
		洪　光	男	大专	2005.9—2009.3	
	调研员	韦泽文	男	中专	2007.9—2009.4	副处级
且末工程支队（监企分离后）	副支队长	梁茂泽	男	大专	2009.4—2012.9	

续表

机构名称	职务	姓名	性别	文化程度	任职年限	备注
三十七团	副团长	梁茂泽	男	大专	2012.10—	
		梁洁	女	大专	2014.3—	
		张金波	男	本科	2014.3—	
		赵明侠	男	大专	2015.2—	
		张志勇	男	大专	2015.3—	
	副政委	曲新泓	男	大专	2014.3—	
		詹其军	男	大专	2015.3—	

注：此表由二师档案局、且末监狱提供资料。

第二节　行政机构

1970 年，工三师司令部"0701"工程且末前线指挥部机关设有行政处、劳资处、工程处、财务处、后勤处、参谋处和办公室等行政工作机构。各处（室）下设股，其中工程处下设施工股、材料股、监理股等职能部门，农业生产归属后勤处管理。另设有机关食堂和 1 所托儿所。

1971 年 2 月，工三师司令部"0701"工程且末前线指挥部建制撤销，改隶为农三师司令部"0701"工程且末前线指挥部，机关行政部门由处室改隶为股，设置劳资股、生产施工股、行政股、计财股、后勤股、办公室等机构。股下设置相应组，其中农业、工矿、施工、生产、材料组归属施工股管理，副食品加工厂、副业队、机关食堂和托儿所归属后勤股管理。

1973 年，农三师司令部"0701"工程且末前线指挥部机关撤销"股"建制，设置一处一室一部四科，各部门内细化的行政职能部门有劳资组、施工组、生产组、作训组、工矿组、行政组、生活组、材料组、计财组、预算组、后勤组、办公室等。

1974 年 2 月，农三师司令部"0701"工程且末前线指挥部撤销，划归农二师实行属地管理，更名为农二师且末工程支队后，机关行政部门精简为施工组、材料组、劳资组、计财组、工矿组、行政办公室等。行政办公室配备主任 1 人、副主任 1 人，下辖后勤、机关食堂和托儿所。

1975 年 5 月，农二师且末工程支队划归巴州，机关行政机构设有施工科、劳资科、计财科、工矿科、行政办公室等。

1978 年，国家改革国营农场机构设置。巴州工程支队机关部门设置根据"农场要实行定员定额，非生产人员不得超过 12%，多余人员一律回到生产岗位上去"的通知精神，改组建科，在乌鲁木齐盐湖化工厂设有计财科、施工科、行政办公室等行政机构。施工科与材料科合署办公，改组为施工材料科。

1980 年，机关行政工作部门保留计财科和办公室建制，撤销施工材料科；增设生产科，统一管理施工、材料、工矿、农业生产、后勤等工作。且末驻地机关科室留守部分人员负责农业种植和煤矿开采。工矿、施工、办公室、计财等机关部门各留守 1 人，负责日常事务管理。

1982 年，农二师且末工程支队建制恢复，为便于生产施工，恢复施工材料科建制。

1984 年，为有利于与师机关上下业务对口，机关恢复劳资科、计财科、行政办公室等行政工作部门，施工材料科更名为生产管理科。

1986 年 10 月 1 日，且末工程支队（且末劳改农场）成立，机关行政工作部门设有生产科、计财科、行政办公室。行政办公室兼管电台、机要、副食品加工厂、小车队、商业经营等业务。

1989 年，机关行政工作部门设有生产科、计财科、劳资科、行政办公室等。施工材料科更名为基建科，与生产科合署办公。

1990 年，按照师对机关设置的要求，经过支队党委会研究决定，机关行政工作部门设办公室、生产科、计财科。基建与生产科合署办公；劳资与计财科合署办公，更名为计劳科，又名计财科。

1994 年，生产科改隶为生产管理科。1998 年，增设供销科。2000 年底，机关行政机构设有生产管理科、计财科、供销科、行政办公室。

2005 年，跃进地区实施水土开发建设，成立且末工程支队生态经济林建设指挥部，农林牧基管理机构从生产管理部门剥离，单独成立基建科。

2006 年，机关幼儿园恢复，归属行政办公室管理。2008 年，成立科协，与生产科合署办公。生产科下辖科协、机务、水利、畜牧等机构。

2009 年，计财科更名为财务科。保留机关原行政机构编制的有行政办公室（与机要科合署办公）、财务科、供销科、生产科。增设民政科。

2012 年 10 月，三十七团机关行政机构设置 5 个部门，发展改革经营管理科（挂安全生产监督管理科牌子）；社政管理科（挂民政科、劳动和社会保障科、人口和计划生育办公室牌子），其中社区建设指导委员会办公室设在民政科；财务科（挂国有资产管理办公室、统计科牌子）；农业科（挂畜牧兽医科牌子）；工交建商科（挂环境保护科牌子）。团机关行政职能部门配置齐全。

2015 年 2 月，经请示兵团编制委员会，三十七团机关行政机构设置按照 5 个部门适当调整。发展改革经营管理科下辖安全生产监督管理科，实行合署办公；社政管理科下辖民政科、劳动和社会保障科、人口和计划生育办公室、社政建设管理委员会办公室，实行合署办公；财务科下辖国有资产管理办公室、统计科、会计核算中心，实行合署办公；农业科下辖生产科、畜牧兽医科，实行合署办公；工交建商科下辖交通、运输、路政、工业、基建、商业、销售、环境保护科，实行合署办公。

表 17 - 3　三十七团行政机构领导（负责人）任职情况（1967—2015 年）

机构名称	部门	职务	姓名	性别	任职年限	备注
工三师司令部且末前线指挥部	行政处	处长	倪青圃	男	1967.1—1971.2	主持工作
	劳资处	副处长	曲悦友	男		主持工作
	工程处	副处长	邓俊发	男		主持工作
		主任工程师	李保应	男		享受副处级待遇
	财务处	处长	罗春祥	男		兼任参谋长
	后勤处	处长	朱卫杰	男		主持工作
	参谋处	参谋长	楼兆莹	男		主持工作
		副参谋长	谷孝良	男		业务
	办公室	主任	李祖鑫	男	1970.1—1971.2	主持工作
农三师司令部且末前线指挥部	办公室	主任	李祖鑫	男	1971.2—1974.2	主持工作
	劳资股	股长	曲悦友	男		主持工作
	计财股	股长	罗春祥	男		主持工作
	生产施工股	副股长	邓俊发	男	1973.1—1974.2	主持工作
	办公室	副主任	唐道鹏	男		业务
	后勤股	副主任	李文明	男	1971.2—1974.2	后勤生活
农二师且末工程支队	其间，机关行政部门精减为行政办公室、施工组、材料组、劳资组、计财组、工矿组等，负责人不详					
巴州且末工程支队（巴州工程支队）	施工科	科长	王生发	男	1975.5—1982.4	主持工作
	劳资科	科长	朱卫杰	男		主持工作
	计财科	科长	罗春祥	男		主持工作
	工矿科	科长	肖怀喜	男	1975.5—1978.1	主持工作
					1978.2—1982.4	且末驻地主持工作
	行政办公室	主任	李祖鑫	男	1975.5—1982.2	主持工作
农二师且末工程支队（且末劳改农场）	施工材料科	科长	李保应	男	1982.4—1989.8	主任工程师
	劳资科	副科长	罗大慈	男	1990.3—1996.11	主持工作
	计财科	副科长	秦慧影	女		主持工作
	生产科	科长	叶小康	男		主持工作
	办公室	主任	朱耐波	男		主持工作
		主任	杨全新	男	1996.12—2009.3	兼职机要
	供销科	科长	叶晓康	男	1989.9—1990.3	主持工作
		科长	马秀华	女	1990.4—2009.3	主持工作
	生产管理科	科长	陈宗儒	男	1996.12—2004.5	主持工作
	生产科	科长	彭友东	男	2004.6—2009.3	主持工作
		副科长	伍　军	男	2004.3—2006.12	
		副科长	任永强	男	2007.1—2009.3	

续表

机构名称	部门	职务	姓名	性别	任职年限	备注
且末工程支队（监企分离后）	生产科	科长	王旭东	男	2009.4—2012.9	主持工作
		副科长	任永强	男		主持工作
	工交建商科	科长	马秀华	女		主持工作
	财务科	科长	梁 洁	女		主持工作
	办公室	主任	田启海	男		主持工作
三十七团	办公室	主任	田启海	男	2012.10—	主持工作
		副主任	杨 波	男	2014.6—	兼管史志
	发展改革经营管理科	科长	梁 洁	女	2012.10—	兼发改科工作
	社政管理科	科长	刘龙光	男	2012.10—	主持工作
	农业科	科长	王旭东	男	2012.10—2012.12	主持工作
		副科长	任永强	男	2012.10—2015.12	
	工交建商科	科长	马秀华	女	2012.10—	主持工作
	财务科	科长	梁 洁	女	2012.10—2014.3	兼财务科工作
		副科长	闫江平	男	2014.4—	主持工作
			彭 凡	男	2012.10—	业务

注：盐湖巴州工程支队工作机构不在此表，分置于相关章节。此表由档案室提供。

第三节　营连级单位

一、营级单位

1969年，工三师到达且末后，成立工三师司令部"0701"工程临时指挥部，组建汽车营，为营级单位。

1971年，工三师建制撤销。8月，民丰工程支队与农三师五十三团且末施工队合并，组建农三师司令部且末指挥部医疗队，为营级单位。至此，农三师"0701"工程指挥部下辖正营级单位2个。

1973年，兵团支持农三师司令部"0701"工程指挥部加快"三线建设"步伐，从农三师二十三团农场划拨1个劳改中队，为正营级单位。是年，有医疗队、汽车营、劳改中队3个营级建制单位。

1974年，农三师民丰工程支队学校搬迁至且末后，与五十三团且末施工队学校合并，为正营级单位。2月，更名为农二师且末工程支队学校。5月，农三师且末指挥部医疗队更名为农二师且末工程支队卫生队。至此，农二师且末工程支队有学校、卫生队、劳改中队、汽车营4个正营级单位。

1975 年，劳改中队撤销，正营级单位减至 3 个。

1978 年，自治区公路局从巴州工程支队抽调汽车 100 辆到克拉玛依石油基地，支援国家石油开发建设。支队汽车营解体并改为汽车队，为正连级单位；学校搬迁至盐湖，在且末驻地保留小学 1～3 年级，学校降为连级单位。1979 年，卫生队随施工队伍迁入盐湖，降为连级单位。

1983 年 11 月，在盐湖的且末工程支队卫生队部分人员返回且末，恢复且末工程支队卫生队建制，为营级单位。

1984 年，且末驻地学校开办至初中年级，学校恢复为副营级建制单位。

1986 年，且末工程支队成立石棉矿，为营级建制单位。1992 年，农二师党委批准昆金石棉矿为营级建制单位。

2007 年 12 月，且末工程支队卫生队更名为且末工程支队医院，为正连级建制单位。2008 年，恢复医院为营级建制单位。

2009 年 4 月 7 日，且末工程支队企业与监狱分离，有昆金石棉矿、学校、医院 3 个营级建制单位。2012 年，且末工程支队纳入兵团农牧团场序列，列编为第二师三十七团，有昆金矿业有限公司、学校、医院 3 个营级建制单位。

2013—2015 年，三十七团有昆金矿业有限公司、中学、医院 3 个营级建制单位。

二、连级单位

1970 年，工三师到达且末后，有连级单位 12 个，分别为一连、二连、三连、四连、五连、六连、七连、八连、九连、十连、十一连、十二连；副连级单位 6 个，分别为幼儿园、苏塘站、205 站、阿拉干站、江尕勒萨依站、考干站。

1971 年 2 月 25 日，工三师建制撤销。工三师司令部"0701"工程指挥部划归农三师管辖，改隶为农三师司令部"0701"工程且末前线指挥部。5 月 23 日，在跃进地区组建民族一连。至此，农三师司令部"0701"且末工程前线指挥部拥有连级单位 15 个、副连级单位 6 个。

1973 年，成立煤矿，为正连级单位；在且末县苏塘地区组建云母加工连，为正连级单位。是年，农三师"0701"工程且末前线指挥部下辖连级单位 14 个，分别为一连、二连、三连、四连、五连、六连、七连、八连、九连、十连、十一连、十二连、煤矿、云母加工连；副连级单位 6 个，分别为苏塘站、205 站、阿拉干站、江尕勒萨依站、考干站、幼儿园。其中，驻扎在且末县跃进地区的有民族一连、四连、八连、十二连；驻扎在且末县东风地区的有三连、六连；驻扎在红旗区的有二连、五连、七连、十一连、九连。

1974 年 2 月 1 日，农三师司令部"0701"且末工程前线指挥部撤销，划归农二师实行属地管辖，改隶为农二师且末工程支队，下辖连级单位 12 个、副连级单位 6 个。1976 年，红旗区建成榨油厂，六连建有豆制品厂。1977 年，两厂合并组建副食品加工厂，为连级单位。

1978年，汽车营改为汽车队，为正连级单位。撤销205转运站，保留且末公路养护站、阿拉干转运站、江尕勒萨依转运站、考干转运站4个站点，均为副连级单位。学校迁至盐湖，在且末驻地学校保留小学1~3年级，学校由营级单位降为连级单位。1979年，卫生队由营级单位降为连级单位。

1982年，且末工程支队留守且末驻地的有八连和学校、卫生队部分人员，国道沿途5个转运站点撤销4个，只保留且末公路养护站，后改为道班。且末驻地连级单位减至6个。

1986年，兵团在且末成立安犯基地，组建5个劳改中队，为正连级单位。卫生队下设犯休所，为副连级单位。1993年8月，副食品加工厂改制为棉花加工厂，为正连级单位。

1995年7月，跃进区成立二连、水管站，为正连级单位。2002年，犯休所从卫生队撤离至监狱，卫生队由营级单位改为连级单位。2006年，跃进区组建三连、二连，为正连级单位；水管站更名为水电连，为副连级单位。2007年，农二师且末工程支队卫生队更名为农二师且末工程支队医院，为正连级单位。2009年4月，且末工程支队监企分离，下辖一连、二连、三连、水电站、棉花加工厂、社区6个连级单位。2009年，支队在跃进区成立林业工作站，为连级单位。

2012年，且末工程支队纳入兵团农牧团场序列，下辖一连、二连、三连、棉花加工厂、水电站、林业工作站、社区7个连级单位。2014年，成立林业管理站。

2015年12月8日，在跃进区成立四连，为正连级单位。是年，全团有一连、二连、三连、四连、棉花加工厂、水电站、林管站、社区、设施农业基地、幼儿园等10个连级单位。

表17-4　三十七团营连级单位建制一览表（2015年）

企业类别	单位名称	所驻地区	级别
农林连队	一连	红旗区	连级
	二连	跃进区	连级
	三连	跃进区	连级
	四连	跃进区	连级
工副业单位	水电站	跃进区	连级
	棉花加工厂	红旗区	连级
	昆金矿业有限公司	且末县吉格代艾肯村	营级
	设施农业基地	跃进区	连级
科教文卫单位	学校	红旗区	营级
	医院	红旗区	营级
	林管站	跃进区	连级
	社区	且末县城	连级
	幼儿园	跃进区	连级

第四节　驻团单位

1973 年以来，三十七团共有且末县邮政所、苏干特派出所、国土分局、司法所、社保所 5 个派出机构。

一、且末县邮政所

1973 年 2 月，且末县邮电局在红旗区且末指挥部设立 1 处临时邮政所。1987 年，且末县邮电局增派邮递员和业务人员 2 人。1988 年，且末县邮电局将 1 名邮递员更换为且末工程支队人员。在各中队、支队部等单位设置邮政业务联系点 6 个。1997 年 4 月，且末县邮电局取消且末工程支队邮政所。1998 年后，支队邮政业务由且末县邮政局指派一位邮递员负责信件、包裹、文件、报刊及其他邮政送达业务，直至 2015 年。

二、苏干特派出所

1993 年以前，且末工程支队户籍管理、治安案件处置均由且末县城镇派出所代理。1994 年 5 月 11 日，且末工程支队成立临时公安派出所，配备所长 1 人。2005 年 3 月，经农二师公安局批准，且末工程支队正式成立库尔勒垦区苏干特派出所。

三、国土分局

1995—2000 年，土地管理工作由生产科管理。2001 年 9 月 26 日，农二师国土资源管理局在且末工程支队设置管理机构，成立农二师土地管理局且末支队国有土地管理分局，配备工作人员 2 人。2003—2015 年，曾六次调整派驻人员。2015 年 12 月，三十七团国土资源管理分局有工作人员 2 名。

四、司法所

2006 年 4 月，农二师司法局在且末工程支队设立司法所，派驻司法人员。2008 年 2 月，农二师司法局在且末工程支队成立且末垦区苏干特法律服务所。2009—2013 年，农二师司法局曾 3 次调整派驻人员。2013 年，司法所配置所长 1 人，司法助理员 1 人。2015 年，司法所有法律服务人员 3 人。

五、社保所

2012 年 1 月，农二师劳动社会保障局在三十七团设立社会保险基金管理所（简称社保所），配备工作人员 1 名。2015 年，工作人员增至 2 人。

第五节　信访

1999年，且末工程支队成立社会治安综合治理委员会，下设办公室，处理群众来信来访业务。

2000年，群众来信来访由综合治理办公室负责接访，重大信访事件由负责综治工作的支队领导办理。支队不能解决的信访事件提交到农二师信访局处理。

2002年，信访工作挂靠在政工科，由负责社会治安综合治理的工作人员具体处理日常业务。各单位成立调委会，设立人民调解办公室，依法依规有序开展信访调解工作。

2006年4月，农二师司法局派驻且末工程支队司法所成立，接管人民调解业务，信访工作纳入社会治安综合治理办公室业务范畴。2009年，调整社会治安综合治理委员会，下设的综治办负责信访工作。

2008年3月，按照师相关文件要求，开展排查化解来信来访、重访专项整治工作，集中开展人民内部矛盾纠纷排查调处工作，重点对土地承包、土地征用、房屋拆迁、施工欠薪等引发的涉诉信访案件逐案梳理排查，建立信访工作月报制度。7月13日，且末工程支队首次将每个星期日设定为信访工作"党委书记接访日"，由党委书记到基层走访职工群众，听取职工群众的意见，现场解决职工群众生产生活中遇到的难题。

2009年1—12月，支队实行党政领导信访接待制度，在机关设置信访接待办公室，由支队主要领导接访，重点解决劳动争议纠纷上访案、土地承包纠纷上访案。

2011年，支队主要领导接访，与上访人见面谈话，加强说服教育工作。团信访办与上访人所在单位及时取得联系，采取纵向汇报、横向联系、互通情况、齐抓共管的工作机制，共同做好上访人的稳控工作。

2013年，团信访办通过对各单位不稳定因素排查摸底，确定重点信访案件和重点人员，实行团领导亲自负责、包案到人的工作制度，落实团连两级负责制。每周召开1次信访稳控工作专题协调会，与重点上访人约访交谈，生活上帮扶、思想上引导，使上访案件得到有效控制。

2015年，团与各单位签订信访工作责任书18份，落实信访工作日报告制度。全团接访来信来访34起，其中经济纠纷21起、家庭纠纷3起、其他纠纷10起，调解成功率为100%。

第六节　安全生产管理

一、安全管理措施

1970—1972年，工三师和农三师司令部"0701"工程指挥部均成立有安全施工管理领导小组，下设办公室。指挥部主要领导任组长，副指挥长负主责。各施工单位领导为成员，对本单位安全施工负主体责任。

1972 年 11 月，施工队伍汽车队从墨玉县拉运大白菜时，因装运白菜的汽车没有围挡，造成 1 人从行驶的汽车上摔下后死亡。事发后，农三师"0701"工程指挥部安全办公室组成调查组对此事进行调查处理，对当事人在生产大会上通报批评，警示各施工单位安全工作，对遇难人员家属进行安抚和生活补助处理，对车队和相关单位给予处罚。

1981 年 12 月 3 日，且末工程支队煤矿发生煤尘爆炸，工亡 1 人，4 名工人不同程度负重伤和轻伤，4 辆拉煤车报废，煤矿内部的照明、通风设施被摧毁。事发后，且末工程支队对九连煤矿发生重大安全生产事故进行严肃处理，对煤矿负责人降职处分，对在事故中遇难的工人进行安抚，煤矿停工修整 21 天。

1982 年，且末工程支队的南线和北线分别成立安全生产管理领导小组。北线安全生产管理对象是各施工单位，由各施工单位主要领导负安全生产主体责任。南线安全生产管理对象是农业生产单位和工矿企业。每年年初召开职工代表大会，安全生产委员会与基层单位领导签订安全生产责任书，明确安全生产主体责任和奖罚措施。

1991 年，安全生产领导小组在各基层单位配置安全员 1 名，建立安全工作日记制度和安全检查、宣传教育制度，把推行安全生产目标管理纳入年度工作计划和年度目标管理考核，每年职代会上向职工代表作安全生产工作报告，表彰安全生产先进单位，对安全生产工作考核差的单位执行一票否决制。1991 年，支队投入 0.3 万元表彰安全生产先进单位 3 个。

1993 年，石棉矿选厂、电站、食堂、采矿、破碎、供料职工共计发放 13.6 万套防尘用品。棉花加工厂每年给车间职工定期发放劳保用品。

1994 年，且末工程支队转产工农业生产，原来的安全生产领导小组改为安全生产管理委员会，党政领导任管理委员会主任，制定安全生产各项规章制度，对发生事故的单位除按安全管理规定处理外，根据职工伤亡等级对事故单位给予经济处罚。当年处理 1 起加工厂安全生产事故，加工厂责任人在全支队通报批评，并给予单位和主要领导经济处罚。

1995 年 1 月，且末工程支队调整安全生产管理委员会成员，行政主要领导任组长，由 1 名行政副职领导任副组长，各生产单位为成员单位。下设安全生产办公室在生产科，由生产科科长兼任安全生产办公室主任。

1998 年，支队调整安全生产委员会成员，正职领导为安全生产第一责任人，安委会设置安全生产办公室，各生产单位设专职安全员，负责全支队安全生产工作。安委会制定安全生产规章制度和监督管理办法，加强对安全生产监督管理。5 月 13 日，且末工程支队副支队长李金良在给棉花试验田浇水劳动时，突发心脏病猝死。

2005 年，且末工程支队安全生产委员会与棉花加工厂签订安全生产暨消防安全目标管理责任书，制定安全生产考核细则，确保安全生产管理措施落到实处。是年，监区一名干警因突发心脏病猝死后，在全体监狱干警队伍中开展"优化警营生活，关爱民警健康"警示教育活动，减轻机关人员加班加点工作时间，执行每周5天工作日制度，提升民警生活质量，切实关心关爱监区民警生命健康安全。

2009年，监企分离后，调整安全生产委员会成员，主任由支队行政主要领导担任，副主任由一名副职行政领导担任，各成员单位的主要领导为本单位安全第一责任人。采取安委会与各单位签订安全生产责任书形式，落实安全生产主体责任，增强安全意识，减少安全生产事故发生。

2010年，制定《且末工程支队安全生产委员会工作规则》，规范安全生产委员会工作制度，明确职责，安全生产责任分解到人，实行单位主要领导干部安全生产保证金制度。

2011年，三十七团制定《安全生产目标考核细则》等规章制度，用制度、法规制约安全生产过程中发生的违法、违规行为。安委会落实劳动安全卫生监督制度，每月不定期开展施工工地、重点单位、重点部位、人员密集场所、公共场所等专项检查，落实安全管理措施执行情况，对施工单位不定期抽查，发现隐患立即整改。团每年投入安全生产专项资金超过20万元，为加工厂、学校、医院、机关、养殖场等单位购置和更换消防设备，建设消防设施6处，消防安全硬件设施日趋完善。

2013—2015年，三十七团安全生产管理委员会主任由党政主要领导担任，副组长由副团长担任，下设安全生产办公室。团安全生产管理委员会下辖11个基层单位安全生产小组，配备安全生产管理人员58人。各基层单位为成员单位，主要领导为本单位安全生产第一责任人。

二、安全宣传教育

1990年起，每年6月在各单位开展安全生产周宣传活动。1992年，举办安全生产知识竞赛1次，由各单位领导、安全员、职工组成的6个代表队参加竞赛。1994年4月，在棉花加工厂开展防火演练，各单位领导、安全员参加演练，扩大安全生产教育面。

2002年，根据中共中央、全国总工会《关于开展2002年"全国安全生产月"活动的通知》精神，6月，组织开展"安全生产月"主题宣传教育活动。全支队9个单位和部门设立宣传栏12块；举办安全生产知识竞赛1场次，参与138人；组织宣讲会1场次，参会46人；播放安全生产电教片2次，播放安全生产法律法规及相关政策138条，悬挂安全生产宣传横幅12幅；印发宣传单160余份，《安全生产手册》60册；加工厂召开棉花加工警示教育现场会4次。

2005年，举办安全生产学习班3期，组织《中华人民共和国安全生产法》知识竞赛1场次，安全生产知识演讲1场次，办板报10期，设宣传栏12块，发放《安全生产宣传手册》《安全生产知识问答》60份，印制《安全生产法规汇编》30份。

2011—2015年，三十七团以小城镇建设的施工单位为重点对象，在施工全过程开展安全生产宣传教育活动，利用各种会议宣传安全生产法，利用"科技之冬"开展职工群众安全生产知识宣传教育 36 场次，施工工地受教育 4120 人次，安全生产事故得到有效控制。

三、安全生产培训

1990 年后，生产科负责安全生产培训，每年组织各单位职工参加培训，侧重棉花加工厂从业人员安全知识、岗位技能、规章制度培训工作，每年举办安全生产培训班 1～3 期，培训人员 500 人左右，逐步建立和规范安全生产培训机制。

1992 年，有 200 多名各行业人员参加安全生产培训。1994 年，在加工厂、各植棉单位和监区实施安全生产达标活动，所有从事加工、采收、警务等单位人员，全部参与安全达标，达标不及格单位给予黄牌警告，限期整改。

1999 年起，安全生产培训延伸到施工技术人员、安全管理人员、特种行业从业人员、质量监督人员、安全生产管理人员等范围。安全生产培训主要包括基础教育培训、专项教育培训、特种行业和岗位培训、岗前教育培训、民工培训、警示教育培训等，培训采取常规教育与季节培训、外培与内培相结合。

2001 年，且末工程支队成立工会组织后，安全生产培训以工会为主，充分利用"三冬"契机开展安全生产培训活动。普及面拓展到各个行业和社区、学校、家庭等社会层面，内容扩展到安全意识、安全科学发展、职业道德、维护生命健康权益意识等。2003 年起，每年举办季节性职工安全生产集中培训，年培训人数超过 200 人。安全生产培训逐渐走向制度化、规范化、常态化、系统化。2006 年，安全生产培训重点对象为各基层单位主要负责人和主管领导，外派各单位主要负责人、安全管理员、操作人员参加师举办的特种行业继续教育培训，参培 12 人次。2007 年，培训重点扩展到危险化学品从业人员和植棉职工，举办培训班 2 期，培训 70 余人次。2009 年，安全生产月期间举办农机、管理人员、一线工人培训班 1 期，培训 130 余人。2010 年，完成特岗人员培训 1 期，参培 12 人。

2010 年，组织电工、维修工、锅炉工、农机户参加持证上岗特种行业资格培训，特种行业人员培训率、持证率达 100%。

2011 年，举办各类安全培训班 6 期（次），参培 1000 余人次，培训内容有安全生产标准化建设、应急救援预案实施与防震演练、危险化学品管理、人员密集场所消防逃生等。参加兵团安监局举办的危化品标准化建设培训班 2 人次。

2015 年，举办新《中华人民共和国安全生产法》培训班 1 期。3 月，举办安全生产执法检查人员培训班 1 期。外派 2 名安全生产业务骨干参加师举办的安全生产培训班。10 月，选派生产科、安委会骨干参加师统一组织的河北安全生产管理人才专题培训。

第七节　重大政企事务

一、集体搬迁北疆

1967 年 4 月，兵团接收自治区"0701"（新疆维吾尔自治区建委工程序号）工程施工任务，主要承担新疆境内南疆段工程施工任务。设置工三师司令部"0701"工程指挥部，下辖建工师工程施工队和农一师、农三师施工队分段施工。

1978 年 5 月，自治区"0701"工程基本竣工，经自治区建委和巴州建管局的协调，安排巴州工程支队接收盐湖化工厂无水芒硝脱硫车间及附属工程建设。大部分施工连队随工程北撤至北疆盐湖等地（时称为北线），支队施工连队陆续搬迁至盐湖化工厂等地 1302 户 5187 人，搬迁至克拉玛依油田 104 户 304 人，且末驻地留守人口 823 人。施工单位分散在天山南北四处承揽工程，其中搬迁到乌鲁木齐施工的单位有十连、十三连、三连、五连，主要承揽乌鲁木齐房屋、楼堂馆所建筑工程。在且末设置留守处，主要任务是"守住阵地，待机开发"。此后，且末工程支队搬迁至北疆盐湖一带的单位称为北线，以工程施工为主；留守在且末地区的单位称为南线，以农业生产为主。且末工程支队分为南线和北线两种管理体制。1981 年，巴州工程支队在盐湖成立行政领导机构，任命支队长、副支队长等行政领导，正式管理支队在北疆的各项行政事务。

二、劳改农场成立与改组

1983 年 2 月，兵团党委召开三级干部会议，传达自治区党委书记王恩茂在自治区三级干部会议上的讲话精神和国家"三线建设"及开发建设新疆工作部署。会上，兵团党委作出开发南疆的战略安排，指出"新疆开发重点是开发南疆，南疆开发重点是开发且末，将且末作为兵团重点农业开发基地之一"。

1984 年 4 月，巴州党委对农二师《关于对农二师开发且末问题的报告》给予批复，支持兵团农二师开发且末计划。5 月，巴州党委、政府和农二师在且末县召开跃进地区农业开发专题会议，共同签署《关于开发建设且末有关问题会议纪要》，确定在且末县英吾斯塘公社以西建立农二师且末劳改农场，作为开发且末地区的立足点。1986 年 10 月，且末工程支队（劳改农场）挂牌成立，下辖 5 个劳改中队。

1991 年，且末劳改农场为便于管理，将原来的 5 个中队缩编为 3 个中队。

1997 年 9 月，兵团监狱管理局将且末劳改农场改组为农二师且末监狱，划归兵团司法系统管理，统一调配人员，重新规划建设，按照兵团要求发展监狱事业。

三、跃进区开发

1982 年 2 月，兵团党委将开发建设且末提到议事日程，以电报形式部署农二师开发建设工作。农二师派杨纪民负责组织人员到且末县勘探和测量土地，收集且末地区相关资料，准备开发前期勘探测量工作。3 月，农二师勘探测量队派员赴喀什农三师取回原工三师对且末地区的所有勘探资料，同时向巴州计委、农业局、水电局、水文勘探队等有关单位收集且末地区有关资料，准备再次勘探且末地区水土资源状况。9 月，农二师组织水利、土壤、测量等 6 名专业人员，由师测量队长黎承民带队到达且末，开展为期 40 多天的实地勘探工作。10 月，农二师副师长陈炳昕、副参谋长杨纪民、建设处副处长赵木等赴且末地区实地察看且末地区主要水系和荒地，就农二师开发且末地区征求且末县委、政府、人大的意见和建议，形成会议纪要。

1983 年 2 月，兵团决定将且末垦区作为兵团重点开发的四个垦区之一。

1984 年 2 月，农二师向巴州党委、政府提出开发且末的专题报告，得到巴州党委、巴州人民政府和且末县委、县人民政府的赞同。巴州党委、政府决定，由副州长崔光华牵头，会同农二师副参谋长杨纪民和巴州、农二师有关部门的工程技术人员，于是年 4 月 18 日赴抵且末，开展实地踏勘、听取意见和分头磋商等准备工作。5 月 10 日，巴州党委书记钟彬、巴州党委常委徐志昌、副州长崔光华和农二师师长陈炳昕，副师长杨和顺、赵鸣铀，总工程师杨纪民以及巴州、农二师有关部门的负责人、工作人员共计 26 人再赴且末县，会同且末县委、县人大、县政府、县政协姚建忠、芒力克·斯迪克、卞耀者、可一木·哈得、艾尼拜地等领导，实地踏看重要地段，多次协商切磋，交换看法，取得开发建设且末的一致意见。5 月 18 日，形成《关于开发建设且末有关问题纪要》，达成相关协议。该纪要同意农二师在且末河西岸英吾斯塘乡以西排碱沟为界，将东西宽 22.78 千米、南北长 33.48 千米范围内 762.67 平方千米的土地（包括支队跃进农场和石棉矿区）划归农二师且末工程支队开发使用（后称其为且末工程支队跃进区），所划拨的土地没有打桩标界。

1989 年 3 月 17 日，兵团司令员刘双全、政委郭刚会同其他兵团领导及兵团部门领导，在农二师师长王德昌、副师长闵永义等领导的陪同下到且末工程支队调研。刘双全要求且末工程支队要在且末扎下根，维持下去，兵团在三年内（1988—1990 年）投资 500 万元支持且末工程支队发展生产。强调且末工程支队不要依赖兵团投资，要靠自己养活自己，充分利用本地资源，发展好工农业生产，要在三年内达到粮、油、肉、菜和经济自给，保障好职工群众的基本生活，守住阵地，待机开发。

1993 年 3 月，农二师启动且末工程支队跃进地区农业开发建设，计划当年开荒 1333.3 公顷，由于开发资金短缺，只有 2 台 55 型链轨拖拉机开荒，年底石棉矿机车组下山参加开荒后，机车达到5台。

1994年，经农二师协调，由三十五团承担跃进地区收复弃耕地和土地开荒任务，计划利用两年时间开垦荒地1333.3公顷。至1995年，三十五团与支队石棉矿在跃进区共开发土地153.3公顷。1996年，因开发资金不足等，跃进区土地开发建设停止。

2005年10月13日，农二师党委为改善且末地区恶劣的自然环境，帮助且末支队摆脱经济困境，组织10个有经济实力的团场和师属国有企业承担且末支队跃进地区农业综合开发任务。11月27日，农二师党委在且末工程支队跃进区召开且末垦区万亩生态经济林前期开发动员大会，按照兵团党委将且末作为二师四大垦区之一的决定，在跃进地区设立农业开发区，前期规划开发建设1400公顷，利用6个月的时间，完成干、支、斗、农渠道配套设施及条田推挖平整工程及红枣苗移植工作。参与且末开发建设的10个团场、6个工交建企业调动上百台大中型机械进驻跃进区投入施工。每个团场平均承担140公顷开荒任务。且末工程支队党委在跃进地区成立开发建设指挥部，抽调机关全部人员和基层部分干部驻扎在工地，全力协调配合兄弟单位开发建设工作，拉开跃进区生态经济林开发序幕。

2006年6月21日，跃进地区土地开发建设工程结束。跃进开发区共计完成土地平整1446.7公顷，全期投入资金7500万元。其中，工程性土地平整投资2800万元；场外干渠总造价和建筑物修建投资600万元，支斗渠修建含建筑物造价、挖支排投资570万元；建泵房投入29.5万元；开发区电网建设投入160万元；各井位首部安装与材料投入37.8万元；打井投入205.5万元；投入150万元种植红枣苗木168万株；居民区建房总投资700万元；营区平场地和开发区公路垫戈壁投入301万元；柏油路建设投入637万元；开发区安装涵桥投入60万元；营区水网改造投入48万元；开发土地油料消耗70万升，投入342.09万元。至2006年底，跃进区平整土地2033.2公顷，完成施工土方量1373.62万立方米。除公共设施占用土地899.9公顷外，跃进区实际增加耕地面积1133.33公顷。各施工单位共投入机械123台（辆），人力328人，同步完成跃进区农田基础设施建设。修建主次干道40.8千米、机耕道128.2千米；建成农田防护林187.2千米；修建引水渠177.4千米；建成排渠157千米；修筑桥16座、涵洞198个。

2008年，经过对各条田苗木补植，基本达到红枣建园目标。且末工程支队当年国内生产总值增至1292万元，职均收入8853元，创利润11.6万元。此后，且末工程支队一举摆脱20多年来的经济发展困境。

2015年3月20日，且末县政府给三十七团颁发跃进区国有土地使用权证，颁证面积10694.09公顷。

四、三十七团成立

1986—2009 年，且末工程支队与且末劳改农场（1997 年改组为且末监狱）实行一个单位两块牌子的管理体制。其中，且末工程支队归属农二师行政管辖，且末劳改农场（且末监狱）归属于农二师监狱管理局业务管辖。在两种管理体制下，且末工程支队经济社会发展享受不到国家、兵团对农牧团场的政策支持，生产经营举步维艰，环境面貌得不到改善，人才流失严重，经济发展常年落后于全师其他团场。

2009 年 4 月，农二师党委依照司法部的相关政策规定，决定且末监狱与且末工程支队实行监企分离。是月，由师领导带领师组织部、财务局、监狱管理局等部门的领导到且末工程支队，在机关二楼会议室召开连级以上干部大会，宣布师党委将且末支队企业与且末监狱正式分开的决定。监企分离后，且末工程支队保留正团级建制。至此，且末工程支队与且末监狱长达 23 年"监企合一"体制宣告结束。

且末工程支队与监狱系统分离之后，依然沿用农二师且末工程支队称谓，在一定程度上制约且末工程支队行使兵团农牧团场职能和经济社会发展。

2010 年 5 月，第一次中央新疆工作座谈会召开，进一步明确兵团农牧团场在新疆的地位和作用。借此难得的发展时机，且末工程支队党委从且末工程支队历史地位、战略位置、资源禀赋、经济发展等方面所具有的特殊性，多次向二师、兵团党委递交"关于解决且末工程支队纳入兵团农牧团场序列问题"的请示，全力促成且末工程支队纳入兵团农牧团场序列的事宜。经支队党委班子多方奔波和协调，最终得到兵团党委、二师党委、且末县委、兵团日报社和原兵团党委书记刘双全等多方力量的支持。

2012 年 2 月，兵团党委书记、政委车俊带领兵团机关相关部门领导到且末实地调研且末工程支队纳入兵团农牧团场序列问题，要求农二师向兵团提交专题性报告，切实解决好且末工程支队纳入兵团农牧团场序列和在发展中存在的实际问题。

2012 年 7 月，受兵团党委委托，兵团编制委员会办公室主任曹天星等领导和专家就解决且末支队进入兵团农牧团场序列问题专程到且末工程支队调研城镇建设、农业经济、矿产开发、畜牧养殖业等情况，在机关召开且末工程支队申请三十七团建制工作调研座谈会。兵团编办主任曹天星，二师行政主要领导、总经济师，师办公室、发改委、农业局、编办、设计院、建设局等部门领导和且末县政府相关领导，且末工程支队支队长陈恒山等参加会议。经过广泛交流意见和建议，最终形成调研报告提交兵团党委，力求尽快解决且末工程支队进入兵团农牧团场序列问题，以促进且末工程支队经济社会发展和维护社会稳定。

2012 年 10 月，兵团党委下发文件，批准且末工程支队纳入兵团农牧团场序列，更名为新疆生产建设兵团农业建设第二师三十七团。12 月，新疆生产建设兵团农业建设第二师三十七团变更为新疆生产建设兵团第二师三十七团。

2014 年 3 月，第二师举行三十七团成立挂牌仪式，且末县五套班子领导成员、各部门负责人，三十七团干部职工 120 余人参加仪式。巴州、且末县委主要领导和第二师党委主要领导为三十七团揭牌。成立后的三十七团拥有土地面积 11252 公顷，按属地划分为跃进区、红旗区、石棉矿区、县城区四个区域。团机关设置 9 个工作部门，下辖基层单位 9 个。总人口 1350 人，其中在册职工 460 人。

五、"双先"表彰会

1987 年 3 月，支队在红旗区大礼堂首次召开"双先"（先进单位、先进个人）表彰大会，表彰奖励石棉矿、一中队、车队、八连等先进单位 4 个、计财科等先进科室 1 个，表彰田宏、李友文、黄自琴等 138 名先进个人，顾国平、洪光、晁东林等 4 名劳改教育能手，库尔班·沙汉、玉素甫·阿瓦汗等 4 名民族团结先进个人。

1990 年起，围绕落实党的十四大、十五大精神，坚持党的基本路线、深化改革、经济建设、党的建设和思想政治工作、弘扬兵团精神等工作开展评选年度先进集体、先进个人。每年 12 月召开"双先表彰暨经济工作"大会，表彰先进集体、先进个人。先进集体的奖项分为先进单位、先进科室、先进班组等；先进个人的奖项分为先进生产者、先进工作者、劳改教育能手、民族团结先进个人、社会治安综合治理先进个人等。

1994 年，表彰机耕队、二中队宽管区队等先进集体 3 个，表彰王顺来、李铭、杨明科等各类先进个人 87 人。1995—1999 年的 5 年间，且末工程支队共表彰先进集体 27 个、先进科室 12 个、先进个人 215 人。

2000 年后，围绕落实党的十六大、十七大、十八大精神为主线，突出评比表彰在经济建设、企业改革、社会发展、党风廉政建设、计划生育、安全生产、综合治理等工作当中涌现出来的先进集体和先进个人。表彰棉花加工厂为先进单位；表彰一监区、卫生队、学校等 9 个单位为社会治安综合治理先进单位；表彰一监区为监管改造"五无"先进单位；表彰政工科、管教科、张志珍棉花组等 6 个科室和班组为先进班组；表彰肖斌、杨波、王仁刚、彭友东等各行业先进个人 46 人。支队党委号召广大职工群众向先进学习。

2001 年 5 月，表彰在 2000 年各项工作当中涌现出来的先进集体和先进个人。其中，表彰先进单位 3 个，分别是加工厂、一监区、一连；表彰生产科、狱政科先进科室 2 个；表彰轧花组、中学教研组等先进班组 3 个；表彰袁玉霞、陈建伟等各行业先进个人 40 人；表彰劳改教育能手 6 人、民族团结先进个人 2 人；表彰师级"绿原之星"1 人。

2002年，表彰一连、加工厂、林园连等先进单位3个；表彰张海强、史江雄、兰永飞等各行业先进个人43人；表彰洪光、张海强、马秀华等师级先进个人12人。2006年，农二师党委举全师之力在跃进区实施水土开发建设，机关及各单位全力以赴投入跃进区农业开发，协调和服务好参加开发单位的工作。评选出先进单位6个、先进个人82人，在4月23日召开的职代会上进行了表彰奖励。

2007年2月，召开经济工作暨"双先"表彰大会，表彰一监区、加工厂、学校等先进单位3个；表彰梁洁、孙军花、程平等各行业先进个人52人；表彰支队工会为"职工之家"建设达标工会、一监区为师级"四五"公关活动先进单位。

2010年起，支队"双先"表彰会在每年上半年召开，认真总结工作经验，表彰先进，鼓舞斗志、规划当年各项发展目标和具体工作。当年表彰各类先进单位4个、先进个人38人。

2011年9月，支队在且末县城团机关召开党员代表大会，对2010年度获得荣誉称号的一连、二连、学校等8个先进集体和方亮、蔡家银、付志龙、杜超等47名先进个人进行表彰。其中，表彰先进工作者16人、先进生产者25人、红枣种植管理能手6人。

2012年3月，支队在"双先"表彰会上，表彰先进集体8个、先进个人46人。其中，三连为"三个文明建设"先进单位、一连为"物质文明"先进单位、学校为"政治文明"先进单位，其他称号先进单位5个。表彰胡慧敏等各行业先进工作者11人；表彰田启冰、龙小红、李都立等各行业先进生产者28人；表彰徐鸿飞等"五好职工"6人；优秀教师1人。

2013年，表彰先进集体9个、先进个人43人。其中，文明单位3个、先进单位4个、先进科室1个、驻团先进单位1个；表彰杨进、王雪莲等先进工作者15人，表彰贾玉伦、张兴宝等先进生产者23人，表彰丰产攻关先进个人5人。

2014年，表彰先进集体8个、先进个人74人。其中，文明单位3个、先进单位4个、先进科室1个；先进工作者14人、先进生产者43人、五好职工7人、优秀青年大学生7人，民族团结先进个人1人、道德模范1人、优秀教师1人。

2015年3月，三十七团召开二届六次职代会，表彰三连等10个先进集体和50名先进个人。其中，表彰水电站、机关为"春节文艺演出"先进单位；表彰三连、二连、学校、水电站等分别为"文明单位""六冬"活动先进单位。表彰党风廉政建设先进单位、社会治安综合管理先进单位、安全生产工作先进单位、计划生育工作先进单位、先进科室、先进企业各1个；表彰贾雪梅等6名职工为丰产攻关先进个人；表彰苟兴兵、吴新辉、李小军等各行业先进个人50人；表彰张涛、朱前程、钟霞丽等师级各行业先进个人24人。

第十八章 政法 武装

1990 年起，支队武装部履行屯垦戍边职责使命，加强民兵政治思想教育，组织军事训练，加强队伍建设，武装工作在维稳戍边、经济建设和社会发展中发挥了重要作用。

1991 年，成立社会治安综合治理委员会，围绕经济建设加强政法组织建设，开展依法治理、法律服务，推进人民调解规范化建设。1995 年后，坚持"社会治安社会治，综合治理综合抓"的方针，综合治理委员会每年与各部门各单位签订综合治理责任书，落实领导责任制，实行综合治理"一票否决制"。开展"安全文明小区""安全文明连队"创建活动和"五无"及"双百竞赛"活动；开展"严打"整治专项行动，刑事案件和治安案件案发率明显降低。2006 年后，启动以"创平安、促和谐、抓稳定、谋发展"为主题的平安团场创建活动，促进社会平安和谐。到 2015 年，相继完成"三五""四五""五五""六五"四个五年普法教育，构筑起社会稳定、经济社会和谐发展的良好局面。

第一节 社会治安综合治理

一、机构

1991 年，成立社会治安综合治理委员会，设主任、副主任各 1 名，成员由机关各部门、各单位党政领导组成。综治委下设办公室，和政工科合署办公。各基层单位成立以单位主要领导为第一责任人的综合治理领导小组，组建治保会、人民调解委员会、社会治安综合治理联防队等群防群治组织，形成支队、连两级齐抓共管综合治理组织网络。

1998—2005 年，随着支队领导班子调整，相继调整社会治安综合治理委员会成员，设主任、副主任各 1 名。

2009 年 4 月，企业与监狱分离后，社会治安综合治理委员会成员随之调整，由支队两名主要领导担任主任。社会治安综合治理办公室与政工办合署办公。

2012 年 10 月，调整社会治安综合治理委员会成员，由团两名主要领导担任主任，社会治安综合治理办公室与政工办合署办公。

2015 年 4 月，团调整综治委副职领导，下设办公室，配备 2 名工作人员。基层单位成立 6 个社会管理综合治理领导小组，配备专兼职治安员 6 人。

二、治理措施

三十七团地处塔克拉玛干大沙漠东南缘，与且末县三个乡和一个牧民安置点共计 4 个少数民族乡镇接壤，地处偏远，社会结构复杂，社会治安综合治理任务较为繁重。

1991 年 9 月 3 日，农二师印发《社会治安综合治理五年规划纲要》，且末工程支队依照纲要制定《且末工程支队社会治安综合治理五年计划》（1991—1995 年），明确社会治安综合治理工作的指导思想、基本任务、奋斗目标和主要措施。1992 年，土地对外租赁承包，人员流动量增大。社会治安综合治理办公室配合派出所对流动人员实施管理登记，为辖区流动人员办理暂住证。

1995 年，社会治安综合治理实行"一票否决制"，综治委与各单位签订社会治安综合治理责任书 26 份。

1999 年，实施社会治安综合治理领导责任制与经济责任制、干部岗位责任制、领导任期考核相结合，作为党政领导干部年终述职内容向职工代表作专题报告。综治委协助基层单位建立各项规章制度 13 项，建立各类群防群治组织，成立治保会、调委会、看家护院队，连队配备兼职治安员、专职警卫、治安信息员等，建立健全社会治安综合治理管理网络。

2000 年，综治办组织基层单位开展"创安"（创建安全文明小区、连队）活动。基层单位被划分为 3 个治安小区，"创安"活动覆盖面超过 80%。给一连、二连、加工厂、学校、卫生队配备治安员，掀起创建"安全文明单位""安全文明企业""安全文明校园"热潮。采取以点带面工作方法，重点推进一连、卫生队、加工厂 3 个试点单位的"创安"工作。是年，8 个基层单位中有 6 个实现"五无"目标；创建安全文明连队 2 个、安全文明小区 1 个、安全文明责任区 3 个，各表彰奖励 300 元。

2005 年 1 月 1 日至 4 月 10 日，启动"五无"及"百日安全生产""双百竞赛"活动。在 7 个基层单位中，评出百日安全"五无"先进单位 2 个、先进个人 5 人；"百日安全生产"先进单位 3 个、先进个人 7 人，发放奖励金 1200 元。

2006 年，启动以"创平安、促和谐、抓稳定、谋发展"为主题的平安团场创建活动，成立平安团场创建工作领导小组，各基层单位相继成立平安创建工作小组 6 个。制定《且末工程支队平安团场创建实施方案》，选树学校、卫生队等为试点单位，以点带面，推动平安团场创建活动全面开展。召开创建活动推进会 6 次、治安形势分析会 9 次，评选学校、卫生队为创建平安团场先进单位。

2007年3月，开展"崇尚科学、关爱家庭、珍惜生命、反对邪教"为主题的反邪教警示教育活动。综治委与8个基层单位签订《平安建设责任书》，制定下发《且末支队村规民约》26份，开展平安建设宣讲6场次。挂牌"平安家庭"134户、授牌"平安连队"2个以及"平安小区""平安校园""平安企业""平安医院"各1个。

2008年，持续开展"平安家庭"创建活动，发放宣传单120份。经支队综治委验收，命名"平安科室"4个、"平安家庭"54户。"平安家庭"挂牌188户，占总户数的84.5%。2009年4月，一连等7个社会治安综合治理先进单位和7名综治管理先进个人在职工代表大会上被表彰。

2010—2011年，开展校园环境安全治理行动。学校增设警务人员和校外宿管员，学生寄宿场所安排民警24小时执勤巡逻；在学生上学、放学时段，增派民警在交通要道执勤，维护交通秩序，保障学生安全乘车；依法清理校园周边50米以内经营场所，取缔无证经营和不符合卫生标准的摊点、网点等，校园环境得到净化。2011年，在学校、机关、重点部位、重点场所分别安装安防设施，以预防各类案件的发生。派出所开展"暖春"专项行动，查处冬季取暖用火、用电安全隐患6起，当即进行整改。

2012年，开展"法制团场"建设活动，推行信访"六联"督办和大接访制度。在机关大厅设置群众接访处，全年接访群众来访64人次；开展矛盾排查调处43起，调解职工承包土地纠纷12件，调解其他矛盾纠纷31起，矛盾排查调处成功率100%。2013年，增派1名民警与1名保育员共同跟随校车接送学生，以保障校车平安。2015年，在开展平安建设连队（社区）建设活动中，8个单位平安创建达标率为100%，平安家庭达标率为80%。全团投入平安建设资金2万元。

第二节　公安

一、机构

1970—1980年，辖区治安管理机构由保卫科担负政治保卫、治安管理职能。1980年后，大部分施工队迁至盐湖，保卫科自行取消。

1986年，兵团在且末组建劳改农场，辖区治安管理由且末县城镇派出所负责，担负且末工程支队辖区内治安案件处置、户籍管理工作。

1991年，人口管理工作由且末县城镇派出所代管，并负责辖区户籍管理、流动人口的登记管理工作。

1992年，且末工程支队成立临时公安派出所，管辖内部治安、安全生产和户籍管理业务，重大治安案件由农二师乌鲁克垦区公安局负责承办。

1994年5月，经师公安局批准正式成立公安派出所，从监狱干警队伍中抽调人员组建公安队伍，负责支队内部社会治安、民事纠纷排解等事务。派出所归乌鲁克垦区公安局管辖，名称为乌鲁克垦区公安局且末工程支队公安派出所。

1995年12月，经农二师公安局批准，且末工程支队公安派出所冠名苏干特派出所，位于红旗区机关附近，行使治安管理、民事纠纷、案件处置等职能。

1998年，苏干特派出所归属农二师公安局乌鲁克垦区公安分局管辖。且末支队户籍管理业务由且末县城镇派出所移交给苏干特派出所。苏干特派出所为四级派出所，承担本辖区治安管理、消防以及户籍管理业务，2005年3月改隶为库尔勒垦区公安局苏干特派出所。

2009年，监企分离后，苏干特派出所管理辖区为红旗区、跃进区、昆金石棉矿区内10个单位。2015年，新增县城康都小区和跃进区四连辖区。

二、治安管理

20世纪七八十年代，治安管理重点是防止各类盗窃案件的发生，相继查处多起入室盗窃案件，依法抓捕犯罪嫌疑人，分别给予治案处罚或刑事拘留。

1990年3月，根据中共中央《关于开展严厉打击刑事犯罪活动，实现社会治安根本好转》的指示精神，支队党委与且末县委联合开展严厉打击刑事犯罪活动，实施社会治安专项治理行动。至1992年，经过连续三年开展集中"严打"专项整治斗争，社会秩序明显好转。1992年，且末工程支队申请成立临时公安派出所，以发挥其管理治安、打击犯罪的职能。

1995年9月，且末工程支队与且末县联合举行整体化防暴演练，以民兵为主要力量参加演练活动。

1999年，派出所配合支队综治委建立各项规章制度，组建群防群治组织8个，成立8个治保会、4个看家护院队，聘用兼职治安员、专职警卫、治安信息员等数十人。

2001年4月，彻底清查辖区重点部位，收缴并销毁违禁品17件，取得阶段性成果。

2002年，苏干特派出所配合且末县公安局在全县范围内开展集中专项整治斗争，抓获辖区内的盗窃作案分子1人，如数追回赃物，依法给予处置。

2004年3月，派出所配合基层单位综合治理小组，开展为期1个月的"反邪教警示教育活动"，张贴宣传标语26条、宣传画50张，举办宣传板报3期。

2011年4月，派出所破获一起故意破坏水利设施案件，为连队挽回经济损失3060元。

2012年，集中开展为期2个月的严厉打击暴力恐怖犯罪活动，发放宣传材料200份，张贴公告300张，标语200幅，出宣传专版12期。清查公共场所、出租屋42处，清查流动、暂住人口132人，审核办理出租屋暂住证40张，取缔违反治安管理规定的出租屋2家，开通和公示报警电话2部。是年，通过师政法委重点部位达标验收。

2015年，派出所完善二级为民服务联动联调联教机制，清查辖区内"三无"（无户籍、无职业、无担保人）人员164人。

三、户籍管理

20世纪70年代，筑路队伍没有固定居住区和生活区，人员流动量很大，各施工段筑路工地每天都处于人员增减状态，户口一直延续由保卫科管理，历经多年对无户人员大量进行函调后，最终核实为常住户口。

1980年，施工队伍结束且末地区施工任务，机关随施工队伍陆续迁往盐湖、大河沿等北线地区，保卫科取消，留守且末人员的户籍暂时由且末县公安局城镇派出所代管。

1992年，支队申请成立临时公安派出所，配备人员1名，以发挥辖区内治安管理和纠纷处置等职能。是年，临时派出所规定外来流动人员到支队承包土地满3年后，自愿加入职工队伍，可办理职工户籍转入手续。户籍转入辖区后，由派出所民警到且末县城镇派出所统一办理入户手续。

1994年，且末工程支队正式成立公安派出所，配备人员2人，行使治安管理、民事纠纷、治安案件处置等行政职能，户籍仍然由且末县城镇派出所管理。

1998年，且末县城镇派出所按照属地管辖相关文件要求，将且末工程支队户籍管理业务移交给苏干特派出所。派出所设专职户籍警察1人，实行一户一簿管理方法。

2000年后，随着且末工程支队各项事业建设与发展，采取招工、引进人才、调入等方式聚集人口，到支队落户人员逐年增多。承包土地人员签订劳动合同试用期满一年后被录用为职工，由个人申请落户，派出所将户籍迁往本辖区管理。

2005年，派出所完成全支队农转非城镇户口登记、建档、户口簿发放工作。

2011年，派出所全面清查辖区人口，给辖区户籍人员开始更换二代居民身份证。

2015年，苏干特派出所加强人口管控工作，开展二代身份证送证上门服务。当年，为辖区群众送达身份证1400人次，二代身份证颁证率实现100%。

四、流动人口管理

20世纪90年代，辖区流动人口主要是内地探亲人员、拾棉花季节工、承包土地人员。1992年，土地对外租赁承包，人口的流动量增大，到达辖区的流动人员全部办理暂住证。

2000年后，加大基础设施建设力度，外来施工人员增多，派出所在确定劳动对象后，建立治安联防联调管理机制，形成公安、连队两级治安管理体制。用人单位为外来人员办理暂住证，负责外来人员安全、民事调解等事务。

2001年，以支队综治办为主，成立流动人口管理协调小组，下设流动人口管理办公室。各基层单位建立流动人口管理服务站，形成以治安管理为重点，劳动管理为手段，其他管理相配套的流动人口管理机制。全面贯彻落实《中华人民共和国治安管理处罚条例》，制定流动人口管理实施办法，对违反支队相应管理规定的人员，所在连队除给予批评教育外，情节严重的分别给予警告、罚款、拘留处理。

2006 年，随着农业开发建设力度加大，外来人口增多，人员流动量大，基层单位治安管理难度加大。派出所强化基层流动人口管理工作，各连队配备治安员 1 人，组织成立 3~5 人辖区治安联防队 2 个，坚持 24 小时治安巡逻，维持辖区内治安秩序。

2010 年，支队启动城镇化建设，流入辖区的社会施工人员剧增。派出所落实治安管理责任追究制度，与各施工工地法人、雇主签订治安管理责任书，明确用工方的治安管理责任，指定专人负责辖区流动人口管理工作。每年对辖区重点人口采取定人、定位、动态追踪管理，逐人、逐户、逐企业采集人员信息，防止违法犯罪案件的发生。每年登记和清查暂住人口 1500 余人次。

2012 年，派出所在辖区开展社会治安联控联防活动，建立"十户联防"制度，在派出所和各连队分片区安装治安防范设施，构筑起群防群治的治安管理体系。

2015 年，派出所组建专职综治队伍，强化警务服务站建设，创新流动人口管理模式，完善二级为民服务联动联调联教机制，建立健全矛盾多发领域行业调解组织，信访量和信访人次得到有效控制。团派出所办理外来人员暂住证 1210 份，治安发案率为零。

五、消防管理

20 世纪 70 年代，汽车营三连在红旗区设有油料库，建有 6 个 50 万千克的储油罐和输油设施，年储油量在 300 万千克左右。但油料库防火设施极为简陋，建有院墙，配备 6 个沙池和 2 台轮式灭火器等防火设施，由安保人员 24 小时看守油库。

1990 年，油库围墙倒塌，改建成铁丝网外墙，进入车辆没有配备灭火装置。1992 年，成立棉花加工厂，厂内消防工作由生产科负责，配备 1 名消防安全员，在加工厂生产时检查车间防火安全情况。

1998 年，棉花加工厂消防工作由生产科移交给苏干特派出所。

2000 年，成立以派出所主要领导任组长的安全消防工作领导小组，成员以加工厂员工为主，制定《且末工程支队重点部位安全防火防盗实施办法》，消防管理范围为加工厂、物资库房、发电机房等重点场所，定期组织相关人员开展消防应急演练和消防知识培训活动。

2005 年，棉花种植面积扩大，各植棉单位分别建有棉花分级场。派出所给各单位建立防火档案，每天到棉花加工厂检查消防措施落实情况。各单位按消防管理要求配备消火栓、水管、水池等安全防火设施。棉花加工厂配备各类消火栓 42 具、铁锹 20 把，修建消防水池 3 个、消防沙池 4 个，安装雅马哈水泵 3 台，配备消防输水管 400 米。其他单位的棉花分级场均配齐消防设施。

2009—2014 年，派出所在冬季和重大节假日期间，进入职工家庭检查取暖、生活用电、燃放烟花等多发、易发火灾环节，向职工群众宣传防火知识，有效避免火灾事故的发生。

2015 年，团辖区内没有发生火灾事故，保障了职工群众生命财产安全。

第三节　司法行政

一、普法教育

（一）"三五"普法（1996—2000年）

1996 年，根据国家"三五"普法工作部署，支队启动"以宪法为核心，以专业法为重点，以社会主义市场经济法规为突破口，以依法治理为手段"的"三五"普法依法治理工作。成立 6 个基层单位普法依法治理领导小组，支队党委按计划落实普法经费，组织开展法制宣传教育活动。购买《"三五"普法教材》200 册、《法律法规规章汇编》200 册、《"三五"普法验收考试复习问题 500 题》100 册；举办普法骨干培训 4 期，基层各单位主要领导、治安员、警卫计 36 人参加普法知识培训；安排普法宣传员到基层单位授课法律知识 15 场次，宣讲《中华人民共和国宪法修正案》《且末工程支队连规民约》等法律法规和制度知识；组织基层连队干部职工举办法律法规知识竞赛 2 次，参赛 40 人，到场人数 580 人次。重点在学校开展《中华人民共和国预防未成年人犯罪法》《中华人民共和国义务教育法》《中华人民共和国国徽法》《中华人民共和国国旗法》学习和教育普法活动。

2000 年，组织党员干部完成"三五"普法验收考试，参考率达 95%，平均成绩 81 分，通过农二师"三五"普法依法治理工作验收。

（二）"四五"普法（2001—2005年）

2002 年 3 月，支队党委成立"四五"普法依法治理领导小组和办公室，全面启动"四五"普法依法治理工作。按照支队制定的《且末工程支队第四个五年法制宣传教育规划》，在全民中开展《中华人民共和国宪法》《中华人民共和国婚姻法》《中华人民共和国消防法》《中华人民共和国人口与计划生育法》《中华人民共和国农村土地承包法》《中华人民共和国预防未成年人犯罪法》《中华人民共和国治安管理处罚条例》等法律法规知识的普法学习教育活动。党委与各单位签订法制宣传教育和依法治理责任书，实行责任目标管理。各基层单位制订普法依法治理工作计划，建立健全法制宣传教育阵地，开展普法工作。邀请师法院、检察院、司法局、监狱管理局领导到支队举办法制讲座 5 次；举办两期干部普法培训班，以《干部法律知识读本》《中华人民共和国合同法》《中国共产党党政干部选拔任用工作条例》《中国社会主义法治理论读本》学习为重点，处级以下干部每年按照 45 岁以上开卷、45 岁以下闭卷的方式参加师党委组织的法律知识任职资格考试。通过各项普法教育措施落实，"四五"普法期间，且末工程支队社会秩序稳定，普法依法治理工作通过农二师考核验收。

2006 年 2 月，支队党委召开职工代表大会，总结"四五"普法依法治理工作，表彰"四五"普法先进集体 1 个、先进个人 3 名。

（三）"五五"普法（2006—2010 年）

2007 年，启动"五五"普法依法治理工作。召开"五五"普法依法治理启动大会，支队党委与 8 个基层单位签订"五五"普法依法治理责任书。法律法规学习列入党委理论学习中心组年度学习计划，基层单位党支部将法律法规学习列入党支部"三会一课"内容，以"法律六进"（进机关、进连队、进社区、进学校、进企业、进单位）为载体，开展法律知识普及和宣传教育活动。各单位成立普法领导小组 10 个，成员 20 人。成立由政法干警、单位干部、治安员、调解员、政工员参加的法制宣传队伍，设立普法宣传指导员 1 人，普法监督员 10 人，普法宣讲员 10 人，普法联络员 5 人，机关各部门抽出 1 人入住基层单位，指导和推动基层单位普法依法治理工作。投入普法教育经费 3.8 万元，购置干部、职工、青少年学生普法读本 300 册，编印各类法律、法规宣传资料 560 份；举办法律法规培训班 4 场次，参加人数 1200 人；组织 850 人次参加法律知识考试。10 月，且末监狱举行青少年法制教育基地揭牌仪式，且末县与支队分别成立青少年法制教育基地领导小组，双方签订长期开展法制教育活动的合作协议。

2007 年，支队召开"五五"普法依法治理启动大会　　　　　　（杨波　摄）

2008 年，支队在 10 个基层单位开展"民主法治连队"创建活动，全年调解民事纠纷 16 期，成功率 95%。2010 年，组织全民完成 15 部法律法规的普及学习任务，职工群众参学参考率超过 90%。"五五"普法依法治理工作顺利通过农二师考核验收。

（四）"六五"普法（2011—2015 年）

2011 年，启动"六五"普法依法治理工作。成立依法治理领导小组，在全民中主要宣传普及《中华人民共和国宪法》《中华人民共和国劳动法》《中华人民共和国合同法》《中华人民共和国未成年人保护法》《中华人民共和国预防未成年人犯罪法》等法律法规，加强社会主义法治理念教育。10 月，制定《且末工程支队普法依法治理领导小组关于深入开展法制宣传教育推进依法治理工作第六个五年规划（2011—2015 年)》，普法被纳入年度支队党委以及各基层单位政治学习计划，每月不少于 1 次学习。

2012 年，支队财务按照每年人均不少于 1.5 元的标准，落实普法教育经费 2 万元。以单位和连队为重点，采取现场说法 3 次，张贴宣传挂图 135 幅，开展法制讲座 6 次，开展"法律六进"活动 12 次。利用"12·4"法制宣传日宣传《中华人民共和国宪法》，以安全生产宣传月、"3·8 妇女维权周""3·15 维权日"为载体，开展法律咨询活动 14 场次。"六五"普法期间，调处各类矛盾纠纷 41 件，成功率为 100%。2013 年，团持续推进在校师生法制教育，做到计划、教材、课时、师资"四落实"，为 240 名在校师生发放《法律知识读本》。发放"远离毒品、珍爱生命""反对邪教、崇尚科学"法律法规宣传资料 150 份；全团干部"六五"普法参学率为 100%，职工参学率达 98%，在校师生参学率达 100%。

2015 年 8 月 21 日，三十七团"六五"普法依法治理工作通过第二师"六五"普法检查验收。

二、人民调解

1970—1980 年，由保卫科负责排查化解内部矛盾纠纷。1990 年后，由社会治安综合治理办公室负责人民调解工作。

1992 年，成立临时派出所，职工信访事件由临时派出所处置调解。全年调解各类纠纷 22 起，成功率为 96%。

1998 年，通过开展普法教育，职工群众依法维护自身权益意识增强，全年调解各类纠纷 13 起，成功率为 100%。

2000 年，按照综合治理工作要求，各基层单位成立调委会组织，设立人民调解办公室，做到规章制度上墙，规范调解文书、台账标准等，依法开展民事调解工作。是年，司法所举办人民调解培训班 5 期，培训基层单位人民调解员 50 人次。

2001 年，各基层各单位均成立综治工作小组，人民调解纳入社会治安综合治理工作内容。支队加强基层调委会成员培训，举办人民调解员培训班 5 期，培训基层单位调解员 50 人次。排查各类矛盾纠纷 14 起，调处化解 11 起，其余 3 起纠纷案件转交地方司法部门处理；其中化解邻里纠纷案 2 起、劳动纠纷案 6 起，化解合同纠纷案 2 起，其他纠纷案 1 起，成功率为 100%。

2010 年，通过组织全民学习 15 部法律法规知识教育活动，职工群众法律知识普遍提高，法律意识增强。全年发生各类矛盾纠纷 56 起，调解成功 56 起，调处成功率为 100%。

2015 年，团社会治安综合治理办公室和司法所共接接待来信来访 34 起。其中，经济纠纷 31 起、家庭纠纷 3 起，调解成功率为 100%，没有发生民转刑案件。

表 18－1　三十七团人民调解一览表（1992—2015 年）

项目年份	调解总数（起）	纠纷类别				调解成功率（%）
		家庭纠纷	经济纠纷	邻里纠纷	其他纠纷	
1992	22	17	4	1	0	100
1993	36	9	15	10	2	96
1994	44	12	24	4	4	94
1995	23	3	15	5	0	100
1996	30	13	14	2	1	98
1997	28	5	17	6	0	100
1998	13	1	8	4	0	100
1999	26	3	19	3	1	97
2000	11	0	2	7	2	95
2001	14	4	2	2	6	100
2002	23	8	15	0	0	65
2003	18	4	10	4	0	100
2004	18	5	7	6	0	98
2005	23	3	14	6	0	100
2006	17	3	12	1	1	98
2007	21	4	14	2	1	95
2008	16	3	9	2	2	94
2009	45	7	18	15	5	100
2010	56	8	29	2	17	100
2011	46	2	32	6	6	100
2012	41	3	34	4	0	98
2013	33	6	17	6	4	98.5
2014	29	2	19	4	4	99.5
2015	34	3	31	0	0	100

注：此表数据由团司法所提供。

三、法律服务

20 世纪 70 年代，修筑"0701"工程期间，保卫科为各连队提供法律咨询、法律指导服务。

80 年代，法律服务工作的重点以监狱服刑人员为主，开展法律教育、法律咨询、代写法律诉讼文书等工作。

1986 年后，法律服务工作分成企业与监狱两个部分。企业部分由且末工程支队社会治安综合治理办公室负责提供法律服务、民事调解或处置各类纠纷等人民调解工作；监狱以各区队为主，强化服刑人员法制教育和法律服务，解决各种诉讼、起诉、犯罪案卷建立等法律服务工作。代理且末工程支队纠纷、诉讼、赔偿、补偿等法律文书起草业务。

1990—2006 年，监狱管教科承担全支队法律服务工作，为党委和机关职能部门代写各类协议书等法律文书 170 件，向党委提出依法行政建议 20 余条。参与每年度经济责任制、土地承包合同、产品销售合同、重大建设工程项目招投标合同的签订等事宜。

2006 年，司法所成立后，开展民事调解 31 起，调处成功率为 98%。为支队提供法律咨询、代理诉讼、起草合同等法律服务 120 件。给昆金石棉矿、棉花加工厂担任法律顾问，协助 2 家企业办理代理诉讼等法律服务 4 件次。

2008 年 2 月，司法所成立法律援助站，依托基层调解组织组建连队（社区）法律援助联系点 6 个。法律援助站深入连队开展法律知识讲座 4 场次，受教育职工群众 950 余人。开展法律咨询活动 2 场次，咨询人数 63 人。帮助连队开展法律宣传与法律教育指导 9 次。

2009—2012 年，司法所举办人民调解员培训班 5 次，培训基层单位调解员 50 人。协助二连处置邻里纠纷案 2 起，协助支队信访办处置劳务纠纷 113 起，调处成功率为 99.15%；化解其他纠纷案件 28 起，调处成功率为 100%。

2013 年 9 月，司法所因工程承包方拖欠农民工工资请求法律援助，法律援助站接案后，依照法律援助程序与当事人双方协商，为 9 名农民工讨回 28 万余元的工资。

2015 年，司法所承担着团辖区 10 个单位的法律顾问及 5 家民营企业和 2 家国有企业的法律咨询、法律服务、法律指导业务，全年为企业法人提供法律服务 120 余次，代写法律文书 20 次，提供法律咨询 65 人次，协办公证业务 16 件，协助连队解决各类民事纠纷 31 起，为 124 名劳务工讨回薪资 310 万元。协助基层单位开展法律宣传教育活动 12 场次，受教育人数 1200 余人次。负责刑释解教人员安置帮教工作，为辖区刑释解教人员提供法律服务 4 人次。协助民营企业代理诉讼法律服务 14 件次。

四、安置帮教

1971 年，工三师且末前线指挥部成立帮教组协助连队开展工作，按照国家政策给刑满释放人员安排劳动岗位。连队成立法制教育组，因人施教，对刑满释放人员开展法制和国情教育。

1973—1983 年，按照自愿原则，实行劳动教养的少数民族职工可返回原籍生活，不愿返乡的由支队重新安置，分配工作。

1986—2009 年，建立辖区刑释解教人员档案，依法规范开展帮教管理工作。安置帮教工作被纳入单位社会治安综合治理目标考核，各基层单位以思想教育、就业指导、技术培训为帮扶重点，落实一对一帮教责任，帮助刑满释放人员尽快融入正常的社会生活，不再重新犯罪。先后就地安置 140 名刑释人员就业。至 2009 年底，在且末工程支队安家落户的刑满释放人员和劳教人员共有 36 户，其余退休后返回原籍。

2010—2015 年，团场安置刑释人员 3 人，实施政策性帮教 3 人。团、连两级帮教组织实施分类帮教，帮助刑满释放人员参加土地承包、从事个体商业经营，走自食其力生活道路。

五、机构

20 世纪 70 年代，支队设置保卫科，配备人员 3 人，行使司法行政职能。80 年代，监狱管教科兼负企业司法行政工作，配备人员 2 人，为企业提供法律援助服务。

1991—2005 年，成立社会治安综合治理委员会，下设综合治理办公室挂靠在政工科，兼管支队综合治理宣传等日常业务。

2006 年 4 月，农二师司法局在且末工程支队派驻司法所，成为驻支队独立司法机构，配备人员 1 人。至此，原司法行政业务从社会治安综合治理办公室分离。

2009 年 12 月，司法所建立人民调解中心，成员 9 人，由机关各部门领导组成。普法依法治理工作办公室同时设置在司法所。

2012 年 10 月，司法所工作人员增至 3 人，其中所长 1 人，司法助理员 2 人。下设普法依法治理办公室、法律服务所、社区矫正办公室、帮教安置办公室等工作机构。

2013—2014 年，团司法所兼管普法依法治理工作，组织开展普法依法治理活动，推进普法工作进程。

2015 年，司法所所长兼任团普法依法治理工作办公室主任，协调基层单位普法依法治理工作，办公室成员 12 人，由各单位和机关相关部门主要领导组成。

第四节　监狱工作

一、管理机构

1986 年 10 月 1 日，根据国家司法相关政策和且末农业开发的工作需要，农二师在且末工程支队的管理体制内组建劳改大队；12 月 26 日，在且末劳改大队的基础上正式组建农二师且末劳改农场，属且末工程支队党委领导。

1997 年 9 月，且末劳改农场改建为农二师且末监狱。在行政管理上与且末工程支队分离，直属农二师监狱管理局领导。

2005 年 6 月 3 日，师实施监狱体制改革，整合部分监狱机构，明确且末监狱为正团级建制。

2009 年 4 月 7 日，农二师党委依照国家司法部相关政策要求，实行"监企分离"，农二师且末监狱从且末工程支队剥离，设置监狱党委和机关行政机构。

二、干警队伍建设

1986 年，兵团恢复且末工程支队建制，组建劳改农场，招录一批干警从事监狱管理工作。

1990 年，劳改农场重视干警队伍建设和政治思想工作，开展理想信念教育，着力解决干警队伍在理想信念、宗旨意识、执法观念等方面存在的突出问题，在监区设立文化墙和警营文化室，为建设学习型、知识性警营文化阵地创造条件。

1992 年 10 月 8 日，且末劳改农场在学校举行首次民警授衔仪式，有 19 名监狱干警通过相关法律知识学习培训考试，获得晋升警衔资格。

1992 年，支队学习贯彻党的十三届七中全会和党的十四大精神，在各中队开展警容风纪和纪律作风教育整顿月活动。

1994 年，开展监狱人民警察职业道德规范学习，组织教育学习 12 场次，受教育干警 1320 人次；对不正之风开展自查 6 次，查出问题 15 条，建立规章制度 11 项 57 条。

1995 年 7 月，结合学习贯彻兵团监狱管理局关于加强监狱人民警察队伍建设相关工作要求，印发《且末监狱关于加强监狱干警队伍建设的决定》，在干警队伍中开展纪律、作风整顿再教育活动，利用教育整顿提升干警队伍政治和思想素质。强化干警思想政治理论考核，对考核不及格的进行补课。

1996 年 6 月，支队贯彻落实司法部关于国家"九五"时期监狱民警学历教育实施"568"工程（一般民警大专以上学历达到 50%，科级干部大专以上学历达到 60%，监狱领导班子中大专以上学历达到 80%）的意见，本着"在岗培训，自学为主，离岗培训，进修为辅"的原则，分批次推进学历教育培训工作进程。监狱民警相继进入电大、夜大、函大及各类成人院校进修学习，确保监狱系统民警大专以上学历逐年实现 3% 的增长目标。

1998 年 6 月，制定《且末监狱目标管理考核办法》。支队党委与各中队签订纠风目标责任书 4 份，办黑板报 12 块，出板报 12 期，各区队组织学习 2 场次，办专栏橱窗 5 个，建立廉政档案 136 份，建立廉政举报中心 1 个，公开举报电话 1 部，设立举报箱 4 个，发征求意见函 6 份，召开监狱民警座谈会 3 次，设民警岗位监督台 2 个。

1999 年，监狱组织开展讲学习、讲政治、讲正气为主要内容的党风党纪教育活动，通过学习和组织演讲活动，推动教育活动的深入开展。全年观看党风党纪录像 7 次 1120 人次，132 名民警参加兵团党纪党规统一考试。建立廉政举报中心 1 个，设立举报箱 1 个，发征求函 140 份，收回

140份，民警满意率90%以上。

2006年，且末监狱围绕学习贯彻落实《中华人民共和国监狱法》《中华人民共和国人民警察法》，开展文明监狱创建活动，监狱改造环境明显改善，实现兵团监狱管理局年初提出的"无罪犯脱逃、无非正常死亡、监狱无案件"的全年"三无"攻关目标。10月8日，农二师监狱管理局在且末工程支队大礼堂举行且末监狱民警授衔仪式，有24名干警授衔。

2007年，开展社会主义法制理念教育活动，实行课前考核制、补课教学制，以推动教育活动开展。举办"农二师监狱系统共产党员先进事迹巡回演讲会"2次，监狱全体干警聆听先进事迹演讲。是年，且末监狱有3名民警获得"农二师优秀监狱人民警察"荣誉称号。

2008年，且末监狱开展"四抓四看"、"保持共产党员先进性教育""党员先锋岗"活动、纪念改革开放30周年活动和"大学习、大讨论"活动。

2009年，监狱民警实施岗位晋升考核，对考核不及格的民警根据工作表现，由师监狱管理局提出处理意见。至2009年，且末监狱连续6年实现"五无"目标。

三、干警培训学习

1991—1994年，且末工程支队成立劳改工作干警培训领导小组，从组织机制上重视并加强对干部培训工作的领导。

1991年11月，且末工程支队组织2名业务骨干参加师监狱管理局劳改管理干警培训班。回队后举办干警培训班3期，培训侧重于岗位实用技能，内容为时事政治、法律常识、劳改专业及劳动生产组织经营等相关知识。

1995年，二师监狱系统采取短期轮训形式，组织民警完成年度培训，重点学习《中华人民共和国监狱法》，完成年度干警培训占干警总数的97.9%。

1996—2000年，贯彻落实司法部关于"九五"期间监狱民警学历教育实施"568"工程的意见，本着"在岗培训，自学为主，离岗培训，进修为辅"的原则，分批次推进学历教育培训工作进程。监狱民警相继进入电大、夜大、函大及各类成人院校进修学习，确保监狱系统民警大专以上学历逐年实现3%的增长目标。至2003年，监狱党支部书记轮流参加兵团党委党校举办的监区党支部书记党建理论培训班。

2001—2002年，根据司法部的统一部署，组织开展监狱人民警察基本素质教育考核训练工作，监区民警参加并通过岗位技能训练考核。

2003年6月，按照兵团监狱管理局制定《2003—2005年兵团监狱民警培训计划》，采取多种渠道组织民警的全员培训，至2005年底，如期完成年度培训任务。

2007年，以提高机关民警综合素质为目标，把创建学习型机关作为改变监狱民警工作作风的突破口。制订机关学习考核办法和每月学习计划，每周五下午定为学习日，采取监狱领导领学、科室领导轮学及集体讨论和播放电教片等形式，激发民警的学习热情，机关民警参学率100%。

2008—2009年，开展以"创新始于学习，成功源于读书"为主题的读书学习活动。给各监区阅览室购买《于丹论语心得》《易中天品三国》《新概念英语》等图书20册，供监狱民警借阅。在监区开设网吧，举行多媒体课件制作、动漫画制作等比赛，以此为依据评比"民警之星"，提高民警综合素质和业务能力。2009年4月，且末监狱与且末工程支队分离，干警培训与学习教育由监狱负责。

四、教育改造

1986年，按照"改造思想、造就人才、面向社会、服务四化"的指导思想，在域内开办育新学校，选派文化水平高、政治素质好的干警当教员，对服刑人员实施教育改造，以促进服刑人员的思想转化。在改造服刑人员过程中，坚持"惩罚与改造相结合、劳动与教育相结合、以改造人为宗旨"的指导思想，采取民警定责、犯人定管的"双定"管理措施，监狱民警注重掌握服刑人员心理特点，采取不同的改造策略，注重个案分析，实施个别教育，促使服刑人员改造质量不断提高。1996—2000年，且末监狱创造连续5年获"五无"监狱称号。

1997年，成立监区教育改造工作领导小组，制定年度教育改造计划和教学大纲。育新学校设有教务处，拥有干警教员6名，服刑人员教员4人。开办写作、绘画、技艺、文艺、德育、法制等初等教育教学班8个，课程为每周4节课，侧重法律法规、思想转化教育，监区办学逐步走上正规化，教育改造服刑人员逐步科学规范。

2000年，监狱提出以"教育为中心，重点改造人"的劳改教育工作方针，重在提高教育教学质量。监区育新学校添置广播、扩音机、摄像机、电视机、投影仪等电教设备，改善了教学条件，教员的工作强度有所减轻。学员通过电视、广播、投影仪等学习和掌握文化知识和技术，在文化课期中考试中，及格率为95%。

2006年，监狱改革教学模式，尝试利用社会力量开办校外课堂，实施社会帮教活动，使教育改造工作向社会延伸。每年邀请支队机关政工部门干部到育新学校讲授写作知识，提升学员写作水平；邀请老军垦讲授兵团历史，让学员接受兵团精神教育；服刑人员家属探监时，邀请其给服刑人员上家庭教育课；邀请公安干警到校上法制教育课等，实现教育方式多样化，教育效果明显。2006年9月，且末县委在且末监狱设立青少年法制教育基地，且末监狱配备法律宣讲人员3名，利用大礼堂和育新学校给青少年授课，是月，且末县1500余名在校中学生在青少年法制教育基地接受法制教育。

2008年，监狱内安装亲情电话，开设"珍惜生命，反对脱逃"专线广播和生日点歌台，"开展一封家书"征文活动等，涌现出一批学习和改造积极分子，监狱连续6年实现"五无"目标，形成"管得住、跑不了、能转化、育新人"的教育改造格局。

五、文化活动

且末监狱组建之初，文化设施匮乏，服刑人员享有的教育资源较少，思想转化工作存在较大困难。1986 年 1 月，监区从服刑人员中挖掘一批能创作、有技能、会表演的艺术人才，成立新生艺术演出队。2 月，组织支队学校、机关和服刑人员，在红旗区大礼堂举办春节文艺演出活动，演出各类文艺节目 19 个，支队职工、民警和服刑人员观看了演出。这是首次由服刑人员自编自演的文艺活动。此后，每年春节监区均组织服刑人员举办文艺汇演。

1993 年 10 月，一监区成立通讯报道小组，开办育新学校，给监区添置音响、扩音等文化娱乐设备，改善了监区文化娱乐设施落后的局面。

1998 年，监狱育新学校创建后，同时创办《育新》小报，添置广播电视设备，开辟黑板报、墙报、文化长廊等，配备较为齐全的文化设施。

2004 年，监狱内建文化室、图书阅览室、广播室各 1 处，成立监区通讯报道小组，每月定期编发 1 期《育新》小报；各监区增设舞龙、舞狮、舞蹈、小品、腰鼓队、篮排球、乒乓球队、田径运动会等文体项目；各分队均成立书法、绘画、手工艺品、吹拉弹唱兴趣小组，由监狱民警给服刑人员传授小号、手风琴、唢呐等演奏技艺，不定期组织开展各类文体竞赛活动，监狱文化工作在全师各监狱名列前茅。

2008 年，监狱为各分监区配发篮球、乒乓球、羽毛球、象棋、军旗、扑克、跳棋等文化活动器材 210 余件，文化活动和文化设施列入监狱年度教育经费预算。

第五节　人民武装

一、机构

人民武装部组织始建于 1971 年。工三师筑路队伍到达且末后，驻扎在车尔臣河西段，成立武装四连，又称河西排，主要履行看押服刑人员、保卫边疆、维护辖区稳定的职责。1976 年，施工队撤往北线，武装部随之撤销，工作停止。

1989 年 12 月，恢复成立且末工程支队人民武装部，配备武装部部长、副部长各 1 人。武装部部长由支队党委主要领导兼任，副部长由 1 名监狱民警担任。

2007 年，兵团编制委员会核定且末工程支队人民武装部专项编制 1 名，其余人员为兼职。2009 年，实行监狱与企业分离，企业部分保留原且末工程支队建制，支队党委书记、政委兼任支队武装部部长，副部长职务空缺。2010 年，机关设武装部办公室，配备 1 名武装干事。

2013 年，师党委调整三十七团领导班子，由团党委书记、政委兼任人民武装委员会主任，团长兼任武装部部长，配备 1 名武装部副部长、1 名武装干事。

2015 年 5 月，三十七团人武部增加 2 名编制，团党委常委、副政委、工会主席兼任武装部部长。

二、民兵工作

（一）政治教育

20 世纪 70 年代，武装部强化国防安全教育，每周给基干民兵上一堂"提高警惕，保卫祖国"教育课，讲述国内外形势和加强战备要求，提高民兵警惕性。80 年代初期，武装部因施工队伍分散，组织开展学习教育活动停止。

1986 年，兵团在且末恢复成立劳改农场后，武装部结合支队农业生产特点，利用冬闲时节组织民兵学习政治理论、科技知识、法律法规等。把学习教育活动深入基层单位，基层党支部把民兵政治教育纳入年度工作计划，与职工学习教育活动结合，完善学习制度，制定学习内容，每年组织民兵学习教育天数不少于 6 个课时，以保证民兵在政治思想上合格。

2000 年后，民兵政治教育适应新形势需要，利用冬春农闲时节，开展党的路线、方针、政策教育，强化国防知识、形势教育、法律法规、科技知识等各项学习教育活动。

2015 年，三十七团武装部加强基层民兵队伍建设，强化民兵政治武装，集中组织课目训练和基本素质教育，全年授课 24 场次，受教育面达 98% 以上，提高了民兵的政治思想素质。

（二）民兵训练

2009 年之前，民兵训练主要以队列训练为主。2010 年，利用冬闲时机，组织民兵开展全员训练 7 天，训练课目 9 个。2011 年，支队成立民兵应急分队，按规定完成队列、盾牌棍术等项目的训练。2012 年后，根据师年度民兵训练计划，支队民兵训练坚持"训用一致、突出重点、分类指导、科技兴训、勤俭练兵、依法治训"的原则，按机关干部、基层干部和职工分类训练，采取封闭训练与开放式训练相结合方式，完成民兵训练和民兵年度考核，支队干部职工的军事素质全面提升。

2013—2015 年，团场实施基地化训练、集中自训的方法保证民兵训练任务的完成。每年冬季，全团基干民兵均分批参加集中训练，每批为期 10 天，全员完成计划训练任务。

（三）民兵活动

1989 年，武装部组织民兵、监狱干警、武警中队指战员参加且末县防暴演练，出动汽车和移动式指挥车 1 辆，全县 2 万多人观看演练。1992 年，武装部组织民兵与且末县联合举办反恐维稳演习，时间持续 4 个小时。

1996 年，组织 200 余名民兵执行车尔臣河护坝抗洪任务，民兵顶着风沙在大堤上坚守 7 个昼夜，筑起 1.3 米高堤坝 400 米，遏制了洪水蔓延，完成抗洪抢险任务。支队每年均组织一定民兵力量参加且末县抗洪抢险。

2001 年 8 月，正值农田管理大忙时节，支队出动基干民兵参加反恐维稳演练。

2009 年 9 月，先后多次出动民兵与且末县共同执行维稳执勤任务。

2015 年，团场民兵利用训练基地苦练基本功，随时准备参加反恐维稳战斗。

2011—2015 年，团每年组织民兵参加且末县维稳执勤巡逻、抗洪抢险、河东治沙站防风林义务植树活动，连续 5 年出动人力 2700 余人次，出动车辆 240 车次，为且末县义务植树 140 万棵。

三、民兵建设

1986 年，兵团恢复成立农二师且末工程支队武装部，武装部驻扎在红旗区支队部，因支队部房屋紧张，武装部虽有建制却无办公场所。

1992 年，支队政委兼武装部部长，武装部设在政委办公室。2009 年，支队企业部分从监狱剥离，保留支队武装部建制，在机关设武装部办公室。

2013 年，团筹集资金添置民兵集训等装备设施，成立民兵连，在加工厂设训练场所，配备专用车辆 1 辆。

2015 年 10 月，完成民兵整组工作，组建民兵连，制订民兵整组计划和训练方案，开展辖区巡控和值班备勤工作，民兵队伍建设步入规范化管理轨道。

四、兵役

2000 年前，按照国家《中华人民共和国兵役法》《中华人民共和国征兵工作条例》开展征兵工作，每年冬季由武装部负责登记年满 18 周岁应征青年，响应国家号召积极报名参军。2000 年后，当年对年满 18 周岁、具有本地常住户籍的男性公民实行兵役登记。2012 年后，兵役登记年龄为 18 周岁，将辖区内符合条件的男性公民纳入应征范围。团成立兵役登记工作组织领导机构，各单位指定政治思想好、责任心强的工作人员负责兵役登记，以保证兵员质量。适龄青年经过目测、初审合格后，被确定为预征对象。

2014 年起，按照《中华人民共和国征兵工作条例》，各部门明确工作职责，派出所负责政审，严格执行"谁政审、谁签字、谁负责"的政审工作制度，医院负责体检。预征青年经过政治审查和体格检查初选，符合应征入伍条件的青年，由团征兵工作领导小组初定人员，报师征兵办公室批准，定为合格新兵。团每年都要举办新兵入伍欢送会，对其家属进行慰问。

第十九章　群众团体

　　20世纪70年代，由于施工队伍流动性大，长期野外施工，基层各单位没有设立工会组织，重要节日职工群众在连队、工程项目点开展文化活动。80年代，各连队召开职工大会民主议事，通过职工共同商议解决问题。90年代，各基层单位选派职工代表参加支队每年召开的经济工作和"双先"表彰大会，推进民主议事、连务公开等进程。2001年11月，支队成立工会，其成为党联系职工群众的桥梁和纽带。在不同历史时期，各群众团体贯彻执行党的路线、方针、政策和兵师各级党委、上级业务部门的工作部署，发挥自身优势，积极协调各方面力量，为团场经济社会发展发挥重要作用。

第一节　工会

一、工会会员代表大会

（一）第一届一次职工代表暨工会会员代表大会

　　2001年11月1日，且末工程支队第一届一次职工代表暨会员代表大会在红旗区大礼堂召开，参会代表94人。大会审议并通过支队长隋健鹏所作的《围绕大局，发挥优势，团结和动员广大职工为实现"十五"目标而努力奋斗》的工作报告和《2000年经济责任制落实情况》《且末工程支队经济责任制办法》《且末工程支队集体合同》。选举产生且末工程支队第一届工会委员会委员9人，第一届工会经费审查委员会委员6人。支队党委常委、副政委、纪委书记张素琴当选工会第一届委员会主席，纪委副书记、政工科科长洪光当选第一届工会委员会副主席。张素琴受支队党委委托向大会作工会成立筹备工作报告。大会批准成立基层工会组织6个，经过广泛动员有168名职工自愿申请加入工会组织。

（二）第一届二次职工代表暨工会会员代表大会

　　2008年3月27日，第一届二次职工代表暨会员代表大会在红旗区召开，参会代表84人。且末工程支队党委副书记、支队长丁利文作题为《团结一致，再接再厉，全力以赴打好生态建设总体战》的工作报告。大会审议并通过《且末工程支队经济责任制办法实施（草案）》《且末工程支队集体合同》《且末工程支队领导干部廉洁自律情况报告》《且末工程支队财务预算》。支队行政主要领导与工会主席分别代表企业和工会签订《且末工程支队集体合同》。增补政工科科长任林为第一届二次工会委员会副主席。第一届二次工会委员会委员由9人调整至7人。大会选举副支队长（副监狱长）马胜泉为支队工会主席。

2001—2008年，且末工程支队处于开发建设初期，第一届工会会员代表大会只召开过两次。

（三）第二届一次职工代表暨工会会员代表大会

2010年2月5日，第二届一次职工代表暨工会会员代表大会在红旗区大礼堂召开，参会代表67人。党委副书记、支队长陈恒山作工作报告，党委书记、政委郭鲁肃作总结讲话。大会审议并通过《且末工程支队生态建设管理实施方案（草案）》《且末工程支队领导干部廉洁自律情况报告》等9项报告决议。大会确定支队"保民生、保增长、保稳定"的工作目标，进一步厘清支队今后的发展思路，棉花加工厂引入资金800余万元实施改扩建项目，新建康农生物科技有限公司，招商引资建的红枣深加工厂开始运营。着力解决监企分家之后财务负债多、资金匮乏等产生的新问题。

（四）第二届二次职工代表暨工会会员代表大会

2011年1月25日，第二届二次职工代表暨工会会员代表大会在且末县原政府大楼三楼会议室召开，参会代表76人。大会审议并通过题为《解放思想，抢抓机遇，奋发进取，加快推进支队跨越式发展和长治久安》的工作报告和《2011年度经济责任制修订说明》《国民经济和社会发展第十二个五年规划纲要》《2010年度工会工作报告》《2010年度安全生产情况报告》《2010年度民主评议领导干部工作情况报告》《且末支队职工管理办法》《场规场纪修订的说明》《2010年度政务公开、民主管理情况报告》《2010年度支队领导班子廉洁自律情况报告》《2009年度集体合同履行情况的报告》。支队行政领导与工会签订《且末工程支队集体合同》《女职工专项合同责任书》。

（五）第二届三次职工代表暨工会会员代表大会

2012年3月17日，第二届三次职工代表暨工会会员代表大会召开，参会代表85人。党委副书记、支队长陈恒山作题为《强化责任意识　加快"三化"建设　确保今年各项工作任务落到实处》的工作报告，回顾总结2011年各项工作取得的成绩，部署2012年主要工作任务和发展目标。会议审议并通过《且末工程支队2011年经济责任制办法》《且末工程支队2011年度工会工作报告》《且末工程支队2011年度领导干部廉洁自律情况报告》《且末工程支队2011年业务招待费使用情况报告》等9项报告。

（六）第二届四次职工代表暨工会会员代表大会

2013年4月27日，第二届四次职工代表暨工会会员代表大会召开，团党委副书记、团长陈志杰作题为《团结一心，务实行动，全力加快"三化建设"，为实现团场经济社会全面发展而努力奋斗》的工作报告；团党委常委、副团长梁茂泽作《三十七团2013年经济责任制办法》修订的说明；团党委常委、副政委、工会主席曲新泓作《三十七团2012年度工会工作报告》；团党委常委、副团长梁洁作《三十七团2012年度安全生产情况报告》；团长助理孙登登作《三十七团2012年度民主评议领导干部工作情况报告》等10项报告。参会职工代表表决通过大会各项议题。

（七）第二届五次职工代表暨工会会员代表大会

2014年5月7日，第二届五次职工代表暨工会会员代表大会召开，团党委副书记、团长陈志杰作题为《打基础，扩总量，抓改革，提速度，增强团场维护社会稳定和长治久安的综合能力》的行政工作报告；团党委常委、副团长梁茂泽作《三十七团2014年度经济责任制执行情况的报告》；党委常委、副团长梁洁作《三十七团2013年度安全生产情况报告》《三十七团2012年度民主评议领导干部工作情况报告》。大会审查审议并通过行政工作报告、《2014年度经济责任制办法》《2014年女职工专项合同》讨论稿。团与各基层单位签订《安全生产责任书》18份、《党风廉政建设责任书》64份，团行政主要领导与工会签订《2014年集体合同书》。

（八）第二届六次职工代表暨工会会员代表大会

2015年3月16日，第二届六次职工代表大会暨工会会员代表大会召开，出席大会的正式代表67人，列席代表9人，特邀代表3人。副团长梁茂泽作题为《抓住新机遇，迎接新挑战，努力在向南发展和融合发展上实现新突破》的工作报告；大会审议通过《三十七团2015年度经济责任制实施办法》《三十七团工会工作报告》《三十七团2014年度业务招待费的使用情况》《三十七团2014年公共预算执行情况报告》《三十七团2014年度集体合同履行情况的报告》《三十七团2014年度安全生产情况报告》。签订《三十七团2015年度集体合同》《女职工专项合同》和党风廉政建设、安全生产、综合治理、计划生育等责任书共计64份。参会职工代表表决通过大会各项议题。团党委书记、政委宁丰在大会结束时作了讲话。大会表彰2014年度先进集体24个，先进个人56名。

表19-1　三十七团工会历届工会主席、副主席名录（2001—2015年）

姓名	性别	文化程度	任职时间	工会职务	行政职务
张素琴	女	大专	2001.11—2008.3	工会主席	副政委
洪　光	男	大专	2001.11—2008.3	工会副主席	政工科科长
马胜泉	男	大专	2008.3—2010.2	工会主席	副支队长

姓名	性别	文化程度	任职时间	工会职务	行政职务
梁茂泽	男	大专	2010.3—2013.4	工会主席	副支队长
曲新泓	男	大专	2013.4—2015.3	工会主席	副政委
詹其军	男	大专	2015.3至今	工会主席	副政委

注：本表数据由团工会提供。

二、基层工会组织

2001年11月，且末工程支队成立工会组织，选举产生支队第一届工会委员会。随后，基层单位相继成立工会小组6个，各配备兼职工会主席1人，享受副连级待遇。支队机关工会主席享受正科级待遇。全支队发展工会会员168人。

2009年，企业部分从监狱剥离后，企业保留工会组织7个。各基层单位工会小组发挥职能作用，动员职工加入工会组织。2010年，全支队工会会员增至234人。

2011年，基层工会组织发展到9个，工会会员发展到256人。

2015年，团工会委员会下辖工会小组11个，有专兼职工会干部13人；有工会会员477人，其中男会员254人、女会员223人。团场注重基层工会干部整体素质提升，先后选派69人次参加兵、师举办的工会培训班。2001—2015年，调整团工会干部9人次，调整基层工会干部26人次。其中，大学生工会干部19人。2015年，团有职工代表76人。

表19-2　三十七团部分年份基层工会组织及会员一览表（2001—2015年）

年份	基层工会（个）	工会干部（人）	工会会员（人）	性别 男	性别 女	年份	基层工会（个）	工会干部（人）	工会会员（人）	性别 男	性别 女
2001	6	6	168	107	61	2012	9	9	266	161	105
2008	6	6	172	110	62	2013	9	9	356	180	176
2010	7	7	234	143	91	2014	10	10	432	227	205
2011	9	9	256	157	99	2015	11	11	477	254	223

注：本表数据由团工会提供。

三、工会工作

（一）企业民主管理

支队工会组织建立后，工会拟定《且末工程支队集体合同书》，经职代会审议并形成决议。工会与行政方签订集体合同，建立民主协商制度。通过职工代表大会报告年度《集体合同》履行情况，接受职工代表大会监督。在实践中不断充实和完善合同内容，以维护企业和职工的合法权益，促进企业健康发展。

2000年，根据师工会的工作要求，支队依法规范民主管理，建立完善基层单位职工民主议事制度、民主评议干部制度、职代会联席会议制度。在农业连队推行"六公开，三上墙"（土地等级、承包方案、上缴利费、生产成本、产品产量、分配收入公开，承包地亩、上缴费用、年终兑现上墙）政务公开制度，重要事项均以职工代表大会和政务公开栏方式向职工公开，接受职工监督。

2001年，在基层单位组建工会小组，工会组织依法监督支队制定的劳动用工管理办法、职工工资、劳动人事、职工退休、社会保险及安全生产和劳动保护管理工作，执行情况在每年的职代会上向职工代表报告，以维护职工合法权益。是年4月，因遭受低温灾害，棉花实施重播，棉花种植户遭受较大损失，工会与支队经过民主协商，出台减负政策，保证了职工基本生活，维护了职工利益。

2006年，支队成立劳动保障协调委员会，行政主要领导任主任，下设办公室设在计财科，开展职工劳动保障工作，协调和促进支队劳动关系和谐稳定。

2010年，按照兵团农牧团场管理模式，建立支队、连两级民主议事会制度，成立两级民主议事会组织机构；成立劳动人事争议调解委员会，各基层单位建立相应组织，履行基层劳动人事争议的调解职能，企业民主管理工作向规范化、制度化迈进。是年，建立职工代表大会制度、民主管理委员会制度、民主评议干部制度、党委工作报告制度、财务报告制度、平等协商集体合同制度等企业民主管理制度。职代会闭会期间，采取民主议政日、民主议事会等形式讨论决定事关职工利益的重要事项。在各基层单位推行政务公开，内容涉及经济发展目标、生产经营、基本建设、职工生活福利、民主评议干部、企业领导人工资、电话费、差旅费、招待费情况等16项事项。工会通过各种民主管理形式依法维护职工在劳动安全、女职工劳动保护、劳动分配、社会保险等方面的合法权益。建立职工民主评议干部制度，每年年终组织职工全面考核测评基层单位领导班子和领导干部，职工参评率超过90%。优称率达不到60%的领导班子和个人，由纪委实行诫勉谈话，连续2年优称率达不到60%的干部就地免职。

2014年2月，以无记名投票方式表决通过工会会员、职工代表大会各项决议的表决制度，工会邀请行政方召开民主议事会，就职工提出的议案达成共识，其中生产类6条、职工福利类6条、政治、精神文明建设类3条、城镇化建设类4条、种植类3条、养殖类2条、经济结构调整类4条。

（二）职工教育

20世纪七八十年代，职工教育以思想政治教育、形势教育、兵团精神教育为主，鼓励职工为保卫边疆、建设边疆多做贡献。90年代，在经济较为困难的情况下，按照职工教育年度计划，从世界观、人生观、价值观等入手组织职工开展学习教育活动，举办计划生育政策法规、农业科技、法律法规讲座等。结合香港回归、澳门回归，且末工程支队与地方乡镇联合举办知识竞赛，以各种形式加强职工形势教育。

2000 年起，工会围绕建设新型职工队伍的要求，开展"创建学习型组织、争做知识型职工"学习活动。以"三冬"（科技之冬、文化之冬、学习之冬）活动为载体，组织职工参加农业机械、作物栽培、农业科技、畜牧兽医、卫生防疫保健、法制教育等相关知识的学习，以提高职工整体素质和技能。

2001 年，工会坚持短期培训和长期培训相结合、实用技术和科技培训相结合、阶段目标管理和现场观摩相结合、提高技能和提高思想相结合，举办"知识型职工""明理守信、团结友爱、共创和谐""劳动合同法""讲诚信、懂感恩、爱科学"等竞赛活动，开展安全生产、法制教育、科技知识等法治演讲及知识竞赛。全年举办科技培训班、观摩学习、现场培训、知识竞赛等学习活动 50 余场次，参加学习职工达到 1 万人次，发放学习手册 8600 册。

2009 年，支队、连两级工会协助且末县金融机构在信贷户中开展"诚信户"评比活动，保证贷款资金安全使用。2010 年，团场 3 个单位 65 户职工被且末县农村信用联社和农业银行评定为诚信单位和诚信户。是年，开展"平安家庭""和谐小康家庭""五好职工""民族团结""军事素质养成"等教育评比活动，188 户家庭评为支队"平安家庭"，6 户家庭被评为"和谐小康家庭"。一连职工陈建伟家庭被第二师评为"和谐小康家庭"示范户。

2011 年，工会经过调查研究，针对职工队伍存在的素质滑坡、年龄老化、连队思想政治工作弱化、教育管理脱节等问题，强化职工社会主义核心价值观和兵团精神教育，打造懂感恩、讲诚信、守纪律、会经营、有活力的职工队伍。

2012 年 3 月，基层各单位使用多媒体开展学习培训活动，改变以往在黑板上写字的传统教学方法。使用多媒体后，职工们可以在真实的图像中学到更多的知识，达到事半功倍的效果，多媒体教学在 8 个基层连队普遍使用。支队制定《进一步加强职工教育管理工作实施办法》《职工教育管理考核办法》《职工教育考核办法实施细则》等制度，在职代会上通过并正式实施。各连队制订职工教育培训计划，建立职工教育管理考核个人台账，明确考核事项、内容、结果等，职工教育被纳入工会年终考核项目；基层单位组织职工参加军训、各种技术培训、巡回报告会、知识竞赛，举办文化体育活动、弘扬老兵精神座谈会、"用身边人讲身边事"活动、"小手拉大手"活动、表彰会和系列活动，拓展和丰富的职工教育内容，职工的政治素质、思想素质有所提升。

2013—2015 年，团邀请师市党校讲师和农业局、畜牧局等部门技术专家到团授课 10 场次，1213 名干部职工受到不同程度的教育；团科技、文化、卫生等多个部门以农业、园林、农机、水利、畜牧、卫生工作为主题，深入基层，宣传科学思想、普及科学知识、传授实用技术，开展防病治病卫生保健知识宣传教育活动，引导职工学科技、用科技。举办的专题讲座和培训达109 期，参培人数逾 9000 人次。各单位利用多媒体设备，组织职工群众观看科普知识电教片 78 场次，职工科技培训面超过 98%。

2015 年，工会组织各类培训 10 场次，培训人数 0.45 万人次。各基层连队发挥"职工书屋"

教育阵地的作用，引导职工"好读书、读好书"，许多职工自发到连队"职工书屋"阅读书籍，自学农业技术知识主动性不断提高。是年，团工会表彰6名"五好"职工，评出"最美家庭"3户，选出脱贫致富先进典型4户，108户职工和个体经营户被且末县金融机构评定为诚信户。

（三）自营经济

三十七团自营经济主要以发展职工养殖业和种植业为主。20世纪80年代，且末工程支队只有红旗地区的几户职工家庭散养家禽家畜，自养自食。

1997年，支队成立庭院经济领导小组，组长由分管农业的领导担任，下设办公室，负责指导职工发展庭院养殖业。承包土地职工相继在地头或住宅修建牲畜圈舍养羊、养猪。职工余小莉在地头修建圈舍养殖牛羊77头（只），带动10多户职工从事家庭养殖业。

1998年10月，参加土地承包职工或在农业连队任职的干部，与支队签订土地承包合同，每户划分1.5亩两用地（宅基地、自用地）。支队给293户职工划分两用地29.3公顷。职工在完成大田种植之余，在自用地种植蔬菜、瓜果等。

2004年，调整庭院经济工作领导小组，给职工划拨养殖场地3公顷，鼓励职工发展自营养殖业。一连职工养羊户达到17户，年养羊420只。是年，养殖业产量大增，生猪存栏数达1200头。工会牵头推广户用沼气技术，在跃进区二连、三连建沼气池120座并点火成功。2006年，户用沼气池能源供给因不能够满足职工群众生活需要、加之安全风险较大而被淘汰。

2007年，支队部分连队职工将收益用于养殖圈舍扩建，当年职工养殖牲畜1200头（只），养殖业成为职工增收致富的有效途径。2008年，出台优惠政策扶持和鼓励职工发展自营经济，重点是发展自营经济养殖业和蔬菜大棚种植，促进职工实现多元增收致富。二十四团职工左俊亭到二连承包1.3公顷荒地，自投资金28万元建起6个日光蔬菜大棚。在红旗区划拨土地4.5公顷，出让给一连职工修建养殖圈舍。职工陈建伟、王建民、张会强自建养猪场3个，每户猪场占地面积500平方米。养殖户陈建伟投资20万元自建养殖场800平方米，引进长白母猪10头、公猪4头、仔猪50头。年底，出栏生猪120头，当年获利30万元。

2009年，实施小额贴息贷款优惠政策，每年配合金融机构向职工发放小额贷款，扶持职工大田种植和发展自营经济。2010年，红旗区自营经济养殖场发展到6户，自建养殖舍6处，养殖猪、牛、羊1300头（只），年出栏1002头（只），创产值75.15万元，户均产值12.5万元。职工左俊亭种植的蔬菜大棚年产蔬菜14吨，创产值30万元，获纯利润10万元，成为蔬菜种植大户。

2013年，调整畜牧产业结构，实行"能人牵头、职工入股、连队参股、成本核定、团场监督、技术统一、按股得利"发展模式，大力发展猪、牛、羊、家禽为主的自营经济养殖业，团场给予养殖场地和资金扶持，鼓励职工自建规模化养殖场。全团私人养殖场面积扩大到2500平方米，养殖母猪数量增加到87头，出栏猪仔200头，出栏肥猪350头，年底利润130万元。

2015年，支持能人发展特色养殖业，团投资200万元，在红旗区新建一座养鸡场。吸纳职工17户，枣园自繁自养尼雅黑鸡2万只，年销售额30万元。

2009—2015年，全团累计发放自营经济小额贷款170万元，推动职工自营经济快速发展。

2013—2015年，相继建设钢骨架日光温室大棚108座，占地面积100公顷，种植特色果蔬和反季节果蔬，成为大学生创业孵化和民兵以劳养武基地。至2015年底，全团自营经济养殖业发展到16户，组建养殖专业合作社4家，私人养羊600只、牛6头、鸡7万只，创产值120万元，户均产值7.5万元，户均增收2万元。

（四）劳动竞赛

2001年，工会组织积极发挥职能作用，引导和组织职工开展群众性丰产攻关劳动竞争活动。领导干部带头参加，副团职以上领导每人有"指挥田"，副连职以上干部有"示范田"，农业技术员有"试验田"，科技示范户有"攻关田"。各连队围绕精种细管、主攻单产、提高品质的目标，组织职工开展丰产攻关劳动竞赛，落实各项攻关达标技术措施，年终进行评比和表彰。是年，参加丰产攻关劳动竞赛2450人次，其中团领导6人、科室干部9人、连队干部16人，农业连队一线职工全员参加，创经济效益76万元。支队表彰奖励群众性丰产攻关竞赛优胜单位5个、优胜个人32人，发放奖励金3万元。

2003年，农业连队组织职工参与丰产攻关劳动竞赛，采取"放水养鱼"政策，吸纳社会人员到支队承包土地。一连、二连新增加职工62人，承包土地360公顷。红旗区的186.6公顷土地对外承包，籽棉公顷单产由2000年的1950千克提高到2003年的3750千克，承包土地人员收入均超1万元。一连承包土地职工年收入均在6000～7500元。

2005年9月，农二师党委实施跃进区农业大开发，参加开发建设的10个团场和6个建安单位在跃进万亩生态经济林开发区，开展比进度、比质量、比协助、比团结、比效益、比贡献的"六比"劳动竞赛。参加土地平整和道路施工的施工队成员以及全体机关干部共计1200人参加竞赛活动。经过6个月的艰苦奋战，完成跃进区开荒面积1400公顷，铺设地下管道280千米，铺设地面管道8100千米，修筑渠道36.4千米，顺利完成开发建设任务。

2010年4月，遭遇严重的低温霜冻灾害，工会组织开展职工抗灾自救百分考核目标管理劳动竞赛，是年，农作物均获高产。其中，红枣亩单产超过300千克，公顷效益1.5万～3.45万元；棉花亩单产310千克，公顷产值3.3万元。有7个集体和56名职工受到支队党委表彰奖励，发放奖励金8.2万元。

2015年，团场棉花种植面积376.6公顷，红枣种植面积1527公顷。工会围绕种植业"春播、田管、秋收"三个阶段，组织开展各类劳动竞赛活动。各连队工会小组动员职工积极参与各类竞赛活动，涌现出3个先进集体和14名先进个人。各企事业单位的工会组织，以班组建设为载体，开展技能比武、岗位练兵活动、举办"安康杯"劳动竞赛，激励职工群众投身团场经济社会建设。

2015 年，团工会开展"三秋"展风采、女职工百日劳动竞赛活动 　　　　　　（杨波　摄）

（五）创先评优

1993 年，一连、监区推行地膜棉种植，引导职工承包土地种植棉花，年终按产量评优，并进行评比和表彰奖励。1995 年，一连 180 公顷耕地在一周内承包完毕。年底，表彰植棉先进职工 34 人，发放奖金 0.34 万元。

1997 年，农二师工会在各团场开展"绿原之星""丰产攻关"劳动竞赛和创先评优活动。支队干部职工积极参与，生产连队和厂矿掀起争先进、创先进热潮。加工厂职工尹素萍、一连职工张秀团、一连连长袁玉霞先后被师工会评选为"绿原之星"。有 68 名职工被支队党委授予"丰产攻关"先进个人。

1998 年，支队出台新开垦土地 8 年不上缴土地承包费政策措施，鼓励职工自行开垦土地种植作物。一连有 3 名职工投资 8 万元，在戈壁滩开垦土地 9.5 公顷种植棉花，年终表彰自费垦荒土地面积最大职工 1 人，发放奖金 200 元。

2009 年，各级工会组织以经济建设为中心开展创先评优活动，以激发职工群众劳动热情，涌现出胡慧敏、李都立等 54 名先进个人和三连等 16 个先进集体及科室。

2013 年，鼓励新分配大学生扎根团场建功立业，对大学生实施绩效考核评优，有 3 名大学生被团党委推荐为师级"百名优秀大学生",受到师党委表彰。

2015年,大力开展和谐小康家庭评比活动,向师推荐5户优秀家庭,被师党委命名为"和谐小康家庭"。受到师级以上表彰的"青年岗位能手""人民满意政法干警""民族团结先进个人"等荣誉称号的各类先进个人计25人。

2009—2015年,全团共评出先进集体119个、先进科室11个;评选"平安家庭""和谐小康家庭"1097户次;评选各类先进个人364人次。

表19-3 三十七团工会历年表彰先进集体一览表(2009—2015年)

单位:个

年份	文明单位	先进单位	自营经济先进单位	平安单位	先进工会小组	先进科室
2009	1	2	1	9	1	2
2010	0	3	1	7	0	1
2011	1	2	2	8	1	1
2012	1	2	2	9	3	2
2013	1	3	3	9	1	1
2014	1	4	2	9	1	1
2015	2	3	3	11	2	3
合计	7	19	14	70	9	11

注:本表数据由团工会提供。

表19-4 三十七团工会历年表彰先进个人一览表(2009—2015年)

年份	先进工作者(人)	先进生产者(人)	五好职工(人)	优秀工会干部(人)	平安和谐家庭(户次)	致富能手(人)	工会积极分子(人)	三八红旗手(人)
2009	14	28	2	1	0	6	2	1
2010	12	23	1	1	188	6	3	0
2011	15	28	2	2	188	4	0	0
2012	19	23	1	1	98	7	3	0
2013	15	23	2	4	0	4	2	1
2014	20	15	8	2	276	5	1	1
2015	9	31	6	1	347	6	2	1
合计	104	171	22	12	1097	38	13	4

注:本表数据由团工会提供。

(六)合理化建议

2001年11月1日,支队一届一次职工代表暨工会会员代表大会上,共收到合理化意见和建议 28 条，通过归纳整理为 13 条，归类筛选出 9 条参加小组评议。其中 7 条建议在职代会上被采纳，支队长隋健鹏就职工代表所提出 13 条合理化建议逐条解释，提出整改落实意见。

2008 年，一届二次职工代表大会上，职工代表提出合理化议题 40 条，其中采纳 23 条、落实 17 条。

2010 年，二届一次职工代表暨工会会员代表大会上，职工代表提出合理化建议 26 条，其中采纳 14 条、落实 7 条。

2011—2014 年，职工代表暨工会会员代表大会职工代表提出合理化建设共 94 条，其中采纳合理化建议 39 条、落实 21 条。

2015 年 3 月，在团二届六次职工代表暨工会会员代表大会上，职工代表提出合理化意见和建议 28 条，归纳整理为 13 条。其中，针对继续实施跨年度团场扩建，加大城镇基础设施投入，提高基础设施普及率和覆盖面，提升城镇综合承载能力的 9 条合理化意见建议被团党委采纳。

2001—2015 年，全团各级职工代表提出的合理化意见和建议共计 791 条，经过分类整理归纳为 229 条，其中采纳 88 条、落实 66 条。

第二节　共青团组织

一、代表大会

1984 年 6 月 21 日，共青团且末工程支队第一次代表大会在红旗区大礼堂召开，机关、学校、等单位共青团员代表 72 人参加会议。大会选举产生共青团且末工程支队第一届委员会，侯为民当选共青团且末工程支队第一届委员会书记。大会通过《共青团且末工程支队委员会组织实施方案》等。且末工程支队正式建立共青团组织。

1988 年 5 月 16 日，共青团且末工程支队第二次代表大会在红旗区大礼堂召开，参会代表 63 人。大会选举产生共青团且末工程支队第二届委员会和常务委员会委员。共青团且末工程支队委员会由 12 名委员组成，常务委员会由 7 名委员组成。支队党委常委、副政委吴良才当选共青团且末工程支队委员会书记，侯为民当选为副书记。

吴良才代表共青团且末工程支队第一届委员会作工作报告；大会审议通过《共青团且末工程支队委员会章程》《共青团且末工程支队委员会工作的若干规定》等议程；表彰 1987 年度 2 个共青团工作先进集体和 9 名共青团先进个人。

1989—2015 年，且末工程支队处在大开发建设阶段，加之单位变迁等原因，经查阅资料，共青团代表大会只召开过 2 次。

二、组织建设

（一）基层组织建设

1984 年 6 月，支队共青团机构成立后，隶属组干科管理，下设 1 个团总支。支队团委批准建立学校、二中队团支部，各配备团支部书记 1 人。1984 年底，全支队有团员 140 人，其中学校团支部 102 人、二中队团支部 38 人。学校的团员大部分为初中学生，有 90 人，其余团员为教师。

1985 年后，团委坚持"结合党建抓团建，抓好团建促党建，党建团建共同发展"的原则发展团的基层组织。1988 年 5 月，三中队、一中队、五中队、加工厂成立团支部，各配备团支部书记 1 人。是年，有团支部 6 个，有团员 179 人。1990 年，由于人员流失严重，团员人数锐减，6 个团支部有团员 112 人。

1991 年后，各级团组织制定"推优"工作制度和措施，把政治素质高、工作成绩突出的优秀团员青年推荐为党组织的党员发展对象和工作骨干。1993 年，全团有 8 名青年走上领导岗位，4 名青年进入支队后备人才信息库。2004 年，有 8 名团员经推优加入中国共产党，1 名团员走上干部岗位。

2005 年 3 月，支队团委与工会合并办公，团委大部分工作由学校承担，学校团支部书记兼职工会工作。2009 年，企业与监狱分离，保留团委机构建制，设团委书记 1 人。团委下设机关团总支、学校团支部、一连团支部 3 个基层团组织。有团员 108 人，其中学校团支部 97 人、其他团支部 11 人。

2013 年 9 月，经过公开选举，宣传科副科长杨悦当选为专职团委副书记，主持共青团工作。团委与政工办合署办公。

2015 年，三十七团团委下辖机关团总支、学校团支部、设施办团支部、一连团支部 4 个基层团组织，有团员 171 人。其中汉族 170 人、少数民族 1 人；男性团员 121 人、女性团员 50 人；本科学历 23 人、大专学历 21 人、高中以下学历 127 人（包括在校学生）。有 3 名基层连队优秀团员通过"推优"成为党员发展对象。

表 19－5　三十七团共青团组织建设一览表（1996—2015 年）

单位：个

年份	团总支	团支部	年份	团总支	团支部	年份	团总支	团支部
1996	1	2	2000	1	3	2004	1	4
1997	1	2	2001	1	4	2005	1	4
1998	1	3	2002	1	4	2006	1	4
1999	1	3	2003	1	4	2007	1	4

年份	团总支	团支部	年份	团总支	团支部	年份	团总支	团支部
2008	1	4	2011	1	2	2014	1	2
2009	1	2	2012	1	2	2015	1	3
2010	1	2	2013	1	2			

注：本表数据来自团档案室。

表 19 – 6　三十七团共青团委员会领导名录（1988—2015 年）

姓名	性别	民族	籍贯	文化程度	职务	任职时间
吴良才	男	汉族	上海市	大专	团委书记	1988.5—1991.3
邢晓燕	女	汉族	江苏省	高中	团委书记	1990.5—2001.5
张素琴	女	汉族	河南省	大专	团委书记	2001.3—2009.1
梁茂泽	男	汉族	四川省	大专	团委书记	2009.1—2012.1
梁洁	女	汉族	山东省	大专	团委书记	2012.1—2013.9
曲新泓	男	汉族	河南省	大专	团委书记	2013.9—2015.5

注：本表数据来自团档案。

（二）团员发展

1984 年，团委成立后，在条件成熟的基层单位建立团组织，把适合条件的青年学生吸纳进共青团组织，为党组织培养后备力量。1988 年，发展团员 39 人，团员人数上升到 179 人。

1990 年后，支队经济处于低谷时期，人员流动量较大，部分知识分子离开支队远走他乡，共青团员人数锐减。

1993 年，团中学在少先队组织中开展"推优入团"工作，实现初一年级有团员、初二年级建支部、初三年级团员达到 50% 的目标。是年，学校有 12 名青年学生和 13 名职工加入共青团组织。至 2000 年，学校有团员 45 人。

2015 年，团委注重在生产一线发展优秀青年入团，发展团员 15 名。是年，全团有团员 171 人。

三、共青团工作

（一）思想教育

1984 年始，共青团组织坚持用理论教育和实际活动相结合，进行思想教育。在团员青年中深入开展改革开放政策和社会主义市场经济体制学习活动。教育团员青年认清形势、解放思想、鼓舞斗志、增强本领，为实现社会主义现代化国家奋斗。支队团委举办学习班 6 期，组织开展"我是兵团人"演讲比赛 2 次，举办"争做无产阶级革命事业接班人""五四青年联谊会"等活动。

1997 年，支队团委在大礼堂举办"迎香港回归"知识竞赛活动，邀请水泥厂、且末县琼库勒乡等 8 个代表队参加活动。参赛活动分预赛、决赛两个评分等次，且末工程支队学校代表队获得第一名，琼库勒乡代表队荣获第二名，其他代表队分别获得参与奖。竞赛活动吸引 400 人参加观看。

1999 年，团委在团员青年中开展树立正确的世界观、人生观、价值观的"三观"教育活动，举办"热爱兵团，热爱支队"形势演讲报告会，邀请老一辈军垦战士、上海支边青年演讲作报告，团员青年接受兵团精神教育。

2000 年后，团委在学校建立青年科技书屋，为各团支部征订《绿原报》《新疆军垦报》《少先队员》等报刊，购买书籍 2000 余册，为团员青年创造学习条件。基层团组织把团员青年的思想教育融入知识竞赛、青年技术培训和联谊交流等活动中，以各种形式提高团员青年参与学习教育活动的积极性。

2006 年，且末监狱设立青少年法制教育基地，利用且末监狱对青少年犯罪管理教育资源，加强对青少年法制教育。且末监狱配备法律宣讲员 3 名，利用大礼堂和"育新"学校授课，学校在校学生接受"现场说法"教育。

2008 年 6 月，共青团组织举办首届艺术节活动，以志愿者服务活动为引领，加强青少年的思想道德教育。是年，学校聘请驻团派出所民警为"校外辅导员"，集中全校师生接受法制教育，全年上法制教育课 42 课时。

2010 年，支队各级共青团组织成立"学雷锋送温暖"小组，推动学雷锋活动常态化。2013 年 3 月，组织团员青年开展弘扬雷锋精神、兵团精神活动。2013—2015 年，常年开展以感恩教师、感恩父母为主题的"我爱我家""学习报师恩"教育活动，使团员青年不断接受爱国主义和兵团精神的教育和熏陶。

（二）共青团活动

共青团活动以参加集体劳动、植树造林、爱国卫生运动、助残活动为载体，强化学习教育效果，打牢思想基础。

1991 年，共青团组织 150 名团员青年参加植树造林活动，完成支队部、一连、河西道路绿化工程 3 个，植树 11.2 公顷 2.4 万株。1992 年，在支队部北侧新建青年绿化工程 1 个，植树 2.5 公顷 3.1 万余株。

1993 年，支队团委响应党委号召，组织 30 名团员青年参加昆金石棉矿建设，团员青年职工不畏艰险，驻扎石棉矿参加选矿、运输、发电等工作，成为且末支队经济建设的生力军。

2006 年，开展保护母亲河、创建青少年绿色文明园和"青年文明号节约示范行动""节约型社会我先行""四个一"节约资源活动。

2008 年 5 月，团委在团员青年中开展缴纳特殊团费，向四川汶川地震灾区捐款活动。参加捐款的共青团员、少先队员超过 700 人次，共捐款 12891 元，通过团委转交给灾区。

2010 年 4 月，团员青年在跃进地区参加青年林植树护绿工程建设。5 月，团委与且末县琼库勒乡团委举办"五四"青年连心联谊活动，签订"场乡文明共建"协议书，加强兵地间民族团结。11 月，团员青年与且末县琼库勒乡小学青少年共同开展互帮互助学习活动，132 名青少年与琼库勒乡小学结对子 96 个。支队 163 名团员青年向青海玉树地震灾区捐款 632 元、捐资助学 359 元、捐书 160 册。

2013 年 5 月，团委开展庆祝"五四"青年节活动，在开发区大礼堂举办以"三十七团好声音"为主题的歌唱比赛，有 31 名基层单位选手参赛，获奖 17 人。秋收时节，团委开展大学生"三下乡"实践活动，24 名大学生帮助职工采摘棉花 1050 千克，缓解了连队劳动力不足的困难。

2015 年 5 月 9 日，团委组织团中学生与且末县琼库勒乡中小学 230 名学生开展互帮互学活动，以加强青少年对民族团结的认识，促进各民族群众和睦团结。

（三）青年人才工程

2010 年后，针对支队人才缺乏的状况，实施"青年人才工程"。通过上级组织部门分配、各类人才招聘会和与大中专院校签订就业合同等方式，多渠道引进各行业人才。党委重视引进大学毕业生的培养使用，先后选拔 80 名大学生充实到连队、学校、医院和机关部门，成为经济建设和社会事业发展的主力军。

2013 年，跃进区建立大学毕业生就业见习基地，出台工资待遇、生活环境、人才培养等各项优惠政策，优先使用有特长、能力强的大学毕业生，安置在合适的工作岗位，使其最大限度地施展才华。

2010—2015 年，团委实施青年人才工程，从基层单位挖掘和培养青年人才。相继选送 16 名优秀青年参加兵团、师市各类学习培训，涌现一批优秀青年，成为团员青年学习成才的榜样。

表 19－7　三十七团共青团员人数一览表（1996—2015 年）

单位：人

年份	总人数	民族		年份	总人数	民族	
		汉族	少数民族			汉族	少数民族
1996	41	38	3	2001	74	73	1
1997	44	41	3	2002	80	79	1
1998	49	46	3	2003	85	84	1
1999	58	55	3	2004	89	89	0
2000	45	43	2	2005	98	98	0

续表

年份	总人数	民族		年份	总人数	民族	
		汉族	少数民族			汉族	少数民族
2006	106	105	1	2011	141	139	2
2007	114	113	1	2012	147	146	1
2008	119	118	1	2013	154	153	1
2009	108	106	2	2014	162	161	1
2010	160	158	2	2015	171	170	1

注：本表数据由学校档案室供。

第三节　少先队组织

一、组织建设

1970 年 6 月 1 日，民丰工程支队学校成立少先队，1～5 年级有 12 名品学兼优学生加入少先队组织。工三师司令部"0701"工程指挥部子女学校在民丰县成立少先队，组建 1 个少先队大队和 1 个少先队小队，有少先队员 19 人，辅导员 2 人。

1973 年，工三师民丰工程支队子女学校集体搬迁至且末，与农三师司令部"0701"工程指挥部学校合并，成立农三师司令部"0701"工程且末指挥部学校。1974 年，学校成立 3 个少先队大队，下设 14 个少先队中队、67 个少先队小队，有少先队员 1583 人。

1975 年，农三师司令部"0701"工程且末指挥部划归农二师管辖，农三师且末指挥部学校更名为农二师且末工程支队学校。班级由原来小学年级发展到初中至高中班级，学校建制为完全中学，设小学部、中学部、高中部三个教学部，教学班 12 个，冠名为且末工程支队中学，在校少先队员 490 人。

1976 年，学校随施工队伍北迁盐湖，在盐湖成立且末工程支队学校，保持少先队组织，组建 1 个少先队大队，下设 13 个少先队小队，有少先队员 412 人。

1985 年，学校从盐湖迁回且末，从小学各年级开办至初中。全校有学生 110 人。其中，小学生 72 人、中学生 38 人。配备教师 14 人。学校保留 1 个少先队大队，下设 4 个少先队小队，有队员 80 人。

1986 年，组建 1 个少先队大队，下设 4 个少先队小队，有少先队员 82 人。1989 年 7 月，学校改称且末工程支队子女学校，成立 1 个少先队大队，下设少先队小队 3 个，有 1～3 年级少先队员 89 人。

1998 年，学校有学生 284 人，设置 1 个少先队大队，下设 3 个少先队小队，有少先队员 72

2013 年 6 月 1 日，三十七团学校举办少先队员佩戴红领巾仪式　　　　　（杨波　摄）

人。2000 年，有少先队员 76 人。

2005 年，学校少先大队下设 3 个少先队中队、5 个少先队小队，有少先队员 82 人。2010 年，学校有 1 个少先队大队，下设 3 个少先队中队、5 个少先队小队，有少先队员 96 人。

2012 年，三十七团中学少先大队整合为 2 个少先队中队、8 个少先队小队，有少先队员 132 人，占在校学生的 68.4%，少先队员成为小学生的主力军。

二、少先队活动

20 世纪 80 年代，学校在少先队员中开展争当"优秀少先队员"、红领巾监督岗活动，少先队员每天早晚执勤检查学生卫生、文明规范以及违规违纪行为，以促进校园文明健康发展。90 年代，少先队组织始终把德育工作放在首位，实施"跨世纪中国少年雏鹰行动"，与相邻的琼库勒乡学校开展"手拉手"互助活动，开展思想教育和劳动实践活动，全面提高少先队员综合素质。

2000 年后，少先队组织按照中共中央、国务院《关于进一步加强和改进未成年人思想道德建设的若干意见》精神，少先队活动年年有主线，月月有主题，引导青少年在参与活动的实践中陶冶情操、接受教育、增长才干、提高素质，树立正确的理想信念。

2003 年，团委、少先队共同组织开展"三德"教育月活动，开展"学雷锋比差距"活动，团员、少先队员参加场区卫生大扫除、为孤寡老人和残疾人提供生活帮助、保护环境、动手实践等学雷锋志愿者行动。中学创建"优秀青少年维权岗"，少先大队联合机关有关部门开展"青少年网络文明行动""远离毒品、拒绝犯罪"教育行动，优化了青少年成长环境。

2005年，且末工程支队成立关心下一代工作委员会，聘请离退休干部到校讲述支队和兵团发展史，聘请派出所民警担任学校法制教育辅导员，定期给青少年学生上爱国主义、法制教育讲座课。且末监狱建立青少年法制教育基地，学校组织青少年到监狱接受现身说法教育。机关、退管会成立校外辅导站，组织学生及家长开展假期教育实践活动，促进青少年的健康成长。

2008年，少先队开展"迎奥运、讲文明、树新风"礼仪知识学习活动、"手拉手情系地震灾区小伙伴"主题队会，130名青少年动手制作心愿卡，与灾区少先队邮寄慰问信、手拉手活动，给灾区青少年以精神鼓励。2009年，开展"学雷锋志愿行动"主题实践活动，60余名团员、少先队员、青年志愿者加入学雷锋志愿者行列。

2015年9月，三十七团学校与第四师七十五团学校少先队员开展民族团结手拉手活动，团学校30名少先队员与七十五团学校30名少先队员互通书信，结成互助伙伴。10月，团学校少先队与河北省唐山市第二十中学开展"百名少先队员手拉手书信"活动，加深双方的沟通了解，增进双方的友谊。

表19-8　三十七团部分年份少先队组织及队员一览表（1970—2015年）

年份	少先队组织	队别		少先队员总数	民族		年份	少先队组织	队别		少先队员总数	民族	
		大队（个）	小队（个）		汉族（人）	少数民族（人）			大队（个）	小队（个）		汉族（人）	少数民族（人）
1970	2	1	1	19	17	2	1993	5	1	4	102	96	6
1974	17	3	14	1583	1355	228	1998	5	1	3	72	66	6
1976	14	1	13	412	405	7	2000	6	1	5	76	71	5
1982	4	1	3	76	74	2	2005	6	1	5	82	76	6
1985	5	1	4	82	80	2	2010	6	1	5	96	91	5
1989	4	1	3	89	86	3	2015	9	1	8	132	129	3

注：此表数据由学校档案室提供。

第四节　女职工工作

一、机构

20世纪八九十年代，且末工程支队没有组建妇联及工会女工组织，职工需要连队解决的问题，到连队"职工之家"办理。

2001年11月，成立农二师且末工程支队工会委员会，工会委员会下设女职工工作部，兼任妇联工作职责，主任由支队党委常委、副政委张素琴担任，副主任由办公室副主任李翠兰担任。

女工部在支队党委的领导下开展妇女工作。

2002年2月，女职工工作部有基层女工组织6个，形成支队、连两级女工组织网络。是年，有女职工128人，占职工总数的55.4%。

2006年，各单位职工人数增加到428人，女职工人数增加到328人，女职工人数占支队职工总数的55.6%。

2010年，第二届一次职工代表大会上，选举产生新一届工会委员会，下设女工部。支队和基层连队共建立8个女职工委员会。

2015年，全团有职工749人，其中女职工332人，占职工总数的44.3%。团工会建有女职工委员会，基层单位建有女职工委员会8个，有专兼职女工干部11人，女工组织组建率为100%。

表19－9　三十七团女职工委员会机构人员一览表（2001—2015年）

姓名	性别	文化程度	所在单位职务	女职工委员会职务	任职时间
李翠兰	女	大专	办公室副主任	女工部副主任	2001.12—2008.12
杨卫丽	女	大专	办公室副主任	女工部副主任	2006.3—2009.12
毛 琪	女	大专	财务科统计	女工部主任	2009.12—2015.3
阮伟荣	女	大专	财务科科员	委员	2015.3—
肖泽荣	女	大专	学校教务处副主任	委员	2015.3—
张秀团	女	大专	红旗社区委员	委员	2015.3—
张玉环	女	高中	跃进社区委员	委员	2015.3—

注：此表依据工会资料所列举数据。

二、妇女工作

（一）妇女维权

1996年，工会委员会贯彻落实《中华人民共和国合同法》《中华人民共和国妇女权益保障法》等法律法规，推行女职工权益保护专项集体合同制度，规定女职工在经期、孕期、产期、幼儿哺乳期享受特殊时期保护。

2001年，工会根据《中华人民共和国劳动法》《中华人民共和国女职工劳动保护规定》《中华人民共和国妇女权益保障法》等法律法规，与行政方集体协商并签订《且末工程支队女职工权益保护专项集体合同》，建立工会维权工作制度、职工来访登记、接待制度，受理妇女儿童权益受侵害的诉求。党委依法落实女职工劳动权益保护、女职工特殊权益保护等规定，按照集体合同的规定，每两年普查一次妇科病，保护妇女的身体健康。

2008年，召开职工代表大会，女职工代表按规定达到参会代表总数的30%。女职工特殊权益

2015 年，三十七团妇联与司法所联合开展《中华人民共和国妇女权益保障法》学习宣传活动　　（杨波　摄）

被列入《且末工程支队集体合同》，根据女职工生理特点，减少部分体力较重岗位的女工，对女职工实行特殊劳动保护，以减少职业对妇女的危害。晚婚晚育的女职工，按照有关规定享受假期，假期工资待遇按文件执行。支队司法所设立妇女维权投诉站，基层各单位均成立女工组织，以维护妇女合法权益。

2010 年，女工委接待女职工来访 4 批次 12 人次，调解率 100%。支队 190 名女职工完成健康检查；245 名女职工参加养老、医疗、工伤、生育、失业保险，享受生育保险金 1.2 万元、工伤保险金 1.8 万元；报销丧葬费 1.3 万元、抚恤金 3.3 万元。是年，在支队召开的职工代表大会中，女职工代表占代表总数的 31.3%。

2011 年 12 月，且末工程支队举办幸福工程贫困母亲救助 10 万元项目启动仪式，每名贫困母亲救助 1 万元，全支队 10 位贫困母亲得到救助。

2015 年，团妇联结合实际以举办法律知识讲座、知识竞赛、法制进家庭方式普及法律知识，增强妇女儿童维护自身权益的能力。以《新疆维吾尔自治区预防和制止家庭暴力规定》颁布实施为契机，开展多层次、多渠道、重点人群的宣讲活动，推动《自治区预防和制止家庭暴力规定》宣讲进党校，进主流媒体、进机关、进学校、进社区、进连队、进家庭，提高全社会的知晓率。围绕《中华人民共和国妇女权益保障法》，开展妇女"五期"保护知识、《女职工劳动保障条例》

《中华人民共和国婚姻法》学习宣传、教育活动。

（二）妇女活动

2001—2008 年，由女工委和先进女职工与贫困女职工开展了"一帮一，同致富"结对子活动。通过政策扶贫和科技支持，帮助贫困家庭早日脱贫。五年累计共结对子 1 对，建立扶贫措施 12 条。共有 30 人被支队评为"十佳好婆婆"，30 人被评为"十佳好媳妇"，30 户家庭被评为"美好家庭"。支队党委、工会给获荣誉的个人和家庭予以表彰奖励，深入推进家庭文明工程建设。

2009 年，女工委员会组织女职工开展"五好家庭""十星级文明户""巾帼建功""双学双比"等活动，激励女职工自尊、自立、自信、自强，立足岗位为支队建设做贡献。

2011 年，工会组织女职工开展"三学三比"（学政治、学文化、学技术，比团结、比贡献、比成绩）和"巾帼建功"活动。农业连队工会组织一线女职工参加丰产攻关竞赛，参加"红枣示范田""红枣精品园"等建设活动；工交建商单位组织女职工参与各种技能比武，提高技术水平和业务能力；学校、医院等单位开展"巾帼文明示范岗"活动，培育女工良好的职业道德风尚。

2013 年，团建立"巾帼文明示范岗"8 个；20 名妇女党员与贫困户、亏损户结成一对一帮扶对子，帮扶贫困家庭 24 户。其中，帮扶特困家庭 3 户，当年实现脱贫。

2014 年 6 月，女工委员会开展"建设法治兵团·巾帼在行动"活动，组织普法讲座 4 场次，受教育女职工 651 人次；参与面对面现场咨询 7 场次，参与女职工 36 人；开展法治文化活动 3 场次，参与活动女职工 66 人。

2015 年 3 月，团司法所在跃进区举办妇女维权专题讲座，重点讲解《中华人民共和国妇女权益保障法》《中华人民共和国婚姻法》，现场解答法律疑难问题 4 件，发放妇女权益宣传单 50 份，发放法律援助宣传册 30 份。4 月 15 日，且末县琼库勒乡妇联组织 23 名巾帼志愿者和团司法所联合开展"法律送到家，幸福你我他"宣传活动。5 月 13 日，团女工委开展"春蕾计划"活动，资助且末县英吾斯塘乡 7 名维吾尔族贫困高中女学生实现读书梦想，资助资金 8400 元。8 月，女工委与团委联合邀请二师第二届家庭教育巡讲"二师·绿荫行动"讲座团，在跃进区大礼堂举办家庭教育演讲，组织中学教师、学生家长参加。2015 年，三十七团出台"双创"扶持奖励措施，成立巧手编织基地，带动妇女居家创业 7 户；17 名女职工参与电商网络销售，其中女大学生自主创业 6 人。

2009—2015 年，工会以"巾帼建功"活动为主题，开展"田管能手、巾帼科技精品田（园）、三秋展风采、女职工百日劳动竞赛"等争先创优活动，全团有 120 名女职工在各行业开展劳动竞赛中获得奖励。团工会评选表彰 1 名"三八红旗手"、188 户"平安家庭"、9 名"好媳妇"、14 户"和谐家庭"、122 名女职工先进个人。生产科副科长袁玉霞获得师"三八红旗手"荣誉称号、加工厂职工尹素萍获得师"好警嫂"荣誉称号、学校教师仲霞丽获得师"百名优秀大学生"荣誉称号、学校小学部辅导员邵文杰获得师"优秀团员"荣誉称号、机关女工干部杨悦获得师"岗位能手"荣誉称号。

（三）女职工培训

2005—2008 年，工会组织开展《妇女权益保障法》学习、开办创建和谐二师争做新时代女性报告会和家庭教育培训班；举办妇女保健知识讲座 12 场，培训 3200 人次；有 148 名女职工参加"科技之冬"培训，取得农艺工职业资格证书 53 人。

2009—2015 年，工会选派女职工参加兵团、师组织的各类技能培训班，共培训女职工 1256 人次；女职工参加职业技能培训并获得农艺工职业资格证书 148 人。

表 19 – 10 三十七团女职工人数一览表（1990—2015 年）

年份	年末职工（人）	年末女职工（人）	女职工占职工总数（%）	年份	年末职工人数（人）	年末女职工（人）	女职工占职工总数（%）	年份	年末职工（人）	年末女职工（人）	女职工占职工总数（%）
1990	362	106	29.3	1999	216	91	42.1	2008	403	212	52.6
1991	397	109	27.5	2000	219	91	41.6	2009	439	238	54.2
1992	401	125	31.2	2001	231	106	45.9	2010	443	245	55.3
1993	317	132	41.6	2002	231	128	55.4	2011	445	238	53.5
1994	386	134	34.7	2003	231	129	55.8	2012	478	241	50.4
1995	352	140	39.8	2004	227	106	46.7	2013	589	256	43.5
1996	423	97	22.9	2005	218	104	47.7	2014	632	298	47.2
1997	372	151	40.6	2006	428	238	55.6	2015	749	332	44.3
1998	218	96	44.0	2007	317	182	57.4				

注：本表数据来自团档案室和团工会填报。

第二十章　人力资源和社会保障

1970年，参加"0701"工程的施工人员全部由国家和兵团根据施工需要调配。1980年后，大部分职工随施工队离开且末转移到北疆承揽工程。1990年后，转产发展工农业生产，以社会招工和引进大中专毕业生方式，职工人数逐渐增加。在发展中，制定劳动用工管理办法，逐步规范工资、劳动力、职工退休、社会保险、安全生产和劳动保护工作等保障性制度。1992年，建立养老保险制度。1996年，实行全员劳动用工合同制。随着经济体制改革深化，劳动与社会保障制度日益完善，1997—1998年，先后建立失业、医疗、工伤、女职工生育保险制度。2015年，全团已建立养老、失业、医疗、工伤、生育"五保合一"的社会保险体系。

第一节　职工来源

一、国家调配

1967年，国家实施南疆开发战略，兵团接受自治区"0701"工程施工任务，调集农一师工程团、农三师机关附属单位、兵团建工师物探队及其附属农场2.1万人组建工三师，参加"0701"工程道路施工。

1971年末，工三师建制撤销，部分施工人员撤回莎车，筑路队伍人数减少。1974年，筑路队伍接收上海支边青年135人，其中分配到工矿企业17人、施工队86人、机关3人、学校26人、医院3人。1979年，根据国家石油工业开发建设需要，从且末工程支队抽调400名驾驶员和100辆汽车支援克拉玛依油田开发建设。

1982年，自治区党委书记王恩茂在三级干部大会上，对开发南疆资源作出重要指示，提出"新疆开发重点开发南疆，南疆开发重点开发且末"的要求，把兵团开发且末地区水土资源，维护且末地区社会秩序稳定作为首要任务。4月，且末工程支队召开大会，动员在盐湖、大河沿的施工人员返回且末参加农业建设。1983 年，从盐湖等地返回且末 300 人。

1984 年，北线（乌鲁木齐、盐湖一带）施工队与农二师水工团合并，参加国家铁路施工建设，承揽吐哈（吐鲁番至哈密）铁路路基和大河沿镇基础设施建设项目。且末工程支队形成南北两种管理体制：北线以建筑安装为主，有职工 1687 人；南线履行劳改管理职能，有职工 290 余人。5 月，在大河沿镇的施工队与农二师工四团合并，投入大河沿镇建设。1986 年，且末劳改农场建成后，所有人员均由国家调配。1988 年，国家压缩建安投资，且末工程支队在且末承建的车尔臣河西岸大渠首期工程下马，经济陷入低谷。部分职工纷纷调离，职工人数大幅减少，造成支队劳动力匮乏。20 世纪 90 年代后，职工来源主要依靠自主招聘或引进大中专毕业生充实队伍，国家调配人数极少。

二、社会招工

1984 年，且末工程支队从焉耆、库尔勒、塔里木垦区各团场招收一批具有初中以上文化程度、年龄在 35 岁以下的男青年到且末参加工作，职工总数达到 220 人。1993 年 3 月，从河南招收 50 户农民工到支队安家落户。1994 年，从河南省淮阳招收新职工 15 户共计 30 人，其中安置在农业一线 26 人、机耕队 4 人；从社会上招收农民工 53 人，安置在二连承包土地 34 人、一连承包土地 19 人。1996 年，采取"放水养鱼"政策，广招人才，吸纳内地闲散人员到支队就业。是年，支队从业人员达到 423 人。

2006 年，招收河南省商丘市新职工 197 户计 385 人。2011 年，先后从河南商丘、四川、甘肃等地招收一批新职工，其中大部分留队就业，有部分职工离开农场。6 年内，支队招收新职工和引进的大学生、复转军人等共计 1200 余人。至 2011 年末，有在岗职工 445 人。

2012—2014 年，团放宽就业政策，招收内地劳务工 520 人、社会务工人员 133 人。至 2015 年末，有在岗职工 749 人。

三、引进大中专毕业生

1994 年起，支队开始引进高校大中专毕业生，以充实科技人才队伍。是年 6 月，先后在新疆、湖南、河南、四川等省区高校招收大中专毕业生 42 人，安置在各行各业，留下来工作的仅有 6 人。

1995 年 4 月，农二师给支队分配 12 名湖南籍大中专毕业生，4 人分配到机关，8 人分配到基层连队管理岗位。

1996 年，先后录用甘肃、四川等地大中专毕业生 24 人，其中女性 6 人、男性 18 人。由于且末地区生活工作条件差，自然环境恶劣，一部分大中专毕业生相继离开。1998 年，引进湖南大中专毕业生 23 人，自愿留支队工作的有 7 人。

1999—2005 年，支队先后 8 次从河南、湖南、四川、甘肃等省区招收中专以上大中专院校毕业生 140 人。2012—2014 年，招录大学毕业生 450 人，之后留团工作仅 50 人。

2006—2015 年，团场引进大中专毕业生共计 677 人，在团就业 124 人。其中，在连队管理人员岗位 84 人、机关部门 31 人、事业单位 9 人。

四、退伍军人安置

1991 年后，退伍军人回支队后，先由武装部进行预备役登记，再由劳动和社会保障部门根据其在部队从事专业和军地两用人才情况进行登记，呈报支队党委，经党委研究对口安置就业。1991—2015 年，共接收安置退伍军人 32 人。退伍军人回团后，在各行各业的工作岗位上大显身手，成为团场经济和社会建设排头兵和骨干力量。

五、两劳人员留场就业

1986—2015 年，支队按照司法部相关文件规定，就地安置在本地服刑期满或在外地服刑期满回到本地的劳改、劳教人员，结合他们自身情况留场就业，充实职工队伍。留场就业期间由所在单位在生活、工作上予以适当照顾，团司法部门定期对其实施监督和教育，帮助其就业，重新融入社会正常生活。

六、安置职工子女就业

1988 年，因石棉矿劳动力缺乏，且末工程支队动员职工子女和待业青年 64 人参加矿山建设，其中职工子女 19 人。

2005 年，石棉矿实施对外承包，经支队劳资部门调配，石棉矿职工被分流到农业连队承包土地，享受转岗分流职工再就业优惠政策，两年内承包管理定额减半、享受每年 2100 元以上的最低生活保障金，允许承包 0.3～0.6 公顷土地，自种自养。2009 年，棉花加工厂对外承包经营，7 名职工子女转岗分流到农业连队。

2013 年起，团围绕新的经济增长点开发就业岗位，实施"阳光工程"，重点解决职工子女、大中专毕业生和复转军人就业再就业。2013—2015 年，安置职工子女复转军人、社会青年、大学生就业 165 人。其中，安置在机关部门 6 人、事业单位 9 人、连队管理岗位 14 人、从事商业经营 7 人、安置在治安管理等岗位 32 人、农业一线承包土地 97 人。经过实践锻炼，一部分职工子女走上部门和连队领导岗位，成为团场经济和社会发展的骨干力量。

表 20 - 1 三十七团职工人数一览表（1990—2015 年）

单位：人

年份	年末职工人数	性别		年份	年末职工总数	性别	
		女	男			女	男
1990	362	106	256	2003	231	129	102
1991	397	109	288	2004	227	106	121
1992	401	125	276	2005	218	104	114
1993	317	132	185	2006	428	238	190
1994	386	134	252	2007	317	182	135
1995	352	140	312	2008	403	212	191
1996	423	97	326	2009	439	238	201
1997	372	151	221	2010	443	245	198
1998	218	96	122	2011	445	238	207
1999	216	91	125	2012	478	241	237
2000	219	91	128	2013	589	256	333
2001	231	106	125	2014	632	298	334
2002	231	128	103	2015	749	332	417

注：此表来自《农二师统计年鉴》资料。

第二节 劳动力管理

一、用工制度

（一）临时用工

20 世纪七八十年代，支队职工多为固定工，全员参加劳动，很少使用临时用工。进入 90 年代后，支队调整种植业结构，扩大棉花种植面积，土地承包给职工个人经营。由于且末地区生活工作条件差，自然环境恶劣，职工人数减少比例较大，存在劳动力严重缺乏现象，尤其在春耕、秋收等季节出现劳动用工短缺。农业连队职工开始雇用临时工，雇用对象是支队周边的地方乡村群众，主要帮助承包户拾棉花、干季节性农活等。1998 年，实施危旧住房改造期间，因建房劳动力不足，使用 223 名临时工投入建房工程。

2005 年起，各农业连队职工均要雇用周边乡村季节工从事田管工作，以缓解农业生产用工紧张局面。秋收季节，从外地引进大批劳动力，从事棉花采摘，以保证农业生产季节性工作的完成。2006 年，跃进区实施农业开发，每天雇用外来临时工数百人栽植红枣，在劳动力紧缺的情况下，全年雇用临时用工 1210 人，实施临时用工制度保证了经济建设的顺利实施。2008 年，跃进区 1400 公顷苗木补植栽培，全年雇用临时用工 875 人次，完成了红枣建园。

2014 年，团启动小城镇建设工程，各项目工地上和农业田管收获累计使用临时工 1367 人次，大部分为周边少数民族村民，缓解了团场劳动力不足的困难，也增加了地方乡村村民的收入。2015 年底，团场小城镇建设工地、田间管理等使用临时用工有 1350 人次。

表 20 - 2　三十七团历年临时用工一览表（1990—2015 年）

单位：人

年份	用工人数	用工内容	年份	用工人数	用工内容	年份	用工人数	用工内容
1990	25	棉花田管	1999	40	危房改造	2008	875	栽植枣树
1991	34	棉花田管	2000	23	采摘棉花 危房改造	2009	132	栽植枣树
1992	52	采摘棉花	2001	34	采摘棉花 危房改造	2010	124	捡拾红枣
1993	74	采摘棉花	2002	27	采摘棉花 危房改造	2011	97	捡拾红枣
1994	86	采摘棉花	2003	56	采摘棉花	2012	134	捡拾红枣
1995	127	采摘棉花	2004	62	采摘棉花	2013	264	捡拾红枣
1996	165	采摘棉花	2005	823	采摘棉花	2014	1367	工地施工 田管收获
1997	178	采摘棉花	2006	1210	跃进区开发	2015	1350	工地施工 田管收获
1998	223	危房改造	2007	910	跃进区开发			

注：此表数据按团劳动部门所提供资料列举。

（二）全员合同制

1986 年后，根据国务院《国营企业实行劳动合同制度的暂行规定》和自治区劳动人事厅《城镇实行劳动合同制暂行办法》的规定，支队在企业推行劳动用工制度改革，录用的新工人实行临时合同制，形成劳动合同制与固定工制度并存的劳动用工格局。

1995 年 1 月 1 日，《中华人民共和国劳动法》（以下简称《劳动法》）颁布实施。根据劳动法建立劳动关系应当订立劳动合同的规定，从 1996 年 1 月起，支队在企业全面启动全员劳动合同制。

1996 年 10 月，出台《农二师且末工程支队实行全员劳动合同制实施细则》，制定《且末工程支队劳动合同书》，对全民所有制职工实施劳动合同管理，规范各类用工制度。支队按上级劳动部门下达的劳动用工计划招录新职工。男性 35 岁以下、女性 30 岁以下，由个人提出申请，用人单位审核，经农二师劳动局批复后纳入正式职工队伍管理。新招用的职工均与支队签订劳动合同。为保证全员劳动合同制顺利实施，支队成立财经劳动领导小组，负责新职工招录工作的把关和使用。连队与职工签订劳动合同多为无固定期限劳动合同。5 家企业单位和机关部分人员共计207 人与用人单位签订全员劳动合同。其中，签订 5 年期限全员劳动合同 86 人，签订 8 年以上期限全员劳动合同 121 人。

1997 年，在职工代表大会上，第一次审核通过《新疆生产建设兵团农二师且末工程支队劳动合同书》《且末工程支队集体合同》《且末工程支队土地种植合同》《土地种植合同实施细则》

《且末工程支队集体合同》实施细则等,在全支队推行全员劳动合同制。是年,签订劳动合同314份,占应签合同的98%。

1998年10月,出台《且末工程支队劳动人事管理暂行办法》。每年招录的大中专毕业生,均与其签订劳动合同,建立社会保险关系。全面推行劳动合同制度,企业可根据生产经营需要自主用工,通过订立劳动合同确定用人单位和劳动者双方的劳动关系。劳动合同用工制度全面落实并不断完善,结束原来劳动合同制与固定工制度并存的局面,依法确立符合时代要求的劳动用工体制和机制,劳动者权益得到有效保护。

2000年后,为贯彻落实《中华人民共和国劳动法》,逐步规范职工队伍劳动合同管理工作,连续承包土地三年的外来农民工与用人单位签订劳动合同,用人单位和劳动者双向选择的机制逐步形成。职工可选择个人创业并申请与企业解除劳动关系。劳资部门对违反劳动纪律、擅自离岗与企业不存在事实劳动关系的职工予以清理,同时解除劳动关系,终止劳动合同。在册不在岗人员不再办理停薪留职手续,解除挂靠劳动关系。一线职工签订劳动合同219份,签订率超过100%。

2005年,支队与职工签订修订后的农牧一线专用劳动合同书。参加工作满15年以上人员签订无固定期限劳动合同,其他人员每年均签订固定期限劳动合同。

2007年,根据兵团党委深化改革理顺关系创新体制的要求,规范劳动用工管理,清理和规范在册不在岗(有劳动关系但不在岗工作)和在岗不在册(未建立劳动关系但在岗工作)的人员,理顺劳动关系,规范职工队伍管理。经过清理,至年末,在册不在岗人员减少23人,在岗不在册人员减少11人。2008年,劳资部门按照师相关文件要求,清理在岗不在册人员141人,自愿回单位签订土地承包或劳动合同的13人。

2009年,经过清理,全支队再没有在岗不在册人员,非职工承包土地人员全部转为租赁承包经营。

2013年,各连队管理人员和加工服务业以及连队临时聘用的特殊岗位人员,依法制定劳动用工管理制度,与企业签订劳动合同的人员实行"实名制"管理,纳入年度考核,劳动用工逐步纳入到法制化管理轨道。

2015年,团签订全员劳动合同749份,其中,签订5年以上固定期限劳动合同395份、签订无固期限劳动合同354份,劳动合同签订率100%。

表20-3 三十七团签订全员劳动合同一览表(1996—2015年)

单位:人

年份	签订人数	年份	签订人数	年份	签订人数	年份	签订人数
1996	207	2001	339	2006	374	2011	397
1997	314	2002	342	2007	376	2012	412
1998	327	2003	356	2008	376	2013	504

续表

年份	签订人数	年份	签订人数	年份	签订人数	年份	签订人数
1999	327	2004	361	2009	388	2014	548
2000	219	2005	364	2010	388	2015	749

注：本表数据来自团档案室劳资档案。

二、劳动力管理调配

1980 年之前，以连、排、班形式组织职工参加集体劳动，按照劳动定额发放工资，职工在管理人员安排下从事生产或工作，按照日工作量分配劳动定额，享受相应的劳动待遇。

1990 年后，且末工程支队逐步改革生产经营方式，由建安逐步转产农业，基本消除原来的生产连队班排建制，建立起以农业连队为单位的生产组织形式，依据各单位的工作量和生产规模、作物结构与种植面积、设备能力和劳动定额配备劳动力，选配条田长负责管理条田劳动。内部职工调动须在编制额定人数内，经劳资科审核，行政领导签批后方可调动。职工调动一般在每年的第一季度办理。支队以外单位职工调入，由双方单位协商，由调入单位报劳资科审批。

通过实施用工制度改革，扩大自主经营权，提高了职工生产积极性，自愿到农场工作的人员逐年增多。至 1995 年末，从业人数达到 352 人，其中，生产一线职工 280 人，占从业人员总数的 79.5%。

1998 年，劳动力管理坚持机关单位只出不进、用工向农业一线倾斜的原则，复员退役军人、大中专学生、待业人员、新上岗职工统一安排到生产单位，经过一年试用期后，聘用为企业正式职工或企业干部。是年，支队有各类管理人员 28 人，占从业人员总数的 12.85%。

2003 年，兵团"1+3""1+8"文件出台后，推行以职工家庭承包经营为基础的基本经营制度。在推行土地长期固定、两费自理、租赁承包的初期，职工自主经营意识和能力弱，一些农时紧、任务重的工作，连队采取劳动力统管方式保证生产任务的完成。

2004 年 1 月，取消停薪留职和挂靠工龄的惯例，离开工作岗位一年，在不缴纳社会保险费的前提下，不再享受集体和国家承担的社会保险基金待遇，所有社会保险费由个人缴纳。

2006 年，进一步推进团场基本经营制度改革，承包土地职工自主经营权扩大，自主经营意识和能力增强。连队除统管义务工外，其他劳动力不再统管，用工单位根据劳动力所从事的对象，自主安排工休时间。用工制度的逐步完善，使外来承包户加入职工队伍。

2009 年，监狱与企业分家后，分流聘干人员 5 人，由劳资科管理。棉花加工厂对外承包经营，被分流的职工可在加工厂打工，保留职工身份，社会保障费由个人缴纳。是年，支队有各类管理人员 37 人，占从业人员总数的 8.4%。

2010—2015 年，团场根据兵团和师劳动力转移相关政策，实施劳动力政策性调配 3 次，安置其他省区农村富余劳动力 232 人。至 2015 年末，劳动力总数达到 749 人，其中，生产工人 623

人，占从业人员总数的83.2%；管理人员47人，占从业人员总数的6.3%；科教文卫人员45人，占从业人员总数的6.0%；服务人员34人，占从业人员总数的4.5%。从团场劳动力构成情况分析，生产工人占从业人员比例较大；科教文卫、各项管理人员人数排在从业人员之二，服务人员占比较少。生产工人是团场经济发展的主力军。

三、管理机构

1980年之前，劳动力由劳资科负责招工和分配，基层单位负责劳动力管理工作。1990年后，劳动力管理实行劳动合同制，按照合同规定履行责任和义务。机关劳资科统一管理劳动力，每年各基层单位向劳资部门上报用人计划，由劳资科按照单位所需统一调配劳动力。

1996年，实行全员劳动合同制后，由用人单位与职工签订劳动合同，依照《中华人民共和国合同法》完善劳动力管理规定，按照合同依法管理劳动力。

2010年，劳动力管理工作扩大到人力资源管理、劳动仲裁、社会保险、困难职工帮扶救助等工作范围。

2011年4月，支队成立劳动力管理站，民政科隶改为社政管理科，劳资科在社政科挂牌，与社保、计划生育、残联、扶贫救助合署办公。2012年劳动力管理站更名为劳动保障服务所。

2013年，劳动力管理工作站录用2名劳动保障协管员，负责劳动合同签订、劳动争议、劳务工管理、职业介绍、职工培训、社会保障服务、困难职工帮扶等工作。

2015年，团劳动力管理站共接待求职咨询人员256人次，办理求职登记156人次，推荐就业527人次，为235名求职人员安置就业岗位。

表20-4 三十七团在岗劳动力构成一览表（1990—2015年）

年份	从业人数（人）	生产工人		管理人员		科教文卫		服务人员	
		人数（人）	占比（%）	人数（人）	占比（%）	人数（人）	占比（%）	人数（人）	占比（%）
1990	362	299	82.7	24	6.6	28	7.7	11	3.0
1991	397	333	83.9	24	6.0	28	7.1	12	3.0
1992	401	337	84.1	25	6.2	29	7.2	10	2.5
1993	317	254	80.1	23	7.3	31	9.8	9	2.8
1994	386	316	81.7	26	6.7	33	8.5	11	3.1
1995	352	280	79.5	27	7.7	32	9.1	13	3.7
1996	423	352	83.2	28	6.6	30	7.1	13	3.0
1997	372	299	80.4	26	7.0	33	8.9	14	3.7
1998	218	142	65.1	28	12.8	34	15.6	14	6.5
1999	216	131	60.6	34	15.7	32	14.8	19	8.9
2000	219	144	65.8	27	12.3	31	14.2	17	7.7
2001	231	157	68.0	27	11.7	29	12.6	18	7.7

续表

年份	从业人数（人）	生产工人		管理人员		科教文卫		服务人员	
		人数（人）	占比（%）	人数（人）	占比（%）	人数（人）	占比（%）	人数（人）	占比（%）
2002	231	164	71.0	28	12.1	18	7.8	21	9.1
2003	231	154	66.7	32	13.9	24	10.4	21	9.0
2004	227	145	63.9	35	15.4	26	11.5	21	9.2
2005	218	143	65.6	35	16.1	26	11.9	14	6.4
2006	428	352	82.2	28	6.5	34	7.9	14	3.4
2007	317	232	73.2	34	10.7	32	10.1	19	6.0
2008	403	318	78.9	37	9.2	31	7.7	17	4.2
2009	439	355	80.9	37	8.4	29	6.6	18	4.1
2010	443	371	83.7	35	7.9	26	5.9	11	2.5
2011	445	370	83.1	35	7.9	26	5.8	14	3.2
2012	478	402	84.1	28	5.9	34	7.1	14	2.9
2013	589	504	85.6	34	5.8	32	5.4	19	3.2
2014	632	547	86.6	37	5.9	31	4.9	17	2.6
2015	749	623	83.2	47	6.3	45	6.0	34	4.5

注：此表来自《农二师统计年鉴》资料。

第三节　薪酬管理

一、工资制度

三十七团执行的工资制度为职工工资，主要实行计件（计时）工资、职务级别工资、技能工资、年薪工资、奖金等。

（一）计件（计时）工资

1980 年以前，职工的任务是修筑 315 国道路基，按连队分成工段，每 20 千米为一个工段，连队再按每人 20 米为一个工段，完成当天任务量计算一个工日，每人每月标准工日为 30 个。工资核算每月女职工为 38.1 元，男职工为 48.9 元，完不成任务的从月工资中折算扣除。职工工资全部由国家按工程量拨款，指挥部按照工资级别和劳动任务完成情况按月发放职工劳动报酬和福利。在副食品加工厂、砖厂等其他单位工作的职工，均执行计件工资制，劳动报酬直接与当日工作量挂钩。事业单位人员按照出勤天数考核后按计时制发放当月工资。

1991 年，棉花加工厂、水泥制板厂和石棉矿，职工除按计件制获取劳动报酬外，增加企业效益工资作为奖励基金，鼓励劳动者创造出更多经济效益。支队给职工发放计时和计件工资 30.81 万元。

1992 年，推行土地联产承包责任制，建立承包工资、效益工资、岗位技能工资、职务工资、计件工资和计时工资等制度，每月按照劳动者档案工资的75%预借生活费，年终依据单位向计财科上报的生产报表和财务报告，依据效益高低兑现职工工资和奖金。企业效益亏损单位则出现工资欠发情况。承包土地职工按照交售农产品数量，待年终农产品销售完后，扣除预借款、成本费、上缴承包费等款项，给承包职工兑现棉花款。1992—1995年，发放计时和计件工资214.09万元。

1996年，改革土地承包收入分配制度，从"团场出钱，职工种地"改为"生产成本、生活费自理"制，连队将土地承包给个人，承包者与连队签订土地联产承包责任书，形成投入、收入风险自担，打破职工吃企业"大锅饭"的局面。1996—1999年，发放计时和计件工资282.7万元。

2000年，土地承包实行"职工交钱种地，全费自理"制，承包土地职工自主经营、自负盈亏，职工成为相对独立的投资、经营、利益和风险主体。

2006年，随着兵团农牧团场基本经营制度进一步完善，实行"五保三费"与"两费自理"分离，职工形式上保留等级工资，但实际获得的劳动报酬取决于经营成果。职工承包土地期内遭遇自然灾害等因素出现亏损，给予困难补助或临时救济，以保证其基本生活。

2013年，团建立职工收入分配考核办法，农业承包实现"交钱种地"与定额管理相结合，以农产品的产出量确定全年收入。此办法一直延续到2015年。

（二）职务级别工资

2000年1月，按照兵团相关文件要求，进一步深化农牧团场经济体制改革，加强全员劳动合同制管理，改革用工制度，科学设置工作岗位，实行定岗定员，竞争上岗，打破干部身份界限，建立三级管理经济责任制。企业干部实行聘任制，根据岗位不同，制定事业工资、档案工资、基础工资等制度。实行基础工资的干部以支队党委聘任文件为依据，作为干部基础工资标准。机关干部设置正团级、副团级、正科级、副科级、科员级（办事员）5个工资级别，各单位分别设置正职、副职、业务基础工资等级。学校、卫生队实行事业工资制，经考核按月发放工资。

2011年，机关管理人员和工作人员收入实行"岗位职务级别工资＋绩效工资"制，其岗位级别工资参照国家公务员同等条件人员的工资水平确定。基层单位管理人员收入实行"年薪＋绩效工资"制，一直延续至2015年。

（三）技能工资

2005年前，工副业单位在技术岗位的职工沿袭档案工资制。2006年后，依据资源和地理优势发展农业产业化、新型工业化，工副业单位实行租赁承包、个人买断或股份合作等经营方式，以此提高职工收入水平。

2011年，技术岗位的职工定岗定额，工资报酬实行固定工资制。其中，水电站泵房管理员、电工、维修工每月固定岗位工资 1200 元，农忙阶段实行"基本工资 + 绩效工资"制。渠道管理人员实行"基本工资 + 奖励工资"制，固定工资每月 1000 元。林业管理人员按每亩 20 元提取护林资金，其中 10 元为护林成本费，另外 10 元为管护人工费。学校、医院人员按师人事局及编委确定岗位编制执行相应的技能工资。此办法一直延续到 2015 年。

（四）年薪工资

2004 年，在农林牧机单位推行年薪制，干部收入得到提高。2005 年，所有干部实行年薪工资，年薪工资由基本工资和绩效工资两部分组成，对不同级别干部实行不同的年薪工资待遇，年终由计财科根据考核情况兑现年薪工资和绩效工资。

2009 年，召开职工代表大会，通过《且末工程支队经济责任制办法（试行）》《且末工程支队集体合同》《且末工程支队全民所有制职工劳动合同》，对全民所有制职工按照岗位、职务和工作量实行年薪制。

2013 年，机关实行"年薪 + 绩效"分配制度，处级以上干部按师相关管理办法执行。机关科室正职岗位工资按不高于团场副职岗位职务工资的 80% 确定，副科级干部按正科级工资报酬的 90% 确定，科员按正科级工资报酬的 85% 确定，其他人员按正科级工资报酬的 80% 确定。农业连队干部实行"年薪收入 + 考核"分配办法，单位正职领导基础年薪核定为 4.5 万元，副职基础年薪为正职的 90%，业务人员基础年薪为正职的 80%。

2015 年，团召开二届六次职工代表大会，通过《三十七团经济责任制办法》《三十七团集体合同》等相关管理制度，在岗管理人员年薪给予适当调整，规定机关正科级干部年薪为 4.5 万元，机关副科级干部按照正科级干部的 95% 发放年薪，科员按正科级干部的 85% 发放年薪。连队管理干部参照机关年薪发放。干部实行绩效考核奖励，考核标准按照机关正科级干部绩效工资为 2 万元，副科级干部按正科级干部的 90% 发放。生产连队管理人员按照单位效益经过考核后发放绩效工资。

二、工资调整

（一）在职职工工资调整

1985 年，国家实行工资制度改革，支队大部分人员迁至北线施工，按照企业内部工资制度改革办法，留守和返回且末的人员内部工资升半级，人均增资 7.95 元。1986 年 9 月，按照师企业工资改革相关文件实施企业内部工资改革，调资 308 人，月增资 5 ~ 7 元。

1990 年，调整企业 182 名职工工资。1991 年，调资 297 人，增资 27 ~ 84 元。是年，另按照相关文件调整 124 人工资，增资 8 ~ 88 元。1993 年 5 月，按照 14% 比例增补 1992 年、1993 年度工资，增资 120 人，增资 11 ~ 75 元。1994 年，按照《劳动部、财政部、国家经贸委关于深化企业工资改革适当解决部分企业工资问题的意见的通知》要求，1993 年财务决算有盈利的企业按人均月增资 75 元核定增资总额。由于且末工程支队 1993 年亏损严重，1994 年仍不能扭亏，暂按人均月增资 50 元核增工资总额。1995 年按照师相关文件调资 224 人。

1996 年 6 月 20 日，根据自治区劳动保护相关文件套改技能工资，按照 38～64 元标准调资 260 人。是年，另有 11 人调资，增资 99～337 元。1997 年 6 月 20 日，根据农二师劳动局相关文件套改技能工资，调资 179 人，人均增资 120 元。1999 年 12 月，根据兵团相关文件调整技能工资升级及岗位工资，调资 166 人，人均增资 120 元。2000 年，调资 182 人，增资 23～65 元。2001 年 12 月，调资 172 人，增资 26～84 元。

2001 年 8 月，给没有养老金的"五七"家属工实施政策性生活困难补助，每人每月发放生活补助金 120 元。

2005—2006 年，按照兵团相关文件调资 207 人，增资 65～158 元。2007 年，调资 191 人，增资 5～109 元。2008 年，调资 196 人，增资 86～113 元。2009 年，调资 200 人，增资 85～164 元。2010 年，调资 192 人，增资 22～186 元。2011 年，调资 181 人，增资 81～213 元。

自 2012 年起，根据师相关文件规定，执行年薪的企业，根据集体社会经济发展情况调整档案工资，劳动报酬按年度发放。在岗职工收入经过调整，至 2015 年末，在岗职工工资总额为 17397 万元，职均工资 24817 元，较 1990 年增长 22232 元。

（二）离退休人员养老金调整

1990 年，支队离退休人员人均月基本养老金为 128.67 元。1991 后，根据国家政策，先后多次调整支队离退休人员的基本养老金，使离退休人员的生活水平与全师经济发展水平基本保持一致。人均月退休金为 137.92 元。

1992—1995 年，按国家政策规定，给离休、退休人员增加离休金、退休（职）金。离退休人员人均月退休金为 382.84 元，较 1991 年人均增资 244.92 元。

1996—1999 年，离休、退休人员连续四年增加基本养老金，至 1999 年人均月退休金为 468.51 元。

2001—2003 年，按照国家政策规定，给中华人民共和国成立前参加革命工作的离休工人增加离休补助费，给退休人员增加基本养老金。

2004—2010 年，按国家政策，给退休人员连续 7 年增加基本养老金。2010 年，支队离退休人员人均月基本养老金 1460.57 元，较 1990 年增长 1035.13％。

2011—2015 年，按国家政策，给退休人员连续 5 年增加基本养老金。2015 年，团离退休人员人均月基本养老金增加 272.94 元。全团离退休人员人均月基本养老金 2661.1 元，比 2010 年的 1460.57 元增长 82.19％。

表 20 – 5　三十七团职工收入情况（1990—2015 年）

年份	年末职工数（人）	在岗职工工资总额（万元）	职均工资（元）	年份	年末职工数（人）	在岗职工工资总额（万元）	职均工资（元）
1990	362	93.56	2585	2003	231	80.7	6565
1991	397	93.56	2357	2004	227	125	7062
1992	401	102.83	2564	2005	218	247.0	7670
1993	317	102.89	3062	2006	428	291.6	10021
1994	386	88	2280	2007	317	313.0	8112
1995	352	71	2076	2008	403	347.6	10728
1996	423	74.5	1808	2009	439	412.6	7502
1997	372	196.7	5288	2010	443	481.8	7340
1998	218	93.56	5259	2011	445	599.8	9928
1999	216	102.83	4797	2012	478	654.86	13737
2000	219	86.3	5659	2013	589	933.4	17876
2001	231	114.1	6086	2014	632	13847	21537
2002	231	122.1	6563	2015	749	17397	24817

注：此表数据来自二师《统计年鉴》，包括医院、学校。

第四节　劳动技能培训

一、在职培训

1970—1990 年，且末工程支队作为工程施工企业，技术等级六级以上工人仅有 12 人，五级至一级的技术工人 2128 人，大多数职工缺少专业技术技能。1990 年后，支队转产发展工农业生产时，职工的农业生产技能严重不足。

1991 年 3 月，针对支队在全师农业管理水平较差、农业技术相对落后的情况，农二师党委从三十三团机关和农业连队抽出技术骨干 4 人组成农业技术服务队，帮助且末工程支队发展地膜棉生产，以提高支队农业技术管理水平。师农业技术服务队坚持培训实用技术和专业技术、短期培训和长期培训相结合原则，按计划组织农业连队职工开展全员职业技能培训。经过培训，承包土地职工掌握了一定的地膜棉种植技术，红旗区试种 80 公顷地膜棉获得成功。

1993 年，农业技术服务队利用冬闲时节，加强对承包土地职工地膜棉种植技术培训，生产科技术人员制定培训教案，组织职工参加培训。

1993—1998 年，师农业技术服务队每年举办农业技术培训班 15 期，年培训职工超过 1000 人次。

2006 年，调整农作物结构，扩大红枣种植面积。2008 年采取"走出去""请进来"的方式，组织职工 86 人次，到塔里木垦区红枣栽植团场学习枣树管理技术知识，外派技术骨干参加兵团、师红枣栽培技术学习交流活动，邀请兵团、师农业技术专家到支队授课，开办职工夜校和职业技能培训班，职工均掌握常规红枣栽培管理技术。

2010 年，实施兵团"跨世纪青年职工科技培训工程"项目，举办以各类作物栽培技术、植物病虫害防治、作物田间作业技术、动物防疫、农村产业政策与农村法规等为主要内容的 22 个项目的农业知识培训，169 人次参加培训，造就适应农业经济发展需要的新型职工。职工陈建伟代表农二师参加兵团职业技能竞赛，获得高级农艺工职业资格证书，受到农二师通报表彰。

2013 年，团启动职工素质教育工程，由工会、科委、劳资等部门牵头组织开展职工全员职业技能培训。生产科技术员授课，各连队职工集中参加学习培训。职工通过理论学习和实际操作，由农二师劳动和社会保障局、师职业技能鉴定中心、师技校统一组织考试鉴定，成绩合格者按照国家职业技能标准核发农艺工职业资格证书。

2014 年 12 月，团工会组织职工开展"科技之冬"培训活动，制订培训计划，对职工进行为期两个月的实用技术培训。

2015 年，完成职工素质培训 2700 人次；有 467 名职工通过职业技能培训获得农艺工职业资格证书，其中初级工 403 人、中级工 64 人。

2009—2015 年，团场鼓励和支持在职党员干部参加兵团各类知识学习培训，增长知识与才干，不断适应于新形势、新任务对工作的要求。采取"走出去""请进来"的方式，组织机关科室人员、生产单位干部、医院医护人员、学校教师参训达 150 人次。

二、岗前培训

2013 年，推进"人才强团"战略，实施新职工岗前培训计划，制定《三十七团职工岗前培训实施方案》，对新分配的大学生、新聘干部、复转军人、新职工均完成岗前培训，方能入职就业。

2015 年，各生产连队加大对新录用职工的素质培训、技能培训力度，举办果树园艺工高级培训班，参培 50 人；举办初级家禽饲养工培训班，参培 60 人次。举办中级家禽饲养工培训，参培 33 人次。举办初级中式烹调培训，参培 70 人次；举办职工素质教育培训，参培 70 人次。团场举办首期大学生轮训班，以到团工作的大学生、新聘干部、复转军人、新职工为重点，实施岗前轮训，参训的大学生和连队干部 153 人。经过各类技术培训，涌现出以侯茂华、李都立、李青伟等为代表的机耕能手和致富带头人，部分大学生主动研讨农业科学技术，把理论运用于实践，成为连队致富带头人。

第五节　劳保福利

一、劳动保护

（一）有害物质防护

20 世纪 70 年代，且末工程支队有煤矿工人 80 余人，由于集体发放的劳动保护用品有限，每天从事井下作业逾 30 人。井下作业时，矿工利用自制的防护面罩对有害物质进行防护。进入 80 年代，从事有毒有害作业的工种分别是石棉矿、煤矿采矿工等。

1990—1995 年，支队为石棉矿从事选厂、采矿、破碎、供料、电站、食堂的职工发放 13.6 万件防尘用品。棉花加工厂在收花、轧花期间，每年给车间职工定期发放劳保用品。

1998 年，加强有毒有害作业的防护力度，对安全防护措施不到位的单位责令整改，以确保从业人员的人身安全。

2000—2015 年，在石棉矿工作的职工每年每人发放工作服、防尘口罩、手套等劳保用品 2 套。

（二）劳动时间

1990 年后，根据各单位工作性质和岗位工作特点，依法实行标准工时工作制、综合计算工时工作制和不定时工作制。

1996 年 5 月 3 日，且末工程支队按照师办公室相关文件要求，机关、学校、卫生队、监区开始执行每周 5 天工作日制度。生产单位根据工作任务完成情况适当地调休。

2013 年，农业一线承包职工打破八小时工作制，根据工作量和进度，由承包土地职工自行掌握工作时间。连队出台阶段性目标管理考核办法和劳动竞赛活动奖励制度，考核与检查承包管理情况。

2010 年，支队与各企业签订《集体合同》，规定学校、医院、机关等事业单位实行八小时工作制度；一线承包土地职工和其他产业职工实行综合工作制；单位行政领导、小车司机、警卫、电工、勤杂工等特殊岗位实行不定时工作制。此办法一直延续到 2015 年。

二、职工福利

（一）冬季取暖补贴

1990 年始，为保障职工安全过冬，在冬季实行烤火补贴办法，给职工提供冬季采暖补贴，规定一个采暖期每人发放 1000 千克烤火煤。

1991 年，烤火补贴为 45 元。1996 年，随着市场物价上涨，煤炭价格每年上涨，按照每吨

10%的差价给予调整烤火费，职工冬季取暖补贴费调整为每人每年50元。

1999年，执行企业和事业单位职工每人每年150元的采暖补贴政策。

2000年后，随着危旧住房改造，职工陆续搬进新房，冬季供暖面积增大。由于煤价上升，供暖成本增加，调整冬季供暖费用补贴标准，职工每人补贴取暖费150元；离休人员以及遗孀采暖费用按照库尔勒城市居民采暖标准给予补贴；异地安置和异地居住的退休人员在享受采暖的地区凭票据报销75%，个人支付25%的费用。

2008年，调整冬季取暖费补贴标准。居住在库尔勒地区离休人员以及遗孀，按照库尔勒城市居民采暖标准，每人每年75元/平方米标准补贴冬季取暖费。双方职工单位各负担50%，超出标准面积部分取暖费由个人负担。离休干部及工人去世，其遗孀是离退休职工，取暖费由遗孀的原单位按就高原则承担50%；遗孀无固定收入，由离休干部及工人单位按就高原则全额承担；遗孀去世后，原单位不再承担取暖费。公共场所取暖不收取供暖费用，司炉工工资、煤炭、管道维修费用由集体承担。

2009年，取消异地城市补贴标准，职工冬季取暖费补贴提高至每人每年400元。居住在异地人员，不论职务高低均享受统一标准。

2015年，团增加商业用房的暖气费为每平方米30元；高层楼房2楼以上，每平方米除收取30元暖气费外，另再收取加压电费0.2元。居民住宅每平方米暖气费为28元。至2015年一直执行此办法。

（二）职工探亲制度

支队自成立后即执行国务院和自治区有关探亲假的规定，依法保障在岗职工享有的探亲假权利。1990年，根据国务院规定，职工享受探亲假待遇。且末工程支队职工夫妻在一地工作，每四年探望父母一次，团聚时间为30天，另加路程假。单身职工和夫妻分居的职工，每年探亲假期分别为20天或30天，另加路程假。45岁以上的女职工和50岁以上的男职工探亲乘车可享受卧铺。在疆工作满30年，一直与父母分居两地，回原籍的可享受一次性探亲假60天待遇。

1998年1月10日，支队制定《职工探亲、休假有关问题的管理办法（试行）》，明确职工福利待遇相关规定。

2001年1月4日，国务院重新修订职工探亲待遇规定的部分条款内容，按照新疆维吾尔自治区制定的《关于重新修订自治区城镇职工探亲待遇有关问题的通知》《国务院关于职工探亲待遇的规定》，给职工享受探亲福利待遇。已婚职工探望父母，每三年给假一次，原假期不变。工龄满20年或者年满40周岁以上的职工，探亲乘坐火车或长途班车，均可报销硬卧席位费。原不具备探亲条件的职工，在退休前享受一次探亲待遇，探亲对象为兄弟、姐妹、子女，假期60天（含路程假）。路费按探亲对象中一名成员的直线合理路线报销车船费，探亲期间工资照发。退休职工符合探望父母条件，继续享受探望父母的探亲待遇。2002—2015年，职工探亲待遇未变化。

（三）丧葬费补助

从 1993 年 4 月 1 日起，且末工程支队按照国家、自治区、兵团相关政策规定，企业职工因工死亡后，丧葬费补助标准为 1200 元；因病或非因工死亡，丧葬费补助标准为 1000 元。丧葬费实行包干使用，超支不补，结余部分归逝者家属。

2000 年，按照兵团《关于参保职工、离退休退职人员因病或非因工死亡待遇支付问题的通知》规定，职工在 1996 年 1 月 1 日建立基本养老保险个人账户后死亡，其丧葬费一次性发给死亡职工指定的受益人或法定继承人，因病或非因工死亡后，丧葬费标准为 1000 元。死亡职工供养的直系亲属按规定一次性发放救济费，供养亲属为 1 人，发放死者本人 6 个月工资；供养亲属为 2 人，发放死者本人 9 个月工资；供养亲属为 3 人或 3 人以上，发放死者本人 12 个月工资。

2004 年，职工死亡后丧葬补助费标准从 1000 元调整为 2 个月的自治区上年度职工平均工资。每年执行新标准时间统一为 7 月 1 日。上年度自治区职工平均工资出现负增长，丧葬补助费不予调整。2003 年自治区全年在岗职工月平均工资为 1099 元，2004 年 7 月至 2005 年 6 月死亡的职工，按 2198 元标准发放丧葬费。

2010 年 7 月 26 日起，按照自治区相关规定，离退休（退职）人员死亡后，按照本人的月养老金标准一次性发给 20 个月的供养亲属抚恤金；没有退休的在职参保人员死亡后，按其死亡前本人 12 个月（不满 12 个月的按照实际缴费月数计算）的平均缴费工资基数为标准，按缴费每满 1 年（不满 1 年的按 1 年计算）支付 1 个月一次性抚恤金，最多一次性发给 20 个月的供养亲属抚恤金。至 2015 年，职工丧葬补助费标准未变化。

三、退职、退休

1979 年 1 月，且末工程支队执行农二师企事业单位工人退休政策，男职工满 60 岁，女干部满 55 岁，一线女职工满 50 岁且工龄满 15 年者，均可办理退休手续。退休费根据工龄长短，按本人标准工资的 60% ~90% 发放。因公致残完全丧失劳动能力、饮食起居需要人护理的退休职工，按本人标准工资的 80% ~90% 发放退休费；患有职业病的职工执行兵团相关标准。从事矿业开采、高空、高温、繁重、有毒有害工种作业的职工，退休时间可提前 5 年。因病或残疾不符合退休条件而退职的职工，按月发放原工资 40% 的生活费。

1983 年 1 月，中华人民共和国成立前参加革命工作的老干部、老工人享受离休待遇，离休费调整为 100% 和按本人原工资增发 1 ~2 个月工资。

1989 年 10 月，离休时工资低于 79.5 元、88.5 元或 140 元的离休人员，每月浮动工资在原工资基础上提高到 140 元标准。

1990 年后，执行国家对新疆维吾尔自治区南疆三地州艰苦地区退休年龄照顾政策，男职工满

55 周岁、女职工满 45 周岁、女干部满 50 岁，可办理退休手续。1991 年，支队有离休职工 22 人，退休职工 167 人，退职职工 4 人，全年发放离退休金 30.59 万元。1992 年，有离休人员 22 人，退休人员 170 人，全年发放离退休金 25.26 万元。

1996 年，根据有关改革政策规定，达到退休年龄人员，按照退休前 3 年的个人缴费基数计算退休金。2001 年 1 月起，到达退休年龄的职工按照退休前 5 年个人缴费基数计算退休金。2002 年 1 月起，按照 1996 年 1 月 1 日建立基本养老保险个人账户的缴费基数计算退休金。

2010 年 1 月起，农业、林业承包土地的职工达到退休年龄而承包合同未到期限，经支队劳动部门、经改办审核，终止其劳动合同，退回承包的土地后方可办理退休手续。同时，达到退休年龄职工可自愿延长至承包合同到期，再办理退休手续。

第六节　社会保障

一、养老保险

1990 年以前，职工养老保险费由支队承担。1992 年 10 月 1 日起，依照国家、兵团及农二师相关政策，职工养老保险费由单位和个人按工资总额的一定比例缴纳基本养老保险费。

1995 年，自治区劳动厅改革企业职工离退休费计算方法，离退休费计算与缴费工资挂钩。职工离退休时，按档案工资和原规定比例计算离退休费后另加 35 元；职工个人缴纳基本养老保险的缴费工资超过原档案工资部分减去 35 元，余下部分按 40% 计算。

1996 年 1 月 1 日，支队正式建立职工基本养老保险个人账户。机关等 6 个单位的职工参加退休养老保险统筹。参加养老保险统筹职工共 382 人，占在岗职工总人数的 90.31%，参保覆盖率 90% 以上。职工按个人工资收入的 11% 缴费，计入个人账户。职工退休时，基本养老金由个人账户养老金和基础性养老金组成。基础性养老金按退休上年自治区社平工资的 20% 计算，个人账户养老金以个人账户储存额（含计入的利息）除以 120 个月计算。

1998 年，支队参加兵团级基本养老保险社会统筹，实行按退休人员每人每月 200 元、离休人员全额给付养老保险统筹办法。退休人员养老金超过 200 元以上的部分由支队自行发放，保障了退休人员的基本生活，缓解了因拖欠离退休人员养老金引发的社会矛盾。

1999 年，根据国家相关文件规定，支队私营企业和个体从业人员全部纳入养老保险范畴，年初一次性缴清当年个人账户养老保险金。

2003 年，支队按照兵团规定，落实参保补费工作。原国有单位职工、后脱离原单位的人员，补缴养老保险费后，参加或接续养老保险关系。2003—2004 年，支队参保补费 38 人，缴费总额为 71.82 万元。

2006 年 1 月，职工基本养老保险个人账户由本人缴费工资的 11% 调整为 8%。基础性养老金由原按自治区上年社平工资的 20% 调整为以退休人员退休时上年度自治区社平工资和本人指数化月平均缴费工资的平均值为基数，缴费年限每满 1 年发给 1%。

2007 年底，支队单位参加养老保险统筹 741 人，其中职工 381 人、离退休人员 227 人、个体户 26 人；单位缴纳养老统筹金 64.2 万元，职工个人缴纳养老保险金 51.3 万元。

2010 年 5 月，支队启动"五七工"、家属工参保补费工作，根据原"五七工"、家属工年龄实施不同的补缴基本养老保险费标准，55 ~ 80 周岁以上分别补缴 3.35 万 ~ 0.95 万元，共划分 16 个档次。补费后，原"五七工"、家属工初始基本养老金为每月 400 元。70 周岁以上另加高龄补贴 70 元，80 周岁以上另加高龄补贴 105 元。至年底，有 9 名"五七工"、家属工通过参保补费享受养老金待遇。

2015 年，团社会保险基金征缴 1200 万元。其中，征缴企业养老保险基金 690 万元，征缴机关养老保险基金 101 万元，征缴职业年金 10 万元，征缴率为 100%。全年支付离退休人员养老金 112 万元，社会保障金增长率为 12.5%。全团参加基本养老保险社会统筹 724 人，参加居民养老保险 23 人。全团社会保险费征缴率和离退休人员养老金社会化发放率为 100%。

二、医疗保险

1998 年之前，实行全民医疗包干制度。1998 年，启动职工医疗保险制度改革。2001 年 7 月 1 日，建立职工基本医疗保险制度，基本医疗保险基金由企业和职工个人共同筹集，按上年度职工工资总额的 5.5% 提取，用人单位缴费比例为 7%，职工个人缴费比例为 2%，退休人员不缴费。职工基本医疗保险基金分为集中使用基本医疗保险基金和职工个人账户基本医疗保险基金两部分。

2002 年 2 月，实施《农二师职工基本医疗保险特殊慢性病门诊就医补助管理办法》，13 种特殊慢性病被纳入基本医疗保险统筹管理。患有慢性病的参保职工（含退休职工）经医疗机构确认、农二师劳动和社会保障局审批鉴定，可享受门诊医疗费补助。参保人员个人账户自付部分满 400 元后，超出部分由统筹基金按比例给予限额补助，补助比例为 80%。70 岁以上的慢性病患者最高补助 2500 元，其他年龄人员每人每年最高补助 2000 元。特殊慢性病门诊就医补助完善和健全职工基本医疗保险制度，保障职工基本医疗水平。

2007 年，缴纳基本医疗统筹金 66.8 万元，其中单位按 7% 的费率缴纳基本医疗统筹金 49.9 万元，个人按 2% 的费率上缴基本医疗统筹金 16.9 万元。全年单位、职工共上缴大额医疗统筹金 7.8 万元，个体从业人员上缴大额医疗统筹金 11.1 万元。

2014 年，团落实自治区、兵团及师"城镇未参保集体企业退休人员基本医疗保障"政策，全团有 630 名符合条件人员被纳入基本医疗保险统筹，实行社会化管理，其中"五七工"7 人、离退休人员遗孀 17 人，按照单位 9%、个人 2% 的费率，全团缴纳基本医疗保险基金 274.6 万元，其中单位缴纳 224.68 万元、个人缴纳 49.92 万元，覆盖率为 100%。

2015 年，全团参加基本医疗保险 915 人。其中，居民医疗保险参保人数 191 人。全年核销医疗住院费 54 人次计 14.47 万元。按照单位 9%、个人 2% 的费率，全团缴纳基本医疗保险基金 258.3 万元，其中团场缴纳 221 万元、个人缴纳 36.9 万元，覆盖率为 100%。

三、工伤保险

1990 年后，按照 1951 年政务院颁发的《中华人民共和国劳动保险条例》中有关工伤保险的规定，职工发生工伤由支队自行认定，伤残等级由支队行政会同卫生队鉴定，工伤保险待遇由支队支付。

从 1996 年 10 月 1 日起，支队执行劳动部发布的《企业职工工伤保险试行办法》，由民政部门负责认定职工工伤、确定工伤待遇标准以及支付工伤待遇，保障工伤认定的客观性、公正性。

1998 年 1 月，按照师相关文件要求，支队启动工伤保险师级统筹。辖区内各类企业全部参加工伤保险师级统筹。工伤保险基金按参保单位上年工资总额的 1% 以内实行行业差别费率，工伤事故发生频率高的用人单位适当上浮工伤保险费率，安全生产达标的企业工伤保险费率适当下浮。是年，单位收缴工伤保险费 0.94 万元。

1999 年，支队实行工伤保险单位统筹后，工伤保险金由单位按费率全额缴纳。农二师根据行业风险类别和工伤事故发生比例实行差别费率，分档次确定统筹比例，根据上年度职工工资总额的 1% 上缴工伤保险费。职工在工作时间和工作场所因工作原因受到事故伤害和暴力侵害，由师劳动鉴定委员会依据《工伤和职业病致残程度标准》鉴定职工的伤残等级，享受工伤保险待遇。

2004 年 1 月 1 日起，执行 2003 年 4 月国务院颁布的《工伤保险条例》，进一步规范工伤上报认定、劳动能力鉴定、基金收缴、待遇支付程序和标准，依法保障工伤职工的权益。是年，根据自治区和师相关文件，支队调整工伤人员的伤残津贴、生活护理费及因工死亡职工供养亲属抚恤待遇。

1998—2005 年，单位缴纳工伤保险基金 8.23 万元，享受工伤保险待遇 7 人。2006 年 7 月 1 日开始，二师给支队按月享受伤残津贴、生活护理费、因工死亡职工供养亲属抚恤金的人员按工伤等级调整工伤保险待遇。一级、二级、三级、四级、五级、六级工伤人员每人每月分别增加伤残津贴 80 元、75 元、70 元、65 元、60 元、50 元；按照护理依赖程度，生活完全不能自理的工伤人员每人每月增加生活护理费 45 元、生活大部分不能自理的工伤人员增加 35 元、生活部分不能自理的工伤人员增加 25 元；工伤人员配偶每人每月增加供养亲属抚恤金 35 元、其他供养亲属增加 25 元，孤寡老人或孤儿在上述标准的基础上加发 10 元。

2006—2012 年，支队缴纳工伤保险费 20.41 万元，享受工伤保险待遇 4 人。

2012 年 1 月 1 日开始，二师给支队按月享受伤残津贴、生活护理费、因工死亡职工供养亲属抚恤金的人员按工伤等级调整工伤待遇。一级、二级、三级、四级、五级、六级工伤人员每人每月分别增加伤残津贴 300 元、280 元、260 元、240 元、220 元、190 元；按照护理依赖程度，生活完全不能自理的工伤人员每人每月增加生活护理费 160 元、生活大部分不能自理的工伤人员增加 130 元、生活部分不能自理的工伤人员增加 100 元；工伤人员配偶每人每月增加供养亲属抚恤金 130 元、其他供养亲属增加 100 元，孤寡老人或孤儿在上述标准的基础上加发 40 元；一级至四级因工伤残退休人员，2012 年养老金调整额低于此次一级至四级伤残津贴平均水平 250 元，由基本养老保险基金补足差额。

2013—2014 年，支队缴纳工伤保险基金 29.37 万元，享受工伤保险待遇 9 人。

2015 年 1 月 1 日开始，二师给三十七团在 2014 年 12 月 31 日前已按月享受伤残津贴、生活护理费、因工死亡职工供养亲属抚恤金的人员按工伤等级调整工伤待遇。一级、二级、三级、四级、五级、六级工伤人员每人每月分别增加伤残津贴 257 元、242 元、228 元、214 元、200 元、171 元；按照护理依赖程度，生活完全不能自理的工伤人员每人每月增加生活护理费 143 元、生活大部分不能自理的工伤人员增加 114 元、生活部分不能自理的工伤人员增加 86 元；工伤人员配偶每人每月增加供养亲属抚恤金 114 元、其他供养亲属增加 86 元，孤寡老人或孤儿在上述标准的基础上加发 29 元；一级至四级因工伤残退休人员，2015 年养老金调整额低于此次一级至四级伤残津贴平均水平 235 元，由基本养老保险基金补足差额。2015 年，团缴纳工伤保险基金 17.31 万元，因工伤离职 1 人，享受工伤保险待遇 1 人。

四、失业保险

1999 年 1 月 1 日起，开始实施职工失业保险制度，建立和完善失业职工的认定、登记、资料传递、档案转移、办证、失业救济和就业介绍等工作程序。是年，参加失业保险单位 6 个，参加职工 352 人，企业按工资总额的 2%、职工个人按缴费基数的 1% 分别缴纳失业保险费。

2003 年，失业保险参保人数 359 人，参保覆盖率为 100%，缴纳失业保险金 0.8 万元。

2004 年 1 月，依照相关法律和政策，失业保险缴费由单位和个人共同缴纳，国家承担职工失业风险责任。

2007 年，支队共缴纳失业保险费 12.9 万元，其中单位按 2% 的费率缴纳 8.6 万元、个人按

1%的费率缴纳4.3万元。2010年，单位和个人的缴费比例均为1%。支队缴纳失业保险费4.81万元。

2015年3月1日起，失业保险费率由3%降至2%。其中单位缴费比例从原来的2%降至1.5%，个人缴费比例从原来的1%降至0.5%。是年，支队收缴失业保险费34.63万元。其中，单位缴费23.2万元，个人缴纳11.16万元。

五、生育保险

1999年1月起，建立企业女职工生育保险社会统筹制度。生育保险费由支队缴纳，按上年度支队职工工资总额的0.5%提取缴纳金，参保女职工均享受生育保险待遇。1999年，支队有25人享受生育保险待遇。2000—2009年，且末工程支队有176人享受生育保险待遇。

2010年，根据农二师职工工伤、生育保险有关事宜的通知要求，女职工计划内生育享受生育待遇，由一级医院定额支付，顺产每人次补助1000元，剖宫产每人次补助1800元。二级医院据实报销。参保男职工的配偶未参加生育保险的，生育住院医疗费没有在居民和职工医疗保险基金中支付的，男职工可享受500元一次性生育补助金待遇。支队有25人享受生育保险待遇。截至2010年，支队有566人参加生育保险，累计缴纳生育保险费52.4万元。2011—2015年，支队缴纳生育保险费15.6万元，享受生育保险待遇14人。

六、机构

1990年以前，社会保险业务由劳资科负责，配备1人管理社保业务。

1990年后，劳资科与计财科合署办公，社会保险业务由劳资科负责，配备1人管理社保业务。1992年10月，且末工程支队成立社会保险基金管理中心，工作业务挂靠在计财科，由分管劳资业务人员兼管，具体办理全支队的社会保险业务。2006年，计财科更名为财务计划科，社会保险业务仍由劳资人员兼管。

2009年，企业部分与监狱分离后，增设民政科，配备科长1人，工作人员1人，社会保险业务归口民政科负责。

2012年1月，师劳动社会保障局在三十七团设立社会保险基金管理所，配备工作人员1人，社会保险业务从民政科分离，实行归口管理移交至社会保险基金管理所，主要负责养老保险、失业保险、医疗保险、工伤保险、生育保险、待遇支出等社会保险业务。

2015年，团社保所增加编制至3人，增加居民保险、高龄补贴等业务。

第二十一章　科学技术

20世纪70、80年代，且末工程支队运用科学施工方法，在315国道施工和各项建筑施工期间，完成多项桥梁、房屋、厂矿和道路工程。20世纪90年代，转产农业生产后，坚持科技引领，科技推广采取"走出去""请进来"的方法，派人员外出学习、参观、考察先进农业科技产业，科技应用水平不断提高。种植业推广应用高新技术，促进了团场经济发展。

第一节　机构队伍

一、管理机构

20世纪70年代，工三师司令部"0701"工程且末指挥部下设施工材料股，拥有道路、桥梁、农业、工业、副食品加工业等一大批技术人才队伍，具有新疆建委公路工程施工二级企业和建筑工程施工三级企业资质，在南北疆享有盛誉。

20世纪70年代末至80年代初期，施工队伍撤离且末，技能型人才流失严重。至90年代末，工农业生产因缺乏先进技术先后停产或弃耕。

1992年，且末工程支队试种地膜棉，成立科技小组，与生产科合署办公，党委书记、支队长王晓林任组长，副支队长李金良任副组长。1998年，科技小组进行人员调整，由支队长王晓林任科技小组组长，生产科科长黄金莲任科技小组办公室主任。2001年调整科技小组成员，副支队长韦泽文任副组长。2005年，支队长丁利文任小组组长，生产科科长陈恒山任科技小组办公室主任。2008年，副支队长陈恒山任科技小组组长，科委办公室工作由生产科副科长任永强负责。

2010年，设置科学技术委员会（后简称科委），支队长陈恒山任科委主任，副主任由副支队长梁茂泽担任，科委成员5人，由机关各部门主要领导担任。科委下设办公机构，办公室与生产科合署办公。2012年，科委办公室主任由生产科科长王旭东担任。2013年，科委主任由三十七团党委副书记、团长陈志杰担任，副团长赵明侠任副主任，科委办公室由生产科科长负责。2015

年，科委办公室与发改委办公室合署办公，科委办公室工作由发改委办公室主任负责。

表 21－1　三十七团历届科技机构领导成员名录（1992—2015 年）

姓名	性别	民族	文化程度	科委职务	任职年份
王晓林	男	汉族	初中	组长	1992—1998
李金良	男	汉族	大专	副组长	
韦泽文	男	汉族	大专	副组长	1999—2004
丁利文	男	汉族	本科	组长	2005—2007
韦泽文	男	汉族	大专	副组长	
陈恒山	男	汉族	大专	组长	2008—2012
梁茂泽	男	汉族	大专	副主任	
陈志杰	男	汉族	本科	主任	2013—2015
赵明侠	男	汉族	大专	副主任	

注：此表根据团档案室资料列举。

二、科技机构

1990 年之前，且末工程支队没有专门的农业科技机构，科技应用水平低下。1992 年，结合农业种植需要，由生产科牵头成立农业科技小组，负责农业种植技术指导。1998 年，监区发展的畜牧业形成规模，成立畜牧兽医小组，负责跃进区副食品基地猪场疫病防治和科技推广应用工作。2005 年，成立农业技术推广站。2009 年 9 月，根据师相关文件，撤销农业科技小组。经师科委批复设置且末工程支队农业技术推广站、林业工作站两个农业科研机构。

2010 年 10 月，且末工程支队成立科学技术委员会（后简称科委），下辖农业技术推广站、兽医站（畜牧科）、林业工作站。

2012 年 10 月，农业科研机构分别更名为三十七团农业技术推广站、三十七团林业工作站。2014 年，成立畜牧兽医工作站。

2015 年，三十七团科技机构有农业技术推广站、畜牧兽医工作站、林业工作站 3 个科研单位。

（一）农业技术推广站

1992 年，转产农业，发展地膜棉种植，成立农业科技小组，挂靠在生产科，由负责农业的副支队长任组长，科技小组成员 7 人，主要由生产科、农业连队科技人员组成。1998 年，农业科技小组调整，由生产科科长任组长。

2005 年，支队成立农业技术指导站，配备成员 2 人，生产科科长兼任农业技术推广站站长，生产科副科长兼任副站长。各连队设置科技小组，组长由各单位行政领导担任。

2009 年 9 月，撤销农业科技小组，成立农业技术推广站，核定编制 2 人，下设植保、水土测肥、畜牧服务、农机站等科技机构，负责全团农业技术推广与科技项目实施。

（二）畜牧兽医工作站

1998 年，支队成立畜牧兽医小组，承担支队畜牧生产指导、疫病防治和科技研究工作。有工作人员 17 人，其中技术人员 2 人。2003 年，撤销畜牧兽医小组建制，改为畜牧养殖场，生产科负责畜牧兽医技术指导工作。2011 年 5 月，畜牧养殖场实行对外承包制。2013 年，团成立恒盛养殖合作社，兴建恒盛养殖场，作为团场现代化生猪养殖繁育基地，生产科配备畜牧技术人员 1 名。

2014 年，团畜牧兽医工作站成立，配备专业技术人员 2 人，以加强团场养殖场疾病控制与防疫工作。畜牧兽医站定期为恒盛养殖场母猪繁育、生猪购进实施防疫、消毒措施，恒盛养殖场发展生猪养殖 5000 头，形成规模化养殖基地。团畜牧兽医站围绕团场"稳畜重禽"的养殖业发展目标，每年为养鸡场培训技术人员，完成全团疫情防治、动物病害防治、疫病检疫监测、畜禽产品检疫及家禽疾病防治工作。

（三）林业工作站

1992 年成立林园队。1994 年改为林园连。2006 年，林园连增加职工 7 人，全连有职工 14 人。担负农田外围林林木病虫害预报和防治、重大病害的防疫，果树新品种、新技术推广应用，指导林带管理工作。2006 年 12 月，林园连建制撤销。

2009 年 9 月，且末工程支队在跃进区成立林业工作站，为连级建制。配备专职工作人员 2 人，负责全支队林业病虫测报、特色林果业种植技术推广应用、林带管护、补植、野生胡杨林保护等工作。

三、科技队伍

（一）专业技术人员

1970 年，工三师机关设有施工技术股，下设测量、施工、化验、预算等业务。筑路队伍拥有各类技术人员 52 人。其中，男性 28 人，女性 24 人；汉族 47 人，少数民族 5 人；大学专科技术人员 3 人，大专文化程度 3 人，中专文化程度 22 人，高中文化程度 12 人，初中以下文化程度 12 人；35 岁以下 26 人，35～55 岁 25 人，56 岁以上 1 人。1980 年，支队技术队伍庞大，拥有科技人员 108 人，涵盖工程、农业、水利、建筑、医疗、教学等领域。1986 年，且末劳改农场恢复成立后，科技人员数量锐减，至 1990 年末，有各类科技人员 55 人，卫生、农业技术人员尤为缺乏。

1994 年，以壮大科技队伍为目标，制订人才引进计划，出台各项引进人才优惠政策，先后从河南省引进农学专业毕业生 4 人、园林专业毕业生 2 人、教育专业毕业生 4 人、医疗专业毕业生 2 人，均安排在对口的专业技术岗位。

2000 年，利用农二师党校大专班培养专业技术人员，每个生产单位均配备 1～2 名技术员。同时从内地引进大中专毕业生，增强基层专业技术力量。

2006 年，加强专业技术人员职务评聘、资格考试及人才培养工作，培养科技人员 86 人。其中，工程类 6 人、农业类 47 人、卫生类 10 人、教育类 23 人，科技人员队伍得到充实。

2015 年，三十七团各行业有专业技术人员 119 人，其中农业行业 39 人、工程行业 8 人、卫生行业 10 人、教育行业 23 人、其他行业 39 人。获得高级职称 3 人、中级职称 12 人、初级职称 104 人。

表 21－2　三十七团历年专业技术人员构成一览表（1985—2006 年）

单位：人

年份	总人数	领域/行业			
		工程	农业	卫生	教育
1985	63	19	2	17	25
1986	46	15	4	9	18
1987	46	15	4	9	18
1988	48	13	8	9	18
1989	53	16	9	7	21
1990	55	16	11	7	21
1991	58	12	16	8	22
1992	54	15	11	7	21
1993	55	16	11	7	21
1994	63	7	26	8	22
1995	60	6	27	8	19
1996	58	6	27	7	18
1997	69	7	32	8	22
1998	68	5	31	9	23
1999	71	6	34	9	22
2000	73	7	36	8	22
2001	71	5	38	9	19
2002	75	5	42	9	19
2003	75	5	42	9	19
2004	71	4	39	9	19
2005	75	4	41	9	21
2006	86	6	47	10	23

注：此表数据来自团档案室资料。

表 21-3　三十七团历年专业技术人员构成一览表（2007—2015 年）

单位：人

年份	总人数	领域/行业				
		工程	农业	卫生	教育	其他行业
2007	73	6	17	10	23	17
2008	79	7	18	11	24	19
2009	79	7	18	11	24	19
2010	84	10	17	8	24	25
2011	85	7	21	8	22	27
2012	90	9	19	9	24	29
2013	107	4	34	8	26	35
2014	120	7	38	9	26	40
2015	119	8	39	10	23	39

注：此表数据来自《农二师统计年鉴》资料。

（二）科技领军人物

李葆应　男，汉族，大学专科学历，河南省周口市人。1949 年 9 月参加工作，1967 年加入工三师筑路部队，1970 年加入新疆军区生产建设兵团工三师修筑"0701"工程行列，任工三师工程支队总工程师。1981 年 5 月加入中国共产党。1967—1980 年"0701"工程施工期间，带领施工技术人员克服自然条件差、生活艰苦、地形复杂、施工难度大等困难，承担桥梁设计和施工技术工作，曾参与和田地区民丰县东大桥、牙通古斯大桥、且末县车尔臣河前进大桥等重、特大桥梁设计，所设计建造的桥梁已使用 40 余年，为新疆国防建设和交通建设作出重要贡献。

荀为美　男，汉族，中专学历，四川省南充市人。1960 年 11 月在兵团农三师参加工作，1985 年任新疆生产建设兵团农二师且末工程支队生产科工程技术员，曾参与且末县车尔臣河西岸大渠、且末工程支队场外输水干渠工程设计、绘制与施工指挥。1987—1989 年，设计石棉矿 80 千米戈壁公路和 42 千米盘山公路图纸，指挥盘山公路施工。1988—1991 年，克服单位资金缺乏、山区地质复杂等诸多困难，利用鹅卵石土拱造桥法，自行设计施工，在昆仑山中架设桥梁 6 座，疏通了支队通往石棉矿 40 千米盘山道路，结束了且末县西部山区牧民世代靠骆驼运输的历史，为且末工程支队经济发展作出重要贡献。

张涛　男，汉族，甘肃省张掖市人，中共党员，中专学历。1989 年 9 月在农二师三十五团参加工作，从事造林绿化及技术推广工作。2012 年调入三十七团后，带领职工群众植树造林约 400公顷。其中植大型基干防风林 277 公顷，植农田防护林 133.3 公顷。2015 年 6 月任三十七团林业管理站站长，编制《三十七团红枣丰产栽培技术规程》，在全团推广。2016 年，牵头组织实施

1800 公顷肉苁蓉基地建设，单产达效 2500 元。培养技术骨干和技术工人 100 余人。组织实施退耕还林还草工程 1466.6 公顷，植树造林 1000 公顷，封沙育林 6000 公顷，防风治沙 346.6 公顷，植树 260 万棵。2017 年被国家林业局、国家人力资源和社会保障部、全国绿化委员会授予"全国防沙治沙先进个人"。2018 年被国家林业局、国家人力资源和社会保障部授予"全国林业系统劳动模范"荣誉称号。

第二节　科技活动

一、科普宣传

1991 年始，支队建立并完善科学技术领导小组和基层科技工作领导小组，利用每年的"全国科普活动周"，以广播和科技咨询等宣传方式，开展"节能减排、保护生态环境、保障安全健康""家庭生活用药""生态环境保护，建设美好家园"等系列科普宣传教育活动，内容涵盖农业、工业、教育、医疗卫生等诸多行业。

2006 年 9 月，科普宣传教育被列入《职工教育管理工作实施细则》，加强对职工经常性生产技能宣传教育工作，通过每周一次的农业现场交流会和农业技术座谈会，培养一批懂经营、能致富的新型职工队伍。开展"携手建设创新型国家，点亮智慧幸福生活"为主题的科普宣传活动，宣传《中华人民共和国科学技术普及法》《全民科学素质行动纲要》等，制作宣传专板 9 个、横幅 8 条，张贴宣传标语 200 条，发放宣传手册 150 册。

2007 年 10 月，学校与农二师科技局协作共同开展"科普大篷车进校园"巡展活动，为学生们展示光学、力学、电学、共振等多个科普装置，3～8 年级学生根据演示说明动手操作，探索科技奥秘，充分领略科技带来的乐趣。

2010 年 9 月，科委以国家科技宣传日活动为载体，采用广播、板报、专栏等形式宣传科技知识。在基层连队举行科普知识竞赛活动 2 场次，参与人员 200 人；举办新技术应用现场经验交流会 12 次，组织科技人员深入连队以会代培 12 次。

2013 年，团工会、农业科、政工办（宣传）、工交建商科等科室联合开展宣传《国务院全民科学素质行动计划纲要（2006—2010—2020 年）》学习教育活动，全年组织学习 12 场次，受教育人员 1200 人次。

2015 年，各单位均建有 1 处科技宣传阵地，实现团连科普阵地全覆盖。团连科普宣传栏开设作物高产栽培、天然气使用技术、职工多元增收、畜牧业养殖技术、卫生保健、资源节约、环境保护、科技示范户评比标准等栏目，每月两期，内容丰富，寓教于乐，受到职工群众好评。

2011 年，农二师科委在支队学校举办科普进校园活动　　　　　　　　　　（杨波　摄）

二、科技培训

1991 年后，采取"走出去""请进来"的方式，加大职工队伍的科技培训力度。农二师农业技术服务队驻扎支队农场，从品种选育、栽培、管理、收获等环节开展地膜棉种植技术培训，八连 78 户承包土地职工成为且末工程支队转产农业后首批接受农业技术培训人员。

1992—2000 年，每年利用冬季开展农业种植技术、机械维修、畜牧养殖技术培训活动，职工参培率占 98%。

2001 年，成立工会组织后，按照"实际、实用、实效"原则，利用"科技之冬"集中实施全员科技培训。采取集中与分散相结合的方式，突出新技术、新知识、新方法的学习教育。机关科室抽出技术人员备课，分行业进行技术学习与培训。

2002 年 6 月，组织连队干部和职工代表到塔里木垦区植棉团场观摩学习棉花栽培和大棚种植技术；参观库尔勒垦区二十九团棉花高产示范田、三〇团葡萄种植园和棉花高产示范园，学习先进的农业生产种植技术。2004 年 7 月，组织连队职工代表到农一师观摩学习植棉团场棉花栽培管理技术。

2006 年，依托师党校培训农业、林业、法律、财会、经营管理等专业技术人才，职工队伍综合素质不断提高。

2008 年 5 月，开展为期 10 天的科技周活动，生产科、宣传科组织医院、机关科室技术人员 6 人，以 3 个农业生产连队承包土地的职工为对象，采取集中授课、经验介绍、集体讨论等形式培训农业种植技术，包括棉花主栽品种、搭配品种、棉花打顶期、高度、密度与产量的关系、作物病虫害的防治、生产管理措施、种植业结构调整、生产关键技术措施等内容，358 名职工参训。农二师林业局在支队举办红枣优质丰产栽培技术培训班，师林业专家从红枣栽培、管理、修枝等方面向职工传授红枣优质丰产栽培技术。

2009—2010 年，围绕"提升特色林果业，做强红枣业，加快发展工业"的结构调整和经济发展总体思路，组织生产科技人员到连队举办多年生红枣栽培技术、生物防治技术培训，安排棉花栽培、红枣栽培管理、安全生产、法律法规等方面的课程。生产科、工会、安全生产监督管理办公室、司法所、派出所等部门，组成巡回科技小组，携带多媒体设备深入 5 个农业生产连队给职工授课。组织职工代表到且末县、农四师四十五团学习红枣栽培和示范园管理技术，为扩大红枣种植规模，提高红枣品质创造条件。2009 年，职工主动到外地学习红枣种植技术达 273 人次。2010 年，有 46 人参加为期 10 天的农机户整体操作技能及拓展就业培训活动。

2011—2013 年，农二师林业管理局在支队开办果业技术培训班，以多媒体授课的方式为 200 多户承包红枣职工讲解红枣丰产优质栽培技术，现场为职工讲解冬季枣树轻剪、缓放、病虫害防治、修剪技巧等技术，解答职工修剪枣树中的问题 96 个。2013 年 11 月，新疆农业技术学院在三十七团开展送科技下乡活动，采取在线学习、集中授课与后期跟踪指导相结合的方式授课，培训内容包括绿色无公害蔬菜标准化生产技术、农业新技术、新品种的推广及应用、作物病虫害综合防控技术、农业政策法规、农产品电子商务、信息化技术等。

2000—2015 年的 16 年里，团场投入科技（科普）经费 83.2 万元，加大科技培训力度。以棉花种植、红枣常规栽培、畜牧业养殖技术及牲畜常见病预防、果树栽培修剪及病虫害防治、庭院经济、环境卫生、大棚育苗知识与管理等为科普培训重点，组织职工参加师市电视专题讲座 15 期，邀请外地专家到团授课 9 次，自行组织开展各类技术培训 20 期，参培人数 1.3 万人次，职工科技培训率达 100%。

第三节　科技推广应用

一、发展历程

20 世纪 70 年代，工三师筑路队伍以工程施工为主，成立施工技术科，科技应用与推广在生产实践中得到延伸扩展，普遍运用于筑路、架桥各个领域，所建造的且末前进大桥、且末县飞机场、盐湖化工厂、一级水电站、牙通古斯悬浮大桥等高难度建筑设施使用年限已超过 50 年，成为兵团在南疆地区科技应用最为突出的单位。80 年代，且末支队在海拔 3800 米的昆仑山上因地制宜，自行设计修筑 42 千米盘山公路；利用鹅卵石土法上马架设 6 座桥梁；利用风力吸造法建设 2 座石棉加工车间，提升石棉产品品质。

进入 90 年代，队伍从传统的施工建筑发展模式转向农业生产，引进塔里木团场农作物、果树、林业、牧业等先进种植技术，推广地膜棉种植、畜牧业管理、防风林种植、农机管理、土地管理经营等先进模式，在不断优化产业结构的基础上，使科学技术的发展适用于实践的需要。

1991 年，采取集中与分散相结合的方法，遵循"实际、实用、实效"原则，突出新技术、新知识、新方法的推广运用。农业生产推广应用各类作物种植新技术，发展精准农业、特色林果业、设施农业等；园林业推广应用果蔬无公害生产技术规程；畜牧业推广应用饲养生产技术规程、疫病防治技术等；农机推广应用标准化农田作业、机械维修技术等；棉花加工厂推广农产品加工先进技术等。

1992 年，地膜棉覆盖种植技术得以在农业领域普遍推广，农业增产显著，职工收入得到普遍提高。2005 年，引进设施农业和红枣种植新技术，土地平整、挖排治碱等农业新技术得到普及。2006 年，农业生产广泛推广节水灌溉和机械收获等科学技术，应用测土配方施肥、微量元素、增施有机肥等多项措施增加农作物产量，提高农作物品质。2009 年 2 月，种植结构推行"退棉进枣"，由棉花种植转产为生态经济林建设。2010 年，建成 110 个标准化条田，推广应用果树栽培技术，栽植红枣苗木成活率达到 100%。

2012 年，在跃进区大力发展红枣示范园、精品园和设施农业建设，新技术的应用推广转换为团场经济发展、职工增收的新型产业。设施农业基地推行无公害栽培技术，提高产品的质量和商品率。

2013 年，按照国家和兵团部署，实施退耕还林还草，先后推行间作、套种、一次性建园等方式，退出棉花种植 346.6 公顷，以红枣种植为主，在跃进区实施外围林、设施农业种植，引进核桃、油桃、黑枸杞、西梅等优良品种试种。2014 年，引进极干旱区优质灰枣高效栽培技术和骏枣有机生产技术集成与示范，红枣的产量和品质得到提高。

2015 年，实施"动物粪便无害化处理及特色果品有机生产技术集成与示范"项目，为团场有机果品生产及循环农业的发展起到示范作用。跃进区建成 520 公顷外围林，加设加压滴灌设备，定期防治病虫害，红枣成园面积 2400 公顷。

二、重点技术推广应用

（一）棉花栽培技术

1991 年，师从农二师三十三团机关和农业连队抽出技术骨干 4 人，组成农业技术服务队，到且末工程支队帮助发展地膜种植棉花。利用地膜覆盖技术在红旗地区试种"军棉 1 号"80 公顷，公顷单产量 1577 千克，总产量实现 126 吨，试种获得成功。1992 年，将工作重心转移至农业开发建设，跃进地区开荒 133.3 公顷，种植地膜棉 186.6 公顷，形成以棉花为主的农业生产种植结构。1995 年，棉花种植面积扩大至 440 公顷，全支队 85 个承包户中有 27 户收入超过万元，其中纯收入超过 3 万元的承包户有 4 户。当年支队经济实现扭亏为盈。1999 年，跃进区推广宽膜覆盖技术，示范种植棉花中晚熟新品种"冀棉 22 号"，公顷籽棉单产较 1998 年提高 879 千克，籽棉总产 1104 吨，增幅达 55.84%。

2001 年，购进两台超宽膜棉花点播机，一机两膜，膜宽 215 厘米，株行距配置 60 厘米×16 厘米×9.5 厘米，推广"中棉 35 号"棉花新品种 317.06 公顷。棉花理论密度 1.7 万株/亩，加大了亩理论株数，棉花亩保苗首次突破万株。当年种植棉花 383 公顷，总产籽棉 1197 吨，公顷籽棉单产 3126 千克，公顷平均单产首次突破 3000 千克大关。2003 年，引进塔里木棉花育苗移栽技术，利用 1.2 亩蔬菜大棚分三批进行杂交棉育种试验，出芽率大于 90%，棉花的生育期延长 15 ~ 20 天，亩产量提高 30%。

2005 年，推广棉花早熟、高产、优质、抗病新品种"巴棉 1 号"，利用超宽膜覆盖，籽棉亩平均单产 227.4 千克，较 2003 年增长 3.84%。承包土地职工均收入 8853 元。

2009 年 2 月，按照"减棉、增粮、增畜、增果"的经济发展思路，农业围绕"退棉进枣"调整种植结构，农业种植模式由棉花种植转为以生态经济林建设为主。

（二）日光温室大棚栽培技术

2001 年，投资 30 万元在跃进一监区建日光蔬菜大棚 11 座，占地面积 2.6 公顷，配备 1 名技术人员负责指导大棚种植，种植反季节茄子、辣椒、豆角等时鲜蔬菜 30 余种，年产蔬菜超过 500 吨。2002 年，监区蔬菜基地改建为副食品后勤基地，扩建蔬菜种植面积 8 公顷，基地内建有葡萄长廊，摆放有木雕工艺品，一度成为且末县域旅游观光的旅游景点，吸引地方群众旅游观光或购买蔬菜。

2006 年，利用监区蔬菜温室大棚开展棉花育苗移栽试验，面积达 0.3 公顷，由生产科组织实施。反季节种植技术的引进带动了且末地区设施农业的发展。

2008 年 1 月，出台优惠政策扶持职工发展庭院种植，提供建棚的场地，给投资方用电、用水、技术服务等方面支持。2 月，二十四团职工左俊亭在跃进区承包 1.3 公顷荒地，投资 28 万元建起 6 个日光大棚，种植反季节蔬菜，当年收益 2 万元。是年秋天，左俊亭实施土壤改良，加施有机肥，引进优良品种，年收益 10 万元以上，成为连队的科技种植大户。

2013 年，跃进地区建设施农业示范基地，占地面积 100 公顷，建日光温室大棚 100 座，其中普通大棚 78 座、连栋温室 6 座、现代化控温大棚 10 座、种养结合阴阳棚 6 座。以种植鲜枣、桃树、李子、樱桃苗木繁育和茄果蔬菜类为主，试种草莓、无花果、火龙果等热带果蔬，其中草莓种植获得成功。

2015 年，温室大棚无土栽培果树苗木、育苗，培育高档花卉，种植食用菌等。从河南、山东等地引进油桃、毛桃、杏子、李子、樱桃和香椿等多个树种试种。设施农业基地不仅为且末市场、塔中油田及周边地区提供了大量优质蔬菜，也被打造为休闲、旅游、观光、采摘"一条龙"服务的旅游观光基地。

（三）高效节水技术

2007 年，跃进区 2 斗条田，实施棉花扶贫节水灌溉项目，总投资 170 万元，安装棉花滴灌设施 136.6 公顷。单产较 2006 年提高 30%，二连 12 户承包职工每亩增收 250 元，土地效益增收 15%。

2008 年，随着跃进地区农业开发建设，新开发建设生态经济林 1400 公顷，建标准条田 110 条，种植红枣 1133.3 公顷。加压滴灌设施工程总投资 629 万元，其中上级投资 429 万元，自筹资金 200 万元。打深井 18 眼，安装节水滴灌首部设施 18 套，铺设地下管道 81 千米、地面管道 2.1 万千米，栽植红枣 260 万株，年节水 260 万立方米，成为且末地区农业高科技示范区之一。

（四）红枣籽播建园技术

2006 年，采取苗木栽植红枣建园方式，从内地购买红枣成品苗或酸枣苗进行大田栽植。所购买苗木因运距时间长达 7 ~ 10 天，苗木缩水量大，部分苗木死亡，给职工群众生产造成损失。

2008 年，红枣建园改苗木栽植为籽播建园方式，种子播种时间选择在 3 月底至 4 月初。采取精量点播酸枣种子，行株配置 3 米×0.5 米，亩理论株数 666 株，地膜下铺设滴灌带。籽播建园期间作套种棉花或瓜果，翌年嫁接后培植枣苗成长，第三年可成园。

2009 年，成功建红枣园 1333.3 公顷，红枣籽播面积达到 465.3 公顷，较常规苗木栽培降低成本 500 元/亩，每亩减少劳动力强度 4 个工日。苗木培植期提前 2 年达产达效。此后，籽播建园技术得到全面推广。

第二十二章　教育

三十七团教育事业是从 20 世纪 70 年代工三师司令部"0701"工程指挥部民丰工程支队学校、五十三团学校、二十三团农场学校等参加施工单位发展起来的。学校历经搬迁、合并、撤销、重组等，始终坚持育人为主的教学方向，历届党委重视教育工作，逐步改善教学环境，保障教师的合法权益，推动教学管理体制改革。九年制义务教育覆盖率达到 100%，小学、初中升学率为 100%。至 2015 年，已建成以幼儿教育、九年义务教育、成人职业教育为主体的教育体系，为团场发展、社会进步培养了大量人才。

第一节　教育管理

一、管理机构

1970 年前，工三师"0701"工程前线指挥部民丰工程支队根据施工队伍子女教育，成立子校，开办小学教育，由政治处下设的学校组负责教育工作。

1971 年，工三师建制撤销，民丰工程支队幼儿园与留守的工三师且末指挥部幼儿园合并，成立农三师且末指挥部小学。学校成立党支部，配备书记和校长。

1971—1973 年，农三师司令部"0701"工程且末前线指挥部由政治处负责教育工作。

1974 年 2 月，农三师司令部"0701"工程且末前线指挥部划归农二师，实行属地管辖，更名为农二师且末工程支队，农三师司令部"0701"工程且末指挥部学校更名为农二师且末工程支队学校，建制为完全中学，配备校长、副校长各 1 人，书记 1 人。由政治处下设的教育组主管教育工作。

1975 年 5 月，兵团建制撤销后，且末工程支队随农二师归属巴州管理，教育工作随之归巴州。1975 年—1977 年，巴州且末工程支队政治处教育组主管支队教育工作。

1978—1979 年，巴州工程支队政治处下设教育科主管教育工作。是年，学校随施工队伍搬迁至盐湖，在盐湖成立巴州工程支队学校，设置小学至高中班级，设置教务处，配备校长、书记、教务主任各1人。

1980—1983年，政治处下设的宣教科负责教育工作。1982年4月，兵团建制恢复，且末工程支队回归农二师建制。1984年7月，支队政治处撤销，支队宣教科负责教育工作。

1985年，学校从盐湖迁回且末，恢复教学。1986年，教育工作由政工科主管。是年，因学校领导退休，支队调整学校领导班子，配备校长、副校长、书记各1人。教务处主任空缺。

1989年7月，兵团改革教育制度，学校调整领导成员，完善学校领导班子，选拔具有一定学历的教师担任学校领导，配备校长、副校长、书记各1人，配教务主任1人。

1990年，支队党委配备1名副职队领导兼管教育工作，政工科兼管幼儿教育、中小学教育、成人教育、成人扫盲等工作。

1994年，支队党委调整学校校长、副校长和教务主任任职。

1997年，因学校领导工作调动，支队加强对教育工作的领导，选配有能力的干部充实学校领导岗位，配备校长1人、副校长2人，调整教务处主任，学校领导班子成员由原来的4人增加到5人。

2000年，按照师加强成人教育的要求，成立且末工程支队成人教育工作领导小组，由1名副政委负责教育工作，兼管学校教育，成人教育和学校教育实行一个机构两块牌子。学校归属事业单位管理，机关部门不再管理学校教育工作。

2003年9月，根据国家《关于进一步推进国有企业分离办社会职能工作的意见》精神，农二师经多方协调，将师属企业学校正式与原办学企业剥离，且末工程支队学校纳入师属事业单位管理。当年，学校深化教育制度改革，1名副政委负责协调学校教学工作，从优配强学校领导班子，在学校推行领导竞争上岗制度，3名教师通过竞岗和组织考察走上学校教导主任和政教处主任岗位。

2006年12月，学校成立教育中心，为正营级建制单位，主管教学管理工作。编制4人，配备书记、校长、副校长、教育中心主任各1人。下设教务处、教研室、工会、共青团组织等。2009年，监企分离后，保留且末工程支队学校称谓，归属企业建制，为营级建制单位。

2013年，且末工程支队学校更名为三十七团中学。学校以党支部书记、校长为领导核心统领学校管理工作，副校长分管教学管理工作。2014年，团中学调整领导班子，配备党支部书记、校长、副校长、教务主任、德育主任、后勤主任各1人。

表22-1 三十七团历届学校领导班子构成一览表（1970—2015年）

学校名称	校长	书记	副校长	任职年份
工三师民丰工程支队学校	叶臻荣	郝庆恩	周督华	1971—1973
且末工程支队子校	韩起兰	郝庆恩	周督华	1974—1975
盐湖巴州工程支队学校	周督华	孔祥富	—	1976—1978
	鲍忠德	舒全孝	—	1979—1982
	韩起兰	胡英杰	—	1979—1985

续表

学校名称	校长	书记	副校长	任职年份
且末留守学校	鲍忠德	舒全孝	张灿	1983—1986
且末工程支队学校	徐亦周	侯为民	侯文斌	1987—1993
	侯文斌	侯为民	白廼兴	1994—1997
	白廼兴	孙　洁	牛小荣、侯文英	1997—2000
	牛小荣	孙　洁	舒卫东	2000—2005
	程　萍	孙　洁	舒卫东	2005—2007
三十七团学校	胡慧敏	孙　洁	舒卫东	2008—2013
三十七团中学	胡慧敏	孙军花	郑雪莲	2014—

注：此表根据团档案室资料整理。

二、教育经费

1990 年前，且末工程支队不属于兵团农牧团场，享受不到国家对农牧团场的各项教育补贴政策，教育经费大部分由支队自筹。支队每年从财务拨付一定数额的教育经费，以保证学校教学工作正常进行。

1994 年，根据兵团计财委文件规定，农二师财政局给且末工程支队补充下拨年度中小学教育经费 4 万元。此后，师教育局每年给且末工程支队拨付一定数额的教育经费，不足部分由支队财务补充。

2005 年，兵团实行教育体制改革，支队学校教师的工资、教育经费等纳入兵团财务计划，按照国家标准按时足额发放。学生人均教育经费为 1050.9 元，公用经费为 165.75 元，不足部分由企业财务补贴。2008 年，国家实行义务教育经费保障机制改革，兵团调整义务教育经费保障机制政策，扩大团场义务教育阶段家庭经济困难寄宿生的生活费补助受惠面。兵团财务拨给且末工程支队学校公用经费为小学生每人每年 350 元、初中生每人每年 585 元，减轻了支队财务负担，学校经费得到保障。

2009 年，学校教育经费来源以国家财政全额拨款为主，团场财务补贴为辅。教育经费不足部分，通过勤工俭学收入和个人、集体捐资助学等渠道补足。是年，支队中小学生人均公用经费补助标准提高至小学生每年 485 元、中学生每年 765 元。2012 年，且末工程支队列编为第二师三十七团，教育经费由兵团财政全额拨款。

三、教育设施

（一）校舍

20 世纪 70 年代，且末工程支队在红旗区支队部附近建有干打垒小学一处，学校占地面积

1360 平方米，校舍面积 225 平方米。

1974 年之前，学校校舍是在距支队部西北侧约 400 米处的戈壁滩上建成的干打垒土木结构教室，建有 12 个班级教室和 4 间办公室，学校占地面积 2400 平方米，建筑面积 1070 平方米，其中教室 770 平方米，教师办公室 140 平方米。

1986 年，兵团在且末成立劳改农场后，恢复学校办学，班级开办为小学至初中。在原有校舍的基础上，扩建校舍建筑面积较 1970 年扩大 7.6 倍，其中教室面积增加至 970 平方米，行政办公用房 85 平方米，教师办公室使用面积 140 平方米，生活用房 420 平方米。

1990 年，学校增加校舍建筑面积 2400 平方米，其中，教室增加 200 平方米，总使用面积 1170 平方米；扩大行政办公用房和其他用房面积 40 平方米，校舍建筑面积扩大至 1960 平方米。

2000 年，且末工程支队学校享受国家首期贫困地区义务教育扶贫工程项目，在红旗区文化路南侧新建砖混结构校舍 3 栋 26 间，建筑面积 1738 平方米，学校占地面积 2100 平方米。新建卫生旱厕 1 个、锅炉房 1 间，新建操场、篮球场等体育设施，项目总投资 90 万元，其中配套资金 21 万元。2000 年秋季开学迁入新校舍。

2004 年，学校被列入兵团寄宿制学校一期工程项目，在原址新建办公室、微机室、会议室、实验室、多功能室等 9 间，校舍建筑面积 1260 平方米，教室 1015 平方米。工程总投资 400 万元。学校占地面积 2100 平方米。

2006 年，学校实施兵团寄宿制学校二期工程，新建学校钢丝网围墙 600 米、校园绿化 1100 平方米、地面硬化 1500 平方米、建成 300 米环形跑道、水泥硬化篮球场、排球场各一个，完成校门及自行车棚等设施建设投资。校园占地面积 11500 平方米，其中，校舍建筑面积 899 平方米、教室面积 212 平方米，实验室、微机室、行政办公室、教师办公室和生活用房等面积共计 739 平方米，操场、文化、体育和校园用地面积 9650 平方米。在学校北侧投资 25 万元新建寄宿制食堂建筑面积 222 平方米，占地面积 810 平方米。

2010 年，支队学校校舍实施抗震加固工程，投资 250 万元，完成加固施工面积 1782.4 平方米，其中，新建办公用房面积 100 平方米。学校占地面积 11500 平方米。

2014 年，三十七团学校随新团部建设校址变更，新建学校选址在跃进区，在新校址新建 4 层框架结构综合教学楼一栋，配套建设室内外水电等管网、大门、围墙、操场、运动场等附属设施。项目总投资 700 万元，全部申请国家资金。2015 年 9 月开始动工建设，新建校园占地面积 20000 平方米，其中校舍建筑面积 2610 平方米，教室面积 1065 平方米，其他设施占地面积 16325 平方米。

表 22 - 2　三十七团部分年份中小学校舍面积一览表（1970—2015 年）

单位：平方米

年份	学校占地面积	校舍建筑面积	普通教室	实验室	图书室	微机室	行政办公用房	教师办公室	生活用房	其他用房
1970	1360	225	160	—	—	—	—	—	—	—
1974	2400	1070	770	—	—	—	—	140	—	—
1977	2870	1440	720	—	—	—	70	135	450	—
1986	2400	1720	970	—	—	—	85	140	420	—
1990	2400	1960	1170	—	—	—	105	140	420	20
2000	2100	1738	1914	—	—	—	70	156	—	45
2001	2100	1738	1914	—	—	—	70	156	—	45
2002	2100	1738	1914	—	—	—	70	156	—	45
2003	2100	1738	1914	—	—	—	70	156	—	45
2004	2100	1260	1015	588	100	90	94	156	172	45
2005	2100	1220	1062	588	100	90	94	156	222	45
2006	11500	899	212	142	91	45	80	52	259	70
2007	11500	899	212	142	91	45	80	52	259	70
2008	11500	899	212	142	91	45	80	52	259	70
2009	11500	1116	440	227	43	39	100	75	200	17
2010	11500	1116	440	227	43	39	100	75	200	17
2011	20000	2610	1065	588	109	90	208	156	516	0
2012	20000	2610	1065	588	100	90	208	156	516	43
2013	20000	2610	1065	588	100	90	208	156	516	43
2014	20000	2610	1065	588	100	90	208	156	516	43
2015	20000	2610	1065	588	100	90	208	156	516	43

注：表内数据来自《农二师统计年鉴》资料。

位于且末工程支队红旗区的子校，始建于 20 世纪 70 年代　　　　　　　　（团档案室提供）

2016年，三十七团在跃进区新团部新建的学校教学楼 　　　　　　（杨铁军　摄）

（二）设备

1970年，学校设备非常简陋，只有3顶帐篷，教学使用的课桌是土块垒成的干打垒条桌，学生坐在长木条凳子上学习。

1973年，学校教学设施设备有所改善，增添了6间土块房作为教室，四周建起了篱笆墙，院内设置操场等活动场所，成为学生在艰苦条件下学习知识健康成长的乐园。

1975年，农二师且末工程支队划归巴州建管局管辖，学校教学设备增添了木桌和木头板凳，新建教室6栋、办公室2栋，占地面积2610平方米，教师有了批改作业的办公室。

1980年，学校搬迁至盐湖，与盐湖学校合并成立盐湖中小学校，教学设备全为木桌。支队驻地保留1~3年级小学教学。教学设备全为木桌和木头板凳。

1986年，劳改农场成立后，新建4栋框架式干打垒教室，校园设置有戈壁砂石地面篮球场、排球场、羽毛球场等设施，教学设备虽简陋但能满足教学需要。

1990年，因且末工程支队经济匮乏，教育投资紧张。支队党委秉持"再穷不能穷教育，再亏不能亏孩子"的理念，投资30万元更新教学设备，各教室全部换成抽屉木桌和方凳子，教师办公室配备三屉办公桌。

2004年9月，支队中学建成教学实验室、多媒体教室各1间，每个教室设座位30个。设1个微机室，配备计算机25台；设实验室1个，实验设备47件（套）。

2010 年 11 月 5 日，河北省捐赠 40 万元，援建支队中学远程交互式教学多功能会议室，学校教学实现网络教学全国一体化。

2013 年 6 月 13 日，兵团武警指挥部向三十七团中学援助资金 40 万元，新建远程交互式教学多功能会议室 1 个。

2014 年 11 月，兵团为三十七团中学配备 17 台触控一体机。

2015 年，学校先后添置扫描仪、摄像机、照相机、投影机、电子白板等现代远程教育设备，教学设备逐步齐全。

四、教学管理

1970—1977 年，学校对教师的管理限于完成当年教学任务。各年级教师按照学校工作要求制定教学计划，重点加强对学生的德、智、体教育。

1978 年，学校搬迁至盐湖，与盐湖学校合并后，学生人数增多。学校按照国家办学要求制订全年教学计划，规范教师行为规范，制定教师备课、教学、辅导、出勤等管理措施与各项考勤制度。采取"走出去""请进来"的工作方法培训教师，提高教师队伍素质，培养教师良好的工作作风。

1985 年，学校从盐湖迁回且末，恢复教学后，因教师人数减少，从高中毕业生当中选拔教师，通过参加外地培训后上岗任教。

1998 年秋季开学，学校实行目标教学法，各任课教师在校内积极参与教学教研活动，提升教学水平和自身素质。

2000 年，完善学校管理机构，形成一级抓一级的教育管理体系。学校的教学岗位实行定岗定编，教师实行聘任制，每学年考核考评。精简非教学人员，校工从学校剥离，纳入企业管理，以减轻学校的教学负担。

2005 年，学校以加强学生的德、智、体、美教育为目的，注重教学质量和学生的德育教育考核。针对教学中存在的问题，通过校委会、教研组展开专题研讨，定期召开教研组和班主任例会，以解决教学工作中出现的新问题、新矛盾，促进教育工作顺利开展。

2010 年 6 月，学校采用信息化多媒体教学，各课教师将教学内容制作成教学课件，利用网络和多媒体方式开展教学课题研究。学校与全师各学校课堂联网，教师能够借鉴其他学校的教学资源展开课堂教学，通过分享平台信息资源库上百种教学资源，提高教学质量。

2015 年，全团适龄儿童入学率为 100%，初中升学率为 100%，中小学生辍学率为 0。

第二节　学前教育

1967 年 9 月，工三师民丰工程支队在施工指挥部建起 3 顶帐篷幼儿园，接收学龄前幼儿 63

人，配备幼儿教师 3 人。

1970 年，工三师民丰工程支队搬迁至且末，幼儿园也随之搬进且末，在指挥部附近搭建帐篷教室 3 顶，作为幼儿园教室。

1971 年，民丰工程支队与工三师且末前线指挥部合并后，开办 4 个幼儿班，接收幼儿 103 人，配备教职工 4 人。

1974 年后，筑路人员逐年减少，幼儿班缩减为 2 个班，幼儿入学人数 54 人，教师减少为 1 人。1980 年，工程支队大部分人员随工程搬迁至盐湖化工厂，盐湖学校开办 1 个幼儿班，接收幼儿 33 人，配备教师 2 人。且末驻地保留 1 个幼儿班，接收幼儿 13 人，配备教师 1 人。

1984 年，取消盐湖幼儿园，所有设施搬迁至且末，在且末工程支队部开办幼儿园 1 所，配备幼儿教师 2 人，接收幼儿 24 人。幼儿园教师工资和园内开支通过采取企业补助和托幼家庭部分出资的方法得以解决。

1997 年，实行经营体制改革，支队取消幼儿园，由职工个人兴办 2 所私营家庭托儿点，每年每个托儿点接管幼儿 3～5 人。至 2005 年，私人托管幼儿 117 人。

20 世纪 70 年代的支队部托儿所　　　　（团档案室供图）

2006 年，跃进区实施农业开发建设，农民工人数骤增，支队恢复幼儿园，分别在红旗区、跃进区开办托儿所 2 所，设置 3 个幼儿班，入所幼儿 123 人，配备幼儿教师 3 人；跃进区人口密集连队开办小班至中班 2 个托儿班，由幼儿教师辅导幼儿识字、唱歌、跳舞等，实施幼儿学前教育，当年离所正式入学一年级学生 35 人。

2009 年，监企分离后，且末工程支队保留幼儿园 2 个班，幼儿教师 3 人，入园儿童 80 人。

2014 年 10 月，三十七团幼儿园建设纳入团场城镇建设规划，河北省唐山市援助资金 630 万元，动工建设 1 栋框架结构的两层综合性幼儿园，建筑面积 1891 平方米，配套建设附属设施 43 套，冠名为新苗幼儿园。

2015 年，三十七团新苗幼儿园配备教职工 6 人，其中，教师 3 人，管理人员 1 人，保育员 2 人。设置大、中、小 3 个班级，入园幼儿 83 人。

表 22－3　三十七团部分年份学前教育基本情况一览表（1970—2015 年）

年份	幼儿园（所）	教职工数（人）	班级数（个）	入园幼儿（人）	年份	幼儿园（所）	教职工数（人）	班级数（个）	入园幼儿（人）
1970	1	3	3	63	2007	2	3	3	86
1971	1	4	4	103	2008	2	3	3	88
1974	1	1	2	54	2009	2	3	2	80
1980	1	2	2	33（盐湖）	2010	2	4	2	82
1984	1	2	1	24（且末驻地）	2011	2	4	2	84
1990	1	2	1	24	2012	2	5	2	78
1995	1	2	1	23	2013	2	4	2	76
1997	0	0	0	8（私人托管）	2014	2	6	3	79
2006	2	3	3	123	2015	1	6	3	83

注：表内数据来自《农二师统计年鉴》资料。

第三节　小学教育

一、发展概况

1967 年 10 月，工三师民丰工程支队学校成立，兵团从八一农学院抽调 4 名教师到校任教。学校设 1~3 年级，开办 5 个教学班，每个教师承担多个班级的课堂教学任务。4 年级以上的学生到民丰县上学。12 月，因学生人数逐渐增多，学校成立 1 个复合班。

1970 年，民丰工程支队学校开设 1~5 年级，有小学生 132 人。是年 11 月，工三师司令部"0701"工程指挥部迁至且末。1971 年，工三师建制撤销。民丰工程支队幼儿园与留守的原工三师且末指挥部幼儿园合并，成立农三师且末指挥部小学。

1973 年 7 月，农三师民丰工程支队学校随施工队整体迁入且末，与农三师指挥部小学合并，在红旗区建立农三师且末指挥部学校。设 1~6 年级，开办 11 个教学班，有学生 600 余人。其中，1~5 年级各设 2 个班，6 年级设 1 个班。学校按照兵团制订的教学大纲实施教学，学校教育走上正轨。

1974 年 2 月，农三师且末指挥部学校更名为农二师且末工程支队学校，为营级建制单位，冠名为且末工程支队完全中学。小学部开办 9 个教学班，有小学生 410 人。

1975 年 5 月，且末工程支队学校更名为巴州且末工程支队学校，设有小学部。1978 年，学校随施工队伍进驻盐湖地区，在盐湖成立巴州工程支队学校，小学部设 1~6 年级 10 个教学班，在校小学生 451 人。在且末驻地保留 1~3 年级教学班，有小学生 153 人。

1985年，学校从盐湖迁回且末，重新恢复且末工程支队学校教学，为1所九年一贯制学校。设小学部，有1~5年级小学生110人。

1998年，学校设小学部，有小学生184人。2000年，小学部有学生146人。2004年，学校有小学生103人，配备小学教师12人。

2009年，支队企业与监狱分离，学校归属企业建制，保留且末工程支队学校称谓。小学部设6个班级，有小学生276人，配备小学教师18人。

2012年，且末工程支队纳入兵团农牧团场序列后，三十七团学校小学部设1~6年级，有小学生167人。

2015年，三十七团中学小学部设6个班级，有小学生90人。

表22-4　三十七团部分年份小学教育基本情况一览表（1970—2015年）

年份	学校（所）	班级（个）	招生数（人）	在校学生（人）	毕业生数（人）
1970	1	5	132	132	36
1973	1	11	456	600	52
1974	1	9	213	410	51
1985	1	6	67	110	24
1998	1	6	72	184	19
2000	1	6	31	146	17
2001	1	6	32	146	12
2002	1	6	17	96	9
2003	1	6	26	102	11
2004	1	6	31	103	23
2005	1	6	38	99	31
2006	1	6	41	109	35
2007	1	5	47	316	58
2008	1	6	43	260	41
2009	1	6	59	276	42
2010	1	6	34	268	50
2011	1	6	32	251	50
2012	1	6	21	167	38
2013	1	6	8	77	28
2014	1	6	10	89	13
2015	1	6	12	90	18

注：本表中，1970—2006年的数据来自团档案室资料，2007—2015年的数据来自《农二师统计年鉴》。

二、课程设置

1967 年，工三师民丰工程支队学校成立，设 1～3 年级教学班。教学课程设置语文、数学、思想品德、音乐、美术、体育等，主要加强对小学生的启蒙教育。

1970 年，民丰工程支队学校从小学 1～3 年级增设至 5 年级，学制 5 年。1973 年，农三师且末指挥部学校小学班设置语文、数学、音乐、美术、体育等课程。

1974—1980 年，学校小学设置语文、数学、音乐、美术、体育等课程，课外强化纪律教育。

1991—2015 年，小学实行六年学制。1995 年起，推行"素质教育"，按照农二师教委关于推行素质教育实施意见，全面按照国家规定课程授课。1996 年，小学开设思想品德、语文、数学、社会、自然、体育、健康、音乐、美术、劳动、英语共 11 门课程。2004 年，学校首次组织学生参加全国奥林匹克小学英语竞赛，有 7 名学生分别获兵团赛区一、二三等奖。2015 年，遵循教学大纲，开齐应开课程，小学开设思想品德、语文、数学、外语、科学、社会、综合、微机、音乐、体育、美术、心理健康等课程，每周课时 35 节。

2014 年 6 月，三十七团学校举办"六一"儿童节文艺会演　　　　　　（杨波　摄）

三、教学方法

1967 年，工三师民丰支队学校主要加强对小学生的启蒙教育。1970 年，学制增设为 5 年，引导学生在德、智、美、劳方面发展，采取课堂与实践相结合方式，开设语文、数学、音乐、美术、体育等课程，并在课后开展校外实践活动。

1991年起，小学教学实现了教学思想"双基观—智能观—素质观"的转变；教学模式由"复习旧知—讲授新课—课堂练习—布置作业"四段式教学模式向"前提诊测—展示目标—导学达标—深化补达"四段式教学模式，再向"创设问题情境—自主、合作、探究达标—课堂实践创新—整合建模"四段式教学模式的转变；教育管理实现由家长式管理向目标化、科学化管理方式转变。

2010年后，小学在语文、英语课程教学上推行"跨越式教学模式"，其他课程推行"先学后教、当堂训练"的课堂教学模式。此方法沿用至2015年。

第四节　中学教育

一、发展历程

1970—1972年，民丰工程支队学校只开办小学1～6年级教学班。筑路队伍到达且末后，在红旗区开办有小学1～6年级共11个班，在校学生600余人。其中，1～5年级各设2个班、六年级设置1个班。

1973年，在且末县城以南6.7千米处的戈壁滩上建起农三师且末指挥部学校，设初一、初二2个班，初中在校学生76人。至此，学校从小学教育开始延伸至初中教育。

1974年，兵团将农三师且末指挥部划归农二师管辖，更名为农二师且末工程支队。农三师且末指挥部学校更名为农二师且末工程支队学校。班级发展到初中至高中，学校建制为完全中学，设小学部、中学部、高中部三个教学部，设教学班12个，在校学生490人。其中初、高中在校学生154人，初中设置4个班，高中设置2个班，学制为2年。学校冠名为且末工程支队完全中学。

1978年8月，国家恢复高考制度的第二年，且末工程支队学校高中毕业班48名学生当中，考入全国大、中专院校的毕业生12人，占高考学生的17.6%。其中考入疆外大学3人，考入疆内大专7人、中专2人。10名高中毕业生在支队参加工作，其中进入教学岗位7人、进入领导岗位3人。

1978年，学校随施工队伍进驻盐湖地区，且末驻地取消中学教育，六年级以上学生到且末县上学。留守且末学校的学生有79人，留守教师6人。学校搬迁至盐湖有11个教学班，390名学生，其中初中生76人、高中生53人。在盐湖成立巴州工程支队学校，班级由小学至高中，设置教务处，配备校长、书记、教务主任各1人，在岗教师23人。

1982年，盐湖学校初中生升入高中36人，占初中生人数的47.3%；高中生升入大、中专院校7人，占高中生人数的13.2%。

1986年，学校从盐湖迁回且末，在原校址恢复教学后，从小学开办至初中，高中停办。初中学制为 2 年。中学生 38 人。

1989 年 7 月，兵团实施全国统一教材。学校按照兵团统一印制的《教学大纲》开设与兵团相统一的课堂教学科目。

1995 年，驻扎在大河沿的且末工程支队施工队学校与农二师工四团大河沿学校合并，更名为大河沿农二师工四团学校。

1996 年，学校初中学制改为三年制，形成初中三年制初级中学，在校初中学生 51 人。

2002 年，学校中学设置有 3 个班，中学生人数 36 人。

2003 年，学校秉承育人理念，提升毕业班升学率，向师重点学校输送 19 名品学兼优学生，初中毕业生升学率为 37.2%。是年，在校中学生 48 人。

2004 年，学校初中生经中考升入师重点中学占比为 71%，在全师团场升学率排第二名。

2006 年，初中扩大招生范围，招录地方学生 45 人，在校学生 145 人，开办 3 个班级，当年毕业人数 39 人，考入师重点中学 4 人。

2009 年，企业与监狱分离，学校归属企业建制后，保留且末工程支队学校称谓，建制级别为营级单位。当年在校中学生 124 人，招生 34 人，毕业 56 人。

2010 年，学校在校中学生 132 人，当年招录 39 人，毕业 64 人。2013 年，且末工程支队学校隶改为第二师三十七团中学。在校中学生 68 人。

2014 年 7 月，团中学在校中学生 69 人，参加中考学生 28 人，其中，有 7 人考入第二师华山中学，14 人考入第二师八一中学，7 人考入职业技术学校，重点中学升学率达到 95.4%，为建校以来中考成绩最好水平。

2022 年，职工子女在跃进区新团部学校新教室上课　　　　　　　　　　（陈尚毅摄）

2015 年，三十七团中学有中学生 63 人，参加中考的有 26 名学生，考入重点高中华山中学 4 人、八一中学 8 人、内地高中班 3 人、华山技校 2 人、其他中学 9 人，中学生升学率达到 100％。

2009—2015 年，三十七团中学为二师重点中学和地方高中、职业技术学校输送中学毕业生 165 人。其中，为二师中学输送优等生 75 人，为各类职业技术学校输送学生 7 人，为地方高级中学输送学生 76 人，考入内地高中班 7 人。

二、课程设置

1973 年，农三师且末指挥部学校增设初中一年级，学制 2 年。教学课程设置为语文、数学、美术、音乐、课外活动。

1974 年，农三师且末指挥部学校更名为农二师且末工程支队学校。班级由小学开办到高中。初中教学课程设置语文、数学、历史、地理、思想品德、音乐、体育等课程。高中教学课程设置语文、数学、物理、化学、历史、地理、道德、体育等课程。

1978 年，学校随施工队伍进驻盐湖地区，且末驻地取消中学教育。是年，盐湖中学实行两年学制，其中初中两年、高中两年。初中在校生 76 人、高中生 53 人，初中教学课程设置语文、数学、历史、地理、思想品德、音乐、美术、体育等课程。高中教学课程设置语文、数学、物理、化学、历史、地理、思想品德、体育等课程。

1985 年，学校从盐湖迁回且末，从小学开办至初中。学制与课程设置沿袭原规定。初中学制为两年。

1989 年 7 月，全国实施统一教材，学校按照兵团统一印制的《教学大纲》开设与兵团统一的课堂教学，初中课程设置语文、数学、历史、地理、思想品德、音乐、美术、体育等课程。

1996 年，学校初中学制为三年制，形成三年制初级中学。初中课程增设英语、法制教育等课程。

1998 年秋季开学后，学校实行目标教学法，中学各科教师在校内积极开展教学研究活动，为学生提供更高水平、切合实际的教育内容和方式。

1999—2002 年，学校设置 1～9 年级，中学学制三年。课程设置政治、语文、数学、物理、化学、历史、地理、综合、音乐、体育、法制课程，每周 35 节课时。2003 年，初中在校学生 48 人，增设外国语、生物、课外活动、实践活动、体操等教学内容，使学生们接受更全面的教学内容。

2010 年，学校依据国家和自治区颁发的学制规定与课程标准，从初中一年级开始每周增设 1 个课时的计算机信息技术课程。初中开设政治、语文、数学、物理、化学、外语、历史、地理、综合、微机、生物、音乐、体育、美术、法制课程，每周 35 节课时。

2012 年 10 月，且末工程支队学校隶改为第二师三十七团中学。课程设置按照教育部统一教学规划开展学校教学。

2015 年，三十七团中学按照国家统一要求完成教学任务外，增设民族团结、国情教育、网络知识等课程。

2011 年 2 月，支队司法所举办"崇尚科学、关爱家庭、珍惜生命、反对邪教"宣传画展　　（杨金宝　摄）

三、勤工俭学

1996 年，学校每年利用 3 周时间，组织小学三个高年级和初中三个年级的学生参加连队"三秋"农作物采收活动，主要是帮助连队职工采收棉花。学校给不同年级学生制定数量不等的拾花定额，勤工俭学收入纳入学生学费与班级费用。学校每年向支队缴纳勤工俭学费用 1.2 万元。

2010 年后，扩大红枣种植面积，连队秋收劳动力紧缺，学校秋季学期利用 10 天左右的时间组织学生参加连队红枣采收劳动。

2012 年，根据兵团、师对青少年勤工俭学的要求，在校学生勤工俭学时间缩短为一周，勤工俭学费用不再交给支队，主要用于食宿制学生的生活补贴。2015 年，学校取消勤工俭学劳动。

第五节　成人教育

一、扫盲工作

且末工程支队职工大多来自发展相对落后的各地农村，文化程度较低。1990年，且末工程支队总人口1176人，其中，本科学历17人，大专学历29人，高中学历210人，初中学历447人，小学以下473人。

1995年，且末工程支队实施青壮年扫盲工作，成立扫盲工作领导小组，组长王晓林，副组长邢晓燕，成员由政工科、工会、各单位党支部书记组成，主要负责扫除文盲工作的领导与指导工作。扫盲办公室设在政工科，工作成员以民政、政工部门为主。扫盲工作领导小组与各单位主要领导签订扫盲责任书，将扫盲工作列入精神文明考核内容。按照兵团和师要求，支队由专人摸底调查青少年文盲，登记造册后，聘请学校老师承担扫盲班教学任务，组织文盲识字。每年连队给予每位脱盲人员义务工补贴。

1997年，落实扫盲经费2500元，扫盲办公室自编脱盲试卷9套，组织所有扫盲对象参加识字考试。青壮年非文盲率为99.8%，基本完成扫盲任务。1998年9月，有7人脱盲，脱盲率为100%。扫盲工作通过兵团验收。

2000年后，扫盲工作领导小组采取严把职工队伍招工关，禁止少年儿童中途辍学，对复盲人员强化训练、再培训等措施，防止新增文盲，杜绝脱盲人员复盲。在招收新职工时，严把文化关口，杜绝文盲进入职工队伍，从源头上遏制迁移性文盲的产生。采取"一堵、二扫、三提高"的扫盲方法，加大扫盲工作力度。有复盲职工的连队，由主要领导向支队立下"军令状"，规定期限脱盲，避免复盲现象的发生。至2005年12月，且末工程支队复盲率为零。截至2015年底，无新增文盲。

二、成人学历教育

且末工程支队成人学历教育始于2000年，各行业干部和职工结合生产和工作实际，通过参加兵团党校、兵团农广校（函授）、中央电大（函授）大专班、中专班的学习，取得相应的学历。学员们完成各专业课程的学习后，参加全国统考，成绩合格者获得大、中专文凭，国家承认其学历。

2000年7月，在大礼堂开办第一届兵团党校法律函授大专班，有64人参加学习，邀请农二师党校老师到队授课，学制3年，开设有政治学、马克思主义基本原理、法律学等12门专业课程。实行国家成人考试制度，由兵团党校颁发毕业证书。师党校电大老师到队一周一辅导，其余时间由学员自学。每学完一个课目举办一次闭卷考试，考试成绩纳入毕业总成绩积分，平均分数达到60分以上准予毕业。

2001年,有6人参加兵团农广校农业种植技术专业函授中专班学习,学制2年,经考核毕业,获得国家颁发的中专毕业证书的有6人。2002后,参加兵团农广校农村经济管理的学员有32人,学制2年。2003年7月,第一届兵团党校大专班有64名学员毕业,获得全国成人教育大专毕业证书,当年有9人参加兵团党校继续教育学习。2004年6月,兵团党校在支队开办经济管理专业大专班,除支队党员干部外,吸纳部分地方社会人员参加学习。其中,有7人参加学习,有5名学员获得大专文凭,2名学员中途退学。

2000—2006年,有127人参加兵团党校、兵团农广校的成人学历教育,主要参加法律、农业种植技术、棉花加工与检验、农村经济管理、经济管理、农业机械、种植技术、畜牧兽医、棉检加工与管理等专业的学习。获得大专文凭的有73人,获得中专文凭的有52人。学员毕业后,其掌握的专业知识在实践中得到应用,解决了生产单位管理人员文化程度低等问题。

2006年,兵团农广校选派教师到支队辅导教学,开设课程有农业机械、种植技术、畜牧兽医、农产品加工与管理等,有7名职工加入兵团农广校学习,当年考核毕业,领取了专业证书。

2007—2015年,有393名职工参加兵团农广校函授和中央电大函授学习。初级农艺工入学389人,学制1年,获得学历证书230人;参加中央电大函授学习大专班2人,大专毕业2人。

表22-5 三十七团成人继续教育情况一览表（2000—2015年）

级别	专业	学科	入学人数（人）	毕业人数（人）	毕业时间	毕业院校
2000级	法律	大专	64	64	2003.7	兵团党校
2001级	农业种植技术	中专	6	6	2002.7	兵团农广校
2002级	农村经济管理	中专	32	32	2004.7	兵团农广校
2003级	棉花加工与检验	大专	2	2	2005.7	兵团农广校
	种植技术	中专	3	3		兵团农广校
	农村经济管理	中专后	4	2		兵团农广校
		中专	2	2		兵团农广校
2004级	经济管理	大专	7	5	2006.1	兵团党校
2006级	农业机械	中专	2	2	2006.7	兵团农广校
	种植技术	中专	1	1		兵团农广校
	畜牧兽医	中专	2	2		兵团农广校
	棉检加工与管理	中专	2	2		兵团农广校
2007级	种植技术	初级农艺工	54	25	2007.12	兵团农广校（函授）
2012级	农业经济管理	大专	2	2	2014.1	中央电大（函授）
2013级	农业种植技术	初级农艺工	270	163	2013.10	兵团农广校（函授）
	设施农业	中专	1	1	2013.12	兵团农广校（函授）
	园林技术	中专	1	1	2013.12	中央电大（函授）
2015级	农业种植	初级农艺工	65	42	2015.12	兵团农广校（函授）

注:本表资料来自团职工档案。

第六节 教师

一、教师来源

1967年，工三师民丰工程支队幼儿班成立，从二十三团十二连抽调陆小芳、何辉、胡云芳3名上海支边青年到民丰支队幼儿园任教，为工三师民丰工程支队最早的教师。是年10月，工三师民丰工程支队学校成立，兵团从八一农学院抽调教师4人到民丰工程支队学校任教。1971年，农三师成立且末指挥部小学，从上海支边青年中抽调21名具有中专以上文化程度的青年担任教师。到1973年底，学校教职工共计22人，其中教师19人。

1974年，兵团分配给支队学校教师13人，招录教师7人，教职工队伍扩大至42人。

1978年8月，巴州工程支队学校有教职工49人，随施工队伍集体搬至盐湖43人，与盐湖学校合并教学。且末驻地学校保留1~3年级，留守教师6人。

1985年，且末工程支队学校从盐湖迁回且末红旗区原址，因学校教师流失严重，经支队研究，在职工队伍中选拔高中以上文化程度的职工进入教学岗位，教职工人数增至11人，其中教师10人。

1995年，支队引进大、中专毕业生12人，其中分配到教学岗位3人，教师人数增至14人。10月1日，支队学校纳入农二师农牧团场中小学事业单位编制管理，核定编制数23名，实际在岗16人，教师力量严重不足。

2000年，支队学校教职工人数共计13人，其中小学7人、中学6人。包括2名行政管理人员。

2010年，支队调整教师队伍，引进大学专科毕业生到学校任教，教职工人数增至32人，其中正式教师27人、特岗教师4人、代课教师1人。

2011年，师教委结合且末工程支队学校教育资源，将且末工程支队小学与中学合并教学，实行教师穿插代课。学校有教师28人，其中小学教师17人、中学教师11人。

2012—2014年，学校教师处于流动状态，退休2人，调动2人，辞职3人，学校有教师24人。2015年，通过引进人才，学校教职工增至36人。其中，中学教师9人、其他教师22人、管理人员2人、其他人员3人。

表22-6 三十七团学校教职工人数一览表（1973—2015年）

单位：人

年份	小学				中学				教职工总数
	教职工人数	岗位			教职工人数	岗位			
		教师	行政人员	其他人员		教师	行政人员	其他人员	
1973	13	11	1	1	9	8	1	0	22
1974	18	17	1	0	24	21	2	1	42

续表

年份	小学				中学				教职工总数
	教职工人数	岗位			教职工人数	岗位			
		教师	行政人员	其他人员		教师	行政人员	其他人员	
1975	18	17	1	0	24	21	2	1	42
1976	18	17	1	0	24	21	2	1	42
1977	18	17	1	0	24	21	2	1	42
1978	22	21	1	0	27	24	2	1	49
1979	23	22	1	0	26	23	2	1	49
1980	15	13	1	1	12	10	2	0	27
1981	15	13	1	1	12	10	2	0	27
1982	15	13	1	1	14	12	2	0	29
1983	15	13	1	1	14	12	2	0	29
1984	13	11	1	1	14	12	2	0	27
1985	5	4	1	—	6	6	0	—	11
1986	7	5	2	—	6	6	0	—	13
1987	9	7	2	—	6	6	0	—	15
1988	9	7	2	—	7	7	0	—	16
1989	9	7	2	—	7	7	0	—	16
1990	9	7	2	—	6	6	0	—	15
1991	9	7	2	—	5	5	0	—	14
1992	8	6	2	—	5	5	0	—	13
1993	8	7	1	—	6	5	1	—	14
1994	8	7	1	—	6	5	1	—	14
1995	9	8	1	—	7	6	1	—	16
1996	8	7	1	—	7	6	1	—	15
1997	8	7	1	—	7	6	1	—	15
1998	8	7	1	—	8	7	1	—	16
1999	8	7	1	—	8	7	1	—	16
2000	7	6	1	—	6	5	1	—	13
2001	8	7	1	—	6	5	1	—	14
2002	11	10	1	—	11	10	1	—	22
2003	13	12	1	—	10	9	1	—	23
2004	13	12	1	—	9	8	1	—	22
2005	13	12	1	—	10	8	1	1	23
2006	13	12	1	—	11	9	1	1	24
2007	23	21	1	1	15	13	1	1	28
2008	16	15	1	—	15	12	1	2	31
2009	20	18	2	—	14	12	1	1	34
2010	19	17	2	—	13	12	1	0	32

续表

年份	小学				中学				教职工总数
	教职工人数	岗位			教职工人数	岗位			
		教师	行政人员	其他人员		教师	行政人员	其他人员	
2011	合校	—	—	—	31	28	3		31
2012	合校	—	—	—	30	28	2	0	30
2013	合校	—	—	—	35	27	3	5	35
2014	合校	—	—	—	32	24	3	5	32
2015	合校	—	—	—	36	31	2	3	36

注：本表中，1973—2006 年的数据来自团档案室资料，2007—2015 年的数据来自《农二师统计年鉴》。

二、教师培训

学校每年制订教师年度培训计划，坚持平时与假期相结合原则，按计划分期分批组织教师参加各种类型的专业学科培训。

1974—1975 年，学校招收部分高中毕业生充实到教师岗位，为提高新教师的教学能力，外派 7 名新教师到国家教育学院继续学习，期满后回支队学校担任学科教师。

1986 年，支队挑选一批具有中专学历的干警家属到学校工作，组织 4 人到兵团石河子大学教师培训基地继续学习，毕业后在学校教师岗位任教。

1990—2009 年，学校外派培训学习教师共计 121 人次。其中，外派其他省区 46 人次、参加疆内学习培训 75 人次。小学教师参培率为 100%，中学教师参培率为 75% 以上，教师队伍整体素质明显提高。

2010 年后，除组织教师参加外地继续教育学习外，学校重视校内培训，发挥高级教师、骨干教师的"传、帮、带"作用，经常开展教师教育教学基本功比赛，培养了一批教学骨干。

2012 年，学校以中学教师的教学观念和课堂教学方法为重点，加强假期教师培训工作。每个假期派出 10 名教师参加兵、师组织的"两级课改"继续教育培训班，提高教师教学能力和理论水平。

2015 年，三十七团学校教师全部取得本科、大专学历，学历达标率达到 100%。

三、教师待遇

学校成立后，坚持改善教师生活和政治待遇，为教育事业发展创造条件。1970 年，工三师民丰工程支队幼儿园教师工资，按照施工队工勤人员工资标准发放，每月平均工资 18.88 元。1973 年，学校教师工资按照出勤天数计算工勤，每月出勤满 27 天为全勤工资，单位发给饭票和菜票充抵工资，缓解经济紧张局面。

1978 年，学校搬迁至盐湖，教师工资按月发放，每月平均工资 89 元。1985 年，教师工资制度改革后，学校小学教师平均工资增至每月 120 元，中学教师增至每月 130～150 元。

1995 年，按照国家工资改革制度的要求，学校教师工资每两年按一定比例增资，学校年增资总额 2.3 万元。12 月，兵团教育系统实行工资套改，按照教师教龄、工作年限和职称确定工资等级，教师增资后，最高工资为每月 928.6 元。1998 年，通过国家任职资格考试的学校教师，月工资由 1978 年的最高工资 89 元提高到 1460 元，平均工资水平不低于或者高于国家公务员平均工资水平。

2001 年 9 月 10 日，开展教师节庆祝活动，评选优秀教师 6 名，每人发放奖金 100 元。2003 年 9 月，师党委根据国家《关于进一步推进国有企业分离办社会职能工作的意见》精神，经多方协调，师属工矿企业学校正式与原办学企业剥离，纳入师属事业单位管理，教师待遇相应提高。2008 年，按照国家相关文件要求，按月落实学校教师工资待遇。2009 年，支队企业与监狱分离后，随着经济的快速发展，国家财政对教育事业的资金投入持续加大，教师的各项待遇不断提高。至 2015 年，教师人均工资每年 7 万元。

第七节　教学研究

一、教研机构

1997 年 9 月，学校成立教学研究实验小组，组长由学校校长担任，主要由各学科任课教师、班主任组成。研究内容以各学科教材所列举研讨内容为主，组织开展各项实践活动，达到教学风格养成和提升教学效果目的。

2002 年后，学校调整教研实验小组成员，吸收所有教师参加学校教研活动，开展论文、教学比赛，以激发教师工作热情。

2012 年，学校教研实验小组以"两级课改"为目标，提出课改意见和成立研究项目，通过实践改变了固有的教学方式与方法，促进教学质量成果提升。

2013—2015 年，三十七团学校教研实验小组经常性制度化组织任课教师参与各类教研活动，扩大教研参与面，取得显著的教研成果。

二、教研成果

2010 年后，学校通过开展示范课、公开课、研讨课、教学行动研究等形式的教研活动，展示教研新成果。在实践探索中，一部分教师形成独特的教学风格，取得一定的教学成果。在论文评比和教学比赛中，小学教师获得兵团二等奖 2 人次，师一等奖 6 人次、二等奖 9 人次、三等奖 4 人次、优秀奖 1 人次；初中教师获得兵团二等奖 1 人次、三等奖 2 人次，师一等奖 7 人次、二等奖 14 人次、三等奖 5 人次。

在教学过程中，学校组织不同岗位的竞赛活动，以激发教师的工作热情和创新能力。部分教师踊跃参加兵团、师组织的各类教学比赛活动，撰写的教学论文、教案、经验交流文章等优秀作品获得不同级别的奖项，为提升教学质量创造了条件。

2000 年，全校有 26 人次获得全国作文、书画大赛的各类奖项。2004 年，学校首次组队参加全国奥林匹克小学英语竞赛，有 7 名学生分别获得兵团赛区一、二、三等奖。

2012—2015 年，学校狠抓教师队伍建设，以教育成果研究促进教育制度改革。在教研过程中，通过参与兵团、师教育系统举办的教学成果比赛，学校各科教师获得优异成绩。

表 22 - 7　三十七团小学教学研究成果一览表（2012—2015 年）

年份	姓名	比赛项目	学科	获奖等级	颁奖单位
2012	肖泽荣	《分数基本性质》教学设计	数学	一等奖	二师教育局
	王卫芳	Unit 4　Do you like pears? 第一课时教学设计	英语	三等奖	二师教育局
	肖泽荣	师小学数学说课比赛	数学	二等奖	二师教育局
	何晓芸	跨越式讲课比赛	英语	二等奖	二师教育局
	徐雅丽	跨越式讲课比赛	语文	优秀奖	二师教育局
2013	程江涛	《如何提高小学生的绘画创作能力》	美术	一等奖	二师教育局
	肖泽荣	《解方程教学之我见》	数学	一等奖	二师教育局
	王菊芳	《比的意义》教学案例	数学	一等奖	二师教育局
	徐雅丽	《浅谈小学生语文素养培养的重要性》	语文	二等奖	二师教育局
2014	王菊芳	《比的意义》教学案例	数学	二等奖	兵团教委
	肖泽荣	《解方程教学之我见》	数学	二等奖	兵团教委
	程江涛	《自创小学美术高效课堂教学模式的实践与探究》	美术	一等奖	二师教育局
	程江涛	《试论多媒体在美术教学中的运用》	美术	二等奖	二师教育局
	肖泽荣	说课比赛	数学	二等奖	二师教育局
	胡慧敏	《阅读教学应回归语言的本真》	语文	三等奖	二师教育局
2015	王菊芳	《数形结合思想在小学数学教学中的应用》	数学	二等奖	二师教育局
	肖泽荣	《案例分析与探索——在教学中的思考》	数学	二等奖	二师教育局
	王卫芳	《浅谈如何提高学生的单词记忆力》	英语	三等奖	二师教育局
	王翻梅	《赞美是一种动力》	语文	三等奖	二师教育局
	仲霞丽	《节奏在音乐教学中的思考与再思考》	音乐	一等奖	二师教育局
	杨　眉	《浅谈怎样提高学生学习体育的兴趣》	体育	二等奖	二师教育局
	杨　眉	课课练教案	体育	二等奖	二师教育局

注：此表内容由学校提供。

表 22 – 8 三十七团中学教学研究成果一览表（2012—2015 年）

年份	姓名	比赛项目	学科	获奖等级	颁奖单位
2012	姚栋	《常见的酸和碱》教学设计与反思	化学	一等奖	二师教育局
	肖斌	《一次函数与二元一次方程（组）》教学设计	数学	一等奖	二师教育局
	肖斌	《实际问题与一元一次不等式（1）》教学设计	数学	二等奖	二师教育局
	邵文杰	《浅议初中数学对初中生能力的培养》	数学	二等奖	二师教育局
	杨应洪	《对不良诱惑说"不"》教学设计	思想品德	三等奖	二师教育局
	姚栋	2013 师第一届中学化学实验竞赛	化学	二等奖	二师教育局
	王艳红	2013 师第一届中学物理实验竞赛	物理	二等奖	二师教育局
	肖斌	先学后教同课异构	数学	二等奖	二师教育局
	邵文杰	先学后教同课异构	数学	二等奖	二师教育局
	杨应洪	师初中思品说课比赛	思想品德	二等奖	二师教育局
2013	高晓勤	捕捉灵动瞬间，融入心灵感动——"青春"话题作文讲评有感	语文	一等奖	二师教育局
	肖斌	优化"后教"凸显实效——《矩形的判定》案例分析	数学	一等奖	二师教育局
	邵文杰	《新课程下初中数学有效教学思路探讨》	数学	二等奖	二师教育局
	杨应洪	四成分法在思想品德中的运用——《我的角色我的责任》案例分析	思想品德	二等奖	二师教育局
	仲霞丽	《让音乐成为快乐的载体》	音乐	二等奖	二师教育局
	李玲玲	《新教师的教学困惑》	语文	二等奖	二师教育局
2014	肖斌	优化"后教"凸显实效——《矩形的判定》案例分析	数学	二等奖	兵团教委
	姚栋	教师导学有玄机（论文）	化学	三等奖	兵团教委
	姚栋	教师导学有玄机（教学设计）	化学	三等奖	兵团教委
	肖斌	《课堂教学如何把学生导向"学"》	数学	一等奖	二师教育局
	姚栋	《教师导学有玄机》	化学	二等奖	二师教育局
	李玲玲	《多媒体技术在教学中的运用》	语文	二等奖	二师教育局
	杨应洪	《关于"先学后教 当堂训练"在初中思想品德教学中运用的几点思考》	政治	三等奖	二师教育局
2015	姚栋	《从生活中来，到生活中去》	化学	一等奖	二师教育局
	肖斌	《体验"数学悟性"的真谛》	数学	一等奖	二师教育局
	杨兵兵	《对测量盐水密度实验的浅析》	物理	二等奖	二师教育局
	王艳红	《浅谈初中物理教学中对"物理学困班"的转化方法》	物理	三等奖	二师教育局
	闫沛湉	《情感态度在英语教学中的作用》	英语	三等奖	二师教育局
	李玲玲	《特岗教师成长路》	语文	三等奖	二师教育局

注：此表内容由学校提供。

第二十三章 医疗卫生

三十七团医疗卫生事业是 1970 年修筑"0701"工程时，在工三师医疗队的基础上发展起来的。随着施工单位工程转移，医疗队几经撤销、改组与合并，造成医疗技术人员严重流失，医疗服务水平下降。1984 年，师批复成立且末工程支队卫生队后，医疗卫生实行党委领导、分级管理的医疗制度改革。2007 年 12 月，支队卫生队更名升格为医院后，在国家、兵团、二师大量政策和项目支持下，医疗卫生条件不断改善，为职工群众提供基本就医保障。

第一节 机构队伍

一、医疗机构

（一）医院

三十七团医院由 20 世纪 60 年代中期兵团工三师医疗队演变而来。

1965 年，工三师承担自治区"0701"工程施工任务，兵团从农三师附属团场医院抽调医务工作者成立医疗队，驻扎在民丰县，队长为李渊和。医疗队有医务人员 27 人，其中医疗技术人员 21 人，其他人员 6 人。有移动式帐篷 14 顶，占地面积 420 平方米，设有内科、外科、妇科、儿科等科室。医疗队随施工队参加工程建设，为工程施工人员提供医疗服务。

1967 年 8 月，工三师将民丰工程队改为民丰工程支队，建制为正团级单位。8 月，民丰工程支队医疗队成立，建制为营级单位。

1969 年 6 月 21 日，农三师抽调部分医疗卫生人员，与工三师医疗队合并成立民丰工程支队卫生队，共有医务人员 20 人，其中主治医生 5 人，护理等其他人员 15 人，卫生队驻扎在民丰工程支队机关附近的戈壁滩上。

1970 年 8 月，卫生队随施工队伍从民丰搬迁至且末，在且末县红旗地区以南 6.7 千米处的戈壁滩安营扎寨，设置帐篷医务所。因地方群众前往卫生队就诊人数较多，卫生队因地制宜，将帐篷医疗所就地改建为一个半地窝子医疗所，占地面积 1.5 万平方米，其中房屋建筑面积 1.2 万平方米，其他占地面积 0.3 万平方米。建有地窝子病房 15 间、干打垒门诊房屋 7 间、职工食堂 2 间。配备管理、卫技人员 17 人。其中，主治医生 6 人、护士 8 人、管理人员 3 人。设门诊、卫生科、内儿科、外妇科、中医、放射、检验、防疫、五官科、牙科、手术室、心电科、中药房、西药房等科室，有病床 25 张。

1971 年 3 月，工三师建制撤销。8 月，工三师司令部"0701"工程指挥部民丰工程支队卫生队更名为农三师司令部"0701"工程前线指挥部医疗队。

1973 年 3 月，农三师且末前线指挥部与工三师留存下来的连队合并，组建成立农三师且末工程支队。1974 年 2 月，农三师且末工程支队划归农二师管辖。5 月，农三师且末指挥部医疗队更名为农二师且末工程支队卫生队。卫生队医务人员增至 34 人，其中卫技人员 28 人、管理人员 3 人、其他人员 3 人。设门诊室 4 间、病房 15 间、床位 25 张，是且末地区接诊人数较多的医疗单位之一。

1979 年，且末工程支队卫生队随施工队伍搬迁至乌鲁木齐盐湖，在盐湖化工厂设置门诊和病房，为施工队提供医疗服务，同时接纳化工厂职工、家属和附近乡村群众就医。

1983 年 11 月，驻扎在盐湖化工厂的且末工程支队卫生队返回且末。是年，卫生队扩大建制，增加管理人员 1 人，医疗服务人员 19 人，恢复成立卫生队党组织。增设中医、西医、针灸、手术、理疗、牙科、儿科等治疗科目，设有心电图检查科目，能初步诊断各种心脏不适症状。五官科可治疗耳、目、鼻腔等一般疾病。

1986 年，配备 1 名支队副职领导，负责医疗卫生工作。7 月，经支队党委批准，在卫生队成立犯休所，为副连级建制，主要方便监区年老体弱、常年患病、重病、突发病的服刑人员住院就医。

1990 年，随着且末支队经济陷入低谷期，卫生队设备老化且无经济能力更新，有一定技术的老医生先后退休，医疗人员得不到补充，卫生队接诊人数降低，支队大部分职工选择到且末县人民医院就医，卫生队发展进入调整期。

1996 年，卫生队内部开始调整，实行分科管理，设内科、外科、妇科、儿科、传染科等科室，耳鼻喉眼科与外科合署办公。每个科室按照岗位配备专业医生和护士，医生分科看诊。卫生队设床位 30 张，按照科室工作量分配床位数。支队投资 30 万元更新卫生队硬件设施，改造原有的 1223 平方米干打垒土坯房，新建土木结构病房 2077 平方米、医务用房 500 平方米，卫生队医疗硬件设施明显改善。全年卫生队治疗总人数 1971 人，门诊接诊人数 1811 人，为地方群众服务人数 740 人。

2002 年，监狱犯休所从卫生队撤离，卫生队医务人员因退休、离职等原因减少至 7 人，卫生队营级建制撤销，改为连级建制。2003 年以后，卫生队不再接收患者住院，取消住院部。

2004 年，卫生队配备 1 名队长，实行行政领导负责制。2006 年，因卫生队房屋多年失修而成为危房，遂搬迁至原且末工程支队机关办公室，使用面积 370 平方米。

2007 年 12 月，兵团整合且末工程支队卫生事业机构（犯休所、疾控室、监区卫生室、计划生育），农二师且末工程支队卫生队更名为农二师且末工程支队医院，为正连级建制。

2008 年，师卫生管理部门恢复且末工程支队医院营级单位建制，医护人员增至 9 人，设院长、会计各 1 人，医生 4 人、护士 3 人。医院设门诊、治疗室、心电室、检验室、防疫室、妇检室等科室，是农二师团级单位中规模最小、基础设施较简陋的医疗单位。

2010 年，医院随机关搬迁至且末县城康都小区 4 号楼，有房屋 4 间，面积 440 平方米。设门诊处。农二师卫生局为支队医院添置医疗设备 11 件。全院有医护人员 7 人。其中，院长、会计各 1 人，医生 4 人、护士 1 人。

2012 年，医院增设心电室、检验室、防疫室、妇检室等医疗服务项目，以满足职工群众对医疗服务的需求。

2013 年，医院建设纳入团场整体发展规划，在跃进区新城镇规划区内，重新选址规划建设医院，由河北省唐山市投资 300 万元对口援建 1 栋医院综合楼，占地面积 3300 平方米。建设用地面积 4.1 万平方米。

2015 年，医院建成后冠名为三十七团医院，又名河北医院，设有门诊、内儿科、外妇科、中医、放射、检验、防疫、心电科、中西药房等，可实施心电动态检测、心律失常、传导障碍、房室肥大、心肌炎、心肌瘤、心包炎、冠脉供血不足、药物及电解质紊乱对心肌作用、心肌梗塞等诊断检查，完成放射胸透、X 光片等检验项目，提供常见病预防、诊断和治疗。住院部设床位 30 张，年接诊病患近 5000 人次，但急难病症患者仍需转院治疗。

位于且末工程支队红旗区的支队医院（原支队机关办公室旧址），建于 20 世纪 70 年代（团档案室提供）

2015 年，团医院医生在且末县乡村群众中开展义诊活动　　　　　　　　　　（杨波 摄）

（二）基层卫生室

1992 年之前，且末工程支队没有基层卫生室，连队职工群众和监区人员看病需到支队卫生队就医。1993 年，在监区建 1 个卫生室，配备 2 名医生。

2006 年 4 月 15 日，跃进开发区设立医疗站，保障 240 户新职工和 14 个施工单位共计 1500 余人的医疗卫生工作。7 月，医院抽出 3 人携带药品和器具，首次在开发区三连办公室设医疗服务站，以解决开发区施工人员和承包土地职工就医问题。

2007 年 6 月，投资 49.32 万元在跃进区新建 1 个卫生室，配备常见病诊断医疗器械和急诊设备，医院选派 2 名医护人员轮流坐诊值班。

2012 年，红旗区原医院旧址保留 2 间房屋作为一连卫生室，每周由医院指派一名医生轮流值班，方便一连职工群众就医。3 月由"日本利民工程"无偿援助的跃进社区卫生室医疗器材装备项目，开始建设，6 月竣工，项目总投资 65 万元人民币，建筑面积 280 平方米，新购 B 超机、大生化机、血细胞酶标仪等 16 套医疗设备。

2013 年，投资 24 万元扩建跃进区连队卫生室，占地面积 280 平方米，建筑面积 250 平方米。

（三）卫生防疫站

2002 年前，辖区疾病防疫工作由且末县医院负责，且末县卫生防疫站每年组织人员完成支队辖区计划免疫工作。

2003 年，且末县卫生局将疾控免疫工作移交给支队卫生队。7 月，师卫生局批准组建且末工程支队卫生防疫站，内设防疫室、妇幼室、保健室。卫生防疫站与卫生队合署办公，由卫生队队长兼任站长，配备 2 名医务人员，负责支队区域内疾病预防控制和妇幼保健工作。

2006 年，卫生防疫站随卫生队搬迁至原支队机关办公室，办公面积 370 平方米。

2008 年，卫生防疫站配备 1 名疾病防疫人员，在医院设治疗室、检验室和防疫室。

2009 年，跃进区和红旗区设立卫生免疫工作室，春秋季节实施强化免疫工作。医务人员分片区完成流感、麻疹、脊髓灰质炎（小儿麻痹）疫苗强化免疫服务。

2010 年，农二师卫生局为支队卫生防疫站添置检验、化验设备 2 套。

2012 年，卫生防疫站随医院搬迁至且末县康都小区 4 号楼，增设检验室、防疫室，增加 1 名卫生防疫人员。卫生防疫站有工作人员 2 人。

2014 年 10 月，国家财政拨款 160 万元，在跃进区河北省唐山市对口援建的医院新建疾控中心，建筑面积 800 平方米。配备卫生防疫人员 2 人，承担团场疾病预防和控制工作。

2015 年，三十七团卫生防疫站完成流感、麻疹、小儿脊髓灰质炎疫苗强化免疫服务 487 人次，对注射麻疹、流感疫苗儿童进行 3 次复查，没有发现异常反应。完成小儿脊髓灰质炎糖丸口服防疫工作，有效控制疾病的传播。

二、医疗队伍

（一）医务人员

1970 年，卫生队有管理、业务、后勤人员 17 人。其中，医生 6 人、护士 8 人、管理和业务人员 3 人。1974 年，卫生队增加医务人员 7 人，有医务人员和管理人员 34 人，其中，卫技人员 28 人，管理人员 3 人，后勤服务人员 2 人。1978 年，施工队从且末搬迁至盐湖，且末驻地卫生队有 2 名医务人员留守。

1983 年 11 月，医务人员从盐湖返回且末 17 人，卫生队有医护人员及管理人员 19 人。1990 年，卫生队退休、辞职、调离人员 10 人，仅有在岗医护人员 9 人。其中，管理人员 1 人、卫技人员 8 人。

1993 年，卫生队安置大学生 3 人，配备医生 3 人，医疗服务人员增至 15 人。其中，西医师 4 人，中医师、护师、药师、化验师各 1 人，医士 2 人、护士 3 人、其他人员 2 人。1994 年，在岗职工 17 人，其中，主治西医师 3 人，其他人员 14 人。

1996 年，医务人员流动量大，其中退休 2 人、辞职 2 人、调离 1 人，在岗人数由原来的 17 人减至 12 人。其中，卫技人员 11 人、管理人员 1 人。

1999 年，卫生队引进医学专科大学生 2 人，经过学习培训和技术岗位评聘，卫技人员增至 13 人。是年，医务人员实行专业技术人员评聘。

2009 年，监狱与企业分离，医院归属企业管理，医务人员辞职、老医生退休，实际在岗医务人员 7 人。其中，专科大学生 3 人、本科生 4 人；有 3 人具有专业技术任职资格。

2011—2015 年，医院引进医学专科大学生 4 人，医务人员增至 13 人。全院医务人员获得各类专业技术职称人员 9 人。其中，主治医师 4 人、副主任医师 1 人、医师 2 人、主管护师 2 人。专业技术人员中，具有大专以上学历的医务人员 6 人、中专学历 4 人。

（二）人事制度改革

1993 年，且末工程支队实行医疗机构改革，辞退 4 名非医务工作人员，分流到企业，有医务人员 15 人。

2002 年，支队实行医疗机构改革，经考试合格，有 11 名医务人员被纳入兵团事业单位编制，人员工资由企业承担。

2008 年 1 月，根据国家、兵团和师医疗服务体制改革指导意见，医院服务人员实行实名制管理，医护人员及管理、业务、后勤人员共 9 人纳入国家事业单位编制，工资由国家全额拨款。

2011 年，支队深化医疗体制改革，医院实行政务公开和医生挂牌服务，职工就医自主选择医生，住院费用和用药向患者公开透明。

（三）卫技人员培训

1970—1978 年，支队卫生队是且末地区一支技术实力雄厚、在全县范围内颇有声望的医疗服务机构，地方群众在且末工程支队卫生队就诊人数甚多。1980 年后，医院搬迁至盐湖，由于且末驻地医务人员缺乏，门诊接诊率下降。1990 年后，卫生队通过各种途径，每年选送技术骨干到上级医院进修或参加短期培训班，部分人员自学进修专业课程，自我提升技术水平，通过学习获得专业技术职称。支队每年引进专科学院大学生，分配到卫生队见习，培养医务后备力量。常年开展以制度建设和技术训练为主要内容的岗位技能练兵活动，提高医疗服务水平。

1998 年，卫生队开展技能和作风整顿活动，结合不同岗位制定考核办法，将实际操作技能和专业理论考核结果记入个人专业技术档案，直接与工资挂钩。

2001 年，开展"救死扶伤，实行革命的人道主义"医德医风整治活动，支队政工部门举办培训班，加强医护人员行医规范、行医道德等培训。建立监督岗，设置举报箱，推行从业医生挂牌就诊制度，患者可在就医时自主选择医生就诊、评价医生诊断水平，医护人员的服务态度得到根本转变。

2003 年，在抗击非典型肺炎和禽流感期间，卫生队开展疫情知识宣传普及活动，组织医护人员分片包干控制疫情，提高了处置突发事件的应急能力。

2005 年，针对新入职的卫生技术人员，实施基础理论和实际操作技术岗前培训；选派医生 6 人次外出参加上级医疗单位举办的卫生知识培训班，每年分批选送技术骨干到定点医学院深造进修，以调动年轻医护人员的工作积极性。新上岗的医技人员主动学研医疗新技术，利用业余时间参加继续教育学习，接受新技术教育课程达标率超过 90%。

2010—2015 年，三十七团邀请河北省唐山市和二师医疗专家 9 人在医院坐诊，除接诊外，专家们举办学术讲座，给全体医务人员传授医疗技术。医院126人次接受学术教育，有24人次外派进修学习，有17人参加兵团、师市组织的短期医学培训班，涉及医院9个专业学科。

第二节　医疗

一、医疗技术

医院主要采取中西医结合方式诊断，辅以理疗、药疗、针灸、推拿等治疗方式为患者服务。

1970年，工三师卫生队拥有主治医师4人。其中，外科医师徐慧明主刀手术，可以对一般常见病外科手术治疗；妇科医师朱铁芳能够独立完成妇产、子宫矫正、子宫复位、胎儿扶正等治疗术；内科医师夏宝琴、王少辉主治常见内科疾病、传染病治疗和预防等，利用中西医结合共同完成临床病理检查和药物治疗工作。

1970—1990年，利用中西医结合方式进行临床病理检查和药物治疗，邻近且末县乡场的人民群众到支队卫生队就诊住院人数较多，地方人民群众每年到支队就医人数占支队职工群众就医人数的10%左右。1990—1992年，卫生队门诊接诊人数每年超过4600人次。

1995年后，因医生先后到退休年龄，医护人员得不到补充，就医病人逐年减少，长期无法实施较大的手术，只能完成一般性创伤病的换药包扎。妇科除开展计划生育四项手术外，只能完成引产、无痛人流等手术，能处置妊娠诊断及孕期监护保健、早产、正常分娩及异常分娩等一般性接诊；外科主要诊断和治疗各种软组织急性化脓性感染、创伤等；内科可诊断和医治一般性疾病。较重病患均需到且末县医院治疗。而新生儿常见病治疗、女性生殖系统疾病等都需转院治疗。

2002年，通过不断改革，医务人员被纳入兵团事业单位管理，人员工资待遇随之提高，同时，选派骨干医生到上一级医疗单位和定点医学院深造进修，加强基础理论和临床操作技术培训，医务人员的医疗技术水平不断提高。2005年，接诊人数达到1894人，住院人数170人，治愈率上升到71%。

2010年后，每年均分配大学生到医院工作，通过日本援助项目和河北省对口支援，医务人员培训教育力度加大，医疗水平有所提升。随着邻近的且末县乡镇实行农村合作医疗，地方群众大多到指定医院看病就医，到支队医院就诊人次数减少。2010—2015年，接诊地方乡村群众176人，年平均接诊人数35.2人次，治愈率为80%。

2015年，医院可完成内外科一般疾病治疗、常见病防治和诊断，年接诊人数近5000人次，治疗患者500余人次。

二、医疗设备

1970年，工三师卫生队在红旗区建有帐篷14间和一处半地窝子医疗服务场所，占地面积1.5万平方米，其中地窝子面积1.2万平方米，其他面积0.3万平方米。医疗设备极其匮乏，只有1个消毒柜、数只注射用针管和听诊器。

1974年，且末工程支队投入50万元购入诊疗、化验、手术、住院病床等设备72套（台），农二师医院给且末工程支队卫生队支援部分新设备，帮助其改善医疗条件。1980年，师卫生局帮助且末工程支队卫生队添置手术台、照明灯等设备，医疗设备条件逐步改善。

2010年，农二师卫生局为支队医院添置治疗仪、半自动生化分析仪、检验等医疗设备11件，价值17万元。

2012年10月，三十七团筹措资金60万元，购入B超机、大生化机、血细胞酶标仪等6套医疗设备。

2013年1月23日，三十七团在且末县城团机关举行"日本利民工程"无偿援助医疗器材竣工仪式。国家民委有关领导、日本驻华使馆代表，兵团民宗局、二师统战部等部门领导参加仪式。三十七团党委书记、政委郭鲁肃主持仪式。

2015年，三十七团医院通过"日本利民工程"和师卫生局的帮助，购置半自动生化分析仪、

2013年1月23日，三十七团举行"日本利民工程"无偿援助项目竣工仪式　　　　（杨悦　摄）

彩超、心电图电脑自动分析仪等各种先进医疗设备 15 台，以血、尿、粪三大常规化验、胸片胸透、超声波诊断为主，常规疾病诊断精准度、治愈率明显提高。11 月 2 日，河北省唐山市路北区援助三十七团一批价值 10 万元的医疗设备。至年底，团医院拥有现代化医疗设备 17 台，其中进口设备 9 台、国产设备 8 台，价值 174.9 万元。

表 23-1　三十七团医院主要医疗设备一览表（2015 年）

设备名称	型号	产地	数量（台）	价值（万元）
尿液分析仪	Uritest-200	上海	1	0.3
半自动生化分析仪	KHBL-3280	上海科华	1	2.6
半自动生化分析仪	RT-9900	日本	1	2.5
三分类血球分析仪	ABX0T-60	法国	1	14.8
B 型超声波诊断仪	B-K2100	日本	1	28
彩超	Mylab15	意大利	1	70
单通道血凝仪	COATRONMI	美国	1	1.8
血凝仪	二通道	德国	1	4
低速离心机	LC-400	安徽合肥	2	1
心电图电脑自动分析仪	CARDIPIA 800A	日本	1	18
酶标仪	Stat Fax 2100	日本	1	1.8
胎心监护仪	STAR5000	深圳	1	2.6
生物安全柜	HR40-11A	山东青岛	2	8
洗板机	Stat Fax 2600	美国	1	2.5
救护车	江玲全顺	南京江陵	1	17
合计			17	174.9

注：此表数据来自 2015 年团医疗机构设备拥有情况统计表。

三、医疗制度

1970 年，工三师修筑"0701"工程时，筑路工人享受国家劳保医疗制度。1996 年，在岗职工医疗费实行包干制，每人每月缴纳包干费 2 元，离休干部和在岗正式职工医疗费用全额公费报销，其他人员自行承担医疗费用的 15%。

1997 年 12 月，制定《且末工程支队公费医疗经费管理办法》，职工医疗经费以全支队职工工资总额的 6% 提取，由计财科拨专款给卫生队使用。职工医疗费用支付范围包括医务人员医务经费、药械费、治疗费、医药费、计划生育费以及批准到外地看病住院的费用等。

1999 年，改革医疗制度，实行兵团医疗五项保险统筹。按照《兵团职工家属集体保健实施办法》规定，实行医疗费用与个人收入挂钩办法，除离休干部、职工和独生子女医疗费由支队经费支付外，其他人员看病、住院医疗费需个人承担 20%。劳保医疗人口享受率达 100%。《且末工程支队公费医疗经费管理办法》对因公致残、职业病、出差、外出学习参会、异地安置人员、职工病故、因公死亡、职工住院等特殊情况下产生的医疗费，作出相应规定。医疗制度改革，为职工提供了基本医疗保障。

2000年，实行基本医疗保险基金与个人账户相结合制度，医疗保险金按上年度职工工资总额的5%提取，作为医疗工作人员工资、门诊个人账户和住院基本医疗费。住院基本医疗费起付标准为4000元，兵团补助贫困团场每人200元，实际每人支付医疗门槛费3800元。

2001年7月，且末工程支队进入全师基本医疗统筹单位，职工基本医疗保险费由单位和个人共同缴纳，单位缴纳8%、个人缴纳2%。职工凭医疗证可以在师医院就医或住院，所产生的医疗费按比例报销。

2009年1月，建立大额医疗保险制度，职工和退休人员每年个人缴费提高至120元，由财政补贴80元作为大额医疗保险金。患有13种慢性病的病人，每两年检查一次，符合条件后享受慢性病医疗待遇。

2010年，根据国家相关政策，兵团系统不断完善团场基本医疗保障制度，逐步提高城镇居民基本医疗保险覆盖面，实行职工、家属、儿童医疗保险制。被保险人因病所产生的费用，就医期间只缴纳个人自负部分，其余部分由保险公司承担。支队落实这一政策后，职工及其家属患病后病重的按规定程序转诊到师或兵团等团外医院就诊或住院，出院后可凭住院手续到保险公司申请报销。

2015年，三十七团初步建起覆盖全团的居民基本医疗保险制度，职工群众医疗保险进入社会化、市场化阶段。

第三节　卫生防疫

一、计划免疫

20世纪80年代，且末工程支队计划免疫工作由且末县医院承担，主要以未成年人为计划免疫对象。

1990—2002年，且末县医院计划免疫管理以儿童预防接种为重点，制定儿童接种免疫档案和计划，实施孕产妇孕期保健制度。0~7岁儿童均按计划免疫程序，分期预约接种各种预防传染病的疫苗，享受儿童免费免疫政策，儿童接种率为100%。

2003年，且末县卫生局将疾控免疫工作移交给支队卫生队。7月，支队成立卫生防疫站，实施初级卫生保健十年规划免疫，计划免疫分为免费和自费两类。免费疫苗包括卡介苗、乙肝疫苗、麻疹疫苗、脊髓灰质炎疫苗、百白破疫苗、A群流脑疫苗等，自费疫苗有甲肝疫苗、狂犬疫苗、水痘疫苗、流感疫苗。卫生队每年组织卫生防疫站人员入连入户实施健康普查和疫苗接种。

2009 年 4 月，医院分别在跃进区和红旗区设立免疫工作室，医务人员分片区定期开展健康普查和强化免疫工作。

2010 年，医院联合且末县卫生防疫单位在支队辖区开展义务巡诊活动，在连队为职工群众免费体检 6500 人次。

2015 年，三十七团落实扩大国家免疫规划政策，1300 名 40 岁以下人员免费服用脊髓灰质炎糖丸。同时加强新出生婴儿的强化免疫控制。8 个月～13 岁以下儿童 100% 接种麻疹疫苗，0～4 岁儿童 100% 强化口服脊髓灰质炎糖丸免疫，新出生婴儿接种免疫控制率达到 100%。

2003—2015 年，卫生防疫站对所有出生婴儿实施强化疾病控制免疫，为 8 个月～13 岁以下的儿童接种麻疹疫苗 250 人次、0～4 岁儿童强化免疫口服脊髓灰质炎糖丸 15 人；出生的 46 名婴儿全部实施疾病免疫接种，小儿疾病免疫控制率达到 100%。

表 23－2　三十七团出生婴儿防疫接种一览表（1990—2015 年）

年份	出生人数（人）	接种率（%）	疫苗接种覆盖率（%）	年份	出生人数（人）	接种率（%）	疫苗接种覆盖率（%）
1990	8	100	100	2003	2	100	100
1991	5	100	100	2004	4	100	100
1992	6	100	100	2005	7	100	100
1993	7	100	100	2006	4	100	100
1994	7	100	100	2007	7	100	100
1995	5	100	100	2008	2	100	100
1996	5	100	100	2009	3	100	100
1997	7	100	100	2010	3	100	100
1998	4	100	100	2011	3	100	100
1999	3	100	100	2012	4	100	100
2000	6	100	100	2013	2	100	100
2001	4	100	100	2014	3	100	100
2002	5	100	100	2015	2	100	100

注：此表由医疗卫生机构提供。

二、传染病防治

据且末县志记载，20 世纪 60 年代至 80 年代，县域内主要传染病有肝炎、伤寒、麻疹、流脑、脊髓灰质炎、破伤风、百日咳、菌痢、水痘、腮腺炎、结核病、流行性感冒、布鲁氏杆菌等近 20 种常见流行性疾病和地方病。地方病以包虫病和布鲁氏杆菌病（以下简称布病）为主，患病人员大多从事牲畜养殖业。

1990 年以前，支队医疗条件差，部分传染疾病得不到有效控制，职工群众发病率高，特别是儿童死亡率偏高。

20 世纪 90 年代中期，且末地区农牧民和矿业工人中有感染布鲁氏杆菌病患者，支队卫生队为所有畜群点牧民及家属接种了布病疫苗。

1996 年，卫生队与且末县卫生防疫站联合筛查 1 个放牧点和所有养殖户，重点检测疑似地方病病例，加强对地方病的防治。此后，按规定落实常规免疫措施，传染病发病率大幅下降。至 2000 年，伤寒、痢疾、肝炎、结核、水痘、腮腺炎等传染病虽时有发生，但通过每年免疫均能控制传染病的传播。

2003 年 3 月，在全球暴发严重急性呼吸综合征（SARS）病毒期间，支队卫生防疫站启动卫生防治预案。按照国家对疫情防控要求，在主要路口设置检查站，昼夜值班，检测过往行人体温和车辆消毒情况。医务人员入户检查家庭卫生并消毒，采取食用酸醋熏蒸消毒空气、勤洗手、戴口罩等多种预防措施，防止传染性非典型肺炎病毒在域内传播。辖区居所、学校、医院、监区、办公区域等均由医务人员消毒。通过严厉、扎实的预防工作，辖区内没有发生疑似病例。

2005 年，卫生队以肠道传染病防治为重点，落实综合防治措施，辖区重大传染病源和突发公共卫生事件、地方病、结核病、艾滋病等疾病得到有效控制。

2006 年，跃进区实施水土开发建设，外来务工人员增加，每天流动人口 1200 余人。卫生防疫站工作人员每天深入施工单位调查外来人员身体健康和疾病防疫情况，给施工驻地宿舍实施消毒，严格控制病毒传播。

2010—2015 年，卫生防疫站每年派专人检测畜牧点职工患包虫病、布病带病发病情况，经过对监区畜牧点、一连养殖场饲养人员及散养牲畜点进行排查，辖区没有发现患包虫病、布病人员。

三、爱国卫生运动

1986 年，且末工程支队把爱国卫生运动纳入两个文明建设规划，成立爱国卫生委员会。每年春季组织开展群众性爱国卫生活动，清理场区道路、住户庭院、办公场所柴草、垃圾等，达到保持环境清洁、减少疾病发生的目的。

1995 年 5 月，支队政工科组织开展爱国卫生活动，落实活动各项措施，各单位为活动主体，牵头组织职工群众对居住区域的环境卫生每周进行一次大清扫，仅红旗区一次性清理道路、家庭、林带、公共场所垃圾 200 吨左右，环境面貌得到改观。至此，支队爱国卫生委员会每年至少开展 4 次环境卫生清理工作，年清理生活、生产垃圾 400 吨左右。

2003 年，支队制定《且末工程支队加强爱国卫生管理实施方案》《且末工程支队环境卫生集中整治规定》《且末工程支队连队环境卫生综合整治实施方案》等制度措施，形成支队、连、社区三级爱国卫生管理网络。社区组建环卫队，安排清洁工 4 人，清扫公共场所卫生。配备 1 台小四轮拖拉机，拉运 3 个居民小区的生活垃圾。

2007 年，随着农牧团场改革的不断深入，启动创建屯垦成边新型团场工作。爱国卫生运动以环境集中整治为重点，各连队改水、改厕、改道，集中整治连队居住环境。投资 30 万元在跃进区、红旗区新建旱厕 14 个；投资 15 万元改建红旗区自来水管道 82 米；投资 123 万元完成跃进1~4区道路硬质化，场区环境面貌得到改善。同时，出台卫生管理工作制度和卫生费收取管理办法，规范辖区环境卫生管理工作。

2008 年 5 月，以整治居住环境"脏、乱、差"为重点，采取检查、评比、奖惩措施促进爱国卫生运动的深入开展。820 名职工群众参加环境整治活动，其中，三连、一连被评为卫生整治先进单位。

2010 年 8 月，社区制定《且末工程支队环境卫生管理暂行办法》，加大环境卫生管理力度。按照连社合一管理办法，基层单位各为一个社区，卫生垃圾由连队指定人员实行承包拉运清理。每周五机关集中开展卫生大扫除活动。

2014 年 3 月，城镇道路卫生移交城管部门主管，成立由 6 人组成的环卫队，负责 3 个居民区及城镇道路生活垃圾拉运工作。

2015 年 5 月，开展营区卫生死角卫生治理活动，医院采用一体化二级生化处理设施集中处理医疗废水，医疗废物集中销毁、毁形，有效防止医疗废物二次污染。团场购置垃圾运输车 1 辆，在各辖区集中居住区域放置移动式垃圾箱 12 个，由社区负责清运垃圾。新建垃圾处理厂 1 座，日掩埋处理垃圾 200 吨，做到垃圾日产日清，公共场所干净整洁。

第四节　医疗保健

2000 年，且末工程支队成立初级卫生保健委员会，由 1 名支队副职领导任主任，机关各科室、各单位主要领导为成员。委员会下设办公室挂靠在卫生队。制定《且末工程支队初级卫生保健实施方案》，职工健康检查被纳入初级卫生保健范围。是年，0~6 岁儿童保健实施"421"体检，即 4~6 岁儿童每年体检 1 次，2~3 岁儿童每半年体检 1 次，1 岁儿童每年体检 1 次。给全体居民建立健康档案，实行医疗保健控制管理。

2003 年，在建立妇幼保健系统管理制度的基础上，卫生队增加孕产妇保健基本服务内容。在卫生队设妇幼保健室，建立妇幼保健档案，开展的妇幼保健项目有妇科疾病检查、婚前检查、婚前知识教育、早孕保健知识、产前保健知识及新生儿计划免疫等内容。每隔三年组织已婚妇女体检 1 次，做到有病早治、无病预防。

2004 年，支队开始实施参保职工、退休职工慢性病普查和鉴定工作。为居民筛查高血压、心血管病、脑血管病和糖尿病等慢性疾病，对患有慢性疾病居民实行普查与防治、控制与辅助治疗，建立普查普治档案，看病就医给予患者相关政策支持。

2005 年，按照国家婚检自愿政策，动员女性职工婚前健康检查，参加婚检女职工 6 人，婚检人数占女职工人数的 0.61%。

2007 年，医院免费普查妇科病，有 264 名妇女接受妇科检查。其中，患病人数 114 人，占被检查人数的 43.1%。有 76 人在医院接受保健治疗。

2010 年，医院启动居民健康建档信息化管理工程，通过入户调查摸底，收集全团居民基本信息和健康信息并输入计算机，居民健康档案实现信息化管理。除人户分离的 448 人外，其余 866 人全部建立健康档案，建档率为 100%。老年健康管理及慢性病管理也随之进入信息化医疗保健管理系统。职工体检 641 人，儿童体检 167 人，老年人体检 58 人，体检率为 67%。

2009—2015 年，全团参加全民健康检查人数 6677 人。其中，女职工参加初级卫生保健体检 2164 人，占接受检查人数的 32.4%。全民体检率为 70.41%，全民初级卫生保健覆盖率较低。

2015 年，卫生防疫机构给 65 岁以上的 63 名老人均建立健康档案；妇幼保健覆盖率为 100%，无孕产妇死亡，无婴儿死亡。普查鉴定慢性病人 4 人，参加医疗、养老保险并鉴定患有慢性病的人员，均享受国家慢性病控制相关就医用药政策。

表 23 - 3　三十七团妇科病普查情况一览表（2009—2015 年）

年份	普查人数（人）	患病人数（人）	子宫颈癌人数（人）	患病率（%）	年份	普查人数（人）	患病人数（人）	子宫颈癌人数（人）	患病率（%）
2009	364	23	0	6.3	2013	516	46	0	8.9
2010	372	47	0	12.6	2014	523	49	1	9.3
2011	411	49	1	12.1	2015	530	51	0	10.1
2012	507	51	0	10					

注：此表数据由团医疗机构提供。

表 23 - 4　三十七团职工健康体检情况一览表（2009—2015 年）

年份	体检总人数（人）	职工体检（人）	性别		儿童体检（人）	老年人体检（人）	体检率（%）
			女职工	男职工			
2009	848	628	256	372	160	60	65
2010	866	641	296	345	167	58	67
2011	968	736	326	410	170	62	72.3
2012	970	739	317	422	176	55	71
2013	938	658	266	392	210	70	71.3
2014	1067	792	347	445	207	68	74
2015	1020	766	356	410	192	62	72.3
合计	6677	4960	2164	2796	1282	435	70.41

注：此表数据由团医疗机构提供。

第二十四章　社会生活

20 世纪 70 年代初，工三师筑路队伍达到且末后，在且末县城南部戈壁滩建起工程指挥部，职工群众在此安家落户，在发展中逐步形成一个小社会区域。80 年代，职工群众的生活比较困难，是兵团偏远地区贫困团场之一。1999 年，开始建立最低生活保障制度，到 2015 年，已建立以居民最低生活保障、医疗救助为主，以救灾救济为辅，临时救济为补充，医疗救助、取暖、子女就学等专项救助政策相配套的社会救助体系，困难群体的基本生活得到保障。随着团部小城镇的发展，人口集中居住，社区管理逐渐规范化，职工群众的生活质量明显提高。

第一节　社会救助

一、最低生活保障

1998 年，兵团出台《新疆生产建设兵团城镇居民最低生活保障制度实施细则（试行）》，且末工程支队按照兵、师相关文件要求，成立以行政主要领导为组长的最低生活保障工作领导小组，下设办公机构，基层各单位也相应成立小组。民政科负责对各单位常住人口最低生活保障线摸底、调查和统计工作，掌握职工生活状态和需要救助的对象。

1999 年 9 月，落实国家最低生活保障政策，为贫困人口每月发放 100 元最低生活保障金，有 8 户 9 人享受最低生活保障救助，解决了困难群众基本生活问题。

2000 年 8 月，《且末工程支队居民最低生活保障制度实行暂行办法》规定，2000 年 1 月，正式实施最低生活保障制度，把无劳动能力、无经济来源、无法定赡养人或抚养人和特困残疾人纳入低保范围，享受低保待遇，在计财科建立低保金专项账户，专款专用。是年，且末工程支队为 8 个单位的 8 户 9 人发放最低生活保障金 1.08 万元。

2001 年，民政科再次对全支队常住人口最低生活保障线排查摸底，新增 5 户 5 人低保对象。除上级拨付的低保金外，每年投入 1.68 万元给予低保户生活困难补助。最低生活保障金调整至每人每月 158 元，全年发放最低生活保障金 13 户 14 人，共计 2.65 万元。

2003 年 11 月，且末工程支队建立低保档案，纳入低保范围的家庭有 16 户 16 人。其中，6 户为残疾家庭，1 户为困难家庭，9 户为低收入家庭。

2004 年，继续完善社会保障体系建设，最低生活保障覆盖面不断扩大，确保低收入居民生活得到保障，生活水平逐年提高。

2010 年 1 月，享受最低生活保障的居民每人每月增加 20 元补助金。6 月起，每人每月增加 30 元补助金。60 岁以上老年低保居民每人每月增发 50 元生活补贴。

2014 年，全团有 15 人享受低保待遇，月发放低保救助金 4891 元，年发放低保救助金 5.87 万元。团给大病、重灾等低保家庭和低保边缘家庭发放临时救助和生活补贴金 0.72 万元，低收入居民生活有所保障。

2015 年，团将丧失劳动能力的 1 户 1 人纳入低保户，年发放低保金 0.91 万元，发放救济款 1.71 万元。最低生活保障工作实行动态管理，做到应保尽保、专款专用，形成由团社政科主管，各职能部门配合的工作机制。享受低保人员均参加居民基本医疗保险，享受医疗保险救助。全团有 133 户次 157 人次享受最低生活保障金 7.37 万元。

二、临时救济

20 世纪 70 年代，风、雨、霜、冻洪水等自然灾害频发，给职工群众生产、生活造成困难。且末工程支队多方筹集资金救助受灾职工，发放临时救济金，帮助受灾职工抗灾自救。救灾资金列入预算，设立救灾救济资金专户，专款专用。每当自然灾害发生后，支队利用专项资金为农业生产提供救灾物资，解决受灾职工群众生活困难问题。

1989 年 8 月 16 日，且末河暴发的山洪摧毁支队农田、部分房屋，造成直接经济损失 170 万元。支队给承包土地职工每亩补助 40 元农资费，发放救济资金 7.2 万元。

1997 年 8 月 16 日，红旗区河西农田遭受历史以来特大洪水侵袭，53.3 公顷棉田被淹，13 间房屋倒塌，减免职工地租金 12.3 万元。

1998 年 1 月 21 日，且末地区普降大雪，厚度近 30 厘米，跃进地区新植枣树冻死，受灾面积 280 公顷，农业直接经济损失 101 万元。支队发放救灾资金 19 万元。

1998 年 4 月，支队所在区域遭受低温霜冻灾害，受灾面积 132.5 公顷，红旗区早播棉花全部受灾，经济损失 160 万元。支队垫资 23 万元为受灾职工免费复播补苗。

2000 年，红旗区、跃进区相继遭遇低温霜冻、大风、洪水等 4 次自然灾害，师民政局给受灾群众发放救助被褥 125 床、衣物 149 件，发放救灾资金 172 万元，发放救灾粮 77.58 吨，救助受灾职工群众 541 户 5005 人次渡过难关。

2001 年 5 月，红旗区遭受大风低温灾害，造成农作物直接经济损失 12 万元，师拨付救济款

1.5万元。

2003年7月13日，且末地区遭受冰雹大雨突袭，红旗区186.6公顷棉花不同程度受灾，跃进区53.3公顷棉花受灾，造成直接经济损失210万元。是年，给受灾职工发放粮食、清油等救济物资价值54.3万元，临时救济生活困难职工98户1233人。

2006年7月，且末地区遭受8级大风侵袭，跃进区红枣地受灾面积1000公顷，受灾人口1230人，直接农业经济损失2500万元。当年启动救灾预案，为107户1205人发放临时救济金11.59万元。

2009年5月26日，跃进区遭受大风、沙尘暴袭击，受灾面积706公顷，直接经济损失达92万元。其中一连、二连靠近沙漠的53.3公顷棉花绝收，其他作物受灾面积652.7公顷。开发区新种植和改嫁接的653.3公顷红枣重复受灾2次。是年，给148户280人发放临时救济金7.93万元。

2010年5月，遭受低温霜冻灾害，453公顷棉花和1133公顷红枣受灾，直接经济损失520万元。社会临时救济302户747人，发放临时救济资金22.37万元。

2015年，社会临时救济226户，共计665人次，发放救济资金3.88万元。全年临时救济、低保合计359户次，共计822人次，发放临时救济资金11.25万元。

1970—2015年，辖区遭受不同程度的自然灾害108起，经济损失在10万元以上的自然灾害78起，经济损失在50万元以上的自然灾害23起，经济损失在100万元以上的自然灾害7起。团接受单位和个人捐款160万元，其中，接受上级发放救助金122万元，接受社会捐赠10万元，两次接受武警兵团指挥部捐赠28万元。

表24－1　三十七团社会救济情况一览表（2007—2015年）

年份	全年社会临时救济			全年最低生活保障			全年低保、临时救济合计		
	户数（户）	人数（人）	金额（元）	户次（户）	人次（人）	金额（元）	户次（户）	人次（人）	金额（元）
2007	150	437	4.30	358	642	5.76	508	1079	10.06
2008	53	150	1.47	293	307	4.79	346	457	6.26
2009	148	280	7.93	161	1165	20.64	309	1445	28.57
2010	302	747	22.37	263	704	21.20	565	1451	43.57
2011	34	73	1.02	162	174	4.02	196	247	5.04
2012	30	53	0.90	133	154	3.62	163	207	4.52
2013	75	160	3.84	120	123	4.36	195	283	8.20
2014	129	317	4.83	144	180	7.91	273	497	12.74
2015	226	665	3.88	133	157	7.37	359	822	11.25

注：此表来自《农二师统计年鉴》资料。

三、扶贫帮困

20 世纪 90 年代，因且末工程支队基础条件差，生产规模小，经济发展滞后，为扶持且末工程支队发展社会事业，兵团将且末工程支队列为贫困团场范畴，每年给予一定数量的资金扶持。1996 年，且末工程支队成立扶贫帮困领导小组，由职工群众捐款设立扶贫帮困基金，建立经常性社会捐助体系。每年由政工科按照标准给困难家庭发放帮扶资金。

1997 年，且末工程支队开展群众性扶贫帮团活动，支队干部职工为教育和福利事业捐款 1.5 万元。

1998 年，且末工程支队调整扶贫帮困领导小组成员。11 月，由政工科牵头开展全民扶贫帮困活动，党员干部每人结扶贫帮扶对子 2 户，实施结对帮扶脱贫。党员干部捐款 4800 元，捐衣捐物 1243 件，帮助 17 户生活困难家庭渡过难关。

2001 年 4 月，因受低温灾害影响，各农业连队棉花重播，种植户投资成本加大，工会与行政方民主协商出台政策，给受灾职工减负，承包土地的职工每亩减免 50% 的水费，保障承包土地职工基本生活。

2006 年 5 月 12 日，武警兵团指挥部向且末工程支队捐赠扶贫帮困资金 10 万元，捐赠衣物、棉被各 100 套；走访慰问困难群众家庭 3 户，发放慰问金 2500 元。

2007 年，且末工程支队成立职工减负工作领导小组，全年给 91 户职工让利减负补助 99.07 万元。2008 年，支队把税改和减负结合起来，对承包期限 5 年以上的职工减收承包费 30%，减收土地承包费共计 55 万元；承包红枣地的职工每人核补 75% 的人工费，为职工让利 150 万元。

2013 年 6 月，机关副科级以上干部每人帮扶一户困难职工，从思想、资金、技术、物资等方面帮扶救助困难职工。

2014 年 10 月 17 日，河北省唐山市向团中学捐赠 200 套被褥。团 2 名主要领导分别负责 3 个农业连队的脱贫攻坚工作，机关干部每人挂钩 2 户贫困户扶贫帮困。团为红枣单产低于 150 千克的连队职工补贴有机肥 283.3 立方米，补贴资金 2.27 万元；为低收入职工家庭免费提供沼液 1245.84 立方米，累计补贴资金 38.36 万元。

2015 年，河北省唐山市路北区援助三十七团 50 万元资金和价值 10 万元的医疗设备。团实行资产收益分红和社会保障兜底帮扶困难职工，低收入家庭入股恒盛畜牧养殖农民专业合作社，年底给 71 户每户分红 1690.14 元，总计分红约 12 万元；给种植红枣的低收入职工减免上缴资金 31.2 万元。节假日团领导走访慰问低收入职工，发放慰问金及物品价值 10.86 万元；冬季给低收入家庭送取暖煤，价值 2.3 万元。给低收入家庭子女发放金秋助学金 2.72 万元，为 15 名考入国民教育大专以上院校和农二师华山中学、八一中学困难职工子女发放助学金 2.26 万元；全年对大病、高龄老人、重灾家庭等实施救助 56.56 万元，其中给大病困难职工发放医疗救助金 1.5 万元，其他人员发放 50.06 万元。

第二节　赈灾捐助

一、捐赠灾区

1976 年 7 月 28 日，河北省唐山市发生里氏 7.8 级强烈地震。且末工程支队捐款 2 万元，职工群众向唐山捐款 1.14 万元，共计向唐山灾区捐款 3.14 万元。

1997 年，新疆喀什地区伽师县连续发生 7 次 6 级以上地震。职工群众为灾区捐款 1.2 万元。

1998 年夏季，中国长江、嫩江、松花江发生超历史记录的特大洪水，职工群众向灾区捐款 3 万元。

2008 年 5 月 12 日，四川省汶川县发生 8.0 级地震。职工群众先后 3 次向四川汶川地震灾区捐款共计 5.72 万元、捐赠衣物 190 件。146 名党员缴纳特殊党费 1.68 万元。16 日，干部职工再次发起向四川汶川地震灾区捐款活动，共捐款 1.59 万元，及时送往灾区。

2010 年 4 月 14 日，青海省玉树藏族自治州玉树县发生 7.1 级地震，职工群众向灾区捐款 2.1 万元。

二、扶贫济困捐赠

1997 年，组织职工群众捐款 1.8 万元，帮扶一连重病职工何光友就医。2005 年，捐款 0.45 万元帮扶双目失明家属汤振花解决其生活困难。2007 年 5 月，工会牵头捐款 1.26 万元，帮助因车祸住院需手术治疗的一连职工陶建就医。

2006 年 5 月 12 日，武警兵团指挥部在且末支队举行扶贫帮困捐赠仪式，向且末支队捐赠扶贫帮困资金 10 万元。武警兵团指挥部及二支队的领导到困难群众家庭进行走访慰问，向贫困家庭带去关怀和温暖。

2008 年 5 月 24 日，支队捐助且末县奥依亚依拉克乡 10 万元，帮助安置点 375 户维吾尔族牧民建房，改善游牧生活条件。10 月 22 日，且末地区出现大风降温天气，和田地区玉田县到支队拾花的 410 名季节工缺少御寒衣物，职工群众纷纷伸出援助之手，捐赠棉衣 487 件。

2012 年，支队驻村工作队为且末县英吾斯塘乡吐排吾斯塘村 13 户贫困农民提供农资，价值 3 万余元；捐款 1.8 万元帮助因患病失学的家庭困难大学生忙孜古丽·莫敏及时就医，使其病愈后重返校园。

第三节　优抚安置

一、军人优抚

且末工程支队传承"拥军优属、拥政爱民"的优良传统，每年"八一"前夕，定期开展"拥军优属"活动，落实优抚安置工作。1974—2008 年，军人优抚工作由计财科分管，每逢春节、"八一"建军节，支队党委成员都要到驻地武警部队慰问官兵，到且末县驻县部队举办军民联谊会、座谈会等拥军活动。

2007 年，义务兵优待金开始由兵团统筹，一改过去由支队按年职均收入的 50% 标准发放的做法。

2009 年，机关设民政科，负责优抚工作。支队有优抚对象 32 户，分布在各农林连队和企事业单位。支队党委在每年春节期间、"八一"建军节，组织拥军慰问组开展慰问活动，参照师义务兵、现役军人家属优待相关文件精神，自筹资金为义务兵家属发放优待金，发放标准为每人每年 1000 元。

1974—2015 年，组团走访慰问驻军单位 85 次，慰问优抚退伍军人 1450 人次，慰问金额（含物资折款）共 125.57 万元；召开优抚对象座谈会、军民联欢会和文娱晚会 30 场次，为驻军和优抚对象办实事、办好事 130 件。

二、退伍安置

1974—1980 年，优先安排转业退伍军人就业。1984 年，招收 35 岁以下退役军人多人，全部纳入编制。退伍军人在不同的工作岗位努力工作，成为经济建设的排头兵和骨干力量。许多人还走上领导岗位，至 1986 年，先后担任且末工程支队副处级以上领导职务 17 人、科级领导 21 人、基层单位领导职务 34 人。

2009 年，机关设置退役士兵安置办公室，将每年退伍军人全部妥善安置，安排到合适的工作岗位。2015 年底，在机关工作的退伍军人 6 人，在事业单位、生产连队担任领导职务的有 4 人，业务干部有 17 人。

第四节　社区工作

一、社区机构

（一）社区服务中心

1991 年 4 月，且末工程支队在红旗区成立社区，副连级建制，配备社区主任 1 人、工作人员

1 人。业务归机关办公室管辖。

1994 年 3 月 12 日，因辖区内人口逐年增多，社区工作业务增多，支队将社区建制提升为正连级，配备社区主任 1 人、工作人员 3 人。社区办公室设在机关行政办公室，由行政办公室负责指导社区工作。1998 年，支队调整社区领导 1 人，配备工作人员 5 人。

2008 年，社区接管跃进区新建的 4 个小区共计 198 户居民的社会服务工作，在跃进区配备管理人员 1 人、工作人员 2 人。

2010 年 8 月，支队部搬迁至且末县城，社区也随之搬迁至县城机关大楼内，与机关行政办公室合署办公。

2013 年 6 月，三十七团成立社区建设指导委员会，由一名团副职领导任主任，成员由行政办公室、农业科、工交建商科、社区、生产单位领导组成。社区更名为社区服务中心，正连级建制，配备主任 1 人、工作人员 6 人。团社区建设指导委员会负责管理指导全团的社区工作。社区服务中心按片区分别组建红旗社区居民委员会、跃进社区居民委员会、康都社区居民委员会，各配备社区主任和书记。在社区服务中心的领导下，各社区居民委员会组织开展创建文明社区达标活动。至 2015 年底，各社区居民委员会建制没有变动。

（二）居民委员会

1. 红旗社区居民委员会

2013 年 6 月，红旗社区以一连为主成立居民委员会，社区主任由连队 1 名主要领导担任，业务人员 3 人，承担红旗辖区居民生活服务工作。驻有一连、学校、加工厂、苏干特派出所、奇强混凝土商业公司 5 个单位，设有 1～3 号居民小区。配有专业电工 1 人，垃圾处理由连队承包给个人。2015 年底，红旗社区有 287 户总人口 810 人。

2. 跃进社区居民委员会

2013 年 6 月，跃进开发区成立居民委员会，由三连、二连联合组成社区居民委员会，配备社区主任 1 人、副主任 2 人、工作人员 6 人，负责社区各项日常业务。驻辖区的各单位领导负责社区工作安排与落实。驻有二连、三连、水电站、林管站、设施农业基地、钢架厂、预制场等单位和企业。设一区、二区、三区、四区 4 个居民小区，为两家住一栋房舍，居住人口 387 户1720 人。

2014 年，恒盛生猪养殖场、牛场、玉昆仑湖公园等单位落地跃进社区。2015 年，三十七团新团部选址跃进区，开始在跃进社区动工建设三十七团小城镇。

3. 康都社区居民委员会

2010 年 6 月，且末工程支队在且末县城购买县政府原办公大楼及周边土地后，开始建设居民小区，取名为新址小区。8 月，支队部搬进县城新址小区。

2012 年 12 月，县城新址小区建成后，一部分连队职工告别土坯房，搬进小区居住。2013 年

4 月，新址小区更名为康都小区。6 月，康都社区居民委员会成立，配备社区主任 1 人、工作人员 5 人。社区内建有楼房 7 栋，占地面积 7700 平方米，总人口 538 人，有住户 241 户、底商 27 户。驻扎有团机关，占地面积 7012 平方米，建有 1 栋 3 层办公楼，有机关工作人员 70 人；另建有 1 栋 12 层的州际酒店，占地面积 3767 平方米，是三十七团在且末县城新建的商业地标性建筑之一。

二、社区服务

1991 年 4 月，支队社区在红旗区成立后，主要负责全支队 8 个基层单位和支队部的通水、通电和辖区环境卫生工作，配备电工、管道工、清洁工、管理人员各 1 人。

1994 年 3 月，由社区负责辖区内水、电、接待、环境卫生等社会事务。

2013 年，社区更名为社区服务中心，配备水、电、暖、环卫专业服务人员 2 人，负责全团供排水、辖区道路照明、各种管道维修、公共环境卫生、垃圾清运等服务项目，统一开展居民社会化服务工作，社区管理服务日趋规范。同时成立 3 个社区居民委员会，在社区服务中心领导下，为居民提供垃圾处理、供暖、环境卫生、用电线路检修等生活服务。

2013 年起，社区服务中心统一负责康都小区、红旗区、跃进区物业管理，制订物业管理办法和规章制度，为居民提供物业服务项目，参照且末县物业管理服务收费标准，每年向居民收取物业管理费。康都小区居民用电、用水、取暖分别由且末县水电部门、电力公司、热力公司供给，每年按且末县居民相关收费标准收取费用。康都社区代县电力公司收取电费，不承担水暖收费业务。康都小区高层楼物业费按每月每平方米 1.1 元收取；住宅条楼物业费为每月每平方米 0.4 元，康都小区条楼商用 4、5 号楼门面物业费为每月每平方米 0.5 元。每年 8 月，团社区服务中心开始收缴物业费，12 月底收缴完毕。按照"属地管理"原则，各社区居委会负责管理辖区的环境卫生，代收居民水费和卫生费；冬季采暖期，监督居民小区集中供暖和采暖费收缴。垃圾清运费的收费标准，康都小区条楼为每月每平方米 0.04 元，红旗区、跃进区为每年每平方米 1 元。

2013 年，社区中心增加公有住房对外租赁业务。居住在连队的外来人员，需租赁公房时，与连队社区签订公房租赁协议，办理入住手续，连队收取承租人租赁合同抵押金 1000 元；职工入住连队公有房，与连队社区签订公房租赁合同，缴纳租房押金 200 元，租赁康都小区的公有房屋，入住前一次性缴清当年房租。红旗区、跃进区公有房屋均为平房，租赁费按每月每平方米 4 元收取；康都小区公有房屋 1～2 楼层每月每平方米收取租赁费 6 元、3～4 楼层收取 5.5 元、5～6 楼层收取 5 元。是年，团场招用的大学生入住团部办公大楼 3 楼、综合楼公房、大学生公寓所产生的费用参照《三十七团大学生管理办法》文件执行；其他工作人员租赁公有住房房屋租赁费、水电费分别为每人每月 50 元；入住基层连队的公房，按团下发的房屋管理办法缴纳房租和水电费。

2015 年 1—12 月，团社区服务中心收取水电暖费、物业管理费、商业费、公有住房租赁费、公共卫生服务费共计 2667.632 万元。其中，缴纳给且末县水电暖费 2338.561 万元，其他费用

329.071 万元。团内物业管理经营总体处于亏损状态。

2015 年，社区服务中心搬迁至跃进区小城镇，团在跃进区设立物业环卫站，负责辖区环境卫生工作。全团域内电网架设、线路维修、卫生清扫、水电暖供应等由社区服务中心统一管理，工作人员实行持证上岗，年均为居民维修水管、采暖管网 150 次，清理排污管道 60 次，排除供水管件、阀门、上下水故障等 120 多次，无偿为职工上门服务 150 次，维修路灯、居民家中照明灯、机关照明灯等公共场所电路故障 1230 次，打扫路面、小区卫生，年清运垃圾 5000 立方米。

第五节　群众生活

一、居民收入

1970—1977 年，施工连队主要以国家投资修筑 315 国道工程项目，每个劳动力年均收入 300 元。1978 年，施工连队转移至乌鲁木齐一带承揽工程，职均年收入 400 元以上，较之前的道路施工时期有所提高。

1992 年，贯彻落实"坐稳农业、手伸矿山、狠抓两棉"的经济发展方针，大力发展集体经济，加大基础设施投入力度，职工收入增加，人均年收入从 1985 年的 476 元增至 1994 年的 1354 元。

2000 年，以农业为基础的集体经济地位得到进一步巩固，粮棉产量逐年攀升，籽棉总产 1062.6 吨，粮食总产 990 吨，职均年收入 5659 元，人均年收入超过 1500 元。

2005 年，完成国内生产总值 1292 万元，职均年收入 7670 元，人均年收入 3120 元，超过"十五"规划预期目标。

2010 年，实现国内生产总值 1512 万元，较"十五"期末增加 220 万元，人均完成生产总值 8423 元。在岗职工年收入 7340 元。

2011—2015 年的五年间，团累计完成国内生产总值 1.82 亿元，较"十一五"期间增长 2.75 倍，实现综合利润 1097.48 万元。农牧工家庭人年均收入 1.56 万元，较 2010 年增长 5%。

二、居民消费

1970—1977 年，因粮食短缺，且末工程支队实行每月定量供应粮食制度。指挥部按照工资额度和工种及劳动强度，按月给职工发放粮票和菜票。每张粮票最大额度为肆两，最小额度为贰两，菜票分别为壹分、贰分、伍分、壹角、贰角、伍角。每人每月发放粮票 18 千克粗粮、2.5 千克细粮，菜票 15 元。职工凭粮票、饭票在食堂集体就餐，每天的主食是玉米面窝窝头，白菜汤加咸菜。副食品供应完全依靠外地购买。逢年过节，连队食堂改善伙食，劳动力每人限量只分两个菜和一碗豆腐汤，外加两个玉米面掺白面做成的花卷馒头，职工的孩子只分馒头和咸菜。职工出行大部分是骑马、赶毛驴车或者步行，极少部分人骑自行车。人们节衣缩食，消费观念以勤俭持家为理念，用极少的收入维持生活。

1978 年，支队大部分职工携家属搬迁至乌鲁木齐、盐湖一带（时称北线）施工，且末驻地留守的部分人员因粮食紧缺，实行生活制度改革。机关工作人员按标准每月从工资里扣除 3.8 元的生活费后在大食堂就餐；其他工人就餐与单位食堂分离，自行到仓库领取粮油，自己开火做饭，副食品按工龄由单位补贴分发给工人。党的十一届三中全会召开后，支队实施经济体制改革，扩大市场准入范围，职工生活用品在集体供给不足的情况下，可以到市场上自行购买。

1985 年，且末工程支队驻地取消大食堂制度，从北线撤回且末的人员不再集中到食堂就餐，改为自立锅灶，开火做饭，仅机关工作人员和部分单身职工可在支队招待所食堂就餐。北线的施工工地依然沿用大食堂就餐方式。

1990 年初，随着经济的发展，粮票、菜票、布票退出市场。职工群众购物不再使用粮票、菜票等代金券。

1998 年，由于职工收入不断提高，职工们留够生产成本后，剩余的资金投入居室装修。入住砖木结构住房的职工，在室内地面铺地板砖、地板胶，安装土暖气，添置音响设备、彩色电视机、VCD 影碟机、摩托车等，时代潮流的五斗橱、写字台等家具逐渐进入百姓家。个别上海支边青年家庭则从上海购回照相机和摄像机，满足个人对精神生活的需求。

2000 年后，随着土地长期固定承包以及兵团各项惠农政策的出台，职工收入逐渐增长，用于生活消费的资金逐渐增多，相继购买楼房、高中档家用电器和小轿车，大屏幕（58 英寸以上）彩色电视机和高档音响、手机、DVD 影碟机等逐渐进入职工家庭，居民家庭消费能力和水平不断提高。

2010 年，支队投资 1173 万元在且末县城新建职工住宅楼，有 241 户职工告别土坯房，住进楼房。

2014 年，团场居民的冰箱、洗衣机等入户率为 100%；移动通信工具拥有率为 100%，网络入户率为 75%；计算机入户 217 户，占总户数的 60%。

2015 年，全团职工自行购买各种机动车辆 532 辆，其中汽车 61 辆、摩托车（包括电动车）313 辆、拖拉机 156 辆、其他类型运输车辆 2 辆，户均拥有车辆 1.08 辆，夫妻两人各拥有一辆小汽车的家庭有 4 户。家用轿车逐渐替代自行车、摩托车，成为人们出行的主要代步工具。

2015 年末，经过抽样调查，团职工家庭年户均生活消费总支出 3.35 万元，其中家庭经营费支出 1.68 元、生活消费支出 1.67 万元。职工家庭消费水平较 2014 年提高 2.6%。

三、居民住房

1970—1974 年，筑路施工队伍没有固定住所，在工地附近就地开挖地窝子作为住房，其构造简单且空间狭窄、潮湿，居住环境极为艰苦。

1980年后，职工因地制宜将地窝子改造成土坯房，用土坯以干打垒建筑方式修造房屋，屋顶用芦苇扎成把并紧密排列后抹匀草泥，土坯房成为职工主要居住场所。

1984—1987年，红旗区相继建成一批土木结构的住房，职工住房条件得到改善。

1998年，围绕兵团"三化"（团部城镇化、连队园林化、农业机械化）发展目标，支队启动危旧住房改造工程，出台惠民政策引领职工公建私住住房。拆除土坯房160套，首期建成的46栋砖木结构住房为三室一厅，每户住房面积90.2平方米，总建筑面积1.125万平方米，累计投资400万元；二期住房工程建成砖木结构住房38栋，总建筑面积8700平方米，户均面积68.2平方米。连队职工住房由连排式土坯房变成"前有院，后又圈，中间加个小宫殿"的庭院式新户型，建筑风格由军营式向田园式演变，职工群众逐步告别地窝子和土坯房。

2005年，跃进开发区居民区1~4区住宅工程投入施工。至2006年12月，投资608万元共建成砖混结构住房120栋，安置新职工240户。

2007—2009年，完成危旧住房改造140户，改造住房面积1.12万平方米。

2009年8月，支队在且末县城购置土地规划建设康都小区新建职工住宅楼5幢，入住48户职工。2010年9月，康都小区续建廉租房100套，解决了241户职工住房问题。团场连队居民整体式入住地方县城在农二师为第一家。

2015年6月，团在跃进区新团部建成保障性住房1800套，配套完成城镇道路、给排水、天然气、供热工程等基础设施建设，完成中学、医院、幼儿园等社会事业建设项目，职工群众的居住环境和生活环境发生质的改变。

第六节　婚姻登记

1990年以前，支队婚姻登记业务由且末县民政局办理，职工群众结婚登记需经且末县医院身体检查后，再到县民政局办理结婚登记手续。

1994年，机关政工科代办婚姻登记手续。2003年3月，民政事务从政工科分离，成立民政科，婚姻登记转由民政科办理。按照国家有关法律法规落实婚姻管理工作，开展婚姻相关法律宣传和教育，依法办理婚姻登记手续，建立并完善婚姻登记档案。

1996年起，婚姻登记执行《新疆维吾尔自治区婚姻登记管理办法》，登记双方符合民法典相关规定，给予婚姻关系登记。

1998—2015年，团登记结婚84对，其中初婚73对、再婚11对；登记离婚11对。另有团外结婚登记8人。建立婚姻档案14卷，其中结婚卷13卷、离婚卷1卷。

第七节　殡葬管理

一、殡葬

20 世纪 70 年代，群工科负责殡葬管理工作，多年一直采用土葬方式葬埋逝者。且末工程支队在车尔臣河西岸大渠以西 800 米处设有墓地，俗称河西墓地，占地面积 15 公顷。卫生队附近设有太平间 1 间，面积 30 平方米。80 年代后期，太平间因年久失修被拆除。1970—1989 年，在河西墓地安葬工三师筑路人员 363 人，安葬且末工程支队职工群众 181 人，安葬且末乡镇汉族村民 263 人。

1990 年后，支队在卫生队专设 1 间危重病房，病人去世后，在危病房内办理后事。

1993 年，支队投资 1.2 万元修建支队部至河西墓地便道 3.5 千米，为逝者送葬出行提供了便利。2009 年，由且末县投资修筑一条从 315 国道通往河西墓地的柏油路，总长 1.5 千米，宽 8 米，该路取名为"黄泉路"。

2000 年，随着且末地区人口不断增加，且末县在河西墓地右侧沙漠边缘规划墓地 50 公顷，修建 1 条柏油路直达墓地。且末工程支队去世人员则选择在且末县墓地安葬。墓地使用土地由且末县和且末工程支队免费提供，不收取任何费用。

二、抚恤

2004 年之前，且末工程支队在职或已离退休的职工去世后，按照国家和兵团有关规定，发放丧葬补助费及供养直系亲属抚恤救济金，公亡发丧葬补助费 1200 元，正常死亡发 1000 元。

2005 年 5 月，《关于调整国家机关事业单位工作人员死亡后丧葬补助费标准的通知》规定，国家机关、事业单位工作人员（含离退休人员）因病或非因工（公）死亡，其丧葬补助费标准按当地上年度职工月平均工资的 3 倍发给，低于 2000 元的，按 2000 元标准执行。国家机关、事业单位工作人员因工（公）死亡，其丧葬补助费标准按当地上年度职工月平均工资的 6 倍发给，低于 4000 元的，按 4000 元标准执行。

2010 年 7 月 26 日后，按照自治区《关于调整参加自治区城镇企业职工基本养老保险社会统筹人员死亡后抚恤待遇标准问题的通知》文件规定，离退休职工一次性抚恤金按其死亡时本人月养老金标准一次性发给 20 个月的供养亲属抚恤金。未退休的在职参保人员，一次性抚恤金以其死亡前本人 12 个月的平均缴费工资基数为标准，按缴费每满一年支付 1 个月，最多一次性发给 20 个月的供养亲属抚恤金。职工丧葬费标准提高到 4292 元。

2015 年，三十七团严格落实国家丧葬补助金规定，对因病或非因工（公）死亡的职工，其遗属可以领取丧葬补助金和遗属抚恤金。丧葬补助金和遗属抚恤金按照职工死亡时当地职工月平均工资的一定月数计发，其中遗属抚恤金按照自治区上年度平均工资 10 个月标准发放。

第八节　长寿老人

20 世纪 70 年代始至 2015 年，三十七团几代职工屯垦且末已有 45 年历史，军垦三代人为屯垦戍边事业付出青春与血汗，用生命保卫和建设着这片土地。他们中有的退休后回归故里，有的长眠于昆仑山下。经查阅资料，至 2021 年 10 月底，在三十七团生活的年龄在 85 周岁以上的老人有 21 人，90 岁以上的 4 人。为传承老人长寿生活方式，将 90 岁以上高龄老人按出生年月记载于志。

一、梁春荣

梁春荣，女，汉族，文盲，生于 1922 年农历 6 月 15 日，原籍安徽省阜阳市界首大梁寨人。1923 年父亲因饥荒饿死在逃荒路上。1928 年随母亲逃荒到河南省平舆县万冢镇南杨楼村，母亲为活命被迫改嫁，将其以童养媳身份留在杨楼村一户姓杨的家庭生活。16 岁与其丈夫杨沛林正式结婚，常年过着佃户生活，给地主当长工，受尽了地主的剥削压迫。1938 年抗日战争之火燃烧中原大地，梁春荣鼓励丈夫杨沛林到县大队当兵，与在县大队当兵的二弟一起拿起枪与侵略者斗争。她在家日夜为八路军做军鞋、缝补衣服，给八路军伤病员送粮食、护送八路军战士转移至安全地带等，支援共产党部队坚决抗日。1945 年抗日战争胜利后，她和丈夫隐居杨楼村二队当社员，与男劳力一样靠挣公分生活。

梁春荣生活俭朴，因家庭生活贫困一年到头很少吃肉类食物，平常主要以杂粮、野菜为食。20 世纪 90 年代后，家庭生活逐渐好转，她在自家门前挖地种植常规蔬菜，养殖家禽家畜以补贴家中开支。省吃俭用、节衣缩食是她一直坚守的生活方式。

梁春荣性格开朗，不计较零碎琐事，善言谈，心胸宽阔，遇事不乱，谨慎对待。每天睡眠 10 个小时左右，不熬夜，睡前喜食少量水果，每日晨起后到户外活动 15 ~ 20 分钟。

2000 年，由她三子杨波从新疆回家探亲时，将其接到农二师且末工程支队红旗区儿子所在的工作单位生活，定居于三十七团红旗区。

二、柏天喜

柏天喜，男，汉族，小学文化，生于 1924 年农历 11 月 8 日，祖籍陕西省麟游县柏家河村人。1945 年在国民党第 65 军服役。1949 年 7 月被人民解放军俘虏改造后成为中国人民解放军一名战士，在青海军区某部汽车营当驾驶员。1952 年被选派到兰州军区汽车培训学校任教练，同年调至兰州军区直属汽车营工作。1956 年转业至兰州军区某部汽车营军工处工作。1961 年转业至新疆军区生产建设兵团农二师七十一团当机车驾驶员，1965 年调至农二师二十七团九连工作，直至退休。2018 年随独生女儿柏乐乐工作调动到第二师三十七团生活，定居于三十七团跃进明珠社区百胜小区。

柏天喜平常饮食以面食、粗粮、蔬菜为主，配少许肉，喜饮糖味饮料和水果，每日进餐量700 克左右。晚饭后室外活动量少，多为静心养神或看电视等。喜抽烟，不饮酒。性格开朗，心胸宽，善言谈，喜打牌。每天睡眠 8 个小时左右，睡前喜食少量食物，早起后常到户外活动。

三、韩秀珍

韩秀珍，女，汉族，小学文化，生于 1927 年农历 5 月 5 日，原籍河南省孟津县拱水乡人。1960 年随丈夫到新疆军区生产建设兵团工二师十一团生活，1963 年 10 月在工二师十一团参加工作，1966 年 10 月调工二师工程支队，1967 年调工三师钻井队，1973 年随工三师参加修筑"0701"工程施工队伍进驻且末，1983 年 7 月 6 日在农二师且末工程支队八连退休，定居在新疆且末县康都小区。

韩秀珍热爱劳动，在单位多次获得先进生产者称号；在家中一人操持家务。她记忆力强，多年往事记忆犹新。平常饮食清淡，不喜肉类食物，喜食蔬菜、面食、粗粮、水果，每日进餐量600 克左右，饭后爱活动。她性格开朗，心胸宽，善言谈，待人和蔼可亲。每天睡眠 8 个小时左右，早起后多运动。

四、孙道卿

孙道卿，男，汉族，生于 1927 年农历 12 月 23 日，河南省孟津县人，中共党员。1949 年1 月参加革命工作，先后在中原豫西军政干校担任战士、书记员、分队长职务。1953 年 3 月，参加甘南唐昆剿匪战斗。1955 年 7 月，先后在华北骑兵一师炮团三连、西北骑兵一师三团一连任文教。1957 年 2 月，在新疆军区生产建设兵团玛河水工五团任施工员。1958 年 3 月，在兵团乌库公路工程处第十一团任工长。1967 年 5 月，在工二师十一团任连队指导员。1970 年 7 月，先后任工三师"0701"工程筑路队瓦石峡站站长、四连指导员等职。1975 年 10 月，在巴州且末工程支队工宣队任队长。1985 年，调且末工程支队机关工作。1988 年 12 月，在且末工程支队光荣离休。

孙道卿与韩秀珍夫妻育有一子三女。孙道卿平常饮食以面食、粗粮、蔬菜为主，不喜肉类食物，喜饮白开水，膳食水果。每日进餐量 600 克左右，饭后多静心养神。喜看报纸、电视新闻，特别是"海峡两岸"频道。不抽烟，不饮酒。性格内向，不善言谈，脾性倔强，办事认真细致，善做思想工作，热爱公益事业。每天睡眠 6 ~ 8 个小时，早起常少许活动。

第二十五章　精神文明建设

1970—2015 年，三十七团以创建文明单位、和谐平安家庭、小康连队为目标加强思想道德教育，开展以"讲文明、树新风""社会主义核心价值观"等为主要内容的群众性精神文明创建活动，为促进团场改革、发展、稳定提供坚强的思想保证、精神动力和文化支持。三十七团以民族团结为契机，与且末县共同推动兵地经济、文化、医疗、水利等共建共享，促进兵地双方政治、经济和社会事业发展进步。

第一节　组织机构

1982 年，且末工程支队成立精神文明创建活动领导小组，由支队党委书记任组长，1 名党委常委任副组长。精神文明建设办公室设在群工科，负责组织和协调各单位开展各种形式的精神文明创建活动。

1986 年，兵团在且末成立劳改农场后，精神文明建设纳入党委重要议事日程，党委主要领导亲自抓，副职领导配合抓，制定《且末工程支队精神文明、物质文明创建活动实施方案》《且末工程支队精神文明、物质文明创建活动考核办法》，提出精神文明创建目标与任务，形成党委统一领导，党、政、群齐抓共管，领导小组办公室组织协调，相关部门各负其责，职工群众广泛参与的工作格局。

1991 年，且末工程支队党委调整精神文明建设工作领导小组成员，党委书记、政委负主责，配备一名副职领导主管精神文明建设工作。1996 年 5 月，且末工程支队成立精神文明建设活动委员会，成员由各部门、各单位主要领导组成。办公室设在政工科，牵头组织开展各项群众性精神文明创建活动。

2006 年 12 月，调整精神文明建设委员会及机构成员，建立"新型团场建设暨文明生态连队创建工作"领导小组，党政主要领导任组长，党委常委、副职领导等任副组长，各单位主要领导为成员单位负责人。规范新型团场和文明生态连队创建活动标准，推动创建活动健康发展。

2009 年 4 月，监企分离后，且末工程支队党委及时调整精神文明建设领导机构，保证精神文明创建工作正常开展。

2012 年 10 月，三十七团领导班子调整后，调整团精神文明建设委员会成员，团党委书记任精神文明建设领导小组组长，办公室设在政工办，由政工办主任兼任团精神文明建设办公室主任。

2015 年 3 月，三十七团党委调整精神文明建设委员会成员，团党委书记任精神文明创建领导小组组长，办公室设在政工办，由政工办主任担任团精神文明创建工作办公室主任。

第二节 思想道德教育

1982 年 3 月，且末工程支队在盐湖化工厂召开全体党员干部参加的"五讲四美三热爱"（"五讲"：讲文明、讲礼貌、讲卫生、讲秩序、讲道德；"四美"：心灵美、语言美、行为美、环境美；"三热爱"：热爱祖国、热爱社会主义、热爱中国共产党）活动动员大会，成立"五讲四美三热爱"活动工作机构，制定活动方案与实施措施。支队投入 3 万元在盐湖等地建立 8 个连队"职工之家"，修建 1 座文化活动广场。是年，学校被评为开展"五讲四美三热爱"创建活动先进单位，支队评选出先进个人 76 人，其中受到师级以上表彰 2 人。12 月，且末工程支队在盐湖组织全体职工学习《中华人民共和国宪法》，重点学习爱祖国、爱人民、爱劳动、爱科学、爱社会主义等内容，提升职工群众思想道德。

1993 年 5 月 23 日，由政工科牵头举办公民道德建设长卷签字仪式，党员干部和职工群众 650 余人签字承诺：爱祖国、爱人民、爱劳动、爱科学、爱社会主义，恪守社会公德、职业道德、家庭美德。

1995 年 7 月，支队团委在学校举办"爱科学"思想道德教育活动，在青少年中大力倡导学习科学知识、科学思想、科学精神、科学方法，艰苦创业、勤奋学习、反对封建迷信、争当社会主义革命事业接班人活动。

2005 年，围绕公民道德教育主题，组织职工群众开展形式多样的学习活动。举办法律法规、民族团结、公民道德规范等专题性学习班 3 次，学后测试；以公民道德教育月活动为契机，开展争创"安全生产单位""文明单位""先进单位""先进班组"活动。举办迎春晚会、庆祝建党 85 周年和兵团成立 50 周年等活动，自编自演 110 个文艺节目，职工群众通过参加健康有益的文体活动，增强对企业的凝聚力和向心力。

2006 年 5 月，开展社会主义荣辱观教育，举办党员干部"八荣八耻"学习班，发放宣传资料840 份，提高党员干部思想道德水平。

2008年3月，开展学习《公民道德建设实施纲要》和兵团精神学习教育活动，各单位副连级以上领导干部、退休老干部、机关工作人员参学率93%。组织党员干部和职工群众以及青少年观看电教片《时代先锋》《焦裕禄》等影片。围绕公民道德建设和构建和谐社会主题，开展道德教育进机关、进行业、进校园、进连队的"四进"活动。机关党支部把学习《公民道德建设实施纲要》与"八荣八耻"活动相结合，学习胡锦涛总书记在中纪委第七次全会上的重要讲话，自觉对照检查思想作风和工作作风，以为民、务实、廉洁、高效为目的，塑造党员干部的良好形象。基层单位加强职业道德教育和社会公德教育，组织职工学习社会主义荣辱观、《公民道德建设实施纲要》和基本文明礼貌用语、礼仪、礼节知识等，推动公民道德教育见实效。学校联合派出所、司法所加强未成年人思想道德建设，落实学生日常行为规范，组织师生参加道德实践和文明服务活动，培养学生诚实、正直、善良等基本道德品质。各单位以各种形式宣传公民道德的基本要求、道德规范和文明礼仪，组织集中学习3次、分散活动5次；悬挂横幅14条、出宣传专版10个版面。评比表彰活动先进单位5个、先进个人47人。

2009年，以贯彻实施《公民道德建设实施纲要》为思想道德教育重点，开展民族团结教育月、"创先争优""热爱伟大祖国，建设美好家园"主题教育活动，开展理论宣讲和调研活动。举办职工春节文艺会演，组队参加二师红歌大合唱比赛。给8个单位配发投影设备。出资2.2万元为机关及8个基层单位订阅党报党刊138份，配发宣传板报、宣传栏13个。开办"农家书屋"8个，配发桌椅30套。为职工家庭安装8套地面卫星接收设备。基层单位职工思想教育阵地建设日益规范。

2010年，且末工程支队把提高职工整体素质作为思想道德教育的重要内容，组织各项宣传教育活动。宣传、综治、司法、公安等部门，到连队举办培训班，开展理想信念教育和兵团精神、"诚实、守信、爱岗敬业、遵纪守法"活动，开展"致富思源、富而思进、知恩图报、知足常乐"为内容的"双思、双知"教育活动。"三德"教育月活动期间，推进"诚信进行业、进机关、进校园、进社区、进连队"活动，整治辖区的卫生、渠道、林床及路面；学校组织开展"学雷锋、树新风、讲诚信、做好事"的公益活动，工会组织女职工开展妇女维权咨询、健康体检、科技服务咨询等活动。各单位清理整治"乱堆放、乱张贴、乱搭建"的"三乱"行为。

2011年3月，结合"三德"教育月活动，在职工群众中开展为期一周的"诚实、守信、爱岗敬业、遵纪守法"教育。

2012年，在"三八"国际妇女节、"六一"国际儿童节、"七一"建党节、党风廉政教育月、民族团结教育月、安全教育月期间，持续推动群众性精神文明创建活动，举办15次职工文体活动，丰富职工精神文化生活。

2015年，团创新文化载体，持续创建精品文化工程。组建106人的业余文化宣传队，与且末县开展2次书画交流展览，举办6场次文艺演出。参加兵师文艺节目选送和书画展览，与唐山市开展文化交流，邀请唐山市知名书法家培训指导团场书法爱好者。春节前夕，组织书法爱好者为职工群众义写春联 500 余副。举办第二届"放飞梦想"书画展览，在全团营造浓厚的文化氛围。举办先进事迹报告会，传递社会正能量。开展 6 次未成年人思想道德、法制教育宣传活动，未成年人参与 612 人次。

第三节　文明创建活动

一、文明单位创建活动

1997 年 3 月，启动小康连队创建活动，制定《且末工程支队开展文明单位创建活动暂行办法》，配套制订短期与长远计划，把发展经济、提高职工生活质量、稳定职工队伍作为文明单位建设主要目标。投资 30 万元在跃进区建成篮球场、排球场各 1 个，在一监区新建 9 个占地面积 640 平方米的篮、排球场等体育设施。在学校修建 280 米砂砾环形跑道，完善职工群众业余文化体育设施。

1998 年 2 月，支队按照《且末工程支队开展文明单位创建活动暂行办法》，对文明单位标准、推进程序、考核评比及表彰奖励作出明确规定。

2000 年，学校被支队党委授予"精神文明建设先进单位"称号，加工厂、一连、一监区、生产科被授予"物质文明先进集体"称号。

2002 年，围绕"发展壮大经济，致富职工群众"目标，持续推进文明单位创建活动，提高职工队伍综合素质，连队环境面貌大幅改善。在职代会上表彰一连、二连、加工厂 3 个文明单位创建先进单位。

2006 年，支队开展"文明单位"创建活动，参与单位 8 个。进一步完善制定《且末工程支队精神文明、物质文明先进单位创建实施方案》，政工办、工会牵头实施。年底表彰学校、一监区为精神文明创建活动先进单位，表彰加工厂、一连、三连为物质文明先进单位。

2008 年，按照师精神文明建设指导委员会关于《兵团级文明连队创建实施方案》要求，并购且末县城土地 3.5 公顷建设康都小区，在且末县城建设支队部、居民小区和商贸服务业设施，依托且末县城推进城镇化建设。

2010 年，启动城镇化建设工程，且末县康都小区建成商业大楼和 48 套安居房，支队部进驻且末县城。2012 年，学校、医院被支队党委授予"精神文明先进单位"称号，三连、二连被授予"物质文明先进单位"称号。2013 年，三连被团党委授予"精神文明先进单位"称号。2014 年，二连、学校被评为"精神文明先进单位"。2015 年，一连被团党委评为"精神文明先进单位"。

1997—2015 年，三十七团创建"双文明单位"过程中，参与创建单位 174 个次，评选达标 22

个（次），表彰、挂牌 22 个（次）。

表 25 – 1　三十七团开展"双文明单位"创建一览表（1997—2015 年）

单位：个

年份	参加单位数	达标数	挂牌数	表彰数	备注
1997—2000	36	4	4	4	学校、一连、加工厂、一监区
2001—2003	27	3	3	3	一连、二连、加工厂
2004—2009	54	5	5	5	学校、一监区、加工厂、一连、三连
2010—2011	16	4	4	4	学校、一连、三连、水电站
2012—2013	19	3	3	3	学校、医院、三连
2014—2015	22	3	3	3	二连、学校、一连
合计	174	22	22	22	

注：此表内容根据团档案室资料整理。

二、生态文明连队（小区）创建活动

2006 年，支队制定《且末工程支队生态文明连队创建活动方案》，成立生态文明连队创建工作领导小组及办公室。投资 2300 万元在跃进区创建文明生态小康连队，新建二连、三连、水电站 3 个连队。修建 3 个连队办公室、1 个文化活动中心；建成 4 个住宅小区，新建居民住房 124 栋，安置新职工 127 户，安装改造自来水管道 1.3 万米；建成 12 条沥青路面小区巷道，总长 3600 米，新建公厕 8 座。跃进区 3 个连队初步形成以防沙治沙为主、递进发展生态经济林、促进生态经济持续循环发展的模式。是年，支队党委授予二连、三连"防沙治沙先进连队"称号，在支队推广两个连队在红枣地实行间作治沙的经验。

2008 年 3 月，支队确定红旗区一连、加工厂、学校、医院、机关为生态文明建设试点单位，5 家试点单位从治理脏、乱、差的环境入手，按照绿化、美化、亮化要求，彻底整治居民生活区、场区道路、校园等公共场所环境卫生，为全支队起到带头示范作用。6 月，红旗区各基层单位相继开展道路、林带、场区、生活区、农机停放区等环境卫生评比，一连获得"支队生态文明连队建设先进单位"称号。

2010 年 6 月，支队以建设屯垦戍边新型团场为目标，加快推进文明生态小康连队建设。制定"一年抓典型、二年上规模、三年连成片"工作目标，确定一连、三连为生态文明小康连队创建试点单位。2 家试点单位开展以"住房、围墙、道路、水渠、绿化一条线""营区环境绿化、美化、各家围墙整齐化、卫生标准化、饮用水清洁化、职工文化活动中心功能化、公共厕所卫生化"为主要内容的文明生态小康连队创建活动。支队投资 200 万元整修一连、三连小区道路、林带，清除杂草和垃圾。清理辖区居民点环境卫生，包括 416 户房前屋后的卫生和 14 个牲畜圈棚的卫生，年底通过支队验收。三连被支队党委授予"生态连队建设先进单位"称号，其创建经验在全支队得到推广。

2011年2月，三连的经验在全支队得到推广，各基层单位掀起生态文明连队建设热潮，新建"农家书屋"3个共135平方米、1个连队卫生室共180平方米，配套安装职工健身器材8台（套），开展治理辖区脏、乱、差行动4次，各连队环境面貌焕然一新。

2013年，三十七团为推进康都小区基础设施建设，投放垃圾箱3个、购置垃圾运输车辆2辆，小区环境卫生设施日趋完善。

2015年，康都小区完善硬质路面，安全饮水工程全部完成，有线电视、电话、网络入户普及率100％，被团党委授予"生态文明小区"称号。

2006—2015年，三十七团开展生态文明连队创建活动中，参加单位（小区）共93个次，达标数14个次，大会表彰后挂牌数13个次。

表25-2　三十七团开展"生态文明连队（小区）"创建一览表（2006—2015年）

单位：个

活动年份	参加单位数	达标数	挂牌数	表彰数	备注
2006	8	2	2	2	学校、一连
2007	9	2	2	2	卫生队、一监区
2008	5	1	1	1	一连
2009	9	1	1	1	二连
2010	4	1	1	1	三连
2011	11	1	0	0	未表彰
2012	11	2	2	2	红旗小区、欣和小区
2013	12	1	1	1	红旗小区
2014	12	2	2	2	康都小区、欣和小区
2015	12	1	1	1	康都小区
合计	93	14	13	13	

注：此表内容根据团档案室资料整理。

三、"十星级文明户"创建活动

2008年，启动"十星级文明户"创建活动，支队成立党政主要领导为组长、副职领导为副组长的创建工作领导小组，下设办公室。选派考察组赴塔里木垦区、焉耆垦区各团场学习"十星级文明户"创建工作经验，结合各单位实际开展活动，制定创建活动方案和实施办法。确定一连为试点单位，由支队给一连、二连、三连、加工厂、水电站统一制作"十星级文明户"评比栏。各单位工会组织职工参与"十星级文明户"创建活动，重点是整治连队环境卫生。是年，一连"十星级文明户"创建试点通过验收，1户职工家庭入围，随后在全团各单位推广。

2009年起，"十星级文明户"评比标准主要有农业生产、环境卫生、文明礼貌、遵纪守法、团结友爱、邻里团结、尊老爱幼、树立新风尚等 10 项内容，各连队采取半年评选 1 次、年终总评的方式，召开职工大会给每个家庭打分，以此为依据评选出"十星级文明户"。获得"十星级文明户"称号的职工家庭，在各单位公示栏公开，由连队挂牌，并给获评家庭的每个职工奖励双百分考核分 10 分。参加创建户数 579 户次，达标 2 户，其中一连 1 户，三连 1 户，年终在职代会上表彰。

2010 年，各连队将"十星级文明户"评选结果上报团工会备案。团工会统一制作门牌，由连队挂牌。是年，参加创建 613 户次，评为"十星级文明户"2 户，占职工家庭总户数的 36.2%。

2011 年，参加"十星级文明户"创建活动 654 户次，经评选 1 户入围，大会表彰后挂牌。

2012 年，县城支队小城镇建设竣工后，掀起商业热潮，职工纷纷筹资从事商业经营，带动第三产业发展。当年参加"十星级文明户"创建活动 689 户次，经评选 27 户入围，大会表彰挂牌，并在全团推广经验。

2013 年，各连队开展"科技之冬"活动，组织职工学习"十星级文明户"评比条件和内容，发放学习手册 200 份，发放评选条件卡片 1000 份，在连队营造争当"十星级文明户"的氛围。2015 年，全团评出"十星级文明户"131 户，占职工家庭总户数的 33.85%。

2008—2015 年的 8 年间，职工参与"十星级文明户"创建活动 5409 户次，经评选，达标户 223 户，起到了带头作用。

表 25 - 3　三十七团开展"十星级文明户"创建一览表（2008—2015 年）

单位：户

活动年份	参加户数	达标数	挂牌数	表彰数	备注
2008	547	1	1	1	大会推广经验
2009	579	2	2	2	大会表彰
2010	613	2	2	2	大会表彰
2011	654	1	1	1	大会表彰
2012	689	27	27	27	大会推广经验
2013	742	31	31	31	大会推广经验
2014	768	28	28	28	大会推广经验
2015	817	131	131	131	大会推广经验
合计	5409	223	223	223	大会推广经验

注：此表内容根据团档案室资料整理。

四、"和谐小康家庭"创建活动

2008 年 10 月，且末工程支队启动"和谐小康家庭"创建活动，推行创建评比激励机制，参加创建活动户数 547 户，评选出"和谐平安家庭"2 户，机关干部张素琴、李新川夫妇被农二师授予"和谐小康家庭"荣誉称号。

2010 年，支队以连队党支部为单位，召开创建"和谐小康家庭"座谈会、演讲会、报告会等，扩大创建活动的影响面。在"三八"妇女节期间，由连队党支部选树的 244 户"和谐小康家庭"典型，由工会出资免费拍摄"和谐小康家庭"全家福，颁发荣誉证书和纪念品，在连队宣传栏展示，营造浓郁的和谐氛围。

2011 年，支队、连召开"和谐小康家庭"座谈会、报告会、座谈会各 6 场次，参会 910 人次；制作黑板报 12 期，印发宣传资料 200 份。表彰"和谐小康家庭"3 户。

2015 年，三十七团选树"和谐小康家庭"示范挂牌户 7 户，向师推荐 5 户，推荐师"最美家庭"1 户。

2008—2015 年，参加"和谐小康家庭"创建活动 5409 户次，共评选表彰 26 户，其中，团内表彰 19 户，师表彰 7 户。

表 25 - 4　三十七团开展"和谐小康家庭"创建一览表（2008—2015 年）

单位：户

活动年份	参加户数	达标数	挂牌数	表彰数	备注
2008	547	2	2	2	团表彰 2 户，其中师表彰 1 户
2009	579	1	1	1	团表彰
2010	613	2	2	2	团表彰
2011	654	3	3	3	团表彰
2012	689	2	2	2	团表彰
2013	742	4	4	4	团表彰
2014	768	5	5	5	团表彰
2015	817	7	7	7	团表彰 7 户，师表彰 6 户
合计	5409	26	26	26	团内表彰 19 户，师表彰 7 户

注：此表内容根据团档案室资料整理。

五、"平安家庭""平安单位"创建活动

2011 年，按照《农二师开展平安家庭、平安单位创建活动实施办法》，支队制定创建"平安家庭""平安单位"活动具体措施和办法，在 9 个基层单位开展平安创建活动。是年，评出"平安家庭"98 户、"平安单位"7 个。

2012 年 11 月 13 日，开展第二次"平安家庭"评比活动，按照《平安家庭》评比标准，对 94 户职工家庭进行了评比，连队"平安家庭"达标率为 100%。

2013 年，支队继续巩固平安创建活动成果，评选"平安家庭"90 户、"平安单位"1 个。至 2015 年底，评出"平安家庭"188 户；"平安单位"8 个，"平安单位"中有"平安校园"1 个、"平安医院"1 个、"平安社区"1 个。

2011 年 10 月，且末支队召开"平安单位""平安家庭"命名大会 　　　　（团宣传科提供）

第四节　民族团结

一、教育活动

1970 年，工三师进驻且末地区后，政治处每年举办学习班，在党员干部和职工群众中开展党的民族政策宣传教育活动，职工参学 7100 人次，组织培训考试 2 次，自此形成惯例。

1983 年，自治区党委把每年的 5 月定为"民族团结教育月"。且末工程支队成立民族团结工作领导小组，组织职工群众集中学习《中华人民共和国民族区域自治法》《中华人民共和国宗教事务条例》《民族宗教法规知识问答》等法律法规。每逢重大节日，且末工程支队与且末县政府、各连队与地方乡场相互走访慰问，联合举办文化活动。

1985 年后，在民族团结教育月期间，各基层单位组织职工群众学习贯彻党的民族政策，了解少数民族风俗人情，增进各民族间友谊。政工科组织宣讲团到各基层单位宣讲民族团结政策和相关法律法规，举办民族团结专题培训班。通过"抓五月，促全年"，推动支队民族团结教育月活动常态化。

1991 年，且末工程支队转产发展农业后，与周边场乡交流交往日益增多。支队党委把民族团结工作列入重要日程，每次党委常委会上，均安排部署民族团结工作；通过职代会，听取各单位民族团结工作汇报。在民族团结教育月和少数民族群众重大节日期间，支队组织对少数民族群众家庭走访慰问，解决其工作和生活中的实际困难；走访相邻场乡，举办民族团结座谈会、联谊会、经验交流会、研讨会等，与少数民族乡场结成共建对子，增进各民族之间的感情。在职工群众和青少年中，开展学习贯彻党的民族团结政策宣传教育活动，将民族团结纳入中小学德育课程；组织文艺小分队排练文艺节目，与邻近乡场各族群众同台演出，使"汉族离不开少数民族，少数民族离不开汉族，各少数民族之间也互相离不开"的思想更加深入人心。

1993年，且末工程支队被巴州党委授予"民族团结进步模范单位"称号。1993—1996年，连续四年被农二师党委授予"民族团结进步模范单位"称号。

1996年6月28日，且末工程支队召开首次民族团结表彰大会，表彰8个民族团结先进集体和50名民族团结先进个人。

1999年7月15日，在农二师召开的民族团结表彰大会上，且末工程支队再次被农二师党委授予"民族团结进步模范单位"称号。

2005年4月，支队印发民族、宗教相关政策法规及民风民俗知识宣传资料227份，组织职工群众参加学习和测试各2次，参考率达97%。

2007年，在"民族团结教育月"期间，且末工程支队开展"一帮一结对子"扶贫帮困活动，64名党员干部与辖区12户、地方52户少数民族群众结成帮扶对子，做好事实事127件，给困难群众捐衣物132件、捐款2100元。支队与且末县广播电视局、且末县电信局举办民族团结工作座谈会，开展互学语言、篮球友谊赛活动2场次。学校与周边乡场开展民族团结手拉手联谊活动，举办文艺会演2场次，8000多名地方群众观看演出。

2012年5月，组织8个基层单位召开座谈会26次，少数民族职工群众参会140人次；举办民族团结联谊会3次，参加659人次；出黑板报82期，张贴标语148条，悬挂横幅60条；学校举办民族团结班会33场，学生参加班会1254人次。

2013年，且末工程支队纳入兵团农牧团场序列后，团党委把党的民族政策教育纳入干部职工教育计划。每周举办1次民族政策学习教育课，将学习成绩纳入机关政治学习考核；学校聘请校外辅导员，每周五安排1节民族政策教育课，全校师生参加学习；各单位利用"科技之冬"，开展民族政策理论学习教育，组织职工参加知识测试，成绩与职工双百分考核挂钩。

2014年，团按照"资源共享、优势互补、互惠互利、共同发展"原则，不断创新民族团结教育活动形式和内容。10月1日，团组织宣传骨干编排文艺节目，参加庆祝且末县成立100周年活动，地方各族群众2800人观看演出。

2015年，在中秋节、国庆节、古尔邦节期间，与且末县英吾斯塘乡吐排吾斯塘村共同开展"互学语言""交朋友、结对子"联谊活动；举办民族团结演讲比赛、文艺演出、走访慰问、座谈交流等活动16场次。全团评出4个民族团结先进单位、8名民族团结先进个人。是年，三十七团被巴州党委授予"民族团结进步模范单位"称号。

1990—2015 年，三十七团共举办民族政策知识培训班 44 期，与地方联合开展民族政策知识竞赛活动 12 场次，各基层单位开办民族政策宣传专栏 25 期，悬挂和张贴民族政策宣传横幅和标语 1260 幅，举办宣讲会 50 场次，召开民族团结表彰大会 26 场次，评选出 46 个民族团结先进集体、423 名民族团结先进个人。

二、兵地共建

1970 年，工三师筑路部队进驻且末地区，当地维吾尔族人民群众自发捐助木材，帮助筑路队搭建窝棚。且末县划拨土地交由工三师种植，从车尔臣河引水帮助生产连队种植粮食和蔬菜，选派兽医帮助筑路部队发展畜牧业。在当地少数民族人民群众支援下，筑路部队迅速解决了施工队伍粮食供应不足的困难。

1970—1980 年，支队卫生队利用中西医结合疗法进行临床病理检查和药物治疗疾病，效果明显。10 年内，且末县少数民族群众到支队医院就医 4894 人次。

1986—1988 年，经过 3 年苦战，总投资 2150 万元的车尔臣河西岸大渠工程完成后，移交给且末县管理使用，一举改善且末县 6666.67 公顷农田灌溉条件，使其扩大灌溉面积 3333.33 公顷，同时解除了山洪对农田的威胁。

1970—1991 年，且末工程支队先后投资 110 万元，帮助且末县建成"金驼"水泥厂，为当地提供充足的建筑原材料；投资 13 万元建成维汉双语电视台，丰富了各族群众精神文化生活；投资 480 万元修通且末县以西的矿山公路，结束了当地牧民世代靠骆驼运输的历史；选派农业技术服务队驻扎地方乡村，为当地少数民族群众传授地膜棉种植技术；为农牧民找回丢失羊 1323 只，帮助地方农民犁地 8086.67 公顷。

1992 年，兵地间干部交叉任职，且末工程支队 1 名主要领导在县领导班子中任职。且末工程支队选出且末县人大代表、政协委员各 1 人，参与且末县政治协商和参政议政。

1993 年，且末县委把支队每年向县委汇报工作会改为"且末工程支队经济发展研讨会"，双方在政治、经济和社会发展等方面相互支持。且末县每年帮助支队解决农业信贷问题，保障支队农业用水和电力供应。

1996 年 6 月，且末工程支队在修筑场区公路时，且末县协同巴州交通局组织技术力量帮助支队完成道路规划设计。是年，支队卫生队接诊地方乡村就诊群众 740 人次。1998 年夏季，昆其布拉克牧场连降大雨，导致山洪暴发，全长 40 千米的山区公路有 19 处被冲断，当地牧民生产、生活告急。驻扎在牧场附近的支队昆金石棉矿紧急支援，组织干部职工 85 人赶赴救援现场，经过 6 天 6 夜抢修，被牧民视为"生命线"的矿山公路恢复通行。

2000 年 7 月，支队参加且末县抗洪抢险 5 次，投入劳力 460 人次，投入机力 50 余个台班，拉运抗洪卵石 600 立方米，修筑堤坝 370 米，支队被且末县委授予"抗洪抢险先进单位"。

2001 年，支队实施危旧住房改造期间由于劳动力紧张，地方群众 2800 余人到危房改造工地帮工，加快了工程施工进度。

2005 年 9 月 15 日，且末县召开两河流域资源开发建设协调会。10 月 13 日，支队与且末县委、政府共同签订跃进地区 3333.3 公顷红枣基地建设开发协议。是年，支队 8 个单位与地方乡村建立共建对子 8 个。

2005 年后，且末工程支队因基础条件差、土地面积小，经济和社会的发展落后于农二师其他团场。且末县委把支队的发展列入县委议事日程，经常听取支队党委的意见，多次向上级部门反映共同开发且末的设想，双方在莫勒切河、车尔臣河流域资源开发问题上达成一致协议。且末县政府提供给支队可开发土地 4 万公顷；划拨土地支持支队在 315 国道以南建设生态林 3333.33 公顷。每年春夏农田需水季节，给且末支队调剂水量 500 万~700 万立方米，保证支队工农业生产正常运行。

2006 年，且末县增加投资 400 万元把柏油路延伸到支队监狱路口，增加投资 450 万元将城区公路延修到支队队部；组织技术力量帮助支队规划场区道路，解决支队机关搬迁县城等问题。2008 年，且末县场乡村民参加支队生态农业开发建设，全年投入劳力 4.1 万人次。是年，由于支队跃进区生态林补植劳动力缺乏，邻近乡村少数民族群众到连队帮助职工补栽红枣苗，仅 4 月，二连、三连补栽红枣苗木 12 万株，地方乡村有 8200 名各族群众给予连队劳动力支援。

2010 年，支队组成工作队分 6 批共计 24 人到地方乡村驻村入户，帮扶少数民族群众解决生产和生活中的实际问题。支队工作队驻地方乡村后，召开民族政策学习会 180 场次，入户走访少数民族群众家庭 430 户，帮助贫困家庭解决实际问题 170 件。

2010 年 3 月，且末县对流经支队的一条长 6 千米的水渠防渗加宽。因支队经济状况不佳，渠道改造建设资金全部由且末县琼库勒乡承担，工程完工后，缓解了下游群众用水难的问题。是年，支队组织志愿服务队免费为地方村民测土施肥 12 次、提供农业技术服务 120 次；为地方村民无偿提供农药 1 万千克、化肥 45 万千克；开展畜禽疾病防治 15 次，防治畜病 410 头（只）。支队机关干部和连队职工义务参加地方场乡防风固沙 1120 人次，义务植树 12 万棵。270 名党员干部与地方群众结对扶贫 284 户。医院义务为地方村民巡诊 429 人次。2011 年，二连组织技术员到且末县英吾斯塘乡指导村民修剪红枣树；水电站与且末县水电局举办职工联谊会，走访困难群众 9 户 18 人，赠送慰问金 1800 元。

2013 年，三十七团和且末县农村信用社联合举办民族团结一家亲、兵地融合文艺晚会，且末县 3000 多名各族群众观看演出。

2014 年，三十七团机关干部与且末县英吾斯塘乡吐排吾斯塘村 178 户少数民族群众结为帮扶对子，全团干部职工与且末县 4 个乡镇的 254 户少数民族群众结对帮扶，结对帮扶总户数达到432对。10月，团投资300万元帮助地方场乡建设水肥一体化温室大棚12座；三连党支部赠送给地方村民红薯苗2万株。2010—2014年，团帮扶地方贫困群众55户，解决实际问题710件次。

2015年，三十七团在且末县工业园区建立兵地共建招商企业落户区，与且末县联手建成13333.33公顷红枣基地。兵地在交结地带建立"红枣精品园"23个、"红枣示范园"54个、"农家乐"等旅游设施6处。三十七团通过与地方场乡结对联创共建，7月24日，团捐赠且末县英吾斯塘乡10万元，实施2015—2017年的三年内党建工作帮扶对接计划。在且末县英吾斯塘乡科技、教育、卫生、文化等方面给予项目支持，帮扶生产生活急需品及慰问金1万余元。

1970—2015年，三十七团医院、连队卫生室收治地方村民病人2.1万人次，开展义务巡诊62次，接诊地方各族群众1.26万人次。

三、典型事迹

1993年7月13日，且末工程支队支队长王晓林到矿山检查工作，时逢山区一位维吾尔族牧民的妻子难产，因矿山医疗条件不足，产妇生命危在旦夕。王晓林立即安排驾驶员将产妇护送到距离矿山279千米的且末县医院，挽救了维吾尔族产妇的生命。

1997年8月，支队维吾尔族职工沙汗因房屋年久失修倒塌。支队党委安排生产科组织人员、准备建筑材料，帮助沙汗修缮好房屋。

2006年"三秋"时节，一连采收棉花时缺少劳动力，与一连毗邻的琼库勒乡中学组织全校师生帮助一连拾花，出动人力6000人次，拾花506吨，使一连提前10天完成拾花任务。

2007年6月，昆仑山山区因阴雨连绵造成山洪暴发，红旗区53公顷农作物、吐拉牧场、阿羌牧场及琼库勒乡116.6公顷农田被洪水淹没。支队组织720人、机械126台次，出动工作车辆78次，分赴7个地段严防死守。兵地抗洪抢险队采取铁丝网装石头、袋装沙土、机械拦截等方法拦截洪水，经过10天的昼夜奋战，最终保障车尔臣河大堤安全。

2010年4月，三连红枣地承包大户高海军补栽红枣树急需劳动力，与三连相邻的且末县英吾斯塘乡村民吾斯曼得知情况后，联合村民组成援助小组，带着干粮，雇车到三连帮助高海军种植红枣。

2015年，三十七团为英吾斯塘乡提供3万元基层党建经费，给对方乡村开展农技培训10次，服务少数民族群众800余人次；投资200万元为且末县阿羌镇新建水肥一体化高标准日光温室大棚8座。

第二十六章 文化体育 广播影视

20世纪70年代，工三师机关设有宣教处，负责文化宣传工作。民间成立文化组织，建有电影院等设施。80年代，支队文化活动业务归属于政工部门，与组织、民政、宣传文化、纪检监察、精神文明建设、社会治安综合治理、狱政管理、医疗卫生等机构合署办公。90年代，文化、体育、广播影视业务由政工科负责。不断加大文化建设投入，安装健身器材，建设文化活动中心、"农家书屋"等文化设施，组织职工群众排练文艺节目。文化、体育、影视事业的发展成为团场精神文明建设的重要组成部分。2000年后，职工群众生活水平逐步提高，逐渐兴起的旅游业给团场发展增添了新文化元素、提高了职工生活的幸福感。

第一节 群众文化

一、文化设施

（一）电影院

1974年，在位于红旗区的且末工程支队队部用土坯建起面积为2300平方米的露天电影院，四周建有1.7米高的土围墙，内设电影墙、放映台、水泥条凳16排，每排条凳设座位30个，可容纳观众480余人。每周六晚放映两部影片。1998年，实施危旧住房改造工程时，电影院被拆除。

（二）大礼堂

1970年，红旗区用土坯干打垒修建1个职工食堂，也称大礼堂。房顶采用弓形槽形板搭建，外顶平整铺设苇把子并用草泥抹平成形。大礼堂建筑面积1500平方米，是当时支队部职工集体就餐、开会、学习和举办文化活动的唯一场所。1986年，大礼堂改作监狱干警食堂。2006年，支队部西南处新建1个寄宿制学生食堂。2007年，由于寄宿学生人数较少，学生食堂改作连队文化活动中心，原来的大礼堂改成一连库房。2009年，支队部迁至且末县城，大礼堂交由一连使用。

（三）老年活动室

1994年，在队部商店旁建成1个老年人活动室，为土坯房。占地面积37平方米，置有板凳8条、木头长条凳椅4张、方桌4张，配有象棋1副、扑克牌1副，由退管会负责管理使用，是退休人员娱乐、开会和学习场所。1995年，老年活动室增配铁三角椅子8把、象棋2副。1998年，实施危旧住房改造，土坯房被拆除。是年，老年活动室搬至大礼堂左侧旧伙房。2004年，老年活动室搬至红旗区机关二楼，增设老年书屋，仍由退管会负责管理。

（四）体育健身广场

2002年5月，兵团项目拨款130万元，在红旗区老支队办公室的正东南建起一座二层机关办公楼。2003年3月，投资30万元，在机关办公楼前后建起小型文化广场，占地面积2.6公顷。广场内建有灯光篮球场、排球场各1个，占地面积420平方米，安装健身器材12套，配套完成场地绿化和彩灯安装等设施。2003年3月投入使用。

（五）连队文化活动中心

2006年7月，在国家文化政策项目支持下，投资120万元为跃进开发区生产二连、三连建成1200平方米的多功能文化中心，由二连、三连共同使用，自此结束二连、三连以及水电站多年没有办公场所和文化活动场所的历史。

（六）农家书屋

2010年4月，按照兵团《关于落实"农家书屋"建设工程实施方案》《且末支队关于落实"农家书屋"建设工程实施方案》，投资234万元兴建"农家书屋"，建设工期2年。其中，国家项目资金207万元、自筹资金27万元。2011年，分别在机关、学校、一连、二连、三连、加工厂、社区、水电站8个单位建成"农家书屋"，占地总面积520平方米，共配备32个书柜、48张桌子、40个报架、80把板凳以及16件消防设备。每个"农家书屋"配发1.6万元的书籍，藏书4000册。8个"农家书屋"总藏书3.2万册，藏书种类142种。"农家书屋"建成后，制定《农家书屋管理制度》《农家书屋管理员责任制》《农家书屋借阅制度》。8个单位各配备1名管理员，定期开放，供职工借阅书籍。

（七）文化活动中心

2013年3月，团在位于且末县城丝绸东路以北的康都小区动工建设职工文化中心项目，建筑总面积1966平方米，项目总投资400万元，其中国家专项资金300万元、团场自筹资金100万元。文化中心内设表演、视频、录制、会议等多功能大厅和更衣间、播放间，可满足举办大型文化活动和职工学习培训活动的需求。2014年，文化中心建成后，团投资20万元给文化中心添置音响、摄像机、照相机等设备，文化活动中心的基本设施日趋完善。

二、文艺会演

（一）团内演出

1984 年，且末工程支队举办文艺演出，由各基层单位组队表演节目，庆祝兵团投入力量开发建设且末地区。

1990 年后，每年在春节、劳动节、建党节、国庆节、中秋节、儿童节、教师节等重要节假日期间，组织基层各单位排练文艺节目，参加职工文艺会演，优秀节目给予表彰奖励。1997 年 6 月 25 日，政工科在红旗区大礼堂首次举办"喜迎香港回归"卡拉 OK 歌曲比赛，各单位选送 17 人参赛，其中，学校有 1 人获一等奖，医院有 2 人获二等奖，监区有 4 人获三等奖，机关有 3 人获鼓励奖。

2003 年，举办庆祝建党 82 周年文艺会演，表演节目 26 个，表达职工群众对中国共产党的热爱之情。2006 年 5 月 1 日，在跃进区大礼堂举办新职工文艺演出，各连招录的新职工自编自演豫剧、快板、舞蹈、歌唱、小品等 16 个节目，受到职工欢迎。

2010 年 10 月 1 日，政工科组织各单位职工参加唱红歌比赛，学校获得集体一等奖，二连获得二等奖，机关获得三等奖。

2013 年 5 月 4 日，团举办"三十七团好声音"歌唱比赛，6 名选手分获一、二、三等奖，受到表彰奖励。

2015 年春节期间，举办春节文艺会演，参演单位 9 个，表演节目 21 个，学校获得一等奖，二连获得二等奖，机关获得组织奖。8 月，团组织各单位职工参加学唱《兵团进行曲》《兵团的心》《职工管理歌谣》等比赛，3 个单位获奖。

1970—2015 年，团在重大节假日期间，组织职工文艺会演 106 场次，评比颁奖 74 场次，颁奖节目 196 个，发放奖牌 196 个，发放奖金 2.6 万元。

（二）团外演出

2002 年 5 月 4 日，支队首次组队参加且末县在且末文化中心举办的"百日文化广场"活动，参赛节目 2 个，获得组织奖。

2004 年 7 月，组团参加农二师宣传部举办的"唱支红歌给党听"红歌大赛焉耆片区比赛，获得团体组织奖。

2009 年 5 月 16 日，且末工程支队首次在且末县昆仑广场举办"百日文化广场"专场文艺演出，表演节目 16 个。且末县上千名各族群众观看演出。

2013 年 2 月，团与且末县共同主办《且末之春》春节文艺会演，参演歌伴舞节目 2 个，获得团体组织奖。6 月 21 日，三十七团在且末县昆仑广场举办"且末县百日文化广场"专场演出，表演文艺节目 16 个，且末县各族群众 3000 余人观看了演出。

2014年7月6日，三十七团在且末县举办"百日文化广场"专场演出，共演出节目18个。12月，团参加且末县春节文艺演出，表演情景剧——《团场之春》，获得且末县文艺会演组织奖。

2014年，团参加且末县成立100周年庆祝活动，表演大型情景剧《丝路驼铃》，获得演出一等奖。

2015年春节期间，团大学生文艺演出队在库尔勒参加"第二师春节文艺会演"，参演的情景剧《丝路驼铃》获得师2015年春节文艺会演一等奖。

1970—2015年，团组团参加地方举办的文艺演出5场次，参演节目112个；参加师举办的文艺演出14场次，参演节目24个。其间，获得团级以上奖励的节目有16个，市级奖励的节目有6个。

（三）慰问演出

1993年6月19日，且末工程支队被农二师党委首次命名为"民族团结进步模范单位"，且末县文工团在支队大礼堂演出16个文艺节目，以示庆贺。这是支队成立后，第一次接纳外单位慰问演出。1998年6月17日，农二师永兴供销公司组团到结对单位且末工程支队慰问演出，表演舞蹈、相声、独唱、合唱等文艺节目14个，支队300余人观看演出。

2007年10月，兵团豫剧团在红旗区大礼堂慰问演出，演出豫剧、曲剧选段12个，上千名职工群众观看演出。

2008年5月23日，且末县英吾斯塘乡到支队慰问演出，演出自编自演的27个文艺节目。支队机关、学校与英吾斯塘乡合作会演，吸引地方和支队2000余名职工群众观看演出。

2010年11月21日，且末县文工团到支队表演精彩的舞蹈节目，庆祝巴州沙漠玉枣果业有限公司开业。

2014年5月3日，兵团歌舞剧团到三十七团举办"送文化，下基层"慰问演出，演出节目12个，1000余名职工群众观看演出。

三、群众文娱活动

20世纪70年代，职工群众文化娱乐活动较少，文化生活极为单调。劳动之余，职工主要的文化娱乐活动是看电影，或在重大节日期间观看学校师生排演的文艺节目。部分职工利用两棵树自制土秋千，成为日常休闲的娱乐方式。

1976年1月，组织青年教师、机关人员、上海知青、退休人员60余人在红旗区大礼堂举办交谊舞比赛。此后，定期举办舞会成为惯例。

1980年后，随着经济和社会发展，群众文化娱乐活动形式和内容逐步增多。1990年，科、教、文、卫等单位中一批有文化的老干部陆续退休，参加老年文化活动人数逐年增多，集体舞、交谊舞等在支队蓬勃兴起，长盛不衰。

1997 年春节期间，组织人员编排舞龙、舞狮、竹马、高跷、旱船等民间传统社火节目，在红旗区为职工群众表演社火。

1999 年 10 月 1 日，为庆祝中华人民共和国成立 50 周年，举办综合性文化活动，邀请且末县领导和县委、县政府部门领导到支队参加庆祝活动。相继开展拍摄一部纪实片，举办一次书法、绘画、文学创作、体育比赛，文艺演出等为主要内容的系列文化活动。

2000 年后，新职工将原籍地文化活动带到且末工程支队，职工业余文化娱乐方式更加多样化。2000 年 5 月 4 日，团委举办集体舞比赛，参赛人员以机关和学校为主，分别评出一、二、三等奖。

2003 年 6 月，在红旗区健身区安装钢制秋千 2 架。2007 年，分别在监区、跃进开发区安装 2 架秋千。是年，广场舞开始在职工群众中广为流行，成为深受职工群众喜爱的群众性娱乐活动。

2009 年，支队投资添置春节社火表演服装、道具，组织各单位成立春节社火演出队，到地方乡村和连队表演，受到各族群众的欢迎。2010 年春节期间，三连率先组建职工舞龙、舞狮和民间秧歌队，开展节日娱乐活动。

2010 年 2 月，且末工程支队举办迎新春职工社火表演 　　　　　（杨金宝 摄）

2013 年起，团党委进一步重视群众文化娱乐活动，推动各基层单位文体活动进入鼎盛时期。团工会、团委、政工办等部门连年组织开展节日文体活动，举办舞狮、舞龙、秧歌、社火、拔河、长跑、腰鼓表演等活动项目，带动全团群众性文体娱乐活动蓬勃发展。2013—2015 年，团场每年投入资金购买各类道具和服装，组织职工在春节、元宵节期间以单位组队编排表演腰鼓、舞狮、舞龙、高跷、旱船等民间社火节目，职工群众的业余文化生活日趋丰富和多样化，群众性文化娱乐活动成为常态。

第二节　文学艺术

一、文联机构

1995 年 6 月 21 日，支队政工科牵头，成立农二师且末工程支队文学艺术界联合会，张素琴任主席。文联设置文学艺术、歌舞、书法、摄影 4 个协会。

1997 年 6 月，党委副书记李新建任文联名誉主席，党委常委、政工科科长张素琴担任主席，会员由各单位指导员和文化艺术骨干组成。文联设置文艺、舞蹈、书法、摄影 4 个协会。会员 7 名，秘书长 1 人，理事会成员 4 人。

1997 年 8 月 12 日，文学艺术界联合会召开第一次会员代表大会，参会 20 人。大会审议通过《农二师且末工程支队文学艺术界联合会章程》及各协会组织架构、成员名单。李新建当选文联名誉主席，张素琴任秘书长。

1998 年，调整文联组织机构，下设文艺、摄影摄像、美术书法、音乐舞蹈、民间体育 5 个协会。文联成立后，牵头举办文艺会演 12 场次、舞会 152 场次。2005 年，因协会会员大部分调离，无法组织活动，文联工作停止。

二、文学创作

20 世纪 70 年代，以学校上海知识青年为主的一批青年知识分子开始投入各种形式的文学创作，以作品抒发个人情感或对故乡的思念之情。1978 年后，施工队伍搬迁至北线，部分文学创作人才先后调离，文学创作人才流失严重，文学创作一度跌入低谷。1986 年，劳改中队成立文学创作小组，监区内部开办《育新》小报，服刑人员当中的文学爱好者创作的诗歌、小说、书法等作品在小报上刊登，以丰富服刑人员文化生活。1990 年后，随着社会人员到支队落户逐渐增多，文学创作开始复苏。1992—2015 年，团场部分文学创作者的作品在各级刊物和报纸发表，全团文学创作进入一个新时期。

表 26 - 1　三十七团文学作品发表（选录）一览表（1992—2015 年）

作品名称	体裁	作者	发表时间	发表媒体
米兰的小河	诗歌	杨波	1992 - 06 - 10	绿原报
一张新闻照	小说	杨波	1996 - 10 - 15	绿原报
观棋	小说	侯文斌	1996 - 11 - 12	绿原报
那片红叶	散文	彭凡	1997 - 12 - 16	绿原报
月光下你的眼睛	散文	彭凡	1998 - 08 - 13	绿原报
后会有期	散文	彭凡	1998 - 05 - 19	绿原报
矮哥	小说	彭凡	1999 - 11 - 26	绿原报
投票	小说	彭凡	2000 - 07 - 28	绿原报
原则问题	小说	彭凡	2000 - 11 - 14	绿原报
牧民村里军歌扬	报告文学	杨波	2010 - 12 - 15	师《绿洲》杂志
三十七团礼赞	快板书	杨金宝	2014	兵团工运
毛主席战士最听党的话	散文	杨波	2014 - 12 - 27	兵团日报
千年美玉成且末	散文	杨波	2015 - 06 - 15	天山网
身上留有 8 处伤疤的老红军	纪实文学	杨波	2015 - 08 - 11	兵团日报
白头发里面的故事	散文	杨波	2015 - 08 - 20	兵团网

注：此表内容由团政工办提供。

三、书法绘画

1974 年 5 月 11 日，支队学校成立天方书画社，云集一批有志青年从事书法绘画艺术创作。以硬笔书法为代表的书法协会，利用天方书画社培养赵彦良、黄文勇、韩启兰、侯炳森、包宏才等一批热爱书画创作的优秀书画人才。

20 世纪 80 年代，劳改中队成立书法小组，服刑人员中的书法爱好者通过练习书法提升文化素养，丰富业余文化生活。赵彦良、黄文勇等书法爱好者走出且末工程支队，成为享誉兵团和全国书画界的优秀书画艺术家（详细介绍见第二十七章第二节"文化名人"）。

2015 年，三十七团从各地引进的大学毕业生充实了书法绘画队伍。大学生李嘉成、魏征等在春节假期，举办少儿水彩素描培训班和毛笔书法作品展，为团场培养书法绘画人才，丰富团场职工群众精神文化生活。

四、摄影摄像

20 世纪 70 年代，且末工程支队机关群工处配备有照相机 1 台，用于重大活动拍照。辖区内建有照相馆一处，馆内配备有照相机 2 台和冲洗照片设备，主要给职工拍摄人物肖像，多次应邀拍摄支队取得的重大建设发展成就。80 年代初期，施工连队迁至北线，照相馆被取消。

1974 年 6 月 1 日，且末工程支队民营照相馆落成，位于红旗区且末县输水干渠 30 米与场区中心道路 15 米交会处。照相馆有工作人员 2 名，馆长为于万林。馆内有"120"照相机 2 部，配备有洗相、布景等设备。

20 世纪 90 年代，机关政工科配备照相机 2 部，用于对外新闻宣传。90 年代后期，机关生产科、学校、派出所和监狱配备有摄像和照相设备，主要用于拍摄和记录重大活动。

2000 年，随着经济社会发展，摄像机和照相机进入职工群众家庭。个体摄影爱好者以学校教师为主，形成业余摄影爱好者群体。

2010 年，机关政工科编撰的《塔克拉玛干沙漠南缘的兵团农二师且末支队》画册出版，从不同视角客观记录支队在政治、经济、科学、教育、文化、卫生等各方面取得的成就，作为史料被收藏。

2013 年，团吸纳大学毕业生进入机关，从以文字创作逐步转向文稿与新闻摄影、视频、网络新闻报道并存的新闻宣传模式。团投资 20 万元购买 2 台数码相机和 2 部数字摄像机及音响设备，机关各科室配备数码相机，团场重要活动均以图片形式记录保存。

2014—2015 年，团政工办杨金宝、范晓琳等拍摄的新闻图片多次在人民网、新华网、中国新闻网、第二师新闻网、兵团胡杨网等网络媒体发表，通过新闻摄影对外宣传团场。

第三节　史志　档案

一、史志

（一）编纂机构

2013 年 5 月，支队成立史志编纂委员会，支队党委书记任主任。委员会下设史志办公室，挂靠在政工科，政工科科长任史志办公室主任，成员由各部门主要领导组成。

2014 年 2 月，调整团史志编纂委员会成员，团党政主要领导任主任，成员由各单位、各部门领导组成；三十七团一轮志编修工作启动，团史志编纂委员会把启动编修的《且末支队志》改为《三十七团志》。团史志编纂委员会下设办公室，政工办主任兼任史志办主任。办公室配备 2 人，其中 1 人担任主编。6 月 15 日，《三十七团志》编修办公室在机关挂牌，与团办公室合署办公。

2014 年 8 月，政工办副主任杨波调到史志办任《三十七团志》主编，负责团志编修工作，团志编修工作全面启动。10 月 15 日，团调整史志编纂委员会，团党政主要领导任史志编纂委员会主任，分管史志工作的副政委任副主任，委员由各单位、各科室负责人担任。

（二）团志编修

1998 年 3 月，启动支队修志工作，支队办公室主任杨全新兼职承担史志编纂工作。经收集整理资料，编纂 3200 字初稿，后因工作调动编修工作被搁置。

2011 年 5 月 5 日，召开修志工作动员大会，明确编修工作任务和目标，动员各单位、各部门为团志编纂提供资料。根据修志工作要求，开始编写年度大事记，梳理 1600 条断限内发生的重要事件条目。2013 年起，各单位、各科室每月均向团史志办上报大事记资料，由团史志办整理编辑，形成年度大事记。

截至 2015 年 12 月，团史志办共收集文字资料 53900 份、图片资料 2540 幅。工作人员先后到乌鲁木齐盐湖化工厂、吐鲁番大河沿镇等地走访，搜寻三十七团发展历程资料，走访拍照 450 张，走访录音 10 份，整理口述资料 110 份。参照《且末县志》资料 1000 份，查找团外资料《农二师志》《兵团年鉴》《农二师统计年鉴》等资料 2120 份。

2015 年 5 月，根据收集的资料，团史志办制订《三十七团志》编目大纲，形成志书框架 19 章 134 节资料长编，进入补充资料和修改志稿阶段。

二、档案

20 世纪七八十年代，且末工程支队几经搬迁、撤销，档案流失严重，仅有零星资料和部分案卷在师档案局留存。

1989 年 10 月，按照师相关文件要求，机关建立档案室，收集各部门散存案卷，统一由机要部门负责管理，抽调 1 人收集整理并管理档案。支队成立档案工作领导小组，由一名副职领导分管档案工作，成员由劳资科、政工科、管教科、生产科、计财科、办公室主要领导组成。在劳资科设专业档案室，配备专业档案管理员 1 人，主要保存支队职工和劳改农场人员档案，经济、社会发展类档案资料极为缺乏。

1996 年后，档案室实行档案统一管理，除工人档案由劳资科管理、服刑人员档案由管教科管理外，其他各类档案均由政工科档案室统一保管。档案室的档案均为劳改农场成立后的档案，分文书档案、会计档案、科技档案和照片档案四大类。

2002 年后，档案立卷将原来的以件为单位改为以卷为单位，保存期限设永久卷、长期卷（30 年）、短期卷（15 年）三种。

2006 年起，档案室运用档案管理综合系统保管档案，重点收集和整理基建、生产、供销、改制企业、合同类档案。档案管理纳入机关目标考核管理，各科室配备兼职档案员，建立档案管理工作网络，按照部门档案立卷归档范围定期上报档案资料。2008 年，机关各科室把 1990 年后形成的未归档的文书档案资料、科技档案资料、会计档案资料收集整理后归档。

2009 年，监企分离后，监狱干警和服刑人员档案转由监狱管理。10 月，档案由机关机要员兼任档案管理员，到师档案局参加档案管理培训后上岗，档案管理隶属办公室业务范畴。档案室制订 10 项管理制度，实现档案管理规范化、制度化。档案室查阅档案 24 卷 28 件次计 48 人次。至

2010 年，史志办查阅档案资料 502 卷 782 件。

2013 年，团档案室整理留存在各科室各单位散落的档案资料以及零散档案资料，立卷 466 卷，其中永久卷 185 卷、长期卷 281 卷。经过 3 年归档整理，至 2015 年，团档案室案柜卷排架长度达 15 米，保存 1986 年且末工程支队成立后档案 6960 卷，其中永久档案 2146 卷、长期档案 4578 卷、短期档案 236 卷，保管照片 102 张、地图 3 张、光盘 4 张。

2015 年，团先后为档案室添置档案柜 46 组共计 230 节、4 个文件柜、4 张办公桌、3 部电脑、2 台打印机，档案室办公和管理条件得到改善。档案室接收各单位、各部门归档件 8978 件，排架长度达 25 米。通过整理归类，保存文书类档案 278 卷、科技类档案 313 卷、会计类档案 300 卷、照片类 9 册。

2010—2015 年，团档案室查阅档案 312 件次，共 256 人次。团史志办在团志编修中档案室查阅资料 49570 份。

第四节　广播影视

一、广播

1977 年，支队机关所在地建有 1 个临时有线广播站，安装 2 个高音喇叭，每天播放革命歌曲和重要通知等。

1982 年，随着支队部搬迁北线，广播站停办。

1995 年 3 月 8 日，成立且末工程支队有线调频广播工作站，站长张素琴，副站长杨波，广播站设广播室 1 间，配置 1 台收音机、1 台扩音机、1 个讲话筒、安装 4 个高音喇叭。成立编辑、播音小组，设节目转播、支队新闻、通知、精神文明、好人好事、工作安排等栏目。由杨波、唐强负责广播站工作，每天播音 2.5 个小时，开播时间为 8—9 时、13—14 时、20—21 时。

1996 年，支队开通有线调频广播站，人口覆盖率为 100%。

2005 年，跃进区实施农业开发，机关全体人员被抽调到生产一线工作，广播站停播。

2008 年，水电站自办广播站。

2014 年，一连、二连自办连队小广播，没有固定播音人员，主要服务于本单位各项工作。

二、电视

1973 年 2 月，支队投资 13 万元与且末县合资建设广播电视台，可转播中央电视台和且末电视台两个频道的电视节目。1974 年，且末县广播电视台建成后，职工群众购买黑白电视，通过架设收视天线接受电视信号，可收看且末县电视台、中央电视台传输的电视节目，但信号传输不清晰。

1994 年，且末县开通有线转播电视信号。

1995 年 1 月 11 日至 2 月 25 日，支队邀请且末县广播电视局抽调 10 人，携带各种广播电视器材，分别在支队部、石棉矿安装电视差转台 2 座，覆盖人口 1300 人。42 户职工群众家庭安装有线闭路电视，可以清晰地收看 12 套电视节目。

1996 年 2 月，投资 8.4 万元，从且末县广播电视局购进一套电视接收设备，建有线电视差转台 1 座。在且末县广电局技术力量的支持下，经过一年的调试，可转播 4 套（且末县电视台、山东卫视、中央卫视、浙江卫视）电视节目，覆盖范围达 12 平方千米。

1997 年，且末县广播电视局与支队签订广播电视闭路收视费用收缴协议书，每户职工每月缴纳闭路电视收视费 10 元，当年 12 月底交清。此后，职工群众收看电视一直由且末县广播电视局传输信号。

2005 年，且末县开通电视传输光缆信号，且末县广播电视局改造更新原来的信号传输设备，距且末县城 25 千米的支队跃进区偏远连队接通了且末县传送的光缆信号，可清晰地收看 32 套电视节目。

2007 年 3 月 10 日，农二师宣传部给新建的二连职工免费发放 139 台电视机，接通且末县光缆传输 40 个频道数字电视节目，收视率达到 100%。5 月 15 日，接通农二师光缆电讯电视信号，可收看到相距 800 千米外的农二师电视台传输的电视节目。是年，农二师民政局给支队 10 户低保家庭发放 10 部彩色电视机，解决了低保户家庭无法看电视的问题。

2012 年 3 月，河北唐山市对口支援支队 1 套电视新闻编辑设备、1 台摄像机，实现支队与且末县新闻对播。因支队播音、编辑、服务人员缺乏，6 个月后终止此项工作。

2015 年，团没有自建的电视台，职工群众依靠且末县电视台传输信号收看电视节目。

三、电影

1970 年，兵团工三师司令部"0701"工程指挥部到达且末地区施工，司令部带来 7 部电影放映设备。政治处成立电影放映小组，配备军用三轮摩托车 1 辆，由钱保豫、霍志英、杨凤生、邢晓燕、石勇军 5 人负责放映电影和管理设备。

放映电影时，在各单位、连队、施工点的露天空场地竖立两根木杆，拉上银幕放映。电影放映所需要的影片，需从乌鲁木齐兵团司令部调运到且末，往返 1 个月，电影片在各单位、各连队巡回放映。看电影是施工部队最奢望的文化生活需求。

1973 年，农三师司令部"0701"工程指挥部购置新电影放映机 5 部，淘汰旧放映机 6 部，实有电影放映机 6 部，配备放映员 4 人，每天在司令部放映 2 部影片，每周到各连队巡回放映 1 次共 2 部影片。

1974年，支队因地制宜在队部建成1座能容纳480人的露天电影院，电影院内设置放映台，有7个放映窗口，使用放映机3部。每逢周末或重大节日，晚上8点开始放映3部电影，指挥部驻地及附近连队职工、周边地方乡村各族群众在露天电影院免费观看电影。偏远连队由电影放映组巡回放映影片，每年放映场次在百次以上。电影放映成为职工群众了解外界、陶冶情操、汲取文化营养的主要途径。

1982年，各施工连队随工程迁往北线（盐湖），电影放映工作暂停，电影放映机入库封存。1990年后，电影放映工作恢复，轮流到监狱各中队放映，以丰富活跃文化生活。

2000年，支队电影放映被电视所替代，电影放映机入库封存。

2014年，国家文化项目划拨给团2台数字电影放映机，由工作人员从师广播电视局电子拷贝数字影片回团放映。团恢复电影放映后，成立电影放映工作小组，配备电影放映工作人员2人，团政工办负责电影放映和设备管理工作。

2015年3月，团投资20万元购买摄像、录音、照相等设备9套，配备放映员2人，每周在基层连队巡回放映一场数字电影，每场次由国家补助放映费100元。10月，电影放映移交给团文化服务中心管理，配备专业人员1人。全团年均放映数字电影54场次，年均观看人数1.8万人次，场均观众人数300人，上座率为85%。

表26-2　三十七团部分年份电影放映情况一览表（1970—2015年）

年份	机构数（个）	放映机（部）	放映员（人）	放映场次（场次）	观影人数（万人次）	上座率（%）
1970—1978	1	7	5	416	33.2	75
1979—2009	1	6	2	32	1.6	55
2014	1	2	2	15	0.75	75
2015	1	2	2	54	1.8	85
合计	4	17	11	517	37.35	72.5

注：此表数据由团文化中心提供。

第五节　体育

一、体育设施

20世纪70年代，由于筑路单位随施工进度而不停迁移，职工群众体育活动没有固定场所。爱好体育的职工在两棵树之间绑一根横杆作为单杠或双杠，自行强体健身。支队学校建有1个篮球场，1个用土坯垒成、台面抹水泥的乒乓球案子，土法上马就地建有爬杆、单杠、秋千等体育活动设施。1974年，支队部建起1个简易篮球架和1个乒乓球台。1978年，在机关建成1个标准篮球场，供机关干部职工体育锻炼和比赛。1979年，随着支队所属单位撤并、搬迁，只保留机关篮球场和学校的体育设施。

1990年，学校、二中队、石棉矿因地制宜建设3个简易篮球场，篮球场地选择较为平整的戈壁滩压实而成，篮球架则用两根木桩作为立柱，再钉上篮板即可使用。20世纪90年代初，学校用课桌拼凑乒乓球案，以砖块为隔网打乒乓球。1997年，学校结合体育教学，购进1台木质乒乓球案，设置乒乓球室。1998年，学校购买1个标准乒乓球案，新购置篮球、乒乓球、羽毛球等体育器材16件。2000年，学校新购入1对木质篮球架，篮球场为预制水泥地面。2000年，支队在跃进区新建1个篮球场，成为职工体育活动的主要场所。

2003年3月，在红旗区队部办公楼前新建的1个灯光篮球场、1个排球场（羽毛球场）投入使用，地面全部硬质化。其中篮球场面积420平方米，安装高节能白炽灯4盏；排球场（羽毛球场）建筑面积210平方米，安装高架灯光2盏。支队投资13万元购入24套全民健身器材，包括跑步机、高低杠、单双杠、单双秋千、跨步机等，分别安装在红旗区队部办公楼（后为一连办公楼）东侧、跃进区二连办公室（后为三连办公室）门前的广场上。

2004年8月，支队投资16万元在红旗区社区建成综合健身场，占地面积4600平方米，安装健身器材12套。2007年，跃进区职工文化活动中心建成后，安装室外组合式健身器材14套。

2008年10月，筹措资金2.3万元在红旗区队部前修建1座沙地门球场，占地面积320平方米，场地规格为15米×20米，但因缺乏技术指导没有开展过活动。是年，支队获得国家"西新工程"支持，师文化局给支队拨付28套全民健身器材，安装并使用。

2009年，争取国家项目资金，在学校修建1个沙地篮球场，配置双杠、单杠、高级篮球架、健身架等运动器材。学校建有篮球场、足球场、乒乓球室各1个，运动跑道1条。2010年，师给支队拨付2套全民健身器材计48件，分别安装在二连、三连办公室前，供职工群众健身使用。2010年8月，跃进区水电站办公场所新建1个篮球场，成为职工群众健身的场所。

2014年，团中学新建2个篮球场、4个水泥乒乓球案；建成1个地面硬质化排球场、1个占地3000平方米的草坪足球场、270米环形草地跑道、1个300米竞赛场地；购买玻璃钢篮球架、乒乓球案各1架（台），添置单双杠各2副、高低杠1副，校园体育设施逐渐完善。

2015年底，全团建有5个篮球场。其中，标准篮球场3个，简易篮球场2个。标准篮球场1个建在一连，2个建在学校。简易篮球场则在水电站和团部各建1个。

2015年，团建有标准规格的乒乓球案8个，拥有固定活动场所8处，其中学校3处、一连1处、机关1处；新建连队活动室3个，其中一连、三连、团部各1个；分别在一连、三连、四连、机关新建硬质地面健身场所各1处；购买运动器械62套，按类别分为单双杠、跑步机、单双秋千、跨步机、健身器等，在学校安装16套、一连16套、三连18套、机关12套。

二、职工体育

20世纪90年代，在春节或重大节日期间，各单位都因地制宜组织职工群众开展体育活动，给节日增添喜庆气氛。各单位经常开展篮球、乒乓球、拔河、田径、自行车慢骑、长跑等体育竞赛项目。支队每年与且末县联谊单位琼库勒乡、水泥厂、养路段举办篮球、排球比赛。1995—1998年，各单位组队参加由且末县、若羌县、民丰县、塔里木石油指挥部、且末工程支队组成的"三县五单位"篮球友谊赛，获组织奖。

1997年6月，举办"迎香港回归 庆党的生日"长跑活动，186人参加比赛。1999年，选派职工李强、王永宁参加农二师中国象棋比赛，获得农二师象棋比赛团体组织奖。

2007年，支队机关与武警十二中队、且末县琼库勒乡、且末县武装部、且末县民航站等单位举办篮球比赛，武警中队获得第一名、支队获得第二名、且末县武装部获得第三名，且末县琼库勒乡、民航站获得组织奖。

2009年后，跃进区建成职工文化中心，连队组织各类文体活动的次数大幅增加，每年各连队均组织职工参加拔河、长跑、接力赛等体育竞赛活动。

2010年，支队举办职工篮球赛　　　　　　　　　　　　　　　　　　　　（毛琪 摄）

2015年5月4日，团与且末县举办为期两天的"吉程杯"篮球友谊赛，特邀且末县乡镇、企事业单位共8支代表队参赛。经过激烈角逐，且末县武装部青年代表队获得冠军，且末县英吾斯塘乡小学和三十七团代表队分获亚军、季军。在开展群众性体育活动中，鲍安琪、白乃兴、毛琪、朱前程、舒卫东、李强、王永宁等职工成为篮球、乒乓球、象棋、长跑等体育项目的运动骨干。

三、学校体育

1973 年，民丰工程支队迁至且末办学后，学校即组织学生开展体育锻炼活动。课外青少年活动内容较为丰富，常见的项目有踢毽子、跳皮筋、跳绳、打沙包、跳方、老鹰捉小鸡、斗鸡等。

1979 年后，按照《国家体育锻炼标准》，学校体育课开始规范，教学内容有球类、田径、广播体操等。

20 世纪 90 年代，中学乒乓球项目成绩多年在垦区学生运动会中保持前列，篮球、田径项目成绩名列前茅。

2000 年后，学校执行国家体育锻炼标准，在校学生课间保证每天 1 小时体育活动时间，参加课间体育达标锻炼。校园大课间活动举办广播操、队形队列、跳绳、踢毽子比赛，组织学生参加冬季长跑和达标运动项目比赛。学校教务处每年不定期抽测学生的体育达标情况和体育成绩，监测学生健康，学生体育课和课外活动质量明显提高。

2000 年 10 月 22 日，学校举办首届秋季趣味运动会，设立 7 类 24 个小项目，全校 130 名学生和 20 名教职工参加各项目比赛。

2004 年，学生每周体育课从 2 节增至 3 节。2008 年，学校分别举办中小学生达标运动会，设跳绳、立定跳远、8×50 米往返跑、50 米短跑、女子 800 米、男子 1000 米 6 个体育达标项目。

2009 年起，小学生每周开设 4 节体育课，每天下午第 3 节课后全校学生上 1 节活动课，由老师带领学生参加球类、田径及体育游戏活动。

2015 年，学校年轻体育教师均毕业于专业学院，学生体育达标率在 98% 以上。学校体育活动坚持"两课两操"（体育课、活动课，课间操、早操），保证学生每天 1 小时活动时间，阳光体育活动惠及全校中小学生。

第六节　旅游

三十七团所在的且末县域旅游资源较为丰富，拥有历史久远的车尔臣阔纳协海尔古城、扎滚鲁克古墓群、来利勒克遗址等。2013 年后，团陆续建设特色小城镇展示区、玉昆仑湖湿地公园旅游度假区、四季玫瑰种植园、沙漠公园、现代农业观光园、畜牧养殖观光园等旅游设施，与且末县旅游景点相互依衬、融为一体。

2014 年，团把发展旅游业列入城镇建设总体规划，利用跃进水库的水资源优势，发展集水产养殖、旅游休闲、特色餐饮于一体的观光旅游业。是年，团招商引资 3000 万元建设生态旅游工程项目。2015 年，首期总投资 2000 万元实施跃进水库清淤工程，清淤土方 17.75 万立方米；在水库出水路面筑岛 4 座，逐段疏通环岛船道，玉昆仑湖景点初具规模。

第二十七章　人物　先进集体

1968—2015 年，三十七团在屯垦戍边事业进程中，培养出各级党政领导干部、科技人员、文化名人，涌现出各行各业先进集体和先进个人。其中，有资料证明的参加抗日战争的老八路 3 人，参加人民解放战争人员 14 人；正团（县）级领导 15 人；文化名人 2 人；受自治区、兵团表彰先进集体 6 个，地州、师市表彰先进集体 33 个；被兵团、师市表彰的先进个人 118 人，团表彰先进个人 647 人。这些典型人物和先进集体，为屯垦戍边事业和三十七团的发展作出了重要贡献。

第一节　正团级领导简介

1974 年 2 月 1 日，且末工程支队成立以后，在各个时期担任领导职务的人员频繁调整，因且末工程支队多次搬迁、撤销、合并，档案资料流失较严重，有些档案资料已无从查找。仅有的资料证实，曾经在且末工程支队担任正团级职务的领导均以人物简介形式记录在册。[①]

宋彦亭　男，汉族，出生于 1925 年 6 月，河北省邱县人，高小文化。1943 年，参加八路军，是年加入中国共产党。入伍后曾在八路军新四旅七七一团当战士、班长、副排长、排长、党支部委员。八路军六军第十七旅四连政治指导员、党支部书记。八路军新四旅七七一团二营政治教导员、营长。新疆军区骑兵第七师司令部协理员，骑兵十九团副团长，常委、团长。1954 年，宋彦亭出席新疆军区首长会和兵团党代会。1967 年，调兵团工三师筑路部队任二十一团团长、党委副书记。1969 年 9 月，任工三师司令部"0701"工程临时指挥部负责人。1970 年 6 月，任"0701"工程且末前线指挥部党委书记。1972—1974 年，先后任工三师民丰工程支队支队长，农三师且末工程支队党委书记。1974 年 2 月，任农二师且末工程支队党委书记；调离且末工程支队。

史地　男，汉族，出生于 1922 年 10 月，河北定州市人，中共党员，大学专科。1943 年 2

---

① 因年代久远，刘琦个人简介无从查找。

月，在河北定州参加八路军。1952 年，调新疆军区二军六师工作。1966 年，调新疆军区工作。1967 年，随军调兵团工三师（莎车）司令部工作。1968 年，调任工三师政治处主任。1970 年，调任工三师"0701"工程民丰指挥部指挥长。1971 年，调任农三师且末前线指挥部党委书记、政委。1974 年，任且末工程支队支队长。1980 年，调离巴州工程支队。

陈百胜 男，汉族，出生于 1934 年 8 月，陕西省西安市阎良区人，初小（相当于小学）文化。1949 年 3 月 5 日，在学校参军入伍，就职于中国人民解放军第一野战军一兵团二军六师十六团宣传队，从事文化和宣传工作。1952 年 4 月，任十六团宣传队队长。1953 年，任十六团卫生队文教。1954 年，任兵团农二师农四团一大队任政治工作员。1955 年，任一大队政治干事。1957 年，调兵团工程处组织科任组织干事。1958 年，调新疆维吾尔自治区工程处材料总场政治处组织股任副股长。1959 年，任新疆维吾尔自治区工程处材料总场政治处组织股股长。1960 年，调材料总厂任水泥厂教导员。1962 年，调兵团第二钢铁厂组织处。1966 年，任兵团工三师（莎车）组织处副处长。1967 年，调工三师民丰工程支队"0701"工程前线指挥部政治处主任、临时党委书记。1972 年，调任农三师且末指挥部党委书记、政委。1975 年，任农二师且末工程支队党委书记、政委。1985 年 4 月，调离且末工程支队。

王继昌 男，汉族，出生于 1942 年 8 月，北京市人，大学专科。1964 年 10 月 5 日，参军入伍。1962 年，从北京军区调新疆军区第四师工作。1967 年，调兵团工三师司令部劳改局工作。1968 年，调工三师民丰支队工作。1981 年 12 月，加入中国共产党。1986 年，任且末工程支队党委副书记、支队长。1989 年，在农二师且末工程支队退休。

蔡先平 男，汉族，出生于 1941 年 7 月，山东省微山县人，高小（相当于初中）文化。1958 年 10 月，参加工作。1962 年 2 月，加入中国共产党。1988 年 3 月，任且末工程支队党委书记。1990 年，调离且末工程支队。

叶臻荣 男，汉族，出生于 1932 年 10 月，湖南省邵阳县人，初中文化。1951 年 4 月，在湖南参军入伍。1956 年，转业到新疆兵团农三师学校任教。1959 年 2 月，加入中国共产党。1968 年，调工三师民丰工程支队学校任教务主任。1970 年 3 月，任工三师民丰工程支队学校校长，10 月调工三师民丰工程支队政治处工作。1972 年，任且末工程支队政治处副主任。1979 年，任巴州且末工程支队政治处主任。1980 年，任巴州工程支队党委常委、副政委。1986 年 8 月，任农二师且末工程支队政委、党委书记。1988 年 2 月，退休。

王晓林 男，汉族，出生于 1948 年 8 月，上海市人，大专学历。1966 年 6 月，从上海市支边进疆。1967 年，在农四师工程团工作，是年 8 月调工三师民丰工程支队"0701"工程前线指挥部工作。1969 年，随工三师工程支队"0701"工程施工搬迁至且末，在且末工程支队加工连工作。1977 年，随且末工程支队搬迁至盐湖任工作员。1983 年，从盐湖返回且末，在且末工程支队工作。1985 年，在且末工程支队任计财科会计员。1987 年，任且末工程支队政治处处长。1988

年，任且末工程支队副政委。1991年，任且末工程支队支队长。1996年，任农二师且末工程支队党委书记、政委。2005年，在且末工程支队退休。

顾国平 男，汉族，出生于1961年4月，祖籍江苏，本科学历，1982年4月参加工作，三级警监，中共党员。1984年10月，在农二师二十三团劳改农场工作。1986年6月，调且末工程支队四中队任管教。1987年10月，任且末工程支队四中队副中队长。1989年3月，任一中队中队长。1993年，担任农二师且末工程支队石棉矿副矿长、矿长。1996年12月，任农二师且末工程支队管教科科长。1997年8月，任且末工程支队副支队长。2002年12月，任且末工程支队支队长。2005年9月，任且末工程支队党委书记、政委。2009年4月，监企分离后，任且末监狱党委书记、政委。2012年9月，任农二师库尔勒监狱调研员，是年退休。

隋健鹏 男，汉族，出生于1964年11月，山东省威海市人，本科学历、高级农艺师。1982年9月考入新疆石河子农学院读书。1985年7月，加入中国共产党。1986年8月，任农二师二十四团生产科参谋、副科长、科长。1992年8月至1996年11月，任二十四团生产科科长、总农艺师、副团长。1996年12月至1998年12月，任农二师农科所副所长、党委书记。1998年2月，任且末工程支队党委副书记、支队长。2003年1月，调离且末工程支队。

丁利文 男，汉族，出生于1967年11月，湖北省武汉市人，本科学历，工程师，中共党员。1990年8月，在农二师二十一团一连参加工作。1992年8月，任二十一团机务科科员。1995年12月，任二十一团机务科副科长、科长。2000年2月，任二十一团总工程师。2001年3月，任二十一团党委常委、副团长。2003年11月，任农二师二十六团党委书记、政委。2005年9月，任农二师且末工程支队党委副书记、支队长（监狱长）。2007年9月，调离。

黎明 男，汉族，出生于1961年1月，江苏省人，本科学历，1978年10月参加工作，三级警监，中共党员。1978年10月，在农二师二十七团林园连参加工作。1983年9月，调农二师开南监狱任指导员。1995年7月，任开南监狱狱政科科长。2003年3月，任农二师哈木呼提监狱副政委。2005年8月，任农二师米兰监狱党委书记、政委。2007年9月，任农二师且末工程支队党委副书记、监狱长。2009年，监企分离后，任且末监狱党委副书记、监狱长。2012年5月，任农二师且末监狱党委书记、政委。

郭鲁肃 男，汉族，出生于1957年10月，甘肃省秦安县人，大专学历。1982年，任农二师二十二团武装部参谋。1987年，任二十二团武装部副部长。1989年，任二十二团办公室主任。2000年，任二十四团党委常委、武装部部长。2005年，任二十四团党委常委、武装部部长、工会主席。2007年，任二十九团党委常委、副政委兼武装部部长。2009年4月，任且末工程支队党委书记、政委。2013年3月，调离。

陈恒山 男，汉族，出生于1968年9月，湖北省黄梅县人，本科学历。1994年，任农二师二十一团四连职工。1996年，任农二师二十六团二连副连长。1999年，任二十六团二连连长。

2002 年，任二十六团生产科科长。2005 年 11 月，任农二师且末工程支队生产科科长。2007 年 3 月，任且末工程支队副支队长。2009 年 4 月，任且末工程支队党委副书记、支队长。2013 年 3 月，调离。

宁丰　男，汉族，出生于 1970 年 11 月，安徽省太和县人，本科学历。1990 年 1 月，在农二师三十一团参加工作。1999 年 10 月，加入中国共产党。先后担任农二师三十一团农试站化验员、技术员，三十一团十一连副连长、连长，三十一团五连连长，三十一团生产科副科长。2006 年 3 月，任生产科科长。2009 年 1 月，任三十四团党委常委、副团长。2011 年 9 月，任三十四团党委常委、副书记、团长。2013 年 3 月，任第二师三十七团党委书记、政委。

陈志杰　男，汉族，出生于 1978 年 2 月，河南省鄢陵县人，本科学历。1998 年 12 月，加入中国共产党。2000 年 7 月，参加工作。先后任农二师华山中学教师、团委书记。2005 年，任农二师团委负责人，2007 年 7 月，任农二师团委副书记。2009 年 5 月，任农二师团委书记。2011 年 9 月，任农二师三十三团党委常委、副团长。2013 年 3 月，调任第二师三十七团党委副书记、团长。

第二节　人物简介

军垦先辈们在新疆大地上的辛勤耕耘，奠定了三十七团场发展的根基。本节设立人物简介，分类按出生日期先后排序记述革命先辈和文化名人。

一、老八路

史地（1922—2015）　男，汉族，河北省定州市人，中共党员。1943 年 2 月，在定州参加八路军。1946 年 4 月，加入中国共产党。1986 年 12 月离休。2015 年 1 月，病逝，享年 94 岁。

杨爱山（1925.9—1999.8）　男，汉族，河北省涉县人，初小文化，中共党员。1943 年 11 月，参加八路军。1948 年 5 月，加入中国共产党。1943 年 10 月至 1949 年 10 月，任第一二九师二十五团一连战士。1949 年 10 月至 1953 年 3 月，任新疆军区交通局通讯排排长。曾参加淮海、济南、郑州、新安镇等战役，在战斗中身上 8 处伤。1957 年，在新疆兵团农四师工程处任分队长。1959 年 5 月，任农四师红专学校教员。1959 年 9 月，任农四师工矿厂副政治指导员。1959 年 11 月，任农四师十一钢铁厂副政治指导员。1961 年，任农四师南岸大渠水利工程处副队长。1964 年，任工二师二工区劳改五队副队长。1966 年，任工二师十四团十一连副连长。1967 年，任工三师"0701"工程一队副队长。1968 年，在工三师民丰工程支队一连任副连长。1974 年，在且末工程支队十二连任副连长。1975 年 2 月至 1986 年 11 月，在且末工程支队任油料员。1987 年 3 月 25 日离休。1999 年 8 月 13 日病逝，享年 75 岁。

周自修（1925— ） 男，汉族，山东省苍山县人，高小文化，中共党员。1944年2月，在鲁南参加八路军。1945年2月，在鲁南第三专署警卫排当战士。1945年3月，加入中国共产党。中华人民共和国成立后转业至藤县专署公安处任干事。曾参加淮海、临沭等战役。1950年至1953年，任山东省公安局劳改支队一大队指导员。1955年8月，在黑龙江省850农场三大队任中队长。1956年7月，在850农场三大队任人事干部。1957年3月，在850农场三大队五生产队任政治指导员。1957年8月，在850农场五分队任肃反办公室组长。1959年9月，由黑龙江省支边到新疆军区生产建设兵团建工二师十三团四连任副连长。1962年2月至1964年4月，在建工二师十一团六连任副连长。1966年8月，参加工三师"0701"筑路部队，任农三师二十三团六连副连长。1970年，在筑路部队且末前线指挥部二十三团农场八连任副连长。1982年10月，在且末工程支队八连离休后，居住在湖北省阳新县。2009年8月25日，农二师老干局为周自修提高医疗待遇，享受副师级医疗待遇。

二、解放战争人员

李春山（1926.10—2009.10） 男，汉族，安徽省凤台县人，中共党员。1946年10月，在山东省曹县参加中国人民解放军。1949年10月，加入中国共产党。曾先后参加过淮海战役等大小数十次战役，在战斗中立功受奖1次。1952—1959年，在重庆市公安局劳改队任分队长。1960年12月，由重庆押犯进疆，曾在农六师猛进水库、克拉玛依、大泉沟、安集海等地工作，先后任连队排长、副连长、连长等职。1964年10月，在和田地区民丰县劳改支队工作。1979年11月，调任巴州工程支队八连副连长。1982年10月1日离休。2009年10月病逝，享年84岁。

杨恩喜（1922.9—2001.1） 男，汉族，河南省息县人，高小文化，中共党员。1942年，在河南省洛阳当兵入伍。1946年，在山西省运城国民党二十七师司令部当传令兵，是年5月集体投诚后，在西北野战军二纵队三五九旅解放团一营三连当班长，8月加入中国共产党。1948年，在陕西参加壶梯山、永丰镇、大荔、大壕营等战斗，在战斗中任班长。1949年，在甘肃河州、会川、民乐等战斗中任班长。1950年至1951年，在二军五师十五团二营六连先后任副排长、排长。1954年，任农一师三团副连长。1955年，在农一师前进农场墨玉分厂一区任队长。1956年4月，调地方国营农场三连任副队长。1958年，任地方国营昆仑农场机耕连队长。1965年，调任农三师四十七团五连指导员。1972年3月，调任农三师工程支队五连指导员。1974年12月，在农二师且末工程支队五连任指导员。1976年，任巴州且末工程支队三连连长。1984年6月，离休。2001年1月病逝，享年80岁。

胡英杰（1922.11—2009.3） 男，汉族，河北省广平县人，高小文化，中共党员。1946年5月，参军入伍，9月，参加河南省考城战斗，10月，参加山东省巷南战斗。1947年4月，参加河南省安阳外围战斗时担任班长，7月，参加山东省羊山战斗时任副班长。1948年11月，参加淮海双堆集战役时任班长。1949 年 4 月，参加安徽省安庆战斗时担任班长。1952 年 4 月，在第十军二十八师炮兵团野炮营二连任班长，1958 年，在炮兵团侦察班受到一次嘉奖，荣立三等功。1964 年 5 月，京衔晋字第 15 号批复为少校军衔。1965 年 12 月，转业至新疆军区生产建设兵团工三师二十三团。1970 年，随工三师修筑"0701"工程进驻且末。1977 年 4 月，任巴州工程支队副团长。1984 年 5 月，离休，居住在农二师干休所。2009 年 3 月病逝，享年 88 岁。

孙道卿（1928.1—　）　男，汉族，河南省孟津县人，高小文化，中共党员。1949 年 1 月参加革命。1953 年 12 月，加入中国共产党。1949 年 1 月至 1949 年 7 月，在中原豫西军政干校当战士。1949 年 8 月至 1952 年 6 月，在中南骑兵团一营先后任干事、书记员、分队长。1953 年 3 月，参加甘南唐昆剿匪战斗，7 月在甘肃省尕其克整顿。1955 年 7 月，先后在华北骑兵一师炮团三连、西北骑兵一师三团一连任文教。1955 年 8 月至 1957 年 2 月，在新疆兵团玛河水工五团任施工员。1957 年 3 月至 1958 年 3 月，在兵团乌库公路工程处第十一团任工长。1958 年 4 月至 1967 年 5 月，在工二师十一团任连队指导员。1967 年 8 月，调工三师钻井队任政治指导员。1970 年 7 月至 1973 年 11 月，任工三师筑路队瓦石峡站站长。1975 年 10 月至 1977 年 2 月，在巴州工程支队工宣队任队长。1988 年 12 月，在且末工程支队离休。

肖敬东（1936.8—2009.11）　男，汉族，河南省邓州县人，高小文化，中共党员。1948 年 1 月，在河南省南阳参加中国人民解放军。1949 年 1 月，参加淮海战役。1949 年 4 月，加入中国共产党。1950 年，在湖南省长沙进行文化学习与整顿。朝鲜战争爆发后，赴朝作战，先后担任战士、班长、排长等职。1954 年，在新疆兵团运输处跃进钢铁厂、农四师霍城幸福农场工作。1966 年，调兵团工三师医院，任副政治指导员。1970 年，调且末工程支队卫生队任政治指导员。1982 年 11 月，离休。2009 年 11 月病逝，享年 74 岁。

田俊林（1919.12—1994.2）　男，汉族，原籍陕西省陇县田家园镇人，文盲。1938 年，被国民党部队抓壮丁入伍。1942 年，在国民党二军二十六师当兵。1949 年 9 月 25 日，所在部队在新疆巴楚起义。1954 年，在石河子管训队劳动教养。1955—1965 年，在工二师当工人。1966 年，在工三师当工人。1967 年，参加工三师"0701"工程施工队伍。1970 年，随工三师民丰支队到且末，后在且末工程支队四连当工人。1976 年至 1978 年，两次被四连党支部评为先进个人。1983 年 2 月，离休。1994 年 2 月病逝，享年 76 岁。

刘兴（1921.5—　）　男，汉族，浙江省平湖县人，高小文化，中共党员。1937 年 11 月，在武昌国民党军校练习营第一连当学员。1943 年，在重庆国民党部队后勤部汽车连当司机。1945 年，在国立四川潼南机械学校汽车专业毕业，在国民党汽车四团十连任技术员。1949 年 9 月 25 日，所在国民党部队在新疆巴楚武装起义。1950 年至 1954 年，在新疆军区政治部任汽车驾驶员并担任班长。1955 年，任新疆军区后勤部汽车技术员及新疆军区生产建设兵团公交部技术科技术员。1966 年，在农二师汽车营任技术员。1970 年，受"文化大革命"影响，被下放到农二师三十一团三连参加大田劳动。1972年5月，在三十一团荣立三等功。1973年4月，因汽车技术过硬在三十一团获得嘉奖。1975—1982年，在且末工程支队汽车营一连任技术员，多次被且末工程支队党委评为"先进工作者"。1984年2月，离休。

崔秀坤（1923.11—2009.3）　男，汉族，河南省正阳县人，初小文化，中共党员。1945年7月，被国民党拉壮丁，先后在国民党一四纵队二支队、新疆阿克苏四十二军搜索排、四十二军骑兵团三连当兵。1949年9月25日，所在国民党部队在新疆巴楚武装起义，于1950年在新疆英吉沙地区被改编为中国人民解放军。1951年10月，加入中国共产党。1951年12月，在新疆军区二十二兵团骑兵师一营三连任副排长。1953年6月，在新疆军区二十二兵团工程第一师一团三营十一连任排长。1954年10月，转业至新疆军区生产建设兵团水利工程处。1956年5月，在兵团水利工程处101工区任副政治指导员。1960年3月，在兵团工一师四团农场工作。1968年，在工三师师部任房改连指导员。1970年8月，任工三师且末指挥部三连指导员。1974年2月，在且末工程支队三连工作。1984年6月，离休。2009年3月病逝，享年87岁。

田占荣（1925.4—2001.4）　男，汉族，甘肃省景泰县人，高小文化，中共党员。1943年，被国民党拉壮丁。1949年9月，新疆解放后参加中国人民解放军。1950年3月，加入中国共产党。1950年至1954年9月，随部队在伊犁、奎屯参加农业大生产，被评为劳动模范、荣立二等功。1956年7月，任农七师十九团一牧场副政治指导员。1958年1月，任农七师十九团司务长。1959年5月，任农七师二分部跃进钢铁三厂五队司务长。1959年，被跃进钢铁厂党委评为优秀党员。1960年1月，在跃进钢铁厂出席自治区公交会。1962年1月，任二分部汽车一团精河农场副政治指导员。1965年1月，任工二师十四团劳改四队副政治指导员。1966年，加入工三师筑路部队，1967年8月，任工三师十三团劳改队副政治指导员。1969年9月，任工三师民丰工程支队七连副政治指导员。1971—1982年，任且末工程支队八连政治指导员。1975—1976年，连年被巴州且末工程支队评为先进工作者。1982年6月，在且末工程支队八连离休。2001年4月病逝，享年77岁。

尹万银（1928.10—　　）　男，汉族，甘肃省西和县人，小学文化。1946年1月，在国民党预备役部队第七师六十五旅当兵。1949年9月25日，所在国民党部队阿克苏第九军二十七师八〇团武装起义。1950年5月，在拜城第九军二十七师从事农业生产。1952年1月，在独山子玛河工程处三营当战士。1956年4月，在伊犁水利工程二团一工区当警卫。1962年3月，任工二师十四团桥涵队分队长。1966年1月，任工二师十三团劳改队分队长。1967年4月，参加工三师"0701"工程建设，7月，任工三师民丰工程支队劳改队分队长。1970年，随筑路部队进驻且末地区。1972—1978年，在且末工程支队一连、八连任排长。1982年11月，在且末工程支队八连离休。

赵连华（1928.12—　　）　男，汉族，河北省沧州市沧县人，高小文化，中共党员。1949年

1月，在中国人民解放军四十六军一三七师四一〇团二营机枪连当战士。1950年，在四一〇团二营机枪连任副班长。1951年，在四一〇团二营机枪连任班长。1955年，在第四十六军一三七师四一零团二营机枪连先后任副排长、排长。1964年9月，任新疆军区生产建设兵团农四师十三团机炮连排长。1966年11月，任工三师直属农场农一连材料员。1967年，参加工三师筑路部队。1971年3月，在工三师汽车营二连任油料员。1974年11月，任农二师且末工程支队汽车营油料员。1988年12月，离休。1994年，被农二师老干局异地安置在河北省沧州市老干局干休所。

丁云飞（1929.11—2005.3）　男，汉族，甘肃省兰州市人，高小文化。1946年，在兰州市被抓壮丁，在国民党部队西北盐务局稽查队当士兵。1949年9月，所在国民党部队武装起义。1950年8月，在中国人民解放军第一野战军二军六师干训队当学员，9月，在新疆军区测量队任文教。1951年2月，任新疆军区骑兵二十团文教。1952年5月，任新疆军区工程处二建二团政工干事。1953年5月，任新疆军区工程处二建二团调度员。1956年1月，任新疆兵团二建三团统计员。1958年，在兵团二建三团当工人。1970年，随工三师民丰工程支队转战且末，在工程支队任统计员。1984年6月，在且末工程支队九连离休。2005年3月病逝，享年77岁。

李绍光（1930.12—2004.9）　　男，汉族，四川省仁寿县人，初小文化，中共党员。1949年6月，在中国人民解放军二军补充团当战士。1950年，在二军六师炮兵营当战士。1955年1月，在二军炮兵团当战士。1956年1月，转业至农一师前进农场生产大队。1956年12月，任农一师前进农场轧花厂分队长。1959年，任农一师前进农场采矿大队二队区队长。1961年，任农一师前进总厂采矿队副队长。1962年，任农一师前进农场加工厂综合加工队副队长。1971年，任新疆兵团农三师四十七团二连指导员。1972年5月，在且末工程支队八连任连长。1982年11月，在且末工程支队八连离休。2004年9月病逝，享年75岁。

韩成琪（1932.4—2003.11）　　男，回族，青海省化隆县人，小学文化。1949年9月加入中国人民解放军，后随部队进入新疆。1967年12月，在新疆兵团工二师二十三团农场工作。1970年，随工三师筑路部队到且末工作。1976年，在且末工程支队八连工作。1983年8月，在且末工程支队生产八连离休，返回青海省化隆县。2003年11月病逝，享年72岁。

三、文化名人

赵彦良　亦名赵延亮，号清溪生。男，汉族，1946年7月出生，上海市川沙区人，大学专科。1966年，进疆后，在新疆生产建设兵团农二师且末工程支队相继担任工人、文书、管理员、中学教师和宣教干事。在支队工作期间，多次被评为先进工作者、优秀教师。1984年，调《新疆军垦报》（后改名为兵团日报）报社任编辑。1989年，就学于中国新闻学院新闻专业。先后任中国书法家协会第三、第四、第五届理事，评审委员会委员，兵团教育委员会副主任，中国书协培训中心教授，中国硬笔书法家协会副主席、新疆书法家协会主席、名誉主席。为西泠印社社员，享受国务院政府特殊津贴，是从三十七团走出的第一位文化名人。1999 年，获新疆生产建设兵团文联"德艺双馨"会员称号。2002 年，获中国书法家协会"德艺双馨"会员称号。创作的篆刻作品曾获全国征稿评比优秀奖、"乘风杯"全国篆刻大赛银奖，入选全国首届篆刻艺术展、当代古典细朱文印精品展等展览，入镌黄崖关长城篆刻碑林。钢笔书法作品曾获中国钢笔书法大赛特等奖、全国第四届钢笔书法大赛一等奖，应邀参加第 56 届全国钢笔书法展、首届中日硬笔书法展等展览，入编《特等奖字帖》《当代中国硬笔书法家 21 家》等字帖。其书法、篆刻作品被中国美术馆和部分地区展览馆收藏。著有理论文章《刀法系统杂说》《读帖务精、临帖贵似》《浅谈楷书的结体》等，并发表于《篆刻》《中国钢笔书法》等报纸杂志。曾任新疆九年义务教育《写字》教材副主编，先后编写教材 12 册；应邀编写出版《钢笔楷行要领》《硬笔书法大师最新精品系列·赵彦良硬笔书法卷》《传世精品钢笔书法临摹字帖·散文名篇》《新概念钢笔书法名家字帖大全·赵彦良楷书》《当代书坛名家钢笔书法教程·赵彦良楷书》《学生必备课外读物钢笔字帖·散文名篇》。

黄文勇　艺名墨西歌，男，汉族，生于 1943 年 5 月，上海市人。1961 年，在上海大同中学毕业。1966 年 7 月，支边新疆兵团。1967 年，在工三师二十二团任小学教师。1968 年，调且末工程支队，先后任工人、机关文书、宣教干事、小学教师等。1988 年，调离且末工程支队，到兵团文联工作。

黄文勇利用工作之余研习书法艺术，造诣颇深。是中国书法家协会会员、广西书法家协会副主席，百色市书法家协会主席、市书画院院长、百色学院客座教授、百色市政协教科文卫体委员会主任，新疆美协理事，烟台书画院理事。先后担任广西第一、第二、第三、第四届中青年书法家作品展评委、广西首届网络书法展评委。

黄文勇爱好书法与绘画，师承海派书画大师程十发与毛国伦先生，画风野逸，格调新锐。擅西部神韵的飞鹰、奔鹿、山羊，险峰雪莲、怒放的仙人球，维吾尔族老人与禅境罗汉等。弘扬与时俱进的飞鹰文化，独创鹰、世界风光组画。其书法作品曾获《全国首届扇面书法艺术展》一等奖，作品入选《中国第六届艺术节国际书法大展》《中日书法家自作诗书法展》《泛珠三角"9＋2"书法展》《桂林全国书法名家作品展》《海南建省二十周年书法名家邀请展》《中韩书法艺术展》《首届中国西部书法篆刻展》《中国书法大事记名家卷》等。2007 年被中国书法家协会授予"中国书法进万家行动先进个人"。2009 年《全国中青年书法家作品精选集·黄文勇卷》由中国文史出版社出版，全书共收录作者数年来潜心创作的书法作品 95 幅。

第三节　先进集体

三十七团（且末工程支队）自成立以来，干部职工继承和发扬"热爱祖国、无私奉献、艰苦创业、开拓进取"的兵团精神，在发展历程中涌现出一批先进集体，受到兵团和师市的表彰和奖励。

一、兵团（省部）级先进集体

表 27 – 1　三十七团获兵团（省部）级先进集体名录（1988—2015 年）

获奖单位	获奖时间	荣誉称号	颁证单位
且末工程支队	1988.12	监狱系统"双先"表彰先进集体	兵团监狱管理局
且末监狱	2004.12	监狱系统"先进后勤基地"	兵团监狱管理局
且末监狱	2005.12	监狱系统"先进副食品基地"	兵团监狱管理局
且末监狱	2006.12	监狱系统"先进后勤基地"	兵团监狱管理局
且末监狱	2007.12	监狱系统"先进副食品基地"	兵团监狱管理局
派出所	2014.12	网络安全先进集体	兵团公安局
三十七团	2015.11	2015 年兵团绩效管理论文征集活动鼓励奖	兵团绩效办

注：此表内容根据团档案室资料整理。

二、师（地州市）级先进集体

表 27 – 2　三十七团获师（地州市）级先进集体名录（1989—2015 年）

获奖单位	获奖时间	荣誉称号	批准单位
学校总务组	1989.12	优秀班组	农二师教育局
且末工程支队	1993.12	民族团结进步模范单位	农二师党委
二中队党支部	1994.7	先进党支部	农二师监狱局党委
且末工程支队	1995.12	民族团结进步模范单位	农二师党委
加工厂党支部	2002.12	先进党支部	农二师党委
且末工程支队	2006.9	防沙治沙先进单位	农二师党委
且末工程支队	2006.9	生态林建设先进单位	农二师
且末工程支队	2007.11	十七大知识竞赛第二名	农二师工会
且末劳改队	2007.12	党风廉政先进集体	农二师监狱管理局
且末劳改队	2007.12	理论研究先进集体	农二师监狱管理局
且末劳改队	2007.12	"四无"公关活动先进集体	农二师监狱管理局
且末工程支队工会	2007.12	职工之家建设达标先进工会	农二师工会
且末劳改队一监区	2007.12	"四无"公关活动优胜监区	农二师监狱管理局
且末劳改队	2007.12	五好食堂	农二师监狱管理局
且末劳改队一监区	2007.12	先进后勤基地	农二师监狱管理局
学校党支部	2010.8	先进基层党组织	农二师党委

续表

获奖单位	获奖时间	荣誉称号	批准单位
三连党支部	2010.8	先进基层党组织	农二师党委
且末工程支队工会	2011.12	职工之家创建优胜单位	农二师工会
且末工程支队工会	2011.12	困难职工帮扶工作先进单位	农二师工会
三十七团三连	2011.12	法制宣传教育及创建活动先进集体	农二师
三十七团三连	2011.12	民主法治示范连队	农二师
三十七团	2015.8	民族团结进步模范单位	巴州党委
三连党支部	2015.8	先进基层党组织	第二师党委
三十七团医院	2015.12	女职工先进集体	第二师工会
三十七团工会	2015.12	创新工作先进集体	第二师工会
三十七团医院	2015.12	三八红旗集体	第二师妇联
三十七团设施办	2015.12	设施农业管理先进科（办）	第二师农业局
三十七团林业站	2015.12	林果业管理先进科（办）	第二师林业局
三十七团安办	2015.12	安全生产先进单位	第二师安监局
三十七团基建科	2015.12	公路建设先进单位	第二师交通局
三十七团	2015.12	国土资源节约模范团场创建活动先进单位	第二师建设局
党委政研室	2015.12	政研工作先进集体	第二师政研室
三十七团学校	2015.12	优秀团总支	第二师团委

注：此表内容根据团档案室资料整理。

第四节　先进个人

三十七团在各项事业建设和发展过程中，涌现出一批为兵团事业作出突出贡献的先进人物。他们中有兵团劳动模范、兵团优秀党员、农垦教育系统优秀教师、新闻工作者、岗位能手、致富能手等。

一、兵团（省部）级以上表彰的先进个人

表27-3　三十七团获兵团（省部）级以上先进个人名录（1981—2015年）

姓名	性别	获奖称号	获奖时间	授奖单位
舒全孝	男	全国农垦教育系统先进教师	1981.4	国家农垦局
舒全孝	男	自治区农垦教育战线优秀教师	1981.5	自治区农垦局
方冬斌	男	兵团"两基"及其攻坚工作先进个人	2005.9	兵团教委
袁玉霞	女	兵团监狱系统"好警嫂"	2010.12	兵团监狱管理局
张　武	男	网络安全工作先进个人	2014.12	兵团公安局
杨　波	男	兵团新闻网优秀通讯员	2014.12	兵团党委宣传部
朱前程	男	法治创建活动先进个人	2015.2	兵团司法局
方冬斌	男	中小学继续教育培训优秀学员	2015.7	兵团教育局

注：此表内容根据团档案室资料整理。

二、师（地州市）表彰的先进个人

表 27－4 三十七团获师（地州市）级先进个人荣誉名录（1968—2015 年）

姓名	性别	获奖称号	获奖时间	授奖单位
曹继荣	女	劳动模范	1968.12	工三师党委
牛宝胜	男	优秀共产党员	1988.1	农二师政治部
顾国平	男	优秀共产党员	1989.7	农二师政治部
黄自琴	女	优秀共产党员	1989.7	农二师政治部
赵继新	男	优秀共产党员	1989.7	农二师政治部
鲜开强	男	优秀共产党员	1989.7	农二师政治部
尹素萍	女	绿原之星	1997.12	农二师党委
孙向东	男	医德医风先进个人	1998.3	农二师卫生局
尹素萍	女	好儿媳	1999.12	农二师党委
张秀团	女	绿原之星	2000.12	农二师党委
袁玉霞	女	绿原之星	2001.12	农二师党委
洪 光	男	优秀公务员	2002.12	农二师监管局
夏友义	男	优秀公务员	2002.12	农二师监管局
李新川	男	优秀公务员	2002.12	农二师监管局
张海强	男	三等功	2002.12	农二师监管局
马秀华	女	廉洁勤政先进个人	2002.12	农二师党委
陆 远	女	优秀护士	2002.12	农二师工会
刘新平	男	优秀共产党员	2002.12	农二师监管局党委
王林丰	男	优秀共产党员	2002.12	农二师监管局党委
陈长福	男	优秀共产党员	2002.12	农二师监管局党委
彭友东	男	优秀共产党员	2002.12	农二师监管局党委
刘 伟	男	优秀共产党员	2002.12	农二师监管局党委
晁东林	男	优秀共产党员	2002.12	农二师监管局党委
尹素萍	女	优秀共产党员	2005.7	农二师党委
牛宝胜	男	三等功	2005.3	农二师监狱管理局
孙军华	女	十佳优秀园丁	2006.3	农二师工会
肖泽荣	女	好媳妇	2006.3	农二师工会
李翠兰	女	优秀工会干部	2006.12	农二师工会
朱金花	女	优秀工会干部	2007.3	农二师工会
顾国平	男	四五普法依法治理先进个人	2007.3	农二师委员会
杨卫丽	女	先进女职工工作者	2007.3	农二师工会
杨全新	男	机要保密先进个人	2007.3	农二师机要局

姓名	性别	获奖称号	获奖时间	授奖单位
刘龙光	男	统战工作先进个人	2007.3	农二师统战部
夏勇	男	三等功	2007.3	农二师监狱管理局
陈锋	男	三等功	2007.3	农二师监狱管理局
任林	男	优秀公务员	2007.3	农二师监狱管理局
明新华	男	优秀公务员	2007.3	农二师监狱管理局
张志忠	男	优秀公务员	2007.3	农二师监狱管理局
张雁祥	男	优秀公务员	2007.3	农二师监狱管理局
周昌明	男	优秀公务员	2007.3	农二师监狱管理局
洪光	男	监狱系统理论研究先进个人	2007.12	农二师监狱管理局
明新华	男	监狱系统理论研究先进个人	2007.12	农二师监狱管理局
牛宝胜	男	安全生产能手	2008.2	农二师监狱管理局
牛宝胜	男	监狱安全能手	2008.2	农二师监狱管理局
张卫波	男	监狱安全能手	2008.2	农二师监狱管理局
孟凡江	男	监狱安全能手	2008.2	农二师监狱管理局
石磊	男	监狱安全能手	2008.2	农二师监狱管理局
朱前程	男	监狱安全能手	2008.2	农二师监狱管理局
洪光	男	监狱系统理论研究先进个人	2008.2	农二师监狱管理局
明新华	男	监狱系统理论研究先进个人	2008.2	农二师监狱管理局
明新华	男	监狱系统优秀通讯员	2008.2	农二师监狱管理局
段元胜	男	监狱系统优秀通讯员	2008.2	农二师监狱管理局
张雁祥	男	监狱系统优秀通讯员	2008.2	农二师监狱管理局
杨明科	男	监狱优秀司务长	2008.2	农二师监狱管理局
高金星	男	监狱系统优秀卫生员	2008.2	农二师监狱管理局
陈锋	男	监狱内优秀侦查员	2008.2	农二师监狱管理局
易铁飞	男	监狱个别教育能手	2008.2	农二师监狱管理局
杨全新	男	监狱系统优秀机要员	2008.2	农二师监狱管理局
庞海莲	女	优秀共产党员	2008.7	农二师党委
杨卫丽	女	优秀女工干部	2008.12	农二师工会
牛宝胜	男	安全生产能手	2009.2	农二师监狱管理局
杨波	男	优秀通讯员	2009.12	农二师党委宣传部
刘龙光	男	民政工作先进个人	2009.12	农二师民政局
牛宝胜	男	优秀共产党员	2010.2	农二师监狱管理局
陈建伟	男	青年致富能手	2010.12	农二师党委
袁玉霞	女	三八红旗手	2010.12	农二师工会
蔡家银	男	优秀共产党员	2010.12	农二师党委
曲新泓	男	优秀工会工作者	2011.12	农二师工会
毛琪	女	先进女职工工作者	2011.12	农二师工会
毛琪	女	三冬活动先进个人	2012.12	第二师工会
邵文杰	女	优秀团员	2012.12	第二师工会

续表

姓名	性别	获奖称号	获奖时间	授奖单位
杨波	男	优秀通讯员	2012.12	第二师党委宣传部
李小军	男	标准园建设先进个人	2012.12	第二师党委
邵文杰	女	优秀团员	2013.2	第二师共青团委员会
仲霞丽	女	第二师百名优秀青年大学生	2013.4	第二师党委
杨进	男	第二师百名优秀青年大学生	2013.4	第二师党委
邵文杰	女	第二师百名优秀青年大学生	2014.4	第二师党委
刘冬梅	女	三秋展风采劳动竞赛先进个人	2013.12	第二师工会
李景芳	女	三秋展风采劳动竞赛先进个人	2013.12	第二师工会
毛琪	女	先进个人	2013.12	第二师工会
仲霞丽	女	职工文艺会演优秀演员	2014.12	第二师
张涛	男	优秀共产党员	2014.12	第二师党委
仲霞丽	女	青年岗位能手	2015.4	第二师
朱前程	男	人民满意政法干警	2015.12	第二师司法局
苟兴兵	男	民族团结先进个人	2015.8	巴州党委
张涛	男	护林先进工作者	2015.12	第二师林业局
高设章	男	和谐小康家庭	2015.12	第二师工会
宋青松	男	和谐小康家庭	2015.12	第二师工会
张娟娟	女	和谐小康家庭	2015.12	第二师工会
张兴宝	男	和谐小康家庭	2015.12	第二师工会
徐红飞	男	和谐小康家庭	2015.12	第二师工会
刘娜	女	女职工先进个人	2015.12	第二师工会
仲霞丽	女	三八红旗手	2015.12	第二师妇联
贾宝建、吴秀凤		第二届"最美家庭"	2015.12	第二师妇联
贾向军	男	设施农业管理先进个人	2015.12	第二师农业局
张涛	男	果树管理及防护先进个人	2015.12	第二师农业局
谭光远	男	果树管理及防护先进个人	2015.12	第二师农业局
王旭东	男	安全生产先进个人	2015.12	第二师安监局
陈德学	男	城市建设管理先进个人	2015.12	第二师建设局
顾鑫	男	环境保护先进个人	2015.12	第二师环保局
刘龙光	男	政研工作先进个人	2015.12	第二师政研室
胡志芬	女	政研工作先进个人	2015.12	第二师政研室
苟兴兵	男	优秀人民调解员	2015.12	第二师司法局
张高峰	男	优秀人民调解员	2015.12	第二师司法局
张涛	男	优秀共产党员	2015.12	第二师党委

注：此表内容根据团档案室资料整理。

附　录

新疆维吾尔自治区革命委员会文件

巴音郭楞蒙古自治州革委会关于对工三师进驻且末县的
几个具体问题的报告的批复（原文）

巴音郭楞蒙古自治州革委会、且末县革委会、兵团工三师：

　　自治区革委会同意巴音郭楞蒙古自治州革委会"关于工三师进驻且末县的几个具体问题的报告"。

　　望你们高举毛泽东思想伟大红旗，突出无产阶级政治，认真按报告中商定的意见办事，更好地落实毛泽东主席"备战、备荒、为人民"的伟大战略方针。工三师进驻且末县后，要发扬我军战斗队、工作队、生产队和艰苦奋斗的优良传统，加强军政之间、军民之间、民族之间的革命团结，多快好省地共同把三线地区建设好、经营好，为支援中国革命和世界革命作出新贡献。

新疆维吾尔自治区革命委员会

1970 年 5 月 16 日

中共中央、国务院、中央军委办公厅文件

中共中央、国务院、中央军委关于恢复新疆生产建设兵团的决定（原文）

　　新疆生产建设兵团屯垦戍边，发展屯垦农业，对发展自治区各民族的经济、文化，防御霸权主义侵略，保卫祖国边疆都有十分重要的意义。兵团要实行企业管理，积极推行经济责任制，整顿和发展各项生产事业，办好社会主义大农业，实行农、林、牧、副、渔综合发展，发展工商联合企业，大力兴修水利灌溉和水力发电设施，大力植树造林，不断提高森林覆盖率，继续搞好农业机械化，提高经济发展水平，同时要加强民兵武装值班连队的军事建设，搞好边防事业。

中共中央、国务院、中央军委办公厅

1982 年 4 月 2 日

中国共产党新疆巴音郭楞蒙古自治州委员会文件

关于恢复新疆生产建设兵团农二师有关问题的通知（原文）

遵照自治区党委、自治区人民政府《关于恢复新疆生产建设兵团有关问题的通知》即新党发〔1982〕34 号文件精神，现将恢复农二师有关问题通知如下：

一、以巴音郭楞蒙古自治州农垦局为基础，恢复新疆生产建设兵团农业建设第二师，自一九八二年四月一日起正式办公并使用新番号。

二、农二师恢复后，由兵团实行垂直管理。目前，自治州各有关部门应积极做好交接准备，交接工作待自治区、兵团、自治州、农二师作出规定后执行。在接交工作结束前，现在的工交企业、农牧团场和一切供应渠道暂维持现状，以利于安定团结，促进生产建设持续发展。

三、恢复新疆生产建设兵团是新疆当前的一件大事，各级党委领导和各有关部门必须遵照自治区党委新党发〔1982〕34 号文件办事，高度重视，切实做好工作。

1982 年 4 月 2 日

关于农二师工二团盐湖施工部队搬迁的报告（原文）

兵团党委：

原农二师水利工程团和工程支队，根据兵团决定业已撤销，现组建为农二师建筑工程二团。目前，全团共有职工 2812 人，退休职工 926 人（占职工总数的 33%）。师发〔85〕27 号文件决定，工二团建点塔什店，由于原工程支队为修建盐湖化工厂五万吨无水芒硝车间工程，故居住在盐湖化工厂地区，共计 505 户。近日自治区领导及兵团要求我们撤出盐湖，但由于财务紧张、资金奇缺，我们欲行搬迁实在存在较大困难。为此，再次报告，特申请兵团党委在近五年内给予投资，以解决如下项目：

1. 搬迁费：1150 车次 × 800 元 = 92 万元；2. 职工宿舍：505 户 × 48 米^2 × 100 元/米^2 = 242.4 万元；3. 办公室及食堂：3000 米^2 × 120 元/米^2 = 36 万元；4. 电话线路：7 万元；5. 生活用水 3 万元；6. 修建道路 20 万元；7. 修理工房：2000 米^2 × 120 元/米^2 = 24 万元；8. 公共福利设施：50 万元。

以上八项合计：474.4 万元。

其中 1985 年急需解决的问题是：现住盐湖机关、学校、医院、安装连共 213 人计 105 户；退休职工 250 人共计 150 户（其中不包括各连居住在盐湖的家属 434 人共计 250 户），共 255 户的相关费用：1. 搬迁费：255 车次 ×800 元 =20.40 万元；2. 职工宿舍：255 户 ×48 米^2 ×100 元/米^2 =122.40 万元。盐湖地区学校共十一个年级，若是每个教师以每间 60 米^2 计算需要：11 间 ×60 米^2 ×120 元/米^2 =7.92 万元；办公室、阅览室、实验室：240 米^2 ×120 元/米^2 =2.88 万元。

以上两项合计：153.6 万元。

关于搬迁计划，如能够解决资金问题，我们准备在今年 9 月份以前，将机关、学校、医院搬出盐湖，其余退休职工在今年年底以前全部搬出盐湖。

特此报告。

新疆生产建设兵团第二师水利工程团

1985 年 5 月 17 日

新疆生产建设兵团文件

对关于组建农二师且末工程支队的报告的批复（原文）

农二师：

师发〔86〕030 号《关于组建农二师且末工程支队的报告》收悉，现批复如下：

一、为适应开发且末地区的需要，同意组建"农二师且末工程支队"，为团级建制，且末工程支队机关的机构设置和人员编制由师确定。

二、关于纳入且末工程支队的劳改犯人的管理问题，可参照兵编字〔85〕021 号文件办理。

新疆生产建设兵团

1986 年 6 月 20 日

关于开发建设且末有关问题纪要（原文）

（1984 年 5 月 18 日）

遵照胡耀邦同志等视察新疆时的重要指示和中央关于开发建设新疆的重大战略决策，兵团党委根据自治区党委的指示和王恩茂同志的意见，作出了开发且末的决定。1984 年 1 月召开的兵团三级干部会议上，王恩茂同志在讲话中又代表自治区党委，完全赞同兵团党委提出的把且末垦区作为今后兵团重点开发的四个垦区之一，把安置犯人同这些地区的开发结合起来；赞同兵团提出像治理玛纳斯河一样治理且末河（又名车尔臣河）（包括喀拉米然河、莫勒切河）流域。这就把多年前开发且末的设想正式提到了议事日程。农二师贯彻兵团指示，担负起开发且末的重任，于1984年初向自治州党委、自治州人民政府提出了如何开发且末的专题报告，得到了州委、州人民政府和且末县委、县人民政府的赞同、欢迎和支持。州委、州人民政府经过研究后，决定由副州长崔光华同志牵头，会同农二师副参谋长杨纪民同志和州、师有关部门的工程技术人员，于4月18日赴抵且末，同且末县领导及有关同志一道开展了为期10多天的实地踏勘、听取意见和分头磋商等一系列准备工作。5月10日，州委书记钟彬、州委常委徐志昌、副州长崔光华和农二师师长陈炳昕、副师长杨和顺及赵鸣铀、总工程师杨纪民以及州师有关部门的负责同志、工作人员共计26人来到且末，会同且末县委、县人大、县政府、县政协负责同志姚建忠、芒力克·斯迪克、卞耀者、可一木·哈得、艾尼拜地等，一起听取了农二师前期准备工作汇报，进行了重要地段的实地踏勘，多次交换看法，充分协商切磋，取得了基本一致的意见和看法，为农二师进驻且末实施开发战略打下了坚实的思想基础和工作基础。

在讨论研究和协商过程中，州、师、县的负责同志一致认为，开发且末是开发巴州，进而也是开发新疆的一个组成部分，意义重大。新疆在全国所处的战略地位十分重要，而巴州作为新疆的一个战略后方，尤为重要。开发建设且末是开发巴州的一件大事，也是全州人民包括且末各族人民的强烈愿望和要求，农二师进驻并开发且末，掀开了且末地区建设史上新的一页。把且末的资源优势变成经济优势，必将为"四化"建设作出贡献。同时也使且末地区经济繁荣，人民生活改善，使民族团结进一步增强，战略后方更加巩固。要通过大力宣传和开展思想教育工作，提高各族干部群众对开发建设且末重大意义的认识，统一思想，为开发建设好且末作出自己的贡献。

在讨论中，大家一致认为，加强团结，特别是加强民族团结是加速开发且末建设的关键，必须牢固树立"两个离不开"的思想，任何时候都要重视搞好各民族的团结。农二师要继承和发扬人民军队的光荣传统，模范地贯彻执行党的民族政策，全心全意地为各族人民大办好事、多办好事；地方上的同志要向兵团学习，要更多地想到农二师在开发过程中的困难，给予大力支持与帮助，提供各种方便。在开发过程中遇到了问题，大家都要以大局为重，本着互助、互谅、互让的原则妥善处理和解决。

大家认为，且末县处于塔克拉玛干大沙漠东南沿，风沙重，在开发建设且末的过程中，要把维护自然生态良性循环和保护植被放在首位，要林、牧、农并重，综合发展。

在统一思想的基础上，经过反复磋商，在下列问题上取得了一致意见：

确定在且末河流域的英尔斯坦公社（现英吾斯塘乡）以西建立农二师开发且末的立足点。其东西界限：在青新公路民且段以北部分，西起东经85°08″，东至85°23′37″（东界以民且段公路里程牌622公里为界），公路以南的东界以英尔斯坦公社（现英吾斯塘乡）以西的东碱沟为界，西界与公路北的界限相同，南北界线以北纬38°06′至38°24′，也即东宽22.78千米，南北长33.48千米，毛面积为762.67平方千米，其中包括可供农、林、牧综合开发的荒地约34万亩，基本保证了 10 万亩灌溉面积都划给农二师开垦使用。

在划归农二师的荒地内东侧，原系英尔斯坦公社（现英吾斯塘乡）等单位的四季草场，在开垦过程中对原有的牧民住房、棚圈、渠道、水井等设施，由农二师给予合理作价补偿。

划归农二师范围内的荒地，在未开发前由且末县继续放牧、割草、打柴，但不应再兴建有关设施。

喀拉米然河、莫勒切河流域是农二师今后开发且末的重点垦区，有关事宜可在农二师正式勘探规划后商定。

革命大渠的延伸防渗工程，从巴什克其克电站尾水至分水闸枢纽工程（长约 38.5 千米），由农二师投资修建。日后，干渠分水比例依据干渠防渗节约水量，农二师投资较大和垦区发展的需要，确定由分水闸通过大河向东风干渠泄水 2 米^3/秒外，按 20% 的比例分水给农二师使用。

革命大渠的引水，必须考虑到且末河中下游农、林、牧生产用水及生态环境的需要。在此前提下，可以利用非灌溉季节和洪水期适当增加农二师垦区水库蓄水和洗盐的用水。

在干渠防渗工程竣工前，可从干渠分水 3%，保证且末支队生产和生活用水。

为了全面治理且末河，原则上一致同意修建吐拉水库。但库址和库容量待勘探后由师、县双方商定。为近期开垦需要，同意在民且公路以南的基格带库里一带修建一座 2000 万～3000 万立方米的调节水库，并在水库的东侧设排渠截流。农二师垦区的排水可排入土盖苏里克一带或北部沙漠，不要排入且末河。

随着且末开发建设的需要不断增长，要尽快设立且末河水管站，行政上由且末县领导，业务上归巴州水管处领导。

且末县同意将斯开（又名昆金石棉矿）石棉矿和一个金矿点划拨农二师开采，具体的矿址和范围由双方商定，原且末工程支队在基格代艾肯村开采的煤矿和且末县原在此地开采的一个小煤矿，一并划给农二师开采。

支队部不再搬迁，对其四周界限这次已重新明确。农二师要采取积极有效的措施，尊重少数民族的风俗习惯，确保水源卫生，对于琼克公社（现琼库勒乡）穿过支队部的几条水渠，由农二师负责与且末县商定，采取改道或覆盖板等措施保持道路畅通，并尽快实施。

且末县同意农二师在公路沿线的且末境内建立必要的食宿站；且末县同意农二师在且末县城建设商业网点；农二师和且末县联合经营一座年产砖 1000 万块左右的砖厂；为了且末县水泥厂年产 2 亿千克水泥的生产能力，师县双方同意联合办厂。

上述诸点的具体实施方案由农二师与且末县共同商定。

本纪要经州、师、县三方代表签字，并报经自治州党委、自治州人民政府正式批准下达执行。

自治州代表签字：钟彬；农二师代表签字：陈炳昕；且末县代表签字：芒力克·斯迪克。

新疆生产建设兵团农二师文件

关于成立农二师且末工程支队的通知（原文）

师属各单位：

根据兵字〔86〕47 号文件批复，为适应开发且末地区的需要，兵团同意师组建"农二师且末工程支队"，为团级建制。

对支队机关的机构编制和人员编制如下：

一、机构设置：机关设办公室、管教科、政工科、计划财务科、生产科五个职能部门（为营级）。

二、人员编制：管教干部按犯人总数的 18% 配置，支队机关人员编制可在 18% 的范围内按犯人总数的 2% 配备，其中，支队领导五人（支队长一正二副）。

三、且末工程支队的印章从十月一日启用。

附印章模式。（两枚印章模式为维汉两种语言。党委用章内容：中共新疆生产建设兵团农二师且末工程支队委员会；行政用章内容：新疆生产建设兵团农二师且末工程支队。）

农二师（盖有印章）

1986 年 9 月 30 日

新疆生产建设兵团机构编制委员会文件

关于成立农二师三十七团的通知（原文）

农二师党委、农二师：

《关于将农二师且末工程支队纳入兵团团场序列的请示》经兵团党委常委会研究同意，现将有关事宜通知如下：

一、同意将农二师且末工程支队纳入兵团团场序列，列编为农二师 37 团。

二、农二师三十七团机关设置 12 个部门：

1. 纪律检查委员会办公室，监察科与纪律检查委员会办公室合署办公；2. 党委办公室（挂团场办公室、机要科、信访办公室牌子）；3. 政工办公室；4. 政法办公室；5. 发展改革经营管理科（挂安全生产监督管理科牌子）；6. 社政管理科（挂民政科、劳动和社会保障科、人口和计划生育办公室牌子，社区建设指导委员会办公室设在民政科）；7. 财务科（国有资产管理办公室、统计科牌子）；8. 农业科（挂畜牧兽医科牌子）；9. 工交建商科（挂环境保护科牌子）；10. 工会机关（挂妇联牌子）；11. 团委机关（挂少工委牌子）；12. 人武部单设，不占团机关编制。

三、农二师三十七团机关人员编制 30 名。其中，团领导职数 5 名；各内设机构的领导职数均不超过 3 名。

兵团机构编制委员会

2012 年 10 月 9 日

新疆生产建设兵团文件

关于兵团工三师开发且末、若羌地区有关问题的报告（原文）

为落实战备，加速三线建设，兵团曾以〔69〕兵计字 066 号"关于工三师在且末、若羌地区定点问题的报告"呈报给自治区革委会、军区党委，拟将工三师迁进且末、若羌地区，建立农业基地，担负且末、若羌、民丰一带三线建设和国防军工施工任务。后经自治区革委会口头指示，由巴州在且末划给该师 40 万亩荒地，还确定由且末县调给原粮 150 万千克。工三师已于今年上半年调进且末劳动力 500 人，生产粮食 35 万千克。截至目前已进劳动力 1800 人，并准备年底再到达 3000 人。今冬明春新开荒 10000 亩，完成且末河老龙口工程及水堤坝 4～7 公里，且末水泥厂先土法上马，农机汽车修理厂、小煤矿、通信事项建设明年将达到万人以上。师指挥机关也将陆续迁往且末，该师在搬迁过程中，虽然得到自治区各部门的大力支援，但仍有两个问题亟待自治区革委会予以解决。

一、工三师进入且末、若羌地区开发建设，自治区没有下达正式文件。因此，在与有关部门办理交涉业务工作时很不好开展。故请求自治区革委会正式行文下达，并抄送有关部门以便联系，早日搬迁完毕，迅速开发建设，以适应国家"三线建设"的需要。

二、为使生产部队早日解决粮食自给问题，以减轻地方负担，宋副主任今年初在且末指示，将县里准备将来开发的 18 万亩土地划给工三师先行开发，县里在 8 月份划拨了 4000 公顷，因巴州迄今未批复不好进行，请自治区革委会催巴州尽快批复，以便早日落实规划。

1970 年 11 月 7 日

新疆生产建设兵团农二师文件

关于开发且末地区问题的报告（原文）

兵团及陈、阳、谢、曾等首长：

我师于今年 5 月，接到兵团关于自治区王书记（王恩茂）指示开发且末地区派我师组织勘测的电报指示后，原农垦局党委立即进行研究，指派杨纪民同志负责组织勘测力量，收集现有且末地区资料和做好勘测准备工作，在这一期间勘测队派员赴喀什农三师取回原工三师对且末地区的所有勘测资料。我师向州计委、农业、水电、水文勘测队等有关单位收集了且末地区有关资料，并对现有资料做了大量的分析研究，听取了自治区塔河中下游综合考察队对且末地区的初步综合考察意见等，做了大量的准备工作。在此基础上，我师于9月中旬组织了水利、土壤、测量等专业技术人员共6人，由勘测设计队长黎承民同志带领，进行了40多天的实地踏勘。在勘测工作的后期，即10月中旬，副师长陈炳昕、师副参谋长杨纪民同志、基建处副处长赵木同志赴且末地区对主要水系、荒地进行了察看，征求了县委、人大和政府对师开发且末地区的意见。最近，师党委听取了勘测队和陈、杨两同志对且末地区的勘测汇报，经讨论分析报告如下。

一、且末地区的水土资源基本概况

据勘测报告，且末地区除车尔臣河外共有大小河沟七条，年总径流量11.37亿立方米。其中可开发利用的有三条，总径流量10.67亿立方米。一条是流经且末县城的车尔臣河（亦称且末河），年径流量7.46亿立方米；一条是距且末县城西107千米的喀拉米然河，年径流量1.21亿立方米；再一条是距且末县城西148千米，和民丰交界处不远的莫勒切河，年径流量估推约2亿立方米。这三条河均有梯级，具备开发电能的条件，现且末河正在兴建一座3×800千瓦的水电站。

且末地区近期共有可垦荒地14.5万公顷，主要分布在上述三条河流的冲积扇边缘及下流冲积平原上，现且末至民丰公路沿线的北部，除且末县城周围耕地、荒地等2.1万公顷外，其他荒地主要分布在以下四片：一是且末河东岸塔它让地区，面积6.12万公顷；二是且末河西岸，现跃进公社西部，距且末县城西13千米，沿且—民公路地区，面积3.78万公顷；三是喀拉米然河下游，距且末县城西68千米，沿且—民公路北部地区，面积6800公顷；四是莫勒切河下游苏塘地区，距且末县城西115千米，沿且末至民丰公里北部地区，面积1.72万公顷。

且末地区温差大，日照长，热资源丰富，年平均气温10.1℃，7月平均最高气温24.8℃。1月平均气温−8.7℃，全年积温3851.9℃。无霜期141～185天，年平均165天；全年日照时数2907.7小时。初霜10月初，终霜4月中旬。每年10月下旬结冻，3月中旬解冻，一般冻深50～60厘米。上述气温，积温、日照、无霜期都大于我师焉耆地区，小于塔里木、库尔勒地区，适于冬春小麦、玉米、油菜、麻、黄豆、水稻、陆地棉等作物生长。

除上述水、土、气资源外，尚有金、铁、煤、石灰石、玉石、石棉等矿藏（储量不清）尚待开采。现已开采的矿产资源有金、玉石、煤、石棉，由县、社办企业进行少量开采。

现且末县总人口3.71万人（包括且末工程支队1000余人），维吾尔族占81%，汉族占18%，其他占1%。有6个农业公社，1个半农业公社，2个牧业公社，5个国有农牧场，农牧劳力1.11万人。只开垦耕地8633公顷，种植林园640公顷，年生产粮食2500万斤、棉花14万斤、油料70

万斤，畜牧年产 24. 27 万头，年产肉 81. 4 万斤。畜牧山区占 70%，平原占 30%。

由此看来，且末地区水、土、热资源都较为丰富，适于多种农作物生长，目前除在且末河少有开发外，其他河流均未开发，发展潜力很大。同时该地区位于塔里木盆地南缘走廊，是青海至南疆和田地区的通道，为古丝绸之路，青新铁路建设对该地区发展有重大作用。自治区王书记（王恩茂）指示开发且末地区，对发展该区经济、巩固后方、加强民族团结等方面都有重大的战略意义，是完全正确的。

二、开发且末地区的主要问题

根据且末地区水土及自然特点，开发且末地区主要有以下问题。

1. 且末地区各河流年间洪枯流量和丰枯水年径流相差悬殊。如且末河最大年径流量为 11. 36 亿立方米，最小年径流量为 4. 14 亿立方米。相差近 2 倍，年间 7 月最大平均流量可达 135 米^3/秒，1 月最小平均流量只有 0. 23 米^3/秒，灌溉可利用基本水量只有 40% 左右。喀拉米然和莫勒切河同样有此特点，要开发利用这些有限的水量，必须在河流上游山区兴建水库进行调节。初步勘察且末河上有吐拉水库（2. 8 亿立方米），喀拉米然和莫勒切河上游山区亦有 0. 6 亿立方米和 1 亿立方米的水库。这些水库会带来草场淹没（吐拉水库将淹没草场 4000 公顷）和牧区交通问题。

2. 这三条河流出山口后流经戈壁。沙漠地段很长，渗漏大，山口距可垦荒地远至 80～100 千米。如且末河山口至县城绿洲有 90 千米，新建巴什克其克电站渠首也距县城 50 千米。喀拉米然河和莫勒切河从山口至国道公路边缘区分别为 120 千米、90 千米。平时出山口后水流 30～40 千米就渗入戈壁，只有洪水期才可能流至公路。开发利用这些河流均需修建上百公里的防渗渠道，穿过 15～30 千米的沙区段，还需修建暗管。

3. 且末地区除县城周围土地外，其他围垦土地大部分为含盐较重的草甸盐土，地下水位很高，矿化度大，排水改良调节困难。如且末河东荒地土壤较好，地下水 1～2 米，矿化度 4～29 克/升，一米土层平均含盐 2%～4%，部分土壤有苏打化，土地平坦。且末河西土壤次之，地下水位 1～2 米，矿化度 5～30 克/升，1 米土层平均含盐 4%～6%，地形稍有起伏。喀拉米然河和莫勒切河下游土地更差，地形水位 1. 5～2. 5 米，1 米土层平均含盐 5%～8%，地表层以下 20 厘米处有 4 厘米厚的盐盘层，含盐量为 48. 3%，地形较为起伏，有少量红柳沙包。开发利用这些土地均须兴建排水工程系统，由于这些地区地形平缓，无天然河沟洼地，加之土壤 1～2 米内均为砂土排渠难以稳定。这就带来了排水的困难性和改良过程的长期性。

4. 荒地土壤质地很轻，自然肥力低。1～2 米内均为砂土或沙壤，保水保肥能力低，灌水定额大。土壤有机质含量低，只有 0. 36%～0. 93%，普遍缺磷，速效磷只有 1×10^{-6}～5×10^{-6}，比塔里木的土地还差。

5. 交通线长，路况差。由库尔勒至且末县城将近 800 千米，至莫勒切河下游修堂地区约为 950 千米，为此进行生产和建设中物资、产品的运进和运出，生活交往等都极为不便。每千克的物资运输费要增加 0.2 元左右。

以上自然特点，就带来了引水、灌排系统和土壤改良工程艰巨和复杂，基本建设投资大，经济效益低的问题。如喀拉米然河和莫勒切河，共有水量 3.21 亿立方米，兴建水库、渠道等场外引水工程约需投资 12840 万元，可利用水量 2.0 亿立方米，开发灌溉面积 1.66 万公顷。场外水利工程每亩投资款 513 元，是我们兵团开垦灌区最高的投资。

因此，我们认为在近期开发且末地区，特别是开发喀拉米然河和莫勒切河，从经济效益上看是不合时宜的。

三、对开发且末地区的意见

且末地区有开发利用价值的三条河流中，以且末河条件最佳。目前且末河水土资源比较清楚、地多、水源有潜力。社会经济基础好，水利工程建设亦有一定的规模，我工三师和且末县共同在距且末县城 16 千米的且末河上修建一混凝土的拦河引水渠首和 7.5 千米的混凝土板和浆砌石革命大渠，输水能力 40 米³/秒，现在且末县在距县城 50 千米处的且末河上又修建水电站和引水渠首，引输水能力 45 米³/秒（计划八四年全部完工）。我们建议从水电站修一条 40 个水 35 千米长的混凝土防渗渠道，接到革命大渠，再由革命大渠与未防渗段接起，继续修 20 千米的防渗渠，输水至且末县城西我师工程支队现种地处，这样暂不用修水库就可多引 3～5 个水，枯水期或枯水年可打井灌溉，先在且末城西荒区开发农场，并为今后继续开发喀拉米然河和莫勒切河作准备。如果今后在山区修建水库调节水量，搞好灌区配套工程，降低灌溉定额（降至 10000 立方米以下），可发展 2000～3000 公顷耕地。

且末县的意见是：农二师开发农场最好到单独河系的莫勒切河上去，喀拉米然河处准备修 1.68 千米的隧洞（输水 5～6 米³/秒），灌溉山区两岸和山外草场 6666.6 公顷，已开工修 0.3 千米隧洞，投资 40 万元。1981 年调整计划下马，农二师开发可考虑且末河完全由县上开发，给农二师一点菜地作为开发莫勒切河的基地。如果兵团投资修建且末河工程，能保证且末县 1.33 万公顷耕地、6666.6 公顷草用水，多余的水可开垦且末县河西的荒地，要按现在灌溉的水平，我们修了水库调节工程也不知是否有多余的水给我们。

因之，师参加开发且末河，尚须兵团和师联合派设计师继续进行勘测规划，再和县进行协商。

且末是半农半牧县，且末河是地区农牧业的基地。且末地区南北都有大沙丘。风多风大，风沙危害十分严重，每年八级以上大风平均 15 天，最高 37 天。风起扬沙，引起沙丘移动，耕田沙化，作物掩埋，道路堵塞，不仅要大力发展林业，防风固沙，还必须保护生态环境。因之，开发且末地区，水的分配利用必须协调好，综合考虑农、林、牧生态，这是一个比较复杂的问题，正确解决这个问题才能对且末河进行合理的规划。

由于上述两问题，关系较复杂，师勘测规划力量很薄弱，我们建议请兵团派勘测规划力量，协助师进一步进行且末河的规划。

此报告。

附：且末水土资源勘测报告。

新疆生产建设兵团农二师

1982 年 11 月 15 日

中国共产党新疆巴音郭楞蒙古自治州委员会文件

批转《关于开发建设且末有关问题纪要》的通知（原文）

且末县委、县人民政府、农二师党委：

自治州党委、州人民政府同意由自治州、农二师和且末县三方代表签署的《关于开发建设且末有关问题纪要》，现印发给你们，请遵照执行。

州委、州人民政府认为，开发建设且末地区，是贯彻党中央关于开发建设新疆的重大战略部署的一项重要措施，是建设边疆、巩固国防的光荣政治任务。且末的开发建设，必将促进这一地区政治安定，生产发展，经济繁荣，人民生活改善。这对于推动我州的社会主义建设事业，发展民族地区经济，消除事实上民族不平等现象，实现真正的民族平等，加强民族团结和建立巩固的边防，都具有重要的意义。

州委、州人民政府坚决拥护自治区党委和兵团党委关于开发且末的决定，热烈欢迎和支持农二师进驻且末开发建设。相信农二师进驻且末后，一定能够继承和发扬人民军队的光荣传统，维护各族人民特别是少数民族人民的利益，为且末人民多办好事。同时，也要求自治州各有关部门、各县市，特别是且末县各级党政领导和部门以及全州各族人民要虚心向兵团学习，以党和国家的事业为重，为农二师开发建设且末主动提供方便，创造条件，帮助解决困难，为开发工作的顺利进行、为我州的四化建设作出自己的贡献。

（附图报：自治区党委、自治区人民政府、兵团党委；发：且末县委、县人民政府、农二师党委）

中共巴音郭楞蒙古自治州委员会

巴音郭楞蒙古自治州人民政府

1984 年 5 月 25 日

且末县人民政府　农二师且末工程支队关于合资经营水泥厂协议（原文）

同意农二师、且末县《关于开发且末的纪要》，纪要商定：在县城附近合资兴办水泥厂一座，根据纪要精神，且末县政府与农二师工程支队本着团结协助、互相支持的原则进行了座谈协商，达成如下协议。

一、指导思想

双方认为地方与兵团合资兴办水泥厂，有利于民族团结、地方和兵团的团结，可以充分利用资源、资金、技术和人才，避免重复建设，节约财力、物力，加快建设速度，促进且末的经济发展和繁荣。

二、建设规模

且末地处偏远，外运水泥距离约 800 千米，因此，水泥生产以满足本县和支队工程建设需要为主，水泥厂规模定为年产 2 亿千克，其概算总投资 500 万元。（支队抽两人和县上一起搞预算）

三、合资办法

投资入股。按预算投资，且末县投资 55%，共计 275 万元，工程支队投资 45% 共计 225 万元。如有追加按上述比例增加，今后需要扩建时，原则上按上述比例分担。考虑到县水泥厂已有部分设备，经双方鉴定能够使用的设备，运输车辆、住房可以计入投资额内。

四、经营方式

考虑到水泥厂已经组建，合资水泥厂由且末县一方经营并派干部工人，从试产开始对方提供一定的生产技术人员和管理人员，也可以招聘。

五、分配方式

（一）水泥厂经营利润和产品按投资比例分配

考虑到投产（试产）后的 1~2 年内水泥产品质量和水泥经营利润都可能达不到设计要求，所以，投产后的前三年间厂方自负盈亏，从第四年开始按年利润分配。水泥厂产品原则上按投资比例分配，如果一方因工程需要提高所需水泥量时，另一方应给予大力支持。水泥厂经营亏损由经营方负责，入股方不负责。如果从投产后第四、第五年连续两年亏损，经营方无力扭转，应交对方经营。

（二）管理办法

由入股双方组成董事会，负责水泥厂的管理工作，董事会成员由各方自派，董事会成员确定七人，且末县四人，支队三人。（厂长不能参加董事会）

董事长由董事会成员产生，轮流担任，任期由董事会确定。

董事长负责召开和主持董事会议，（定期或不定期）听取厂长工作汇报，了解和检查厂里的各项工作。对于董事会不能够统一认识的问题，要充分讨论，不能够通过举手表决且商讨不能统一认识的，可报上级仲裁。

（三）董事会的职权范围

1. 讨论决定由水泥厂提出的年度生产、财务计划和年终决算及分配方案，贯彻执行国家政策、法令和上级指示精神。

2. 建议水泥厂厂长人选，由经营方上级批准，副厂长和业务干部可由厂长提名，经营方上级批准。

3. 董事会可以抽调人员到水泥厂检查账目，了解经营情况，包括监督财务。经营方每年必须将大修理费及上级规定的有关费用按规定数目存入银行，使用此费用须经董事会研究确定使用方向。

4. 监督设备使用：厂内一切设备因操作使用不当或违反国家制定的安全操作规范，而发生重大设备及人员伤亡事故的，其损失及费用由经营方负责承担。

5. 经营方认为自身无力继续经营，可向董事会申请。经研究后，可交另一方经营。

6. 确定水泥厂固定资产的使用年限，设备折旧年限。按年提取折旧费，折旧费按入股比例上缴上级。

7. 根据水泥厂提供的水泥成本，制定水泥价格，报政府物价部门批准，计划外超产部分由厂方按国务院规定办理。

8. 监督合资经营协议条款的执行：此协议对双方都有约束力，双方都必须严格履行自己的职责。若无故违约，董事会应及时提出处理意见，不能统一的认识报上级仲裁。

9. 本协议修改解释权属于且末县和工程支队双方，如有增补和修改，须经双方商定同意，任何一方无权修改和随便终止协议书。

本协议经双方上级批准之日起生效。

且末县人民政府

农二师且末工程支队

1984 年 7 月 30 日

新疆生产建设兵团农二师司令部文件

关于下达且末河西岸大渠工程技术设计修正概算的通知（原文）

且末工程支队：

　　且末河西岸大渠工程技术设计概算经兵团司令部兵司字〔86〕7 号文审定批准为 2150 万元，现根据该批文的内容，结合工程实际，按兵团核定的 2150 万元总投资作出技术设计修正概算，供该工程的计划拨款工作使用。

　　该工程实行预算包干办法，由你支队负责建设完成。总投资 2150 万元当中的沿渠道赔偿款、法定利润、工程指挥部费用和预备费四项费用共计 113.72 万元，由师基建处（或师工程指挥部）控制使用。

　　附：且末河西岸大渠工程技术设计修正概算一份。

1986 年 9 月 10 日

新疆生产建设兵团农二师办公室文件

关于对且末垦区场外干渠上段工程施工预算批复的通知（原文）

且末垦区：

　　农场干渠上段工程修改技术设计图及施工预算，经兵团基水字〔89〕70 号文件批复，核准工程投资预算为 175 万元。

　　此项工程是且末工程支队开发建设且末的骨干水利工程，师要求支队严格按照设计要求，严格要求施工部队精心施工，创优质工程，力争 1990 年完成施工任务。

农二师办公室

1989 年 7 月 17 日

2005 年建设 3333.3 公顷红枣基地协议书（原文）

　　甲方：且末县人民政府

　　法人代表：莫合塔尔·则克利亚

　　住址：且末镇埃塔北路党政办公室

　　乙方：兵团农二师且末工程支队

　　法人代表：丁利文

住址：农二师且末工程支队

根据 2005 年 9 月 15 日，且末县委、县人民政府同兵团农二师且末工程支队在且末县党政联合办公楼召开的且末县域内建设 3333.3 公顷红枣基地座谈会精神，甲乙双方就建设 3333.3 公顷红枣基地达成如下协议：

一、甲方为支持乙方在且末发展红枣产业，原则上同意乙方在英吾斯塘乡区域内农二师且末工程支队区以西、315 国道以南、沙漠以北地域整体统一规划开发建设 3333.3 公顷生态工程，全部种植红枣。

二、乙方在且末建设的红枣基地总体规划为 3333.3 公顷，首期 1400 公顷于 2006 年 6 月前投入资金建设完工，其余部分后续分批次在两年内完成建设。

三、按照资源共享原则，甲方在确保县域内用水的前提下，按照且末林地灌溉用水标准量，为乙方在且末开发期间的合理正常用水提供帮助。且末县西岸大渠防渗工程没有建成之前，乙方开发建设初期，甲方年调剂 500 万～700 万立方米水供其开发使用。待建设项目完成后甲方每年为乙方 3333.3 公顷红枣地供应 2500 万立方米水。乙方应当按照标准向甲方水管部门缴纳水费。甲方同意乙方在距离英吾斯塘乡闸口处建分水闸，并修建供应 3333.3 公顷红枣灌溉用水的防渗渠。

四、为确保乙方开发建设顺利进行，甲方为其提供大力支持，电价按当地政策标准执行。红枣基地项目建设完成后，甲方建议乙方一方面可打井充分利用地下水，另一方面可筹建小型水库 1 座，解决长远用水问题。

五、乙方于明年开春前完成 3333.3 公顷红枣基地所需的防渗渠建设量的 70%，并在 2006 年 3 月 8 日前能正常投入使用。乙方提前做好测土试验，抓好秋、冬两季有利时节进行整地、浇水、积肥，加快红枣苗圃建设。按照种植一片、成活一片、见效一片的目标，力争于明年 4 月份新定植红枣 333.3 公顷。

六、新建渠道及 3333.3 公顷红枣基地建设中占用的耕地、林地和草场部分，由乙方按照国家有关补偿规定给予补偿，并对由此而造成的失业人员给予安置。

七、甲方根据《新疆维吾尔自治区关于西部大开发土地使用和矿产资源优惠政策的实施意见》（新政发〔2002〕82 号）的规定，积极支持和协助乙方办理水土开发、土地出让相关手续，并按相关政策和程序为乙方办理国有土地使用证，乙方按相关政策面交土地出让金。

八、按照本协议书第一条的有关规定，甲乙双方应当确定开发建设区域界址。

九、乙方应当按照保护环境与开发建设相协调的精神，在遵守有关环境保护法律法规基础上，编制建设方案，经甲方同意并报送有审批权限的上级机关审批后组织实施，确保资源的可持续利用。

十、如果乙方在开发建设中途中止开发建设，对已经破坏的植被进行恢复，或者向甲方缴纳必要的植被恢复费。如果乙方在本协议书签订后两年没有开发建设或未达成开发建设标准，甲方将无偿收回乙方尚未开发建设的土地或将未开发建设的土地专由其他个人或法人承包。

十一、乙方在开发建设中形成的税收，按国家现行政策（西部大开发优惠政策）缴纳。

十二、本协议书一式六份，甲乙双方各执二份，抄送给自治州人民政府和农二师各一份。

十三、县水利部门与支队水管部门签订供水合同。

十四、本协议书自签订之日起生效。

十五、未尽事宜双方协商解决。

甲方：且末县人民政府　法人代表：莫合塔尔·则克利亚

乙方：兵团农二师且末工程支队　法人代表：丁利文

签订时间：2005 年 10 月 13 日

第二师三十七团国民经济和社会发展第十二个五年规划纲要（摘要）

"十二五"时期，是且末支队加快转变经济发展方式，建设小康社会的关键时期。三十七团党委坚持以邓小平理论和"三个代表"重要思想为指导，深入贯彻落实科学发展观和中央新疆工作座谈会精神，结合河北省唐山市的对口援助，通过五年的努力，使团场综合实力明显增强，维稳戍边能力明显提高，职工群众生活明显改善，对团场实现全面建设小康社会具有十分重要意义。

一、发展背景和基础

（一）"十一五"时期经济社会发展取得的成绩

"十一五"以来，在兵师党委的正确领导下，且末支队认真贯彻落实中央关于新疆及兵团工作的一系列重要指示和方针政策，坚持把发展作为屯垦戍边第一要务，立足农业产业化，逐步推进新型工业化和城镇化，努力改善民生，构建和谐社会，经济社会保持了健康发展的良好局面。

经济实力不断壮大。在师党委的大力支持下，集全师之力进行水土开发，"十一五"期间支队增加净耕地面积 1400 公顷，2010 年实现生产总值 1515 万元，较"十五"期末增长 223 万元，人均生产总值实现 8771 元。现代农业建设稳步推进，棉花、红枣等特色农作物单产逐年提升；节水灌溉、农业机械化推广、现代农业示范"三大"基地建设全面推进，立足特色农业产业，逐步推进新型工业化建设，工业生产总值实现零突破。

基础设施不断完善。"十一五"期间抓住机遇，重点实施了水利、电力、交通、社会公益事业、城镇化建设等项目：完成跃进开发区新场外干渠及支斗渠建设项目，保证了跃进区农田灌溉；实施人饮安全改造项目，解决了跃进、红旗地区居民饮水安全问题；南疆团场城镇基础设施建设项目，使职工群众生产生活条件明显改善；积极实施退耕还林工程和开发区外围防护林建设，使垦区生态环境不断改善。

各项改革不断深化，职工收入逐步增长。支队基本确定了基本经营制度，管理方式逐步向市场引导、社会公共服务方向转变。坚持收入向一线职工倾斜，全面落实团场减负政策，保证职工收入逐步增长。2010年在岗职工职均收入13500元，较"十五"期末增长4500元。

社会事业全面发展。坚持以改善民生、促进和谐为重点，大力实施以廉租房建设、改水、道路、连队卫生室、学校抗震加固建设等工程，扩大社会保障的覆盖范围，深入开展平安创建活动，促进社会各项事业的协调发展。

维稳戍边能力不断提高。"十一五"期间，支队认真贯彻落实兵师党委关于维护新疆稳定的各项重大决策和部署，加大对政法机关和民兵基础设施建设的投入，积极参与地方维稳，有力地维护了且末地区的社会稳定。

（二）"十二五"经济社会发展的环境及形势

近年来，中央坚定实施西部大开发战略，进一步加大对西部地区特别是对少数民族地区的支持力度，出台了一系列扶持民族地区加快发展的政策，尤其是中央作出新疆发展和稳定的战略部署，以及加强兵团南疆团场城镇基础设施建设政策和对口援建措施，为兵团、农二师带来了良好的政策环境和重大发展机遇。

从团场自身来看，实现跨越式发展具有潜在优势：一是红枣特色林果业种植已初具规模，产业化发展潜力大；二是且末地域辽阔，境内的阿尔金山和昆仑山蕴藏着丰富的矿产资源，有待开发；三是团场具有在南疆生产建设的经验，多年的经济建设中培养了一批长期在农业生产第一线从事开发建设的管理和技术人才，积累了丰富的实践工作经验，为团场的发展提供很好的力量支撑；四是广大干部、职工群众思想观念不断更新，思想稳定的愿望日益迫切，奔小康、谋跨越、盼富裕的氛围日益浓厚，为推进跨越式发展和长治久安提供了良好的群众基础。

同时，团场还面临挑战和不利因素，主要有两方面：一是经营规模小，农业种植总面积不足3万亩；二是经济产业单一，团场经济产业除农业和新办的与农产品相关联的加工厂3座，矿业上有石棉矿1座（2005年经师整合给三十六团巴州石棉矿管理）。

二、"十二五"发展总体要求

（一）指导思想

高举中国特色社会主义伟大旗帜，以邓小平理论和"三个代表"重要思想为指导，深入贯彻落实科学发展观和中央新疆工作座谈会精神，抓住西部大开发的历史机遇，围绕实现跨越式发展和长治久安两大目标，以农业现代化为基础，以工业化为主导，以城镇化建设为载体，着力加强社会事业建设、基础设施建设、维稳能力建设和党的建设，促进团场经济社会又好又快发展和人与自然的和谐发展。

（二）发展目标

根据三十七团发展实际，"十二五"期间三十七团经济社会发展的主要目标是：增强紧迫感和危机感，抢抓西部大开发的历史机遇，加快转变经济发展方式，创造一切优惠条件招商引资，把产品资源优势转化为高附加值商品的市场优势，努力实现跨越式发展和长治久安，与二师同步全面进入小康社会。

综合实力实现跨越发展。"十二五"期末，团场生产总值翻10番，年均增长58%，到2015年生产总值力争达到1.5亿元，人均生产总值6万元。其中，第一产业增加值9600万元，年均增长54%；第二产业增加值3050万元，年均增长127%；第三产业增加值2350万元，年均增长41%。5年间全社会固定资产投资累计完成2.26亿元。

经济结构调整取得成效。产业结构更趋合理，2015年三次产业比重为63∶21∶16。农产品加工业产值与农业产值的比重提高到1.3∶1；林果业和畜牧业的比重达到94%。非公有制经济所占的比重达到40%以上。

职工群众生活明显改善。城镇化水平逐步提高，2015年城镇化率达到85%以上，充分利用机关搬入且末县城的有利条件，计划在县城再拓展一块10公顷左右的建设用地。在县城小区建设保障性住房和学校、医院及中心社区，大力发展新型、节能、高效建筑，为可持续发展提供支撑。完成县城小区新建、改建绿化面积8500平方米；充分利用且末的光热资源，采用太阳能发电完成亮化工程路灯建设，使团场居民基本公共服务达到二师平均水平。到2015年，电视综合人口覆盖率达到100%，九年义务教育巩固率为100%；社会保险覆盖率为100%；职工收入大幅增长，农牧工家庭人均纯收入年均增长18%以上。

生态文明程度明显提高。生态建设和环境治理不断加强，通过跃进开发区外围防护林建设、封沙育林项目建设和城镇小区绿化建设，使支队生态环境进一步改善，实现节能降耗和减排目标。"十二五"期末，团场生态绿化率达到40%，城镇污水集中处理率达到100%。

维稳戍边能力明显加强。全面提升职工思想政治素质，应急处突、维护稳定作用和能力显著增强。到2015年，团场生产总值翻十番，综合实力和维稳戍边能力大幅提升，加强干部职工的军事训练，建立完善的情报信息工作机制、应急处突联合指挥机制、统筹使用维稳力量机制，形成维护稳定的强大合力，使团场维稳戍边能力明显加强，为且末县域实现长治久安提供有力保障。

（三）多措并举加快发展农业现代化发展步伐

以科学发展观为指引，以市场为导向，以效益为中心，依托科技进步，加快高新节水灌溉、机械化推广、现代农业示范"三大基地"建设，培育和打造符合有机农产品要求、市场知名度高、信誉好、竞争力强的红枣、棉花等农产品品牌，发展高产、优质、高效、生态、安全农业。

（四）依托结构调整，大力实施农业产业化

推进农林业技术创新，立足"红枣基地"这个基础产业不动摇，加强对果园的科学化管理，使红枣产业成为团场经济增长的重要突破口。围绕红枣、棉花生产带动关联产业发展，延伸产品深加工产业链，推动农业产业化取得重大进展。2015年红枣产量达到800万千克、棉花100万千克，力争农产品加工率达到90%以上，农产品加工值与农业总产值之比达到1.3：1。

（五）大力发展畜牧业，增强农业综合生产能力

加快畜牧业发展，依托红枣经济林建立饲草料基地，优化畜牧品种结构，加快生猪、牛、羊肉的发展，合理配置鸡、鹅等禽类的发展，扶持和规范专业化养殖小区建设、发展规模化养殖大户。2015年末，力争达到牲畜存栏6000头（只）、家禽10000只。

（六）加快发展自营经济

提高自营经济贴息贷款等扶持力度，在跃进地区大力发展设施农业，发展蔬菜大棚、花卉和育苗产业。利用水库闲置水面，发展水产养殖，在提高水库利用率的同时，满足当地群众需求；着手"观光农业基地"建设，为农业发展寻找新的突破口。致力发展生态高效农业，将水库休闲、军垦文化以及生态观光农业三者结合起来，开发以观光农业为主的旅游产业。

三、充分利用特色资源，推进新型工业化进程

新型工业化是实现跨越式发展的主导力量，支队要立足红枣优势资源，延伸农业产业化经营的深度和广度，使支队农业产业化经营走上科技含量高、产品附加值高、市场竞争力强、产业化水平高的健康高效之路。积极发展采矿业等资源型工业，拓展更大的发展空间。

（一）大力发展农产品加工业

立足特色产业和资源优势，着力培强生物有机肥、滴灌肥产业；按照发展与当地产业关联度较高的产业的原则，发展棉花、红枣深加工产业。按照"区别对待，积极引导，优者先行，全力扶持"的原则，梯次推进棉花加工厂、红枣加工厂等骨干企业的规模扩张和产品升级。依托且末地区近20万亩红枣产业的特点，积极引导发展滴灌材料、纸箱厂等企业。

（二）拓宽服务领域，发展新型服务业

考虑支队距师部较远，队部本身已进驻县城的实际，结合且末县电网、铁路建设，依托对口援建工作，加大招商引资力度，建设集气调库、仓储物流中心、纸箱包装厂、农产品加工厂、矿产品加工厂等制造业与物流业联动的工商业园区，提高企业的集聚程度，促进支队产业化和工业化发展。

（三）大力发展矿产加工业

利用且末地区丰富的矿产资源，支队积极协助与且末县实施矿产资源开发。先期将已丢弃的玉石矿、云母矿收回，取得探矿权和采矿权；同时，积极争取金矿、铁矿等矿产资源。对于矿产

开发，结合对口援疆工作，采取招商引资的方式合作开发。

四、抓住机遇，加快城镇化建设步伐

充分利用团场机关搬入且末县城的优势，推进城镇与支队建设一体化、基础设施建设一体化、公共服务一体化和社会管理一体化。利用现有的县城 3.53 公顷土地，完善现有小区建设，建设成布局合理、环境优良的居民居住小区，引导职工群众向县城集中，统筹规划连队居民区和生产作业点，使城乡协调发展成为职工群众改变生活方式的加速器、维稳成边的新堡垒。同时以融合发展的思路加强与地方政府的合作，采取资源共享、统筹发展的经营理念主动参与到县城设计规划工作中，共同开发建设。计划在县城再拓展一块 10 公顷左右的建设用地，计划在县城小区完成保障性住房和学校、医院及中心社区建设。其中：保障性住房完成建筑面积 23600 平方米；医院综合服务楼一幢，建筑面积 1200 平方米；社区服务中心一座，建筑面积 2200 平方米。小区新建、改建绿化面积 8500 平方米；新建太阳能发电亮化工程。到 2015 年支队城镇化率达到 85% 以上，逐步建成优势突出、规模效应显著、与地方城镇互补的城镇化发展格局。

五、适度扩大规模，增强跨越式发展动力

为解决团场规模小、制约经济发展的难题，使团场经济尽快做大、做强，支队根据地域特点和实际情况，利用且末县域部分农场面临转型、有意转让整合的发展契机，通过并购私营农场，迅速有效增扩适当的土地面积，从根本上解决支队发展规模问题，有效克服政策瓶颈和资源利用的困难，迅速扩大支队的规模，为争取解决支队团场建制问题奠定基础。

六、把对口支援工作作为经济发展的助推器

"十二五"期间，是全国对口支援新疆工作的一个重要时期，团场要抓住这一历史机遇，积极寻求支援市的合作项目，利用支援市的资金、人才、科技、管理等资源优势，结合团场发展实际，着力在产业发展，特别是矿业开发和经济园区建设上寻求新的突破。重点落实好对口援助工作的城镇化建设、科技、人才、教育、卫生、产业发展 6 个专项规划建议，坚持把改善民生放在优先位置，统筹兼顾产业发展，促进就业和干部人才培养，形成经济、人才、干部、教育、卫生、科技援建相结合的工作格局，加快推进经济和各项社会事业发展。

七、抓好重点项目建设

"十二五"期间，要抓住中央政策支持和对口支援的机遇，加快民生工程、城镇基础设施、场外干渠等重点项目的建设，完善项目建设和管护机制，紧紧围绕国家产业政策，以科学发展观引导项目建设向产业化、规模化、科技化方向发展。

（一）加强水利基础设施建设

积极推进农田水利基本建设和配套水利建设。"十二五"期间，建设跃进水库二库 1 座，占地面积 16 公顷，新增水库库容 200 万立方米，完成投资 950 万元。老场外干渠改建 13.05 千米，流量达 3.4 米³/秒，完成投资 1500 万元。水库扬水站工程 1 座，配备五台混流泵，渠道配套 4.5 千米，流量达 1.5 米³/秒，10 千伏高压电线 4.5 千米，完成投资 651.7 万元。渠道防渗工程，主要对区内渠道进行防渗，共有 34.31 千米渠道防渗，完成投资 2413.2 万元。水利规划和地下水普查，完成投资 200 万元。近期水土保持完成外围林建设 21.1 千米，宽度 54 米，完成投资 550 万元。新打机井 4 眼，10 千伏高压线架设 10.4 千米。拟完成 400 公顷现代化滴灌工程，分建于跃进二支渠、红旗地区，完成投资 800 万元。

（二）加强交通基础设施建设

完善公路网络建设，形成层次清晰、功能明显、布局合理、设施完善、交通顺畅的公路网络。到 2015 年，完成机关至红旗地区、跃进地区和计划新区的通营公路建设，以通营公路和通连公路为依托向各连队辐射，形成一个层次分明、纵横交错、四通八达的公路网体系。连队公路通达率 100%，全部实现沥青路面。

（三）加强信息基础设施建设

以信息技术促进农业现代化，推进测土配方施肥系统、病虫害监测与预防、滴灌自动化系统、农业信息管理系统等应用。以信息技术改造提升和带动工业化，推进信息技术在农产品加工业的应用，围绕现代服务业发展，进一步加大信息技术应用。大力推进信息技术在商贸流通、交通物流、医疗教育等领域的应用，积极发展电子商务，提高支队管理水平，增强市场的竞争能力，进一步促进电子政务应用，转变行政职能、提高行政效率。

八、建立完善的公共服务体系，促进社会事业协调发展

落实全面建设小康社会的新要求，使公共服务和社会事业有较大发展，公共服务的质量和水平有较大提高，基本建立起与团场经济发展相适应的社会事业公共服务体系，适应支队居民多层次、多方位的社会事业发展需求。

优先发展教育，努力提高支队教育水平和职工科学文化水平。全面普及九年义务教育，"普九"人口覆盖率达到 100%，各级各类教育协调发展，教育质量明显提高。重点加强团场义务教育，全面实施团场义务教育经费保障机制改革，建立责任明确、经费共担、保障有力、管理有序的团场义务教育经费保障机制。加快完善中小学建设，促进支队教育的快速、健康、协调发展。抓住国家初中校舍改造规划的机遇，加强团场中小学校舍改造，改善办学条件，加强支队中小学师资队伍建设，优化教师结构，实施团场教师培训计划，提高办学质量和水平。重视儿童早期教育，基本普及学前三年教育。积极探索教育资源与地方融合的新思路。

基本建立与团场经济社会发展相协调的团场公共卫生服务体系和医疗救助体系，建立健全疾病预防控制体系；建设突发公共卫生事件医疗救治体系。健全卫生服务体系，实现人人享有初级卫生保健和基本医疗服务的目标。职工参加医疗、社会养老保险率达到 100%；职工参加新型团场合作医疗率为 100%。建立和完善团部及连队相应的医疗卫生设施，加强对团场卫生技术人员的培养，推进团场卫生管理体制改革，建立灵活的团场县级卫生院和连队卫生室内部运行机制，全面提高团场卫生服务水平。建立健全公共卫生体系和卫生应急机制，完善疾病预防控制体系，建立疾病控制中心。尽快成立医院的传染病隔离区，污水处理和医疗垃圾处理系统。

构建较为完善的公共文化服务体系。逐步完善文化设施，大力推进团场文化活动中心和连队综合文化活动室等文化设施重点项目的建设。逐步完善综合性公共文化设施。抓好社区文化、老年文化、校园文化建设。进一步加强文化人才培养，改善管理，拓展服务，提高质量和水平。全面推进全民健身活动，努力提高运动技术水平。力争到 2015 年，基本落实全民健身行动计划，加快体育健身广场和设施特别是团场社区和连队经济实用型公益体育设施建设。

完善人口综合调控机制，重视人口发展。改善人口结构，提高出生人口和迁入人口素质，实行更加积极的计划生育利益导向政策，加强人口和计划生育服务体系建设，实施优生促进工程。以团场、连计划生育技术服务站建设为重点，基本形成以服务站为龙头，连队服务室为基础，流动服务车为纽带，布局合理、特色突出、科学规范的技术服务体系，提升计划生育优质服务水平，使团场人人享有生殖健康服务，提高出生人口素质，实现人口增长与经济和社会发展相适应。

完善公共管理服务体系建设，建立健全包括部门、地方、区域和重点任务等内容的社会管理和公共服务基础设施，建成比较完善的公共建筑、社会服务设施和公用工程设施。建立健全社会风险和应急体系，提高应对突发事件的能力。加强社会事业发展的制度建设，协调社会利益，扶持困难人群，促进社会公平，为社会事业发展提供制度保障和良好的发展环境。

加强基层文化、体育建设，重点加强支队文化中心、连队综合活动室、文化领域的数字化和网络化建设，加强社区文化、基层文化队伍建设，提高公共文化服务能力，广泛开展丰富多彩的群众文化活动，推进文化事业发展。

九、推进人才资源能力建设

加强人才资源能力建设，改进人才工作体制机制，完善人才管理体制，健全人才创新的评价、使用、激励制度，充分利用人才援疆政策，对团场实用人才和技术工人进行大规模培训；同时创新人才培养、选拔任用和激励机制，鼓励高校毕业生到基层任职，推进人才合理流动。健全和完善人才培养、任用、流动、激励保障机制。

十、加强生态保护与建设，增强可持续发展能力

"十二五"期间重点实施生态保护、环境保护、水土保持、防风固沙四大工程项目。通过在工程区和灌区外围区采用工程措施，进行生态林封育和防风固沙生态林建设，使项目区风沙减少、荒漠植被得以恢复，生态环境得到改善，同时产生一定的经济效益，实现生态建设可持续发展。健全防治、管理、监测机制，建立专门的生态建设监督工作机构，从事防治、管理、监督和有关技术服务工作，担负起生态建设工作的技术指导和组织工作，防治土地荒漠化、水土流失，保护生态环境，逐步改变灌区的生态环境条件。

十一、保障措施

（一）加强组织领导，强化目标责任

全体党员干部要从战略和全局的高度出发，以强烈的政治责任感和加快发展的紧迫感，加强组织领导，分解落实目标任务，明确职责分工，深入研究发展过程中出现的新问题，带领广大干部职工群众抓住机遇，努力完成"十二五"期间的各项发展任务。

（二）加强规划的组织实施，完善评估机制

要依据本规划纲要，实施好专项规划。组织编制各专项规划，科学制订年度计划，明确发展目标、工作重点和政策措施。将总体规划任务目标分解落实到专项规划和年度计划中，保持规划实施的连续性，并通过年度计划促进总体规划的分步实施。加强衔接配合，确保在总体要求上保持一致，在空间配置上相互协调，在时序安排上科学规范，不断提高规划的管理水平和实施效果。建立和完善规划评估修订机制。在中期评估基础上，建立滚动衔接和修订机制，并根据形势变化和规划实施进度，进行必要的修订。加强重大战略问题的跟进研究，不断探求解决问题的新思路、新机制、新办法，为规划的有效实施创造条件。

第十二个五年规划是三十七团在新的历史机遇下，实现跨越式发展和长治久安目标的宏伟蓝图，团场广大职工群众要团结一致，目标明确，在党委的正确领导下，坚定信心、扎实工作、排难而进，为实现"十二五"规划目标而努力奋斗。

三十七团2015年发展目标及重点产业规划（摘要）

（2015年3月11日）

根据第二次中央新疆工作座谈会及兵团党委六届十四次全委扩大会议精神，团场牢牢抓住国家支持新疆兵团力量建设的政策机遇，当好融合发展的排头兵，以打造"兵团南疆维稳重镇、且若垦区服务基地、多元特色生态宜居城镇"为目标，以扩大团场规模为手段，以集聚人口为目

的，壮大综合实力，提升维稳能力，全面推进团场产业发展，团场规模逐渐扩大，效益逐步提升。

一、团场发展原则、定位及发展目标

（一）团场发展原则及定位

根据兵师党委统一部署，依托且末县域经济发展，按照"生态立团、农业稳团、矿业富团、三产活团"的思路，坚持"以水定地、以业定人、以人定城"的原则，先期启动扩建项目：一产重点发展红枣、核桃特色林果业、畜牧业、设施农业；二产重点发展特色农产品加工与矿业开发；三产重点发展商贸物流、矿业服务和社区服务。同时加快"三化"建设，转变经济发展和职工增收方式，加快推进改革开放和兵地融合发展步伐。

（二）三十七团发展目标

第一产业发展目标：以科学发展观为指引，以市场为导向，以效益为中心，依托科技进步，加快高新节水灌溉、设施农业发展、现代农业示范"三大基地"建设，大力培育以特色林果业、畜牧业和设施农业为核心的农业发展模式，培育和打造符合有机农产品要求、市场知名度高、信誉好、竞争力强的果蔬、肉类等农产品品牌，发展高产、优质、高效的生态农业。

第二产业发展目标：新型工业化是实现跨越式发展的主导力量，三十七团立足农牧产品深加工及产业发展优势资源，结合团场及且末县不同人群的需求，引进农产品加工企业，做大做强做活团场及本地区的红枣产品加工产业。为满足不同层次的市场需求，立足本地畜牧产业发展现状及规模优势，大力招商引资建立畜牧肉类分割加工企业，以延伸农业产业化经营的深度和广度，使团场农业产业化经营走上科技含量高、产品附加值高、市场竞争力强、产业化水平高的健康高效之路。结合团场团部新建及县城城建的需求，利用商混搅拌站和加气块厂，为团部建设及县城城镇建设奠定坚实基础，扩大三十七团的发展空间及在县城周边的影响力。

第三产业发展目标：打造且末县域矿业开采的服务基地，构建以社区服务为基础，现代物流、新型商贸等为支柱，与且末县功能互补的现代服务体系。在做大一产、做强二产、做优三产的基础上，结合小城镇建设，着重发展餐饮、批零、住宿、娱乐、仓储物流等面向全社会的服务平台，依托315国道及且末机场扩建，做好冷链、冷藏、包装及运输。跃进区水库发展军垦观光农业与特色水产养殖业，建设养殖、餐饮、住宿、游乐等人造景观。利用规模化设施农业及跃进水库打造观光、休闲、采摘为一体的具有军垦特色的现代观光农业。

二、重点产业及规划

（一）特色林果业发展规划

三十七团现有红枣园面积1173.3公顷，在现有基础上不再新增面积，以加强枣园精细化管理、加大有机肥投入及重视产品销售各个环节为主，达到"数量规模型向质量效益型转变、基础传统农业化向现代农业商品化转变"两转变的目的。走无公害、绿色和有机果品生产之路，做好产品定位，积极开展红枣有机食品产品保护认证工作。

依托团场新增土地，一期规划种植核桃面积333.3公顷。核桃种植株行距全部采用3米×5米株距。采取团场出资建园、职工定额管理的方式，以保证建园初期的投入及标准化管理，达到缩短见效周期的目的。同时为促使林果业多元化发展，团场计划发展一定规模的红富士苹果种植业，以增强团场农产品市场竞争力。

（二）设施农业发展规划

设施农业大棚作为团场今后农业发展的重点方向，总体建设规模为100公顷，拟建大棚300座。棚内以反季节瓜果、蔬菜生产为主，同时发展一定规模的果树花卉育苗，新型设施基地将集优质果蔬、花卉生产、旅游观光、休闲度假功能于一体，最终将设施农业基地建成大学生的创业园、民兵以劳养伍基地、科研试验基地、生态观光农业基地、县域及大庆油田果蔬等农产品供应基地。

（三）畜牧业发展规划

三十七团畜牧养殖产业发展主要以建立生态低碳可持续经济为目标，牲畜的粪便作为优质有机肥施入枣园（棉花地、饲草地），减少化肥的使用，提高农产品品质，枣园兼种饲草供牲畜食用，减少饲料外购的成本，达到以畜养园（地）、以园（地）养畜的目的，建立生态循环经济发展模式。团场新增土地规划1000~1333.3公顷饲草地，为畜牧业发展解决饲料来源，最终达到肉牛存栏数1万头以上、生猪存栏数1万头。养羊方面，团场出台优惠扶持政策，鼓励能人牵头、成立合作社、职工自主养殖的方式，推动团场肉羊养殖规模的不断扩大。

三、2015年团场农业发展计划

三十七团主要做精林果业、加快畜牧业、做大做强设施农业，实施精果、增畜、强设施发展战略，形成"三足鼎立"产业发展格局。种植业方面，种植棉花66.6公顷，饲草100公顷；林果业方面，加强枣园抚育和精细化管理，加大有机肥投入，提质增效。试种66.6公顷核桃，配套2公顷核桃接穗圃和2公顷核桃优良品种示范园。种植苗圃33.3公顷，树种以红柳、竹柳、青杨、胡杨及城镇绿化树种为主。试种一定面积的红富士和新梨9号，为扩大规模后结构调整进行探索。在设施农业方面，完成100座温室大棚，棚内以冬枣、樱桃等茄果类蔬菜为主。在畜牧业方面，2015年4月实现生猪入圈，当年出栏生猪5000头，充分利用沼渣沼液发展林果业，实现种养结合。育肥牛场的建设，争取年内投入生产。鼓励扶持职工自主养羊，利用果园发展林下家禽养殖业。

四、2015年重点项目建设情况

2015年，三十七团拟计划建设项目共27项，计划投资4.5亿元。具体建设内容及计划投资如下：

（1）农业水利项目共11项，计划总投资1.4亿万元。其中水利基础设施项目7项，计划投资0.85亿元；农业建设项目4项，计划投资0.54亿元。

（2）城镇基础设施项目7项，计划总投资2.3亿元。

（3）工业及产业升级振兴建设项目1项，计划0.28亿元。

（4）交通建设项目1项，计划投资370万元。

（5）民生建设项目5项，计划投资1.9亿元。

（6）服务业旅游基础设施建设工程共2项，计划投资0.33亿元。

且末县与三十七团土地确权协议书（原文）

甲方：且末县人民政府

乙方：第二师三十七团

第二师三十七团（原农二师且末工程支队）在历届且末县党委、县人民政府的关心支持下，各项事业稳步推进。尤其是2012年，兵团党委从加强兵团南疆维稳戍边能力建设的政治高度出发，同意将且末工程支队纳入团场序列，成立三十七团后，本届县委表现出了高度的政治责任和担当，给予了乙方更有力的重视和支持。

2007年，且末县委、县人民政府根据中央、自治区和兵团有关加强兵地融合发展的指示精神，结合自治区和兵团土地确权的一系列文件，通过县人民政府常务会议讨论同意了且末工程支队（现三十七团）上报的《农二师且末工程支队申请新建三十七团土地确权报告》，形成了《且末县人民政府会议纪要》，召开且末工程支队新建三十七团土地确权问题协调会议，出具会议纪要，明确对且末工程支队（现三十七团）进行土地确权。2007年11月，巴州国土资源勘测规划设计院现场进行实地确权勘测和定界埋桩，勘测定界面积10694.08公顷。

2009年，且末县委、县人民政府为响应国家号召、改善山区牧民生活环境、促进经济发展，将2007年勘界确定给乙方的10694.08公顷土地中未开发的部分地区规划为牧区定居安置点及草场，并陆续定施建设。为此，乙方（且末工程支队）表示由衷的感谢。

第二次中央新疆工作会谈后，自治区和兵团对乙方提出了更高的要求：乙方要按照自治区党委、兵团党委和巴州、二师党委的统一部署，在且末县党委、人民政府的领导下，扩大团场发展规模，夯实维稳综合实力，围绕社会稳定和长治久安加快融合发展步伐；在调节社会结构、推动文化交流、促进区域协调、优化人口资源"四个特殊作用"上发力，充分发挥稳定器、大熔炉、示范区的作用。

为全面落实自治区和兵团向南发展战略、加快乙方的发展建设、增强维稳戍边综合能力，按照"尊重历史、照顾现实、补足平衡"的原则，经且末县党委、人民政府与乙方多次协商，达成如下协议：

一、且末县同意在乙方原勘测定界周边补齐同等面积（10694.08 公顷）土地，确定乙方的土地权属，并重新勘测定界。

二、乙方（第二师三十七团）土地权属界线（鉴定）如下：

北边（1~7 号拐点），东边（7~22 号拐点），南边（22~23 号拐点），西边（1~23 号拐点）。

三、在确权范围内确保乙方土地使用无争议。确权范围不包含甲方管护的公益林以及办理草原证的草场。

四、本协议所确定的权属界限范围和坐标以实际勘界成果为准，勘界结果由双方签字盖章确认，作为本协议的附件，勘界内的原且末县既有设施由甲乙双方进行确认，确认后乙方不得占用、损坏及改变原有用途。

五、本协议一经签订就具有法律效力。甲乙双方必须严格遵守，非经双方依法协商一致，任何一方不得变更或修改本协议，也不得解除本协议。

六、本协议未尽事宜，甲乙双方可以根据本协议的原则订立补充协议，作为本协议的附件，并与本协议具有同等的法律效力。

七、本协议一式十份，双方各持两份，报送巴州人民政府、兵团第二师、州水利局、州国土资源局各一份。

2010 年 6 月 20 日

且末县与三十七团县城综合用地土地出让协议书（原文）

甲方：且末县人民政府

法定代表人（姓名及职务）：

乙方：新疆生产建设兵团第二师三十七团

法定代表人（姓名及职务）：

为促进兵地融合发展，维护社会稳定，共同促进且末县域经济社会发展，经且末县党委、县人民政府与第二师三十七团协商一致，现就甲方将县城综合用地出让给乙方相关事宜达成如下协议并共同遵守：

一、甲方同意将位于且末县丝绸东路以南、气象局以东、环城东路以北的宗地出让给乙方，宗地总面积 21.98 公顷。

二、甲方以总价款 7500 万元（柒仟伍佰万元整）将该宗建设用地使用权出让给乙方，乙方以招拍挂方式取得建设用地使用权。该宗土地（包括办公用地、商业用地、休闲娱乐、住宅用地等）作为综合用地，以乙方的玉城花苑修建性详细规划的规划设计为准。

三、总价款 7500 万元，包含土地出让价款（含土地出让金，征收补偿费，耕地补偿费，安置补助费，新增建设用地有偿使用费，耕地开垦费，征迁管理费，青苗补偿费，城市建设配套费，给排水、电、暖、气、路接口费）和耕地占用税、契税等需向国家及地方缴纳的相关税费。

四、甲方应在小区建设开工前将给排水、电、暖、气的接口建设至小区规划用地红线，满足乙方使用需要。小区外围道路由甲方按照规划配套建设。

五、甲乙双方签订该建设用地使用权出让合同后，乙方在十个工作日内将总价款中的 5000 万元支付到甲方指定的账户（包含该宗地的竞买保证金），甲方在收到款项后，在 2 个月内将该宗地范围内房屋等设施征收完毕，以净地方式交付乙方，乙方在一定期限内支付甲方 2500 万元，甲方给乙方办理国有土地使用证。

六、乙方在该宗地使用期间，甲方按且末县城单位和居住同等标准为乙方提供给排水、用电、采暖、用气等生活条件，费用由乙方规划区范围内单位或居民自行承担，乙方学生上学、职工就医、县城内道路等公益事业建设不再向乙方收取增容费用，享受且末县居民同等待遇。

七、该宗土地项目建设的规划、土地、房产办理等相关手续，按照属地管理的原则，在且末县相关管理部门办理，产生的税费在且末县缴纳。小区建设规划报且末县人民政府批准后组织实施。建设管理手续（施工许可证、施工管理、劳动监察、工程质量监督、竣工验收、安全生产等）由乙方在第二师办理。建设年限 5 年。若 5 年内未完成，按《中华人民共和国土地管理法》《中华人民共和国城乡规划法》及自治区《实施〈中华人民共和国土地管理法〉办法》《实施〈中华人民共和国城乡规划法〉办法》执行。

八、项目建成后，小区内的治安管理由第二师及三十七团管辖。

九、本协议履行中，任何一方违约，违约方应向守约方支付第二条总费用 10% 的违约金。

十、本协议未尽事宜，甲乙双方可以根据本协议的原则订立补充协议作为本协议的附件，并与本协议具有同等的法律效力。

十一、双方发生争执时，协商决议，协商不成时，依法向有管辖权的人民法院提出诉讼。

十二、本协议一式六份，双方各持两份，报送自治州人民政府、兵团第二师各一份。

甲方（盖章）　法定代表人（签字）：

乙方（盖章）　法定代表人（签字）：

2014 年 10 月 17 日

《且末县与三十七团县城综合用地土地出让协议书》补充协议（原文）

经甲乙双方协商，就甲乙双方签订的《且末县与三十七团县城综合用地土地出让协议书》和《且末县与三十七团土地确权协议书》未尽相关事宜，达成如下补充协议：

一、甲乙同意将《且末县与三十七团县城综合用地土地出让协议书》中约定的五年建设年限宽延为三十七团依据团场总体建设规划分期建设完成，五年后未建设的闲置土地，由乙方暂时作为公共绿地进行建设。

二、甲乙双方签订《且末县与三十七团县城综合用地土地出让协议书》的同时签订《且末县与三十七团土地确权协议书》，两份协议生效。乙方在两份协议签订后十个工作日内将总价款中的 5000 万元支付到甲方；甲乙双方在确认三十七团在英吾斯塘乡以西 10694.08 公顷土地勘界成果及县城 21.98 公顷土地净地交付后，十个工作日内交付剩余款项 2500 万元。

三、按照同时资源共享原则，甲方协助乙方在英吾斯塘乡以西土地开发新增加用水指标的所需水利设施由乙方投资建设，同时为三十七团开发土地所需的在场外建设水利及附属设施提供便利并办理相关手续。

四、英吾斯塘乡以西确权土地范围内甲乙原有的水利等设施，由甲乙双方共同进行确认，确认后乙方不得占用、损坏及改变原有用途；甲乙已批准拟建设的水利设施，由甲乙双方确定范围并进行勘界预留。乙方道路和渠系建设预与甲方的水利设施交叉、重叠，在保持原有设施功能不变的前提下，甲方允许乙方施工建设。对于乙方在甲方地界范围内的新老场外干渠，甲方亦不得占用、损坏及改变用途。

五、本补充协议书经双方签字盖章后生效，为双方签订的《且末县与三十七团县城综合用地土地出让协议书》及《且末县与三十七团土地确权协议书》的补充约定，本补充协议未做调整约定部分按协议执行。

六、本协议与《且末县与三十七团县城综合用地土地出让协议书》及《且末县与三十七团土地确权协议书》同时生效。

七、本协议一式六份，双方各持三份。

甲方（盖章）　法定代表人（签字）：

乙方（盖章）　法定代表人（签字）：

2014 年 10 月 17 日

20 世纪 70 年代部队转业、调干人员名录

附表 1 解放军部队转业至且末工程支队在职干部名录（1970—1975 年）

序号	姓名	职务	性别	民族	文化程度	政治面貌	工作时间	籍贯	工作方式
1	胡英杰	副支队长	男	汉	高小	党员	1946.5	河北广宁	参军
2	倪青浦	处长	男	汉	初中	党员	1945.1	辽宁	参军
3	曲悦友	副处长	男	汉	高小	党员	1948.2	辽宁新金	参军
4	楼兆莹	参谋长	男	汉	初中	党员	1948.2	辽宁海城	参军
5	周永怀	参谋	男	汉	初中	党员	1960.8	四川南部	参军
6	刁春华	参谋	男	汉	初中	党员	1959.3	河北宁津	参军
7	邓俊发	参谋	男	汉	初中	党员	1953.10	广东蕉岭	参军
8	张治安	参谋	男	汉	初中	—	1955.7	河北安次	参军
9	范永生	参谋	男	汉	初中	党员	1960.3	江苏南京	参军
10	曹恩敔	参谋	男	汉	高小	党员	1960.3	北京平谷	参军
11	罗春祥	参谋	男	汉	中专	党员	1949.9	甘肃	军人
12	李国利	技术员	男	汉	高中	党员	1959.3	四川	参军
13	李租鑫	管理员	男	汉	初中	党员	1960.1	湖北	参军
14	陈宝玉	参谋	男	汉	初中	党员	1966.3	陕西临县	入伍
15	肖斌瑜	管理员	男	汉	高中	—	1949.10	重庆	入伍
16	范作珍	干事	女	汉	高小	党员	1951.1	山东黄县	参军
17	孙昌维	干事	男	汉	初中	党员	1966.3	江苏阜宁	参军
18	韩照瑜	干事	男	汉	初中	党员	1966.3	河南项城	参军
19	文良雄	干事	男	汉	高小	党员	1966.3	湖北	参军
20	胡英杰	干事	男	汉	初中	党员	1959.3	山东苍山	入伍
21	吕其云	干事	男	汉	初中	党员	1959.3	辽宁东沟	参军
22	任国金	工作员	男	汉	初中	党员	1960.8	四川	入伍
23	张潘瑞	副政指	男	汉	初中	党员	1957.3	陕西登城	参军
24	王生发	会计	男	汉	初中	—	1951.7	陕西西安	参军
25	刘太权	会计	男	汉	初中	—	1951.7	四川遂县	参军
26	易文师	助理	男	汉	高小	党员	1951.2	广西权阳	参军
27	沈光涛	采购员	男	汉	高中	—	1951.7	江苏	参军
28	雷超平	助理	男	汉	初中	党员	1960.3	湖北	参军
29	杨武献	管理员	男	汉	初小	党员	1959.3	四川云阳	参军
30	李胜荣	保管员	男	汉	初中	—	1949.9	甘肃	入伍
31	黄忠亮	副主任	男	汉	初小	党员	1959.3	四川中江	参军
32	郝庆恩	副政指	男	汉	初中	党员	1960.8	山东	参军
33	周督华	副校长	男	汉	高中	党员	1949.11	湖南	参军
34	叶臻荣	校长	男	汉	高中	党员	1951.4	湖南	参军

序号	姓名	职务	性别	民族	文化程度	政治面貌	工作时间	籍贯	工作方式
35	李文和	队长	男	汉	高中	党员	1947.9	吉林柳河	参军
36	张登榜	副政指	男	汉	初中	党员	1960.8	四川	参军
37	王玉清	医生	男	汉	高小	党员	1956.3	四川泸县	参军
38	库加赫曼提	排长	男	维	高小	—	1944.1	新疆伊犁	参军
39	克其克拜	排长	男	哈	初中	—	1941.1	新疆塔城	参军
40	朱马洪	统计	男	哈	初中	党员	1949.1	新疆伊犁	参军
41	沙马尔汗	材料员	男	哈	初中	—	1951.1	新疆塔城	参军
42	吾布尔哈森	会计	男	维	高小	—	1949.1	新疆伊犁	参军
43	袁有才	连长	男	汉	初小	党员	1941.1	陕西历石	参军
44	孙道卿	政指	男	汉	初中	党员	1949.1	河南孟津	参军
45	任进喜	排长	男	汉	高小	党员	1960.3	山西	入伍
46	吴宪祥	排长	男	汉	初小	党员	1960.3	陕西	入伍
47	崔秀坤	连长	男	汉	高小	党员	1949.9	河南正阳	入伍
48	刘治修	政指	男	汉	高小	党员	1949.9	甘肃	入伍
49	孙世荣	副连长	男	汉	初小	党员	1949.9	甘肃	入伍
50	曾有才	副连长	男	汉	初小	党员	1960.8	四川广安	参军
51	王文德	排长	男	汉	初小	—	1949.9	陕西临潼	随军
52	郭全义	统计	男	汉	高小	—	1951.4	甘肃古浪	参军
53	鲜于仔	排长	男	汉	高中	党员	1960.3	四川	参军
54	王少辉	卫生员	男	汉	初中	党员	1964.1	河南	参军
55	陈宏豪	连长	男	汉	初中	党员	1952.2	广西陆川	参军
56	周汝环	副连长	男	汉	初中	党员	1964.1	四川	参军
57	胡继美	排长	男	汉	高小	党员	1966.3	山东枣庄	参军
58	谭慕容	副排长	男	汉	高小	党员	1966.3	湖南平江	参军
59	杨清占	排长	男	汉	初中	党员	1966.3	河北定县	参军
60	丁明晶	排长	男	汉	初中	党员	1966.3	江苏	参军
61	马兴民	排长	男	汉	高中	党员	1966.3	山东	参军
62	薛洪贵	统计	男	汉	初中	—	1966.3	山东	参军
63	刘树山	材料员	男	汉	初小	党员	1966.3	山东	参军
64	李绍光	连长	男	汉	初小	党员	1949.6	河南	入伍
65	杨恩喜	政指	男	汉	高小	党员	1948.3	河南	入伍
66	金万昌	副连长	男	汉	初小	党员	1964.3	甘肃宁县	参军
67	桂明福	副政指	男	汉	高小	党员	1966.3	江苏江都	参军
68	刘来新	排长	男	汉	初小	党员	1966.3	山东定陶	参军
69	金学友	排长	男	汉	初中	党员	1964.3	四川云阳	参军
70	孙向东	医助	男	汉	初中	—	1966.3	河北定县	参军
71	赵培贤	连长	男	汉	高小	党员	1952.9	陕西关平	参军
72	梁志举	副连长	男	汉	初小	党员	1966.3	山东	参军
73	安锡儒	副政指	男	汉	高小	党员	1964.3	河北	参军

序号	姓名	职务	性别	民族	文化程度	政治面貌	工作时间	籍贯	工作方式
74	宋正国	副政指	男	汉	高小	党员	1966.3	湖北广济	参军
75	丁德文	排长	男	汉	高小	—	1966.3	山东胶南	参军
76	杨德昌	排长	男	汉	初小	党员	1949.9	甘肃清水	入伍
77	梁振山	材料员	男	汉	高小	党员	1966.3	山东	参军
78	刘青云	连长	男	汉	高小	党员	1949.1	山西向阳	参军
79	刘顺田	政指	男	汉	高小	党员	1949.9	四川射洪	入伍
80	朱向廷	副连长	男	汉	高小	—	1949.9	甘肃平凉	入伍
81	林　辉	副政指	男	汉	高小	党员	1966.3	江苏六合	参军
82	张文森	医助	男	汉	高小	党员	1966.3	浙江长山	参军
83	王成海	副连长	男	汉	初小	党员	1966.3	山东枣庄	参军
84	田占荣	副政指	男	汉	高小	党员	1949.9	甘肃	入伍
85	尹万银	排长	男	汉	高小	—	1949.9	甘肃西河	入伍
86	魏义华	排长	男	汉	初中	党员	1966.3	山东莱芜	参军
87	佘牧之	材料员	男	汉	初中	党员	1949.9	湖南邵东	入伍
88	王朝国	副连长	男	汉	初小	党员	1966.3	江苏扬州	参军
89	朱永清	副政指	男	汉	高中	党员	1964.1	四川云阳	参军
90	张友堂	排长	男	汉	初中	党员	1966.3	山西夏县	参军
91	刘积德	材料员	男	汉	初中	—	1966.3	山西临县	参军
92	沈宝怀	政指	男	汉	高小	党员	1964.3	江苏泰兴	参军
93	包龙源	副连长	男	汉	高小	党员	1949.9	青海民和	入伍
94	左慧琴	副政指	女	汉	初中	党员	1951.1	四川	参军
95	甘效先	技术员	男	汉	高中	党员	1949.9	甘肃	入伍
96	易　红	统计	女	汉	高中	—	1952.3	湖南	参军
97	许洪安	材料员	男	汉	初中	党员	1966.3	山东肥城	参军
98	曹吉科	副连长	男	汉	初小	党员	1966.3	湖北江陵	参军
99	孔祥富	副政指	男	汉	初中	党员	1966.3	山东肥城	参军
100	秦　喜	排长	男	汉	初小	党员	1966.3	山西	参军
101	徐寿高	副连长	男	汉	初小	党员	1966.3	江苏仪征	参军
102	杨爱山	副连长	男	汉	初小	党员	1949.10	河北涉县	参军
103	王全随	副政指	男	汉	高小	党员	1966.3	湖北大冶	参军
104	苏长林	排长	男	汉	初小	—	1949.9	陕西平利	入伍
105	疏长杰	政指	男	汉	高小	党员	1966.3	安徽枞阳	参军
106	杨建振	副政指	男	汉	高小	党员	1966.3	山东肥城	参军
107	李宗智	站长	男	汉	初小	党员	1964.1	河北	参军
108	王朝领	站长	男	汉	高小	党员	1964.3	河南汝南	参军
109	向正国	施工员	男	汉	高小	—	1966.3	湖北巴东	参军
110	李永义	管理员	男	汉	高小	—	1964.3	撒城云阳	参军
111	谢庆池	排长	男	汉	初中	党员	1966.3	山东肥城	参军

注：此表内容根据团档案室资料整理。

附表2 工三师司令部且末指挥部调干人员名录（1967—1970年）

序号	姓名	职务	性别	民族	文化程度	政治面貌	工作时间	籍贯	工作方式
1	谷孝良	副参谋长	男	汉	初中	党员	1955.1	河北丰润	调动
2	魏征成	技术员	男	汉	大学专科	—	1956.1	浙江	统分
3	王继昌	技术员	男	汉	大学专科	—	1960.1	北京	调动
4	蒋宝耕	干事	男	汉	初中	党员	1949.5	河北唐山	入伍
5	尹余庆	会计	男	汉	高中	党员	1949.10	湖南	调动
6	李明智	中教	男	汉	大学专科	—	1959.1	四川	调动
7	吴运生	中教	男	汉	大学专科	—	1959.8	江苏	调动
8	黄均岳	教员	女	汉	高中	—	1960.9	湖南	调动
9	牟贤良	排长	男	汉	高小	—	1957.9	贵州毕节	调动
10	李春山	副连长	男	汉	初小	党员	1946.1	安徽丰县	调动
11	韩起兰	校长	男	汉	初中	—	1955.6	甘肃	调动
12	侯炳生	站长	男	汉	初中	党员	1952.3	陕西	调动

注：此表内容根据团档案室资料整理。

团表彰先进集体、个人名录

附表3 三十七团表彰先进集体名录（1994—2015年）

获奖单位	年份	荣誉称号	批准单位
机耕队	1994.12	先进单位	且末工程支队党委
机耕队70型-3号机车	1994.12	先进班组	且末工程支队党委
二中队宽管区队	1994.12	先进班组	且末工程支队党委
棉花加工厂	2000.3	先进单位	且末工程支队党委
一监区	2000.3	社会治安综合治理先进单位	且末工程支队党委
棉花加工厂	2000.3	社会治安综合治理先进单位	且末工程支队党委
卫生队	2000.3	社会治安综合治理先进单位	且末工程支队党委
学校	2000.3	社会治安综合治理先进单位	且末工程支队党委
林园连	2000.3	社会治安综合治理先进单位	且末工程支队党委
退管会	2000.3	社会治安综合治理先进单位	且末工程支队党委
商店	2000.3	社会治安综合治理先进单位	且末工程支队党委
库站	2000.3	社会治安综合治理先进单位	且末工程支队党委
一监区	2000.3	监管改造"五无"先进单位	且末工程支队党委
政工科	2000.3	先进科室	且末工程支队党委
管教科	2000.3	先进科室	且末工程支队党委
三分监区	2000.3	先进班组	且末工程支队党委
轧花车间	2000.3	先进班组	且末工程支队党委
小学教研室	2000.3	先进班组	且末工程支队党委
张志珍棉花组	2000.3	先进班组	且末工程支队党委
棉花加工厂	2008.12	文明单位	且末工程支队党委

续表

获奖单位	年份	荣誉称号	批准单位
一连	2002.12	先进单位	且末工程支队党委
棉花加工厂	2002.12	先进单位	且末工程支队党委
林园连	2002.12	先进单位	且末工程支队党委
供销科	2002.12	先进科室	且末工程支队党委
棉花加工厂轧花班	2002.12	先进班组	且末工程支队党委
学校中学教研组	2002.12	先进班组	且末工程支队党委
林园连林业组	2002.12	先进班组	且末工程支队党委
一连杨启胜棉花组	2002.12	先进班组	且末工程支队党委
一连朱建军棉花组	2002.12	先进班组	且末工程支队党委
学校	2008.12	先进单位	且末工程支队党委
农一连	2008.12	植棉先进单位	且末工程支队党委
农三连	2008.12	生态经济林建设先进单位	且末工程支队党委
棉花加工厂班组	2008.12	先进班组	且末工程支队党委
学校小学语文组	2008.12	先进班组	且末工程支队党委
监狱狱政科	2008.12	先进科室	且末工程支队党委
计财科	2008.12	先进科室	且末工程支队党委
棉花加工厂	2009.2	春节文艺活动一等奖	且末工程支队党委
学校	2009.2	春节文艺活动二等奖	且末工程支队党委
机关	2009.2	春节文艺活动二等奖	且末工程支队党委
三连	2009.2	春节文艺活动三等奖	且末工程支队党委
水电站	2009.2	春节文艺活动三等奖	且末工程支队党委
二连	2009.2	春节文艺活动三等奖	且末工程支队党委
一连	2009.2	春节活动组织奖	且末工程支队党委
三连	2012.12	三个文明建设先进单位	且末工程支队党委
一连	2012.12	物质文明建设先进单位	且末工程支队党委
学校	2012.12	政治文明建设先进单位	且末工程支队党委
三连	2012.12	党风廉政建设先进单位	且末工程支队党委
学校	2012.12	社会治安综合治理先进单位	且末工程支队党委
水电站	2012.12	安全生产先进单位	且末工程支队党委
棉花加工厂	2012.12	计划生育先进单位	且末工程支队党委
工交建商科	2012.12	先进科室	且末工程支队党委
三连	2014.12	三个文明建设先进单位	三十七团党委
三连	2014.12	物质文明建设先进单位	三十七团党委
中学	2014.12	精神文明建设先进单位	三十七团党委
二连	2014.12	党风廉政建设先进单位	三十七团党委
中学	2014.12	社会治安综合治理先进单位	三十七团党委
水电站	2014.12	安全生产先进单位	三十七团党委
三连	2014.12	计划生育先进单位	三十七团党委
纪委	2014.12	先进科室	三十七团党委

续表

获奖单位	年份	荣誉称号	批准单位
宣传科	2014.12	先进科室	三十七团党委
司法所	2014.12	驻团先进单位	三十七团党委
土管分局	2014.12	驻团先进单位	三十七团党委
水电站	2014.12	职工教育管理先进单位	三十七团党委
水电站	2015.12	春节文艺演出优秀组织奖	三十七团党委
机关	2015.12	春节文艺演出优秀组织奖	三十七团党委
一连	2015.12	"六冬"活动先进单位	三十七团党委
三连	2015.12	"六冬"活动先进单位	三十七团党委
中学	2015.12	"六冬"活动先进单位	三十七团党委
水电站	2015.12	"六冬"活动先进单位	三十七团党委
二连	2015.12	文化活动先进单位	三十七团党委
一连	2015.12	文化活动先进单位	三十七团党委
中学	2015.12	文化活动先进单位	三十七团党委

注：此表内容根据团档案室资料整理。

附表4　三十七团表彰先进个人名录（1994—2015年）

姓名	受奖时间	荣誉称号	批准单位
王顺来	1994.12	先进工作者	且末工程支队党委
杨明科	1994.12	先进工作者	且末工程支队党委
李佑文	1994.12	先进工作者	且末工程支队党委
王建国	1994.12	先进工作者	且末工程支队党委
倪先春	1994.12	先进工作者	且末工程支队党委
彭友东	1994.12	先进工作者	且末工程支队党委
朱金花	1994.12	先进工作者	且末工程支队党委
周来娣	1994.12	先进工作者	且末工程支队党委
马秀华	1994.12	先进工作者	且末工程支队党委
任林	1994.12	先进工作者	且末工程支队党委
王硕根	1994.12	先进工作者	且末工程支队党委
顾国平	1994.12	先进工作者	且末工程支队党委
彭卫东	1994.12	先进工作者	且末工程支队党委
侯文斌	1994.12	先进工作者	且末工程支队党委
黄自琴	1994.12	先进工作者	且末工程支队党委
舒卫东	1994.12	先进工作者	且末工程支队党委
宋德兰	1994.12	先进工作者	且末工程支队党委
李传国	1994.12	先进工作者	且末工程支队党委
翟启泉	1994.12	先进工作者	且末工程支队党委
陆远	1994.12	先进工作者	且末工程支队党委
毛琪	1994.12	先进工作者	且末工程支队党委
高金星	1994.12	先进工作者	且末工程支队党委

姓名	受奖时间	荣誉称号	批准单位
晁东林	1994.12	先进工作者	且末工程支队党委
李继忠	1994.12	先进工作者	且末工程支队党委
陈东	1994.12	先进工作者	且末工程支队党委
陈仲儒	1994.12	先进工作者	且末工程支队党委
唐强	1994.12	先进工作者	且末工程支队党委
胡志雄	1994.12	先进工作者	且末工程支队党委
刘世珍	1994.12	先进工作者	且末工程支队党委
洪光	1994.12	先进工作者	且末工程支队党委
佘红蕾	1994.12	先进工作者	且末工程支队党委
卢新民	1994.12	先进工作者	且末工程支队党委
王建新	1994.12	先进工作者	且末工程支队党委
张礼正	1994.12	先进工作者	且末工程支队党委
夏新民	1994.12	先进生产者	且末工程支队党委
姚昌琼	1994.12	先进生产者	且末工程支队党委
肖平	1994.12	先进生产者	且末工程支队党委
程环	1994.12	先进生产者	且末工程支队党委
李俊成	1994.12	先进生产者	且末工程支队党委
邓永章	1994.12	先进生产者	且末工程支队党委
黄龙华	1994.12	先进生产者	且末工程支队党委
刘龙光	1994.12	先进生产者	且末工程支队党委
王德全	1994.12	先进生产者	且末工程支队党委
盖先林	1994.12	先进生产者	且末工程支队党委
田永华	1994.12	先进生产者	且末工程支队党委
赵月梅	1994.12	先进生产者	且末工程支队党委
何志斌	1994.12	先进生产者	且末工程支队党委
余小莉	1994.12	先进生产者	且末工程支队党委
魏胡兰	1994.12	先进生产者	且末工程支队党委
刘志秀	1994.12	先进生产者	且末工程支队党委
张高权	1994.12	先进生产者	且末工程支队党委
王永年	1994.12	先进生产者	且末工程支队党委
严国双	1994.12	先进生产者	且末工程支队党委
王建民	1994.12	先进生产者	且末工程支队党委
王占林	1994.12	先进生产者	且末工程支队党委
李培全	1994.12	先进生产者	且末工程支队党委
郑永强	1994.12	先进生产者	且末工程支队党委
王怀民	1994.12	先进生产者	且末工程支队党委
尚文泰	1994.12	先进生产者	且末工程支队党委
宋为民	1994.12	先进生产者	且末工程支队党委
田启冰	1994.12	先进生产者	且末工程支队党委

姓名	受奖时间	荣誉称号	批准单位
冯焕华	1994.12	先进生产者	且末工程支队党委
张 建	1994.12	先进生产者	且末工程支队党委
林星星	1994.12	先进生产者	且末工程支队党委
胡秋云	1994.12	先进生产者	且末工程支队党委
王宝四	1994.12	先进生产者	且末工程支队党委
叶臻荣	1994.12	最佳离退休人员	且末工程支队党委
侯炳森	1994.12	最佳离退休人员	且末工程支队党委
杨素芹	1994.12	最佳离退休人员	且末工程支队党委
丁云飞	1994.12	最佳离退休人员	且末工程支队党委
舒全孝	1994.12	最佳离退休人员	且末工程支队党委
田 宏	1994.12	民族团结先进个人	且末工程支队党委
徐建成	1994.12	民族团结先进个人	且末工程支队党委
潘鑫海	1994.12	民族团结先进个人	且末工程支队党委
王林明	1994.12	综合治理先进个人	且末工程支队党委
杨 波	1994.12	优秀通讯员	且末工程支队党委
肖 斌	2000.12	先进工作者	且末工程支队党委
王仁刚	2000.12	先进工作者	且末工程支队党委
彭友东	2000.12	先进工作者	且末工程支队党委
朱金花	2000.12	先进工作者	且末工程支队党委
虞南生	2000.12	先进工作者	且末工程支队党委
晃东林	2000.12	先进工作者	且末工程支队党委
卢跃东	2000.12	先进工作者	且末工程支队党委
王硕根	2000.12	先进工作者	且末工程支队党委
卢跃远	2000.12	先进工作者	且末工程支队党委
张海强	2000.12	先进工作者	且末工程支队党委
王林丰	2000.12	先进工作者	且末工程支队党委
兰永飞	2000.12	先进工作者	且末工程支队党委
朱前程	2000.12	先进工作者	且末工程支队党委
周昌明	2000.12	先进工作者	且末工程支队党委
杨卫丽	2000.12	先进工作者	且末工程支队党委
田永华	2000.12	先进工作者	且末工程支队党委
杨卫华	2000.12	先进工作者	且末工程支队党委
刘龙光	2000.12	先进工作者	且末工程支队党委
杨 波	2000.12	先进工作者	且末工程支队党委
苟兴兵	2000.12	先进工作者	且末工程支队党委
马秀华	2000.12	先进工作者	且末工程支队党委
田启海	2000.12	先进工作者	且末工程支队党委
张新兰	2000.12	先进工作者	且末工程支队党委
吴新慧	2000.12	先进工作者	且末工程支队党委

姓名	受奖时间	荣誉称号	批准单位
庞海莲	2000.12	先进工作者	且末工程支队党委
孙洁	2000.12	先进工作者	且末工程支队党委
周凤梅	2000.12	先进工作者	且末工程支队党委
肖 斌	2000.12	先进工作者	且末工程支队党委
孙军华	2000.12	先进工作者	且末工程支队党委
颜克林	2000.12	先进工作者	且末工程支队党委
冯 丽	2000.12	先进工作者	且末工程支队党委
李 强	2000.12	先进生产者	且末工程支队党委
王丹耶	2000.12	先进生产者	且末工程支队党委
雷铁柱	2000.12	先进生产者	且末工程支队党委
陈立成	2000.12	先进生产者	且末工程支队党委
杨光明	2000.12	先进生产者	且末工程支队党委
刘红宇	2000.12	先进生产者	且末工程支队党委
杨志碧	2000.12	先进生产者	且末工程支队党委
蔡家银	2000.12	先进生产者	且末工程支队党委
王建民	2000.12	先进生产者	且末工程支队党委
袁明芳	2000.12	先进生产者	且末工程支队党委
余小莉	2000.12	先进生产者	且末工程支队党委
赵成祥	2000.12	先进生产者	且末工程支队党委
刘守邦	2000.12	先进生产者	且末工程支队党委
张新德	2000.12	先进生产者	且末工程支队党委
许泽芳	2000.12	先进生产者	且末工程支队党委
李玉花	2000.12	先进生产者	且末工程支队党委
张志珍	2000.12	先进生产者	且末工程支队党委
刘志万	2000.12	先进生产者	且末工程支队党委
张世群	2000.12	先进生产者	且末工程支队党委
张秀团	2000.12	先进生产者	且末工程支队党委
肖泽荣	2000.12	优秀班主任	且末工程支队党委
张海强	2002.12	优秀公务员	且末监狱党委
史江雄	2002.12	优秀公务员	且末监狱党委
兰永飞	2002.12	优秀公务员	且末监狱党委
张新槐	2002.12	优秀公务员	且末监狱党委
朱金花	2002.12	先进工作者	且末工程支队党委
宋文学	2002.12	先进工作者	且末工程支队党委
梁 洁	2002.12	先进工作者	且末工程支队党委
冯 坤	2002.12	先进工作者	且末工程支队党委
于兰英	2002.12	先进工作者	且末工程支队党委
彭友东	2002.12	先进工作者	且末工程支队党委
田启海	2002.12	先进工作者	且末工程支队党委

姓名	受奖时间	荣誉称号	批准单位
马秀华	2002.12	先进工作者	且末工程支队党委
毕锦荣	2002.12	先进工作者	且末工程支队党委
孙昭阳	2002.12	先进工作者	且末工程支队党委
肖　斌	2002.12	先进工作者	且末工程支队党委
肖泽荣	2002.12	先进工作者	且末工程支队党委
苏　萍	2002.12	先进工作者	且末工程支队党委
李传明	2002.12	先进工作者	且末工程支队党委
于　静	2002.12	先进工作者	且末工程支队党委
张拥军	2002.12	先进工作者	且末工程支队党委
张海强	2002.12	先进工作者	且末工程支队党委
史江雄	2002.12	先进工作者	且末工程支队党委
兰永飞	2002.12	先进工作者	且末工程支队党委
张新槐	2002.12	先进工作者	且末工程支队党委
夏友义	2002.12	先进工作者	且末工程支队党委
苏宝昌	2002.12	先进工作者	且末工程支队党委
刘志强	2002.12	先进工作者	且末工程支队党委
周昌明	2002.12	先进工作者	且末工程支队党委
庞海莲	2002.12	先进工作者	且末工程支队党委
袁玉霞	2002.12	先进工作者	且末工程支队党委
胡春华	2002.12	先进工作者	且末工程支队党委
秦志典	2002.12	先进工作者	且末工程支队党委
夏新民	2002.12	先进生产者	且末工程支队党委
谢振荣	2002.12	先进生产者	且末工程支队党委
樊爱莲	2002.12	先进生产者	且末工程支队党委
赵吉平	2002.12	先进生产者	且末工程支队党委
张占和	2002.12	先进生产者	且末工程支队党委
田启冰	2002.12	先进生产者	且末工程支队党委
尹素萍	2002.12	先进生产者	且末工程支队党委
张琼珍	2002.12	先进生产者	且末监狱党委
张秀团	2002.12	先进生产者	且末监狱党委
王丹耶	2002.12	先进生产者	且末工程支队党委
张志珍	2002.12	先进生产者	且末工程支队党委
蔡家银	2002.12	先进生产者	且末工程支队党委
刘世刚	2002.12	先进生产者	且末工程支队党委
陆作芳	2002.12	先进生产者	且末工程支队党委
金玉香	2002.12	先进生产者	且末工程支队党委
余金碧	2002.12	先进生产者	且末工程支队党委
何光友	2002.12	先进生产者	且末工程支队党委
张会强	2002.12	先进生产者	且末工程支队党委

姓名	受奖时间	荣誉称号	批准单位
赵成祥	2002.12	先进生产者	且末工程支队党委
余小莉	2002.12	先进生产者	且末工程支队党委
杨　兵	2002.12	先进生产者	且末工程支队党委
余成江	2002.12	先进生产者	且末工程支队党委
姚艳平	2002.12	先进生产者	且末工程支队党委
徐廷鹏	2002.12	先进生产者	且末工程支队党委
杨启胜	2002.12	先进生产者	且末工程支队党委
朱建军	2002.12	先进生产者	且末工程支队党委
车红兵	2002.12	先进生产者	且末工程支队党委
王怀明	2002.12	先进生产者	且末工程支队党委
陈元刚	2002.12	先进生产者	且末工程支队党委
肖泽荣	2003.12	先进工作者	且末工程支队党委
孙军华	2006.12	先进工作者	且末工程支队党委
梁　洁	2007.12	先进工作者	且末工程支队党委
孙军华	2007.12	先进工作者	且末工程支队党委
程　萍	2007.12	先进工作者	且末工程支队党委
马秀华	2007.12	先进工作者	且末工程支队党委
张新兰	2007.12	先进工作者	且末工程支队党委
张拥军	2007.12	先进工作者	且末工程支队党委
孙　威	2007.12	先进工作者	且末工程支队党委
杨卫丽	2007.12	先进工作者	且末工程支队党委
熊　萍	2007.12	先进工作者	且末工程支队党委
孙志淑	2007.12	先进工作者	且末工程支队党委
蔡家银	2007.12	先进工作者	且末工程支队党委
苟兴兵	2007.12	先进工作者	且末工程支队党委
冯　坤	2007.12	优秀公务员	且末工程支队党委
浦建云	2007.12	优秀公务员	且末工程支队党委
夏　勇	2007.12	优秀公务员	且末工程支队党委
苏宝昌	2007.12	优秀公务员	且末工程支队党委
黄海林	2007.12	优秀公务员	且末工程支队党委
赵继红	2007.12	优秀公务员	且末工程支队党委
赵鹏举	2007.12	优秀公务员	且末工程支队党委
孙军花	2007.12	优秀教师	且末工程支队党委
于秀芳	2007.12	优秀教师	且末工程支队党委
周凤梅	2007.12	优秀班主任	且末工程支队党委
明新华	2007.12	优秀通讯员	且末工程支队党委
杨　波	2007.12	优秀通讯员	且末工程支队党委
侯茂华	2007.12	先进生产者	且末工程支队党委
李都立	2007.12	先进生产者	且末工程支队党委

续表

姓名	受奖时间	荣誉称号	批准单位
齐东亮	2007.12	先进生产者	且末工程支队党委
罗海玉	2007.12	先进生产者	且末工程支队党委
睦 杰	2007.12	先进生产者	且末工程支队党委
郭雄伟	2007.12	先进生产者	且末工程支队党委
牟来斌	2007.12	先进生产者	且末工程支队党委
刘 超	2007.12	先进生产者	且末工程支队党委
张佳欣	2007.12	先进生产者	且末工程支队党委
陈中传	2007.12	先进生产者	且末工程支队党委
余小莉	2007.12	先进生产者	且末工程支队党委
张秀团	2007.12	先进生产者	且末工程支队党委
周玉玲	2007.12	先进生产者	且末工程支队党委
张新宝	2007.12	先进生产者	且末工程支队党委
王怀民	2007.12	先进生产者	且末工程支队党委
张帅利	2007.12	先进生产者	且末工程支队党委
宋国安	2007.12	先进生产者	且末工程支队党委
许泽芳	2007.12	先进生产者	且末工程支队党委
於益军	2007.12	先进生产者	且末工程支队党委
刘红霞	2007.12	先进生产者	且末工程支队党委
李正军	2007.12	先进生产者	且末工程支队党委
雷铁柱	2007.12	先进生产者	且末工程支队党委
田士绅	2007.12	先进生产者	且末工程支队党委
李都立	2007.12	先进生产者	且末工程支队党委
吴天珍	2007.12	先进生产者	且末工程支队党委
张 磊	2007.12	先进生产者	且末工程支队党委
朱福利	2007.12	先进生产者	且末工程支队党委
杨金宝	2007.12	先进生产者	且末工程支队党委
王秋丽	2007.12	先进生产者	且末工程支队党委
宋宗和	2007.12	先进生产者	且末工程支队党委
王彦军	2007.12	先进生产者	且末工程支队党委
杨钦龙	2007.12	先进生产者	且末工程支队党委
郑先彪	2007.12	先进生产者	且末工程支队党委
王德昌	2007.12	先进生产者	且末工程支队党委
陈永军	2007.12	先进生产者	且末工程支队党委
肖 斌	2008.12	先进工作者	且末工程支队党委
龙小红	2008.12	先进工作者	且末工程支队党委
李都立	2008.12	致富能手	且末工程支队党委
李都立	2008.12	先进生产者	且末工程支队党委
胡慧敏	2009.12	先进工作者	且末工程支队党委
孙军华	2009.12	先进工作者	且末工程支队党委

续表

姓名	受奖时间	荣誉称号	批准单位
肖　斌	2009.12	优秀班主任	且末工程支队党委
龙小红	2009.12	先进工作者	且末工程支队党委
李都立	2009.12	先进生产者	且末工程支队党委
胡慧敏	2010.12	先进工作者	且末工程支队党委
孙军华	2010.12	先进工作者	且末工程支队党委
肖　斌	2010.12	优秀教师	且末工程支队党委
李都立	2010.12	先进生产者	且末工程支队党委
胡慧敏	2011.12	先进工作者	且末工程支队党委
孙军华	2011.12	先进工作者	且末工程支队党委
蔡家银	2011.12	先进工作者	且末工程支队党委
李小军	2011.12	先进工作者	且末工程支队党委
肖　斌	2011.12	优秀教师	且末工程支队党委
李都立	2011.12	先进生产者	且末工程支队党委
陈建伟	2012.12	五好职工	且末工程支队党委
徐鸿飞	2012.12	五好职工	且末工程支队党委
娄永福	2012.12	五好职工	且末工程支队党委
黄群英	2012.12	五好职工	且末工程支队党委
史有成	2012.12	五好职工	且末工程支队党委
张秀梅	2012.12	五好职工	且末工程支队党委
田启冰	2012.12	先进工作者	且末工程支队党委
龙小红	2012.12	先进工作者	且末工程支队党委
庞海莲	2012.12	先进工作者	且末工程支队党委
马秀华	2012.12	先进工作者	且末工程支队党委
胡慧敏	2012.12	先进工作者	且末工程支队党委
尚建民	2012.12	先进工作者	且末工程支队党委
苟兴兵	2012.12	先进工作者	且末工程支队党委
徐鸿飞	2012.12	先进生产者	且末工程支队党委
李都立	2012.12	先进生产者	且末工程支队党委
宋宗和	2012.12	先进生产者	且末工程支队党委
郭志军	2012.12	先进生产者	且末工程支队党委
张秀芳	2012.12	先进生产者	且末工程支队党委
李云霞	2012.12	先进生产者	且末工程支队党委
任三霞	2012.12	先进生产者	且末工程支队党委
肖　斌	2012.12	优秀教师	且末工程支队党委
孙军华	2013.12	先进工作者	三十七团党委
胡慧敏	2013.12	先进工作者	三十七团党委
杨　进	2013.12	先进工作者	三十七团党委
龙小红	2013.12	先进工作者	三十七团党委
谭光远	2013.12	先进工作者	三十七团党委

续表

姓名	受奖时间	荣誉称号	批准单位
肖泽荣	2013.12	道德模范	三十七团党委
仲霞丽	2013.7	优秀青年大学生	三十七团党委
肖 斌	2013.12	优秀教师	三十七团党委
杨 进	2013.12	先进工作者	三十七团党委
阮伟荣	2013.12	先进工作者	三十七团党委
龙小红	2013.12	先进工作者	三十七团党委
孙军华	2014.12	先进工作者	三十七团党委
胡慧敏	2014.12	先进工作者	三十七团党委
孙丽芳	2014.12	先进工作者	三十七团党委
魏志刚	2014.12	先进工作者	三十七团党委
刘 义	2014.12	先进工作者	三十七团党委
廖文殷	2014.12	先进工作者	三十七团党委
李小军	2014.12	先进工作者	三十七团党委
龙小红	2014.12	先进工作者	三十七团党委
程文海	2014.12	先进工作者	三十七团党委
肖泽荣	2014.12	先进工作者	三十七团党委
程江涛	2014.12	先进工作者	三十七团党委
刘 娜	2014.12	先进工作者	三十七团党委
左传芝	2014.12	先进工作者	三十七团党委
田永华	2014.12	先进工作者	三十七团党委
郑青艳	2014.12	先进工作者	三十七团党委
邓世弈	2014.12	先进工作者	三十七团党委
孙丽芳	2014.12	先进工作者	三十七团党委
魏志刚	2014.12	先进工作者	三十七团党委
孙军花	2014.12	先进工作者	三十七团党委
胡慧敏	2014.12	先进工作者	三十七团党委
张拥军	2014.12	先进工作者	三十七团党委
胡志芬	2014.12	先进工作者	三十七团党委
许红飞	2014.12	先进生产者	三十七团党委
张占和	2014.12	先进生产者	三十七团党委
袁 伟	2014.12	先进生产者	三十七团党委
胡耀成	2014.12	先进生产者	三十七团党委
孔军起	2014.12	先进生产者	三十七团党委
丁培东	2014.12	先进生产者	三十七团党委
廖诗珍	2014.12	先进生产者	三十七团党委
高想德	2014.12	先进生产者	三十七团党委
田士申	2014.12	先进生产者	三十七团党委
贾宝健	2014.12	先进生产者	三十七团党委
王友良	2014.12	先进生产者	三十七团党委

姓名	受奖时间	荣誉称号	批准单位
郭志军	2014.12	先进生产者	三十七团党委
夏团结	2014.12	先进生产者	三十七团党委
张智兰	2014.12	先进生产者	三十七团党委
王建忠	2014.12	先进生产者	三十七团党委
刘远芳	2014.12	五好职工	三十七团党委
贾雪梅	2014.12	五好职工	三十七团党委
王春霞	2014.12	五好职工	三十七团党委
柳位根	2014.12	五好职工	三十七团党委
杨钦龙	2014.12	五好职工	三十七团党委
史有成	2014.12	五好职工	三十七团党委
杨广明	2014.12	五好职工	三十七团党委
喻　红	2014.12	五好职工	三十七团党委
苟兴兵	2014.12	民族团结先进个人	三十七团党委
黄丽丽	2014.12	优秀大学生	三十七团党委
张海伟	2014.12	优秀大学生	三十七团党委
虎正新	2014.12	优秀大学生	三十七团党委
王瑞红	2014.12	优秀大学生	三十七团党委
白原谅	2014.12	优秀大学生	三十七团党委
李学勤	2014.3	优秀大学生	三十七团党委
肖泽荣	2014.12	先进工作者	三十七团党委
吴新辉	2015.12	先进工作者	三十七团党委
李小军	2015.12	先进工作者	三十七团党委
龙小红	2015.12	先进工作者	三十七团党委
程文海	2015.12	先进工作者	三十七团党委
程江涛	2015.12	先进工作者	三十七团党委
刘　娜	2015.12	先进工作者	三十七团党委
肖泽荣	2015.12	先进工作者	三十七团党委
左传芝	2015.12	先进工作者	三十七团党委
贾向军	2015.12	先进工作者	三十七团党委
田永华	2015.12	先进工作者	三十七团党委
郑青艳	2015.12	先进工作者	三十七团党委
邓世怡	2015.12	先进工作者	三十七团党委
孙丽芳	2015.12	先进工作者	三十七团党委
魏志刚	2015.12	先进工作者	三十七团党委
孙军华	2015.12	先进工作者	三十七团党委
徐雅丽	2015.12	先进工作者	三十七团党委
胡慧敏	2015.12	先进工作者	三十七团党委
张拥军	2015.12	先进工作者	三十七团党委
胡志芬	2015.12	先进工作者	三十七团党委

续表

姓名	受奖时间	荣誉称号	批准单位
张占和	2015.12	先进生产者	三十七团党委
袁　伟	2015.12	先进生产者	三十七团党委
胡耀城	2015.12	先进生产者	三十七团党委
郑文化	2015.12	先进生产者	三十七团党委
孔军起	2015.12	先进生产者	三十七团党委
丁培东	2015.12	先进生产者	三十七团党委
廖诗珍	2015.12	先进生产者	三十七团党委
高向德	2015.12	先进生产者	三十七团党委
田士绅	2015.12	先进生产者	三十七团党委
夏团结	2015.12	先进生产者	三十七团党委
张志兰	2015.12	先进生产者	三十七团党委
王建忠	2015.12	先进生产者	三十七团党委
张兴宝	2015.12	先进生产者	三十七团党委
贾宝建	2015.12	先进生产者	三十七团党委
王友良	2015.12	先进生产者	三十七团党委
郭志军	2015.12	先进生产者	三十七团党委
艾路平	2015.12	先进生产者	三十七团党委
刘远芳	2015.12	五好职工	三十七团党委
贾雪梅	2015.12	五好职工	三十七团党委
王春霞	2015.12	五好职工	三十七团党委
柳位根	2015.12	五好职工	三十七团党委
杨钦龙	2015.12	五好职工	三十七团党委
史有成	2015.12	五好职工	三十七团党委
杨光明	2015.12	五好职工	三十七团党委
喻　红	2015.12	五好职工	三十七团党委
苟兴兵	2015.12	职工教育管理先进个人	三十七团党委
张海伟	2015.12	优秀大学生	三十七团党委
虎正新	2015.12	优秀大学生	三十七团党委
李学勤	2015.12	优秀大学生	三十七团党委
孙亚东	2015.3	职工文艺活动优秀演员	三十七团党委
陈志强	2015.3	职工文艺活动优秀演员	三十七团党委
刘　强	2015.3	职工文艺活动优秀演员	三十七团党委
仲霞丽	2015.3	职工文艺活动优秀演员	三十七团党委
王　颖	2015.3	职工文艺活动优秀演员	三十七团党委

注：此表内容根据团档案室资料整理。

专业技术人员名录

附表 5　农林牧系列专业技术人员名录（1993—2016 年）

姓名	性别	民族	入党时间	参加工作时间	籍贯	任职时间	全日制学历	在职学历	职称
宁　丰	男	汉族	1999.7	1990.1	安徽阜阳	2013.3	高中	在职大学	农艺师
庞海莲	女	汉族	1999.7	1986.4	河南蔚氏	2016.5	高中	在职中专	农业技术员
张拥军	男	汉族	1997.6	1988.9	重庆万州	2016.5	高中	在职大专	农艺师
田永华	女	汉族	2012.7	1993.9	陕西陇县	2008.6	中专	在职大专	助理农艺师
张　涛	男	汉族	2002.11	1989.9	甘肃张掖	2015.6	中专	在职大专	农艺师
贾向军	男	汉族	2010.7	2006.2	甘肃通渭	2014.3	高中	在职大专	农艺师
蔡加银	男	汉族	2003.12	1995.7	河南信阳	2015.12	初中	在职大专	技术员
李先江	男	汉族	1998.6	1992.6	河南方城	2013.9	中专	在职大专	兽医师
王旭东	男	汉族	1972.1	2006.6	河南柘城	1993.1	高中	大专	助理农艺师

注：此表内容根据团档案室资料整理。

附表 6　政工系列专业技术人员名录（1991—2016 年）

姓名	性别	民族	入党时间	参加工作时间	籍贯	任职时间	全日制学历	在职学历	职称
郭鲁肃	男	汉族	1985.6	1983.2	山东省	2013.3	高中	大专	高级政工师
毛运祖	男	汉族	1982.4	1962.4	甘肃省	1991.3	中专	在职大专	高级政工师
梁茂泽	男	汉族	1995.6	1986.3	四川仪陇	2013.3	高中	在职大专	政工师
赵明侠	男	汉族	2003.6	1992.8	河北袁氏	2015.5	—	在职大学	政工师
杨　波	男	汉族	2007.6	1993.11	河南平舆	2013.8	高中	在职大专	助理政工师
阳　毅	男	汉族	2013.6	2009.8	四川西充	2016.7	大学	大专	助理政工师
杨　悦	女	汉族	2014.7	2010.4	甘肃平凉	2016.5	大学	本科	助理政工师
陈红梅	女	汉族	2014.7	2012.7	四川安岳	2013.6	大学	本科	助理政工师
刘龙光	男	汉族	2003.12	1993.1	河南汝州	2013.6	初中	在职中专	政工员
杨华英	男	汉族	2006.5	2002.10	四川南充	2016.5	中专	在职大学	政工师

注：此表内容根据团档案室现有资料整理。

附表 7　教育系列专业技术人员名录（2008—2014 年）

姓名	性别	民族	入党时间	参加工作时间	籍贯	任职时间	全日制学历	在职学历	职称
张新玲	女	汉族	2008.6	2003.1	甘肃兰州	2009.6	大专	在职大专	小教一级
胡慧敏	女	汉族	2002.6	1989.2	湖北黄梅	2008.9	大专	在职大专	一级教师
孙军花	女	汉族	2012.6	1992.4	河南孟津	2014.7	大专	在职本科	一级教师
郑雪莲	女	汉族	—	2000.7	安徽萧县	2014.7	大专	在职大学	高级教师
肖　斌	男	汉族	2012.6	1996.1	湖南新邵	2014.7	大专	在职大学	高级教师
肖泽荣	女	汉族	2012.6	1992.4	四川绵阳	2014.7	高中	在职大专	一级教师
仲霞丽	女	汉族	2010.5	2011.8	甘肃武威	2014.7	大学	—	—
方冬斌	男	汉族	2004.11	1999.9	湖北黄陂	2014.2	中专	在职大专	一级教师
苏　萍	女	汉族	—	1982.4	河南上蔡	2014.7	高中	在职大专	一级教师
王卫芳	女	汉族	—	2000.9	河南许昌	2014.7	中专	在职中专	二级教师
程江涛	女	汉族	—	1999.9	山东青州	2014.7	大专	在职大专	一级教师

续表

姓名	性别	民族	入党时间	参加工作时间	籍贯	任职时间	全日制学历	在职学历	职称
王菊芳	女	汉族	—	1992.3	四川苍溪	2014.7	高中	在职大专	一级教师
徐雅丽	女	汉族	2000.10	1996.1	安徽灵璧	2014.7	高中	在职大学	一级教师
王艳红	女	汉族	—	2002.9	河北保定	2014.7	大专	在职大学	一级教师
李春香	女	汉族	—	2001.9	河南沈丘	2014.7	大专	在职大专	二级教师
杨应洪	女	汉族	—	2005.10	甘肃静宁	2014.7	高中	在职大学	二级教师
陈志杰	男	汉族	1998.12	2000.7	河南鄢陵	2013.3	大专	在职大学	中学二级教师
邵文杰	女	汉族	2014.7	2009.9	江苏如皋	2013.3	大学	—	二级教师
卫明卿	女	汉族	—	2004.8	青海湟源	2013.3	大专	在职大学	二级教师
李玲玲	女	汉族	—	2013.8	陕西延安	2013.3	大学	—	特岗教师
胡志芬	女	汉族	2012.6	1997.8	湖南娄底	2013.3	大专	—	中学一级教师

注：此表内容根据团档案室现有资料整理。

附表8　财会系列专业技术人员名录（2011—2016年）

姓名	性别	民族	入党时间	参加工作时间	籍贯	任职时间	全日制学历	在职学历	职称
张志勇	男	汉族	1998.6	1993.3	河南淮阳	2015.5	大专	研究生	高级会计师
彭凡	男	汉族	2010.7	1994.4	湖南	2011.12	大专	在职本科	高级会计师
梁洁	女	汉族	1995.6	1992.1	山东临沂	2013.3	高中	在职大学	会计师
闫江平	男	汉族	1995.8	1987.4	河南西平	2016.5	高中	在职大专	助理会计师
阮伟荣	女	汉族	2013.7	1998.5	浙江安吉	2016.5	高中	在职大专	助理会计师
毛琪	女	汉族	1997.6	1992.8	重庆忠县	2016.5	高中	在职大专	助理会计师
李亚君	女	汉族	—	1999.12	甘肃陇西	2016.5	大专	—	会计师

注：此表内容根据团档案室现有资料整理。

附表9　工业工程系列专业技术人员名录（2015年）

姓名	性别	民族	入党时间	参加工作时间	籍贯	任职时间	全日制学历	在职学历	职称
陈德学	男	汉族	2007.6	1990.3	重庆彭水	2015.9	中专	在职本科	工程师
田启海	男	汉族	1999.7	1992.1	浙江宁海	2015.9	中专	在职本科	工业技术员

注：此表内容根据团档案室现有资料整理。

附表10　医疗卫生系列专业技术人员名录（2007年）

姓名	性别	民族	入党时间	参加工作时间	籍贯	任职时间	全日制学历	在职学历	职称
于静	女	汉族	2002.7	1986.6	山东曹县	2007.4	高中	在职大专	主治医师
龙莉	女	汉族	2002.7	1991.1	四川梁平	2007.4	初中	在职中专	副主任医师
尚建明	男	汉族	1993.7	1988.9	河南巩义	2007.4	高中	在职大专	主治医师
孙枝淑	女	汉族	2002.7	1994.3	四川资中	2007.4	大专	—	主治医师
隋玲玲	女	汉族	2002.7	1989.8	安徽亳州	2007.4	初中	在职中专	医师
梁勤	女	汉族	2002.7	1995.7	四川遂宁	2007.4	高中	在职中专	医师
刘娜	女	汉族	2002.7	2011.8	甘肃金昌	2007.4	大专	—	—
杜洁	女	汉族	2002.7	1995.3	河南潢川	2007.4	高中	在职中专	主管护师
杨李旅	女	汉族	2002.7	2013.7	海南文昌	2007.4	大专	—	主管护师
戴胜军	女	汉族	1993.7	2015.3	河北丰润	2007.4	大专	—	主治医师

注：此表内容根据团档案室现有资料整理。

索　引

二、条目索引

后 记

在且末工程支队纳入兵团团场建制序列、三十七团建团 10 周年之际,《三十七团志》经过机关各部门、各单位和编辑人员的共同努力,终于面世了!这部志书见证了新疆生产建设兵团第二师三十七团各族职工群众扎根且末 45 年来,在党的坚强领导下,艰苦创业、开拓进取的非凡历程,是第二师二轮修志和三十七团精神文化建设结出的丰硕成果。

2013 年 5 月,三十七团被第二师列入二轮修志第二批 9 个修志团场之一,成立了第一届团志编修机构,工作业务挂靠在团政工办,聘请学校退休教师侯文斌临时负责资料收集工作。2014 年 8 月,团党委将团志编修工作纳入重要议事日程,挂牌成立三十七团史志办公室,抽调宣传科副科长杨波担任《三十七团志》主编,全面启动团志编修工作。

2015 年,为保证修志工作顺利进行,按照"党委领导、行政主持、部门实施、众手成志"的工作原则,把收集资料工作纳入机关各科室和驻团单位目标考核。由于修志工作人手不足,在资料收集阶段,先后安排大学生青年志愿者宋开梅、吕芳芳,抽调水电站政工员杨金宝从事资料收集、整理、录入等工作,使修志工作有序推进。

且末工程支队前身是兵团工三师的一支筑路队,历经多次撤销、重组、合并、恢复重建,施工连队遍及天山南北。1990 年之前档案资料保存不够完整,给团志编修带来一定的难度。2016 年 5 月,主编杨波带领编修人员杨金宝走出家门,踏上了外出寻找资料的寻根查源历程,先后到兵团档案馆、兵团和平都会、乌鲁木齐市盐湖化工厂、吐鲁番市大河沿社区、第二师档案馆、巴州且末县文史馆等地查寻资料。先后走访工三师且末临时指挥部政治处负责人陈百胜、盐湖化工厂办公室主任施利民、居住在盐湖化工厂的且末工程支队施工队部分职工、大河沿社区主任侯明及居住在库尔勒市的支队离退休老干部共计 43 人,共收集文字资料53900 份,收集图片资料 2840 幅,走访拍照 450 张,走访录音 130 份,走访口述资料 110 份,参考《且末县志》资料 1000 余份,查找《农二师志》《兵团年鉴》《兵团统计年鉴》《第二师统计年鉴》等资料 1220 余份,查阅团内档案室资料 49570 余份,为团志编纂获取了难得的珍贵资料。

2017年，资料收集基本到位，志书主编杨波开始加班加点投入志稿编纂工作，2019年10月完成70余万字的《三十七团志》初稿长编。2020年5月20日，团召开志稿初级评审会，组织机关各科室和基层单位共36人参加志稿会审。2020年12月30日，第二师铁门关市召开二轮志书评审会，对《三十七团志》终审稿进行评审。师市史志办为加快工作进度，抽出史志专家苏娟协助志稿修改，指导志书统稿工作。主编夜以继日，查遗补漏，继续完善志书资料，经过一年的苦干，在新冠疫情影响下，2021年10月底，志稿统稿和修改任务完成；11月15日，团再次召开评审会，组织第三次集中修改工作。2021年12月底，进入出版程序。

《三十七团志》作为创修志书，编修历经十余载。其间，历届团党委对修志工作高度重视。编者深感肩上责任重大、使命光荣，把修志作为一项文化事业，倾心竭力。编纂人员放弃节假日休息，埋首于浩繁的资料堆，提炼资料中的精华，最终使志稿成型。

《三十七团志》编修中，多次得到兵团、第二师史志部门的支持和关怀。兵团党史研究室、兵团志办公室副主任何喜清专程来团对团志编纂工作进行指导。第二师党委党史研究室、师志办公室主任张振华多次到团参加志书评审，检查指导团志编修工作，在篇目设置、版面设计、编审等环节悉心指导，全面审读样书，倾力解决修志过程中资金等困难，增强了修志人员的工作信心。师史志办专家叶小芳，工作人员李倩倩、陈琦；第二师铁门关市档案馆负责人周善亮，工作人员俞范等；铁门关市中新荣耀文化传媒公司对资料查阅、统稿工作给予了大力支持。

《三十七团志》是众手结出的硕果。团原党委书记、政委宁丰，团长陈志杰对资料收集等工作多次在团党委扩大会议上严格要求。团党委书记、政委黄振宁，团长王玉东对编修工作高度重视，对志书编修严格要求。纪委书记姜阳经常性指导志书编修工作。团党政办公室从人力、财力、物力方面给予全力保障，主任陈尚毅全力做好部门协调工作。驻团单位司法所、国土资源分局、苏干特派出所、社保所、团机关科室及基层单位对志书编修积极参与。上海退休教师侯为民亲自为修志提供早期资料。财政所阮伟蓉、经济发展办公室王馨庆校核大量财务统计数据。国土资源分局王特亲自修改核对国土数字。上海知青钱保豫、团党建工作办公室杨铁军、文体广电服务中心杨金宝为志书提供珍贵照片。在此表示感谢！

《三十七团志》跨越半个世纪，档案资料留存残缺，首部志书编纂经验欠缺，加之编者水平有限，志书编写难免存在疏漏或不足，获请读者批评指正。

《三十七团志》编辑组

2022年10月